A história do
Espiritualismo

De Swedenborg ao início do século XX

Arthur Conan Doyle

Tradução: José Carlos da Silva Silveira

A história do
Espiritualismo

De Swedenborg ao início do século XX

Copyright © 2012 *by*
FEDERAÇÃO ESPÍRITA BRASILEIRA – FEB

1ª edição – Impressão pequenas tiragens – 4/2025

ISBN 978-85-7328-800-1

Todos os direitos reservados. Nenhuma parte desta publicação pode ser reproduzida, armazenada ou transmitida, total ou parcialmente, por quaisquer métodos ou processos, sem autorização do detentor do *copyright*.

SGAN 603 – Conjunto F – Avenida L2 Norte
70830-106 – Brasília (DF) – Brasil
www.febeditora.com.br
editorial@febnet.org.br
+55 61 2101 6161

Pedidos de livros à FEB
Comercial
Tel.: (61) 2101 6161 – comercial@febnet.org.br

Adquirindo esta obra, você está colaborando com as ações de assistência e promoção social da FEB e com o Movimento Espírita na divulgação do Evangelho de Jesus à luz do Espiritismo.

Dados Internacionais de Catalogação na Publicação (CIP)
(Federação Espírita Brasileira – Biblioteca de Obras Raras)

D754h   Doyle, Arthur Conan, 1859–1930

       A história do Espiritualismo: de Swedenborg ao início do século XX / por Arthur Conan Doyle; [tradução de José Carlos da Silva Silveira]. 1.ed. – Impressão pequenas tiragens – Brasília: FEB, 2025.

       560 p.; 23 cm

       ISBN 978-85-7328-800-1

       1. Espiritismo. 2. História. I. Silveira, José Carlos da Silva, 1944–. II. Federação Espírita Brasileira. III. Título.

CDD 133.93
CDU 133.7
CDE 90.01.00

Dedico este livro, em sinal de respeito,
a Sir Oliver Lodge: um grande líder da
ciência física e psíquica.

SUMÁRIO

APRESENTAÇÃO 9

PREFÁCIO 13

1 — A HISTÓRIA DE SWEDENBORG 15

2 — EDWARD IRVING: OS *shakers* 27

3 — O PROFETA DA NOVA REVELAÇÃO 41

4 — O EPISÓDIO DE HYDESVILLE 55

5 — A CARREIRA DAS IRMÃS FOX 79

6 — AS PRIMEIRAS MANIFESTAÇÕES NA AMÉRICA 105

7 — A AURORA NA INGLATERRA 129

8 — PROGRESSOS CONTÍNUOS NA INGLATERRA 147

9 — A CARREIRA DE DANIEL DUNGLAS HOME 161

10 — OS IRMÃOS DAVENPORT 183

11 — AS PESQUISAS DE SIR WILLIAM CROOKES 199

12 — OS IRMÃOS EDDY E O CASAL HOLMES 219

13 — HENRY SLADE E O DR. MONCK 243

14 — INVESTIGAÇÕES COLETIVAS SOBRE O ESPIRITUALISMO 267

15 — A CARREIRA DE EUSAPIA PALLADINO 287

16 — GRANDES MÉDIUNS DE 1870 A 1900 305

17 – A SOCIEDADE DE PESQUISAS PSÍQUICAS....................335

18 – ECTOPLASMA..363

19 – FOTOGRAFIA DE ESPÍRITOS....................................393

20 – VOZ DIRETA E MOLDAGENS....................................413

21 – ESPIRITUALISMO FRANCÊS, ALEMÃO E ITALIANO......429

22 – GRANDES MÉDIUNS MODERNOS..............................453

23 – O ESPIRITUALISMO E A GUERRA..............................475

24 – O ASPECTO RELIGIOSO DO ESPIRITUALISMO.............493

25 – O PÓS-MORTE NA VISÃO DOS ESPIRITUALISTAS.........519

APÊNDICE..531

    1 – NOTAS AO 4..533

    2 – NOTA AO 6...541

    3 – NOTAS AO 7..543

    4 – NOTA AO 10...547

    5 – NOTAS AO 16..549

    6 – NOTAS AO 25..553

ÍNDICE ONOMÁSTICO..555

Apresentação

A história do Espiritualismo, de Arthur Conan Doyle,[1] até onde nos é dado saber, é a mais completa resenha de fatos psíquicos da literatura mundial, em se considerando o período por ela abrangido: de Swedenborg — o grande vidente sueco do século XVIII — ao final do primeiro quartel do século XX, quando ocorre sua primeira edição em língua inglesa, no ano de 1926.

Conan Doyle, entretanto, não se satisfaz em relatar os fenômenos que surpreenderam a humanidade com a força de uma *invasão organizada*, segundo suas próprias palavras. Também não se limita a apresentar os resultados, positivos ou negativos, das investigações científicas desses fenômenos. Vai além. Ele usa toda a capacidade crítica que o tornou mundialmente famoso pelas inteligentes histórias de seu detetive *Sherlock Holmes*, e por tantas outras obras de grande vigor literário, para analisar, com notável bom senso, as características intelectuais, morais e espirituais de médiuns, pesquisadores, representantes do clero, da imprensa e das sociedades científicas, bem como o contexto social em que viviam, procurando sempre ressaltar que a autenticidade dos fatos era sempre comprovada por quem deles se ocupava com o zelo indispensável à busca da verdade.

---

[1] N.T.: escritor e médico inglês, Arthur Ignatius Conan Doyle (1859-1930) tornou-se famoso com seus policiais a partir de *A Study in Scarlet* (1887), que inicia a série de Sherlock Holmes, protótipo de famoso investigador. Durante a 1ª Guerra Mundial, escreveu panfletos de propaganda aliada e, após o conflito, divulgou o Espiritualismo, ao qual se dedicou em memoráveis experiências (*Enciclopédia século XX*, volume III, p. 712).

Ele faz adequada distinção entre *Espiritualismo* e *Espiritismo*. No capítulo 21, intitulado *Espiritualismo francês, alemão e italiano*, diz o seguinte:

> O Espiritualismo na França e entre os povos latinos segue Allan Kardec, que prefere usar o termo Espiritismo, sendo seu principal aspecto a crença na reencarnação.

Com efeito, Allan Kardec criou o termo *Espiritismo* à vista da grande amplitude de conceitos do *Espiritualismo*, o qual, assim, não poderia expressar os ensinos específicos que os Espíritos superiores lhe traziam por meio de diversos médiuns. Conan Doyle, entretanto, neste livro, não trata de *Espiritismo* e sim do *Espiritualismo* dentro do período supracitado. No capítulo 24, intitulado *Aspecto religioso do Espiritualismo*, afirma ele:

> A definição de Espiritualismo, impressa em cada edição do *Light* — jornal espiritualista londrino semanal — é a seguinte: "A crença na vida do Espírito, separado e independente do organismo material, e na realidade e valor do intercâmbio inteligente entre Espíritos encarnados e desencarnados" (p. 501).

Veem-se aí apenas dois pontos fundamentais do Espiritismo: a *sobrevivência* e a *comunicabilidade* dos Espíritos.

Nada obstante, Conan Doyle, ainda no mesmo capítulo, diz que as igrejas da Grã-Bretanha se reuniam dentro de princípios mais amplos de crença, que ele sintetiza da seguinte forma:

> 1. A paternidade de Deus.
> 2. A fraternidade entre os homens.
> 3. A comunhão dos santos e o ministério dos anjos.
> 4. A sobrevivência humana à morte física.
> 5. A responsabilidade pessoal.
> 6. A compensação ou retribuição pela prática do bem ou do mal.
> 7. O progresso eterno acessível a todos.
> (p. 499-500)

| APRESENTAÇÃO

Outros pontos básicos do Espiritismo, em especial a *reencarnação*, não faziam parte desse contexto.

Sobre esta última, assim se expressa o autor no capítulo 21, citado:

> Os espiritualistas da Inglaterra não têm decisão firmada sobre a reencarnação. Alguns a aceitam, muitos não. A atitude geral é no sentido de que, como se não pode provar a doutrina da reencarnação, é melhor excluí-la da política ativa do Espiritualismo.

Tal posicionamento se devia ao fato de que, nas pesquisas psíquicas, os médiuns e cientistas ingleses, ou anglo-saxões de modo geral, não obtinham dos Espíritos referências sobre a reencarnação.

A posição de Conan Doyle é cautelosa, tendo em vista o contexto em que vivia. Contudo, sua capacidade lógica leva-o a inclinar-se para a aceitação também desse princípio. Diz ele, ainda no mesmo capítulo:

> De modo geral, afigura-se ao autor que, bem-sopesadas, as provas até aqui reunidas demonstram que a reencarnação é um fato, mas não necessariamente de caráter universal. Quanto à ignorância dos nossos amigos Espíritos sobre um ponto ligado ao seu próprio futuro, tal fato não deve causar estranheza, visto que, se não estamos certos quanto ao nosso, é possível que eles tenham também o mesmo tipo de limitação. Quando nos perguntamos "Onde estávamos antes de nascer?", temos uma resposta conclusiva no sistema do vagaroso processo evolutivo pelas encarnações, com longos períodos intermediários de repouso para o Espírito. Se não for assim, não temos resposta alguma; parece inconcebível, porém, que tenhamos entrado para a eternidade no momento em que nascemos: existência posterior implica existência anterior. A propósito da natural pergunta "Por que, então, não nos lembramos das existências pregressas?", podemos dar a seguinte resposta: tais lembranças trariam graves complicações à vida presente, além do que essas existências bem podem formar um ciclo, que se nos apresenta suficientemente claro apenas quando atingimos seu termo e descortinamos o inteiro rosário de vidas entrelaçadas à nossa

> individualidade. A convergência de tantas linhas de pensamento teosófico e oriental para a reencarnação, e a explicação que esta fornece à doutrina do *karma*, que sustenta a injustiça de uma vida única, são pontos em seu favor, como possivelmente serão aquelas lembranças e identificações, por vezes bastante precisas para serem simplesmente confundidas com impressões atávicas. Certas experiências hipnóticas — a mais famosa é a do investigador francês coronel de Rochas — pareciam robustecer a ideia da reencarnação, pois o sensitivo, em transe, era levado a situações que sugeriam encarnações passadas; contudo, as mais remotas destas eram difíceis de ser verificadas, ao passo que as mais próximas se tornavam motivo de suspeição pela possibilidade de interferência dos conhecimentos do próprio médium. Entretanto, não se pode negar que, ante uma determinada tarefa a ser concluída ou uma falta exigindo reparação, a possibilidade de retorno à vida física será ansiosamente aguardada pelo Espírito interessado (p. 433-434).

Assim, resta-nos apenas reforçar a importância desta obra para todo aquele que sonda o desconhecido em busca de novos rumos. E tal importância não se deve apenas ao seu notável repertório de pesquisa psíquica, mas, principalmente, ao relato dos sacrifícios de médiuns e pesquisadores, que enfrentaram o preconceito da ignorância e os ardis da má-fé para provar a sobrevivência da alma e trazer ao ser humano a certeza de que o amor continua indestrutível, devassando as sombras da morte.

O Tradutor

Prefácio

Esta obra, originada de pequenos capítulos esparsos, acabou por transformar-se numa narrativa que abrange, de certo modo, toda a história do movimento espiritualista. Essa origem, porém, reclama breve explicação. Havia eu elaborado alguns estudos, sem outro propósito senão o de adquirir e passar ao público a visão clara dos episódios que se me afiguravam importantes no moderno desenvolvimento espiritual do ser humano. Esses estudos incluíam capítulos sobre Swedenborg, Irving, A. J. Davis, o incidente de Hydesville, a história das irmãs Fox, dos irmãos Eddy e a vida de D. D. Home. Eles foram redigidos sem que eu percebesse que já estava contando a história mais completa do movimento espiritualista, até então vinda à luz, com a vantagem de ser escrita por quem dele participava e possuía experiência direta de seu estágio atual.

É mesmo curioso que, considerado por muitos o mais importante da história da humanidade desde a época do Cristo, o movimento espiritualista jamais tenha tido um historiador entre seus integrantes, alguém com larga experiência pessoal de suas características. O Sr. Frank Podmore, por exemplo, reuniu grande número de fatos, mas ignorou aqueles que lhe não serviam aos propósitos, esforçando-se por sugerir a inutilidade da maior parte dos restantes, especialmente os fenômenos físicos, quase sempre fraudulentos, em sua opinião. Há a história do Espiritualismo do Sr. McCabe, reduzindo todos os fenômenos à fraude, sendo o próprio título uma designação incorreta, porque induz o público a comprar o livro sob a impressão de tratar-se este de um registro sério e não de uma farsa. Há também uma outra história, de J. Arthur Hill, escrita sob o enfoque da pesquisa psíquica, mas muito longe dos fatos realmente provados. Existem ainda as obras *O Espiritualismo americano moderno: um registro de vinte anos*[2] e *Os milagres do século dezenove*,[3] ambas escritas pela Sra. Emma Hardinge Britten, mulher notável e esplêndida propagandista; mas esses livros, extremamente valiosos, referem-se apenas a fases da história do Espiritualismo. Finalmente — o melhor desses trabalhos — *A sobrevivência do homem após a morte*,[4] do Reverendo Charles L. Tweedale. Não tem ele, contudo, o propósito de relatar a história do Espiritualismo, mas sim de fazer uma exposição — aliás, excelente — a respeito da verdade do culto religioso. Há histórias gerais do misticismo, como as escritas por Ennemoser e Howitt; não existe, porém, descrição alguma definida e abrangente da evolução do movimento espiritualista mundial.

Este livro estava prestes a ser impresso quando apareceu a obra de Campbell-Holms, que, como indica o próprio título — *Os fatos da ciência psíquica e a filosofia*[5] —, é um compêndio de grande utilidade, mas não pretende ser uma história sequenciada.

Certamente um trabalho como este reclamava grande esforço de pesquisa, muito além das possibilidades de minha laboriosa existência. Em verdade, meu tempo era de algum modo a ele dedicado, mas a literatura a respeito do assunto é vasta e, além disso, havia muitos aspectos do movimento requisitando meus cuidados. Nessas circunstâncias, solicitei e obtive a leal cooperação do Sr. W. Leslie Curnow, que se revelou inestimável, não só pelo conhecimento do assunto como pela diligência. Ele cavava, continuadamente, essa vasta pedreira, separando do lixo o minério. Em todos os sentidos, ofereceu-me sua melhor colaboração. No início, minha expectativa era a de receber apenas material bruto, mas eventualmente ele me dava o trabalho pronto, que eu aproveitava com satisfação, alterando-o somente para imprimir-lhe meu ponto de vista pessoal. Não consigo expressar o reconhecimento por seu auxílio sincero, e, se não lhe associei o nome ao meu no frontispício desta obra, é por razões que ele compreende e endossa.

ARTHUR CONAN DOYLE

---

[2] N.T.: *Modern American Spiritualism: A Twenty Year's Record*.
[3] N.T: *Nineteenth Century Miracles*.
[4] N.T: *Man's Survival after Death*.
[5] N.T: *The Facts of Psychic Science and Philosophy*.

CAPÍTULO 1
A história de Swedenborg

É impossível fixar a data em que uma força inteligente exterior, elevada ou não, interferiu, pela primeira vez, nas relações humanas. Os espiritualistas têm por hábito considerar o dia 31 de março de 1848 como o ponto de partida de todos os fenômenos psíquicos, porque seu próprio movimento data deste dia. Contudo, período algum da História ficou isento dessa influência supranormal, como também de seu tardio reconhecimento por parte da humanidade. A única diferença entre os fatos antigos e o moderno movimento é que aqueles podem ser descritos como episódios de viajantes perdidos de alguma esfera distante, enquanto este último apresenta as características de uma invasão organizada. No entanto, assim como uma invasão pode ser precedida por pioneiros, que exploram a terra, o influxo espiritual dos recentes anos foi prenunciado por alguns incidentes, localizados na Idade Média, ou mesmo depois dela. Mas um ponto deve ser fixado para o início desta narrativa e, talvez, o melhor seja a história do grande vidente sueco Emanuel Swedenborg, considerado o pai desse novo conhecimento das questões espirituais.

Quando os primeiros raios de sol da sabedoria espiritual caíram sobre a Terra, eles iluminaram a maior e a mais lúcida mente humana antes de se lançarem sobre os homens comuns. Era essa mente elevada a do grande reformador religioso e médium clarividente, tão pouco compreendido por seus próprios seguidores quanto era o Cristo em sua época.

Para entendermos Swedenborg, seria preciso ter um cérebro como o dele, e isto não ocorre sequer uma vez num século. Contudo, usando a comparação e a experiência de fatos por ele desconhecidos, podemos perceber certo ângulo de sua vida mais claramente do que ele mesmo o pôde. Este estudo não tem por objetivo tratar o homem como um todo, mas envidar esforços por colocá-lo no esquema geral da revelação psíquica — objeto desta obra —, do qual sua própria igreja, em sua estreiteza, o excluiu.

Para nossas ideias de psiquismo, Swedenborg, de certa forma, era uma contradição, pois costumamos dizer que o grande intelecto impede a experiência psíquica pessoal. A ardósia limpa, decerto, é a mais apta para a escrita de uma mensagem. A mente de Swedenborg, porém, não era uma ardósia limpa e sim marcada por toda espécie de conhecimento que a humanidade é suscetível de alcançar. Nunca houve tanta concentração de informações. Era ele um grande engenheiro de minas e autoridade em metalurgia; engenheiro militar, que contribuiu para mudar a sorte de uma das muitas campanhas de Carlos XII da Suécia; grande autoridade em astronomia e física, autor de eruditos trabalhos sobre as marés e a determinação das latitudes; zoologista e anatomista; financista e economista político, que antecipou as conclusões de Adam Smith. Finalmente, era profundo estudioso da *Bíblia*. Pode-se dizer que sugara teologia com o leite materno: viveu, na rígida atmosfera evangélica de um pastor luterano, o período de vida mais propenso à influenciação. A expansão psíquica, ocorrida ao completar cinquenta e cinco anos, não interferiu em sua atividade mental, e muitos de seus trabalhos científicos foram publicados depois dessa época.

Possuindo a mente nesse nível, era natural que tivesse faculdades supranormais, ocorrência até certo ponto comum a todo homem de pensamento; não parece natural, entretanto, a condição de médium. Em determinado sentido, seu grande intelecto lhe trouxe prejuízo, levando-o a alterar as próprias experiências, embora lhe fosse também extremamente útil. Para demonstrar isso, há que considerar os dois aspectos de seu trabalho.

O primeiro é o teológico. Para a maior parte das pessoas fora do rebanho escolhido, este aspecto afigura-se inútil e perigoso, pois, embora Swedenborg aceite a *Bíblia* como sendo, em uma feição toda particular, a obra de Deus, sustenta não estar seu significado no sentido evidente do texto, cabendo somente a ele, com a ajuda dos anjos, descobri-lo. Tal pretensão é intolerável. Se fosse aceita, a infalibilidade do Papa seria insignificante comparada à dele. Ao menos o Papa só é infalível ao dar o veredito sobre os pontos doutrinários *ex cathedra*, em conjunto com seus cardeais. A infalibilidade de Swedenborg, porém, seria universal e irrestrita. Ademais, suas explicações sequer são razoáveis. Quando, para conhecer o verdadeiro sentido de uma mensagem enviada por Deus, temos de admitir que o cavalo significa a verdade intelectual; o asno, a verdade científica; a chama, o aperfeiçoamento, e assim por diante, no meio de incontáveis símbolos, sentimo-nos

EMANUEL SWEDENBORG
Gravura de Battersby, *The European Magazine*, 1787

adentrar num reino de simulacro apenas comparável às cifras que alguns críticos engenhosos buscam identificar nas peças de Shakespeare. Certamente, Deus não envia a verdade ao mundo dessa maneira. Se tal opinião fosse aceita, o credo swedenborguiano seria apenas a mãe de mil heresias, e nos encontraríamos outra vez entre as distinções sutis e os silogismos dos escolásticos medievais. Tudo que é grande e verdadeiro é simples e inteligível. A teologia de Swedenborg nem é simples nem inteligível. Nisso reside sua condenação.

Contudo, quando deixamos de lado essa cansativa exegese das Escrituras, em que tudo difere de seu significado óbvio, e compreendemos o alcance dos ensinos de Swedenborg, verificamos que estes não estão em desacordo com o pensamento liberal moderno ou com os ensinamentos recebidos do Outro Mundo, desde quando se intensificou o intercâmbio espiritual. Dessa forma, não pode ser contestada a proposição de que este mundo é um laboratório de almas, o campo de experiências onde o material se transforma no espiritual. Ele rejeita a Trindade em seu sentido comum, mas a reconstrói num sentido extraordinário, igualmente censurável por um unitarista.[6] Admite em todo sistema um propósito divino e afirma não estar a virtude restrita ao Cristianismo. Concorda com o ensino espiritualista de se buscar na força do exemplo o verdadeiro objetivo da vida do Cristo, e rejeita o pecado original e a expiação. Vê no egoísmo a raiz de todo o mal, mas aceita uma forma de egoísmo saudável, tal como conceituado por Hegel. Em matéria de sexo, sua teoria é liberal até à permissividade. Considera absolutamente necessária a existência de uma igreja, como se nenhum indivíduo pudesse relacionar-se diretamente com o Criador. São tantas ideias misturadas, expostas, de forma ampla e obscura, em grossos volumes escritos em latim, que o intérprete, se o quiser, encontrará nelas os elementos necessários para fundar uma nova religião. Não está aí, porém, o valor de Swedenborg.

Seu valor está nas próprias faculdades psíquicas e nas informações obtidas por meio destas. Tais informações continuariam a ser valiosas, ainda que de sua pena jamais tivesse saído uma palavra sobre teologia. É dessas faculdades e informações que trataremos agora.

Desde muito jovem, Swedenborg tinha visões, mas, quando chegou à maturidade, sua energia e espírito prático abafaram esse aspecto mais delicado de sua natureza. Esse tipo de mediunidade, contudo, veio à tona em várias ocasiões, demonstrando que ele possuía a faculdade geralmente chamada de *clarividência*, mediante a qual a alma parece deixar o corpo e obter informações à distância, retornando com notícias do que está ocorrendo alhures. Essa qualidade não é rara entre os médiuns e pode ser encontrada em muitos sensitivos espiritualistas, mas o é nos intelectuais, sendo igualmente rara quando acompanhada pela aparente normalidade do corpo, enquanto o fenômeno se processa. Assim, no conhecido caso de Gothenburg, o vidente assistiu a um incêndio em Estocolmo, a 300 milhas de distância, com perfeita exatidão, estando ele num jantar com dezesseis convidados, que deram valioso testemunho do fato. A história foi verificada pelo filósofo Immanuel Kant, seu contemporâneo.

---

[6] N.T.: adepto do unitarismo, "seita protestante do séc. XVI, que negava o dogma da Trindade, reconhecendo em Deus uma só pessoa"(*Novo dicionário Aurélio da língua portuguesa*).

Esses incidentes ocasionais, no entanto, eram apenas o sinal das latentes faculdades que emergiriam subitamente em Londres, no mês abril de 1744. Note-se que, embora o vidente pertencesse a uma distinta família sueca e tivesse sido educado para a vida da nobreza de seu país, foi em Londres que seus principais livros foram publicados, sua iluminação espiritual se iniciou e, finalmente, morreu e foi sepultado. Desde o dia de sua primeira visão até a morte, ocorrida vinte e sete anos mais tarde, esteve em constante intercâmbio com o Outro Mundo.

> Na mesma noite, abriram-se nitidamente para mim o mundo dos Espíritos, o inferno e o céu. Aí encontrei muitas pessoas de meu conhecimento e de todas as condições. Depois disso, o Senhor diariamente abria-me os olhos do espírito para que visse, em plena vigília, os acontecimentos do Outro Mundo e pudesse conversar com anjos e Espíritos.

Em sua primeira visão, Swedenborg fala de uma espécie de vapor fluindo de seus poros. "Era um vapor d'água perfeitamente visível, derramando-se no chão sobre o tapete". Esta é a exata descrição do ectoplasma, identificado como base do fenômeno físico. Essa substância tem sido também denominada *ideoplasma*, porque toma, instantaneamente, qualquer forma impressa pelo Espírito. No caso citado, a substância transformava-se, de acordo com o relato de Swedenborg, em animais daninhos, fato indicativo da desaprovação de sua dieta por seus guardiões. Esse fenômeno era seguido de aviso, por meio da clariaudiência, de que ele deveria ter mais cuidado com a alimentação.

De que maneira o mundo reagiria a tal narrativa? Poderia declarar a loucura desse homem. Entretanto, não deu ele, nos anos subsequentes de sua vida, demonstração alguma de fraqueza mental. Poderia afirmar que mentiu. Contudo, notabilizou-se por sua meticulosa veracidade. Seu amigo Cuno — banqueiro em Amsterdã — disse, a esse respeito: "Quando ele me fita, com seus sorridentes olhos azuis, é como se a própria verdade falasse por eles". Então, ter-se-ia autossugestionado e enganado honestamente? Deve-se, porém, encarar o fato de que suas principais observações do Outro Mundo têm sido confirmadas e difundidas, desde sua época, por inumeráveis pesquisadores de fenômenos psíquicos. Em verdade, ele foi o primeiro e, sob muitos enfoques, o maior de todos os médiuns, sujeito, como os outros, aos erros e aos privilégios decorrentes das faculdades mediúnicas; seus poderes somente podem ser compreendidos pelo estudo da mediunidade, e, no empenho de separá-lo do Espiritualismo, a Nova Igreja mostrou-se completamente equivocada acerca de seus dons e do verdadeiro lugar por estes ocupados no quadro geral da natureza. Foi um dos grandes pioneiros do movimento espiritualista, ocupando aí posição compreensível e gloriosa. Entretanto, por ser figura singular, portadora de faculdades ininteligíveis, é impossível incluí-lo na classificação do pensamento religioso, por mais abrangente que seja.

É interessante notar que Swedenborg considera suas faculdades mediúnicas intimamente ligadas ao sistema da respiração. É como se, pelo fato de o ar e o éter estarem a nossa volta, pudéssemos respirar mais éter e menos ar e, assim, atingir um estado mais etéreo. Essa é, sem dúvida, uma forma elementar e grosseira de referir-se ao assunto, mas a ideia permeia o trabalho de muitas escolas de psiquismo. Laurence Oliphant, que, decerto, não teve vinculação com Swedenborg, escreveu o livro *Sympneumata*, para explicar a mesma ideia. Note-se que o sistema indiano de ioga tem idêntico fundamento. Aliás, qualquer pessoa que tenha visto um médium comum entrar em transe conhece a inspiração peculiar iniciadora deste processo e as expirações profundas que o encerram. Apresenta-se aí um campo promissor de estudo para a ciência do futuro. Aqui, porém, como em outras matérias psíquicas, é necessária toda cautela. O autor sabe da ocorrência de muitos resultados trágicos em virtude do uso, sem o devido conhecimento, da respiração profunda nos exercícios psíquicos. As faculdades espirituais bem como a energia elétrica podem ser empregadas de variadas maneiras, mas reclamam conhecimento e cuidado para serem exercidas.

Swedenborg resume o assunto dizendo que, ao entrar em comunhão com os Espíritos, respira com dificuldade durante uma hora, "tomando apenas o ar necessário para suprir os pensamentos". A par dessa peculiaridade a respeito da respiração, permanece no estado normal durante as visões, conquanto prefira estar sozinho nesses momentos. Parece ter sido privilegiado com a possibilidade de examinar o Outro Mundo através de suas várias esferas e, embora seu raciocínio teológico possa ter colorido as próprias descrições, a vasta extensão de seu conhecimento material deu-lhe poderes inusitados de observação e comparação. Vejamos quais as principais informações trazidas por ele de suas inúmeras jornadas espirituais e o quanto coincidem com as que têm sido obtidas, desde sua época, pela pesquisa psíquica.

Segundo pôde verificar, o mundo para onde vamos após a morte é formado de diferentes esferas, representando vários graus de iluminação e felicidade, e iremos para aquelas em consonância com nossas condições espirituais; somos julgados, de forma automática, por uma lei espiritual que estabelece a atração do semelhante pelo semelhante, sendo o julgamento determinado pelo resultado total de nossa vida: a absolvição e o arrependimento no leito de morte podem ser, assim, de pouca valia.

Observou ainda que o cenário e as condições deste mundo são inteiramente reproduzidos nessas esferas espirituais, bem como o é a estrutura de nossa sociedade. Encontrou casas para a residência das famílias, templos para a adoração, salões para as reuniões sociais e palácios para a habitação dos governantes.

A morte reveste-se de suavidade, em virtude da presença de seres celestiais que ajudam o recém-chegado em sua nova existência. Esses recém-chegados passam imediatamente por um período de completo repouso, retomando a consciência em poucos dias, segundo nossa contagem de tempo.

Há anjos e demônios, mas eles não são de ordem diferente da nossa. São seres humanos que viveram na Terra, os quais podem ser almas pouco evoluídas, como os demônios, ou elevadas, como os anjos.

Nada em nós se altera com a morte. O ser humano continua o mesmo em todos os aspectos, embora mais perfeito do que antes, levando com ele suas faculdades bem como os hábitos mentais adquiridos, as crenças e os preconceitos.

Todas as crianças, batizadas ou não, são recebidas no Outro Mundo da mesma maneira, e aí crescem. Mulheres jovens as assistem maternalmente até que as mães verdadeiras as encontrem.

Não há punição eterna. Aqueles que estão nos infernos podem trabalhar, se o quiserem, para de lá saírem. Os que habitam os céus também não estão num lugar permanente: trabalham para alcançarem regiões mais elevadas.

Há casamento em forma de união espiritual, o que leva o homem e a mulher a constituírem uma unidade humana completa. Vale destacar que Swedenborg nunca se casou.

Não há, nas esferas espirituais, detalhe algum que lhe tenha escapado à observação. Ele fala da arquitetura, do trabalho dos artesãos, das flores e dos frutos, dos ornamentos, da arte, da música, da literatura, da ciência, das escolas, dos museus, das faculdades, das bibliotecas e dos esportes. Tudo isso choca as mentes convencionalistas. Nada obstante, poder-se-ia perguntar por que toleramos a existência de harpas, coroas e tronos, como habitualmente o fazemos, enquanto negamos a possibilidade de coisas menos materiais. Eis aí algo de difícil compreensão.

Aqueles que deixam este mundo, decrépitos, enfermos, ou deformados, readquirem a própria juventude e, gradualmente, assumem pleno vigor. Os casados continuam juntos, desde que intimamente ligados por sentimentos recíprocos de simpatia. Se assim não acontece, dissolve-se o casamento.

> Dois seres que se amam verdadeiramente não são separados pela morte de um, porque o Espírito do morto se liga ao Espírito do sobrevivente. Com a morte deste último, eles se reencontram e se unem, amando-se mais ternamente do que antes.

Esses são alguns respigos do imenso tesouro de informações, enviado por Deus ao mundo por meio de Swedenborg. Continuadamente tais informações têm sido repetidas pelas bocas e penas de nossos iluminados espiritualistas. O mundo as desprezou, embora se prenda a desgastadas e absurdas concepções. Todavia, o novo conhecimento está abrindo seu caminho passo a passo e, quando for inteiramente aceito, a missão de Swedenborg será reconhecida e sua exegese bíblica, olvidada.

A Nova Igreja, organizada para sustentar o ensinamento do mestre sueco, em lugar de assumir seu legítimo lugar de fonte do conhecimento psíquico, estagnou-se. Quando o movimento espiritualista irrompeu, em 1848, e homens, como Andrew Jackson Davis, deram-lhe suporte com seus escritos filosóficos e faculdades psíquicas muito semelhantes aos de Swedenborg, a Nova Igreja teria agido melhor se tivesse aclamado esse movimento, considerando-o de acordo com as orientações de seu líder. Em vez disso, preferiu, por alguma razão desconhecida, enfatizar as diferenças e ignorar as semelhanças, até que as duas organizações adotassem entre si posição de hostilidade. Com efeito, os espiritualistas deveriam reverenciar Swedenborg como sendo o primeiro e maior dos médiuns modernos, colocando seu busto em cada templo. Por outro lado, a Nova Igreja deveria passar por cima das pequenas diferenças e unir-se ao novo movimento com ardor, a fim de que suas igrejas e instituições pudessem contribuir para a causa comum.

Quando examinamos a vida de Swedenborg, é difícil descobrir as causas que levaram seus atuais seguidores a olharem com desconfiança os outros grupos espiritualistas: o que ele fazia em seu tempo é o que estes últimos fazem hoje. Falando da morte de Polhem, o vidente diz:

> Ele morreu segunda-feira e falou comigo na terça-feira. Fui convidado para o funeral. Ele viu não só o carro funerário como também o caixão, ao ser baixado à sepultura. Conversou comigo como um ser vivente, perguntando-me por que o haviam enterrado, se estava vivo. Quando o padre afirmou que ele se ergueria no Dia do Juízo, perguntou-me qual a razão de semelhante assertiva, pois já estava de pé. Admirou-se dessa crença, considerando o fato de que, mesmo agora, ele se encontrava vivo.

Isso tudo está inteiramente de acordo com as experiências dos médiuns da atualidade. Admitindo-se que Swedenborg estava certo, esses médiuns também estão.

De outra vez, Swedenborg afirma: "Brahe foi decapitado às 10 horas da manhã e falou comigo às 10 da noite. Permaneceu a meu lado quase todo o tempo, por vários dias".

Esses exemplos mostram que Swedenborg não hesitava em conversar com os mortos, assim como o Cristo, quando falou com Moisés e Elias no monte.

Swedenborg expôs essas ideias de forma bastante clara. Entretanto, ao examiná-las, devemos ter em mente a época em que vivia, bem como sua falta de experiência a respeito do rumo e objeto da Nova Revelação.

Afirmava ainda que Deus, em virtude de seus bons e sábios propósitos, tinha separado o mundo dos Espíritos do nosso, não sendo permitido o intercâmbio entre ambos, a não ser por razões poderosas — entre as quais não poderia ser incluída a mera curiosidade. Todo estudioso sincero de psiquismo concorda com isso, assim como todo espiritualista sério é contrário a transformar este assunto — o mais solene que há sobre a Terra — em uma sorte de passatempo. Dessa maneira, a principal razão que encontramos para o intercâmbio desses dois mundos é a de que, vivendo em uma época de materialismo, como Swedenborg jamais teria imaginado, nos estamos esforçando para provar, por meios objetivos, a existência e a supremacia do Espírito, de modo tal que os materialistas sejam perseguidos e vencidos em seu próprio campo. Seria difícil imaginar qualquer razão mais poderosa do que esta. Sendo assim, julgamo-nos no direito de dizer que, se Swedenborg fosse ainda vivo, ocuparia posição de liderança no movimento espiritualista moderno.

Alguns de seus seguidores, notadamente O Dr. Garth Wilkinson, fizeram a seguinte objeção:

> O perigo de o ser humano falar com os Espíritos é o fato de estarmos todos ligados aos nossos semelhantes. Como existe muito de maldade nos Espíritos que se nos assemelham, eles apenas confirmariam nossas opiniões, em seu intercâmbio conosco.

A isso podemos apenas responder que, não obstante especioso, é falso esse raciocínio, como demonstra a experiência. O homem não é naturalmente mau. Ao contrário, é intrinsecamente bom. O simples ato de comunicar-se com o mundo espiritual, com toda a solenidade deste ato, mostra seu lado religioso. Assim, de regra, não se sente a má, mas a boa influência, como o demonstram os belos registros de sessões, repletos de ensinamentos morais. O autor pode afirmar que, em aproximadamente quarenta anos de trabalho psíquico, durante os quais tem participado de inumeráveis sessões em muitos países, nunca ouviu, em sessão alguma, uma palavra obscena ou qualquer mensagem que pudesse ofender os ouvidos das senhoras mais delicadas. Outros espiritualistas veteranos trazem testemunho idêntico. Dessa forma, conquanto seja indubitavelmente correto o fato de serem os

Espíritos maus atraídos para um círculo mau, na realidade é muito difícil que alguém seja incomodado por esta razão. Se, no entanto, esses Espíritos se aproximarem, o procedimento adequado não é expulsá-los, mas conversar gentilmente com eles, no intuito de fazê-los perceber a própria condição e o que devem realizar para buscarem o autoaperfeiçoamento. Isso ocorreu muitas vezes na experiência pessoal do autor e com os mais felizes resultados.

Algumas ligeiras informações sobre Swedenborg, tendo por objetivo indicar sua posição no movimento espiritualista, encerram esta breve digressão sobre sua doutrina. Quando jovem, ele era frugal, prático, trabalhador e enérgico, e, na idade madura, muito amável. A vida parece tê-lo transformado em pessoa gentil e venerável. Era plácido, sereno e sempre disposto a conversar. Sua conversação, porém, não tomava o rumo do psiquismo, a menos que seus companheiros o desejassem. O material dessas conversas era sempre notável, mas ele tinha uma gagueira que lhe impedia a fluência. Fisicamente, era alto e magro, de rosto espiritualizado e olhos azuis; usava peruca até os ombros, roupas escuras, calças até os joelhos, fivelas nos sapatos e bengala.

Swedenborg sustentava que uma nuvem pesada se havia formado em volta da Terra, pela vulgaridade psíquica da humanidade, e que, de tempos em tempos, os seres humanos eram julgados, ocorrendo sua purificação, como sucede com a atmosfera material, saneada pela tempestade. Ele viu o mundo sendo levado a uma posição perigosa ante a irracionalidade das Igrejas, que provocava total ausência de religião. Autoridades espiritualistas contemporâneas, notadamente Vale Owen, afirmam também a existência dessa nuvem, acumulando-se, havendo um sentimento geral de que esse necessário processo de purificação não tarda. Pode-se compreender melhor Swedenborg, sob a perspectiva espiritualista, por meio de um extrato de seu próprio diário. Diz ele:

> Os ensinos teológicos são, por assim dizer, gravados rapidamente no cérebro, sendo de difícil remoção. Durante o tempo em que aí permanecem, não deixam espaço para as afirmações da verdade.

Excepcional vidente e grande pioneiro do conhecimento psíquico, a fraqueza de Swedenborg residiu nas próprias palavras que proferiu.

O leitor que quiser aprofundar os conhecimentos sobre Swedenborg encontrará seus ensinos mais característicos nas obras *Céu e inferno*,[7] *A nova Jerusalém*[8] e *Arcana Coelestia*. Sua vida foi admiravelmente relatada por Garth Wilkinson, Trobridge e Brayley Hodgetts — este último é atual presidente da Sociedade Inglesa Swedenborg. Apesar de todo o simbolismo teológico de que se utilizou, seu nome deve perdurar como sendo o do primeiro homem moderno que descreveu o processo da morte e o Outro Mundo. Suas descrições não têm por base o êxtase vago e as visões impossíveis das velhas Igrejas, mas correspondem àquelas que nós mesmos obtemos dos Espíritos, os quais tanto se esforçam por transmitir uma ideia mais clara a respeito de sua nova existência.

---

[7] N.T.: *Heaven and Hell*.
[8] N.T.: *The New Jerusalem*.

CAPÍTULO 2

Edward Irving: os *shakers*

A história de Edward Irving, com suas manifestações espirituais, no período de 1830 a 1833, é de grande interesse para o estudo do Espiritualismo, ajudando a preencher o espaço entre Swedenborg, de um lado, e Andrew Jackson Davis, de outro. Os fatos são os seguintes.

Edward Irving pertencia à classe mais pobre de trabalhadores braçais escoceses, da qual surgiu considerável número de grandes homens. Thomas Carlyle teve também essa origem e era da mesma época e região. Irving nasceu em Annan, no ano de 1792. Depois de passar por uma juventude difícil, aplicada aos estudos, transformou-se num homem singular. Gigante, no aspecto físico, tendo a força de um Hércules, seu esplêndido físico era apenas maculado por feia saliência em um dos olhos — defeito que, como o pé aleijado de Byron, parecia, de alguma sorte, apresentar analogia com os extremos de seu caráter. A mente, embora viril, aberta e corajosa, fora distorcida pela primeira fase de sua educação na acanhada escola da Igreja Escocesa, onde as duras e cruéis opiniões dos velhos convencionais — um impossível protestantismo, representando a reação contra um impossível catolicismo — ainda envenenavam a alma humana. Sua posição mental era estranhamente contraditória, pois, conquanto herdasse essa confusa teologia, deixara de herdar a liberalidade, que constitui patrimônio do mais pobre escocês, opondo-se a tudo que era liberal, e mesmo notórias medidas de justiça, como a Lei de Reforma de 1822, encontraram nele forte oposição.

Esse homem estranho, excêntrico e formidável preferia viver como se ainda estivesse no ambiente no século dezessete, quando seus protótipos se reuniam nas charnecas de Galloway,[9] para se esconderem dos dragões de Claverhouse,[10] atacando-os até mesmo com os próprios braços, se fosse preciso. Mas, como tinha de viver em seu próprio tempo, viu-se obrigado a firmar o nome, de algum modo, nos anais da época. Temos conhecimento de sua ativa juventude na Escócia; da disputa com o amigo Carlyle pelo afeto da inteligente e vivaz Jane Welsh; das grandes caminhadas e exibições de força; de sua curta carreira como violento mestre-escola em Kirkcaldy; do casamento com a filha de um ministro dessa cidade, e, finalmente, de sua nomeação para assistente do grande Dr. Chalmers, o mais famoso clérigo da Escócia daquela época, o qual dirigiu a paróquia de Glasgow com tamanha competência que sua administração é considerada capítulo marcante da história da Igreja Escocesa. Nessa posição, Irving relacionou-se diretamente com as classes mais pobres, fato este que constitui a melhor preparação para as lutas da vida, sem a qual ninguém é realmente completo.

Havia, naquela época, pequena igreja escocesa distante de Holborn, em Hatton Garden, Londres, que perdera seu pastor, ficando em posição precária, tanto no aspecto espiritual como no financeiro. A vaga daí decorrente foi oferecida ao assistente do Dr. Chalmers, o qual a aceitou após alguma reflexão. Foi então que sua retumbante eloquência e sua profunda interpretação da mensagem evangélica começaram a atrair a atenção e, subitamente, o estranho gigante escocês tornou-se moda. Aos domingos, pela manhã, a rua humilde ficava bloqueada pelas carruagens, e alguns dos mais distintos homens e mulheres de Londres disputavam espaço no acanhado recinto. Essa grande popularidade, porém, não durou. Possivelmente seu hábito de comentar o texto durante uma hora e meia fosse demasiado para a elegância inglesa, embora aceitável ao norte de Tweed. Finalmente, mudou-se para uma igreja maior, em Regent Square, onde havia assentos suficientes para se acomodarem, adequadamente,

---

[9] N.T.: região da Escócia.
[10] N.T.: regimento de cavalaria sob o comando do soldado e nobre escocês John Graham of Claverhouse (1648–1689) (*Encyclopaedia Brittanica*).

duas mil pessoas. Contudo, o pregador já não despertava o mesmo interesse. Abstraída sua oratória, Irving parece ter sido pastor consciencioso e trabalhador, esforçando-se continuadamente para prover as necessidades materiais dos mais humildes integrantes de seu rebanho, sempre pronto a cumprir seu dever a qualquer hora do dia ou da noite.

Nada obstante, logo veio o rompimento entre ele e as autoridades de sua Igreja. O assunto posto em discussão era excelente para fundamentar uma disputa teológica que tem causado maior dano ao mundo do que a varíola. A questão era se o Cristo tinha em si a possibilidade de pecar, ou se sua parte divina constituía barreira absoluta contra as tentações físicas. Essas autoridades sustentavam que a associação da ideia do pecado ao Cristo era uma blasfêmia. O obstinado clérigo, porém, replicava, com certa razão, que, ou o Cristo tinha a possibilidade de pecar e a isso resistiu com sucesso, ou seu destino terreno não foi igual ao nosso e, portanto, suas virtudes mereceriam menos admiração. O assunto foi discutido em Londres, de forma exaustiva e com grande seriedade. Finalmente, o presbitério condenou por unanimidade as ideias do pastor. Como, no entanto, sua congregação expressou-lhe aprovação irrestrita, ele pôde desconsiderar a censura de seus confrades do clero oficial.

Um grande desafio, entretanto, apareceu mais à frente e, ao encontrá-lo, Irving teve seu nome projetado, como acontece com todos os que se associam aos fenômenos espirituais autênticos. Primeiramente, cumpre considerar que Irving era profundamente interessado nas profecias bíblicas, especialmente as vagas e terríveis visões de São João, bem como as estranhas profecias de Daniel. Refletiu muito sobre os anos e dias destinados para o período de ira que deveria preceder à segunda vinda do Senhor. Havia outros estudiosos daquele tempo — por volta de 1830 — profundamente imersos nas mesmas sombrias especulações, podendo-se citar, entre eles, um banqueiro chamado Drummond, possuidor de grande casa de campo em Albury, perto de Guildford. Esses estudiosos da *Bíblia* costumavam reunir-se ali, de tempos em tempos, discutindo e comparando suas opiniões com tamanha minúcia que, não raro, as sessões se estendiam por toda a semana, sendo o dia completamente ocupado, do café da manhã ao jantar. Esse grupo era denominado *Os profetas de Albury*. Excitados pelos presságios políticos que se confirmaram com a *Lei da Reforma*, esses *profetas* julgavam que não ficaria pedra sobre pedra. É difícil imaginar qual teria sido sua reação se tivessem vivido para presenciar a Grande Guerra. Seja como for, eles estavam convencidos de que o fim de tudo se aproximava e buscavam avidamente sinais e presságios, transformando as vagas e sinistras palavras dos profetas em fantásticas interpretações.

Por fim, acima do monótono horizonte dos acontecimentos humanos, surgiu estranha manifestação. Dizia certa lenda que os dons espirituais dos primeiros tempos reapareceriam antes que chegasse o fim: era o esquecido dom das línguas voltando às experiências da humanidade. Tudo começou em 1830, no lado oeste da Escócia, com os sensitivos Campbell e MacDonald, que afirmavam ser o sangue celta mais receptivo às influências espirituais do que o da raça teutônica. Diante do nível intelectual dos profetas de Albury, a igreja de Irving enviou emissário para investigar o caso, que foi considerado verdadeiro. As pessoas eram de boa reputação, entre elas, inclusive, uma mulher cujo caráter bem poderia ser descrito como o de uma santa. As estranhas línguas eram ouvidas de tempos em tempos, sendo as manifestações acompanhadas por fenômenos de cura e outros sinais de força espiritual. Não havia fraude ou mistificação, mas um real influxo de estranho poder, levando as pessoas de volta aos tempos apostólicos. Os fiéis esperavam ansiosos por novos acontecimentos.

Logo, porém, esses fenômenos irromperam na própria igreja de Irving. Era julho de 1831. Houve rumores de que alguns membros da congregação tinham sido igualmente arrebatados em suas próprias casas, e que discretas exibições se apresentavam na sacristia e em outros locais fechados. O pastor e seus conselheiros ficaram em dúvida quanto à aceitação dos fatos, caso estes ocorressem no meio do público. Mas o assunto resolveu-se por si mesmo, à maneira dos Espíritos. Em outubro do mesmo ano, o trabalho rotineiro da igreja da Escócia foi subitamente interrompido pelos estranhos gritos de um possesso. Tudo ocorreu tão de repente e com tanta veemência, nos ofícios da manhã e da tarde, que o pânico se espalhou na igreja. Se não fosse a súplica retumbante do gigante pastor —"Oh! Senhor, acalma o tumulto do povo!" —, poderia ter acontecido uma tragédia. Houve também grande murmúrio e revolta dos conservadores. A repercussão foi considerável, tendo os jornais do dia falado abundantemente do assunto, embora seus comentários estivessem longe de ser favoráveis ou, ao menos, respeitosos.

Os gritos, vindo de homens e mulheres, começavam por ruídos ininteligíveis: pareciam meros grunhidos ou, então, alguma língua inteiramente desconhecida. "Sons repentinos, tristes e ininteligíveis", diz uma testemunha. "Havia uma força e uma amplitude nos sons" (conforme outra descrição) "incapazes de serem produzidos pelos delicados órgãos femininos". "Rebentavam com um assombroso e terrível fragor", afirma uma terceira pessoa. Muitos ficaram intensamente impressionados com esses sons, inclusive o próprio Irving.

> Há, na voz, uma força capaz de impressionar o coração e dominar o espírito de uma forma por mim nunca sentida. Há também uma cadência, uma majestade, uma grandeza permanente. Nunca ouvira falar de nada semelhante. São cânticos simples, que fazem lembrar os dos antigos serviços da catedral; tão elevados quanto os de Ambrósio, trazem a reminiscência das inspiradas manifestações da igreja primitiva.

Cedo, entretanto, palavras incompreensíveis em inglês foram adicionadas aos estranhos sons. Eram em geral exclamações e preces, sem sinal evidente de algo sobrenatural, exceto a circunstância de irromperem em horas inadequadas e independentemente do desejo do emissor. Em alguns casos, contudo, essas manifestações intensificavam-se de tal forma que o portador do dom tornava-se capaz de proferir longas arengas, falar a respeito da lei, expor seus pontos doutrinários de maneira profundamente dogmática e ainda lançar reprovações, ocasionalmente dirigidas até mesmo ao sofrido pastor.

Esses fenômenos, decerto, tiveram origem psíquica. Manifestaram-se, porém, em solo de extrema intolerância teológica, circunstância que os levaria ao insucesso. Até mesmo o sistema religioso de Swedenborg seria demasiadamente acanhado para receber dons espirituais tão genuínos. Assim, pode-se imaginar a que se reduziram estes quando inseridos nos estreitos limites da Igreja Escocesa, onde toda verdade deveria ser podada ou distorcida para adaptar-se a algum texto fantástico. Não se guarda vinho novo em odres velhos e apertados. Tivesse havido revelação mais ampla, sem dúvida outras mensagens seriam recebidas de diferentes maneiras e o assunto teria sido apresentado em suas justas proporções, comprovando-se os dons espirituais uns pelos outros. Não havia ali, porém, orientação alguma, só o caos. Como certos ensinos recebidos estavam em desacordo com a ortodoxia, eram inapelavelmente considerados obra do demônio. Sensitivos acusavam-se uns aos outros de heresia. Levantavam-se vozes contra vozes. E o pior: alguns dos mais importantes oradores convenceram-se a si mesmos de que seus discursos eram diabólicos. A razão principal desse entendimento era o fato de que suas palavras não se ajustavam às próprias convicções (isso, ao contrário, poderia ser considerado como demonstração de seu elevado teor). Além disso, ao proferirem seus discursos, entravam pelo caminho escorregadio das profecias, ficando envergonhados quando estas não se realizavam.

Certas afirmações desses sensitivos, justamente por se chocarem com sua sensibilidade religiosa, teriam merecido séria consideração numa época de maior esclarecimento. Um deles, estudioso dos textos bíblicos, teria afirmado, em relação à Sociedade da Bíblia: "É a maldição que recai sobre o mundo, extinguindo o Espírito de Deus pelo apego à letra da palavra de Deus". Certas ou erradas, essas palavras, independentemente de quem as pronunciou, estão em plena harmonia com os ensinos espirituais recebidos nos dias de hoje. Com efeito, se a letra é considerada sagrada, tudo pode ser provado com base nela, inclusive o materialismo.

Um dos principais porta-vozes dos Espíritos era um certo Robert Baxter (não confundir com o Baxter que, cerca de trinta anos depois, ligou seu nome a notáveis profecias). Esse Robert Baxter parece ter sido cidadão confiável, determinado e prosaico. Examinava as Escrituras, frase por frase — como um advogado examina um documento —, especialmente quando o texto podia adaptar-se ao esquema religioso ancestral. Homem honesto, mas de consciência inquieta, estava constantemente preocupado em analisar minuciosamente todas as questões; entretanto, permanecia imperturbável em relação a tudo que se vinculava às bases de suas crenças. Sentia intensamente a influência espiritual. Usando suas próprias expressões, diremos que sua boca "era aberta pela força". Segundo ele, o dia 14 de janeiro de 1832 marcou o começo daqueles místicos 1260 dias anteriores à *segunda vinda* e ao fim do mundo. Esta predição deve ter sido particularmente simpática a Irving, com seus sonhos visionários. Mas, muito antes do término desses dias, Irving estava no túmulo e Baxter tinha rejeitado aquelas vozes que, pelo menos neste caso, o haviam enganado.

Baxter escreveu um panfleto com o pomposo título: *Narrativa de fatos característicos de manifestações sobrenaturais, ocorridos com membros da congregação de Irving e outros indivíduos, na Inglaterra e na Escócia, e inicialmente com o próprio autor.*[11] A verdade espiritual não poderia ser transmitida por mente desse jaez, assim como a luz branca não o poderia através do prisma. No mencionado panfleto, Baxter admite a ocorrência de muitas coisas que parecem claramente supranormais misturadas a tantas outras questionáveis e algumas notoriamente falsas. Seu propósito foi renegar seus guias *invisíveis e maus*, de modo a poder retornar são e salvo ao seio da Igreja Escocesa. É de notar-se, contudo, que outro membro da congregação de Irving escreveu, em resposta, um panfleto com o título ainda mais longo, demonstrando que Baxter estava certo quando inspirado pelos Espíritos, e errado em suas deduções demoníacas. Este último trabalho é interessante por conter cartas de várias pessoas possuidoras do dom das línguas: indivíduos de cultura, incapazes de uma mistificação consciente.

Que dirá desses fatos o estudioso de psiquismo familiarizado com as fases mais modernas do movimento? Pessoalmente, julga o autor ter havido, no caso, um influxo psíquico verdadeiro, mas sufocado pela mesma estreita e sectária teologia da literalidade, que já provocara censura aos antigos fariseus. Em lhe sendo permitido arriscar a opinião, dirá o autor que o vaso perfeito dos ensinos espirituais é o homem sério, estudioso dos diversos credos ortodoxos, cuja mente, indagadora e receptiva, é qual superfície límpida, capaz de registrar uma nova impressão exatamente como foi recebida. Ele passa a ser, então, verdadeiro filho e discípulo dos ensinos do mundo espiritual, enquanto os demais espiritualistas se

---

[11] N.T.: *Narrative of Facts, Characterising the Supernatural Manifestations, in Members of Mr. Irving's Congregation, and Other Individuals, in England and Scotland, and formerly in the Writer Himself.*

tornam apenas adeptos. Não queremos dizer com isso que o adepto honesto não possa ser, pela nobreza de caráter, muito mais evoluído que o intérprete desses ensinos. Referimo-nos tão somente à questão do entendimento real da filosofia. O campo do Espiritualismo, sendo infinitamente amplo, oferece condições para cristãos, maometanos, hindus e parses[12] nele conviverem fraternalmente. Entretanto, a simples aceitação da volta do Espírito e de sua comunicação com os seres humanos não é suficiente. Muitos selvagens o admitem. É necessária a adoção de um código moral e, se o Cristo é para nós um professor benevolente ou um embaixador divino, seu ensino ético, mesmo quando não está diretamente associado ao seu nome, torna-se essencial para o melhoramento da humanidade. Esse ensino, entretanto, deve ser interpretado à luz da razão e aplicado segundo o espírito, e não de acordo com a letra.

Isso, porém, é digressão. Há sinais de existência de uma força psíquica verdadeira nos fenômenos de vozes ocorridos em 1831. Sabe-se que os fenômenos psíquicos sofrem distorção, quando se manifestam por um médium ainda preso ao sectarismo religioso. Sabe-se, também, que pessoas presunçosas e enfatuadas atraem Espíritos malévolos e se transformam em seus joguetes. Esses Espíritos apresentam-se, então, sob grandes nomes e fazem profecias que tornam ridículos seus porta-vozes humanos. Assim, os guias do rebanho do Sr. Irving produziram efeitos bons ou maus, segundo a natureza dos instrumentos por eles utilizados.

A unidade da Igreja, já sacudida pela censura do presbitério, dissolveu-se com essa nova prova. Houve grande cisão e o prédio foi reclamado pelos administradores. Irving e seus leais partidários colocaram-se em busca de novas instalações, encontrando-as na sala usada por Robert Owen: socialista, filantropo e livre-pensador, destinado a ser, vinte anos mais tarde, um dos pioneiros convertidos ao Espiritualismo. Ali, no Gray's Inn Road, Irving reuniu os fiéis. É inegável que a Igreja por ele organizada, com seus anjos, presbíteros, diáconos, línguas e profecias, tem sido, até hoje, a melhor reconstituição da Igreja Cristã. Se Pedro ou Paulo reencarnassem em Londres, ficariam espantados e, possivelmente, teriam horror

---

[12] N.T.: adeptos do parsismo, religião de Zoroastro (*Dicionário contemporâneo da língua portuguesa Caldas Aulete*).

à igreja de São Paulo ou à catedral de Westminster, mas se sentiriam em atmosfera familiar nas reuniões presididas por Irving. O homem sábio reconhece que se pode chegar a Deus por inúmeros caminhos. As mentes humanas e o espírito de época reagem de diferentes formas no tocante à Grande Causa. Portanto, o único ponto possível de entendimento e sobre o qual se pode insistir é a intensificação da caridade para consigo mesmo e para com os outros. Parece que a compreensão desse ponto faltava a Irving, pois enxergava o universo pela ótica da própria seita. Havia ocasiões, entretanto, em que demonstrava ter vaga noção disso. É possível, desse modo, que as disputas com Apollyon, das quais se lamenta — assim como Bunyan e os antigos puritanos costumavam lamentar-se das suas —, tivessem outro motivo.[13] Com efeito, Apollyon trazia consigo o espírito da verdade, pois afirmava que a luta interior do ser humano não era entre a fé e o pecado, mas entre a obscuridade do dogma e a luz da razão — dom de Deus —, razão esta que se revolta contra os absurdos humanos.

Irving, todavia, viveu muito intensamente, e as sucessivas crises por que passou o esgotaram. Essas disputas com teólogos polêmicos e membros recalcitrantes de seu rebanho podem parecer a nós fatos comuns, quando observados atualmente, mas, para ele, de alma ardente, devotada e tempestuosa, eram terríveis e vitais. Para a mente aberta, tanto faz uma seita como outra; mas para Irving, quer por hereditariedade, quer por educação, a Igreja Escocesa era a arca de Deus e, no entanto, ele, filho zeloso e fiel, guiado pela própria consciência, tinha seguido adiante, deixando para trás, lacrados, os grandes portões da salvação. Era um ramo que, apartado da árvore, agora secava. Essa comparação é autêntica, mas, em verdade, é mais que uma comparação, porque se transformou em algo real. Esse gigante, no início da meia idade, definhou e encolheu; sua grande constituição física curvou-se; a face tornou-se cavada e pálida; os olhos brilhavam em decorrência da febre maligna que o consumia. Mesmo assim, trabalhou até o final, tendo nos lábios as palavras: "Se eu morrer, morro com o Senhor". Sua alma desprendeu-se em direção àquela luz mais clara

---

[13] N.T.: deduz-se que o motivo oficial da disputa foi a divergência de ideias sobre a causa dos conflitos internos do ser humano, defendendo Irving a posição de que a luta interior se opera entre a fé e o pecado.

e mais dourada, na qual o cérebro cansado encontra repouso e o espírito oprimido adquire a paz e a segurança que a vida na Terra não pode dar.

Além desse incidente isolado da igreja de Irving, houve, naqueles dias, certa manifestação psíquica que se aproximou, de modo mais direto, dos fenômenos de Hydesville. Referimo-nos à eclosão espiritual ocorrida nas comunidades dos *shakers*, nos Estados Unidos. Tais acontecimentos receberam menos atenção do que mereciam.

Parece que essa boa gente tinha vínculo, de um lado, com os *quakers* e, de outro, com os refugiados das Cevennes, que vieram para a Inglaterra fugindo da perseguição de Luís XIV. Mesmo aqui, suas vidas inofensivas não os protegeram da perseguição dos fanáticos, vendo-se obrigados a emigrar para a América, no período da Guerra da Independência. Ali, em várias partes, fundaram instituições, vivendo de forma simples e honesta, alicerçados em princípios comunistas, sob o lema da sobriedade e castidade. Não é de admirar que a nuvem psíquica das forças do Outro Mundo, estabelecendo-se vagarosamente sobre a Terra, tivesse encontrado suas primeiras respostas em comunidades altruísticas desse tipo. Em 1837, existiam sessenta dessas corporações, todas elas receptivas, em diferentes graus, à nova força. Nessa época, mantinham suas experiências em sigilo, pois, segundo explicações posteriores de seus presbíteros, se a verdade fosse revelada, as testemunhas seriam internadas no hospício. Entretanto, apareceram mais tarde dois livros relatando essas experiências: *A sabedoria sagrada*[14] e *A lista sagrada.*[15]

Os fenômenos tiveram início com os habituais ruídos de advertência, acompanhados de um envolvimento obsessivo que acabou por submeter à possessão espiritual quase toda a comunidade. Os invasores, contudo, somente se manifestavam com intervalos e após pedirem permissão, de modo a não interferirem no trabalho da comunidade. Os principais Espíritos visitantes eram índios peles-vermelhas, vindos em grupo, como uma tribo.

Um ou dois presbíteros ficavam em aposento localizado no piso inferior da casa. Ouvia-se, então, uma batida à porta e os índios

---

[14] N.T.: *Holy Wisdom*.
[15] N.T.: *The Sacred Roll*.

perguntavam se podiam entrar. Dada a permissão, uma tribo inteira de indígenas invadiam a casa e, em poucos minutos, ouvia-se seu *whoop! whoop!* por toda a residência.

Os *whoops* emanavam, naturalmente, das cordas vocais dos próprios *shakers*, que, sob o controle dos índios, conversavam na linguagem destes, dançavam como indígenas e em tudo se mostravam possuídos por Espíritos peles-vermelhas.

Poder-se-ia perguntar por que esses aborígenes norte-americanos desempenharam papel tão importante não apenas nos primórdios, mas na continuidade do movimento. Existem poucos médiuns de efeitos físicos, tanto neste país [Inglaterra] quanto na América, que não tenham por guia um índio pele-vermelha, com seus escalpos e vestes características, como se pode ver nas fotografias obtidas por meios psíquicos. É ainda um dos muitos mistérios a serem solucionados. Podemos apenas afirmar, diante de nossa própria experiência, que esses Espíritos possuem suficiente poder para produzir fenômenos físicos, mas nunca transmitem ensinos tão elevados quanto os que nos chegam por intermédio dos Espíritos europeus ou orientais. Os fenômenos físicos são ainda de grande importância, porque chamam a atenção dos céticos para o assunto; portanto, o papel reservado aos índios é vital. Como demonstra a experiência, os Espíritos que foram homens rudes do campo estão especialmente ligados às manifestações grosseiras. É constantemente repetido, embora seja difícil prová-lo, que o principal organizador desse tipo de manifestações espirituais foi um aventureiro, conhecido em vida pelo nome de Henry Morgan. Este homem fora designado, por Carlos II, para governador da Jamaica, falecendo no posto. Por não terem sido comprovadas, tais afirmações carecem de valor em nosso atual estágio de conhecimentos, mas deveriam ser registradas, pois informações posteriores poderiam lançar nova luz sobre elas. John King, que seria o Espírito de Henry Morgan, é um ser real; poucos espiritualistas experientes não viram sua face barbuda e não escutaram sua voz imperiosa. Em relação aos índios, seus colegas ou subordinados, vale arriscar uma conjectura: são as crianças da natureza, mais próximas talvez dos segredos primitivos do que as raças mais adiantadas.

Possivelmente o trabalho que realizam tenha o caráter de expiação ou resgate, conforme certa feita o autor ouviu de seus lábios.

Essas observações podem parecer um afastamento da realidade dos *shakers*, mas as dificuldades que surgem para o investigador são devidas, em grande parte, aos inúmeros fatos novos, sem ordem ou explicação, que ele é obrigado a enfrentar, sem que sua mente possua qualquer escaninho onde possa colocá-los. Assim, o autor, alicerçado em sua própria experiência ou na daqueles em quem confia, fará o esforço de lançar nestas páginas algumas luzes que, tornando o assunto mais inteligível, deem ao menos uma ideia das leis reguladoras dos fatos em referência, estabelecendo a ligação entre os Espíritos e nós. Acima de tudo, o investigador deve abandonar para sempre a ideia de que os desencarnados são necessariamente entidades sábias ou poderosas. Eles possuem suas individualidades e limitações, assim como nós as possuímos. Essas limitações tornam-se mais significativas quando os Espíritos têm de se manifestar por meio de uma substância para eles desconhecida, como é a matéria.

Entre os *shakers*, destacava-se um homem de vasta inteligência chamado F. W. Evans, que fez um claro e interessante relato sobre o assunto. Os interessados poderão lê-lo no *New York Daily Graphic*, de 24 de novembro de 1874. A matéria foi também reproduzida na obra *Gente do outro mundo*,[16] do Coronel Olcott.

O Sr. Evans e seus companheiros, depois do primeiro distúrbio, físico e mental, causado pela erupção dos fenômenos, predispuseram-se a investigar o verdadeiro significado dos fatos. Chegaram à conclusão de que o assunto pode ser dividido em três fases. A primeira consiste em provar a autenticidade das manifestações. A segunda é a fase de instrução, pois mesmo o Espírito mais humilde pode trazer informações a respeito de suas condições após a morte. A terceira fase, que se poderia denominar missionária, é a da aplicação prática. Os *shakers*, no entanto, chegaram à inesperada conclusão de que os índios não tinham vindo para ensinar, mas para aprender. Catequizavam-nos, portanto, como o teriam feito em vida. Experiência similar verificou-se depois em muitíssimos círculos espiritualistas, aonde Espíritos primitivos e humildes chegavam para aprender o que

---

[16] N.T.: *People From the Other World.*

deveriam ter aprendido neste mundo, se tivessem encontrado professores. Poder-se-ia perguntar por que os Espíritos mais elevados não suprem a falta destes últimos. A resposta dada ao autor em uma notável ocasião foi a seguinte: "Esses Espíritos estão muito mais próximos de vocês do que de nós. Vocês podem chegar até eles por meios fora de nosso alcance".

 Daí se conclui que os bons *shakers* nunca estiveram em contato com os guias mais elevados (possivelmente eles não necessitassem de orientação), e que seus visitantes eram de plano inferior. Essas visitas prolongaram-se por sete anos. Ao partirem, os Espíritos informaram aos anfitriões que iriam embora, mas logo voltariam e, quando retornassem, invadiriam o mundo, entrando não só nas choupanas como nos palácios. Exatamente quatro anos mais tarde irromperam as batidas de Rochester. Quando isso se verificou, Elder Evans e um outro *shaker* visitaram a referida cidade e conheceram as irmãs Fox. Sua chegada foi saudada com grande entusiasmo pelas forças invisíveis, que proclamaram ser de fato aquele o acontecimento predito.

 Vale a pena transcrever uma das observações de Elder Evans. Fizeram-lhe a seguinte pergunta: "Não pensa o senhor que sua experiência era a mesma dos monges e das freiras da Idade Média?". Ele poderia ter dado a resposta nestes termos: "Nossas manifestações eram angélicas enquanto aquelas outras eram demoníacas"; mas não o fez. Respondeu apenas com clareza e brandura: "Certamente; esta é a explicação apropriada desses fatos em todas as épocas; as visões de Santa Teresa foram tão espiritualistas quanto as dos membros de nossa sociedade". Quando mais adiante lhe perguntaram se a magia e a necromancia pertenciam à mesma categoria de fenômenos, ele respondeu: "Sim, tal se dá quando o Espiritualismo é usado para fins egoísticos". Torna-se claro, assim, que há um século já existiam homens que seriam capazes de instruir nossos sábios de hoje.

 A notabilíssima Sra. Hardinge Britten, em seu *Espiritualismo americano moderno*,[17] relatou a maneira pela qual entrou em estreito contato com os *shakers*, que lhe mostraram seus registros das visitas dos Espíritos. Lê-se, nessas anotações, que a nova era seria inaugurada por descoberta extraordinária, tanto de valor material quanto espiritual. Esta profecia é

---

[17] N.T.: *Modern American Spiritualism*.

notável, uma vez que os campos auríferos da Califórnia foram descobertos muito pouco tempo depois. Swedenborg, com sua doutrina das correspondências, teria talvez sustentado que um fato complementa o outro.

    O episódio dos *shakers* é traço indelével entre o trabalho pioneiro de Swedenborg e o período de Davis e das irmãs Fox. Iremos agora examinar a carreira de Davis, que está intimamente associada ao surgimento e progresso do moderno movimento psíquico.

CAPÍTULO 3
O profeta da Nova Revelação

Andrew Jackson Davis foi um dos homens mais notáveis de todos os tempos. Nasceu em 1826, às margens do rio Hudson. Sua mãe, mulher supersticiosa e sem instrução, possuía tendências visionárias, enquanto seu pai, que trabalhava em couros, tinha o vício do álcool. Descreveu minuciosamente a própria infância no curioso livro *A vara mágica*,[18] que revive a vida primitiva e vigorosa das províncias americanas na primeira metade do século XIX. O povo era rude e sem instrução, mas tinha características espirituais bastante acentuadas, parecendo estar sempre buscando algo novo. Nesses distritos rurais de Nova Iorque, no espaço de poucos anos, desenvolveram-se o Mormonismo e o moderno Espiritualismo.

Jamais se viu jovem menos aquinhoado de vantagens pessoais do que Davis. Era débil de corpo e limitado de mente. Além dos livros da escola primária, recordava-se apenas de um que habitualmente lia até os 16 anos. Entretanto, nessa criatura jaziam faculdades espirituais de grande alcance, pois, antes de atingir 20 anos, havia escrito um dos mais profundos e originais livros de filosofia jamais produzidos. Poderia haver prova mais clara de que nada provinha dele mesmo, que era apenas tubo condutor desse reservatório de conhecimentos escoando-se por canais tão inusitados? O valor de uma Joana d'Arc, a santidade de uma

---

[18] N.T.: *The Magic Staff*.

ANDREW JACKSON DAVIS
(1826-1910)

Teresa d'Ávila, a sabedoria de um Jackson Davis, as faculdades supranormais de um Daniel Home, tudo vem da mesma fonte.

As faculdades psíquicas latentes em Davis começaram a eclodir no final da infância. Como Joana, ele ouvia vozes nos campos — vozes gentis dando-lhe bons conselhos, confortando-o. A clarividência veio depois da clariaudiência. Por ocasião da morte de sua mãe, teve a significativa visão de adorável lar em região luminosa, para onde imaginou teria ido a genitora. Contudo, suas faculdades só foram inteiramente despertadas quando chegou à aldeia um saltimbanco exibindo as maravilhas do mesmerismo. Esse homem fez experiências com Davis e outros jovens camponeses, verificando logo ser aquele portador de notável clarividência.

Essa faculdade, porém, não foi desenvolvida pelo peripatético mesmerista, mas por um alfaiate local, de nome Levingston. Este homem, bastante intrigado com os maravilhosos dons de Davis, abandonou seu próspero negócio e dedicou-se inteiramente ao trabalho com o rapaz, usando a clarividência deste para o diagnóstico de enfermidades. Davis desenvolvera a faculdade — comum entre os médiuns — de ver sem o auxílio dos olhos até mesmo coisas não perceptíveis à visão humana. Inicialmente, essa faculdade foi empregada a título de divertimento, lendo ele, de olhos vendados, as cartas e as horas dos relógios dos camponeses reunidos em assembleia. Note-se que, em tais casos, todas as partes do corpo assumem a função da vista. A razão provável desse fato está no corpo etéreo ou espiritual, que, possuindo os mesmos órgãos do corpo físico, desdobra-se total ou parcialmente, registrando as impressões. Como o Espírito pode assumir qualquer postura, ou mover-se em todos os sentidos, poderia ver de todos os ângulos. Tal pode ser a explicação de certos casos, como o de Tom Tyrrell — examinado pelo autor —, no norte da Inglaterra. Esse famoso médium costumava andar em torno da sala, admirando quadros, tendo as costas voltadas para as paredes onde estavam pendurados. Se, nesses casos, são os olhos etéreos que veem o quadro, ou se eles veem a duplicata etérea deste último, este é um dos muitos problemas que deixaremos para nossos descendentes.

A princípio, Levingston utilizou-se de Davis para diagnósticos médicos. Segundo o médium, o corpo humano tornava-se transparente diante de seus olhos espirituais. Estes, por sua vez, pareciam estar localizados no centro da testa. Cada órgão apresentava-se distintamente, com radiação especial própria, que se obscurecia em caso de doença. Para os médicos, cuja mentalidade ortodoxa o autor compreende e apoia, tal faculdade é porta aberta ao charlatanismo. No entanto, tudo o que Davis relatava tem sido confirmado pelo Sr. Bloomfield, de Melbourne, que revelou ao autor a própria surpresa quando sua clarividência surgiu, de súbito, no meio da rua, mostrando-lhe a anatomia de duas pessoas caminhando a sua frente. É tão real essa faculdade que, não raro, vemos médicos buscando o apoio de clarividentes para seus diagnósticos. Afirma Hipócrates: "A alma vê, sem olhos, as moléstias sofridas pelo corpo". Parece, assim, que os ancestrais sabiam algo a respeito de tais métodos. O trabalho de Davis não se limitava em observar aqueles que estavam em sua presença. Sua alma ou corpo etéreo tinha a capacidade de desprender-se sob o influxo magnético do experimentador e, então, voava, como se fosse um pombo-correio, na certeza de que retornaria com as informações desejadas. Além de realizar essa tarefa humanitária, Davis sentia, por vezes, a alma vagar livremente. Nessas ocasiões, podia descrever, com grande beleza de estilo, a visão da Terra, abaixo dele, translúcida, com seus grandes veios de depósitos minerais brilhando como massas de metal fundido, cada qual emitindo a própria radiação.

É notável que, nessa primeira fase de experiência psíquica, Davis não tivesse recordação alguma de suas impressões, ao voltar do transe. No entanto, estavam as mesmas gravadas em seu subconsciente, pois delas se lembrou inteiramente em época oportuna. Era, nessa primeira fase, uma fonte de instrução para os outros, conquanto ele mesmo permanecesse na ignorância.

Até então seu desenvolvimento ocorrera naturalmente e podia ser comparado às experiências de todos os médiuns. Foi aí que ocorreu um episódio inteiramente novo, minuciosamente descrito em sua autobiografia. Eis o resumo dos fatos: na tarde de 6 de março de 1844, Davis foi subitamente possuído por uma força que o impeliu a voar, em grande velocidade, da pequena cidade de Poughkeepsie, onde vivia, e fazer breve viagem em estado de transe parcial. Quando readquiriu a plena consciência, viu-se entre montanhas agrestes, onde — diz ele — encontrou dois homens veneráveis, com os quais manteve íntima e elevada conversação: com um, sobre Medicina; com o outro, sobre Moral. Esteve ausente toda a noite e, quando, na manhã seguinte, quis saber onde estivera, foi-lhe dito que tinha estado nas Montanhas Catskill, a quarenta milhas de sua casa. A inteira narrativa soa como experiência subjetiva, sonho ou visão, e ninguém hesitaria em entendê-la como tal, se não fora pelos pormenores de sua chegada e pela comida ingerida ao regressar. Alternativa possível seria a de que o voo para as montanhas fosse realidade, mas as entrevistas tivessem ocorrido em estado de sonho. Davis afirma ter posteriormente identificado os dois mentores como Galeno e Swedenborg. O interessante do caso é que foi seu primeiro contato com mortos dele desconhecidos. Todo o episódio tem feição visionária, não se ligando diretamente ao notável futuro do jovem.

Davis sentia forças superiores movimentando-se dentro dele. Quando, em estado de transe, lhe faziam perguntas profundas, sempre dizia: "Responderei a isto em meu livro". Aos 19 anos, compreendeu ter chegado o momento de escrever esse livro. A influência magnética de Levingston não era, por alguma razão, adequada ao mister. Davis, então, escolheu certo Dr. Lyon para ser seu novo magnetizador. Lyon deixou o exercício da profissão, indo para Nova Iorque com seu singular protegido. Aí chegando, eles solicitaram ao reverendo William Fishbough que atuasse como secretário. A escolha, feita de modo intuitivo, parece ter sido acertada, pois este último abandonou de imediato seu trabalho para aceitar o cargo. Lyon submetia o médium, diariamente, ao transe magnético, visando à sua preparação; o fiel secretário era incumbido de fazer os registros das manifestações. Não cogitavam de dinheiro nem de publicidade. O crítico mais cético não poderia deixar de ver na ocupação e nos objetivos desses três homens um contraste surpreendente com a sociedade utilitarista que os cercava: buscavam o mais além. Poderia o ser humano realizar algo mais nobre?

CAP 3 | O PROFETA DA NOVA REVELAÇÃO

O tubo, entretanto, não pode conter mais do que comporta seu diâmetro. O diâmetro de Davis era muito diferente do de Swedenborg. Ambos recebiam conhecimentos no estado de lucidez. Swedenborg, porém, era o homem mais culto da Europa, enquanto Davis era apenas como outros tantos rapazes sem instrução do Estado de Nova Iorque. Por isso, a revelação de Swedenborg talvez fosse mais grandiosa, embora provavelmente mais influenciada por suas ideias. A revelação de Davis, contudo, era milagre incomparavelmente maior.

O Dr. George Bush, professor de hebraico da Universidade de Nova Iorque, um dos que presenciaram os discursos proferidos por Davis em estado de transe, escreve:

> Posso afirmar solenemente ter ouvido Davis, em suas palestras, expressar-se de modo correto em língua hebraica. Vi-o, ainda, demonstrar espantoso conhecimento de geologia para alguém de sua idade, mesmo se ele tivesse estudado esta disciplina por anos a fio. Discutia habilmente as mais profundas questões de arqueologia histórica e bíblica, de mitologia, de origem e afinidade dos idiomas, assim como o progresso da civilização nas diferentes nações do globo. Tudo isso faria honra a qualquer estudante da mesma idade, ainda que, para adquirir tal conhecimento, tivesse consultado todas as livrarias cristãs do mundo. Na verdade, mesmo que houvesse adquirido as informações transmitidas em suas palestras não apenas nos dois anos após ter deixado o banco de sapateiro, mas em toda sua vida com estudos constantes, nenhum prodígio intelectual de que o mundo tem notícia seria, sequer por um instante, comparável a Davis. Entretanto, jamais tinha lido um só volume, ou até página, de livro algum.

Eis, a seguir, admirável descrição de Davis nessa época. Bush chama-nos ao exame das características do jovem, dizendo:

> A circunferência da cabeça é demasiadamente pequena. Se tamanho fosse medida de poder, a capacidade mental deste rapaz seria bastante limitada. Seus pulmões são fracos e comprimidos. Por não ter vivido

em ambientes refinados, possui maneiras rudes e inconvenientes. Leu apenas um livro. Nada sabe de gramática ou de regras de linguagem nem é ligado a pessoas dos meios literários ou científicos.

Esse o rapaz de 19 anos de quem brotavam, em catadupas, palavras e ideias, que eram alvo de crítica não pela simplicidade, e sim pela complexidade de seu conteúdo, expresso em termos eruditos, mas sempre calcado na razão e no método.

Poder-se-ia trazer à baila a questão do subconsciente, como em geral se faz nos casos de emersão de ideias adquiridas e esquecidas depois. Tal sucedeu a Davis, por exemplo, quando, mais tarde, com suas faculdades desenvolvidas, pôde lembrar-se de tudo que com ele se passara em seus transes do período de inexperiência. Todavia, seria abusar das palavras falar-se de subconsciente quando o conhecimento não pode, conscientemente ou não, chegar ao cérebro pelos meios normais.

Eis o começo da grande revelação psíquica de Davis, divulgada em muitos livros, todos reunidos sob o título *Filosofia harmônica*.[19] Trataremos mais adiante da natureza dessa revelação e do seu lugar entre os ensinos psíquicos.

Nessa fase inicial de vida, Davis estava sob a influência direta de uma entidade que só depois pôde identificar como sendo Swedenborg — um nome inteiramente desconhecido por ele nesse período. De vez em quando, recebia, pela clarividência, a determinação de *subir* à *montanha*: tratava-se de uma colina situada na margem do Hudson oposta a Poughkeepsie. Ali, na montanha, reunia-se a uma figura venerável, com quem conversava. Não foram encontrados indícios de materialização nem se conhece incidente similar, salvo, é certo — e falamos com toda a reverência — a subida do Cristo ao monte e seu intercâmbio com as formas de Elias e Moisés. Quanto a isso, parece completa a analogia.

Ao que consta, Davis não foi religioso no sentido comum e convencional, embora vivesse envolvido por forças espirituais autênticas. Suas opiniões, até onde sabemos, eram bem críticas a respeito da revelação bíblica, podendo-se dizer, no mínimo, que não aceitava sua interpretação

---

[19] N.T.: *Harmonial Philosophy*.

literal. Contudo, era honesto, sério, incorruptível, ansioso por encontrar a verdade e cônscio de ser responsável por sua divulgação.

Por dois anos, o Davis *inconsciente* ditou seu livro sobre os segredos da natureza, enquanto o Davis *consciente* adquiria alguma instrução, em Nova Iorque, com eventuais visitas restauradoras a Poughkeepsie. Começara a atrair a atenção de algumas pessoas sérias, como Edgar Allan Poe, um de seus visitantes. Seu desenvolvimento psíquico continuou e, antes de atingir 21 anos, tinha alcançado o estágio em que não mais necessitava de outra pessoa, para entrar em transe, passando a fazê-lo sozinho. Sua memória subconsciente foi também finalmente aberta, tornando-se capaz de examinar a real dimensão de suas experiências. Nessa época, esteve junto de uma mulher agonizante e observou todos os pormenores da partida da alma. Admirável descrição desse fenômeno está no primeiro volume de *A grande harmonia*.[20] Apesar de ter sido também publicado em um panfleto, esse relato não é tão conhecido como deveria. Assim, seu breve resumo poderia interessar ao leitor.

Inicialmente, Davis faz uma reflexão consoladora: seus próprios voos espirituais, em tudo semelhantes à morte, exceto quanto à duração, lhe tinham mostrado que morrer é experiência "interessante e deliciosa", sendo os sintomas de dor meros reflexos do corpo. Em seguida, diz ter-se lançado numa "condição superior", observando, do lado espiritual, as etapas da partida da alma. Segundo ele, "o olho da matéria somente pode ver as coisas materiais e o do Espírito, as espirituais". Como tudo, porém, parece ter sua contraparte espiritual, o resultado seria o mesmo: o Espírito vindo a nós, em verdade não nos percebe, mas distingue nosso corpo etéreo, duplicata do corpo real.

Esse corpo etéreo Davis viu emergir, pouco a pouco, do desgastado envoltório de protoplasma até que, como sucede à enrugada crisálida, quando dela se liberta a mariposa, o envoltório, desocupado, restou no leito. O processo começou por extrema concentração no cérebro, tornando-se este cada vez mais luminoso, à medida que as extremidades do corpo escureciam. É provável que o ser humano só atinja a plenitude de sua consciência ou de sua força mental depois de perder todos os instrumentos materiais de identificação dos pensamentos. O novo corpo começou,

---

[20] N.T.: *Great Harmony*.

então, a emergir; a cabeça desprendendo-se primeiro. Logo o corpo libertou-se completamente, posicionando-se de pé, ao lado direito do cadáver, com os pés próximos à cabeça deste e tendo uma faixa luminosa ligando-o ao corpo inerte, à maneira de cordão umbilical. Quando este se rompeu, pequena porção foi absorvida pelo corpo de carne, preservando-o, assim, de instantânea putrefação. Quanto ao corpo etéreo, este levou algum tempo para adaptar-se ao novo ambiente, até que atravessou as portas abertas.

> Vi-a passar pela sala contígua, sair pela porta da rua e erguer-se na atmosfera. Imediatamente após deixar a casa, juntaram-se-lhe dois seres amigos do mundo espiritual. Depois de se reconhecerem e dialogarem ternamente, os três ascenderam em sentido oblíquo, da maneira mais graciosa possível, através do envoltório etéreo de nosso globo. Andavam juntos tão natural e fraternalmente que me custava admitir que flutuassem — pareciam caminhar por encosta de gloriosa montanha deles conhecida. Continuei a fitá-los até que a distância os ocultasse de meus olhos.

Eis a morte, na visão de A. J. Davis, bem diferente daquele terror negro que por tanto tempo obsidiou a imaginação humana. Sendo isso verdade, poderemos compreender o Dr. Hodgson, quando exclama: "Eu mal consigo esperar". Mas é verdade. Há inúmeras provas no mesmo sentido.

Várias pessoas entrando em estado cataléptico, ou atingindo o coma profundo, ao retornarem à consciência, relatam impressões muito semelhantes às narradas por Davis, embora outras voltem com os cérebros completamente vazios. O autor, quando esteve em Cincinnati, no ano de 1923, foi apresentado à Sra. Monk. Esta dama fora considerada morta por seus médicos, experimentando a existência *post mortem* por uma hora, aproximadamente, antes que algum capricho do destino lhe restaurasse a vida. Ela escreveu breve relato de sua experiência, dizendo lembrar-se claramente de caminhar para fora do quarto, tal qual Davis descreve, e também do cordão prateado, que continuava a unir sua alma viva ao corpo comatoso. Outro caso notável foi também relatado na revista *Light*, de 25 de março de 1922, em que as cinco filhas de uma mulher agonizante, todas elas clarividentes, viram e descreveram o processo da morte de sua mãe. Aí, de novo, a descrição do processo é análoga às acima referidas. Contudo, as diferenças existentes entre os relatos dessa espécie são suficientes para sugerir que a sequência dos acontecimentos nem sempre segue as mesmas regras. Outra variante de extremo interesse, apresentada na obra da Sra. De Morgan, *Da matéria ao espírito*[21] (p. 121), está no desenho elaborado por uma criança médium, representando a alma que deixa o corpo. O livro em referência, com denso prefácio do Professor De Morgan, celebrado matemático, é um dos trabalhos pioneiros do movimento espiritualista na Grã-Bretanha. Ao recordarmos que essa obra veio a lume em 1863, sentimos um peso no coração ante o sucesso das forças obstruidoras (tão fortemente refletidas na imprensa), as quais têm conseguido por tantos anos colocar-se entre a mensagem de Deus e o gênero humano.

Só o cético, ignorante dos fatos, pode desconsiderar a força profética de Davis. Antes de 1856, ele profetizou, minuciosamente, a chegada do automóvel e da máquina de escrever.

Em seu livro *Penetralia*, encontra-se o seguinte:

> Pergunta: o utilitarismo descobrirá outras formas de locomoção? Sim; basta que se procure por carruagens e transportes coletivos para as estradas rurais — sem cavalos, sem vapor, sem qualquer força motriz visível — movendo-se com maior velocidade e muito mais segurança que no presente. Esses carros serão impulsionados por estranha, bela e simples mistura de gases aquosos e atmosféricos, tão facilmente condensados, tão simplesmente inflamados, tão unidos a uma máquina algo semelhante às atuais quanto ocultos e manejáveis entre suas rodas dianteiras. Tais meios de transporte reduzirão as dificuldades hoje enfrentadas pelas pessoas que vivem em territórios pouco populosos. O primeiro requisito para essas locomotivas de terra é a construção de boas estradas. Isto possibilitará a realização de viagens, com grande rapidez, nessas máquinas sem cavalos, que me parecem ser de construção simples.

Perguntou-se-lhe em seguida:

---

[21] N.T.: *From Matter to Spirit*.

Percebe algum plano para tornar mais rápida a arte da escrita? Sim; estou prestes a inventar um psicógrafo automático — isto é, um escritor artificial. Poder-se-ia construir algo semelhante ao piano, com uma sequência de teclas para representar os sons elementares, uma camada mais baixa para fazer a combinação e ainda outra para rápida recombinação, de tal modo que, em vez de tocar uma peça musical, poder-se-ia bater, de forma suave, um sermão ou um poema.

Em resposta a uma pergunta sobre a então denominada *navegação atmosférica*, o vidente percebeu, "com profunda impressão", que

> o mecanismo necessário para vencer as correntes de ar adversas, a fim de se poder navegar tão fácil, segura e prazerosamente quanto os pássaros, depende de nova força motriz, que há de vir e não moverá apenas a locomotiva sobre os trilhos e os veículos pelas estradas rurais, mas também os carros aéreos através do céu, de país a país.

Em sua obra *Princípios da natureza*,[22] publicada em 1847, predisse o advento do Espiritualismo, ao afirmar:

> É verdade que os Espíritos se relacionam entre si, estando uns no corpo humano e outros em esferas elevadas. Isso se dá mesmo que a pessoa, no corpo, inconsciente do que ocorre, não perceba o fato. Essa verdade se apresentará brevemente na forma de viva demonstração, e o mundo saudará, com deleite, o surgimento da era em que as faculdades interiores do ser humano serão abertas ao intercâmbio espiritual, tal como já acontece com os habitantes de Marte, Júpiter e Saturno.

Nesse tópico, Davis é preciso, mas deve-se admitir que, em boa parte de seu trabalho, ele é vago, de difícil leitura, pois se utiliza de longas expressões e, por vezes, de vocabulário por ele mesmo inventado. Seus ensinos são, contudo, de altíssimo nível moral e intelectual, podendo ser entendidos

---

[22] N.T.: *Principles of Nature*.

como um Cristianismo atualizado, com a ética do Cristo aplicada aos problemas modernos e inteiramente liberta de todo traço de dogma. A *Religião Documentária*,[23] como Davis a denominou, não é, segundo ele, de modo algum uma religião: são apenas reflexões pessoais, baseadas na razão e na espiritualidade. Essas reflexões, misturadas com muitas revelações sobre a natureza, integram seus ensinos, expostos nos sucessivos livros da *Filosofia harmonial*, que sucederam às *Revelações divinas da natureza*[24] e ocuparam os anos seguintes de sua vida. Davis também divulgava seus ensinamentos mediante conferências e por um estranho jornal, intitulado *O Univercoelum*.

Em suas visões espirituais, ele percebeu uma forma de organização do universo que se aproximava bastante daquela descrita por Swedenborg (essa sua percepção foi mais tarde confirmada pelos Espíritos e aceita pelos espiritualistas). Vislumbrou uma vida similar à da Terra, uma existência que poderia ser chamada de semimaterial, com prazeres e ocupações adequadas à nossa natureza, que de modo nenhum se transformava com a morte: constatou haver estudo para os estudiosos, tarefas apropriadas aos mais ativos, arte para os artistas, beleza para os amantes da natureza, descanso para os exaustos; viu, ainda, as fases gradativas da vida espiritual, pelas quais se ascende vagarosamente ao nível sublime e celeste. Davis levou sua magnificente visão para além do universo conhecido, observando que este se dissolvia na nuvem de fogo de onde havia emergido para se consolidar e, mais uma vez, surgia e se consolidava, a fim de atingir um estágio evolutivo mais elevado. Verificou que esse processo se renovava inúmeras vezes, por trilhões de anos, até chegar à purificação. Ele descreveu as esferas espirituais como anéis concêntricos em volta do mundo (é preciso, porém, não considerar sua geografia num sentido demasiadamente literal, pois nem o tempo nem o espaço — conforme ele mesmo admite — são claramente definidos em suas visões). Davis compreendeu, por fim, que o objetivo da vida é dar condições para o progresso do ser humano, dentro desse contexto admirável. Para isso, no entanto, é preciso livrar-se dos pecados, não apenas dos pecados geralmente reconhecidos, mas também do fanatismo, da mesquinhez e da inflexibilidade, que constituem manchas especiais não só na carne efêmera, mas no Espírito, que

---

[23] N.T.: *Documentary Religion*.
[24] N.T.: *Nature's Divine Revelations*.

sobrevive ao corpo. Portanto, torna-se essencial o retorno à vida simples, às crenças singelas e à fraternidade original; o dinheiro, o álcool, a luxúria, a violência e o sacerdócio — este em uma visão estreita — constituem os principais impedimentos ao adiantamento do ser humano.

Deve-se admitir que Davis, tal como sabemos, viveu para suas convicções. Era muito humilde, feito da mesma substância dos santos. Sua autobiografia vai somente até 1857, de modo que tinha pouco mais de 30 anos quando a publicou. Nada obstante, ela é suficiente para dar completa descrição de seu íntimo, por vezes de forma involuntária. Ele era muito pobre, mas justo e caridoso; bastante sério, mas paciente na argumentação e gentil diante das contradições. Foram-lhe imputadas as piores intenções; no entanto, ele as recebeu com sorriso tolerante. Fez o relato completo de seus dois primeiros casamentos, inusitados, como tudo o que lhe diz respeito, mas que apenas depõem a seu favor. Desde a data do término de *A vara mágica*, parece ter levado o mesmo tipo de vida, alternando escritos com palestras, cada vez mais atraindo a atenção do mundo, até que morreu no ano de 1910, aos 84 anos. Passou o último ano de sua existência como gerente de pequena livraria em Boston. O fato de sua *Filosofia harmonial* ter tido cerca de quarenta edições nos Estados Unidos é prova de que nem todas as sementes, por ele espalhadas com tanta constância, caíram em terreno árido.

O que nos importa, entretanto, é o papel desempenhado por Davis no começo da revelação espiritual, pois ele iniciou o preparo do terreno para que ela ocorresse. Estava claramente destinado a se lhe associar intimamente, haja vista ter percebido a demonstração material de Hydesville no próprio dia de seu acontecimento. De suas anotações, citamos o seguinte trecho, com a data significativa de 31 de março de 1848:

> Ao amanhecer deste dia, uma brisa morna roçou-me a face e eu ouvi uma voz, suave e forte, dizendo: "Irmão, o bom trabalho começou. Contempla a manifestação viva que surge". Fiquei refletindo sobre o sentido dessas palavras.

Era o início do poderoso movimento do qual ele participaria como profeta. As forças de sua mente eram tão supranormais quanto eram materiais as manifestações de seu corpo físico: ambas se completavam.

Tornara-se, até o limite de sua capacidade, a alma do movimento, o único cérebro a ter clara visão da mensagem que se anunciava de modo assim novo e estranho. Ninguém possui condições de receber essa mensagem em sua plenitude, pois é infinita, aprofundando-se à medida que se entra em contato com seres de grau mais elevado na hierarquia espiritual. Davis, entretanto, a interpretou tão bem para seus dias e para sua geração que, mesmo agora, pouco se lhe pode acrescentar às concepções.

Tinha ido além de Swedenborg, embora não possuísse o equipamento mental deste para ordenar os próprios resultados. O vidente sueco vira o céu e o inferno, da mesma forma que Davis os viu e descreveu pormenorizadamente. Swedenborg, porém, não lograra uma visão precisa da posição dos mortos e da verdadeira natureza do mundo espiritual, com a possibilidade de retorno dos Espíritos, como foi revelado ao vidente americano. Davis adquiriu esse conhecimento lentamente. Suas estranhas entrevistas com os "Espíritos materializados" — segundo sua expressão — eram fatos excepcionais, de que extraía, no entanto, importantes conclusões. Só mais tarde, quando teve contato com a realidade das manifestações espirituais, é que pôde compreender o completo significado desses fatos. Tal contato não foi estabelecido em Rochester, mas em Stratford, Connecticut, onde Davis foi testemunha dos fenômenos de *poltergeist*, ocorridos na casa do clérigo Dr. Phelps, nos primeiros meses de 1850. Após estudar esses fenômenos, publicou o panfleto *A filosofia do intercâmbio espiritual*[25] — transformado depois em livro —, contendo muitos ensinamentos que o mundo ainda não pode compreender. Alguns deles, por conterem sábias advertências, podem ser recomendados aos espiritualistas:

> O Espiritualismo é útil por ser uma viva demonstração da existência futura. Os Espíritos têm-me ajudado muitas vezes, mas não controlam minha pessoa nem minha razão. Podem realizar serviços e o fazem, gentilmente, para todos na Terra; mas só garantem bons resultados àqueles que os acolhem na condição de professores e não de donos, que os aceitam como companheiros e não como deuses aos quais devam reverenciar.

---

[25] N.T.: *The Philosophy of Spiritual Intercourse*.

Palavras de sabedoria, que podem ser consideradas moderna releitura da observação básica de São Paulo, segundo a qual o profeta não deve sujeitar-se aos próprios dons.

À primeira vista, as faculdades supranormais de Davis bastariam para explicar adequadamente os acontecimentos de sua existência. Há, contudo, a possibilidade de outras explicações, se levarmos em conta os seguintes e inegáveis fatos: 1. Ele afirma ter visto e ouvido a forma materializada de Swedenborg antes de conhecer seus ensinos. 2. Esse jovem ignorante era possuído por algo que lhe dava grandes conhecimentos. 3. Esses conhecimentos atingiram a mesma amplitude universal dos de Swedenborg. 4. Representam eles, porém, um passo adiante, pois acrescentam aos ensinos de Swedenborg o conhecimento que este teria alcançado depois de sua morte.

Considerando-se esses quatro pontos, não teria sido Davis realmente orientado por Swedenborg? Bom seria se a estimável, mas estreita e limitada Igreja Nova levasse em conta essa possibilidade. Não importa, porém, se Davis esteve sozinho, ou se era o reflexo de uma inteligência mais elevada. O fato é que ele era o homem-milagre, o inspirado, o douto e, ao mesmo tempo, o inculto apóstolo da Nova Revelação. Tão significativa foi sua presença que o renomado artista e crítico E. Wake Cook, no notável livro *Retrocesso na arte*,[26] retoma os ensinamentos de Davis, por considerá-los única influência moderna capaz de reformar o mundo. Davis deixou marca profunda no Espiritualismo. Por exemplo, *Terra de verão*[27] — conforme denominou o paraíso moderno, com todo seu sistema escolar de engenhosa organização — é criação sua. Como observou o Sr. Baseden Butt: "Mesmo hoje, é difícil, se não impossível, avaliar todo o alcance da influência de Davis".[28]

---

[26] N.T.: *Retrogression in Art*.
[27] N.T.: *Summerland*.
[28] Nota do autor: *Occult Review*, fev. 1925.

CAPÍTULO 4
O episódio de Hydesville

As manifestações da força psíquica tratadas até agora foram irregulares e sem conexão. Chegamos, finalmente, ao episódio de Hydesville. As manifestações ocorridas nesse vilarejo, embora de natureza inferior às anteriores, encontraram o solo fértil de um povo prático, que soube explorá-las, introduzindo raciocínio e sistema no que antes era apenas objeto de admiração sem propósito. É verdade que as circunstâncias eram modestas, os atores humildes, o local remoto e a comunicação de natureza vil, pois não se fundamentava em razões superiores, mas na vingança. Quando, porém, em nosso dia a dia, queremos saber, por exemplo, se o fio telegráfico se encontra em funcionamento, procuramos verificar apenas se determinada mensagem está ou não passando através dele. O alto ou o baixo nível dessa mensagem é de consideração secundária. Conta-se que a primeira comunicação transmitida pelo cabo transatlântico foi uma simples pergunta do engenheiro de testes. Nada obstante, esse sistema é usado, desde então, por reis e presidentes. Assim, o Espírito humilde do mascate assassinado parece ter aberto espaço para a passagem de multidões de anjos. Certamente há o bem e o mal, e ambos intervêm tanto no outro como neste lado do véu: atraímos nossas companhias pelo que somos e pensamos.

Hydesville é vilarejo típico do Estado de Nova Iorque, de população simples, a qual, ao tempo desses fenômenos, certamente era semieducada, conquanto, assim como as dos restantes povoados americanos, se encontrasse provavelmente mais liberta de preconceitos e, portanto, mais receptiva a novas ideias do que outras comunidades daquela época. Localizado aproximadamente a 20 milhas da florescente cidade de Rochester, era constituído por um conjunto de casas de madeira de tipo muito humilde. Numa dessas casas — que com certeza não preencheria as exigências de um inspetor de conselho distrital britânico — tiveram início as manifestações que, na opinião de muitos, se tornaram a mais importante contribuição da América para o bem-estar mundial. A residência era habitada por uma decente família de fazendeiros, de nome Fox (esse nome, por curiosa coincidência, está registrado na história religiosa como pertencendo a um dos apóstolos dos *quakers*). Na época em que essas manifestações atingiram intensidade suficiente para atrair a atenção do grande público, residiam na casa, além do casal Fox, suas duas filhas: Margaret, de 14 anos, e Kate, de 11. O casal tinha outros filhos, que não moravam com os pais. Sua filha Leah, professora de música em Rochester, será também introduzida nesta narrativa.

A pequena casa possuía estranha reputação, à vista dos depoimentos reunidos e publicados logo após este episódio, os quais parecem tão confiáveis quanto podem ser as provas dessa natureza. Por sua extrema importância, não poderemos deixar de transcrever alguns trechos desses depoimentos, mas, para evitar desvios na narrativa, decidimos fazê-lo no *Apêndice*. Assim, passemos imediatamente ao período de residência da família Fox, que alugou a casa em 11 de dezembro de 1847. Só no ano seguinte os sons ouvidos pelos inquilinos anteriores recomeçaram: consistiam em batidas rápidas e nítidas. Ruídos desse tipo não devem parecer estranhos, se considerarmos sua produção por visitantes do Além, ansiosos por anunciar-se à porta da vida humana, esperando que esta porta lhes seja aberta. Batidas do gênero já haviam ocorrido na Inglaterra, em 1661, na residência do Sr. Mompesson, em Tedworth.[29] São também registradas por Melanchthon, como tendo acontecido em Oppenheim, na Alemanha, em 1520; foram ouvidas, de igual modo, no vicariato de Epworth, em 1716. Tudo isso, entretanto, era desconhecido por esses fazendeiros de pouca leitura. Tais batidas ressurgiam, mas, dessa vez, os citados visitantes conseguiram que a porta fechada se abrisse.

---

[29] Nota do autor: *Saducismus Triumphatus*, do reverendo Joseph Glanvil.

FAMÍLIA FOX
Margaretta Fox-Kane, Leah Underhill, Kate Fox-Jencken, John D. Fox, Margaret Fox

Parece que os ruídos não incomodaram a família Fox até meados de março de 1848. Desta data em diante, porém, ficaram cada vez mais intensos. Por vezes, eram simples batidas nas portas; noutras ocasiões, soavam como se os móveis mudassem de lugar. As meninas ficavam tão alarmadas que se recusavam a dormir sozinhas, indo para o quarto dos pais. Os ruídos eram vibrantes, fazendo as camas tremerem e balançarem. Todas as investigações possíveis foram realizadas pelo casal: o marido ficava esperando de um lado da porta, e a esposa, do outro. As batidas, entretanto, continuavam. Observou-se logo que a luz do dia era prejudicial ao fenômeno. Tal fato, naturalmente, reforçava a ideia de fraude, mas todas as explicações possíveis foram testadas e falharam. Por fim, na noite de 31 de março, houve altíssima e continuada eclosão de sons inexplicáveis. Foi então que a jovem Kate Fox desafiou a força invisível a repetir os estalos de seus dedos. Isso possibilitou que se alcançasse, nessa noite, um grande marco da evolução psíquica. Aquele aposento tosco, com seus ocupantes sérios, expectantes, vestidos com roupas caseiras, com as faces ansiosas voltadas para cima, cercados por luz de vela, com as sombras pesadas espreitando nos cantos, bem poderia ser objeto de um belo quadro histórico. Pesquise-se em todos os palácios e chancelarias de 1848. Onde se encontrar um aposento que tenha fixado seu lugar na História com tanta segurança como esse pequeno quarto de barracão? O desafio da menina, embora lançado com palavras irreverentes, foi imediatamente aceito. Todo estalo repercutia numa batida. Os operadores, de ambos os lados, eram humildes, mas o telégrafo espiritual finalmente estava funcionando. A paciência e a seriedade do ser humano, porém, determinariam o grau de elevação de seu uso no futuro. Forças inexplicáveis existiam muitas no mundo, mas ali estava uma que se dizia produzida por inteligência independente. Era o sinal supremo de um novo ponto de partida. A Sra. Fox estava perplexa com a manifestação e com a posterior descoberta de que a força não só parecia ouvir como também ver, pois, mesmo quando Kate estalava os dedos sem som, as batidas prosseguiam. A mãe formulou uma série de perguntas, cujas respostas, obtidas por números, mostravam que o ser comunicante estava mais inteirado de determinados assuntos particulares do que ela própria, pois insistia em que tivera sete filhos, enquanto afirmava ela terem sido apenas seis, pois não se lembrava de um deles, falecido em tenra idade. A Sra. Redfield — uma das vizinhas — foi chamada. De início, divertiu-se com a situação, mas seu divertimento transformou-se em admiração seguida de pavor, quando também obteve respostas corretas para questões íntimas.

À medida que corriam as notícias sobre essas maravilhas, os vizinhos chegavam aos bandos. Um deles levou as meninas para sua casa, enquanto a Sra. Fox pernoitou na residência da Sra. Redfield. Na ausência delas, os fenômenos prosseguiram exatamente como antes, afastando de uma vez por todas as teorias dos dedos estalantes ou do deslocamento de joelhos, tão frequentemente sugeridas pelos que desconhecem a realidade dos fatos.

Havendo-se organizado uma espécie de comissão informal de investigações, a multidão, em astuta feição *yankee*, passou boa parte da noite de 31 de março num jogo de perguntas e respostas com a inteligência invisível. De acordo com a própria declaração desta, tratava-se do Espírito de um homem morto naquela casa. Forneceu, por meio de batidas, o nome do anterior morador que o prejudicara. Disse que, ao tempo de sua morte (o que acontecera cinco anos antes), tinha 31 anos e fora assassinado por causa de dinheiro, sendo enterrado no porão, a 10 pés[30] de profundidade. Alguém desceu ao porão para investigar, mas no momento em que o investigador atingiu a parte central do compartimento, irromperam pancadas rudes e pesadas, vindo, aparentemente, de dentro da terra: só ali se ouviam os ruídos. Aquele era, então, o local do sepultamento!

Um dos vizinhos, de nome Duesler, foi quem, pela primeira vez nos tempos modernos, se utilizou do alfabeto, recebendo respostas mediante pancadas correspondentes às letras. Por meio desse recurso, o nome do morto foi obtido: Charles B. Rosma. A ideia para obtenção de mensagens encadeadas só foi desenvolvida, porém, quatro meses mais tarde, sendo Isaac Post, um *quaker* de Rochester, seu pioneiro.

Esse o brevíssimo esboço dos fatos ocorridos em 31 de março, que prosseguiram e se confirmaram na noite seguinte, quando não menos de algumas centenas de pessoas se reuniram em volta da casa. No dia 2 de abril, as pancadas ocorreram também durante o dia.

Essa a sinopse da noite de 31 de março de 1848. Note-se, entretanto, que os fatos ocorridos nesta ocasião podem ser considerados a singela raiz de uma grande árvore, sendo todo este livro um monumento a sua memória. Assim, conviria deixar que suas duas primeiras testemunhas adultas os narrassem. Os relatos dessas testemunhas foram registrados no período de quatro dias da ocorrência dos fenômenos e integram a admirável peça de pesquisa psíquica realizada pela comissão local, a ser descrita e comentada posteriormente.

Diz a Sra. Fox, em seu depoimento:

> Na noite da primeira perturbação, levantamo-nos, acendemos uma vela e vasculhamos toda a casa. Os ruídos continuaram e pareciam vir do mesmo ponto. Embora não fossem muito altos, produziam um movimento de camas e cadeiras, o qual poderia ser sentido quando estávamos deitados. Era mais um movimento

---

[30] N.T.: pé é a "unidade de medida linear anglo-saxônica, de 12 polegadas, equivalente a cerca de 30,48 cm do sistema métrico decimal" (*Novo dicionário Aurélio da língua portuguesa*).

trêmulo do que um abalo repentino. Podíamos sentir esse abalo quando de pé, no chão. Os ruídos prosseguiram nessa noite até adormecermos. No meu caso, isso só se deu perto das vinte e quatro horas. No dia 30 de março, fomos perturbados durante toda a noite. O barulho era ouvido em todas as partes da casa. Meu marido colocou-se fora do quarto, do outro lado da porta, enquanto permaneci junto a esta, do lado de dentro, e as batidas se fizeram ouvir dentro da porta. Escutamos passos na copa e descendo a escada. Não podíamos descansar. Concluí, então, que a casa devia estar assombrada por algum Espírito infeliz e inquieto. Muitas vezes tinha ouvido falar a respeito de tais fatos, mas nunca tinha observado algo assim, que não pudesse explicar.

Na noite de sexta-feira, dia 31 de marco de 1848, decidimos ir para a cama cedo, sem nos permitir entrar em perturbação. Buscávamos uma noite de repouso. Meu marido estava sempre presente, ouvindo o barulho e ajudando nas investigações. Bem cedo, portanto, fomos para a cama: mal tinha escurecido. Precisava tanto de repouso que me sentia quase doente. Meu marido ainda não havia ido dormir quando ouvimos os ruídos. Eu tinha acabado de me deitar. Começaram da forma habitual. Distinguia-os de quaisquer outros jamais ouvidos. As meninas, que dormiam em outra cama no mesmo quarto, ouviram as batidas e tentaram fazer sons semelhantes, estalando os próprios dedos.

Minha filha mais nova, Cathie, disse então: "Senhor Pé Rachado, faça como eu". E batia palmas. O ruído acompanhou-a, imediatamente, com o mesmo número de batidas. Quando ela parou, o som cessou por breve tempo. Então Margaretta falou, de brincadeira: "Agora, faça exatamente como eu. Conte um, dois, três, quatro", batendo as mãos, e os ruídos vieram como antes. Ela ficou com medo de repetir o procedimento. Foi quando Cathie falou, em sua simplicidade infantil: "Oh, mãe, eu sei o que é. Amanhã é 1º de abril. É alguém nos fazendo de bobos".

Nesse instante, pensei em fazer um teste que ninguém no lugar poderia acertar: a indicação das idades de meus filhos. De forma instantânea, foram dadas sucessivamente as idades de cada um,

CAP 4 | O EPISÓDIO DE HYDESVILLE

A PEQUENA KATIE FOX COMUNICANDO-SE POR MEIO DE SINAIS
O início do intercâmbio espiritual em Hydesville. (Desenho de S. Drigin)

fazendo-se uma pausa suficientemente longa entre elas, até que se chegasse a do sétimo. Fez-se, então, pausa mais longa e, de pronto, surgiram três enfáticas batidas, correspondendo à idade do pequenino que morreu — meu filho mais novo.

Em sequência, perguntei: "É um ser humano que responde às minhas perguntas tão corretamente?". Não houve batida alguma. Perguntei, em sequência: "É um Espírito? Se for, dê duas batidas?". Dois sons foram ouvidos tão logo fiz a solicitação. Disse, em seguida: "Se é um Espírito a quem causaram mal, dê duas batidas". A resposta veio instantaneamente, fazendo tremer a casa. Perguntei ainda: "Foi nesta casa que lhe fizeram mal?". A resposta foi dada como antes. "A pessoa que o maltratou ainda vive?". As batidas em resposta foram dadas da mesma forma. Certifiquei-me, pelo mesmo processo, tratar-se de um homem de 31 anos, assassinado na casa, sendo seus restos enterrados no porão; sua família era constituída de esposa e cinco filhos — dois meninos e três meninas —, todos vivos ao tempo de sua morte, vindo sua esposa a falecer posteriormente. Perguntei-lhe, por fim: "Continuará a bater, se eu chamar os vizinhos?". Deu resposta afirmativa por meio de pancadas fortes.

Meu marido saiu e chamou a Sra. Redfield, nossa vizinha mais próxima, mulher de grande seriedade. As meninas estavam sentadas na cama, aconchegadas uma à outra, tremendo de pavor. Quanto a mim, acho que estava tão calma quanto agora. A Sra. Redfield veio imediatamente (eram cerca de 19 h 30), pensando em rir-se das garotas; mas quando as viu, pálidas de medo e quase sem fala, ficou admirada, passando a acreditar na existência de algo mais sério. Fiz algumas perguntas por ela e as respostas vieram como antes. Foi dita corretamente sua idade. Ela chamou, então, o marido e as mesmas perguntas foram feitas, sendo dadas, com exatidão, as respectivas respostas.

O Sr. Redfield solicitou a presença do Sr. Duesler e esposa, além de várias outras pessoas. O Sr. Duesler chamou também os casais Hyde e Jewell. Nomeei, na ocasião, todos os vizinhos que me vieram ao pensamento e perguntei ao Espírito se um deles o havia ferido. Não recebi resposta. O Sr. Duesler, por sua vez, formulou muitas perguntas e recebeu respostas. Perguntou: "Foi assassinado?". Batidas indicando resposta afirmativa fizeram-se ouvir. "Pode seu assassino ser levado à Justiça?". Nenhum som foi emitido. "Pode ser punido pela lei?". Nenhuma resposta foi dada. Disse, então: "Se o assassino não pode ser punido pela lei, manifeste-se por batidas". As batidas soaram clara e distintamente. O Sr. Duesler certificou-se, pelo mesmo método, de que o comunicante tinha sido morto no quarto leste da casa e que o homicídio fora cometido pelo senhor ------, há cinco anos aproximadamente, numa terça-feira, à meia-noite; que a vítima tivera sua garganta cortada com uma faca de açougueiro; que o corpo fora levado para o porão e só na noite seguinte enterrado, a 10 pés abaixo do solo, após ser arrastado pela despensa e escadaria. Constatou-se, também por batidas, que o dinheiro tinha sido o móvel do crime.

"Qual era a quantia? Cem dólares?". Nenhuma batida foi dada em resposta. "Duzentos?" e assim por diante. Quando ele mencionou quinhentos, soaram as batidas, indicando confirmação. Muitos que estavam pescando no riacho também foram chamados.

Diversas pessoas pernoitaram na casa. Eu e minhas filhas saímos. Meu marido permaneceu ali, com o Sr. Redfield, a noite inteira. No sábado, a casa ficou superlotada. Não se ouviram os sons durante o dia. Recomeçaram, porém, ao anoitecer. Havia cerca de trezentas pessoas nessa ocasião. No domingo, todos os que se encontravam na casa ouviram os ruídos durante todo o dia.

Na noite de sábado, 1º de abril, começaram a cavar no porão; cavaram até encontrarem água; então pararam. O barulho não foi ouvido ao anoitecer nem durante a noite de domingo. Stephen B. Smith e esposa (minha filha Marie), bem como meu filho David S. Fox e esposa dormiram no quarto nessa noite.

Nada mais ouvi, desde então até ontem. Na manhã de ontem muitas perguntas foram feitas, e dadas as respostas por meio das batidas habituais. Ouvi os ruídos várias vezes hoje.

Não creio em casas mal-assombradas nem em aparições sobrenaturais. Lamento que este caso tenha provocado tanta excitação. Tudo isso tem sido um grande transtorno para nós. Foi uma infelicidade morarmos aqui, mas estou ansiosa de que a verdade seja conhecida e expressamente declarada. Não posso compreender a razão de tais ruídos. Tudo o que sei é que eles têm sido ouvidos repetidamente, como disse. Ouvi as batidas de novo esta manhã, terça-feira, 4 de abril. Meus filhos também as ouviram.

Certifico que a declaração acima me foi lida, sendo a expressão da verdade. Se for necessário, prestarei juramento sobre isto.

(Assinada por Margaret Fox, em 11 de abril de 1848.)

Declaração de John D. Fox:

Ouvi e li a declaração que minha esposa, Margaret Fox, acaba de fazer. Certifico ser a mesma verdadeira. Escutei as batidas em resposta às perguntas a que ela se referiu, mas houve muitíssimas outras perguntas, tendo as respostas vindo da mesma forma. Algumas dessas perguntas foram repetidas muitas vezes, recebendo sempre as mesmas respostas. Nunca houve qualquer contradição.

Não sei que causa poderia ser atribuída a esses ruídos, se considerarmos serem eles provocados por meios naturais. Investigamos todos os cantos, dentro e fora da casa, em diferentes ocasiões, a fim de verificar a existência de qualquer coisa ou alguma pessoa escondida, que pudessem produzir o barulho. Não fomos capazes de encontrar nada que explicasse ou sugerisse uma explicação para esse mistério. Tudo isso vem causando muito aborrecimento e ansiedade. Centenas de pessoas têm visitado a casa, tornando-se impossível, por isso, realizar nossas tarefas diárias. Espero seja logo apurada a causa natural ou sobrenatural desses ruídos. A escavação no porão será reassumida assim que as águas se assentarem. Poderá, então, ser procurado algum vestígio de que um corpo tenha sido alguma vez ali enterrado. Se isso for descoberto, não terei dúvida em atribuir origem sobrenatural aos fatos.

(Assinada por John D. Fox, 11 de abril de 1848.)

Para investigar o caso, os vizinhos buscaram formar uma comissão que, por sua sensatez e eficiência, constituísse exemplo para os futuros pesquisadores. A comissão nomeada não impôs condições: iniciou seu trabalho sem preconceito, relatando os fatos com exatidão. Não apenas coletou e registrou as impressões de cada interessado, mas publicou as informações no prazo de um mês da ocorrência dos fenômenos. Em vão o autor tentou adquirir uma cópia do panfleto *Um relato dos ruídos misteriosos ouvidos na casa do Sr. John D. Fox*[31], publicado em Canandaigua, Nova Iorque. No entanto, recebeu de presente um fac-símile do original. Em sua opinião, desde o dia em que apareceu esse documento, a sobrevivência do ser humano e sua possibilidade de se comunicar estão definitivamente demonstradas para qualquer pessoa capaz de avaliar uma prova.

A declaração do Sr. Duesler, presidente da mencionada comissão, oferece importante testemunho da ocorrência dos ruídos e abalos, mesmo quando as meninas Fox se ausentavam da casa, afastando, de vez, a suspeita de sua participação nos acontecimentos. A Sra. Fox, como vimos,

---

[31] N.T.: *A Report of the Mysterious Noises heard in the House of Mr. John D. Fox.*

referindo-se à noite de sexta-feira, 31 de março, disse: "Eu e minhas filhas deixamos a casa". Eis parte da declaração do Sr. Duesler:

> Moro a poucas varas[32] da casa em que esses sons foram ouvidos. A primeira vez que ouvi falar deles foi há uma semana, na noite de sexta-feira. A Sra. Redfield veio até nossa casa e convidou minha esposa para ir com ela à residência da família Fox. A Sra. Redfield parecia muito agitada. Minha esposa fez questão de que eu as acompanhasse. Fomos, então. Era cerca de nove horas da noite. Havia cerca de doze a quatorze pessoas presentes quando lá chegamos. Algumas estavam tão amedrontadas que se recusavam a entrar na casa. Entrei e sentei-me na cama. Após uma pergunta formulada pelo Sr. Fox, ouvi, distintamente, as batidas de que me haviam falado, sentindo a cama tremer no justo momento em que as ouvia.

O ilustre Robert Dale Owen,[33] membro do Congresso dos Estados Unidos e anteriormente ministro americano em Nápoles, fornece, em seu relato, alguns pormenores adicionais. Esse relato foi escrito depois de conversas mantidas com a Sra. Fox e as filhas, Margaret e Catharine. Descrevendo a noite de 31 de março de 1848, diz ele (*Footfalls*, p. 287):

> Os pais haviam removido as camas das filhas para o quarto do casal, proibindo as meninas de se referirem aos ruídos, mesmo se os ouvissem. Entretanto, no instante em que a mãe, após verificar estarem elas na cama, em segurança, se preparava para repousar, as meninas gritaram: "Eles estão aqui de novo!". A mãe as repreendeu e se deitou. Logo após, os ruídos se tornaram mais altos e assustadores. As meninas se sentaram na cama. A Sra. Fox chamou o marido. Por ser uma noite de ventania, o Sr. Fox pensou que o estalar das janelas fosse a causa do barulho. Verificou várias destas, sacudindo-as para ver se estavam soltas. Kate, a filha mais

---

[32] N.T.: vara é uma "antiga unidade de comprimento, equivalente a 5 palmos, ou seja, 1,10 m" (*Novo dicionário Aurélio da língua portuguesa*).
[33] Nota do autor: autor de *Footfalls on the Boundary of Another World* (1860) e *The Debatable Land* (1871).

nova, observou que os ruídos pareciam responder às sacudidelas, todas as vezes que estas eram dadas pelo pai. Sendo uma criança esperta e, de certa forma, acostumada ao que estava acontecendo, virou-se para o local de origem do ruído, estalou os dedos e bradou: "Aqui, velho Pé Rachado, faça como eu". As batidas responderam instantaneamente. Aquele era o começo. Quem poderá dizer qual será o fim? O Sr. Mompesson, encontrando-se no leito com sua filhinha (de idade aproximada à de Kate), que parecia estar sempre acompanhada pelo barulho, imaginou a possibilidade de serem as respostas dadas corretamente por meio de batidas de tambor, mas não levou adiante sua curiosidade. Kate também não fez tentativa alguma nesse sentido. A menina, contudo, experimentou juntar silenciosamente o polegar e o indicador, para ver se, ainda assim, poderia obter alguma resposta. Afirmativo! Então, podia ver tanto quanto ouvir! Chamou a mãe e disse: "Mãe, olhe só!" Juntou o indicador e o polegar, como antes, e as batidas vieram em resposta exatamente na mesma frequência em que repetia o silencioso movimento.

No verão de 1848, o Sr. David Fox, com o auxílio dos Srs. Henry Bush, Lyman Granger, de Rochester, e outros reassumiram a escavação no porão. A 5 pés de profundidade, encontraram uma grande tábua; cavando mais adiante, descobriram carvão e cal viva e, finalmente, cabelos e ossos, que, segundo testemunho de médico especialista, faziam parte de um esqueleto humano. No entanto, somente cinquenta e seis anos mais tarde, fez-se a descoberta que provou, sem sombra de dúvida, ter sido alguém realmente enterrado no porão da casa da família Fox.

A referência a esse acontecimento está no *Boston Journal* (jornal não espiritualista), de 23 de novembro de 1904, nos seguintes termos:

Rochester, Nova Iorque, 22 de novembro de 1904. Foi encontrado, nas paredes da casa antes ocupada pelas irmãs Fox, o esqueleto do homem provavelmente causador das batidas que elas ouviram, inicialmente em 1848, afastando, de vez, a única sombra de dúvida de sua sinceridade em relação à descoberta da

CAP 4 | O EPISÓDIO DE HYDESVILLE

comunicação dos Espíritos. As irmãs Fox declararam haver aprendido a se comunicar com o Espírito de um homem que dizia ter sido assassinado e enterrado no porão da casa. Repetidas escavações, buscando localizar o corpo e, assim, dar prova positiva de sua narrativa, fracassaram. A descoberta foi feita por crianças de escola, brincando no porão do edifício conhecido como *A casa assombrada*, em Hydesville, onde as irmãs Fox ouviram as batidas maravilhosas. William H. Hyde, conceituado cidadão de Clyde, proprietário da casa, procedeu à investigação, encontrando, entre a terra e os escombros das paredes do porão, um esqueleto humano quase completo. Era indubitavelmente o do mascate andarilho, que, como se afirmou, havia sido assassinado no aposento leste da casa, e cujo corpo fora escondido no porão.

O Sr. Hyde avisou aos parentes das irmãs Fox, e a notícia da descoberta será enviada à *Ordem Nacional dos Espiritualistas*. Muitos de seus membros recordam-se de terem feito peregrinações à *casa assombrada*, como é geralmente conhecida. A descoberta dos ossos é a confirmação prática da declaração, sob juramento, de Margaret Fox, em 11 de abril de 1848.

Descobriu-se também uma caixa de mascate, feita de lata, atualmente guardada em Lilydale, sede regional dos espiritualistas americanos, para a qual também fora transportada a velha casa de Hydesville.

Essas descobertas põem termo à controvérsia, provando, definitivamente, o crime ocorrido na casa e sua revelação por meios psíquicos. Aliás, quando se examina o resultado das duas escavações, não é difícil reconstruir as circunstâncias do crime. Assim, torna-se claro que, no primeiro momento, o corpo foi enterrado com cal no centro do porão. Mais tarde, o criminoso, com receio de o lugar ser alvo de suspeitas, desenterrou-o, enterrando-o de novo sob a parede, onde estaria mais resguardado. Contudo, o trabalho tinha sido feito tão rapidamente, ou na semiobscuridade, que, como visto, alguns traços da primeira sepultura foram deixados para trás.

É esta a única prova do crime? Para responder à pergunta, é preciso examinar o depoimento de Lucretia Pulver, faxineira do Sr. Bell e senhora no período em que ocuparam a casa, quatro anos antes. Ela relata a chegada de um mascate à residência e o fato de ter ele ali pernoitado, com suas mercadorias. Os patrões permitiram-lhe ir para casa naquela noite.

> Eu desejava comprar algumas coisas, mas não tinha dinheiro comigo. Então ele disse que iria a nossa casa na manhã seguinte a fim de realizar o negócio. Não o vi mais depois disso. Passados três dias aproximadamente, eles me pediram para voltar e eu retornei. Esse mascate deveria ter cerca de 30 anos. Ouvi-o conversando com a Sra. Bell sobre sua família. A Sra. Bell disse ser ele velho conhecido seu e do marido, tendo-o visto, portanto, diversas vezes. Certa noite, cerca de uma semana depois, a Sra. Bell mandou-me descer ao porão para fechar a porta externa. Ao atravessá-lo, porém, caí perto da parte central. Pareceu-me estar o chão irregular e fofo ali. Quando voltei, a Sra. Bell me perguntou por que havia gritado. Riu-se de meu receio e me explicou que os ratos tinham revolvido a terra. Alguns dias depois, no decorrer da noite, o Sr. Bell levou certa quantidade de entulho para o porão, onde trabalhou por algum tempo. A Sra. Bell afirmou que ele estava tapando os buracos deixados pelos ratos. Pouco tempo depois, a Sra. Bell deu-me um dedal, que, segundo ela, adquirira do mascate. Passados três meses, fui visitá-la. Disse-me, então, ter ele voltado, mostrando-me outro dedal, que também lhe teria vendido. Apresentou-me ainda outras coisas dizendo tê-las comprado do mascate.

Digna de registro é a declaração, em 1847, de certa Sra. Lape. Afirma esta senhora ter visto uma aparição na casa, descrevendo-a como um homem de estatura mediana, vestindo calça cinza, sobrecasaca preta e chapéu preto. Lucretia Pulver disse, em seu depoimento, que o mascate vestia sobrecasaca preta e calça clara.

Deve-se acrescentar, por outro lado, não ser o Sr. Bell, ocupante da casa naquela época, um homem de boa reputação, podendo-se facilmente admitir que ele consideraria injusta e intolerável qualquer acusação fundada inteiramente em prova psíquica. É muito diferente, contudo, quando a prova do crime é descoberta, restando apenas saber quem era o inquilino naquela ocasião. O depoimento de Lucretia Pulver assume peso de vital importância neste caso.

Há ainda um ou dois pontos merecedores de entrar na discussão. Um deles é o fato de alguém de nome tão marcante como Charles B. Rosma nunca ter sido localizado, mesmo levando-se em conta toda a publicidade dada ao caso. Isso deve ter parecido, naquela época, uma formidável objeção. Entretanto, com a abrangência atual de nossos conhecimentos, podemos dizer que é muito difícil obterem-se nomes corretos por meios psíquicos. Aparentemente, um nome é algo meramente convencional. É diferente de uma ideia. Todo espiritualista praticante tem recebido mensagens corretas ligadas a nomes equivocados. É possível que o nome real fosse Ross, ou talvez Rosmer, tendo este erro frustrado a identificação. Além disso, é curioso não soubesse que seu corpo fora removido do centro do porão para a parede, onde foi encontrado. A esse respeito, no entanto, podemos somente registrar o fato sem tentar explicá-lo.

Ademais, se as jovens eram as médiuns de quem a força era retirada, como seria possível ocorrer o fenômeno sem a presença delas? A única resposta para isso seria a de que, embora o futuro tenha demonstrado ser a força realmente proveniente das meninas, tal força, contudo, parece ter saturado toda a casa, ficando à disposição do manifestante, quando as meninas estavam ausentes.

A família Fox ficou seriamente abalada com esses acontecimentos: os cabelos da Sra. Fox tornaram-se brancos em uma semana. E como parecia estar tudo aquilo ligado às duas jovens, estas foram afastadas de casa. Mas os mesmos sons foram ouvidos, quer na casa do irmão David Fox, para onde Margaret fora, quer na da irmã Leah — cujo nome de casada era Sra. Fish — em Rochester, onde Catharine se tinha hospedado. Empreenderam-se todos os esforços para conservar em sigilo as manifestações, mas logo elas se tornaram conhecidas. A Sra. Fish, que era professora de música, foi impedida de continuar exercendo a profissão, pois centenas de pessoas afluíam à sua casa para presenciar as novas maravilhas.

Cumpre ressaltar que, ou a força em referência era contagiosa, ou podia irromper em muitas pessoas, independentemente da existência de uma fonte comum. Assim, a Sra. Leah Fish — a irmã mais velha — passou a ter, embora em menor grau, o mesmo dom de Kate e Margaret. Tal força, porém, não ficou confinada por muito tempo à família Fox. Assemelhava-se a uma nuvem psíquica que, vindo do alto, caía sobre as pessoas suscetíveis de absorvê-la. Sons similares foram ouvidos na casa do Rev. A. H. Jervis, ministro metodista em Rochester. De igual modo, aconteceram fortes fenômenos físicos na família do diácono Hale, de Greece, cidade próxima de Rochester. Pouco mais tarde, a Sra. Sarah A. Tamlin e a Sra. Benedict, ambas de Auburn, desenvolveram notável mediunidade. O Sr. Capron — primeiro historiador do movimento — descreve a Sra. Tamlin como um dos médiuns mais confiáveis por ele encontrados. Afirma que os sons produzidos em sua presença não se mostravam tão fortes como os ouvidos junto à família Fox; entretanto, as mensagens obtidas por ela eram igualmente dignas de confiança.

Tornou-se logo evidente que as forças invisíveis não se limitavam a determinada residência, mas acompanhavam as meninas. A família rezou, juntamente com seus amigos metodistas, buscando alívio, mas em vão; sacerdotes de vários credos fizeram exorcismos, também sem efeito prático. As presenças invisíveis, no entanto, acompanharam os *améns* com suas batidas, sendo este seu único sinal de atenção a tais exercícios religiosos.

O perigo de seguir-se cegamente a orientações supostamente vindas dos Espíritos guias foi mostrado de forma clara meses depois na cidade vizinha de Rochester, onde um homem havia desaparecido em circunstâncias suspeitas. Um espiritualista entusiasta obteve, mediante batidas, informações sobre um assassinato que teria havido em determinado canal. O canal foi aberto e a esposa do desaparecido obrigada a entrar nele, o que quase lhe custou a vida. Alguns meses depois, o homem retornou dizendo ter ido para o Canadá com o intuito de fugir de uma intimação por débito. Como bem se pode imaginar, isso foi um golpe para o culto nascente. O público não entendeu, na ocasião, o seguinte (ainda hoje isto é muito pouco entendido): a morte não transforma o ser humano, abundam entidades mistificadoras e brincalhonas e, em cada situação, o pesquisador deve usar o próprio bom senso. *Experimente os Espíritos, a fim de conhecê-los.*

No mesmo ano e no mesmo distrito, a verdade dessa nova filosofia, de um lado, e suas limitações e perigos, de outro, foram demonstradas com muita clareza. Esses perigos ainda nos espreitam. O homem tolo, arrogante, enfatuado, convencido é sempre uma presa fácil. Todo observador é vítima de ciladas. O próprio autor teve sua fé dolorosamente abalada pela decepção até o instante de conseguir uma prova compensadora, que lhe mostrou apenas ter recebido um ensinamento. Compreendeu, então, que o fato de existirem inteligências desencarnadas embusteiras não era mais diabólico, ou mesmo digno de nota, do que a situação de inteligências encarnadas buscando divertimento de forma leviana.

O movimento, agora ampliado, prosseguia num curso de maior importância. Não se prendia mais a determinada vítima de assassinato clamando por justiça. O mascate tinha sido o pioneiro que descobrira a passagem e o método para as comunicações espirituais, possibilitando que miríades de Inteligências se aglomerassem às suas costas. Isaac Post instituíra o método da soletração por batidas, com o qual se obtinham as mensagens. De acordo com estas últimas, o sistema completo tinha sido idealizado pela perspicácia de diversos pensadores e inventores do plano espiritual, entre os quais Benjamin Franklin, cuja inteligência vivaz e conhecimentos sobre eletricidade na vida terrena o qualificavam, decerto, para esse empreendimento. Como quer que seja, neste passo, Rosma saiu de cena e as batidas inteligentes passaram a ser dadas pelos amigos mortos dos pesquisadores que possuíam interesse sério no assunto, reunindo-se, de modo reverente, para receber as comunicações. Os que partem continuam a viver e prosseguem amando: tal a persistente mensagem do Além, que se fazia acompanhar de muitas provas materiais, fortalecendo a fé vacilante dos novos adeptos. Quando se perguntava aos manifestantes sobre os seus métodos de trabalho e as leis que os regulavam, as respostas eram exatamente as mesmas hoje dadas: tratava-se de um assunto concernente ao magnetismo humano e espiritual; algumas pessoas, ricamente dotadas com esta propriedade física, eram médiuns; o dom da mediunidade não estava necessariamente aliado ao moral da criatura ou a sua inteligência; a harmonia era condição especial para se alcançarem bons resultados. Nestes setenta singulares anos aprendemos muito pouco. Depois de todo esse tempo, a lei de harmonia é invariavelmente quebrada nas chamadas sessões de experimentação, cujos membros imaginam que os resultados negativos ou desordenados se contrapõem à filosofia, quando, em realidade, a confirmam.

Em uma das primeiras comunicações recebidas pelas irmãs Fox, foi dito que aquelas manifestações não se restringiriam a elas, mas se espalhariam pelo mundo inteiro. Em breve essa profecia se foi confirmando, pois as novas faculdades psíquicas, com seus posteriores desenvolvimentos, incluindo a visão, a audição de Espíritos e o movimento de objetos sem contato, apareceram em muitos círculos independentes da família Fox. Num espaço de tempo incrivelmente curto, o movimento, com muitas excentricidades e fases de fanatismo, varreu os Estados do norte e do leste da União, sempre mantendo aquela sólida base de fatos tangíveis, que, ocasionalmente, podiam ser simulados por impostores, mas sempre se confirmavam diante do investigador sério, isento de ideias preconcebidas. Nada obstante, desconsideremos, por ora, esse amplo desenvolvimento, para continuar a narrativa sobre o núcleo original de Rochester.

Os Espíritos instaram o pequeno grupo de pioneiros a realizar, em Rochester, uma reunião aberta, quando, então, dariam uma demonstração pública de sua força. Essa proposta, como era natural, causou pavor às duas tímidas meninas interioranas e a seus amigos. Tão contrariados ficaram os guias espirituais com a oposição de seus agentes terrenos que ameaçaram sustar as manifestações por toda uma geração e, com efeito, desapareceram por algumas semanas. Ao fim deste tempo, reatou-se o intercâmbio, e os crentes, castigados por esse período de abstenção, concordaram em colocar-se integralmente nas mãos das Inteligências invisíveis, prometendo-lhes tudo fazer pela causa. Não era assunto fácil, porém. Pequena parte do clero, notadamente o ministro metodista, reverendo A. H. Jervis, predispôs-se a ajudá-los, mas a maioria trovejou de seus púlpitos contra eles, e a massa prontamente apoiou essa maioria, no covarde passatempo de atormentar os *heréticos*. Em 14 de novembro de 1849, os espiritualistas promoveram sua primeira reunião no Corinthian Hall — o maior auditório disponível de Rochester. A assistência — honra lhe seja feita — ouviu com atenção a exposição feita pelo principal orador: o Sr. Capron, de Auburn. Foi então organizada uma comissão de cinco representantes para examinar a matéria e relatá-la na noite seguinte, quando a reunião seria retomada. Tão certos estavam de ser esse relatório desfavorável que o *Rochester Democrat* — ao que se diz — já havia preparado seu artigo de fundo, com o título: *Revelação completa da fraude das batidas*. O resultado, contudo, obrigou o editor a sustá-lo. A Comissão atestou a legitimidade das batidas, mas não a correção das informações, pois as respostas às perguntas não eram, "em seu conjunto, nem certas nem erradas". Afirmou que as batidas soavam nas janelas e nas portas a certa distância das meninas, provocando uma vibração perceptível, mas falhou inteiramente em relação à descoberta dos meios pelos quais pudessem ser produzidas.

Esse relato foi recebido com a desaprovação da assistência, sendo formada uma segunda comissão, dessa feita integrada por dissidentes. A investigação foi conduzida no escritório de um advogado. Kate, por alguma razão, não compareceu, estando presentes apenas a Sra. Fish e Margaret. Nada obstante, os sons continuaram como antes. Um certo Dr. Langworthy foi chamado para verificar a possibilidade de ventriloquia. O relatório final atesta que

> os sons foram ouvidos e totalmente investigados, chegando-se à conclusão de que não poderiam ser produzidos quer por máquina, quer por ventriloquia, embora não fosse possível determinar-lhes o agente.

De novo, a assistência rejeitou o relatório de sua própria comissão, e outra foi organizada com os oponentes mais extremistas, um dos quais chegou mesmo a jurar que, se não pudesse descobrir o embuste, atirar-se-ia das cachoeiras do rio Genesee. Procedeu-se à investigação com desmesurada brutalidade. Algumas senhoras foram associadas à Comissão. Elas despiram as amedrontadas meninas, que, aflitas, choravam amargamente. Seus vestidos foram fortemente amarrados aos tornozelos, sendo as médiuns colocadas sobre vidro e outros isolantes. No entanto, o grupo foi obrigado a relatar o seguinte:

> Quando elas estavam de pé sobre almofadas, com um lenço atado à borda dos vestidos, apertando-lhes os tornozelos, todos ouvimos, distintamente, as batidas na parede e na porta.

A Comissão declarou mais adiante que as perguntas, algumas das quais formuladas mentalmente, tinham obtido respostas corretas.

Enquanto o público tratava as manifestações de maneira jocosa, predispunha-se, por diversão, a ser tolerante, mas, quando esses sucessivos relatórios deram ao assunto feição séria, uma onda de indignação correu pela cidade, chegando a tal ponto que o Sr. Willetts, um valoroso *quaker*, foi compelido a declarar, na quarta reunião pública, que "a turba de brigões, que planejava linchar as meninas, só o conseguiria, se passasse por seu cadáver". Houve um tumulto vergonhoso. As jovens tiveram de sair sorrateiramente pela porta dos fundos. A razão e a justiça foram momentaneamente turvadas pela força e pela loucura. Naquela ocasião (hoje também é assim), as pessoas, em geral, tinham suas mentes tão abarrotadas de coisas sem importância que não dispunham de espaço para o que realmente importa.

O destino, contudo, nunca procede às pressas, e as manifestações continuaram. Muitos consideraram definitivos os relatórios dessas comissões. Em verdade, é difícil conceber de que maneira os fenômenos poderiam ter sido mais severamente verificados. Ao mesmo tempo, esse vinho forte, novo e fermentado começou a estourar as velhas garrafas onde havia sido posto, causando ao público justificável repugnância. Os inúmeros grupos religiosos, discretos e sérios já existentes foram, por algum tempo, quase que obscurecidos por alguns fanfarrões arrogantes, que imaginavam estar em contato com todas as entidades elevadas, a começar dos apóstolos. Pretendiam mesmo, alguns deles, estar sob a direta inspiração do Espírito Santo, transmitindo mensagens que só não eram blasfemas por serem grosseiras e absurdas. Certa comunidade de fanáticos, denominada *Círculo apostólico do abrigo da montanha*, distinguia-se, particularmente, pelo extremismo, fornecendo farto material para os inimigos da Nova Revelação. A grande maioria dos espiritualistas posicionou-se contra esses exageros, mas não tinha condições de evitá-los. Muitos fenômenos supranormais bem constatados vieram para levantar o ânimo dos que se deixavam abater pelos excessos do fanatismo. No dia 20 de fevereiro de 1850, em Rochester — o fato é convincente e está bem documentado —, dois grupos de investigadores, em salas separadas, receberam simultaneamente de um ponto central, que se autodenominou Benjamin Franklin, a seguinte mensagem:

Haverá grandes mudanças no século dezenove. Coisas que hoje parecem obscuras e misteriosas se tornarão evidentes aos olhos de todos. Os mistérios serão revelados e o mundo, esclarecido.

Deve-se admitir que, até agora, a profecia foi apenas parcialmente cumprida. Aliás, salvo algumas exceções, as previsões dos Espíritos não são marcadas pela exatidão, especialmente quando se leva em conta o elemento tempo.

A seguinte pergunta tem sido frequentemente formulada: "Qual o propósito de tão estranho movimento, nesta época em especial, admitindo-se que ele seja tudo o que pretende ser?". O governador Tallmadge, conceituado senador dos Estados Unidos, foi um dos primeiros convertidos ao novo culto. Disse ele ter feito essa pergunta por duas ocasiões, em anos distintos, a diferentes médiuns. As respostas foram praticamente idênticas. A primeira afirmava: "É para conduzir em harmonia toda a humanidade e convencer os incrédulos da imortalidade da alma". A segunda dizia: "Para unir a humanidade e convencer as mentes céticas da imortalidade da alma". Certamente, não é esta uma ambição desprezível, não se justificando, assim, os ataques mesquinhos e amargos, feitos pelos ministros religiosos e pelos integrantes mais conservadores de seus rebanhos, ataques esses que os espiritualistas tiveram de sofrer até os dias atuais. A primeira parte da definição é particularmente importante, pois é possível que um dos derradeiros resultados desse movimento seja unir a religião sobre uma base comum tão forte e mesmo tão autossuficiente que os sofismas que separam as igrejas de hoje sejam vistos em suas devidas proporções e, assim, afastados ou desconsiderados. Poder-se-ia mesmo esperar que tal movimento se espalhasse além dos limites do Cristianismo, derrubando algumas barreiras erguidas entre os grandes grupos humanos.

Houve, algumas vezes, tentativas de desmascarar os fenômenos. Em fevereiro de 1851, os Drs. Austin Flint, Charles A. Lee e C. B. Coventry, da Universidade de Buffalo, publicaram um manifesto[34] demonstrando, com satisfação, que os sons ocorridos na presença das irmãs

---

[34] Nota do autor: CAPRON, E. W. *Modern Spiritualism*, & c., p. 310-313.

Fox foram causados pelos estalos das juntas dos joelhos. Isso provocou a seguinte resposta pela imprensa, dirigida aos três médicos e assinada pela Sra. Fish e Margaret Fox:

> Como não desejamos ser chamadas de impostoras, estamos dispostas a submetermo-nos a uma adequada e honesta investigação, desde que possamos selecionar três homens e três mulheres de nosso círculo de amizades para estarem presentes no momento. Podemos assegurar ao público que não há pessoas mais ansiosas do que nós mesmas para descobrir a origem dessas misteriosas manifestações. Se elas podem ser explicadas dentro de princípios anatômicos ou fisiológicos, deve-se ao mundo uma investigação para desmascarar a *fraude*. Como parece haver muito interesse do público a respeito desse assunto, gostaríamos de apontar a conveniência de ser realizada pronta investigação, que será aceita pelas abaixo assinadas: Ann L. Fish e Margaretta Fox.

Fez-se a investigação, mas nada ficou comprovado.

Em nota anexa ao referido manifesto, publicado no *New York Tribune*, o editor Horace Greeley observa:

> Como se noticiou em nossas colunas, os médicos partiram da suposição de que a origem das *batidas* deveria ser física, sendo causadas pela vontade das referidas senhoras; em resumo: essas senhoras seriam "as impostoras de Rochester". Assim, no manifesto acima referido, eles aparecem como promotores de uma acusação. Outras pessoas serão naturalmente selecionadas para as funções de juízes e relatores do processo. É muito provável que tenhamos outra versão da matéria.

Muitos testemunhos logo se apresentaram em apoio às irmãs Fox. Assim, o único efeito da *revelação* dos *professores* foi redobrar o interesse público acerca das manifestações.

Houve também a suposta confissão da Sra. Norman Culver, em depoimento de 17 de abril de 1851, quando afirma que Catharine Fox lhe teria revelado todo o segredo de produção das batidas. Tratava-se de encenação total. O Sr. Capron publicou resposta irrefutável, mostrando que, na data da alegada confissão, Catharine Fox estava residindo em casa dele, a 70 milhas de distância.

Na primavera de 1850, a Sra. Fox e suas três filhas realizaram sessões públicas no hotel Barnum, em Nova Iorque, atraindo muitos visitantes curiosos. Quase toda a imprensa insurgiu-se contra as médiuns. Brilhante exceção foi a do já citado Horace Greeley, que escreveu artigo favorável em seu jornal, colocando as próprias iniciais. Parte desse artigo encontra-se no *Apêndice*.

De volta a Rochester, a família Fox excursionou pelos Estados do oeste, retornando a Nova Iorque, onde despertou de novo intenso interesse público. Obedeciam à ordem dos Espíritos, que as enviavam para proclamar a verdade ao mundo, abrindo caminho à nova era anunciada. Quando lemos as descrições minuciosas de algumas dessas sessões americanas e consideramos a elevada inteligência de seus integrantes, nos surpreendemos de pensar como as pessoas, cegas pelos preconceitos, podiam ser tão crédulas, a ponto de imaginar tudo aquilo como resultado de mistificação. Naquela época, havia uma coragem moral, que se tem visivelmente enfraquecido ante as forças reacionárias da ciência e da religião, que se juntaram para sufocar o novo conhecimento e torná-lo perigoso para seus profitentes. Em uma única sessão em Nova Iorque, no ano de 1850, encontramos reunidos em volta da mesa o reverendo Dr. Griswold; Fenimore Cooper, o romancista; Bancroft, o historiador; o reverendo Dr. Hawks; o Dr. J. W. Francis; o Dr. Marcy; Willis, o poeta *quaker*; Bryant, o poeta; Bigelow, do *Evening Post*, e o general Lyman. Todas essas personalidades ficaram convencidas da realidade dos fatos, dizendo, em seu relatório: "As maneiras e a conduta dessas senhoras [as três irmãs Fox] são tais que criam predisposição a seu favor".

O mundo, desde então, desenterrou muito carvão e ferro, isto é, levantou grandes construções e inventou terríveis engenhos de guerra. Podemos dizer, entretanto, que avançou em conhecimento espiritual e em respeito ao invisível? Sob a orientação do materialismo percorremos o caminho errado, tornando-se cada vez mais clara a necessidade de retornar, se não quisermos perecer.

CAPÍTULO 5
A carreira das irmãs Fox

Para que se mantenha a continuidade da narrativa, passemos à carreira das irmãs Fox, findos os acontecimentos de Hydesville. Trata-se de história notável, apesar de dolorosa para os espiritualistas. Encerra, contudo, sua própria lição e deve ser fielmente registrada. Quando as pessoas buscam honesta e sinceramente a verdade, acontecimento algum as embaraça ou é excluído de seu programa de ação.

Por alguns anos as duas irmãs mais novas, Kate e Margaret, realizaram sessões em Nova Iorque e outros locais, obtendo sucesso em todos os testes a que foram submetidas. Horace Greeley, posteriormente candidato à presidência dos Estados Unidos, estava, como já o demonstramos, profundamente interessado por elas e convencido de sua honestidade. Diz-se ter fornecido recursos para que a menina mais nova completasse sua educação muito imperfeita.

Durante os anos de prática mediúnica pública, as meninas ganharam grande popularidade entre aqueles que, sem terem ideia alguma do significado religioso da Nova Revelação, se ligavam ao movimento tão somente na esperança de obter vantagens materiais. Nesse período, elas se expuseram de tal modo às influências negativas de tão confusas sessões que nenhum espiritualista sério poderia justificar seu procedimento. Naquela época, os perigos de tais práticas não eram percebidos tão claramente como agora, nem ocorria às pessoas a improbabilidade de Espíritos elevados descerem ao planeta para dar conselhos sobre ações de ferrovias ou questões amorosas. A ignorância era completa, não havendo orientadores junto desses pobres pioneiros para apontar-lhes caminho mais elevado e seguro. O pior de tudo é que era oferecido vinho às médiuns, a fim de lhes restaurar as energias saturadas, num período em que, ao menos uma delas, não passava de uma criança. Consta que havia certa predisposição na família para o alcoolismo, mas, mesmo sem esta mácula, suas atitudes e modo de vida eram totalmente irrefletidos. Nunca se lhes suspeitou do moral, mas tomaram uma estrada que leva à degeneração da mente e do caráter, embora as consequências mais sérias só se manifestassem anos mais tarde.

A descrição feita pela Sra. Hardinge Britten,[35] baseada em suas próprias observações, dá ideia da pressão exercida sobre as meninas Fox. Refere-se ela a

> uma parada no primeiro andar para ouvir a ingênua Kate Fox, no meio da multidão de investigadores ardilosos e murmurantes, repetindo, pacientemente, hora após hora, as letras do alfabeto, enquanto Espíritos, não menos ingênuos e pacientes, batiam nomes, idades e datas para atender aos visitantes.

Pode alguém se admirar que essas meninas, com a vitalidade enfraquecida, afastadas da salutar influência da mãe e, além disso, atormentadas pelos inimigos, sucumbissem à gradual e crescente tentação para tomar estimulantes? Intensa luz é lançada sobre Margaret, nesse período, pela curiosa brochura *As cartas de amor do Dr. Elisha Kane*.

Foi em 1852 que o Dr. Kane, mais tarde famoso explorador do Ártico, encontrou Margaret Fox, então jovem, bela e atraente. Para ela, Kane escreveu cartas de amor que registram um dos mais curiosos namoros da literatura. Elisha Kane, como se pode deduzir de seu prenome, era de origem puritana. Os puritanos, com a crença de que a *Bíblia* representa a última palavra como inspiração espiritual e que só eles compreendem o significado dessa palavra, eram instintivamente antagônicos ao novo culto, que ensina ser possível a existência de outras fontes e novas

---

[35] Nota do autor: *Autobiography*, p. 4.

interpretações. Além disso, Kane era doutor em Medicina, e a profissão médica, como se sabe, é, entre todas as profissões, a mais nobre e, ao mesmo tempo, a mais propensa ao cinismo e à incredulidade. Desde o início, o médico pôs em mente que a jovem estava envolvida em fraude, sendo explorada, com intuito de ganho, por sua irmã mais velha, Leah. O fato de esta casar-se logo depois com um homem rico, chamado Underhill — magnata de seguros de *Wall Street* —, não pareceu ter modificado a opinião de Kane sobre sua avidez por lucros ilícitos. Ele construiu uma estreita amizade com Margaret, pondo-a sob os cuidados de sua tia, com o propósito de educá-la, enquanto se ausentava para o Ártico. Finalmente, casou-se com ela sob a curiosa lei de casamento *Gretna Green*, que, como consta, predominava naquela época. Morreu logo após, em 1857. Sua viúva, agora com o nome Sra. Fox-Kane, renegou todos os fenômenos por algum tempo, sendo recebida na Igreja Católica Romana.

Nas referidas cartas, Kane repreende constantemente Margaret por viver no engano e na hipocrisia. Existem muito poucas cartas dela, de modo que não se sabe o quanto se defendeu. O compilador do livro supracitado, embora não espiritualista, afirma: "Pobre moça, com sua simplicidade, ingenuidade e timidez, não poderia, ainda que a isso propensa, ter praticado a mais leve fraude com alguma chance de êxito". Esse testemunho é valioso, pois o escritor conhecia pessoalmente os interessados. O próprio Kane, escrevendo para Kate, a irmã mais jovem, diz:

> Siga meu conselho e nunca fale dos Espíritos nem com os amigos nem com os estranhos. Você sabe que, com toda a intimidade com Maggie, após um mês inteiro de experiências, nada concluí a respeito deles. Assim, constituem um grande mistério.

Considerando esse relacionamento íntimo e o fato de Margaret ter fornecido a Kane todas as provas de suas faculdades mediúnicas, é inconcebível que ele, médico experiente, tivesse admitido, depois de um mês de sessões, não haver chegado a conclusão alguma a respeito dos fenômenos, se a explicação destes se baseasse tão somente no estado de uma junta, como se dizia. Não há, nessas cartas, evidências de fraude, mas sim amplas provas de que as duas jovens — Margaret e Kate — desconheciam as implicações religiosas de seus dons mediúnicos, bem como sua própria responsabilidade diante deles, usando-os indevidamente para dar conselhos mundanos, receber quaisquer tipos de assistentes e responder a perguntas jocosas e frívolas. Não seria de causar surpresa ao espiritualista experiente, se, em tais circunstâncias, suas forças e seu caráter ficassem enfraquecidos. Receberam o que mereciam, conquanto a idade e a ignorância lhes servissem de desculpa.

Para compreender sua situação, temos de levar em conta o fato de serem elas pouco mais que crianças, precariamente educadas e muito ignorantes a respeito da filosofia espiritualista. Quando um homem como o Dr. Kane advertia Margaret acerca da gravidade de seus atos, falava apenas o que ela estava acostumada a ouvir em cada quarteirão e na metade dos púlpitos de Nova Iorque. Provavelmente tinha ela, sem mesmo saber a causa, a inquietante sensação de estar errada. E essa talvez seja a razão pela qual, ao que parece, não o censurava por suas suspeitas. A rigor, Kane estava certo e o comportamento de Margaret era, de certa forma, injustificável. Não se pode duvidar da honestidade das irmãs Fox naquela época; mas se tivessem usado suas faculdades mediúnicas como D. D. Home usou as dele, sem nenhuma ligação com as coisas mundanas e com o único propósito de provar a imortalidade e consolar os aflitos, estariam, decerto, acima da crítica. Kane estava errado por duvidar da mediunidade em si, mas correto quando olhava com desconfiança a maneira como era utilizada. Nada obstante, a posição do médico é inconcebivelmente ilógica. Apesar de relacionar-se íntima e afetivamente com a mãe e as duas moças, julgava — se suas palavras têm algum sentido — que eram trapaceiras e viviam da credulidade pública. "Beije Katie por mim", dizia, enquanto enviava palavras afetivas à mãe. Ademais, não podia deixar de perceber que, jovens como eram, seriam expostas aos perigos do alcoolismo, por estarem, até altas horas da noite, em companhia de pessoas de todo tipo. "Diga à Katie para não beber champanhe e siga você o mesmo conselho" — afirmava. Era uma orientação e teria sido melhor para elas e para o movimento se a tivessem seguido; mas outra vez devemos recordar sua inexperiente juventude e as constantes tentações que as envolviam.

Kane representava uma curiosa mistura de herói e de pretensioso. As batidas dos Espíritos, sem apoio da religião nem sanção científica

— esta só viria mais tarde — eram algo degradante, superstição de iletrados e, logo ele, homem de reputação, iria casar-se com um *Espírito batedor*? A este respeito vacilava singularmente, iniciando uma carta de modo fraternal, para terminá-la relembrando-lhe o ardor de seus beijos. "Agora que você me deu o coração, serei seu irmão" — dizia ele. Tinha uma veia de superstição muito mais forte do que a credulidade que imputava aos outros. Referia-se frequentemente ao fato de ter poderes de adivinhação, quando levantava a mão direita, processo este que aprendera "com um encantador da Índia". Por vezes, é ao mesmo tempo esnobe e presunçoso. "Pensei em você até mesmo à mesa de jantar com o presidente". E, ainda: "Você nunca poderia ascender aos meus pensamentos e objetivos. Eu nunca poderia descer aos seus". Na verdade, os poucos trechos tirados das cartas dela mostram uma mente inteligente e compreensiva. Pelo menos em uma ocasião, encontramos Kane sugerindo-lhe a existência de fraude e ela refutando a ideia.

Quatro pontos fixos podem ser estabelecidos nessas cartas:

1. Kane pensava de um modo vago que havia embuste;
2. Nos anos de estreita intimidade, Margaret jamais o admitiu;
3. Ele não pôde nem mesmo sugerir em que consistia o embuste;
4. Ela usou suas faculdades mediúnicas de uma forma que os espiritualistas sérios deploram.

Na verdade, Margaret não sabia mais da natureza da força psíquica do que os que estavam à sua volta. Diz o editor: "Ela sempre afirmava jamais ter acreditado inteiramente que as batidas fossem obra dos Espíritos, mas imaginava estivessem elas ligadas a certas leis ocultas da natureza". Tal pensamento iria materializar-se tempos depois, quando Margaret inseriu em seu cartão profissional a recomendação de que as pessoas deveriam julgar por si mesmas a natureza de seus dons.

É natural que todos os que falam sobre os perigos da mediunidade — especialmente da mediunidade de efeitos físicos — apontem as irmãs Fox como exemplo. Seu caso, porém, não deve ser supervalorizado. No ano de 1871, depois de mais de vinte anos de estafante trabalho, encontramo-las ainda recebendo o entusiástico apoio e a admiração de muitos homens e mulheres importantes de sua época. Foi somente após quarenta anos de serviços públicos que condições adversas se manifestaram em suas vidas. Assim, sem querer de forma alguma encobrir o mal, não podemos aceitar que a história dessas duas irmãs possa servir de justificativa à posição daqueles que consideram o exercício da mediunidade uma profissão que degrada a alma.

Nesse ano de 1871, Kate Fox visitou a Inglaterra sob os auspícios da generosidade do Sr. Charles F. Livermore, proeminente banqueiro de Nova Iorque, que agradecia, dessa maneira, o consolo recebido por meio de seus admiráveis dons e, ao mesmo tempo, apoiava a causa do Espiritualismo. Supriu-lhe todas as necessidades de viagem, removendo os motivos que levassem à realização de sessões de natureza profissional. Forneceu-lhe também companhia feminina adequada.

Numa carta[36] ao Sr. Benjamin Coleman, renomado trabalhador do movimento espiritualista, afirma o Sr. Livermore:

> A Srta. Fox é, sem dúvida, sob todos os aspectos, o mais admirável médium contemporâneo. Seu caráter é irrepreensível e puro. Recebi de suas faculdades mediúnicas, durante os últimos dez anos, tanta coisa consoladora, instrutiva e surpreendente, que me sinto em grande débito em relação a ela. Desejo seja muito bem tratada enquanto estiver longe do lar e dos amigos.

Suas observações seguintes encerram uma possível antevisão dos últimos tristes acontecimentos da vida da médium:

> Para que o senhor possa melhor entender suas idiossincrasias, permita-me explicar-lhe ser ela uma sensitiva do mais alto grau e de simplicidade infantil; sente intensamente a atmosfera de cada um com quem entra em contato e isso a tal ponto que, por vezes, se torna excessivamente nervosa e aparentemente caprichosa. Por essa razão, recomendei-lhe não participar de sessões no escuro e evitar a irritação causada pela suspeita dos céticos, dos meros curiosos

---

[36] Nota do autor: *The Spiritual Magazine*, 1871, p. 525-6.

e dos amantes do maravilhoso. O grau de perfeição das manifestações obtidas por seu intermédio depende do ambiente. Parece tornar-se receptiva à força espiritual, na medida em que se põe em relação de simpatia com os assistentes. São notáveis as comunicações vindas por seu intermédio. Tenho-as recebido frequentemente de minha esposa (Estelle), em perfeito idioma francês e algumas vezes em espanhol e italiano, conquanto a médium desconheça essas línguas. Sei que o senhor compreende tudo isso, mas essas explicações podem ser necessárias aos outros. Como disse, *ela não dará sessões como médium profissional*, mas espero que, enquanto estiver na Inglaterra, se sinta em ambiente tranquilo, para que possa fazer o melhor possível em favor da grande verdade.

O Sr. Coleman, que participou de uma das sessões da médium em Nova Iorque, afirma ter recebido uma das mais impressionantes provas de identidade dos Espíritos jamais obtida em sua experiência de dezessete anos. O Sr. Cromwell F. Varley — o técnico em eletricidade que planejou o cabo submarino do Atlântico —, em sua demonstração perante a Sociedade Dialética de Londres, em 1869, falou de interessantes experiências de eletricidade que ele realizou com a médium.

A visita de Kate Fox à Inglaterra foi, inegavelmente, considerada uma missão. O Sr. Coleman orientou-a no sentido de só admitir assistentes que não receassem dar o apoio de seus nomes aos fatos presenciados. Essa orientação parece ter sido seguida, haja vista a obtenção de notáveis testemunhos, entre os quais o do Professor William Crookes, do Sr. S. C. Hall, do Sr. W. H. Harrison (editor de *The Spiritualist*), da Srta. Rosamund Dale Owen (que posteriormente se casou com Laurence Oliphant) e do Rev. John Page Hopps.

A recém-chegada iniciou suas sessões logo após o desembarque. Numa das primeiras, em 24 de novembro de 1871, realizada com D. D. Home, seu amigo íntimo, esteve presente um representante do *The Times*, o qual publicou relato minucioso da sessão. A matéria teve por título *Espiritualismo e ciência*[37], ocupando três colunas e meia do jornal, em

---

[37] N.T.: *Spiritualism and Science.*

letras grandes. O representante do *The Times* contou que, após conduzi-lo até à porta da sala, a Srta. Fox o convidou a permanecer a seu lado e a segurar-lhe as mãos. Assim fazendo — narra ele —, "ouviram-se fortes golpes, como se fossem dados com o punho, os quais pareciam surgir da moldura da porta. Foram eles repetidos inúmeras vezes, por solicitação nossa". Disse ainda ter realizado todos os testes que lhe vieram à mente; que tanto a Srta. Fox quanto o Sr. Home lhe propiciaram todas as oportunidades de exame, e que as mãos e os pés de ambos foram mantidos presos.

Tratando do supracitado relato e das cartas dirigidas ao jornal, referindo-se a ele, o *The Times,* de 6 de janeiro de 1873, declarou, em editorial, que o caso não ensejava investigação científica:

> Muitos leitores sensatos talvez imaginem que lhes devamos desculpas por abrir nossas colunas a matéria tão controvertida quanto o Espiritualismo e, assim, colocar em discussão um assunto que deveria ser de pronto rejeitado como impostura ou ilusão. A impostura, contudo, precisa ser desmascarada, enquanto as ilusões populares, mesmo absurdas, são, com frequência, muito importantes para serem negligenciadas pela parcela mais sábia da humanidade. Haveria, no caso, como dizem os advogados, algo para ser levado a júri? Ora, de um lado, abundam as supostas experiências, dificilmente suscetíveis de serem aceitas como provas — a par de poucos depoimentos de características mais notáveis ou impressionantes —; de outro, temos muitas histórias de impostores condenados, e outros tantos relatos de descobertas de fraude e de desapontamentos, como seria de se esperar.

Em 14 de dezembro de 1872, a Srta. Fox casou-se com o Sr. H. D. Jencken, advogado londrino, autor do *Compêndio de Direito Romano Moderno*[38] — entre outros livros — e secretário honorário da Associação para a Reforma e a Codificação do Direito das Nações.[39] Foi ele um dos primeiros espiritualistas da Inglaterra.

---

[38] N.T.: *A Compendium of Modern Roman Law.*
[39] N.T.: *Association for the Reform and Codification of the Law of Nations.*

O *The Spiritualist*, descrevendo a cerimônia, diz que os Espíritos também participaram da festa, pois, durante o banquete de casamento, ouviram-se fortes batidas, provenientes de diversos pontos da sala, enquanto a larga mesa, em que se encontrava o bolo nupcial, se erguia repetidas vezes.

A Sra. Kate Fox-Jencken — como passou a ser conhecida — e o esposo eram vistos, no início da década de setenta,[40] nas boas rodas sociais de Londres. Nessa época, os pesquisadores se mostravam ansiosos pelos serviços da médium.

John Page Hopps descreve-a

> como uma mulher pequena, magra, muito inteligente, de sorriso ingênuo, maneiras agradáveis e gentis, demonstrando certa satisfação por suas experiências. Tal maneira de ser afasta-a completamente de qualquer traço de convencimento ou afetação de mistério, por menor que seja.

Sua mediunidade manifestava-se por batidas — frequentemente de grande intensidade —, luzes espirituais, escrita direta e aparecimento de mãos materializadas. Materializações completas por seu intermédio, eventuais na América, foram raras na Inglaterra. Às vezes objetos da sala de sessão eram movidos pelos Espíritos e, em alguns casos, trazidos de outra sala [transporte de objetos].

Nessa época, o professor William Crookes realizou pesquisas com a médium, apresentando o honesto relatório que veremos mais tarde, quando tratarmos de seus primeiros contatos com o Espiritualismo. Suas cuidadosas observações mostram as batidas como pequeno exemplo da mediunidade de Kate, as quais, mesmo se pudessem ser explicadas por meios naturais, ainda assim nos deixariam envoltos em mistério. Crookes relata o seguinte fato, ocorrido numa sessão em que se encontravam presentes apenas ele, sua esposa, uma parenta e a Srta. Fox:

> As duas mãos da médium estavam seguras por uma das minhas, enquanto seus pés se apoiavam nos meus. Com minha mão livre

---

[40] N.T.: século XIX.

segurava um lápis. Havia papel na mesa diante de nós. Mão luminosa desceu do alto da sala e, após flutuar junto de mim por poucos segundos, pegou o lápis de minha mão, escreveu rapidamente numa folha de papel, largou o lápis e, em seguida, erguendo-se sobre nossas cabeças, dissolveu-se pouco a pouco na escuridão.

Muitos outros observadores, em várias ocasiões, descrevem fenômenos semelhantes ocorridos com a médium.

Uma fase admirável da mediunidade da Sra. Fox-Jencken foi a da produção de substâncias luminosas. Na presença da Sra. Makdougall Gregory, do Sr. W. H. Harrison — editor de um jornal londrino — e outros, houve aparecimento de mão carregando material fosforescente de cerca de 4 polegadas[41] quadradas, o qual se projetou no chão e tocou a face de um dos assistentes.[42] Verificou-se que o material era de natureza fria. A Srta. Rosamund Dale Owen, ao relatar o mesmo fenômeno,[43] descreve o objeto como "cristais luminosos", afirmando jamais ter visto materialização que causasse uma sensação tão real da proximidade de um Espírito como a dessas luzes graciosas. O autor pode confirmar a natureza fria desse tipo de luz, pois, certa feita, com outro médium, sentiu luminosidade semelhante em sua face por alguns segundos. A Srta. Owen também fala do deslocamento de livros e pequenos enfeites, além do de uma pesada caixa de música, aproximadamente de 25 libras, transportada de um *console*. Havia, neste último caso, a peculiaridade de que a caixa de música não funcionava durante vários meses até aquele instante, quando as forças invisíveis a consertaram, pondo-a em movimento.

A mediunidade da Sra. Jencken inseria-se no contexto de sua vida diária. O professor Butlerof diz ter ouvido batidas no chão, quando fez uma visita de cortesia ao casal, acompanhado do Sr. Aksakof. Relata ainda que, estando numa tarde em casa dos Jencken, batidas numerosas foram ouvidas durante o chá. A Srta. Rosamund Dale Owen também refere[44] um incidente

---

[41] N.T.: polegada é a "medida inglesa de comprimento, equivalente a 25,4 mm do sistema métrico decimal" (*Novo dicionário Aurélio da língua portuguesa*).
[42] Nota do autor: *The Spiritualist*, vol. VIII, p. 299.
[43] Nota do autor: *Light*, 1884, p. 170.
[44] Nota do autor: *Light*, 1884, p. 39.

ocorrido com a médium em plena rua, encontrando-se ela em companhia de duas senhoras em frente a uma vitrine: as batidas juntaram-se à conversa, fazendo vibrar a calçada em que estavam. Eram elas fortes o suficiente para atraírem a atenção dos transeuntes. O Sr. Jencken relata muitos casos de ocorrência de fenômenos espontâneos no dia a dia de seu lar.

Poder-se-ia preencher um volume inteiro descrevendo minuciosamente as sessões com a médium, mas, à exceção de um registro que faremos adiante, devemo-nos contentar com a opinião do professor Butlerof, da Universidade de São Petersburgo, que, depois de lhe examinar as faculdades mediúnicas, em Londres, escreveu no *The Spiritualist*, de 4 de fevereiro de 1876:

> Tudo que me foi possível observar na presença da Sra. Jencken me leva a concluir pela objetividade dos fenômenos produzidos por seu intermédio, fenômenos estes de natureza a convencer — penso eu — o mais pronunciado cético, desde que *honesto*, fazendo-o rejeitar a ventriloquia, a ação muscular e todas as teorias imaginadas para explicá-los.

O Sr. H. D. Jencken morreu em 1881, deixando viúva e dois filhos. Os garotos, desde cedo, revelaram admirável mediunidade, conforme se vê nos registros daquela época.[45]

O Sr. S. C. Hall — renomado literato e eminente espiritualista — descreve[46] uma sessão realizada em sua casa, em Kensington, no dia 9 de maio de 1882, data de seu aniversário, quando houve a manifestação da falecida esposa.

> Inicialmente, foram-me transmitidas, por meio da habitual escrita da Sra. Jencken, muitas mensagens interessantes, de natureza afetiva. Em seguida, fomos orientados para apagar a luz. Houve, então, manifestações de tal modo surpreendentes que poucas vezes vi iguais e raramente superiores. Peguei uma pequena campainha que

---

[45] Nota do autor: *The Spiritualist*, vol. IV, p. 138 e vol. VII, p. 66.
[46] Nota do autor: *Light*, 1882, p. 239-240.

estava sobre a mesa, conservando-a na mão. Senti outra mão retirando-a de mim. Depois disso, a campainha tilintou, ao menos por cinco minutos, por todos os cantos da sala. Coloquei um acordeão debaixo da mesa em torno da qual estávamos sentados, mas logo o instrumento foi daí removido, passando a tocar a três ou 4 pés distantes da mesa. Enquanto o acordeão tocava, a campainha tilintava por toda a sala. Duas velas foram acesas e postas sobre a mesa. Não se tratava, portanto, das chamadas sessões às escuras, embora, ocasionalmente, as luzes fossem apagadas. Durante todo o tempo, o Sr. Stack segurou uma das mãos da senhora Jencken, ao passo que eu mantinha a outra em minha mão. Cada um de nós dizia, com frequência: "Tenho presa em minha mão a da Sra. Jencken". Cerca de cinquenta amores-perfeitos foram postos numa folha de papel, a minha frente. Pela manhã, havia recebido de uma amiga algumas dessas flores, mas o vaso onde as colocara não se encontrava na sala das sessões. Mandei buscá-lo e verifiquei estarem intactas: o *bouquet* não sofrera qualquer desarrumação. Com referência ao que se denomina *escrita direta*, encontrei, em outra folha de papel também diante de mim, as seguintes palavras, escritas a lápis, em letras miúdas: "Trouxe-lhe minha prova de amor". Em outra sessão, dias antes, estando sozinho com a Sra. Jencken, veio-me a seguinte mensagem: "Em seu aniversário dar-lhe-ei uma prova de amor".

O Sr. Hall afirma ainda ter marcado a folha de papel com suas iniciais e, por excesso de precaução, arrancado um dos cantos, para que pudesse reconhecê-la. Ele ficou muitíssimo impressionado com tudo isso, conforme suas próprias palavras:

> Tenho testemunhado e registrado muitas manifestações admiráveis. Nada vi, entretanto, mais convincente e, certamente, mais refinado do que isso, algo que fornecesse provas mais conclusivas da comunicação dos puros, bons e santos Espíritos.

Declara que concordou em se tornar o "banqueiro" da Sra. Jencken, presumidamente para prover a educação de seus dois filhos. À vista do ocorrido posteriormente com essa médium tão dotada, suas palavras finais possuem triste significado:

> Sinto-me confiante, quase certo mesmo, de que, não lhe faltando a amizade e a confiança dos espiritualistas, suas ações serão no sentido de ampliar e não de diminuir a própria energia mediúnica. Os espiritualistas deveriam sentir por ela consideração semelhante (porque proveniente da mesma fonte) à que a Nova Igreja dedica a Emanuel Swedenborg e os metodistas rendem a John Wesley. Decerto, têm eles um grande débito com essa senhora, a qual, como instrumento escolhido pela Providência, lhes trouxe notícias tão alvissareiras.

Fizemos esse relato um tanto minucioso para mostrar que as faculdades mediúnicas da Sra. Jencken eram, nessa época, ostensivas e elevadas. Poucos anos antes, numa sessão em sua casa, no dia 14 de dezembro de 1873, por ocasião do primeiro aniversário de seu casamento, ela recebeu, por meio de batidas, a seguinte comunicação: "Quando as sombras caírem sobre você, pense no lado mais luminoso". Era uma mensagem profética, pois o fim de sua vida foi todo envolto em sombras.

Em 1876, Margaret — Sra. Fox-Kane — uniu-se à irmã Kate na Inglaterra. Permaneceram juntas por alguns anos até a ocorrência do doloroso incidente que passaremos a examinar.

Consta ter irrompido uma disputa muita amarga entre Leah — então Sra. Underhill — e as duas irmãs mais novas. É provável soubesse Leah da predisposição de suas irmãs para o alcoolismo e tivesse interferido no assunto com mais energia do que tato. Alguns espiritualistas, imiscuindo-se na questão, foram alvo da fúria das duas irmãs, ao sugerirem que os filhos de Kate fossem dela separados.

Ao procurarem, Margaret e Kate, alguma arma para ferir aqueles aos quais passaram a odiar, ocorreu-lhes, ou — como se pode deduzir de uma declaração dada posteriormente — lhes foi sugerido, com promessas de recompensa pecuniária, que, se elas atingissem o Espiritualismo por uma confissão de fraude, estariam ferindo Leah e seus associados, no que possuíam de mais sensível. No auge do excitamento alcoólico, ao delírio do ódio foi adicionado o fanatismo religioso, sendo Margaret persuadida por alguns líderes da Igreja romana — como também ocorreu com Home por breve período — que suas faculdades eram expressão do mal. Ela menciona a influência do Cardeal Manning nesse sentido, mas sua declaração não deve ser levada muito a sério. De qualquer modo, todos esses fatos combinados lançaram-na em estágio próximo da loucura. Antes de deixar Londres, escreveu para o *New York Herald* denunciando o culto, mas afirmando que as batidas foram "a única parte do fenômeno, digna de nota". Ao chegar a Nova Iorque, onde, de acordo com sua posterior declaração, receberia uma soma de dinheiro pela sensação jornalística que prometera causar, precipitou-se, em completo desvario, contra sua irmã mais velha.

A análise dessa situação daria curioso estudo psicológico. Igualmente curiosa é a atitude mental de certas pessoas em imaginar que as afirmações de uma mulher descontrolada, agindo não somente por motivos de ódio, mas também — ela própria o declarou — pela esperança de recompensa pecuniária, pudessem abalar a investigação crítica de uma geração de pesquisadores.

Nada obstante, temos de verificar se, em reunião posterior, realizada na *Academia de Música de Nova Iorque*, ela realmente produziu as batidas, ou, de alguma forma, facilitou sua produção. Deve ser bem examinado, no caso, o fato de ela ter condições de preparar antecipadamente algum artifício para a execução dos sons, levando-se em conta a amplitude do auditório. Mais importante ainda é o depoimento dado por um repórter do *Herald*, que participou de sessão particular anterior. Ele assim escreve:

> Primeiro ouvi uma batida debaixo do assoalho, perto dos pés; em seguida sob a cadeira onde me achava sentado e, de novo, debaixo da mesa sobre a qual me inclinava. A médium me conduziu até à porta e ouvi o mesmo som do outro lado. Quando se sentou ao piano, este vibrou mais intensamente e as batidas ressoaram por toda a caixa do instrumento.

Essa descrição demonstra que a produção dos ruídos estava sob o controle de Margaret. Entretanto, se isso levou o repórter a acreditar que os sons, variando de qualidade e posição, pudessem vir todos de algum estalido do pé da médium, posso apenas considerá-lo mais inexperiente que a maior parte dos homens de imprensa de meu conhecimento. Em verdade, o jornalista não sabia como os sons eram obtidos, o mesmo acontecendo com Margaret, na opinião do autor. Está provada, no entanto, a possibilidade de a médium conduzir as manifestações, não apenas pelo supracitado relato, como também pelo do Sr. Wedgwood, um espiritualista londrino, a quem ela fez uma demonstração antes de partir para a América. Assim, é inútil negar-se à Margaret o controle dos fenômenos. Encontrar as causas desse controle deve ser o objeto de nossos esforços.

O escândalo de Margaret Fox-Kane aconteceu em agosto e setembro de 1888, tendo sido muito auspicioso para o ousado jornal que o explorara. Em outubro, Kate juntou suas forças às da irmã. Existia uma disputa real, como se sabe, entre Kate e Leah, pois esta última procurara separar Kate de seus filhos, sob a alegação de não ser boa a influência materna. Dessa forma, embora Kate não se irritasse, nem desse, voluntariamente, demonstrações públicas ou particulares a respeito do assunto, estava em sintonia com Margaret, no tocante ao objetivo de abater Leah a todo custo.

> Ela provocou minha prisão na última primavera — diz Kate — sob a absurda acusação de que tratava meus filhos de modo cruel. Leah sempre teve inveja de mim e de Maggie, talvez por conseguirmos realizar no Espiritualismo o que ela não podia.

Kate estava presente na reunião do *Salão de Música* em 21 de outubro, quando Margaret declarou seu repúdio ao fenômeno e, como foi dito, produziu as batidas. Permaneceu silenciosa no decorrer da sessão, mas tal silêncio poderia ser tomado como apoio às declarações ouvidas.

Entretanto, se fosse realmente assim e se falou mesmo ao repórter da forma por ele então relatada, seu arrependimento teria vindo muito rápido. Em 17 de novembro, menos de um mês depois da famosa reunião, Kate escreveu de Nova Iorque a uma dama de Londres, a Sra. Cottell, que residia na velha casa de Carlyle, esta significativa carta (*Light*, 1888, p. 619):

> Deveria ter-lhe escrito antes, mas minha surpresa foi tão grande ao chegar e ouvir as declarações de Maggie sobre o Espiritualismo,

que não tive ânimo de escrever a pessoa alguma. O evento foi realizado na Academia de Música, o maior salão de entretenimento da cidade de Nova Iorque. Estava superlotado. Alcançou-se a renda de mil e quinhentos dólares. Muitas vezes desejei ter ficado com você e, se tivesse recursos, retornaria para me livrar de tudo isso. Penso agora que poderia fazer dinheiro provando não serem as batidas provocadas pelos dedos dos pés. Tantas pessoas me buscam por causa das declarações de Maggie, que me recuso a recebê-las. Dariam tudo para desmascarar a coisa por inteiro, se pudessem; mas certamente não o podem. Maggie está realizando exibições públicas em todos os grandes salões da América, mas só a vi uma vez desde minha chegada.

Essa carta de Kate mostra a tentação pecuniária exercendo papel significativo no caso. Maggie, no entanto, parece ter logo descoberto os seguintes pontos: era pouco o dinheiro envolvido; dizer mentiras pelas quais não era paga em nada lhe aproveitava; o movimento espiritualista estava tão fortemente estabelecido que não se tinha abalado por sua traição. Por esse motivo ou outro — tomara que com certa dor de consciência pelo papel desempenhado —, ela agora admitia ter mentido pelas mais baixas razões. A entrevista foi publicada na impressa de Nova Iorque, em 20 de novembro de 1889, aproximadamente um ano depois do escândalo.

— Praza a Deus [disse ela, em voz trêmula de intensa excitação] que eu possa desfazer a injustiça feita à causa do Espiritualismo, quando, sob forte influência psicológica de seus inimigos, dei declarações sem o menor fundamento. Não faço esta retratação motivada tão somente pela concepção do que é correto, mas pelo silencioso influxo dos Espíritos, que usam meu organismo, a despeito da hostilidade de uma horda traiçoeira, a qual, de modo tão enganoso, me prometeu riqueza e felicidade em troca do ataque ao Espiritualismo. Muito antes de falar fosse a quem fosse a respeito desse assunto, era incessantemente orientada pelo meu Espírito guia sobre a atitude a ser tomada. Finalmente, concluí ser inútil resistir por mais tempo a tal orientação.

— Não houve algum interesse de ordem pecuniária nesta declaração?
— Nenhum, por menor que fosse.
— Então o ganho financeiro não é o fim a que a senhora está buscando?
— Indiretamente, sim. O senhor sabe que um instrumento mortal, embora nas mãos dos Espíritos, precisa zelar pela manutenção de sua vida. Pretendo conseguir isso por meio de minhas palestras. Ninguém me ofereceu um único centavo para que adotasse a presente atitude.
— Que causa provocou sua denúncia a respeito das batidas dos Espíritos?
— Naquela época eu necessitava muito de dinheiro; então, algumas pessoas, cujos nomes não quero enunciar, se aproveitaram de minha situação; daí o distúrbio. A excitação também ajudou a perturbar meu equilíbrio mental.
— Qual o objetivo das pessoas ao induzi-la a confessar que a senhora e os demais médiuns faziam comércio da credulidade pública?
— Seus propósitos eram vários, principalmente esmagar o Espiritualismo, ganhar dinheiro e provocar grande excitação, no meio da qual pudessem sobressair.
— Nas acusações feitas contra o Espiritualismo havia algo de verdadeiro?
— Aquelas acusações eram falsas em todos os pontos. Não hesito em dizê-lo.
— Não, minha crença no Espiritualismo não sofreu qualquer alteração. Quando fiz aquelas horríveis declarações não era responsável por minhas palavras. A autenticidade do Espiritualismo é fato incontroverso. Nem mesmo todos os Herrmans do mundo, juntos, seriam capazes de repetir as maravilhas produzidas por alguns médiuns. Por destreza dos dedos ou esperteza das mentes, podem eles produzir a escrita em papéis e lousas, mas, ainda assim, os resultados não suportariam investigação mais profunda. A materialização está além de suas possibilidades mentais, e eu desafio qualquer um a produzir as *batidas* nas mesmas condições em que as obtenho. Não há ser humano na

Terra que possa produzir as *batidas* da forma como são produzidas por meu intermédio.
— É seu propósito fazer sessões?
— Não, dedicar-me-ei inteiramente ao trabalho da propaganda, pois aí encontrarei as melhores oportunidades para refutar as tolas calúnias que lancei contra o Espiritualismo.
— O que diz sua irmã Kate a respeito de sua atitude atual?
— Está plenamente sintonizada comigo. Ela não aprovou meu procedimento anterior.
— A senhora terá algum empresário para seu roteiro de palestras?
— Não, senhor. Eu lhes tenho horror. Também eles me trataram de modo ultrajante. Frank Stechen agiu vergonhosamente comigo. Ganhou considerável quantia em dinheiro durante sua administração e me deixou em Boston sem um centavo. Tudo que obtive dele foram quinhentos e cinquenta dólares, recebidos no início do contrato.

Para dar maior autenticidade à entrevista, por sua própria sugestão, foi escrita a seguinte carta aberta, na qual após sua assinatura:

Rua West Forty-third, 128, cidade de Nova Iorque, 16 de novembro de 1889.
Ao conhecimento público:
Tudo que contém a precedente entrevista, que me foi lida, é o registro correto de minhas palavras e expressão exata de meus sentimentos. Ainda não descrevi, de modo minucioso, os procedimentos imaginados para fazer-me declarar que os fenômenos espirituais, produzidos por meu intermédio, eram uma fraude. Essa lacuna, porém, será preenchida tão logo inicie meu trabalho de divulgação.

A exatidão dessa entrevista foi comprovada por várias testemunhas, entre as quais J. L. O'Sullivan, ministro dos Estados Unidos em Portugal por vinte e cinco anos. Disse ele: "Se alguma vez ouvi uma mulher dizendo a verdade, foi nessa ocasião". Assim deve ter sido, mas a incapacidade de seu empresário para mantê-la com recursos financeiros parece ter sido o fator determinante.

A declaração encerraria a controvérsia, se a entrevista merecesse inteiro crédito, mas infelizmente o autor é obrigado a concordar com o Sr. Isaac Funk — pesquisador infatigável e imparcial — que, naquele período de sua existência, Margaret não era confiável.

Apresenta-se com maior força conclusiva, em relação a esse assunto, o fato de que o Sr. Funk se reuniu em sessão com Margaret e ouviu as batidas "por toda a sala" sem lhes identificar a origem, sendo-lhe soletrados nome e endereço inteiramente estranhos ao conhecimento da médium. A informação dada era incorreta, mas um poder supranormal revelou-se quando foi lido o conteúdo de uma carta no bolso do Sr. Funk. Essa mistura de resultados é tão enigmática quanto o outro problema mais amplo discutido neste capítulo.

Há outro fator ainda pouco referido. Trata-se do caráter e da carreira da Sra. Fish — depois Sra. Underhill: Leah, a irmã mais velha, que desempenha tão importante papel em tudo isso. Conhecemo-la, principalmente por seu livro *O elo perdido no Espiritualismo Moderno*[47] (Knox & Co., New York, 1885). A obra, em verdade, foi escrita por um amigo, mas a Sra. Underhill forneceu-lhe os fatos e os documentos, conferindo toda a narrativa. O texto, elaborado de forma simples e até comum, leva o espiritualista a concluir que nem sempre eram de ordem elevada as entidades com as quais inicialmente o círculo Fox manteve contato. Talvez, num plano como o nosso, os plebeus e os humildes tenham a função de realizar, com seus métodos próprios e rudes, o trabalho espiritual pioneiro, abrindo caminho para outras e mais refinadas classes. Com essa única ressalva, pode-se dizer que o livro transmite candura e bom senso. Além disso, por tratar-se de narrativa de quem estava intimamente ligada a esses significativos acontecimentos, destina-se a sobreviver à nossa literatura comum e a ser lido com toda atenção e até mesmo respeito pelas gerações futuras. Aquela gente humilde, que cuidou desse novo nascimento espiritual, permanecerá na História: Capron, de Auburn, quem primeiro expôs o assunto ao público; Jervis, o distinto ministro metodista, ao exclamar:

---

[47] N.T.: *The Missing Link in Modern Spiritualism*.

"Eu sei que isto é verdadeiro e enfrentarei o mundo hostil!"; George Willetts — o *quaker* —; Isaac Post, organizador da primeira reunião espiritual; o galante grupo que testemunhou no palanque de Rochester, enquanto os arruaceiros aqueciam o piche, e outros tantos. Quanto à Leah, de fato reconheceu ela o significado religioso do movimento muito mais claramente que suas irmãs, opondo-se ao exercício da mediunidade com objetivos simplesmente mundanos: degradação dos espirituais. A seguinte passagem é muito significativa, por mostrar como a família Fox considerou, inicialmente, aquelas visitas dos Espíritos:

> O sentimento geral de nossa família era fortemente adverso a toda aquela coisa estranha e sinistra. Consideramo-la uma grande infelicidade abatendo-se sobre nós; como, quando ou por quê, não sabíamos. Resistimos. Lutamos. Rogamos constante e sinceramente pela libertação, até mesmo quando estranha fascinação nos era imposta por forças e agentes invisíveis que não podíamos repelir, porque estavam fora de nosso controle e entendimento. Se nossa vontade, nossos desejos sinceros e preces tivessem de algum modo prevalecido, tudo teria sido encerrado naquela ocasião, e o mundo além de nossa pequena vizinhança jamais teria ouvido falar das *batidas de Rochester* e da desventurada família Fox.

Essas palavras impressionam pela sinceridade e, de modo geral, Leah revela-se no livro, com os muitos testemunhos ali citados, pessoa digna de desempenhar um papel de destaque no grande movimento.

Kate-Fox-Jencken e Margaret Fox-Kane faleceram no começo da última década do século XIX, sendo triste e melancólico seu final de vida. Buscamos apresentar a problemática de sua existência de forma correta, evitando os extremos, quer do espiritualista demasiadamente sensível, que não enfrenta os fatos; quer do cético contumaz, que evidencia, de preferência, as partes da narrativa mais ajustadas aos seus propósitos e omite ou minimiza todo o restante.

Vejamos agora, embora interrompendo o curso da narrativa, se há fundamento no duplo fato de os fenômenos obtidos pelas irmãs Fox serem nitidamente supranormais e, até certo ponto, controlados por elas.

A questão é bastante complexa, exaure mesmo o conhecimento psíquico atual, estando, portanto, muito além do alcance de sua época.

A explicação dada pelos espiritualistas de então não é para ser posta inteiramente de lado — ao menos por aqueles com mais conhecimento do assunto. Diziam eles que o médium, ao usar mal suas faculdades, se avilta moralmente pelo cultivo dos maus hábitos, tornando-se, desse modo, acessível às influências maléficas, as quais podem usá-lo para informações falsas, ou para descrédito da causa. Isso pode ser verdadeiro e constituir uma das razões do problema. No entanto, devemos aprofundar o exame, para chegarmos exatamente ao como e ao porquê.

Entende o autor que a explicação verdadeira se encontra na associação de todos esses fatos às recentes pesquisas do Dr. Crawford, sobre os meios pelo quais os fenômenos físicos são obtidos. Como será visto minuciosamente em capítulo posterior, o Dr. Crawford mostrou, de modo claro, que as batidas (estamos tratando no momento somente dessa fase) eram provocadas por um longo fio de certa substância expelida pelo médium. Tal substância, detentora de propriedades que a distinguem de outras formas de matéria, estudada cuidadosamente pelo insigne fisiologista francês, Dr. Charles Richet, foi por ele denominada *ectoplasma*. Esse fio, invisível a olho nu, mas parcialmente visível na placa fotográfica, conduz quantidade de energia suficiente para produzir sons e pancadas à distância.

Se, com efeito, Margaret produzia as batidas, como o médium de Crawford, poderemos apenas formular uma ou duas hipóteses mais prováveis, cabendo à ciência do futuro o encargo de buscar a prova definitiva, a fim de esclarecer melhor o assunto. Uma dessas hipóteses é a de que o centro de forças psíquicas se forma em alguma parte do corpo emissor do ectoplasma. Presumindo-se, no caso, tal centro no pé de Margaret, isso lançaria intensa luz sobre a prova obtida na investigação de Seybert. Examinando Margaret e esforçando-se por produzir batidas por seu intermédio, um dos membros da Comissão, com o consentimento da médium, colocou a mão sobre seu pé. As batidas fizeram-se ouvir imediatamente. O investigador exclamou: "Esta é a coisa mais maravilhosa de todas, Sra. Kane. Sinto-as distintamente no seu pé. Não há sinal de movimento neste, mas inusitada pulsação".

Essa experiência de nenhum modo ratifica a ideia do deslocamento da junta ou estalo dos dedos. Ela confirma, no entanto, a hipótese da existência de um centro de onde se projeta a força psíquica. Essa força, exteriorizando-se do corpo do médium, apresenta-se com aspecto material. Há naturalmente um nexo entre ela e o médium. Este nexo, contudo, pode variar. No exemplo citado, era o pé de Margaret. Os médicos de Buffalo observaram que a médium fazia movimentos sutis no momento das batidas. A observação estava correta, embora a inferência fosse errada. O próprio autor viu distintamente, com um médium amador, leve pulsação geral por ocasião das batidas, como se fora contração após descarga de energia.

Admitindo-se que a força de Margaret atuava de forma igual, teríamos apenas de discutir se o fio de ectoplasma poderia, em certas circunstâncias, projetar-se à vontade. Até onde conhece o autor, não há observações a respeito desse ponto. O médium de Crawford sempre o produzia, quando em transe; assim, a questão não foi levantada. Em outros fenômenos físicos, há certa razão para se pensar que, numa feição simples, esse fio esteja intimamente ligado ao médium; quando se torna mais complexo, porém, lhe escapa ao controle, sendo dominado por forças exteriores. Desse modo, as imagens fotografadas por Madame Bisson e pelo Dr. Schrenck Notzing (as quais se encontram no recente livro deste último) podem, em suas manifestações iniciais, ser atribuídas a pensamentos do médium ou a lembranças suas, tornados visíveis por meio do ectoplasma. Quanto mais se acentuava o transe, entretanto, aquelas imagens adquiriam a forma de figuras, até serem dotadas de vida independente. Se existe analogia entre essas duas classes de fenômenos, então é possível que Margaret tivesse certo controle sobre a expulsão do ectoplasma e a produção de sons, mas, quando estes sons transmitiam mensagens cujo conteúdo estava além de seus possíveis conhecimentos — como no caso exemplificado por Funk —, a força já não era mais conduzida por ela, mas por uma inteligência independente.

Ninguém é mais ignorante de como são produzidos os fenômenos que o próprio médium, apesar de ser este o centro deles. Um dos maiores médiuns de efeitos físicos do mundo disse certa feita ao autor jamais ter presenciado fenômeno algum, por estar sempre em transe; assim, a opinião dos assistentes seria mais valiosa que a sua. Isso também se passava com as irmãs Fox. Simples crianças quando as manifestações começaram, elas pouco sabiam do assunto. Margaret frequentemente dizia não entender os resultados obtidos por seu intermédio. Se, ao contrário, tivesse admitido a possibilidade de ela mesma produzir as batidas, mesmo sem compreender como isso pudesse ser feito, teria provavelmente concluído pela impossibilidade de refutar o Dr. Kane, quando este a acusava. Teriam sido, também, até certo ponto verdadeiras as confissões que ela e a irmã fizeram, conquanto soubessem — como depois declararam — que a causa de muitos desses fenômenos não lhes poderia ser atribuída.

Resta ainda um ponto relevante a ser discutido — o mais importante de todos, para quem aceita o significado religioso do movimento. A objeção mais comum do desconhecedor do assunto é a seguinte: "São esses, então, os benefícios? Pode ser boa uma religião, ou uma filosofia, que recompensa dessa maneira os que tiveram papel de destaque em sua implantação?". É lógico o argumento. Reclama, portanto, resposta precisa, frequentemente dada, mas nunca é demais repeti-la.

É preciso estabelecer, de modo claro, que o nexo entre a mediunidade física e a moralidade não é maior que o existente entre esta e o ouvido educado para a música. Os dois primeiros elementos da comparação constituem simples faculdades físicas. O músico pode interpretar os mais belos pensamentos e estimular as mais nobres emoções nos outros, influenciando os pensamentos destes e elevando suas mentes. Contudo, ele próprio pode ser um drogado, um dipsômano, um pervertido, ou, então, associar seu talento musical ao caráter angélico. Não existe, pois, vinculação entre as duas coisas, exceto quanto ao fato de tanto uma como outra se originarem no ser humano. Assim é na mediunidade de efeitos físicos. Todos nós, ou quase todos, expelimos do corpo certa substância com propriedades bem peculiares. Na maioria de nós — como foi mostrado por Crawford pesando cadeiras — a quantidade dessa substância é de pouca monta. Um em cem mil tem-na em quantidade considerável, podendo, desse modo, ser classificado entre os médiuns de efeitos físicos. Estes produzem matéria prima, que, segundo entendemos, pode ser manipulada por forças exteriores independentes. O caráter do indivíduo, porém, não tem ligação com os resultados obtidos. Esta a nossa conclusão após examinar duas gerações.

Tal assertiva, contudo, não tem caráter absoluto, pois, se assim fosse, os médiuns de efeitos físicos jamais se deixariam afetar por suas faculdades. Infelizmente, os fatos demonstram o contrário. Em nossas atuais condições de ignorância, os riscos morais enfrentados por esses médiuns reclamam uma natureza forte e vigilante, capaz de suportá-los. A falência da maior parte dessas pessoas tão úteis e devotadas pode ser comparada às lesões físicas — tais como a perda de dedos e mãos — ocorridas com os operadores de raios x antes de suas propriedades serem totalmente compreendidas. Certas providências para eliminar esses perigos só foram tomadas depois de alguns deles se tornarem mártires da ciência. Assim também os danos morais serão evitados, quando se reconhecer, embora tardiamente, o quanto esses médiuns pioneiros se prejudicaram a si mesmos ao forçarem os portões do conhecimento. Esses danos têm origem no enfraquecimento da vontade, na extrema debilidade resultante das sessões de efeitos físicos, na tentação de se obter temporário alívio por meio do álcool e na de fraudar, quando as forças decrescem; são causados, ainda, pela confusa e nociva influência dos Espíritos presentes nos grupos sem orientação, em que a curiosidade está acima do interesse religioso. O remédio é isolar os médiuns, dar-lhes salários em lugar de pagá-los por resultados, regular o número de sessões e o caráter dos assistentes, afastando aqueles das influências que envolveram as irmãs Fox, bem como outros grandes médiuns de outrora. Por outro lado, há médiuns de efeitos físicos possuidores de motivos tão elevados, trabalhando sob tão puro ideal religioso que constituem o sal da terra. É sempre a mesma força, outrora utilizada por Buda e pela pitonisa de Endor. Sua qualidade depende dos objetivos de seu uso e dos métodos empregados para atingir esses objetivos.

Dissemos existir pouca ligação entre a mediunidade de efeitos físicos e a moralidade. Poder-se-ia mesmo imaginar o fluxo do ectoplasma tão intenso num pecador como num santo, atuando sobre objetos materiais de modo idêntico e produzindo resultados com o efeito igualmente positivo de convencer o materialista sobre a existência de forças além de seu alcance visual. Isso não se aplica, porém, à mediunidade interna, que se manifesta não por fenômenos físicos, mas por ensinos e mensagens transmitidas tanto pela voz do Espírito ou pela voz humana, quanto pela escrita automática ou qualquer outro recurso. Aqui é escolhido o vaso que possa igualar-se ao conteúdo. Não se poderia imaginar uma natureza mesquinha como habitação temporária de um grande Espírito. É preciso ser um Vale Owen para receber as comunicações de Vale Owen. Se um médium de qualidades nobres degenera-se, devemos esperar a cessação das comunicações ou, então, que as mensagens desçam de nível. Por esse motivo, de igual modo, o conteúdo das mensagens de um Espírito divino, periodicamente enviadas para elevar o mundo, de um santo medieval, de Joana d'Arc, de Swedenborg, de Andrew Jackson Davis, ou do mais humilde médium de escrita automática de Londres — admitindo-se a veracidade do impulso — é, com efeito, do mesmo teor sob enfoques diversos. Cada um desses médiuns traz a fragrância genuína do Além, conquanto tinja com sua personalidade a mensagem que transmite. Contemplamos, assim, como se fosse através de um vidro escuro, esse magnífico mistério, tão vital e, contudo, tão indefinido: sua própria grandeza impede-o de ser definido.

Estamos realizando algo, mas deixaremos muitos problemas para nossos sucessores. Estes poderão considerar elementares as teorias mais avançadas por nós concebidas, vislumbrando mesmo horizontes que se estendam aos mais remotos limites da própria imaginação.

CAPÍTULO 6

As primeiras manifestações na América

Após tratarmos da história da família Fox e dos problemas que ela suscita, retornemos à América, para observar os primeiros efeitos da invasão desses seres de outras esferas.

Nem sempre foram positivos esses efeitos. Houve loucuras de indivíduos e extravagâncias de comunidades. Uma dessas extravagâncias, baseada em comunicações recebidas pela mediunidade da Sra. Benedict, foi o *Círculo Apostólico*. Começou este com um pequeno grupo de homens que acreditavam fervorosamente num segundo advento, procurando confirmar essa crença pelas comunicações dos Espíritos. Obtiveram pretensas comunicações dos Apóstolos e profetas da *Bíblia*. Em 1849, James L. Scott, ministro batista do Sétimo Dia, de Brooklin, reuniu, em Auburn, o referido círculo, hoje conhecido por *Movimento Apostólico*. Seu chefe espiritual era supostamente o apóstolo Paulo. A Scott juntou-se o reverendo Thomas Lake Harris, estabelecendo ambos, no Mountain Cove, a comunidade religiosa que atraiu numerosos seguidores por vários anos, até esses incautos se desiludirem e abandonarem seus autocráticos líderes.

Esse homem, Thomas Lake Harris, é, certamente, uma das mais curiosas personalidades de que temos registro. Não se poderia dizer se, em seu caráter, predominava a personalidade do Sr. Jekyll ou a do Dr. Hyde. Tudo nele era extremado: ora fazia o bem, ora o mal. Fora, originariamente, ministro universalista,[48] quando adquiriu o *Rev.*, título usado por ele durante longo tempo. Afastou-se de seus coligados e adotou os ensinos de Andrew Jackson Davis, tornando-se espiritualista fanático. Finalmente, apresentou-se como um dos condutores autocráticos das almas e das bolsas dos colonos de Mountain Cove. Em dado momento, porém, esses colonos chegaram à conclusão de que eram suficientemente capazes de cuidar dos próprios interesses, fossem estes espirituais ou materiais, forçando Harris a abandonar sua vocação e ir para Nova Iorque, onde se lançou ardorosamente no movimento espiritualista. Pregou em Dodworth Hall — quartel general do culto —, conquistando grande e merecida reputação pela notável eloquência. Sua megalomania — possivelmente obsessão — irrompeu de novo. Apresentou exigências extravagantes não toleradas pelos espiritualistas sérios e sensatos que o acompanhavam. Havia algo, no entanto, que pôde realmente levar adiante: a inspiração, proveniente de verdadeiro e elevado impulso poético, embora não se pudesse dizer se esse impulso era inato ou não. Nesse estágio da carreira, ele, ou algum poder por seu intermédio, produziu alguns poemas de grande inspiração. Entre esses poemas, podem ser citados *Um lírico da Idade do Ouro*[49] e *A terra da manhã*[50]. Irritado pela recusa dos espiritualistas de Nova Iorque em admitir suas pretensões de superioridade, Harris, em 1859, veio para a Inglaterra, onde ganhou fama por sua eloquência, demonstrada em conferências cujo conteúdo se restringia a denunciar seus antigos colegas de Nova Iorque. Cada fase da vida desse homem era a continuação das máculas da fase anterior.

No ano de 1860, em Londres, a vida de Harris atraiu subitamente maior atenção dos britânicos, especialmente dos possuidores de gosto literário. Certa ocasião, numa de suas conferências em Steinway Hall, foi ele ouvido pela senhora Oliphant. Esta dama ficou tão envolvida por sua pujante eloquência que colocou o pregador americano em contato com o filho, Laurence Oliphant, um dos homens mais brilhantes de sua época. É

---

[48] N.T.: universalista é o adepto do universalismo, doutrina cristã liberal, fundada no século XIX, a qual ensina que todos os seres humanos serão salvos; unida atualmente ao unitarismo (*Webster's Ninth New Collegiate Dictionary*).
[49] N.T.: *A Lyric of The Golden Age.*
[50] N.T.: *The Morning Land.*

CAP 6 | AS PRIMEIRAS MANIFESTAÇÕES NA AMÉRICA

difícil entender-se como se desenvolve o processo de atração. O ensino de Harris nada tinha de incomum, salvo o fato de abranger a ideia do Deus-Pai e da Mãe-Natureza, lançada por Davis. Oliphant, no entanto, considerava Harris um grande poeta, referindo-se a ele como "o maior poeta da época, embora não fosse ainda famoso". A despeito de sua capacidade para ser juiz nesse assunto, sua conclusão soa extravagante, num período em que se destacavam Tennyson, Longfellow, Browning e tantos outros poetas. No final da história, depois de atrasos e hesitações, mãe e filho renderam-se completamente ao domínio de Harris, passando a realizar trabalhos manuais numa nova colônia, em Brocton, Nova Iorque, onde se colocaram numa espécie de escravidão voluntária. Se tal abnegação era santa ou tola, isto é questão para os anjos. Parece tola, porém, quando se sabe da imensa dificuldade de Laurence Oliphant para afastar-se da colônia a fim de contrair matrimônio, expressando, no entanto, humilde gratidão ao tirano, ao lhe ser finalmente dada a pleiteada permissão. Liberado também para cobrir a guerra franco-germânica de 1870 — tarefa por ele realizada de modo brilhante, como era de se esperar —, retornou, mais uma vez, à servidão, sendo um de seus deveres o de vender morangos dentro dos trens que passavam pela cidade. Afastado de sua jovem esposa, então enviada para o sul da Califórnia, permaneceu em Brocton. Só em 1882, passados vinte anos de seu primeiro envolvimento com Harris, Oliphant, após a morte da mãe, quebrou os singulares liames. Depois de árdua luta, no curso da qual Harris tomou medidas para encarcerá-lo num asilo, uniu-se de novo a sua mulher, recuperou algumas de suas propriedades e reassumiu a vida normal. Nos últimos dias de sua vida, descreveu o profeta Harris no livro *Masollam*. Este livro retrata não só a personalidade extraordinária desse homem, como também à do próprio Oliphant, de maneira tão brilhante que o leitor talvez fique satisfeito de encontrar algumas notas sobre o assunto no *Apêndice*.

Tais manifestações, como a de Harris e outros, foram tão somente refugos do movimento espiritualista, de modo geral progressista e sensato. Essas singularidades perduravam na medida de sua aceitação. Note-se, entretanto, que todas elas — como, por exemplo, as ideias comunistas e de amor livre, professadas por algumas seitas grosseiras — eram inescrupulosamente exploradas pelos adversários, como se fossem características do movimento como um todo.

Vimos que as manifestações espirituais, conquanto tenham obtido a atenção do grande público a partir das meninas Fox, eram conhecidas muito antes. Aos testemunhos a esse respeito pode-se juntar o do juiz Edmonds[51].

> Foi há cerca de cinco anos [diz ele] que o assunto primeiramente atraiu a atenção pública; entretanto, nos dez ou doze anos precedentes, irrompiam manifestações do gênero, com maior ou menor intensidade, em diferentes locais do país. Tais manifestações, porém, eram encobertas pelo medo do ridículo, ou pela ignorância de seu significado.

Entretanto, imediatamente após a publicidade obtida pela família Fox, inumeráveis médiuns foram aparecendo. Não era novo o dom apresentado por estes; todavia, à medida que alguns divulgavam, corajosamente, as faculdades de que eram portadores, outros médiuns os seguiam, divulgando, também, as suas. De igual modo, o dom universal da mediunidade, começou, pela primeira vez, a ser livremente desenvolvido.

Em abril de 1849, ocorreram manifestações na família do Rev. A. H. Jervis, ministro metodista de Rochester; na do Sr. Lyman Granger, também de Rochester, e em casa de Deacon Hale, na cidade vizinha de Greece. Seis famílias da cidade adjacente de Auburn começaram também a desenvolver a mediunidade. Não houve, em nenhum desses casos, participação direta das meninas Fox. Eram estas apenas líderes: abriram caminhos e foram seguidas.

Os pontos marcantes dos anos subsequentes foram o rápido aumento do número de médiuns em toda parte e a conversão de grandes homens públicos ao Espiritualismo. Entre estes últimos podem ser citados o juiz Edmonds, o ex-governador Tallmadge, o professor Robert Hare e o professor Mapes. O apoio dado por homens insignes provocou enorme repercussão, embora, ao mesmo tempo, tenha feito crescer a virulência dos opositores, desafiados agora a enfrentar não mais um punhado

---

[51] Nota do autor: EDMONDS, John W.; DEXTER; George T., M.D. *Spiritualism*, New York, 1853, p. 36.

CAP 6 | AS PRIMEIRAS MANIFESTAÇÕES NA AMÉRICA

de pessoas *tolas* e *iludidas*, mas homens de respeito, cujas palavras podiam chegar ao público diariamente pela imprensa. Houve, ainda, mudança de característica das manifestações espirituais. Nos anos de 1851 e 1852, a Sra. Hayden e D. D. Home foram instrumentos da conversão de muitos. Diremos mais a respeito desses médiuns em outros capítulos.

Em comunicado ao público, inserido no *The New York Courier*, de agosto de 1853, o juiz Edmonds, homem de elevado caráter e inteligência brilhante, fez convincente relato de sua própria experiência. É curioso o ocorrido nos Estados Unidos: eminentes cidadãos ofereceram, nesse período, provas notáveis de coragem moral, mas, nos últimos anos, como se pode ver, houve um retrocesso a esse respeito. O autor, em recente viagem àquele país, encontrou muitos conhecedores da verdade psíquica. Estes, no entanto, abstêm-se de publicar suas convicções, receosos de uma imprensa zombeteira.

No mencionado artigo, o juiz Edmonds descreve minuciosamente os fatos que o levaram a formar seu convencimento. Vamos narrá-los, com alguns pormenores, porque é muito importante mostrar a base sobre a qual um homem altamente educado recebeu o novo ensino:

> Minha atenção foi primeiramente atraída para a questão do *intercâmbio espiritual*, em janeiro de 1871. Encontrava-me, naquela época, afastado do convívio da sociedade, trabalhando sob grande depressão de espírito. Ocupava todas as horas de descanso com leituras a respeito da morte e da sobrevivência do ser. No curso de minha vida, não apenas lera, mas também ouvira do púlpito, sobre esse assunto, tantas doutrinas contraditórias e conflitantes que ficava difícil acreditar em algo. Não poderia aceitar o que não conseguisse compreender. Procurava ansiosamente saber se, após a morte, reencontraríamos aqueles a quem tínhamos amado e como se daria esse encontro. Fui convidado por uma amiga a testemunhar as *batidas de Rochester*. Aquiesci ao convite não só para contentá-la como também para passar o tempo de uma hora tediosa. Pensei muito sobre os fenômenos ali observados, decidindo examinar o assunto, para compreendê-lo devidamente. Se fosse fraude ou ilusão, julgava poder descobri-lo. Durante cerca

de quatro meses, dediquei-me, ao menos duas noites por semana — algumas vezes mais —, a assistir a esses fenômenos em todas as suas fases. Guardava cuidadosos registros de tudo e, de tempos em tempos, comparava as observações feitas, para identificar inconsistências e contradições. Li tudo que me vinha às mãos sobre o assunto e, especialmente, a respeito das supostas *descobertas de fraude*. Fui a vários locais para observar médiuns diferentes; reuni-me com diversos grupos, nos quais frequentemente encontrava pessoas que me eram estranhas, sendo que, algumas vezes, o grupo inteiro não sabia quem eu era. Essas reuniões realizavam-se, ora no escuro, ora em plena luz; seus assistentes eram, em geral, adeptos zelosos, mas, em muitas ocasiões, a assembleia compunha-se de descrentes inveterados.

Enfim, aproveitei todas as oportunidades para estudar o assunto. Nessa época, como descrente, testei bastante a paciência dos espiritualistas, tal o meu ceticismo, a minha astúcia e a obstinada recusa em modificar as próprias ideias. Vi algumas pessoas renderem-se à fé em uma ou duas sessões; outras, sob as mesmas circunstâncias, persistirem na descrença, e outras mais negarem-se a testemunhar os fatos, mantendo-se descrentes incorrigíveis. Não podia imitar qualquer um desses grupos, mas recusava-me a crer, a não ser diante de uma prova incontestável. Essa prova só apareceu depois de muito tempo, mas veio com tamanha força que nenhum homem sensato poderia negar-lhe crédito.

Como se vê, o mais antigo dos notáveis convertidos à Nova Revelação tomou extremas precauções antes de se deixar convencer da realidade do Espírito. A experiência mostra ser a fácil aceitação dessa realidade muito rara entre os pensadores sérios, dificilmente encontrando-se um espiritualista de renome, cujos estudos e reflexões não tenham requerido um noviciado de vários anos. Tal circunstância estabelece impressionante contraste com as opiniões negativas, baseadas no preconceito e nos relatos tendenciosos e escandalosos de autores sectários.

No excelente resumo de seu posicionamento, inserto no artigo citado — artigo que teria condições de convencer todo o povo americano, se este estivesse pronto para assimilar seu conteúdo —, prossegue o juiz Edmonds demonstrando a sólida base de sua crença. Dá ênfase ao fato de nunca ter estado só quando essas manifestações ocorriam, contando, portanto, com o apoio de muitas testemunhas. Mostra ainda as cuidadosas cautelas que adotou.

> Depois de haver confiado em meus sentidos para investigar as várias fases do fenômeno, invoquei o auxílio da ciência e, com a ajuda de competente eletricista, com sua maquinaria, além da de oito ou dez pessoas inteligentes, educadas e sagazes, examinei o assunto. Realizamos nossas pesquisas, durante muitos dias, findos os quais estabelecemos, para nossa satisfação, dois pontos: 1°) os sons não eram produzidos por atuação de qualquer pessoa presente ou em local próximo; 2°) não surgiam à nossa vontade.

Ocupa-se, sinceramente, dos pretensos desmascaramentos, vistos nos jornais. Alguns deles constituíam acusações legítimas contra determinado vilão, mas, de regra, consciente ou inconscientemente, causavam mais desilusão ao público do que os males denunciados.

> Durante o período dessas experiências [diz ele], apareceram nos jornais várias explicações e "descobertas de fraudes", como eram denominadas. Lia-as com cuidado, na esperança de encontrar algo que me ajudasse nas pesquisas. Não podia, entretanto, senão sorrir ante a temeridade e a futilidade das explicações dadas. Por exemplo, enquanto certos professores ilustres de Buffalo se congratulavam por haverem descoberto a causa de tudo no dedo do pé e na junta do joelho, houve, nessa mesma cidade, mudança na forma das manifestações, pois se transformaram estas no toque de campainhas colocadas debaixo das mesas. Tal argumento assemelha-se à solução dada posteriormente, na Inglaterra, por douto professor, que atribuiu o bater da mesa à determinada força existente nas mãos nela apoiadas, desconsiderando o fato material de as mesas muito frequentemente se moverem sem mão alguma sobre elas.

Após tratar da objetividade do fenômeno, o juiz toca na questão mais importante: a da fonte. Segundo declarou, recebeu respostas a perguntas mentais; seus pensamentos foram revelados, e determinados propósitos seus, guardados em segredo, tornaram-se públicos. Observa ainda ter ouvido médiuns falando grego, latim, espanhol e francês, sendo eles mesmos desconhecedores dessas línguas.

Essas circunstâncias levam-no a considerar a possibilidade de as manifestações serem explicadas pelo reflexo da mente de pessoas vivas. Tal possibilidade tem sido estudada exaustivamente pelos investigadores, pois os espiritualistas não costumam aceitar sua doutrina irrefletidamente, mas percorrem a estrada do novo conhecimento, passo a passo, testando cuidadosamente o caminho. O procedimento adotado pelo juiz Edmonds é exatamente o mesmo seguido por muitos. Dá as seguintes razões para a negação do reflexo de outras mentes humanas:

> Alguns fatos, desconhecidos no momento da comunicação, foram posteriormente verificados, como neste exemplo: quando, no último inverno, eu viajava pela América Central, meus amigos da cidade tiveram notícias de meu paradeiro e do estado de minha saúde por sete vezes consecutivas. Ao retornar, comparando suas informações com as anotações de meu diário, verifiquei estar tudo invariavelmente correto. Da mesma forma, durante recente visita ao Oeste, minha localização e condições de saúde foram transmitidas a um médium daqui, enquanto eu viajava pela estrada de ferro entre Cleveland e Toledo. Várias ideias sobre assuntos nos quais ainda não havia pensado foram-me expostas e sempre em discordância com minha maneira de ver. Isso aconteceu muitas vezes comigo e outras pessoas, podendo-se afirmar, com segurança, não terem nossas mentes exercido qualquer influência sobre as comunicações.

Em seguida, refere-se ele, em linhas gerais — como veremos em capítulo posterior —, ao objeto dessas manifestações maravilhosas, evidenciando seu pujante significado religioso. A inteligência do juiz Edmonds era de fato notável assim como sua lucidez, pois muito pouco se lhe poderia adicionar às declarações. Pode-se mesmo dizer que o assunto talvez nunca tenha sido tão bem explanado em tão poucas palavras.

Assim, o Espiritualismo mostrou-se consistente desde os primeiros dias, não tendo seus professores e guias apresentado qualquer tipo de confusão em suas mensagens. Reflexão estranha e divertida vem à mente quando observamos a arrogante ciência — que, em 1850, procurou esmagar, com o brilho de meras palavras, o novo conhecimento, julgado pretensioso — cometendo erros em seu próprio terreno. Dificilmente se encontrará um axioma científico daquela época — tais como a finalidade do elemento, a individualidade do átomo, a origem distinta das espécies — que não tenha sido questionado, enquanto o conhecimento psíquico, tão escarnecido, continua firme em sua posição, adicionando fatos novos, sem contradizer os fenômenos originais.

Enumerando os efeitos benéficos desse conhecimento, escreve o juiz Edmonds:

> Há nele conforto para os que choram e consolo para os tristes; ele suaviza a passagem para a sepultura e rouba da morte seus terrores; esclarece o ateu e renova moralmente o vicioso; anima e encoraja o virtuoso no meio das provas e vicissitudes da existência, mostrando seu dever e revelando o destino do ser humano, que deixa de ser vago e incerto.

Nunca o assunto foi tão bem resumido.

Nada obstante, certo trecho no final do marcante documento causa um pouco de tristeza. Ao referir-se ao progresso alcançado pelo movimento nos Estados Unidos, em um período de quatro anos, diz o juiz Edmonds:

> Há dez ou doze jornais e periódicos devotados à causa, abrangendo a bibliografia espiritualista mais de cem diferentes publicações, algumas das quais já ultrapassaram dez mil cópias. Além da multidão indiferenciada, contam-se, entre os adeptos do Espiritualismo, diversos homens de alta posição e talento: médicos, advogados, grande número de clérigos, um bispo protestante,

o douto e venerável presidente de uma faculdade, juízes das nossas mais altas cortes, membros do Congresso, embaixadores estrangeiros e ex-membros do Senado dos Estados Unidos.

Em quatro anos, a força dos Espíritos tinha feito tudo isso. No entanto, como está o assunto nos dias de hoje? A "multidão indiferenciada" tem persistido bravamente e as cem publicações desdobraram-se em muitas outras, mas onde estão os homens esclarecidos para mostrarem o caminho? Desde a morte do professor Hyslop, é difícil apontar, nos Estados Unidos, um homem eminente disposto a arriscar, pela causa, a carreira e a reputação. Aqueles que jamais receariam a tirania do homem se retraíram diante dos esgares da imprensa. A máquina impressora triunfou onde a roda de tortura teria falhado. Os prejuízos na reputação e nos negócios, suportados pelo juiz Edmonds (foi ele obrigado a renunciar à cadeira na Suprema Corte de Nova Iorque) e por muitos outros que se sacrificaram pela verdade, aterrorizaram as classes intelectuais, prevenindo-as em relação ao Espiritualismo. Assim está a questão no presente.

Mas a imprensa, naquela época, era bem receptiva, tendo o famoso relato do juiz Edmonds, talvez o mais belo e convincente jamais produzido por um juiz, encontrado respeito, senão concordância.

O *New York Courier* escreveu:

> A carta do juiz Edmonds, publicada por nós no sábado, sobre as chamadas manifestações dos Espíritos, pelo fato de ter sido escrita por eminente jurista, homem de notável bom senso nos negócios e cavalheiro de caráter irrepreensível, prendeu a atenção da comunidade, sendo considerada por muitas pessoas um dos documentos mais notáveis dos dias atuais.

O *Evening Mirror*, de Nova Iorque, disse:

> John W. Edmonds, Chefe de Justiça da Suprema Corte deste distrito, é advogado capaz, laborioso juiz e bom cidadão. Tendo ocupado, ininterruptamente, nos últimos oito anos, as mais altas posições da magistratura, sejam quais forem suas falhas, ninguém

ousaria acusá-lo de falta de habilidade, diligência, honestidade, ou destemor. Ninguém poderia duvidar de sua sanidade mental ou crer que seu raciocínio tenha perdido a rapidez, a exatidão e a confiabilidade que sempre o caracterizaram. Ele é reconhecido, tanto pelos advogados como pelos litigantes do tribunal, como o chefe, de fato e de mérito, da Suprema Corte deste distrito.

É também interessante a experiência do Dr. Robert Hare, professor de Química da Universidade de Pensilvânia: entre os cientistas eminentes dispostos a desvendar a *ilusão* do Espiritualismo, foi ele um dos primeiros a se convencer de sua veracidade. Segundo suas próprias palavras, em 1853, sentiu-se

> convocado, por amor aos seus irmãos em humanidade, a empregar toda sua influência para tentar interromper a maré de loucura popular, que, desafiando a razão e a ciência, se estabelecia rapidamente a favor da gritante ilusão chamada Espiritualismo.

Uma carta sua, denunciadora, publicada nos jornais da Filadélfia, onde residia, transcrita em jornais de todo o país, tornou-se peça fundamental de numerosos sermões. No entanto, como no caso de Sir William Crookes, muitos anos depois, o júbilo revelou-se prematuro. O professor Hare, não obstante seu grande ceticismo, após cuidadosas pesquisas, convenceu-se plenamente da origem espiritual das manifestações. Como Crookes, inventou diversos instrumentos para controlar os médiuns. O Sr. S. B. Brittan[52] faz o seguinte resumo de algumas experiências de Hare:

> Primeiramente, para provar a si mesmo que os movimentos não eram obra dos mortais, pegou bolas de bilhar e as colocou sobre lâminas de zinco, pondo as mãos dos médiuns sobre elas. Para sua surpresa, as mesas *se moveram*. Em seguida, aparelhou uma mesa com fios, possibilitando-a deslizar para trás e para frente e, assim,

---

[52] Nota do autor: editor do *The Spiritual Telegraph*.

fazer girar um disco contendo o alfabeto *fora do alcance da visão dos médiuns*. As letras não estavam dispostas na ordem regular. Solicitou, então, ao Espírito que as colocasse em seus devidos lugares, e isto foi feito! Seguiram-se frases inteligentes, que o médium não tinha condições de ver nem conhecer seu significado. Buscou, então, outro teste decisivo. Ajustou o braço maior de uma alavanca a uma escala espiral, com um indicador e um peso determinado; as mãos do médium ficavam sobre o braço menor, de tal modo que lhe era impossível fazer pressão para baixo, mas, se houvesse pressão, esta teria o efeito contrário, levantando o braço maior. E, contudo — o que é espantoso —, a escala acusou o aumento de várias libras no peso.

O professor Hare reuniu suas cuidadosas pesquisas e opiniões sobre o Espiritualismo em importante livro, publicado em Nova Iorque, no ano de 1855, com o título *Investigação experimental das manifestações dos Espíritos*[53]. Nesta obra (p. 55), resume os resultados de suas primeiras experiências, como segue:

> As manifestações referidas na precedente narrativa não ficaram limitadas à minha percepção: outras pessoas, participantes das sessões, também as observaram. Foram elas repetidas em minha presença, de várias formas, em muitos casos não especificamente mencionados. Os fenômenos apresentaram diversas fases. Primeiramente, ouviam-se batidas e outros ruídos, cuja causa não poderia ser atribuída a um agente mortal; depois, os sons passavam a indicar letras formando sentenças gramaticalmente corretas, atestando a presença de um ser inteligente; por fim, as comunicações eram de tal natureza que identificavam seus autores: amigos, parentes, ou conhecidos do investigador. Houve também casos de movimento de corpos pesados, ensejando a produção de comunicações intelectuais semelhantes àquelas obtidas por meio dos sons. Embora os instrumentos fossem usados para a comprovação dos fenômenos, com *o máximo de precaução e precisão*, não se poderia afastar a possibilidade de sua

---

[53] N.T.: *Experimental Investigation of the Spirit Manifestations*.

interferência nos resultados do experimento. Ressalte-se, contudo, que as provas por mim conseguidas, levando-me às conclusões acima mencionadas, foram, em essência, também obtidas por grande número de investigadores. Muitos destes jamais haviam procurado as comunicações de Espíritos nem estavam inclinados a incluir-se entre os espiritualistas. Hoje admitem a realidade desses sons e movimentos, embora não consigam explicá-los.

O Sr. James J. Mapes, LL.D., de Nova Iorque, químico agrícola e membro de várias associações culturais, iniciou suas investigações sobre o Espiritualismo com o intuito de — como ele mesmo disse — salvar seus amigos da "imbecilidade dessa nova loucura, para a qual estavam caminhando". Mediante as faculdades mediúnicas da Sra. Cora Hatch, posteriormente Sra. Richmond, recebeu, para perguntas suas, respostas consideradas cientificamente notáveis. Finalmente, transformou-se num legítimo crente. Sua esposa, que não tinha talentos artísticos, transformou-se em médium pintora e desenhista. A própria filha, sem que ele soubesse, se tornara médium escrevente. Quando esta última lhe falou sobre o desenvolvimento de sua mediunidade, ele lhe pediu que demonstrasse seus dons. Ela pegou, então, uma caneta e escreveu rapidamente uma mensagem cujo autor seria o pai do professor Mapes. Quando o professor solicitou uma prova de identidade, a mão da médium imediatamente escreveu: "Você decerto se lembra de lhe ter dado, entre outros livros, uma Enciclopédia; veja a página 120 desta obra e encontrará meu nome aí escrito, fato que você nunca percebeu". O referido livro estava junto de outros dentro de uma caixa guardada no depósito. Quando o professor Mapes abriu a caixa, que não fora tocada por vinte e sete anos, encontrou, para espanto seu, o nome do pai escrito na página 120 do livro, conforme dissera o Espírito. Esse incidente levou-o, com efeito, a investigar seriamente o assunto, uma vez que, como o seu amigo, professor Hare, tinha sido até então materialista convicto.

Em abril de 1854, o honorável James Shields apresentou memorial[54] ao Congresso dos Estados Unidos em que se solicitava a realização

---

[54] Nota do autor: ver CAPRON, E. W. *Modern Spiritualism*, p. 259-363.

de uma pesquisa sobre os fenômenos espiritualistas. O referido documento, com treze mil assinaturas, foi encabeçado pelo governador Tallmadge. Após frívola discussão, na qual o Sr. Shields, apresentador do requerimento, atribuiu a crença dos signatários à ilusão, originada de educação deficiente ou de desequilíbrio das faculdades mentais, decidiu-se arquivar o pedido. O Sr. E. W. Capron faz este comentário:[55]

> Não é provável que os requerentes esperassem tratamento mais favorável do que o recebido. Os carpinteiros e os pescadores do mundo são, de fato, os competentes para investigar novas verdades e fazer com que os senados e os tronos acreditem nelas e as respeitem. Inútil esperar pelo acolhimento respeitoso de novas verdades por homens colocados em altos postos.

A primeira organização espiritualista regular foi fundada em Nova Iorque, no dia 10 de junho de 1854. Denominava-se Sociedade para a Difusão do Conhecimento Espiritual.[56] Incluía entre seus membros pessoas eminentes, como o juiz Edmonds e o governador Tallmadge, de Wisconsin.

Entre as atividades da sociedade estavam a edição de um jornal chamado *The Christian Spiritualist* e as sessões diárias realizadas pela Srta. Kate Fox, mediante contrato. O público tinha livre acesso a essas sessões, que começavam às dez e terminavam às treze horas.

Escrevendo em 1855, diz Capron:[57]

> Seria impossível entrar em pormenores sobre a expansão do Espiritualismo em Nova Iorque nos dias de hoje. Difundiu-se ele por toda a cidade, deixando de ser, para a maioria das pessoas, curiosidade ou maravilha. As reuniões públicas transcorrem regularmente e as investigações prosseguem. Todavia, a época de excitação passou e todos os grupos, no mínimo, consideram-no como

---

[55] Nota do autor: *Modern Spiritualism*, p. 375.
[56] N.T.: Society for the Diffusion of Spiritual Knowledge.
[57] Nota do autor: *Modern Spiritualism*, p. 197.

CAP 6 | AS PRIMEIRAS MANIFESTAÇÕES NA AMÉRICA

algo mais do que simples brincadeira. É verdade que o fanatismo religioso denuncia-o, mas sem refutar os fatos e, de vez em quando, um pretenso libelo é lançado, com intuito de especulação; mas o fenômeno do intercâmbio espiritual tornou-se reconhecido por toda a cidade.

Talvez o fato mais significativo do período que estamos considerando tenha sido o desenvolvimento da mediunidade em pessoas eminentes, como, por exemplo, o juiz Edmonds e o professor Hare. Assim escreve este último:[58]

> Tendo eu ultimamente adquirido a faculdade mediúnica em grau suficiente para trocar ideias com os Espíritos amigos, não me cabe apenas defender os médiuns da acusação de falsidade e embuste; agora é meu próprio caráter que está em jogo.

Assim, além da mediunidade das irmãs Fox, há a mediunidade *particular* do Rev. A. H. Jervis, de Deacon Hale, de Lyman Granger, do juiz Edmonds, do professor Hare, da Sra. Mapes e a mediunidade pública das Sras. Tamlin, Benedict e Hayden, a de D. D. Home e dezenas de outros.

Esta obra não tem por objetivo tratar do grande número de casos individuais de mediunidade — alguns dramáticos e interessantes —, surgidos durante a primeira fase do movimento. Recomendamos ao leitor duas importantes compilações da Sra. Harding Britten: *O Espiritualismo americano moderno*[59] e *Milagres do século dezenove*,[60] livros que perdurarão como valioso registro dos primeiros dias. A coleção de casos fenomênicos era tão extensa que a Sra. Britten relatou mais de cinco mil diferentes exemplos registrados pela imprensa nos primeiros anos (isto quer dizer que, provavelmente, algumas centenas de milhares não vieram a público).

A religião e a ciência tradicionais uniram-se imediatamente numa sacrílega tentativa de deturpar e perseguir a nova verdade e seus adeptos,

---

[58] Nota do autor: *Experimental Investigation of the Spirit Manifestations*, p. 54.
[59] N.T.: *Modern American Spiritualism*.
[60] N.T.: *Nineteenth Century Miracles*.

enquanto a imprensa, infelizmente, achou por bem apoiar o preconceito da maioria de seus assinantes. Tal ação era facilitada porque, entre os que aderiam ao pujante movimento, havia, como se poderia esperar, algumas pessoas fanáticas; outras que, por seus atos, lançavam o descrédito sobre as próprias opiniões, e outras ainda que, atraídas pelo interesse, imitavam, com mais ou menos êxito, os dons espirituais verdadeiros.

Entre esses tratantes e enganadores, viam-se, por vezes, insensíveis trapaceiros; não raro, porém, apareciam médiuns autênticos, cujas faculdades psíquicas estavam temporariamente suspensas. Houve escândalos e denúncias, fatos legítimos e imitações. Tais denúncias eram muitas vezes feitas — como ainda são — pelos próprios espiritualistas, por se oporem, com todo vigor, ao fato de serem suas cerimônias sagradas invadidas pela hipocrisia e pela blasfêmia de vilões, os quais, como hienas humanas, procuravam viver fraudulentamente à custa dos mortos. O resultado de tudo isso foi o enfraquecimento do entusiasmo inicial, recuando-se ante a aceitação do verdadeiro pela supervalorização do falso.

O corajoso relatório do professor Hare provocou vergonhosa perseguição a este venerável sábio: o mais conhecido cientista da América naquele momento, com exceção de Agassiz. Os professores de Harvard — universidade que tem o registro menos invejável em matéria psíquica — resolveram denunciar sua "insana adesão à gigantesca fraude". Ele não poderia mais perder sua cadeira na Universidade da Pensilvânia porque a ela havia renunciado, mas sofreu muito em sua reputação.

O mais absurdo exemplo de intolerância científica — intolerância sempre tão violenta e irracional quanto a da Igreja na Idade Média — foi dado pela Associação Científica Americana.[61] Esta erudita corporação abafou com gritaria o professor Hare, quando este tentou dirigir-lhe a palavra, e consignou em ata que o assunto era indigno de sua atenção. Os espiritualistas observaram, no entanto, que a Associação, na sessão em referência, travou animado debate sobre a causa de os galos cantarem entre meia noite e uma hora da manhã, chegando, finalmente, à seguinte conclusão: nesse espaço de tempo, uma onda de eletricidade passa sobre a Terra, de norte a sul, e as aves, despertadas de seu sono e "tendo

---

[61] N.T.: *American Scientific Association.*

CAP 6 | AS PRIMEIRAS MANIFESTAÇÕES NA AMÉRICA

naturalmente uma predisposição para cantar", registram o acontecimento à maneira delas. Naquela época ainda não tinha sido aprendido — e dificilmente já tenha sido — que um homem, ou um grupo, pode ser sábio em assuntos de sua especialidade e, contudo, mostrar extraordinária escassez de senso comum ao enfrentar uma proposta nova, pois esta reclama completo reajustamento de ideias.

A ciência britânica, assim como a mundial, tem mostrado a mesma intolerância e inflexibilidade que marcaram aqueles primeiros tempos na América. A Sra. Hardinge Britten descreve bem esse período. Os interessados poderão acompanhá-lo por suas páginas.

Algumas notas sobre a Sra. Britten devem ser aqui introduzidas, pois nenhuma história do Espiritualismo poderia ser completa sem referir-se a esta notável mulher, chamada de São Paulo feminino do movimento. Era ela uma jovem inglesa, que tinha ido para Nova Iorque juntamente com uma companhia teatral e permaneceu na América com sua mãe. Sendo muito apegada à literalidade dos textos evangélicos, repeliu o que considerava uma visão não ortodoxa do Espiritualismo, fugindo horrorizada das sessões psíquicas. Entretanto, mais tarde, em 1856, foi levada a ocupar-se do assunto, recebendo provas suficientes para convencer-se de sua realidade. Cedo descobriu ser ela mesma portadora de faculdades mediúnicas em alto grau. Um dos mais documentados e sensacionais casos da história do movimento iniciante foi justamente o anúncio feito por ela de que o navio-correio *Pacific* havia naufragado, com todos os passageiros, no Atlântico médio, notícia esta que teria recebido do Espírito de um dos tripulantes. Conquanto tenha sido ameaçada de processo pelos proprietários da embarcação, a informação estava correta, pois o navio jamais foi encontrado.

A Sra. Emma Hardinge — Sra. Hardinge Britten, em virtude de seu segundo casamento — lançou-se no movimento nascente com todo seu entusiástico temperamento, deixando sobre ele marca ainda visível. Era a propagandista ideal, pois possuía todos os talentos: grande médium, oradora, escritora, pensadora de muito bom senso e viajante ousada. Ano após ano viajou pelos Estados Unidos divulgando a nova doutrina sob intensa oposição, provocada não só por seu caráter combativo, mas, principalmente, por seus pontos de vista (que atribuía aos mentores espirituais), pois eles eram considerados anticristãos. Ela apregoava, por exemplo, que existia uma grande permissividade nas Igrejas e que era necessário atingir-se padrão moral mais elevado. Certamente, a Sra. Hardinge Britten não incluía o fundador do Cristianismo em suas críticas. As opiniões que ela emitia vinculavam-se mais às ideias unitárias — ainda vigentes — das corporações espiritualistas oficiais do que a outro ponto qualquer.

Em 1866, retornou à Inglaterra, onde trabalhou infatigavelmente, produzindo suas duas grandes crônicas: *O Espiritualismo americano moderno* e, mais tarde, *Os milagres do século dezenove*, ambas mostrando volumosa e surpreendente pesquisa, aliada a um raciocínio claro e lógico. Em 1870, casou-se com o Dr. Britten, tão convicto espiritualista quanto ela. O casamento parece ter sido feliz. Em 1878 foram juntos, como missionários do Espiritualismo, para a Austrália e a Nova Zelândia e aí permaneceram por muitos anos, fundando diversas igrejas e sociedades, encontradas pelo autor ainda em atividade quando visitou os antípodas, quarenta anos depois, com o mesmo propósito de divulgação. Durante o período de estada na Austrália, ela escreveu *Crenças, fatos e fraudes da história religiosa*,[62] livro que mesmo hoje exerce muita influência. Havia nessa época, sem sombra de dúvida, íntima ligação entre o movimento do livre-pensamento e a Nova Revelação dos Espíritos. O honorável Robert Stout, Procurador Geral da Nova Zelândia, era tanto presidente da Associação do Pensamento Livre[63] quanto ardente espiritualista. Atualmente, porém, já se pode compreender, de modo mais nítido, que o intercâmbio com os Espíritos e os ensinos daí provenientes são muito amplos para se adaptarem a qualquer tipo de sistema, sendo, portanto, possível ao espiritualista professar qualquer credo, desde que tenha respeito ao invisível e altruísmo em relação ao próximo.

Além de outros empreendimentos, resultantes de seu incansável trabalho, a Sra. Hardinge Britten fundou o *The Two Worlds*, de Manchester, o qual possui ainda tanta circulação como a de qualquer jornal espiritualista do mundo. Transpôs os umbrais da vida física em 1899, deixando profunda marca na vida religiosa de três continentes.

Essa digressão sobre os primeiros dias do movimento na América foi longa, mas necessária: aquela época inicial, marcada por grande

---

[62] N.T.: *Faiths, Facts and Frauds of Religious History*.
[63] N.T.: *Free Thought Association*.

entusiasmo e muito sucesso, também o foi por considerável perseguição. Todos os líderes que tinham algo a perder, perderam. Diz a Sra. Hardinge:

> O juiz Edmonds era apontado nas ruas como espiritualista louco. Prósperos comerciantes, para continuarem a usufruir seus direitos comerciais, tinham de defender a própria sanidade com a mais firme e determinada atitude. Profissionais e comerciantes eram reduzidos quase à ruína. Incansável perseguição, provocada pela imprensa e mantida pelo púlpito, espraiava-se furiosamente contra a causa e seus representantes. Muitas casas, pontos de reunião de grupos espiritualistas, eram perturbadas pelas multidões, aglomeradas em suas cercanias ao cair da noite, urrando, gritando, assoviando, quebrando janelas, buscando, assim, molestar os pacíficos investigadores em seu trabalho profano de "acordar os mortos", como um dos jornais piamente denominava o ato de buscar o "ministério dos Anjos".

Fora os altos e baixos do movimento, tais como o aparecimento de médiuns autênticos, a ocasional denúncia dos falsos, as comissões de inquérito (frequentemente prejudicadas pela falta de percepção dos investigadores de que o êxito de um grupo psíquico dependente das condições psíquicas de todos os integrantes), o desenvolvimento de fenômenos desconhecidos e a conversão de novos iniciados, alguns fatos significativos dos primeiros tempos devem ser especialmente citados. Notáveis, entre eles, as mediunidades de D. D. Home e dos rapazes Davenport, as quais constituíram episódios tão importantes e atraíram de tal forma e por tanto tempo a atenção pública que merecem ser tratadas mais profundamente em capítulos distintos. Há, entretanto, faculdades mediúnicas de menor porte reclamando breve referência.

Uma dessas foi a do ferreiro Linton, homem quase analfabeto, que, como A. J. Davis, escreveu notável livro sob suposta orientação espiritual. Essa obra, de 530 páginas, denomina-se *A cura das nações*.[64] É, certamente, produção singular, seja qual for sua origem, sendo impossível

---

[64] N.T.: *The Healing of the Nations*.

ao mencionado autor tê-la produzido pelos meios normais. É enriquecida por longo prefácio da pena do governador Tallmadge, prefácio este que demonstra como o ilustre senador conhecia os assuntos da antiguidade. Do ponto de vista clássico e do da igreja primitiva, raramente o assunto foi mais bem tratado.

Em 1857, a Universidade de Harvard fez-se notória mais uma vez, em virtude da perseguição e expulsão de um de seus estudantes, chamado Fred Willis, pelo fato de praticar a mediunidade. Dir-se-ia que o Espírito de Cotton Mather e os velhos perseguidores de bruxos, de Salem, tinham invadido o grande centro de saber da cidade de Boston, sempre em luta, naqueles primeiros tempos, com as forças invisíveis, que ninguém, decerto, pode dominar. Tudo começou pela atitude intempestiva do professor Eustis desejando provar a fraude de Willis, conquanto todas as evidências mostrassem claramente ser este legítimo sensitivo, que, inclusive, evitava a todo custo expor suas faculdades em público. O assunto provocou ao mesmo tempo excitação e escândalo. Proliferavam nessa época os casos de maus tratos. Devemos reconhecer, contudo, que a esperança de ganho, de um lado, e a efervescência mental causada por tão inusitada revelação, de outro, estimulavam a desonestidade de alguns médiuns, enquanto outros se entregavam aos excessos do fanatismo, ou faziam grotescas declarações. Tudo isso retardou o sucesso imediato que os mais saudáveis e convictos espiritualistas esperavam e mereciam alcançar.

Curioso tipo de mediunidade atraiu muita atenção. Tratava-se das faculdades do fazendeiro Jonathan Koons e de sua família, residentes num rústico distrito de Ohio. Os fenômenos por eles produzidos não necessitam, porém, ser aqui relatados minuciosamente, pois são da mesma natureza dos obtidos pelos irmãos Eddy, a serem discutidos em capítulo posterior. Os instrumentos musicais foram largamente empregados nas demonstrações da força espiritual, e a cabana dos Koons tornou-se célebre em todos os Estados vizinhos, atraindo constantemente muitas pessoas, embora localizada a 70 milhas da cidade mais próxima. Parece ter sido um caso genuíno de mediunidade de efeitos físicos, de natureza bruta, como era de se esperar, por ser o centro físico do fenômeno um fazendeiro rude. Muitas investigações foram realizadas, mas os fatos passaram incólumes pela crítica. Koons e sua família tinham às vezes de deixar a própria casa, por causa da perseguição das pessoas ignorantes entre as quais viviam. A vida rude, ao ar livre, de fazendeiro parece ser particularmente adaptada ao desenvolvimento da mediunidade de característica física. Assim, manifestou-se, primeiramente, na casa de um fazendeiro americano. Mais tarde, os Koons, em Ohio, os Eddys, em Vermont, os Foss em Massachusetts e muitos outros mostraram as mesmas faculdades.

Parece-nos apropriado finalizar esta pequena resenha dos primeiros dias citando um evento em que ficou provada a importância da intervenção espiritual para a história do mundo. Trata-se do caso das inspiradas mensagens que determinaram a ação de Abraham Lincoln no momento supremo da Guerra Civil. Os fatos — fora de discussão — foram narrados, com provas satisfatórias, no livro da Sra. Maynard sobre o grande estadista. O nome da heroína da história era Nettie Colburn, doméstica da Sra. Maynard.

Essa moça, de notável força mediúnica, foi a Washington no inverno de 1862 para visitar o irmão, internado no hospital do Exército Federal. A Sra. Lincoln, esposa do presidente e interessada no Espiritualismo, ao participar de uma sessão com a Srta. Colburn, sentiu-se tão impressionada pelos resultados da experiência que, no dia seguinte, colocou à disposição da médium uma carruagem para levá-la à presença do presidente. Nettie descreve a maneira gentil como o grande homem a recebeu no parlatório da Casa Branca, mencionando os nomes das pessoas participantes da reunião. Diz ter entrado em transe profundo logo que se sentou, de nada mais se lembrando. Assim continua:

> Por mais de uma hora fui compelida a falar ao presidente. Soube depois, pelos meus amigos, ter tratado de assuntos que ele parecia compreender integralmente. Eles, entretanto, muito pouco percebiam até que, em dado momento, foi feita referência à próxima *Proclamação da Emancipação*. Foi ordenado, então, ao presidente, com extrema solenidade e ênfase, que não suavizasse os termos da Proclamação nem retardasse sua transformação em lei para além do início do ano, pois este ato seria o coroamento de sua administração e de sua vida. A despeito de ser aconselhado por grupos poderosos a adiar a medida em referência, substituindo-a

por outras providências que procrastinassem o advento da lei, não deveria seguir esse conselho, mas permanecer firme nas próprias convicções, cumprindo destemidamente a missão para a qual tinha sido designado pela Providência divina. Segundo afirmaram os presentes, a jovem tímida desapareceu diante da majestade de suas declarações, da força e do poder de sua linguagem, bem como da importância da comunicação. Parecia existir uma poderosa força espiritual masculina discursando sob a direção de autoridades quase divinas. Jamais esquecerei a cena à minha volta, quando readquiri a consciência. Achava-me de pé em frente ao Sr. Lincoln, enquanto ele, reclinado em sua cadeira, com os braços cruzados sobre o peito, olhava atentamente para mim. Recuei, então, naturalmente confusa. Sem me recordar, de imediato, onde me encontrava, perpassei o olhar pelo grupo, envolvido em perfeito silêncio. Concentrei-me por instantes para identificar o local onde estava. Um cavalheiro disse em voz baixa: "Sr. Presidente, o senhor notou alguma coisa peculiar na forma da mensagem?". O Sr. Lincoln levantou-se, como despertando de uma fascinação. Olhou de relance o retrato de corpo inteiro de Daniel Webster, dependurado acima do piano e respondeu, enfaticamente: "Sim e é muito singular, muito!". O Sr. Somes disse: "Sr. Presidente, seria impróprio se lhe perguntasse se houve alguma pressão para o senhor adiar a lei da Proclamação?". O presidente respondeu: "Nestas circunstâncias a pergunta é bem apropriada, pois somos todos amigos". Sorriu para os companheiros e acrescentou: "Resistir a tal pressão está esgotando-me os nervos e as forças". Nesse momento, os cavalheiros rodearam-no, falando em voz baixa. O Sr. Lincoln era o menos falante. Finalmente, voltou-se para mim e, repousando a mão sobre minha cabeça, pronunciou, de modo inesquecível, estas palavras: "Minha filha, você possui um dom singular, vindo de Deus, não tenho a menor dúvida. Agradeço-lhe por sua presença aqui esta noite. O ocorrido é talvez mais importante do que se possa avaliar. Devo deixá-la agora, mas espero vê-la outra vez". Sacudiu-me suavemente com a mão, curvou--se diante do resto do grupo e saiu. Permaneci ainda uma hora conversando com a Sra. Lincoln e seus amigos, retornando, em seguida, a Georgetown. Essa foi minha primeira entrevista com Abraham Lincoln. Trago sua lembrança tão nítida como se fosse a noite em que ocorreu.

Foi esse um dos mais importantes casos da história do Espiritualismo e, possivelmente, um dos mais importantes da história dos Estados Unidos; não apenas estimulou o presidente a dar um passo que elevou acentuadamente o tom moral dos exércitos do Norte e pôs nos homens algo do espírito das Cruzadas, mas apressou-o a visitar os campos — em atendimento a uma mensagem posterior —, com o melhor efeito sobre o *moral* das tropas. Entretanto, poderia o leitor vasculhar a história dessa grande luta e toda a vida do presidente, sem encontrar qualquer menção a esse notável episódio. Tudo isso faz parte do injusto tratamento suportado pelo Espiritualismo por tanto tempo. Se os Estados Unidos apreciassem a verdade não permitiriam, decerto, como se vê atualmente, que o culto, cujo valor foi demonstrado no momento mais sombrio da história americana, fosse perseguido e reprimido por policiais ignorantes e intolerantes magistrados; isso sem se falar da imprensa, zombando continuadamente do movimento que produziu a Joana d'Arc de seu país.

CAPÍTULO 7

A aurora na Inglaterra

Os primeiros espiritualistas são, muitas vezes, comparados aos primeiros cristãos. De fato, há muita semelhança entre eles. Num aspecto, porém, os espiritualistas levam vantagem. As mulheres da antiga revelação desempenharam nobremente seu papel, vivendo como santas e morrendo como mártires, mas não figuram como pregadoras e missionárias. A força e o conhecimento psíquicos, contudo, são tão grandes num sexo como no outro, propiciando a inclusão das mulheres entre muitos dos grandes pioneiros da revelação espiritualista. Esse papel — de grande pioneira — pode ser reivindicado, em particular, por Emma Hardinge Britten, cujo nome se tornará ainda mais famoso com o passar dos anos. Várias outras, no entanto, salientaram-se como missionárias, sendo a Sra. Hayden, entretanto, a mais importante para os britânicos, pois, no ano de 1852, trouxe o fenômeno a estas plagas. Tínhamos, no passado, os apóstolos da fé religiosa. Agora, finalmente, surgia alguém para exercer o apostolado do fato religioso.

A Sra. Hayden era mulher notável e excelente médium, esposa de respeitável jornalista da Nova Inglaterra, o qual a acompanhou em sua viagem, organizada por um certo senhor Stone, testemunha da ação de sua mediunidade na América. Durante a permanência junto a nós, foi descrita como sendo "jovem, inteligente e, ao mesmo tempo, simples e cândida". Acrescenta seu crítico britânico:

Ela afastava as suspeitas com uma atitude natural, sem afetação. Muitos que desejavam divertir-se às suas custas eram compelidos ao respeito e mesmo à cordialidade diante de sua paciência e bom humor. De acordo com a observação do Sr. Dickens, se os fenômenos por ela produzidos fossem atribuídos à arte, ela mesma seria a mais perfeita artista jamais apresentada ao público. Tal a impressão que invariavelmente deixava naqueles que tinham a oportunidade de conversar com ela.

A desinformada imprensa britânica tratou a Sra. Hayden como uma aventureira americana. Seu verdadeiro nível de inteligência, todavia, pode ser julgado pela circunstância de ter-se graduado doutora em Medicina, alguns anos mais tarde, quando retornou aos Estados Unidos, exercendo a profissão durante quinze anos. O Dr. James Rodes Buchanan, famoso pioneiro da psicometria[65], fala a respeito da Sra. Hayden como "um dos profissionais médicos mais hábeis e bem-sucedidos que conhecera". Além de receber o convite para ocupar a cadeira de professora de Medicina em uma faculdade americana, trabalhou para a *Globe Insurance Company* no serviço de proteção contra prejuízos em seguros de vida. Uma das razões de seu sucesso era, na descrição de Buchanan, o seu gênio psicométrico. Ele presta especial homenagem à Sra. Hayden pelo fato de ter sido quase esquecida da *Junta de Saúde*, por não ter dado atestados de óbito durante vários anos. Esses últimos acontecimentos, contudo, os céticos de 1852 não poderiam prever. Ademais, não podem ser estes acusados por insistirem em que as estranhas manifestações de além-túmulo fossem investigadas com extremo rigor antes de serem admitidas. Ninguém poderia contestar tal atitude crítica. Mas parece singular o fato de que essas comunicações, trazendo, se autênticas, notícias tão alvissareiras, qual a da travessia dos umbrais da morte e a da verdadeira comunhão dos santos, provocassem não a crítica severa e moderada, mas uma tempestade de insultos e abusos. Tudo isso seria inescusável em qualquer situação, mas, principalmente, em se tratando de uma dama visitando nosso país.

Segundo a Sra. Hardinge Britten, tão logo a Sra. Hayden apareceu em cena, os líderes da imprensa, do púlpito e das universidades

---

[65] N.T.: "Registro e medida dos fenômenos psíquicos por meio de métodos experimentais padronizados" (*Novo dicionário Aurélio da língua portuguesa*).

começaram a persegui-la de todas as formas a seu alcance, inclusive mediante palavras obscenas e insultos (uma verdadeira humilhação para o liberalismo e para a sagacidade científica daquela época), atingindo, certamente, seu delicado espírito feminino e perturbando-lhe a harmonia mental, tão necessária à produção de resultados psicológicos positivos. Esse tratamento cruel e insultante era também recebido das mãos daqueles mesmos que a procuravam como supostos investigadores, mas, em realidade, estavam ansiosos por contraditá-la, preparando armadilhas, a fim de falsear as verdades das quais ela se dizia porta-voz. Extremamente sensível ao estado de ânimo de seus visitantes, podia sentir tudo isso, debatendo-se, muitas vezes, sob a força esmagadora do antagonismo, sem saber como repeli-la ou oferecer-lhe resistência.

Nem toda a nação, entretanto, participou dessa hostilidade irracional, hostilidade ainda vista a nossa volta, embora mais branda. Levantaram-se homens corajosos, que não temeram colocar em risco suas carreiras profissionais, ou mesmo a reputação de homens sãos, por defender uma causa impopular sem outros motivos senão o amor à verdade e o senso de cavalheirismo, que se revoltava diante da perseguição a uma mulher. O Dr. Ashburner, um dos médicos reais, e Sir. Charles Isham estavam entre os que apoiaram a médium na imprensa.

As faculdades mediúnicas da Sra. Hayden, quando julgadas por padrões modernos, parecem estreitamente limitadas em suas modalidades. Excetuadas as batidas, fala-se pouco de fenômenos físicos, não havendo qualquer referência à produção de luzes, materializações ou vozes diretas. No entanto, em grupo harmonioso, as respostas fornecidas pelas batidas eram exatas e convincentes. Como todo médium autêntico, ela se tornava sensível a discordâncias em seu derredor. Por isso, os zombadores e investigadores de má-fé nela encontravam uma vítima fácil.

Engano é pago com engano, e responde-se ao tolo de acordo com sua tolice. Assim é, parecendo mesmo que as inteligências manifestantes não se importam muito com o fato de ser atribuída ao seu instrumento passivo a responsabilidade pelas respostas. Os pseudoinvestigadores encheram a imprensa com descrições jocosas de como haviam enganado os Espíritos, sem perceberem que, em realidade, eram eles mesmos os enganados. George Henry Lewes, posteriormente esposo de George Eliot,[66] era um desses cínicos investigadores. Narrava, com júbilo, o fato de haver perguntado, por escrito, ao Espírito manifestante: "É a Sra. Hayden impostora?". A que o Espírito respondeu, por batidas: "Sim". Lewes era suficientemente desonesto para citar o fato como se fosse uma confissão de culpa da Sra. Hayden. Pode-se deduzir dessa resposta, porém, que as batidas eram inteiramente independentes da médium e que, se a pergunta é feita com frivolidade, não encontra resposta séria.

As respostas dos Espíritos, contudo, devem ser apreciadas levando-se em conta os fatos positivos, e não os negativos. Aqui o autor empregará citações de modo mais amplo que de costume, pois não existe outra maneira de mostrar que aquelas sementes, primeiramente plantadas na Inglaterra, se destinavam a atingir grandes alturas. Já se aludiu ao Dr. Ashburner (famoso médico) e talvez fosse bom citar algumas de suas palavras. Diz ele:[67]

> Se aos senhores da imprensa falta o sentimento de hospitalidade por alguém de sua própria classe, pois a Sra. Hayden é esposa de um antigo editor e proprietário de um dos jornais de Boston, com circulação ampla na Nova Inglaterra, ao menos a natureza de seu sexo deveria tê-la protegido contra as injúrias. Eu garanto aos senhores não ser a Sra. Hayden uma impostora. Quem tiver a ousadia de dizer o contrário, fá-lo-á com o sacrifício da verdade.

De outra feita, em extensa correspondência ao *The Reasoner*,[68] após admitir ter visitado a médium em estado de incredulidade, esperando testemunhar "os mesmos evidentes absurdos" vistos com outros médiuns, Ashburner escreve: "Tenho tão forte convicção na honestidade da Sra. Hayden que muito me admira possa alguém, deliberadamente, acusá-la de fraude". Ao mesmo tempo, faz minucioso relato de comunicações verídicas por ele recebidas.

---

[66] N.T.: nome literário da escritora inglesa Mary Ann Evans.
[67] Nota do autor: *The Leader*, 14 mar. 1853.
[68] Nota do autor: 1º e 8 jun. 1853.

CAP 7 | A AURORA NA INGLATERRA

Entre os investigadores, estava o professor De Morgan, célebre matemático e filósofo. Apresenta suas experiências e conclusões no longo e magistral prefácio do livro de sua esposa *Da matéria ao espírito*,[69] publicado em 1863, como segue:

> Há dez anos, a conhecidíssima médium americana Sra. Hayden veio à minha casa. A sessão começou imediatamente após sua chegada. Estavam ali oito ou nove pessoas de todas as idades, com opiniões sobre os fenômenos variando entre a crença absoluta e a descrença total. As batidas iniciaram como de hábito. Para mim, eram limpas e claras. Ouviam-se sons fracos e ligeiros, mas, quando perduravam, dir-se-iam de campainha. Comparei-os com o ruído feito por pontas de agulhas de tricô caindo de pequena distância sobre uma placa de mármore e repentinamente detidas por alguma espécie de amortecedor. A prova que se seguiu confirmou minha impressão. Tarde da noite, depois de cerca de três horas de experiência, a Sra. Hayden levantou-se e, estando em outra mesa, falava, enquanto fazia ligeira refeição. Subitamente uma das crianças perguntou em voz alta: "Poderiam os Espíritos presentes bater todos ao mesmo tempo?". Mal essas palavras foram ditas, ouviu-se, por cerca de dois minutos, uma saraivada de *agulhas de tricô*. Poder-se-ia distinguir o forte som das *agulhas* dos homens e os fracos sons das *agulhas* das mulheres e crianças, embora a perfeita desordem da execução.

Após dizer que, por conveniência, se referirá às batidas como provenientes dos Espíritos, o professor De Morgan continua:

> Quando me foi solicitado formular uma pergunta ao primeiro Espírito comunicante, pedi-lhe me fosse permitido fazê-la mentalmente — isto é, sem pronunciá-la, escrevê-la ou mencionar as letras correspondentes — e que a Sra. Hayden ficasse com os braços estendidos enquanto a resposta era dada. Ambas as solicitações

---

[69] N.T.: *From Matter to Spirit*.

foram aceitas imediatamente, por meio de duas batidas. Formulei a pergunta e desejei que a resposta contivesse apenas uma palavra, designada por mim; tudo mentalmente. Peguei, então, o alfabeto impresso e coloquei um livro em pé diante dele. Baixei os olhos sobre o alfabeto e prossegui apontando as letras da forma habitual. A resposta foi a palavra *xadrez*, tendo sido dada uma batida a cada letra. Tinha agora razoável certeza da seguinte alternativa: haveria leitura de pensamento, de natureza inteiramente inexplicável, ou perspicácia sobre-humana da Sra. Hayden, fazendo-a perceber a letra que eu desejava fixar. É de notar-se, contudo, que, estando a médium a 6 pés do livro que escondia meu alfabeto, não teria condições de ver minha mão ou meus olhos, nem a forma pela qual eu estava apontando as letras. Assim, a segunda hipótese foi afastada antes de a sessão terminar.

Outro episódio dessa sessão é por ele relatado, com muitos pormenores, em carta ao Rev. W. Heald, dez anos antes. Citamos esta versão, publicada no livro *Memórias de Augustus De Morgan*,[70] de sua esposa (p. 221-2):

> Veio, então, *meu pai* (ob. 1816) e, após ligeira conversação, iniciei o seguinte diálogo: Você se lembra do periódico que tenho em mente? "Sim". Lembra-se dos epítetos a seu respeito, ali inseridos? "Sim". Poderia indicar as iniciais desses epítetos? "Sim". Em seguida, comecei a indicar as letras do alfabeto (um livro escondia o cartão onde o alfabeto se achava impresso). A Sra. Hayden estava no lado oposto de grande mesa redonda, e uma lâmpada forte brilhava entre nós. Apontei, letra por letra, até chegar à letra F, que supunha fosse a primeira inicial. Nenhuma batida. As pessoas à minha volta disseram: "Você passou a letra; houve uma batida no começo". Reiniciei o processo e ouvi distintamente a batida na letra C. Isto me intrigou, mas logo percebi o ocorrido. A ação de bater, marcando o início da sentença, começara mais cedo do que eu esperava. Deixei então passasse o C e registrei o D T F O C, sendo estas — conforme

---

[70] N.T.: *Memoir of Augustus De Morgan*.

me recordei, então — as iniciais das palavras usadas para referir-se a meu pai, segundo consta numa velha revista publicada em 1817, da qual ninguém na sala jamais ouvira falar, exceto eu. C D T F O C estava correto. Vendo isso, interrompi o procedimento, plenamente convencido de que alguma coisa, alguém ou algum Espírito estava lendo *meus pensamentos*. Esse e outros fatos semelhantes ocorreram por três horas, aproximadamente. Durante quase todo o tempo, a Sra. H. manteve-se ocupada lendo *A chave da cabana do tio Tom,*[71] obra que não conhecia. Posso assegurar que se entregava à leitura com muita avidez, tanto quanto se poderia esperar de uma dama americana vendo, pela primeira vez, o mencionado livro. Enquanto isso se dava, divertíamo-nos com as batidas. Declaro ser tudo absolutamente verdadeiro. Desde então, tenho muitas vezes testemunhado essas manifestações em minha casa, na presença de diversas pessoas. Quase sempre as respostas vêm pela mesa (sobre ela são colocadas, de leve, uma ou duas mãos), que bate à indicação das letras. Em sua maioria, as respostas são confusas, mas, por vezes, surge algo surpreendente. Não tenho explicação alguma para os fatos. Em um ou dois anos, porém, algo curioso poderá ser revelado. Estou convencido da realidade do fenômeno. Muitas outras pessoas que o testemunham em suas próprias casas se acham tão convencidas de sua autenticidade quanto eu. Quem for filósofo pense, como puder, sobre este assunto.

Quando o Professor De Morgan atribuiu a algum Espírito a leitura de seus pensamentos, desconsiderou o fato de que o incidente da primeira letra era a evidência de algo que não estava em sua mente. De igual modo, observando-se a atitude da Sra. Hayden durante toda a sessão, torna-se claro que sua personalidade consciente não participava dos fenômenos. Outras importantes provas do casal De Morgan vão para o *Apêndice*.

A Sra. Fitzgerald, conhecidíssima figura dos primeiros tempos do Espiritualismo em Londres, relata, no *The Spiritualist* de 22 de novembro de 1878, significativa experiência com a Sra. Hayden:

---

[71] N.T.: *Key to Uncle Tom's Cabin*.

Meu ingresso no Espiritualismo aconteceu aproximadamente há trinta anos, por ocasião da primeira visita da renomada médium, Sra. Hayden, a este país. Fui convidada a conhecê-la numa festa que seria dada em Londres, na Wimpole Street, por uma amiga. Por ter assumido, para a mesma noite, compromisso inadiável, cheguei atrasada, após a ocorrência de cena extraordinária, comentada animadamente por todos. Meu olhar de desapontamento foi notado. Então, a Sra. Hayden, a qual estava vendo pela primeira vez, adiantou-se gentilmente, expressou seu pesar e me sugeriu ficasse sentada, separada dos demais, junto a uma mesinha. Em seguida, disse-me que perguntaria aos Espíritos se eles poderiam comunicar-se comigo. Tudo isso era tão novo e surpreendente que não me era fácil compreender suas palavras, ou o que deveria esperar. A médium colocou à minha frente um alfabeto impresso, um lápis e uma folha de papel. Enquanto a Sra. Hayden tomava essas providências, senti, de forma extraordinária, que por toda a mesa eram dadas batidas, cujas vibrações me alcançaram a planta do pé que estava apoiado na perna da mesa. Ela orientou-me para que anotasse toda letra indicada por batida clara. Após essa breve explicação deixou-me entregue a mim mesma. Procedi como recomendado. Nítida batida marcou a letra E. Outras batidas foram dadas. Um nome, que não poderia deixar de reconhecer, foi soletrado, sendo indicada a data da morte, ignorada por mim. Seguiu-se uma mensagem que me trouxe de volta à memória as fracas palavras de velha amiga pouco antes de partir: "Velarei por você". A lembrança de toda a cena desenhou-se vivamente em meu cérebro. Confesso ter ficado chocada, aterrorizada mesmo. Levei o papel contendo as informações ditadas pelo Espírito de minha amiga a seu antigo procurador, assegurando-me ele que as datas e os outros informes estavam corretos. Não poderiam, entretanto, estar na minha mente, pois deles não tinha conhecimento.

Vale mencionar o fato de ter a Sra. Fitzgerald declarado que a primeira sessão da Sra. Hayden na Inglaterra, ao que supunha, tinha sido realizada com a Sra. Combermere, seu filho, major Cotton e o Sr. Henry Thompson, de York.

No mesmo volume do *The Spiritualist*, p. 264, aparece o relato de uma sessão com a Sra. Hayden, realizada durante a vida do renomado ator trágico Charles Young. O artigo é de autoria do reverendo Julian Young, seu filho:

> 19 de abril de 1853. Neste dia fui a Londres com o propósito de consultar meus advogados sobre assunto de certa relevância para mim. Por muito ter ouvido falar da médium espiritualista, Sra. Hayden — uma dama americana —, resolvi, já que estava na cidade, descobrir seu paradeiro, a fim de, por mim mesmo, julgar de seus dons. Encontrando, acidentalmente, meu velho amigo, Sr. H., pedi-lhe me fornecesse o endereço da referida senhora. Disse-me que era Queen Anne Street, 22, Cavendish Square. Também ele jamais estivera em sua companhia. Tinha, porém, grande desejo de vê-la, conquanto relutasse em gastar o seu guinéu[72] para usufruir esse prazer. Ofereci-me a pagar por ele, se fosse comigo. Acedeu com satisfação. As batidas dos Espíritos tornaram-se tão comuns a partir de 1853 que abusaria da paciência do leitor se descrevesse essa forma convencional de comunicação entre vivos e mortos. Desde o ano supracitado, venho testemunhando essas batidas. Minha curiosidade sobre o assunto sempre foi grande; tenho mesmo certa tendência para o místico e o sobrenatural. Entretanto, tudo que vira até então podia ser explicado por meios naturais. A experiência com a Sra. Hayden, porém, foi diferente: não havia possibilidade de conluio, pois nem o amigo que me acompanhou conhecia a médium nem esta sabia o nome dele ou o meu. Seguiu-se este diálogo entre mim e a Sra. H.:
>
> Sra. H.: O senhor desejaria comunicar-se com o Espírito de algum amigo falecido?

---

[72] N.T.: "Moeda de ouro inglesa que valia primeiro 20 e depois 21 xelins" (*Dicionário contemporâneo da língua portuguesa Caldas Aulete*); xelim é a "moeda divisionária que, até fevereiro de 1971, representou a vigésima parte da libra" (*Dicionário Aurélio da língua portuguesa*).

J. C. Y.: Sim.

Sra. H.: Se fizer suas perguntas da maneira descrita na fórmula, posso dizer-lhe que obterá respostas satisfatórias.

J. C. Y.: [dirigindo-se a um ser invisível, que se supunha estar presente]: Diga-me o nome da pessoa com quem desejo comunicar-me. As letras assinaladas pelas batidas formaram o nome *George William Young*.

— Em quem estou pensando neste momento?
— Frederick William Young.
— De que ele está sofrendo?
— Tique nervoso.
— Poderia prescrever-lhe algo?
— Enérgico mesmerismo.
— Quem poderia administrar-lhe tratamento?
— Alguém que tivesse grande afinidade com o paciente.
— Eu teria êxito, se o fizesse?
— Não.
— Quem o teria?
— Joseph Ries (um senhor a quem meu tio muito respeitava).
— Perdi algum amigo recentemente?
— Sim.
— Quem? (eu pensava na Srta. Young, prima distante).
— Christiana Lane.
— Poderia dizer-me onde dormirei esta noite?
— Em casa de James B., *9 Clarges Street*.
— E amanhã?
— Na casa do coronel Weymouth, na Upper Grosvenor Street.

Estava aturdido com a exatidão das respostas. Expressei então ao senhor que me acompanhava o desejo de formular uma pergunta reservadamente, tendo em vista a natureza do assunto. Não gostaria, portanto, que dela tomasse conhecimento. Assim, ficar-lhe-ia grato se fosse por alguns minutos à sala vizinha. Após sua saída, reassumi o diálogo com a Sra. Hayden.

— Instei meu amigo a retirar-se, porque não desejo que ele conheça o teor de minha pergunta. Gostaria também de não falar à senhora sobre o assunto. Entretanto, se bem compreendo a situação, não poderia receber uma resposta sem seu concurso. Que fazer nestas circunstâncias?

— Faça a pergunta de tal forma que a resposta represente, numa palavra, a sua ideia.

— Tentarei. Realizar-se-á aquilo que me ameaça?

— Não.

— Isso não é satisfatório. É fácil dizer sim ou não, mas o valor da afirmativa ou da negação dependerá de minha certeza de que a senhora esteja mesmo sabendo o que estou pensando. Dê-me uma palavra que demonstre ter a senhora a pista do assunto em minha mente.

— Testamento.

Com efeito, um testamento pelo qual eu seria beneficiado estava ameaçado de contestação. Desejava saber se a ameaça seria realizada. A resposta estava correta.

Note-se que o Sr. Young jamais acreditou na intervenção dos Espíritos. Contudo, depois de tal experiência, não lhe seria necessária grande capacidade intelectual para assimilar esse novo conhecimento.

A seguinte carta do Sr. John Malcom, de Clifton, Bristol, publicada no *The Spiritualist*, menciona alguns assistentes bem conhecidos. Referindo-se a uma questão sobre o local da primeira sessão psíquica na Inglaterra e a respeito de quem estava ali presente, diz ele:

> Não me recordo da data, mas visitando minha amiga, Sra. Crowe, autora de *O lado escuro da natureza*,[73] fui por ela convidado a acompanhá-la à casa da Sra. Hayden, na Queen Anne Street, Cavendish Square, a fim de participar de uma sessão espiritual. Informou-me que a Sra. Hayden acabara de chegar da América, tendo vindo à Inglaterra com o intuito de divulgar os fenômenos do Espiritualismo. Estavam presentes a Sra. Crowe, a Sra. Milner Gibson, o Sr. Colley Grattan (autor de *Estradas*

---

[73] N.T.: *The Night Side of Nature*.

principais e caminhos secundários[74]), o Sr. Robert Chambers, o Dr. Daniels, o Dr. Samuel Dickson e vários outros cujos nomes me eram desconhecidos. Manifestações bem significativas ocorreram naquela ocasião. Posteriormente, tive muitas outras oportunidades de visitar a Sra. Hayden. Conquanto a princípio estivesse predisposto a duvidar da autenticidade dos fenômenos, tornei-me convicto dessa verdade ante as convincentes provas de intercâmbio espiritual que me foram dadas.

Desencadeou-se furiosa batalha na imprensa britânica. Pelas colunas do jornal londrino *Critic*, o Sr. Henry Spicer (autor de *Visões e ruídos*[75]) refutou as críticas do *Household Words*, do *Leader* e do *Zoist*. Seguiu-se, no mesmo jornal, longa contribuição de um clérigo de Cambridge, com a assinatura "M. A.", admitido como sendo o Rev. A. W. Hobson, do St. John's College, de Cambridge.

A descrição desse senhor é forte e expressiva, mas demasiadamente longa para ser transcrita integralmente. A matéria tem certa importância, por ser o escritor, como se sabe, o primeiro clérigo inglês a ocupar-se do assunto. Soa estranho — talvez seja característica da época — que as implicações religiosas impressionassem tão pouco os diversos assistentes, inteiramente ocupados em saber o segundo nome da avó ou o número de tios. Nem mesmo os mais zelosos deixavam de fazer perguntas fúteis. Ninguém demonstrava a mínima percepção das reais possibilidades desse intercâmbio com o mundo espiritual, ou de que, finalmente, poderia ser estabelecida uma base firme para a crença religiosa. O mencionado clérigo, entretanto, embora de forma limitada, vislumbrou o lado religioso da questão. Encerra seu relato nestes termos:

> Concluo endereçando algumas palavras aos inúmeros clérigos, leitores do *Critic*. Na qualidade de clérigo da Igreja da Inglaterra, penso que aí está um assunto suscetível de, mais cedo ou mais tarde, despertar o interesse de meus irmãos do clero, mesmo se relutarem

---

[74] N.T.: *High Ways and Bye Ways*.
[75] N.T.: *Sights and Sounds*.

em dele ocupar-se. Minha opinião baseia-se no seguinte: Se a excitação em torno dessa matéria tornar-se geral neste país, como já o é na América (não vejo razões para que isso não aconteça), o clero de todo o Reino será chamado a manifestar-se. Provavelmente terá mesmo o dever de interferir, esforçando-se por evitar as ilusões, muitas vezes resultantes desse *mistério*. Adin Ballou, um dos mais sensatos e hábeis escritores dessa matéria na América, exorta seus leitores a não acreditar em todas as palavras dos Espíritos, a não desistir das opiniões próprias e de seus credos religiosos — como milhares já o fizeram — sob a influência dos batedores. Esse estado de coisas tinha apenas começado na Inglaterra, mas, em poucos meses, desde a chegada em Londres do Sr. e da Sra. Hayden, a excitação espalhou-se como fogo na mata e tudo indica que vai continuar. Pessoas que a princípio trataram as manifestações como impostura e fraude desprezíveis, ao presenciarem esses estranhos fenômenos ficaram, primeiramente, chocadas e perplexas, depois se precipitaram cegamente em loucas conclusões, como, por exemplo, a de que tudo isso é trabalho do demônio, ou, no grau oposto, uma Nova Revelação do Céu. Conheço grande número de pessoas, hábeis e inteligentes, totalmente confusas, sem saber como agir a tal respeito. Também estou, de igual modo, perplexo. Não se trata de impostura, bem sei. Sinto-me perfeitamente convicto em relação a este ponto. Além dos testes acima citados, mantive longa conversação em particular com o Sr. e a Sra. Hayden, separadamente, e tudo o que disseram tinha a marca da sinceridade e da boa-fé. Embora isso não seja prova para outras pessoas, para mim é, com certeza. Se há engano, são eles tão enganados quanto aqueles que se dão por convencidos.

Não foi o clero e sim os livres-pensadores que perceberam o real significado da mensagem. Chegaram eles à seguinte conclusão: ou refutavam essa prova da vida eterna, ou confessavam honestamente — como muitos de nós temos feito — o abalo de suas convicções e a derrota dentro de seu próprio campo de conhecimento. Esses homens buscaram provas do fato transcendental, e os mais honestos e zelosos foram forçados a admitir a existência dessas provas. O mais nobre de todos foi Robert Owen, tão famoso pela prática de ações humanitárias como pela firme independência em questões religiosas. Esse homem corajoso e honesto declarou publicamente ter sido alcançado pelos primeiros raios desse sol nascente, dourando o futuro obscuro que imaginara.

> Tracei pacientemente [afirma ele] o histórico das manifestações; investiguei os fatos, testemunhados, em inúmeros casos, por pessoas de reconhecido caráter; realizei quatorze sessões com a médium, Sra. Hayden, durante as quais me foram oferecidas todas as oportunidades para me certificar se seria possível qualquer mistificação de sua parte.
>
> Não apenas me convenci da inexistência de fraude com os médiuns fidedignos, mas também do destino, que lhes está reservado, de desencadear nos tempos atuais a maior revolução moral da história, atingindo o caráter e as condições de vida do gênero humano.

A Sra. Emma. Hardinge Britten comenta a admiração e o interesse provocados pela conversão de Robert Owen, porque suas ideias materialistas eram consideradas altamente nocivas à religião. Segundo ela, um dos mais eminentes homens de Estado da Inglaterra declarou o seguinte: "A Sra. Hayden merece um monumento tão só pela conversão de Robert Owen".

Pouco depois, o famoso Dr. Elliotson, presidente da Secular Society, foi também convertido, à maneira de São Paulo, após violento ataque à Nova Revelação. Ele e o Dr. Ashburner eram os mais célebres defensores do mesmerismo, quando este lutava pela própria sobrevivência, assumindo todo médico que o apoiava o risco de ser chamado de charlatão. A situação foi penosa para ambos, pois, entregando-se o Dr. Ashburner, com todo entusiasmo, ao Espiritualismo, seu amigo passou não apenas a rejeitar os fatos relacionados com esse transcendente assunto, mas a atacá-los. Todavia, a divergência entre os dois foi sanada pela completa conversão de Elliotson. A Sra. Hardinge Britten relata que, ao visitar Elliotson, por insistência deste, em seus derradeiros anos, viu que se tornara "ardoroso adepto do Espiritualismo: uma crença que o venerável senhor considerava a revelação mais luminosa que recebera". Diz ainda a Sra. Hardinge: "Sua fé clareou a escura passagem para o outro mundo, fazendo de sua transição para o desconhecido uma cena triunfante, de jubilosa expectação".

Como se poderia esperar, não demorou muito para que o rápido crescimento do fenômeno das mesas compelisse os céticos cientistas a reconhecerem sua existência ou, pelo menos, tentarem demonstrar o engano daqueles que atribuíam os movimentos a uma causa externa. Braid, Carpenter e Faraday sustentavam publicamente que os resultados eram devidos à ação muscular inconsciente. Faraday inventou instrumental engenhoso, no qual se baseava para considerar definitivamente provada sua teoria. Como tantos outros críticos, porém, ele não realizou experiências com um bom médium. Basta o fato, devidamente comprovado, do movimento da mesa sem contato, para demolir suas belas teorias. Imaginemos o leigo, sem telescópio, refutando, por meio de zombarias e desdém, as conclusões dos astrônomos baseadas na observação através desse instrumento. Tal modo de agir é, de certa forma, análogo ao comportamento daqueles que se arriscam a criticar sem jamais terem realizado experiências psíquicas.

Sir David Brewster é um bom exemplo do espírito daqueles tempos. Referindo-se ao convite feito por Monckton Milnes para encontrar-se com o viajante africano, Sr. Galla, por lhe ter este senhor assegurado "que a Sra. Hayden lhe falara de pessoas e lugares da África só dele conhecidos", fez ele o seguinte comentário: "Não resta dúvida de que o mundo está caminhando para a loucura".

A Sra. Hayden permaneceu na Inglaterra cerca de um ano, retornando à América em fins de 1853. Quando as questões espirituais encontrarem seu real destaque em comparação com outros assuntos, a visita da Sra. Hayden será considerada fato histórico marcante. Duas outras médiuns americanas estiveram na Inglaterra durante a estada da Sra. Hayden: a Sra. Roberts e a Srta. Jay; seguiram-na logo depois, mas, como se sabe, tiveram pouca influência no movimento, visto que lhe eram muito inferiores em força psíquica.

Uma descrição daqueles primeiros tempos é oferecida pelo seguinte trecho de um artigo sobre Espiritualismo, publicado no jornal não espiritualista *The Yorkshireman*, de 25 de outubro de 1856:

Acreditamos ser o público inglês, em geral, pouco conhecedor da natureza das doutrinas espiritualistas. Assim, muitos de nossos leitores estarão, decerto, despreparados para admitir que elas possam prevalecer de algum modo neste país. O fenômeno comum do movimento das mesas é, porém, conhecido pela maioria de nós. Há dois ou três anos nenhuma reunião noturna deixava de tentar a realização de um *milagre* espiritualista. Naqueles dias, éramos convidados para "chá e mesas girantes". Tratava-se de um novo divertimento, e tínhamos de girar em volta dos móveis, como loucos, juntamente com a família anfitriã.

Depois de afirmar que o ataque de Faraday tinha "acalmado subitamente os Espíritos", a ponto de, por algum tempo, não mais ouvir-se falar de sua atuação, o jornal continua:

Temos, no entanto, amplas provas de que o Espiritualismo, como crença ativa, não está restrito aos Estados Unidos, pois encontrou entusiástico acolhimento entre muitas pessoas de nosso próprio país.

Contudo, a atitude geral da imprensa mais influente era muito semelhante à atual: tornava ridículos os fatos para negá-los, além de difundir a ideia de que, mesmo se fossem verdadeiros, eram totalmente inúteis. *The Times*, por exemplo — jornal muito mal-informado e reacionário a respeito de assuntos psíquicos —, em editorial publicado pouco depois, sugere o seguinte:

Seria algo proveitoso se, por esforço de vontade, alguém pudesse retirar o próprio chapéu do cabide sem ir buscá-lo ou incomodar um empregado; ou se a força da mesa fosse usada para acionar uma máquina de moer café. Bem poderiam nossos médiuns e clarividentes captar as cotações da bolsa daqui a três meses, em vez de procurar descobrir por que razão alguém morreu há cinquenta anos.

Quando lemos tais comentários num grande jornal, ficamos imaginando se o movimento não teria sido prematuro; se, numa época assim precária e material, não teria sido impossível captar-se a ideia de uma intervenção exterior. Grande parte dessa oposição era devida, no entanto, à frivolidade dos investigadores, os quais, não tendo percebido ainda o pleno significado desses sinais do Além, os consideravam — como assinala o jornal *Yorkshire* — divertimento social, atrativo novo para mundanos enfastiados.

Todavia, enquanto aos olhos da imprensa fora dado o golpe mortal ao desacreditado movimento, as investigações continuavam, discretamente, em muitos locais. *Pessoas de bom senso*, na expressão de Howitt, "experimentavam, com êxito, aqueles anjos, observavam-lhe a forma de apresentação e, finalmente, constatavam sua realidade", pois, como bem diz ele, "os médiuns públicos[76] não fizeram mais do que inaugurar o movimento".

Se fôssemos medir a influência da Sra. Hayden pelo testemunho popular, ela seria considerada de pouca extensão. Para o grande público, essa dama não passava de milagre passageiro. Contudo, a Sra. Hayden espalhou muitas sementes, que foram lentamente germinando. Na verdade, ela abriu a discussão do assunto. O povo, ocupando, em sua maioria, os degraus mais humildes da escala social, começou a experimentar por si mesmo e a descobrir a verdade, embora a cautela, filha da experiência, o aconselhasse a guardar para si a maior parte dessa descoberta. Não resta dúvida: a Sra. Hayden cumpriu sua tarefa.

A história do movimento pode bem ser comparada ao mar, avançando com o fluxo e refluxo de suas ondas sucessivas, cada uma sobrepujando a outra em volume. À visão do observador, cada uma dessas ondas parece ser a última, até que surge uma nova. O tempo decorrido entre a partida da Sra. Hayden, em 1853, e o aparecimento de D. D. Home, em 1855, representa a primeira calmaria na Inglaterra. Críticos superficiais pensaram ser o fim. Todavia, realizavam-se experiências em milhares de casas espalhadas por todo o país. Muitos que haviam perdido completamente a fé nas coisas do espírito, num período talvez considerado o mais apático e material da história do mundo, começaram a examinar as provas e a compreender, com alívio ou espanto, que a idade do conhecimento — a melhor, no dizer de São Pedro — se aproximava, em substituição

---

[76] N.T.: aqueles que se oferecem para demonstrações ao público.

à da fé, cujo término era entrevisto. Dedicados estudiosos das Escrituras recordavam as palavras de seu Mestre —"Tenho ainda muitas coisas para dizer-vos, mas, por ora, não podeis compreender" —, querendo saber se essas estranhas manifestações de força psíquica não fariam parte daquele conhecimento novo prometido.

Enquanto a Sra. Hayden plantava, em Londres, as primeiras sementes, outra série de eventos trazia os fenômenos espirituais à observação do povo de Yorkshire. Isso aconteceu com a visita do Sr. David Richmond — um *shaker* americano — à cidade de Keighley. Esse senhor vinha em busca de David Weatherhead, a fim de atraí-lo para o movimento. Foram obtidas manifestações por meio da mesa e descobertos médiuns locais, criando-se um florescente centro na cidade. De Yorkshire o movimento estendeu-se a Lancashire. Interessante elo com o passado é o fato de que o Sr. Wolstenholme, de Blackburn, falecido no ano de 1925, em idade venerável, se escondera debaixo da mesa, quando garoto, numa dessas primeiras sessões, testemunhando os fenômenos, embora — esperamos — não os tenha auxiliado. O jornal *The Yorkshire Spiritual Telegraph* foi editado em Keighley, no ano de 1855, com todas as despesas pagas por David Weatherhead, cujo nome deveria ser respeitado por ter sido ele o primeiro a entregar-se de corpo e alma ao movimento. Keighley é ainda ativo centro de trabalho e estudos psíquicos.

CAPÍTULO 8

Progressos contínuos na Inglaterra

O relato da Sra. De Morgan cobre o período de dez anos de experiência com o Espiritualismo: de 1853 a 1863. O aparecimento de seu livro, com o convincente prefácio do professor De Morgan, foi um dos primeiros sinais de que o novo movimento se infiltrava tanto nas classes mais altas quanto nas massas populares. Nessa ocasião, surgiram os trabalhos de D. D. Home e dos irmãos Davenport, que serão tratados minuciosamente mais adiante. O exame realizado pela Sociedade Dialética[77] começou em 1869. A ele nos referiremos em capítulo posterior. O ano de 1870 marcou as primeiras pesquisas de William Crookes, empreendidas após suas observações, publicadas no *Quarterly Journal of Science*, sobre o escândalo provocado pela recusa dos cientistas "de investigar a existência e a natureza de fatos certificados por tantas testemunhas competentes e fidedignas". Refere-se ele ainda, no mesmo periódico, à crença compartilhada por milhões, acrescentando: "Quero certificar-me das leis reguladoras de tão significativos fenômenos, que ocorrem atualmente numa extensão quase inacreditável". O relato completo de sua pesquisa foi publicado em 1874, provocando tamanho alvoroço entre os cientistas mais fossilizados — aqueles cujas mentes estavam subjugadas pelo próprio objeto de seu trabalho —, que ele foi ameaçado de expulsão dos quadros da

---

[77] N.T.: Dialectical Society.

Sociedade Real.[78] A tempestade passou, mas Crookes, espantado com sua violência, tornou-se, durante muitos anos, bastante cauteloso ao expressar opiniões em público até sentir que não seria mais atacado.

Por volta de 1872-1873, surgia, como novo fator, o reverendo Stainton Moses. Sua escrita automática, na opinião de muitos, elevou o nível dos fenômenos, tornando-os mais espiritualizados. As manifestações físicas podem atrair os curiosos, mas, quando supervalorizadas, acabam por afastar a mente judiciosa.

As conferências públicas e os discursos em estado de transe passaram a ser moda. As Sras. Emma Hardinge Britten, Cora L. V. Tappan e o Sr. J. J. Morse faziam eloquentes discursos, supostamente sob a influência dos Espíritos, despertando o interesse de grandes auditórios. O conhecidíssimo poeta e escritor Sr. Gerald Massey e o Dr. George Sexton realizavam, também, conferências públicas. De modo geral, o Espiritualismo alcançava grande publicidade.

A criação, em 1873, da Associação Nacional Britânica de Espiritualistas[79] deu impulso ao movimento, pois conhecidíssimos homens e senhoras da sociedade a ela se associaram. Entre eles, figuram a condessa de Caithness, a Sra. Makdougall Gregory — viúva do professor Gregory, de Edinburgh —, o Dr. Stanhope Speer, o Dr. Gully, Sir Charles Isham, o Dr. Maurice Davies, o Sr. H. D. Jencken, o Dr. George Sexton, a Sra. Ross Church (Florence Marryat), o Sr. Newton Crosland e o Sr. Benjamim Coleman.

A mediunidade de ordem elevada, no setor de fenômenos físicos, era garantida pela Sra. Jencken (Kate Fox) e a Srta. Florence Cook. O Dr. J. R. Newton, famoso médium curador americano, que chegara à Inglaterra em 1870, obteve, durante os tratamentos gratuitos por ele ministrados, inúmeras curas extraordinárias, devidamente registradas. Desde 1870, a admirável mediunidade da Sra. Everitt, exercida, como a de D. D. Home, sem remuneração, vinha convencendo muitas pessoas influentes. Herne e Williams, a Sra. Guppy, Eglinton, Slade, Lottie Fowler e outros provocavam numerosas conversões por meio de suas faculdades mediúnicas. Em 1872, as fotografias do Espírito de Hudson despertaram

---

[78] N.T.: Royal Society.
[79] N.T.: British National Association of Spiritualists.

enorme interesse e, em 1875, o Dr. Alfred Russel Wallace publicou seu famoso livro *Sobre milagres e Espiritualismo moderno*.[80]

Para avaliarmos o crescimento do Espiritualismo nesse período, basta examinemos as declarações de testemunhas contemporâneas fidedignas, especialmente aquelas que, por sua posição e experiência, se tornaram qualificadas para manifestar-se a respeito do assunto. Antes, porém, de perpassarmos o olhar por esses registros, vejamos a situação em 1866, descrita pelo Sr. William Howitt em poucos parágrafos, mas tão admiráveis que o autor se vê obrigado a citá-los integralmente:

> A posição atual do Espiritualismo na Inglaterra [diz ele] seria sem esperança, se a influência da imprensa fosse absoluta. Depois de haver usado todos os recursos possíveis para prejudicá-lo e desacreditá-lo; depois de ter aberto suas colunas para ele, na esperança de que sua superficialidade e loucura fossem tão visíveis que seus inteligentes inimigos logo se tornassem capazes de destruí-lo com argumentos irrespondíveis; após tê-lo menosprezado e difamado sem propósito, toda a imprensa, por consenso ou plano preestabelecido, adotou a tática de abrir as colunas dos jornais a qualquer referência, tola ou falsa, sobre ele, fechando-as, hermeticamente, a toda explicação, refutação ou defesa. De fato, se todos os outros meios para aniquilá-lo falharam, decidiu-se colocar em sua boca a mordaça literária e permitir que lhe cortasse a garganta quem quisesse e pudesse fazê-lo. Com esses recursos, esperava-se ficar livre dele como de uma peste bovina.
>
> Se algo pudesse destruir o Espiritualismo, os pontos seguintes o teriam feito: a atual avaliação pelo público inglês; o tratamento que lhe dispensam a imprensa e as cortes de Justiça; a tentativa das forças inteligentes da sociedade para sua supressão; o ódio a ele consagrado pelos heróis dos púlpitos de todas as igrejas; sua simples aceitação (sim, porque a imprensa lhe atribui o poder de acarretar a loucura e a perversidade); seus próprios conflitos internos, em uma palavra: sua grande impopularidade tê-lo-ia

---

[80] N.T.: *On Miracles and Modern Spiritualism*.

liquidado. Mas tal se dá? Ao contrário, o Espiritualismo nunca esteve tão firmemente arraigado nas mentes de escol; o número de seus adeptos jamais cresceu tanto; nunca suas verdades foram defendidas com tanto zelo e eloquência; em tempo algum as investigações sobre ele foram mais abundantes, ou realizadas com mais avidez. Durante todo o tempo em que a imprensa e os magistrados acumulavam censuras em torno dele, olhando-o com desdém, as *soirées* em Harley Street estiveram superlotadas por damas e cavalheiros das classes média e alta, os quais ouviam com admiração as eloquentes e sempre variadas palestras de Emma Hardinge. Ao mesmo tempo, os irmãos Davenport, milhares de vezes denunciados como impostores, demonstravam outras tantas vezes que os fenômenos por eles produzidos continuavam inexplicáveis por qualquer teoria, exceto a espiritual.

Que significa tudo isso? Que indicam esses fatos? Que a imprensa, o púlpito, os magistrados e as cortes de justiça, com suas forças reunidas, fracassaram, foram confundidos pelo que eles mesmos classificaram de pobre, tolo, falso e inconsistente. Se o Espiritualismo fosse realmente pobre, tolo, falso, ou inconsistente, razão alguma haveria para que esses órgãos e autoridades não o atingissem com seu saber, suas inescrupulosas denúncias, seus vastos instrumentos de ataque, seus não menos vastos meios de cerceamento de defesa, suas ordens endereçadas aos ouvidos e à opinião das multidões, sua inteligência, seu sarcasmo, sua lógica e eloquência. Entretanto, longe de abalá-lo ou enfraquecê-lo, eles não conseguiram sequer desmanchar um fio de cabelo de sua cabeça ou amarrotar a fímbria de seu manto.

Já não é hora de essas hostes associadas de grandes e sábios; cientistas e ilustrados; líderes do senado, das universidades e das cortes de justiça; oradores favoritos do Parlamento, e magnatas da imprensa popular, de posse de toda essa artilharia intelectual de um grande sistema nacional de educação, Igreja, Estado e aristocracia, acostumados a proclamar a todos os homens e senhoras respeitáveis o que deve ser considerado verdadeiro e honroso, já não é hora, digo eu, de todo esse grande e esplêndido mundo de inteligência e sabedoria começar a suspeitar que tem à sua frente algo sólido e que existe vitalidade naquilo até agora tratado como ilusão?

Não digo às grandes corporações que governam o mundo, a esses poderes e organizações: abram os olhos, vejam seus esforços infrutíferos e reconheçam sua derrota, pois provavelmente jamais abrissem os olhos para confessar a própria vergonha; digo, entretanto, aos espiritualistas: por mais escuros esses dias lhes pareçam, nunca os houve mais promissores. Embora estejam reunidas contra o Espiritualismo, as forças dos dirigentes e instrutores públicos, nunca esse jugo foi mais alvissareiro da vitória final. O Espiritualismo tem a marca das influências de nossa época; sobre sua cabeça se apoia a legitimação da História. As grandes reformas sociais, morais, intelectuais ou religiosas só alcançaram o triunfo por meio da luta.

Como demonstração da mudança ocorrida depois das supracitadas palavras do Sr. Howitt, em 1866, basta lermos no *The Times*, de 26 de dezembro de 1872, um artigo intitulado *Espiritualismo e ciência*, ocupando três colunas e meia. Nesse artigo, é emitida a opinião de que agora "é chegado o tempo de competentes mãos desatarem o nó górdio", muito embora não seja explicado por que as mãos de Crookes, Wallace ou De Morgan fossem inábeis para essa tarefa. Referindo-se ao pequeno livro de Lord Adare — de edição particular — a respeito de suas experiências com D. D. Home, o articulista parece impressionado com o *status* social das várias testemunhas, expressando-se com humor grosseiro e arrogância (características impressas em todo o artigo):

> Um volume que temos à frente mostra como essa loucura se espalhou pela sociedade. Foi-nos emprestado por distinto espiritualista sob a solene promessa de não divulgarmos os nomes das pessoas envolvidas. Contém cerca de 150 páginas de relatórios de sessões. Foi impresso, particularmente, por um nobre recentemente desaparecido da Câmara dos Lordes e também — acreditamos — das cadeiras e mesas povoadas por Espíritos, os quais, em seu período de vida, ele amava tanto, embora não de maneira sábia. Nesse livro, coisas espantosas, nunca vistas, são relatadas minuciosamente,

de modo natural, como se fossem fatos do cotidiano. Não faremos citação de qualquer um desses fatos, para não cansar o leitor, que, decerto, aceitará nossa palavra, quando dizemos passarem eles por todas as espécies de *manifestações*, das profecias às de menor importância. Desejamos ressaltar, porém, o atestado de cinquenta respeitáveis testemunhas, colocado antes da página de rosto do livro. Entre essas testemunhas encontram-se uma duquesa viúva e outras damas de posição social, um capitão da Guarda, um nobre, um barão, um membro do Parlamento, diversos membros de nossas corporações científicas e outras, um advogado das altas cortes, um comerciante e um médico. Todos os graus da classe alta e da classe média alta da sociedade estão representados; pessoas que, a julgar pela posição que ocupam e as profissões que exercem, deveriam possuir mais inteligência e perspicácia.

O eminente naturalista Dr. Alfred Russel Wallace, descrevendo a visita feita a um médium público, disse o seguinte, numa carta escrita ao *The Times*, publicada em 4 de janeiro de 1873:

> Penso não ser exagero dizer que os fatos principais do Espiritualismo são agora bem estabelecidos e tão facilmente verificáveis como qualquer fenômeno excepcional da natureza, ainda não reduzido à lei. São de importante significado não só para a interpretação da História — repleta de narrativas similares —, como também para compreensão da vida e do intelecto, sobre os quais a ciência física lança débil e incerta luz. Possuo firme e determinada crença de que todos os ramos da filosofia sofrerão os efeitos desses fatos até que os mesmos sejam honesta e seriamente investigados, como parte essencial dos fenômenos da natureza humana.

As experiências de laboratório com o ectoplasma têm-nos confundido, afastando nosso pensamento do essencial. Wallace, de mentalidade grandiosa, impulsiva e sem preconceitos, foi um dos poucos que aceitaram a verdade em sua maravilhosa inteireza, desde as humildes provas físicas ao mais elevado ensino de um poder exterior. Este ensino

CAP 8 | PROGRESSOS CONTÍNUOS NA INGLATERRA

sobrepuja de muito, em beleza e credibilidade, tudo quanto a mentalidade moderna já concebeu.

A aceitação pública e o apoio decisivo desse grande cientista — um dos mais importantes cérebros de sua época — foram de grande valia, porque teve ele a capacidade de compreender a ampla revolução religiosa que esses fenômenos ensejavam. É fato curioso que, salvo algumas exceções, tanto em nossos dias quanto no passado, a sabedoria tenha sido oferecida aos simples e negada aos eruditos. Sentimento e intuição triunfam onde o cérebro fracassa. Talvez isso se dê pela simplicidade da proposição. Poder-se-ia formular, a esse respeito, uma série de questões à maneira socrática: "Temos nós estabelecido conexão com a inteligência dos que morreram?". "O espiritualista diz: "Sim". "Deram-nos eles informações sobre a nova vida que encontraram e de como essa nova vida foi afetada pela terrena?". De novo, "sim". "Essa vida nova corresponde às descrições dadas por alguma religião da Terra? "Não". Se é assim, não está claro que a nova informação se reveste de significado religioso?". O espiritualista humilde compreende isso e reverencia os fatos.

Em 1876, Sir William Barrett — então professor — apresentou a questão do Espiritualismo à Associação Britânica para o Progresso da Ciência.[81] Seu estudo tinha por título *Sobre alguns fenômenos associados às condições anormais da mente*.[82] Foi difícil ser ouvido. O Comitê de Biologia recusou o trabalho, remetendo-o à subsessão de antropologia. Esta apenas aceitou-o em virtude do voto de qualidade do presidente, Dr. Alfred Russel Wallace. O coronel Lane Fox ajudou a vencer a oposição lembrando o fato de que no ano anterior se havia discutido a feitiçaria antiga. "Por que, então", perguntou ele, "não se poderia examinar agora a feitiçaria moderna?". A primeira parte do estudo do professor Barrett versava sobre mesmerismo. Na segunda parte, porém, o autor tratava das próprias experiências em torno dos fenômenos espiritualistas e ressaltava a necessidade de dar-se aprofundamento científico ao assunto. Fornecia ainda convincentes detalhes de uma experiência

---

[81] N.T.: British Association for the Advancement of Science.
[82] N.T.: *On Some Phenomena Associated with Abnormal Conditions of Mind*.

marcante por ele realizada com uma criança, ocasião em que ocorreu o fenômeno das batidas.[83]

Na discussão que se seguiu, Sir William Crookes falou das levitações de D. D. Home, por ele testemunhadas. Referindo-se à levitação, assevera: "A prova desse fenômeno apresenta-se mais forte do que a da maioria dos fenômenos naturais que a Associação Britânica pôde investigar". A respeito de seu próprio método de pesquisa, Crookes fez as seguintes observações:

> Quando fui persuadido a realizar pesquisas com o Dr. Slade, na primeira vez em que este aqui chegou, estabeleci critérios dos quais nunca me afastei. Assim, as experiências deveriam ocorrer em minha própria casa, sob minhas condições e eu mesmo faria a seleção dos amigos e espectadores. Poderia manipular os aparelhos como desejasse. Sempre que me era possível, realizava os testes com os aparelhos de física, evitando confiar em demasia nos próprios sentidos, exceto se necessário. Devo, então, expressar minha total discordância com o Sr. Barrett, quando afirma que um pesquisador — físico experiente — não é tão hábil quanto um mágico profissional. Sustento que um físico experiente é ainda mais hábil que este último.

Contribuição importante para essa discussão foi dada pelo conceituado matemático lorde Rayleigh, ao dizer:

> Penso devamos expressar nossos agradecimentos ao Sr. Barrett por sua coragem, pois requer alguma coragem avançar nesse assunto, dando-nos o benefício de sua cuidadosa experiência. Meu interesse nessa matéria data de dois anos. Fui para ela atraído primeiramente pelas investigações do Sr. Crookes. Conquanto minhas oportunidades não tenham sido tão boas quanto as desfrutadas pelo professor Barrett, tenho visto o suficiente para convencer-me do erro cometido por quem deseja obstar às investigações lançando em ridículo os que se inclinam a realizá-las.

---

[83] Nota do autor: *The Spiritualist*, 22 set. 1876, vol. IX, p. 87-88.

O orador seguinte, Sr. Groom Napier, foi objeto de gargalhadas ao relatar as descrições psicométricas que algumas pessoas fizeram, com base em manuscritos existentes em envelopes lacrados. Quando continuou, descrevendo luzes espirituais vistas por ele, a gritaria forçou-o a retornar ao assento.

Respondendo às críticas, disse o professor Barrett:

> Certamente revela o grande avanço do chamado Espiritualismo o fato de que, em tão poucos anos, um documento versando sobre seus fenômenos, antes ridicularizados, tenha sido aceito pela Associação Britânica e recebido tão ampla discussão.

O *Spectator*, de Londres, em artigo intitulado *A Associação Britânica e o documento do professor Barrett*,[84] demonstrou largueza de vistas, ao expressar-se nestes termos:

> Agora que possuímos o extenso documento do professor Barrett e o relato da discussão travada sobre ele, podemos ter esperança de que a Associação Britânica realmente faça algo em relação ao assunto, apesar dos protestos do grupo que poderíamos chamar de partido da incredulidade supersticiosa. Dizemos incredulidade supersticiosa porque é, decerto, pura superstição — e nada mais — imaginar-se que estamos tão bem informados em relação às leis da natureza que mesmo os fatos cuidadosamente examinados e atestados por observadores experientes devam ser postos de lado, como indignos de crédito, somente porque, à primeira vista, parecem estar em desacordo com as leis conhecidas.

Sir William Barrett aprofundou, ao longo do tempo, seu ponto de vista. Antes de sua lamentada morte, em 1925, já havia admitido, em termos inequívocos, a posição espiritualista. Viveu para ver o mundo, em geral, menos adverso em relação aos fatos do Espiritualismo, embora pouca diferença se observe no posicionamento da Associação Britânica, que

---

[84] N.T.: *The British Association on Professor Barret's Paper*.

permanece tão obscurantista quanto antes. Tal tendência da Associação, contudo, pode não ter sido totalmente negativa. Como Sir Oliver Lodge observou, se o estudo dos prementes problemas materiais se complicasse com o das questões psíquicas, é possível não fossem aqueles resolvidos. Digno de registro é o fato, comentado por Sir William Barrett em conversa com o autor, de que os quatro homens que o apoiaram naquela histórica e difícil ocasião viveram para receber a Ordem do Mérito — a maior honra de seu país. Os quatro foram lorde Rayleigh, Crookes, Wallace e Huggins.

Não se poderia esperar que o rápido crescimento do Espiritualismo ficasse isento de aspectos menos desejáveis. Estes foram, ao menos, dois. Primeiramente, o grito da mediunidade fraudulenta era ouvido com frequência. Todavia, à luz dos conhecimentos mais completos de hoje, sabemos que nem toda a aparência de fraude, em realidade, é fraude. A par disso, a credulidade fácil que se vê numa seção espiritualista oferece, indubitavelmente, campo fértil aos charlatões. No ano 1879, em documento lido na Sociedade da Universidade de Cambridge para Investigação Psicológica,[85] seu presidente, Sr. J. A. Campbell, disse o seguinte:[86]

> Desde o aparecimento do Sr. Home o número de médiuns aumenta anualmente, assim como a loucura e a impostura. Cada fantasma tornou-se, aos olhos dos tolos, um anjo divino; não apenas cada fantasma, mas cada embusteiro, envolvido num lençol, é chamado ou a si mesmo se chama de Espírito materializado. Fundou-se suposta religião em que os fantasmas batedores são honrados com os mais sagrados nomes. Não insultarei os leitores falando a respeito do caráter dessas divindades e das doutrinas por elas ensinadas. Quando a loucura e a ignorância tomam nas mãos a condução de uma verdade, os resultados são sempre o abuso, a distorção e até o crime. É o mesmo que crianças brincando com ferramentas afiadas. Quem, senão o ignorante, exclamaria "faca malvada"? Gradualmente o movimento liberta-se desses refugos, tornando-se mais sóbrio, puro e forte. Como os

---

[85] N.T.: Cambridge University Society for Psychological Investigation.
[86] Nota do autor: *The Spiritualist*, 11 abr. 1879, p. 170.

homens sensatos e educados estudam, oram e trabalham, esforçando-se por fazer bom uso de seus conhecimentos, ele continuará a transformar-se nesse sentido.

O segundo aspecto foi o aparente crescimento do que se poderia denominar Espiritualismo anticristão, embora não antirreligioso. Em decorrência disso, William Howitt e outros corajosos mantenedores do movimento dele se afastaram. Howitt e outros escreveram vigorosos artigos contra essa tendência, no *Spiritual Magazine*.

Uma sugestão quanto à necessidade de cautela e equilíbrio é fornecida pelas observações do Sr. William Stainton Moses, que, em documento lido perante a *Associação Nacional Britânica de Espiritualistas*, no dia 26 de janeiro de 1880,[87] assim se expressou:

> Temos necessidade premente de disciplina e educação. Ainda não nos adaptamos ao próprio crescimento. A criança, nascida exatamente há trinta anos, desenvolveu-se rapidamente em relação à estatura, mas não em relação à sabedoria. Cresceu tão rápido que sua educação foi um tanto negligenciada. Na expressiva terminologia de seu país nativo, ela foi *mimada*, de forma irresponsável, tendo seu fenomenal crescimento absorvido as demais preocupações. É chegado o momento em que todos aqueles que a consideram rebento monstruoso, nascido, por capricho da natureza, somente para morrer prematuramente, comecem a reconhecer seu engano. A feia criatura deseja viver. Por baixo dessa fealdade, o olhar menos simpático percebe um propósito coerente em sua existência: a apresentação de um princípio inerente à natureza humana, um princípio que a *sabedoria* do homem desconsiderou até quase aniquilá-lo, mas que brota sempre, apesar de tudo: o princípio do *espírito* oposto à *matéria*, da *alma* existindo e agindo independentemente do corpo. Longos anos de negação de tudo que não se inclua nas propriedades da matéria lançaram os luminares da ciência moderna no puro materialismo. Para eles, o

---

[87] Nota do autor: *The Psychological Review*, vol. II, p. 546.

Espiritualismo é um mau presságio e um problema. É o retorno à superstição, a sobrevivência da selvageria, uma nódoa na inteligência do século dezenove. Entretanto, ridicularizado, ele ridiculariza; desdenhado, ele devolve desdém por desdém.

Em 1881, o jornal *Light* — excelente semanário espiritualista — iniciou sua circulação e, em 1882, foi criada a Sociedade de Pesquisas Psíquicas (S.P.P.).[88]

De modo geral, pode-se dizer que a atitude da ciência organizada, durante esses trinta anos, foi tão irracional e anticientífica quanto a dos cardeais do tempo de Galileu. Se existisse uma inquisição científica, teria lançado idêntico terror ao novo conhecimento. Até à criação da Sociedade de Pesquisas Psíquicas, nenhuma tentativa séria foi feita para compreender e explicar um assunto que estava atraindo milhões de pessoas. Em 1853, Faraday apresentou teoria no sentido de que a movimentação da mesa era causada por pressão muscular. Essa teoria pode ser suficiente para explicar alguns fatos, mas não tem relação alguma com a levitação das mesas e, em qualquer caso, aplica-se somente à limitada classe de fenômenos psíquicos. A objeção *científica* habitual era a de que, em realidade, nada ocorria. Essa posição, contudo, desconsiderava o testemunho de milhares de pessoas fidedignas. Argumentavam outros que se tratava da atuação de prestidigitadores, entendimento este que os fazia aclamar toda imitação grosseira como prova de desmascaramento, a exemplo do ocorrido com a paródia de Maskelyne sobre os irmãos Davenport. Entretanto, ninguém se referia ao fato de que tais imitações eram insuficientes para explicar o conteúdo intelectual dos fenômenos, que, com suas provas esmagadoras, restava intocável.

As pessoas *religiosas*, irritadas por se verem sacudidas em suas práticas tradicionais, reagiam de forma selvagem, atribuindo a novidade ao demônio. Os católicos romanos e os evangélicos encontravam-se, dessa vez, unidos em sua oposição. É fora de dúvida que podemos entrar em comunicação com Espíritos inferiores e receber deles mensagens vulgares e mentirosas, pois estamos envolvidos por todas as classes de Espíritos,

---

[88] N.T.: Society for Psychical Research.

e semelhante atrai o semelhante; mas o ensino filosófico, consistente e elevado, transmitido a todo pesquisador sério e de mente humilde, mostra que estamos em contato com o *angelismo* e não com o *diabolismo*. O Dr. Carpenter passou a sustentar complexa teoria, mas parece ter sido aceita, ou mesmo compreendida, apenas por ele. Os médicos, por sua vez, diziam que a explicação dos fatos estava no estalar das juntas, teoria ridícula para qualquer pessoa que tenha testemunhado os sons percutidos conforme se ouvem nas sessões, variando do tique-taque do relógio ao golpe da marreta.

Vez por outra, apareceram algumas explicações baseadas na doutrina teosófica. Esta doutrina admite os fatos, mas deprecia os Espíritos, descrevendo-os como cascões astrais, com uma espécie de semiconsciência sonhadora, ou possivelmente uma consciência atenuada, que os reduz a sub-humanos pela inteligência e moralidade. Certamente a qualidade das mensagens dos Espíritos varia muito. As mais elevadas, contudo, são por demais significativas para que as atribuamos a frações do ser pensante. De toda forma, se, como se diz, mesmo neste mundo, nosso ser subliminal é muito superior à individualidade no estado de vigília, não seria ilógico admitir que os Espíritos entrassem em contato conosco sem usarem todas as suas faculdades.

Há ainda a teoria da *Anima Mundi* — largo reservatório ou *banco central* de inteligência, com uma espécie de câmara de compensação para atender a todas as consultas. As minuciosas mensagens que recebemos do Outro Lado são incompatíveis com qualquer ideia vaga e pomposa do gênero.

Existe uma alternativa realmente notável: a de que o homem possui um corpo etéreo com propriedades desconhecidas, entre as quais se inclui a de manifestar-se exteriormente sob formas curiosas. Trata-se da *criptestesia*, abraçada por Richet e outros, tendo alguns pontos a seu favor. O autor convenceu-se de que, em todo trabalho psíquico, há um estágio preliminar e iniciante que depende de certa força inata e possivelmente inconsciente do médium. A leitura de manuscritos ocultos, a produção de pancadas por solicitação dos assistentes, a descrição de cenas à distância, os notáveis efeitos da psicometria, as primeiras vibrações da voz direta, tudo isso, em diferentes ocasiões, parece emanar do próprio médium. Haveria, então, na maioria dos casos, uma inteligência exterior capaz de ajustar a referida força e usá-la para alcançar os próprios fins. Temos um exemplo disso nas experiências de Bisson e Schrenck Notzing com Eva, nas quais as formas de ectoplasma tiveram origem, a princípio, em imagens de jornal que, de algum modo, se desorganizaram ao passar pela mente da médium. Houve, contudo, posteriormente, a ocorrência de estágio mais profundo, quando a forma de ectoplasma, então bem-desenvolvida, era capaz de movimentar-se e mesmo de falar. Richet, com seu cérebro grandioso e profundo poder de observação, concentrou-se largamente nos fenômenos físicos. Parece não ter tido muito contato com as experiências de ordem intelectual e espiritual, circunstância que, provavelmente, teria modificado suas ideias.

Todas essas explicações, em verdade, se têm encaminhado para a teoria espiritualista. Resta a hipótese da personalidade complexa, que pode explicar certos casos, embora os mesmos casos, na opinião do autor, possam ser igualmente bem explicados pela obsessão. Tais explicações, porém, apenas tangenciam o assunto, ignorando o fenômeno como um todo, de modo que não devem ser levadas muito a sério. Nunca será demasiado repetir que, antes de adotar a opinião espiritualista, cumpre ao investigador esgotar todas as hipóteses possíveis até sentir-se inteiramente convencido da realidade espiritual. Se assim fizer, sua plataforma será estável; do contrário, estará sempre inseguro de sua solidez. O autor pode afirmar que, ano após ano, se agarrou a toda linha de defesa, até que, finalmente, se viu obrigado a abandonar a posição materialista, a fim de manter-se honesto consigo mesmo.

CAPÍTULO 9
A carreira de Daniel Dunglas Home

Daniel Dunglas Home nasceu em 1833, na aldeia de Currie, próxima de Edimburgo. Sua origem é cercada de mistério, ora afirmando-se, ora negando-se a ligação com a família do Conde de Home. Fosse qual fosse essa origem, ele tinha, certamente, elegância de porte, aparência delicada, sensibilidade, e gosto para o luxo. Mas, por seus dons psíquicos e ainda pelo zelo que estes acrescentaram ao seu caráter complexo, Home bem poderia ser considerado o típico descendente de aristocrata que tivesse herdado as tendências, mas não a riqueza de seus ancestrais.

Com a idade de 9 anos, partiu para a Nova Inglaterra, acompanhando a tia, que o adotara: outro mistério de sua existência. Aos 13 anos, começou a mostrar sinais das faculdades psíquicas, que havia herdado, pois sua mãe, uma descendente de antiga família de Highland, possuía a segunda vista característica de seus ancestrais. A tendência mística de Home revela-se em conversação com o colega Edwin a respeito de breve história na qual, em consequência de um pacto, certo homem apaixonado manifesta-se à mulher amada após a morte. Os dois colegas fizeram então o seguinte acordo: quem morresse primeiro voltaria para mostrar-se ao outro. Home mudou-se para um distrito localizado a algumas centenas de milhas da antiga residência. Certa noite, aproximadamente um mês mais tarde, logo após recolher-se, teve a visão de Edwin e anunciou à tia a morte do colega, fato este confirmado cerca de um ou dois dias depois. Em 1850, apresentou-se-lhe outra visão, desta feita relacionada com a morte de sua mãe, que também tinha ido morar na América com o esposo. O rapaz, por essa época, encontrava-se no leito, enfermo, enquanto a mãe ausente visitava amigos que moravam em local distante. O fato aconteceu durante a noite. Home gritou por socorro e, quando a tia veio, encontrou-o muito aflito. Contou-lhe, então, que a mãe lhe aparecera dizendo haver morrido naquele mesmo dia às doze horas. Era autêntica a visão e o aviso, verdadeiro. Em breve, fortes batidas começaram a afligir o calmo grupo familiar e os móveis a ser arrastados por agentes invisíveis. A tia, mulher de estreita visão religiosa, entendendo que o rapaz trouxera o demônio para seu lar, expulsou-o de casa.

Home refugiou-se, então, em casa de amigos, mas passou os anos seguintes indo de uma cidade para outra, trocando de residência. Sua mediunidade tornou-se mais acentuada; nas casas onde residiu, realizava muitas sessões, algumas vezes até seis ou sete por dia, pois as limitações da força mediúnica e as reações entre o físico e o psíquico eram malcompreendidas nessa época. Tudo isso provocava nele grande perda de energia, levando-o frequentemente a adoecer. Multidões acorriam de todas as direções para presenciar as maravilhas que se sucediam em sua presença. Entre aqueles que o investigaram nesse período estavam o poeta americano Bryant e o professor Wells, da Universidade de Harvard. Em Nova Iorque, ligou-se a muitos americanos conceituados, sendo que três deles — o professor Hare, o professor Mapes e o juiz Edmonds, da Suprema Corte de Nova Iorque — realizaram sessões com ele. Esses três, conforme já referido, tornaram-se espiritualistas convictos.

Nos três anos iniciais de prática mediúnica, o charme pessoal de Home e a profunda impressão criada por seus dons levaram-no a receber muitas ofertas. O Professor George Bush convidou-o a morar com ele, a fim de estudar para tornar-se ministro swedenborgiano. Por sua vez, o Sr. e a Sra. Elmer — casal rico e sem filhos —, sentindo-se afetivamente ligados a Home, ofereceram-se para adotá-lo e fazer dele seu herdeiro, sob a condição de que mudasse o nome para Elmer.

Seus notáveis poderes de cura causavam profunda admiração, tanto que, persuadido por amigos, Home começou a estudar Medicina. A delicadeza de sua saúde, porém, especialmente a fraqueza pulmonar, forçou-o a abandonar o projeto, partindo para a Inglaterra, a conselho médico.

CAP 9 | A CARREIRA DE DANIEL DUNGLAS HOME

Chegou a Liverpool no dia 9 de abril de 1855. Segundo descrições dessa época, era um jovem alto e esguio, de marcada elegância e meticulosa limpeza de traje, de olhos azuis e cabelos ruivos; mas a expressão facial, em que sobressaía o olhar fatigado e febril, falava da devastação provocada pela doença. Tinha o tipo facilmente sujeito ao ataque da tuberculose, mostrando, pelo extremo definhamento, quão pouca força lhe restava para resistir à enfermidade. Um médico arguto, examinando-o com cuidado, não lhe daria mais que alguns meses de vida em nosso clima úmido. Assim, de todas as maravilhas realizadas por Home, o prolongamento de sua própria vida, decerto, não foi a menor.

Seu caráter já revelava os traços emocionais e religiosos que o distinguiriam. Home narrou que, antes de desembarcar, correu ao camarote e caiu de joelhos, em prece. Se considerarmos sua espantosa carreira e o grande papel por ele desempenhado, estabelecendo as bases físicas que diferenciam o Espiritualismo de qualquer outro movimento religioso, poderemos incluir o nosso visitante entre os mais notáveis missionários que pisaram estas plagas.

Sua posição naquele momento era bastante singular: quase não tinha parentes; seu pulmão esquerdo estava parcialmente perdido; possuía renda modesta, embora suficiente; não tinha negócios nem profissão, e sua educação fora interrompida pela enfermidade; era tímido, gentil, sentimental, afetuoso e profundamente religioso; tinha fortes tendências artísticas, inclusive para o teatro dramático; sua capacidade para a escultura era considerável e, como declamador, poucos o igualavam. Acima disso, porém, e de uma honestidade inquebrantável e inflexível, a ponto de frequentemente levá-lo

D.D. HOME (1833-1886)
Pintura de propriedade da Aliança Espiritualista de Londres

a ofender os próprios aliados, possuía um dom notável, que suplantava tudo o mais: eram as faculdades independentes de sua vontade, indo e vindo numa espontaneidade desconcertante. Tais faculdades provavam a todos que examinassem seus efeitos a existência de algo na atmosfera desse homem, possibilitando a manifestação, no plano material, de forças que estavam fora do alcance de nossa percepção ordinária. Em outras palavras, era médium: o maior do mundo moderno, no campo dos efeitos físicos.

Se não fosse a integridade de caráter, é bem possível tivesse usado seus extraordinários dons para fundar uma seita, onde naturalmente exerceria a função de sumo sacerdote, ou, então, para construir a seu redor uma auréola de poder e mistério. Certamente a maioria das pessoas, em idêntica posição, teria sido tentada a empregar tudo isso para fazer dinheiro. Sobre este último ponto, cumpre deixar registrado, antes de mais nada, que jamais, no curso de trinta anos de seu singular ministério, Home recebeu um xelim como pagamento pelo exercício de suas faculdades. Em verdade, foram-lhe oferecidas, pelo Clube União, em Paris, no ano de 1857, 2.000 libras por uma única sessão e ele, homem pobre e inválido, recusou-as terminantemente. "Fui mandado em missão", afirmou. "Essa missão é demonstrar a imortalidade. Nunca recebi dinheiro por isso e jamais receberei". Houve, porém, alguns presentes da realeza que seria indelicado recusar: anéis, alfinetes de gravata e outros semelhantes — mais sinais de amizade do que recompensa —, pois, antes de sua morte prematura, poucos eram os monarcas da Europa com os quais esse jovem tímido, desembarcado em Liverpool, não estivesse ligado por afetuosa intimidade. Napoleão III cuidou da subsistência de sua única irmã; o imperador da Rússia foi testemunha de seu casamento. Que romancista ousaria inventar uma carreira assim?

Há, porém, tentações mais sutis que as da riqueza, contra as quais a inflexível honestidade de Home foi a melhor salvaguarda. Jamais perdeu, sequer por um momento, a humildade ou o senso de proporção.

> Tenho essas faculdades [afirmou]. Serei feliz por demonstrá-las, até o limite de minhas forças, a todos que de mim se aproximarem como um cavalheiro se aproxima de outro. Serei feliz se alguém puder lançar um pouco mais de luz sobre elas. Prestar-me-ei a

qualquer experiência razoável. Não tenho controle algum sobre tais faculdades: elas me usam, eu não as uso. Abandonam-me por meses para voltarem depois com energia redobrada. Sou instrumento passivo, nada mais.

Tal sua inalterável atitude. Era sempre o homem afável e amigável, sem nada que pudesse revesti-lo do manto do profeta ou do turbante do mágico. Como a maioria dos homens verdadeiramente grandes, não havia, em sua natureza, o mínimo toque de pose. Um sinal de seus sentimentos refinados é o fato de que nunca citava nome algum, mesmo quando isso se tornava necessário para a confirmação dos resultados por ele obtidos, salvo se estivesse perfeitamente certo de que a pessoa mencionada nada sofreria por ter seu nome ligado a um culto impopular. Por vezes, mesmo após obter de alguém a respectiva autorização, ocultava-lhe a identidade, com receio de que involuntariamente pudesse prejudicar um amigo. Quando publicou sua primeira série de *Incidentes de minha vida*,[89] o *Saturday Review* cobriu de sarcasmo o anônimo "testemunho da condessa O------, do conde B------, do conde de K------, da princesa de B------ e da Sra. S------", que foram citados como tendo presenciado as manifestações. No segundo volume, tendo-se assegurado do apoio dos amigos, Home preencheu os claros com os nomes da condessa Orsini, do conde de Beaumont, do conde de Komar, da princesa de Beauveau e da muito conhecida anfitriã americana, Sra. Henry Senior. Seus amigos da realeza, contudo, ele nunca os citou. Nada obstante, é de conhecimento público que o imperador Napoleão, a imperatriz Eugênia, o tsar Alexandre, o imperador Guilherme I da Alemanha, os reis da Baviera e de Wurtemberg eram todos igualmente convictos de suas extraordinárias faculdades. Home nunca foi condenado por fraude, fosse por palavras ou por atos.

Desembarcando pela primeira vez na Inglaterra, hospedou-se no Cox's Hotel, em Jermyn Street. É provável tenha escolhido esse hotel por saber, em virtude do trabalho desenvolvido pela Sra. Hayden, que o proprietário era simpático à causa. De toda forma, o Sr. Cox descobriu rapidamente ser o jovem hóspede um médium notável e, a convite seu,

---

[89] N.T.: *Incidents in My Life*.

alguns, entre os principais intelectuais daquela época, foram chamados a examinar os fenômenos que Home lhes poderia apresentar. Assim, lorde Brougham, entre outros, participou de uma das sessões, acompanhado de Sir David Brewster, um cientista seu amigo. Investigaram os fenômenos em plena luz do dia e, em seu espanto diante do ocorrido, conta-se que Brewster disse o seguinte: "Isso desorganiza a filosofia em cinquenta anos". Se tivesse dito *mil e quinhentos*, estaria mais próximo da realidade. Em carta escrita a sua irmã naquela ocasião, mas publicada muito depois, Brewster descreveu a experiência.[90] Estavam presentes à reunião lorde Brougham, o Sr. David Brewster, o Sr. Cox e o médium.

> Nós quatro [diz Brewster] sentamo-nos ao redor de uma mesa de tamanho médio, cuja estrutura fomos convidados a examinar. Em breve tempo, tínhamos a sensação de que a mesa fazia esforços para movimentar-se, e um tremor percorreu nossos braços. Esses movimentos cessavam e recomeçavam a nosso comando. Produziram-se incontáveis batidas em várias partes da mesa e esta, realmente, levantou-se do chão sem que mão alguma estivesse sobre ela. Com uma mesa maior, verificou-se movimentos similares. Pequena sineta foi então colocada sobre o tapete, com a boca para baixo e, após aí permanecer por algum tempo, soou sem que ninguém a tivesse tocado.

Acrescenta ter a sineta vindo para cima dele, colocando-se em sua mão, o mesmo acontecendo com lorde Brougham. Conclui assim:

> Essas foram as principais experiências. Não poderíamos explicá-las ou fazer conjecturas sobre sua produção por meio de alguma espécie de mecanismo.

O conde de Dunraven declara ter passado a investigar esses fenômenos, em virtude das informações dadas por Brewster. Descreve seu encontro com este último, que lhe afirmou serem as manifestações

---

[90] Nota do autor: *Home Life of Sir David Brewster*, pela Sra. Gordon — sua filha —, 1869.

inexplicáveis por fraude, ou por quaisquer leis físicas de nosso conhecimento. Home relatou essa sessão numa carta escrita a um amigo na América. Essa carta foi publicada. Ao ser a mesma reproduzida pela imprensa inglesa, Brewster ficou alarmado. Uma coisa era sustentar certas ideias reservadamente; muito diferente era enfrentar a inevitável perda de prestígio nos meios científicos onde se movimentava. Sir David não era feito da mesma substância dos mártires e dos pioneiros. Escreveu então ao *Morning Advertiser*, declarando que, de fato, havia visto diversos efeitos mecânicos aparentemente inexplicáveis; contudo, estava convencido de que todos poderiam ser realizados por mãos e pés humanos. Naquela época naturalmente não lhe ocorrera que a carta, escrita à sua irmã, um dia viesse à luz.

Após a publicação das correspondências acima citadas, o *Spectator* observou a respeito de Sir David Brewster:

> Parece não haver dúvidas de que ele sentiu e expressou, durante e imediatamente após as sessões com o Sr. Home, espanto e quase pavor. Depois, no entanto, pretendeu explicar-se. O herói da ciência não se absolveu, como era de se desejar, ou esperar.

Detivemo-nos um pouco nesse incidente com Brewster não só por sua atitude, que era a atitude científica típica de seu tempo, como pelo efeito produzido, estimulando interesse público mais amplo a respeito de Home e seus fenômenos, além de atrair centenas de novos investigadores. Podem-se dividir os cientistas em três classes: os que não examinam o assunto, mas nem por isso deixam de emitir opiniões com muita violência; os que aceitam a veracidade dos fatos, mas temem dizê-lo, e, finalmente, a galante minoria dos Lodges, Crookes, Barretts e Lombrosos, que conhecem a verdade e ousam proclamá-la.

Home transferiu-se da Jermyn Street para a casa da família Rymer, em Ealing, onde foram realizadas muitas sessões. Enquanto ali estava, foi visitado pelo famoso romancista lorde Lytton, o qual, embora tivesse recebido prova convincente, nunca reconheceu publicamente a mediunidade de Home. Nada obstante, suas cartas particulares e mesmo seus romances constituem demonstração de seus reais sentimentos.

Isso também se dava com outras personalidades muito conhecidas. Contam-se, entre os primeiros assistentes das sessões realizadas pelo médium, o socialista Robert Owen, o autor T. A. Trollope e o psiquiatra Dr. J. Garth Wilkinson.

Em nossos dias, quando os fenômenos psíquicos são conhecidos de todos, exceto daqueles que deliberadamente o ignoram, dificilmente podemos imaginar a coragem moral necessária a Home para exibir suas faculdades mediúnicas e sustentá-las diante do público. Para o britânico de educação média da material época vitoriana, um homem que proclamava ser capaz de produzir efeitos contrariando a lei da gravidade de Newton e mostrava a possibilidade da ação de inteligências invisíveis sobre a matéria visível era considerado, *a priori*, tratante e impostor. O entendimento sobre o Espiritualismo, emitido pelo vice-chanceler Giffard quando da conclusão do processo Home-Lyon, representava a opinião da classe a que ele pertencia. Nada sabia sobre o assunto, mas partiu do pressuposto de que tudo em relação a ele era falso. Sem dúvida, relatos semelhantes eram encontrados em terras longínquas e em livros antigos, mas afirmar-se que isso ocorria na velha e sólida Inglaterra prosaica dos dividendos bancários e do livre-câmbio era demasiadamente absurdo para ser levado a sério. Consta nesse processo que lorde Giffard dirigiu-se ao advogado de Home nos seguintes termos: O senhor, então, sustenta ter seu cliente levitado? O advogado confirmou a alegação, e o juiz, voltando-se para o júri, adotou atitude semelhante à de um sumo sacerdote da Antiguidade, que rasgava as vestes talares, em protesto contra toda blasfêmia. Em 1868, poucos integrantes do júri tinham conhecimentos suficientes para criticar a atitude do juiz, e é exatamente nesse ponto que temos feito alguns progressos nestes cinquenta anos. Trabalho vagaroso, sem dúvida. Lembremo-nos, contudo, de que o Cristianismo levou mais de trezentos anos para firmar-se.

Consideremos, para avaliar os poderes de Home, o fato da levitação. Sustenta-se que, por mais de cem vezes, com luz suficiente e diante de testemunhas respeitáveis, ele flutuou no ar. Vejamos a prova.

Em 1857, num castelo próximo de Bordeaux, Home foi levantado até o teto de uma sala alta, em presença de Madame Ducos — viúva do ministro da Marinha —, do Conde e da condessa de Beaumont.

CAP 9 | A CARREIRA DE DANIEL DUNGLAS HOME

Em 1860, Robert Bell escreveu, no *Cornhill*, um artigo intitulado *Mais estranho do que a ficção*.[91] "Ele elevou-se de sua cadeira [diz Bell] quatro a 5 pés do solo. Vimo-lo passar de um lado a outro da janela, com os pés para frente, deitado, horizontalmente, no ar". Dr. Gully, de Malvern, médico muito conhecido, e Robert Chambers, autor e editor, eram as outras testemunhas. Poder-se-ia supor que esses homens mentissem de comum acordo, ou que não saberiam dizer se um homem flutuava ou fingia fazê-lo? Nesse mesmo ano, Home levitou em casa da Sra. Milner Gibson, em presença de lorde Clarence Paget e senhora, tendo o primeiro passado suas mãos no espaço abaixo do médium, para assegurar-se do fato. Poucos meses mais tarde, o Sr. Wason, advogado em Liverpool, juntamente com sete outros, viu o mesmo fenômeno. Diz ele: "O Sr. Home cruzou a mesa, passando sobre as cabeças das pessoas sentadas a sua volta". E acrescenta: "Alcancei sua mão a 7 pés do solo e avancei 5 ou 6 passos, enquanto ele flutuava no espaço, acima de mim". Em 1861, a Sra. Parkes, de Cornwall Terrace, Regent's Park, relata que estava junto de Bulwer Lytton e do Sr. Hal quando, em sua própria sala de visitas, Home elevou-se até atingir o alto da porta com a mão, passando então a flutuar horizontalmente. Em 1866, o Sr. e a Sra. Hall, Lady Dunsany e a Sra. Senior, em casa do Sr. Hall, viram Home, com o rosto transfigurado e brilhante, levitar até o teto por duas vezes, deixando ali, na segunda vez, uma cruz marcada a lápis para assegurar às testemunhas que elas não eram vítimas da imaginação.

Em 1868, lorde Adare, lorde Lindsay, o capitão Wynne e o Sr. Smith Barry viram Home levitar em muitas ocasiões. Minuciosa descrição da ocorrência de 16 de dezembro desse ano,[92] na Ashley House, foi dada pelas três primeiras testemunhas. Nessa ocasião, Home flutuou, em estado de transe, do quarto à sala de visitas, passando pelas respectivas janelas, a 70 pés — acima das árvores. Quando chegou à sala de visitas, retornou ao quarto acompanhado de lorde Adare, ocasião em que este observou não conseguir entender como Home encontrara abertura suficiente para passar pela janela do quarto, parcialmente levantada.

---

[91] N.T.: *Stranger than Fiction*.
[92] Nota do autor: o almanaque mostra que era domingo, dia 13.

Pediu-me [diz lorde Adare] que ficasse a pequena distância. Passou, então, pelo espaço aberto, primeiro a cabeça, muito rapidamente, estando seu corpo em posição quase horizontal e aparentemente rígido. Em seguida, entrou de novo, com os pés para frente.

Esse o relato de lorde Adare e lorde Lindsay. A respeito desse relato, o Dr. Carpenter, que gozava de não invejável reputação por manifestar oposição perversa a todos os fatos relacionados com o Espiritualismo, declarou, exultante, que havia uma terceira testemunha, não ouvida: o capitão Wynne. Falou, então, sem a menor justificativa, que o depoimento de Wynne seria em sentido contrário. Chegou ao cúmulo de dizer: "Apenas uma testemunha afirma, com honestidade, que o Sr. Home esteve todo tempo em sua cadeira" — declaração inteiramente falsa. O capitão Wynne, por sua vez, refutou as declarações do Dr. Carpenter, confirmando os demais testemunhos. E acrescenta: "Se o senhor não acredita nos depoimentos coincidentes de três testemunhas insuspeitas, então será o fim da justiça e dos tribunais".

A fim de que se possam avaliar os esforços dos críticos para escapar do óbvio, basta lembrar o alarde feito a respeito da declaração de Lorde Lindsay, dada algum tempo depois, de que o fenômeno fora visto ao luar, enquanto, pelo calendário, a Lua não era visível naquele dia. O Sr. Andrew Lang observa:

> Mesmo num nevoeiro, pessoas dentro de uma sala podem ver se um homem entra e sai pela janela, passando primeiramente a cabeça, com seu corpo em estado de rigidez.[93]

Decerto, a maioria de nós ao presenciar tão maravilhosa cena teria pouco tempo para observar se o fato se dava à luz da Lua ou das lâmpadas externas. Deve ser admitido, entretanto, que o relato de lorde Lindsay não primou pela exatidão; tanto que se pode desculpar a interpretação dada por Sr. Joseph McCabe, afirmando que os espectadores não viam o objeto propriamente dito e sua sombra no peitoril da janela, mas apenas a sombra do objeto na parede, pois teriam permanecido de costas

---

[93] Nota do autor: *Historical Mysteries*, p. 236.

para a janela. Quando se considera, contudo, o nível das três testemunhas oculares, pode-se bem perguntar se, no passado ou no presente, algum evento supranatural teria sido mais claramente provado.

Tantos são os casos de levitação de Home que poderia ser escrito longo artigo sobre esse aspecto singular de sua mediunidade. O professor Crookes foi várias vezes testemunha do fenômeno e refere-se a cinquenta exemplos chegados a seu conhecimento. Toda pessoa imparcial, lendo sobre o caso aqui narrado, dirá, com o professor Challis: "Ou admitimos esses fatos como são descritos, ou eliminamos a possibilidade do testemunho humano em qualquer situação".

"Estaremos de volta, então, à era dos milagres?", perguntará o leitor. Não há milagres. Nada é sobrenatural neste plano em que vivemos. O que acontece agora, ou acontecia em épocas passadas, é tão somente a ação de uma lei, ainda não estudada e definida. Já percebemos algo de suas possibilidades e limitações: as mesmas apresentadas na manifestação de qualquer força puramente física. Devemos buscar o equilíbrio entre a crença e a descrença totais. Gradativamente, vai-se dissipando a névoa e passamos a divisar, no horizonte, os contornos da costa sombria. Quando a agulha pela primeira vez se movimentou por meio do magneto, isso não aconteceu por infração da lei da gravidade: houve a intervenção ali de força mais poderosa. Tal o caso dos poderes psíquicos agindo no campo da matéria. Se a confiança de Home em suas faculdades tivesse vacilado, ou se os assistentes fossem perturbados indevidamente, ele teria caído. Quando Pedro perdeu a fé, afundou nas ondas. Por séculos, a mesma causa tem produzido idêntico efeito. Os poderes espirituais estão sempre conosco, quando não lhes voltamos a face. Nada concedido à Judeia foi negado à Inglaterra.

Por ser a confirmação do poder do invisível e a resposta final ao materialismo — em sua atual concepção —, a carreira pública de Home possui tão grande importância. Ele foi testemunha da veracidade dos chamados *milagres,* os quais, tendo sido a pedra de tropeço de tantas inteligências zelosas, voltam agora, comprovando a exatidão das narrativas dos primeiros tempos. Milhões de almas vacilantes, nas agonias do conflito espiritual, clamavam por uma prova definitiva de que nem tudo é vazio em torno de nós; de que há forças além de nosso alcance; de que o ego não é mera secreção do tecido nervoso, e de que o morto mantém sua existência pessoal intacta.

Tudo isto foi provado, pelo maior dos missionários modernos, a quem for capaz de observar e raciocinar. É fácil rir-se de mesas erguendo-se no ar e paredes vibrando. Mesas e paredes, contudo, são apenas objetos disponíveis, usados para registrar, em termos materiais, determinadas forças cujo alcance foge ao nosso entendimento. A pessoa inteligente, que admite a própria perplexidade diante de uma ideia inspirada, se torna também humilde e aberta a novos caminhos de pesquisa ao defrontar esses fenômenos inexplicáveis, mesmo quando se apresentem em suas características mais simples. É fácil considerá-los pueris. Alcançaram, porém, seu objetivo: sacudir, em suas bases, a complacência dos cientistas materialistas que os observam. Não são fins em si mesmos, mas instrumentos elementares, destinados a conduzir a inteligência por novos canais do pensamento, canais esses que levam à demonstração da sobrevivência da alma. Disse o Bispo Clark, de Rhode Island, a Home: "Transmitiste alegria e conforto incalculáveis aos corações de muitas pessoas; construíste moradas de luz onde antes havia apenas escuridão". "Senhorita", declarou Home à dama que seria sua esposa, "foi-me conferida grande e sagrada missão". O famoso Dr. Elliotson, imortalizado por Thackeray com o nome de Dr. Goodenough, era um dos líderes do materialismo britânico. Encontrou Home, verificou suas faculdades, confessando, logo em seguida, ter vivido até aquele momento em plena escuridão, imaginando nada haver na existência além da matéria. Agora, contudo, sentia sólida esperança, que buscaria reter enquanto vivesse.

Poder-se-iam citar inúmeros exemplos do valor espiritual do trabalho de Home. A melhor síntese de seu trabalho, porém, encontramos nas seguintes palavras da Sra. Webster, de Florença, que o acompanhou de perto:

> Ele é o mais admirável missionário dos tempos modernos, engajado na maior de todas as causas. O bem que tem feito é inestimável. Quando o Sr. Home passa, espalha, em seu derredor, a maior de todas as bênçãos: a certeza da vida futura.

Hoje, quando se conhecem os pormenores de sua atuação, constata-se que ele levou essa certeza ao mundo inteiro. Sua atitude a respeito da própria missão encontra-se expressa em uma palestra proferida nos salões de Willis, em Londres, no dia 15 de fevereiro de 1866. Disse ele:

CAP 9 | A CARREIRA DE DANIEL DUNGLAS HOME

Acredito, do fundo de meu coração, que essa força, espraiando-se mais e mais a cada dia, nos atrai para mais perto de Deus. Se me perguntam se ela nos torna mais puros, ressalto apenas nossa condição de mortais, com todas as possibilidades de errar. Ela, porém, nos ensina que os de coração puro verão a Deus, que Deus é amor, e que não há morte; aos idosos, traz a consolação, quando as tempestades da vida estão quase extintas e o descanso se aproxima; aos jovens, fala do dever que temos uns para com os outros e que colheremos como houvermos plantado; a todos ensina resignação; vem dissipar as nuvens do erro e descortinar a manhã radiante de um dia sem fim.

É curioso observar como a mensagem transmitida por Home afetava os de sua geração. Lendo a biografia do médium, escrita por sua viúva (documento muito convincente, pois, de todas as pessoas, a esposa seria a mais habilitada para conhecer o homem real), verifica-se o apoio direto, entusiástico e a elevada consideração que recebia, principalmente, dos aristocratas da França e da Rússia, com os quais se relacionava. O caloroso brilho de admiração, e mesmo reverência, irradiado das cartas dessas personalidades é tal que dificilmente se encontra algo semelhante em outras biografias. Na Inglaterra, tinha ele um círculo íntimo de ardentes defensores, alguns poucos das classes mais altas, como os Halls, os Howitts, Robert Chambers, a Sra. Milner Gibson, o professor Crookes, e outros. Havia, contudo, lamentável falta de coragem da parte dos que admitiam os fatos em particular e se calavam em público. Lorde Brougham e Bulwer Lytton posicionavam-se como Nicodemos, sendo que o romancista era o principal opositor. Os *doutos*, em regra, saíam-se mal. Faraday e Tyndall usavam métodos inteiramente anticientíficos, fazendo pré-julgamentos antes de suas experiências, que eram, assim, realizadas de forma tendenciosa. Sir David Brewster, como já foi visto, fez declarações honestas, mas, logo após, em estado de pânico, negou o que havia dito, esquecendo-se de que o depoimento anterior fora registrado. Browning escreveu um longo poema — se é que versos de tal nível podem ser confundidos com poesia — descrevendo manifestação jamais ocorrida. Carpenter revelou-se opositor inescrupuloso, ao defender estranha tese espiritualista, por ele mesmo concebida. Os secretários da Sociedade Real recusaram-se a pegar um carro de aluguel para assistirem às demonstrações de Crookes sobre os fenômenos físicos, mas posicionavam-se, categoricamente, contra esses fenômenos. Lorde Giffard atacou da tribuna o assunto, sem mesmo conhecer-lhe os primeiros passos. O clero, por sua vez, não deu qualquer orientação sobre o Espiritualismo, durante esses trinta anos em que esta admirável efusão espiritual vem atraindo o público. Não houve sequer um clérigo britânico que demonstrasse real interesse sobre o assunto. Quando, em 1872, um amplo relato das sessões de São Petersburgo começou a aparecer no *The Times*, a publicação foi logo interrompida, de acordo com o Sr. H. T. Humphreys, "por conta das fortes queixas dirigidas ao editor, Sr. Delane, por representantes do mais alto clero da igreja da Inglaterra". Tal a contribuição oferecida por nossos dirigentes espirituais. O racionalista, Dr. Elliotson, por exemplo, mostrou-se mais coerente do que o alto clero. Daí amargo comentário da Sra. Home: "O veredito de sua geração foi o mesmo dado por cegos e surdos a respeito dos que ouvem e veem".

A caridade de Home era uma de suas mais belas características. Como toda verdadeira caridade, mantinha-se secreta e só se tornava conhecida indiretamente, ou por acaso. Um de seus numerosos tradutores declara ter ele endossado uma letra de 50 libras em favor do amigo Sr. Rymer. Descobriu-se, entretanto, que não era uma letra, mas um cheque enviado muito generosamente por ele ao amigo, para ajudá-lo nas dificuldades financeiras. Considerando as precárias condições financeiras em que vivia, 50 libras representavam, provavelmente, uma boa parte de suas reservas bancárias. Sua viúva enche-se de perdoável orgulho em virtude das provas da generosidade de Home, encontradas nas muitas cartas descobertas após a morte do marido.

> Aqui, surge um artista desconhecido, para cujo pincel os esforços generosos de Home encontraram emprego; ali, é um infeliz trabalhador, escrevendo sobre a esposa doente, salva pelo conforto por ele proporcionado; mais além, apresenta-se certa mãe, agradecida pela oportunidade dada ao filho que se iniciava na vida. Muito tempo e atenção foram dedicados por Home ao auxílio alheio, quando

suas condições existenciais teriam levado a maioria das pessoas a pensar somente nas próprias necessidades e preocupações.

"Mande-me uma palavra do coração que soube tantas vezes animar um amigo!", exclama um de seus protegidos. "Poderei um dia mostrar-me digno de todo o bem que o senhor me fez?", pergunta-se-lhe em outra carta.

Encontramo-lo vagando pelos campos de batalha ao redor de Paris, frequentemente debaixo do fogo, com seus bolsos cheios de cigarros para os feridos. Um oficial alemão escreve a Home, afetuosamente, lembrando-lhe como o havia impedido de sangrar até à morte, carregando-o, nas próprias costas fragilizadas, para fora da zona perigosa. Certamente, a Sra. Browning era melhor juiz de caráter do que seu esposo, e Sir Galahad, melhor nome que Sludge.

Ao mesmo tempo, seria absurdo descrever o caráter de Home como impecável. Tinha o temperamento fraco e algo feminino em suas atitudes. O autor, enquanto na Austrália, descobriu uma correspondência, datada de 1856, entre Home e o filho mais velho da família Rymer. Eles viajavam juntos pela Itália, quando Home abandonou o amigo em circunstâncias que demonstravam inconstância e ingratidão. Justo é acrescentar, entretanto, que sua saúde, nessa época, era tão precária que dificilmente poderia ele ser considerado normal.

> Home possuía os defeitos de um caráter emotivo [dizia lorde Dunraven] com a vaidade altamente desenvolvida, talvez sabiamente, pois lhe dava condições de manter-se imperturbável diante do ridículo de que era então objeto o Espiritualismo e tudo que se lhe relacionava. Suscetível a acessos de grande depressão e a crises nervosas dificilmente compreensíveis, ele era também simples, bondoso, de bom humor, de uma disposição amorável, que me atraía. Fui seu amigo fiel até ao fim.

Poucas são as faculdades que denominamos *mediúnicas* e São Paulo designa como "dons do espírito", que Home não possuísse. De fato, a característica de sua força psíquica era a invulgar versatilidade. Em geral, falamos sobre o médium de voz direta, o que fala em transe, o clarividente e o médium de efeitos físicos. Home era portador dessas quatro modalidades. Tanto quanto é possível saber, tinha pouca experiência em relação a outros médiuns, não sendo, por sua vez, imune àquele *ciúme psíquico,* característica comum dos sensitivos. A Sra. Jencken, anteriormente Srta. Kate Fox, era o único médium com quem mantinha relações de amizade. Indignava-se contra os mistificadores, levando sua indignação — em princípio, excelente traço de caráter — muito longe, pois suspeitava de todas as manifestações diferentes daquelas vindas por seu intermédio. Essa atitude, expressa de modo inflexível em seu último livro *Luzes e sombras do Espiritualismo,*[94] ofendia outros médiuns, os quais alegavam ser tão honestos quanto ele. Se conhecesse melhor o fenômeno, Home, decerto, seria mais indulgente. Assim, protestava, de forma impetuosa, contra toda sessão realizada no escuro, atitude certamente perfeccionista, pois as experiências feitas com o ectoplasma — base física das materializações — mostram que tal substância em geral é afetada pela luz, a não ser que esta seja vermelha. Home não tinha grande experiência de materializações completas, tais como as obtidas, naqueles tempos, pela Srta. Florence Cook e por Madame d'Espérance, ou, em nossa época, por Madame Bisson. Dessa maneira, podia dispensar a completa escuridão no próprio trabalho. Sua opinião, portanto, era injusta em relação a outros médiuns. Home declarou ainda, de modo claro, que a matéria não podia passar através da matéria, tendo em vista que os fenômenos por ele produzidos não tomavam esta forma. Todavia, a prova de que a matéria pode, em determinados casos, passar através da matéria é, de fato, esmagadora. Até mesmo pássaros de variedades raras foram trazidos a salas de sessões, em circunstâncias que parecem afastar a possibilidade de fraude, enquanto as experiências de passar a madeira através da madeira, realizadas por Zöllner e outros professores de Leipzig, foram decisivas, segundo deflui do relato do famoso físico, em sua *Física transcendental*,[95] a respeito da experiência com Slade. Sendo assim, poder-se-ia apontar como pequena falha no caráter de Home o fato de ele depreciar ou negar as faculdades que não possuía.

---

[94] N.T.: *Lights and Shadows of Spiritualism.*
[95] N.T.: *Transcendental Physics.*

CAP 9 | A CARREIRA DE DANIEL DUNGLAS HOME

Outra falta que alguns poderiam imputar-lhe é que preferia levar a mensagem aos condutores da vida social a divulgá-la junto às massas trabalhadoras. É provável tivesse Home, em verdade, não só as fraquezas como também as atitudes de sua natureza artística e, portanto, se sentisse mais à vontade e feliz numa atmosfera de elegância e refinamento, com repulsa a tudo que fosse sórdido ou desfavorecido. Abstraída qualquer outra razão, o fato é que seu precário estado de saúde o incapacitava para qualquer tarefa mais rigorosa, tendo sido obrigado, por repetidas hemorragias, a buscar uma vida aprazível e refinada na Itália, na Suíça e na Riviera. No entanto, para o prosseguimento de sua missão, deixando-se de lado os aspectos de autossacrifício, não pode haver dúvida de que a mensagem, levada ao laboratório de um Crookes ou à corte de Napoleão, se tornou mais útil do que se fosse dispensada às multidões. A aprovação da ciência e o reconhecimento do caráter do médium eram necessários para que o público ganhasse confiança na veracidade das manifestações. Se essa confiança não foi amplamente adquirida, a falta pertence seguramente aos cientistas e pensadores de mente estreita e, de nenhum modo, a Home, que desempenhou seu papel de intermediário até à perfeição, deixando a outros homens menos dotados a análise e a divulgação do que lhes mostrava. Sem ser cientista, Home foi, entretanto, a matéria prima da ciência, desejando ansiosamente que os cientistas aprendessem com ele tudo o que podia transmitir ao mundo, de forma que a ciência pudesse dar testemunho da religião, tanto quanto a religião, apoiar-se na ciência. Quando sua mensagem for inteiramente compreendida, o descrente não será condenado por impiedade, mas por ignorância.

Há algo patético nos esforços de Home para encontrar uma crença na qual pudesse satisfazer seu instinto gregário (ele não tinha pretensão alguma de ser um individualista pertinaz) e, ao mesmo tempo, descobrir um nicho no qual pudesse depositar seu precioso volume de verdades incontestáveis. Sua peregrinação justifica a assertiva de alguns espiritualistas de que uma pessoa pode pertencer a qualquer crença sem abdicar de seus conhecimentos espirituais, mas também apoia os que argumentam que a perfeita harmonia com esses conhecimentos apenas é alcançada, no estágio atual do assunto, numa comunidade espiritualista especial. Ah! deveria ser assim, pois o Espiritualismo é grande demais para engolfar-se numa seita, mesmo importante.

Home, na juventude, foi, por algum tempo, seguidor de Wesley. Logo, porém, transferiu-se para a atmosfera mais liberal do Congregacionalismo.[96] Na Itália, o ambiente artístico da Igreja Católica Romana e, possivelmente, o registro, por esta Igreja, de tantos fenômenos semelhantes aos produzidos por seu intermédio, levaram-no a converter-se ao Catolicismo, com o propósito de unir-se a uma Ordem monástica, intenção esta que seu bom senso o induziu a abandonar. A mudança de religião se deu num período em que suas faculdades psíquicas tinham desaparecido, assegurando-lhe o confessor que, sendo tais faculdades de origem maligna, certamente não mais voltariam, pois ele se tornara filho da Igreja verdadeira. Contudo, ao término do interregno de um ano, seus poderes voltaram com força renovada. Desde então, Home teria sido católico apenas de nome e, depois do segundo casamento (ambos os casamentos com damas russas), sentiu-se fortemente atraído pela Igreja Grega, em cujos ritos foi preparado seu repouso final, em St. Germain, no ano de 1866. "A outro, o discernimento dos Espíritos" (I Coríntios, 12:10) é a curta inscrição de seu túmulo, do qual o mundo ainda não ouviu a última palavra.

Para comprovar a vida inatacável de Home, bastaria o fato de que seus numerosos inimigos, buscando sempre algo com que atacá-lo, só encontraram para comentar, em toda sua carreira, a situação inteiramente inocente, conhecida como caso Home-Lyon. Nenhum juiz imparcial, lendo os depoimentos do processo (eles podem ser encontrados *verbum ad verbum* na segunda série de *Incidentes de minha vida*), deixaria de concordar que Home não merecia acusação, e sim piedade. Não existia prova mais elevada da nobreza de seu caráter do que o relacionamento com essa mulher desagradável e caprichosa, a qual, primeiramente, insistiu em doar-lhe grande soma em dinheiro, para depois, tendo-se-lhe alterado o capricho, por ver frustradas suas expectativas de imediata introdução na alta sociedade, fazer de tudo para reaver a quantia doada. Tivesse ela meramente solicitado o dinheiro de volta, era quase certo que os delicados

---

[96] N.T.: "Seita protestante que, em alguns países (Inglaterra, Estados Unidos), defende ou pratica a autonomia de cada grupo de fiéis, diante da Igreja ou do Estado" (*Dicionário contemporâneo da língua portuguesa Caldas Aulete*).

CAP 9 | A CARREIRA DE DANIEL DUNGLAS HOME

sentimentos de Home o levariam a devolvê-lo, não obstante os aborrecimentos enfrentados e os gastos havidos com a mudança do seu nome para Home-Lyon, a fim de submeter-se ao capricho da referida senhora de adotá-lo como filho. Suas exigências, entretanto, eram tão descabidas que ele as não poderia aceitar de forma honrosa, pois isso implicaria o reconhecimento de ter agido mal aceitando o presente. Quem lê a correspondência inicial do caso — bem poucos o fizeram, como se sabe — vê que Home, seu representante S. C. Hall e o advogado Sr. Wilkinson imploraram-lhe moderasse sua irracional benevolência — transformada rapidamente em malevolência ainda mais irracional. Ela, entretanto, não desistia da ideia de Home ficar com a quantia e tornar-se seu herdeiro. Jamais houve pessoa menos mercenária: ele lhe rogou, repetidamente, pensasse em seus parentes, ao que ela respondeu que o dinheiro lhe pertencia; portanto, poderia dar-lhe o destino que lhe aprouvesse, e, quanto aos seus parentes, nenhum dependia dos recursos dela. Desde o instante em que ele aceitou a nova situação, passou a agir e a escrever como filho devotado. Pode-se supor, sem faltar com a caridade, que a atitude de Home, inteiramente filial, não tenha sido o que a referida senhora idealizara. De qualquer modo, ela cedo se cansou de sua excentricidade e reclamou o dinheiro doado, com a desculpa — aliás, monstruosa, para quem leia as cartas e considere as datas — de que as mensagens dos Espíritos a induziram a agir como havia agido.

O caso tramitou na Corte de Chancery. O juiz referiu-se

> às inumeráveis declarações falsas da Sra. Lyon a respeito de muitos detalhes importantes. Essas declarações, feitas sob juramento, eram de uma falsidade tão perversa que causaram grandes embaraços à Corte, desacreditando em muito o testemunho da querelante.

Apesar desse comentário mordaz e mesmo de elementar concepção de justiça, a sentença foi dada contra Home, pois a lei britânica, em tais casos, estabelece que o ônus da prova é do acusado, mesmo em se considerando a impossibilidade de uma refutação completa, quando se trata de contestar uma simples afirmação. Lorde Giffard poderia, sem dúvida, ter-se colocado acima da literalidade da lei, se ele não fosse profundamente preconceituoso em relação às questões que versassem sobre as faculdades psíquicas. Tais faculdades, a seu ver, manifestamente absurdas, estavam sendo sustentadas pelo réu ali diante de seus olhos, na própria Corte de Chancery. Mesmo os piores inimigos de Home foram forçados a admitir que o fato de o dinheiro ter permanecido na Inglaterra, quando poderia ter sido depositado em local que tornasse impossível sua recuperação, provava as honestas intenções do médium no episódio mais infeliz de sua vida. Não há notícias de ter ele perdido algum amigo, entre os homens honrados, em virtude das bem-sucedidas maquinações da Sra. Lyon. Os ardis dessa senhora eram óbvios. Como todos os documentos se encontravam em ordem, o único caminho que lhe restava para reaver o dinheiro era acusar Home de lho haver extorquido por meio de simulação. Era ela suficientemente esperta para saber quais as chances de um médium — mesmo amador e não remunerado — envolto na atmosfera ignorante e material de uma corte de justiça em pleno período vitoriano. Ah! omitamos a referência ao período vitoriano; ainda assim a situação não se modificaria.

As faculdades mediúnicas de Home foram verificadas por tantos observadores famosos, tendo sido mostradas sob condições tão favoráveis que nenhum homem sensato pode colocá-las em dúvida. A prova de Crookes por si só é conclusiva.[97] Há também o notável livro, reeditado recentemente, no qual lorde Dunraven relata a história de seu relacionamento juvenil com Home. Além desses nomes, entre os que, na Inglaterra, o investigaram nos primeiro anos, podem ser citados: a duquesa de Sutherland, a Sra. Shelley, a Sra. Gomm, o Dr. Robert Chambers, a Sra. Otway, a Srta. Catherine Sinclair, a Sra. Milner Gibson, o Sr. William Howitt e senhora, a Sra. De Burgh, o Dr. Gully — de Malvern —, Sir Charles Nicholson, a Sra. Dunsany, Sir Daniel Cooper, a Sra. Adelaide Senior, o Sr. e Sra. S. C. Hall, a Sra. Makdougall Gregory, o Sr. Pickersgill, R.A., o Sr. E. L. Blanchard e o Sr. Robert Bell. Esses investigadores, em testemunho público ou em cartas dirigidas a Home, revelaram não apenas sua convicção na genuinidade dos fenômenos, mas também na sua origem espiritual.

Outros chegaram a admitir que a teoria da impostura era insuficiente para explicar o fenômeno. Foram esses o Sr. Ruskin, o Sr. Thackeray

---

[97] Nota do autor: *Researches in the Phenomena of Spiritualism* e *S.P.R. Proceeding*, VI, p. 98.

(então editor do *Cornhill Magazine*), o Sr. John Bright, lorde Dufferin, Sir Edwin Arnold, o Sr. Heaphy, o Sr. Durham (escultor), o Sr. Nassau Senior, lorde Lyndhurst, o Sr. J. Hutchinson (ex-presidente da Bolsa de Valores) e o Dr. Lockhart Robertson.

Tais as testemunhas e tal o seu trabalho. Contudo, quando sua vida, eminentemente útil e altruísta, chegou ao fim, vale a pena registrar, para eterna vergonha da imprensa britânica, que a maioria dos jornais o tratou como impostor e charlatão. Chegará o dia, porém, em que Home será reconhecido como um dos pioneiros no lento e árduo avanço da humanidade através da selva de ignorância que por tanto tempo a tem rodeado.

CAPÍTULO 10

Os irmãos Davenport

Para que a narrativa não sofresse solução de continuidade, apresentamos a carreira de D. D. Home em sua sequência natural. É necessário, agora, retornar aos primeiros dias do movimento espiritualista na América e examinar as experiências dos dois irmãos Davenport. Tanto Home como os Davenports tiveram projeção internacional, oferecendo suas vidas importantes subsídios para a história do movimento na Inglaterra e nos Estados Unidos. Os irmãos Davenport, ao contrário de Home, operaram em níveis bem mundanos, fazendo do exercício de seus notáveis dons uma profissão. Entretanto, com seus métodos grosseiros, causaram maior efeito sobre as multidões do que possivelmente o teria feito um médium com faculdades mais refinadas. Ao considerarmos a sequência desses acontecimentos, organizada por uma força do Outro Lado, sábia, mas não infalível ou onipotente, observamos que, para cada ocasião, havia um instrumento, que era substituído em caso de fracasso.

Os Davenports tiveram sorte com os cronistas. Dois escritores publicaram livros[98] descrevendo os fatos marcantes de sua vida, estando a literatura periódica daquela época repleta das façanhas desses médiuns.

---

[98] Nota do autor: NICHOLS, Thomas L.,M.D. *A Biography of the Brothers Davenport*, Londres, 1864; NICHOLS, Thomas L.,M.D. *Supramundane Facts in the Life of Rev J. B. Ferguson, LL.D.*, Londres, 1865; COOPER, Robert. *Spiritual Experiences: Including Seven Months with the Brothers Davenport*, Londres, 1867.

Ira Erastus Davenport e William Henry Davenport nasceram em Buffalo, no estado de New York, em 17 de setembro de 1839 e 1º de fevereiro de 1841, respectivamente. O pai, descendente dos primeiros colonos ingleses na América, trabalhava no departamento de polícia, da referida cidade. A mãe, nascida em Kent, na Inglaterra, mudara-se para a América ainda criança, sendo também portadora de faculdades psíquicas. Certa feita, em 1846, a família foi perturbada, no meio da noite, por "batidas, socos, ruídos altos, estalos e crepitações", conforme sua descrição. Isso aconteceu, portanto, dois anos antes do episódio das irmãs Fox. As manifestações ocorridas com essas irmãs, contudo, levaram os Davenports — como sucedeu a tantos outros — a investigar o assunto e, assim, a descobrir a própria mediunidade.

Os dois rapazes Davenport e sua irmã caçula, Elizabeth, experimentaram colocar as mãos sobre a mesa. Ouviram-se grandes e violentos ruídos, sendo, então, soletradas algumas mensagens. A notícia espalhou-se. Como aconteceu com as meninas Fox, centenas de pessoas curiosas e incrédulas amontoaram-se na casa. Em sequência, Ira desenvolveu a escrita automática. Suas mensagens, escritas com extraordinária rapidez, foram distribuídas entre os presentes, trazendo-lhes informações que o médium não poderia conhecer. Seguiu-se a levitação. O rapaz foi suspenso no ar, acima das cabeças dos assistentes, a uma distância de 9 pés do solo. Seus irmãos receberam a mesma influência e os três flutuaram no alto da sala. Centenas de respeitáveis cidadãos de Buffalo testemunharam os fatos. Certa vez, quando a família tomava o café da manhã, as facas, os garfos e os pratos dançaram, e a mesa ergueu-se. Em uma sessão, pouco tempo depois, viu-se, em plena luz do dia, um lápis escrevendo sem qualquer contato humano. As sessões passaram a ocorrer de modo regular: apareciam luzes, e instrumentos musicais flutuavam, tocando, acima das cabeças dos assistentes. Surgiram a voz direta e outras manifestações extraordinárias, muito numerosas para serem mencionadas. Acolhendo as solicitações das inteligências comunicantes, os irmãos decidiram fazer excursões a vários lugares, com o intuito de realizar sessões públicas. Entre estranhos, reiteravam-se os pedidos de testes. A princípio, os rapazes eram contidos por pessoas selecionadas entre os presentes. Essa providência, contudo, foi considerada insatisfatória, pela possibilidade de haver cúmplices entre os que os seguravam. Sendo assim, adotou-se o processo de amarrá-los com cordas. A leitura dos testes engenhosos, propostos sucessivamente e aplicados de modo a não interferir nas manifestações, mostra a quase impossibilidade de convencer os céticos obstinados. Tão logo um teste dava bom resultado, outro era sugerido, e assim por diante.

Em 1857, os professores da Universidade de Harvard examinaram os rapazes, bem como os fenômenos de que eram instrumentos. O biógrafo dos Davenports escreve o seguinte:[99]

> Os professores exercitaram seu talento, propondo testes. Concordariam os Davenports em serem algemados? Sim. Permitiriam ser segurados? Faziam-se múltiplas sugestões, que, em sendo aceitas pelos médiuns, logo eram rejeitadas por seus próprios autores. A aceitação de um teste pelos médiuns tornava-se razão suficiente para que não fosse experimentado. Pensava-se que eles poderiam ter meios de neutralizá-lo e, assim, imaginava-se outro.

Finalmente, os professores compraram uma corda medindo 500 pés de comprimento; fizeram buracos na cabine, anteriormente preparada, e amarraram os rapazes de forma brutal. Todos os nós foram atados com fio de linho. Um dos investigadores, o Sr. Pierce, tomou lugar entre os dois irmãos na cabine. Imediatamente apareceu a mão de um fantasma; instrumentos movimentaram-se com estrépito, sendo sentidos pelo mencionado investigador, próximos da cabeça e do rosto. A cada instante, ele procurava os rapazes com as mãos, encontrando-os sempre devidamente amarrados. Os operadores invisíveis, por fim, libertaram-nos das amarras e, quando se abriu a cabine, as cordas foram vistas enroladas no pescoço do professor! Mesmo depois de verem tudo isso, os professores de Harvard não apresentaram relatório. É curioso ler a descrição de um dos engenhosos instrumentos usados para controle. Fora inventado por um homem chamado Darling, em Bangor, nos Estados Unidos, e consistia no que se pode descrever como mangas e calças de madeira, bem-apertadas. Como

---

[99] Nota do autor: NICHOLS, Thomas L.,M.D. *A Biography of the Brothers Davenport*, p. 87-88.

outros testes, o realizado com esse instrumento mostrou-se incapaz de evitar as manifestações. Muitos desses instrumentos de controle foram aplicados numa época em que os irmãos eram apenas garotos, demasiadamente jovens, portanto, para conhecerem meios complicados de mistificação.

Não causa estranheza a violenta oposição provocada pelos fenômenos em quase toda parte, sendo os irmãos Davenport denunciados muitas vezes como prestidigitadores e embusteiros. Só depois de dez anos de trabalho público nas maiores cidades dos Estados Unidos, eles vieram à Inglaterra. Haviam obtido êxito em todos os testes inventados pelo engenho humano, e ninguém fora capaz de descobrir a causa das manifestações. Tinham conseguido grande reputação. Agora, porém, eram chamados a recomeçar.

Nessa época, os dois irmãos, Ira e William, tinham 25 e 23 anos respectivamente. O *World*, de New York, assim os descreve:

> Assemelham-se de forma notável em quase todos os aspectos, ambos muito bonitos, com os cabelos longos, negros e crespos, testa larga sem ser alta, olhos negros e vivos, sobrancelhas grossas, bigodes e cavanhaques, lábios acentuados, corpos musculosos e bem proporcionados. Vestem casaca preta e um deles usa relógio de corrente.

O Dr. Nichols, seu biógrafo, transmite a seguinte impressão de ambos:

> Os moços, com os quais tive ligeiro contato e que jamais vira antes de sua chegada a Londres, demonstram estar acima da média de seus jovens compatriotas, tanto em intelecto quanto em caráter. Apesar de não possuírem inteligência marcante, são razoavelmente habilidosos, tendo Ira algum talento artístico. Parecem honestos e singularmente desinteressados, não mercenários; mostram-se mais ansiosos por convencer as pessoas de sua integridade e da realidade das manifestações do que por ganhar dinheiro. Têm eles, sem dúvida, uma ambição gratificante: a de terem sido selecionados como instrumentos de algo que, segundo acreditam, trará grande bem à humanidade.

Foram acompanhados à Inglaterra pelo reverendo Dr. Ferguson (anteriormente pastor de uma grande igreja em Nashville, Tennessee, frequentada por Abraham Lincoln), o Sr. D. Palmer (conhecidíssimo empresário do mundo da ópera, que atuou como secretário) e o Sr. William M. Fay, também médium.

O Sr. P. B. Randall, em sua biografia dos Davenports — publicada no ano de 1869, em Boston —, assinala que a missão dos dois irmãos, na Inglaterra, era a de "vencer, por meios adequados, o sólido materialismo e o duro ceticismo inglês, em seu próprio território". O primeiro passo para o conhecimento, diz ele, é a admissão da própria ignorância. E acrescenta:

> Se as manifestações obtidas por intermédio dos irmãos Davenport puderem convencer os cientistas e intelectuais de que existem forças — e forças inteligentes, ou inteligências poderosas — além dos limites de sua filosofia, e que todas as coisas consideradas por eles fisicamente impossíveis podem ser prontamente executadas por essas forças invisíveis e desconhecidas, novo universo se abrirá ao pensamento e à investigação.

Poucas dúvidas existem de que muitas mentes foram assim convencidas pelos irmãos Davenport.

A mediunidade da Sra. Hayden manifestava-se de forma calma e discreta. A de Home, embora de caráter mais notável, ficava limitada à apreciação de determinados grupos de pessoas, das quais não se exigia pagamento algum. Esses rapazes, entretanto, alugavam salões públicos e desafiavam o mundo a testemunhar fenômenos que ultrapassavam os limites das crenças ordinárias. Fácil era prever, mesmo sem ter a presciência das coisas, que enfrentariam forte oposição, como aconteceu. Atingiram, porém, o fim que, sem dúvida, seus dirigentes invisíveis tinham em vista: despertaram a atenção pública para esse assunto como jamais alguém o fizera na Inglaterra. Não se poderia encontrar melhor testemunho disso do que o do célebre prestidigitador, Sr. J. N. Maskelyne, seu maior oponente. Escreveu ele o seguinte:[100]

---

[100] Nota do autor: *Modern Spiritualism*, p. 65.

"Isto é certo: a Inglaterra ficou, por algum tempo, inteiramente dominada pelas maravilhas produzidas por esses rapazes". Mais adiante, acrescenta:

> Os irmãos Davenport fizeram mais pela causa do chamado Espiritualismo, na Inglaterra, do que qualquer outra pessoa. Diante de auditórios superlotados e sob condições variadas, realizaram, sem dúvida, proezas maravilhosas. As sessões privativas realizadas por outros médiuns, ora na escuridão, ora na semiobscuridade, com um público influenciável e quase sempre devoto, nas quais, conforme se apregoa, ocorriam manifestações ocasionais, não podem ser comparadas às exibições dos Davenports, em seus efeitos sobre a opinião pública.

Sua primeira sessão em Londres teve caráter particular. Realizou-se em 28 de setembro de 1864, na residência do famoso autor e ator, Sr. Dion Boucicault, em Regent Street, na presença de diretores de jornais e distintos homens de ciência. O noticiário da imprensa foi digno de nota por sua inteireza e, surpreendentemente, por sua justiça.

O *Morning Post*, no relato publicado no dia seguinte à sessão, ressalta que os assistentes foram convidados a fazer o mais crítico exame e a tomar todas as precauções contra a fraude e a mistificação. Diz ainda esse periódico:

> O grupo convidado a testemunhar as manifestações na noite passada era composto de doze a quatorze pessoas, todas bem conceituadas em suas profissões. A maioria jamais testemunhara algo do gênero. Todas elas, porém, estavam determinadas a descobrir e, se possível, denunciar qualquer tentativa de mistificação. Os irmãos Davenport têm aparência distinta, são de pequena estatura, e magros. Seriam as últimas pessoas das quais se poderiam esperar grandes demonstrações de força. O Sr. Fay parece pouco mais velho, sendo de constituição mais robusta.

Depois de descrever o ocorrido, continua o articulista: "Tudo que se pode afirmar é que as manifestações se deram sob condições e circunstâncias excludentes de qualquer possibilidade de fraude".

O *The Times*, o *Daily Telegraph* e outros jornais publicaram relatórios longos e honestos, que deixaremos de citar, haja vista o importante testemunho do Sr. Boucicault, publicado não só pelo *Daily News* como por muitos outros jornais londrinos, abrangendo todos os fatos. Este jornal descreve uma sessão posterior realizada na casa do Sr. Boucicault, em 11 de outubro de 1864. Estavam presentes, entre outros, o visconde Bury (deputado), Sir Charles Wyke, Sir Charles Nicholson (chanceler da Universidade de Sydney), o Sr. Robert Chambers, o Sr. Charles Reade (romancista) e o capitão Inglefield (explorador do Ártico). Diz o Sr. Boucicault:

> Senhor,
> Realizou-se ontem, em minha casa, uma sessão com os irmãos Davenport e o Sr. W. Fay, estando presentes as seguintes pessoas" (aqui ele menciona vinte e quatro nomes, inclusive os acima citados). Às três horas nosso grupo estava reunido. Mandamos buscar, em uma casa de música próxima, seis violões e dois tamborins. Nossa intenção era que a experiência fosse realizada com material desconhecido dos operadores. Os irmãos Davenport e o Sr. Fay, ao chegarem, às 3 h 30, verificaram ter havido alteração de seus planos, pois tínhamos trocado a sala previamente escolhida para a sessão. A experiência começou por um exame pessoal dos Davenports, bem como de suas vestimentas, tendo sido verificado que não escondiam com eles, ou nas proximidades, qualquer espécie de dispositivo ou artifício. Entraram ambos na cabine e sentaram-se frente a frente. Em seguida, o capitão Inglefield, com uma corda nova por nós fornecida, amarrou o Sr. W. Davenport, pés e mãos, com as mãos nas costas, atando-o firmemente ao assento onde se sentara. Lorde Bury fez o mesmo com o Sr. I. Davenport. Os nós dessas ligaduras foram lacrados e selados. Após terem sido colocados, no piso da cabine, um violão, um violino, um tamborim, duas campainhas e uma trombeta, foram fechadas as portas desse compartimento, ficando a sala com luz suficiente para a observação das possíveis manifestações. Não farei a descrição minuciosa da babel de sons ouvidos na cabine nem da violência com que as portas eram repetidamente abertas e os instrumentos

jogados para fora, ou ainda das mãos, que geralmente apareciam por um orifício em forma de losango, na parte central das referidas portas. Todavia, vale a pena mencionar os seguinte incidentes.

As portas da cabine encontravam-se abertas. Viam-se, dentro dela, lorde Bury, em posição inclinada, e os dois médiuns, estes lacrados e amarrados. Observou-se, então, de forma clara, a mão que descia sobre ele até tocá-lo, fazendo-o recuar. De outra feita, durante um intervalo na sessão, em plena luz do candelabro de gás, estando as portas da cabine abertas, uma branca e delgada mão feminina, prolongando-se até o punho, tremeu por alguns segundos no espaço, no momento em que as ligaduras que prendiam os irmãos Davenport eram examinadas. A aparição provocou exclamação geral.

Em seguida, Sir Charles Wyke entrou na cabine, sentou-se entre os dois jovens e colocou as mãos sobre eles — uma em cada um —, segurando-os. As portas foram fechadas e a babel de sons recomeçou. Várias mãos apareceram no orifício, entre elas a de uma criança. Passado algum tempo, Sir Charles, retornando para junto de nós, declarou que, enquanto segurava os dois médiuns, diversas mãos lhe roçaram o rosto e puxaram o cabelo; os instrumentos rastejaram a seus pés e tocaram, movimentando-se em volta de seu corpo e em cima da cabeça; um deles apoiou-se-lhe ocasionalmente no ombro. No decorrer da sessão, apareceram mãos, que o capitão Inglefield apalpou e segurou. Segundo ele, pareciam humanas, embora se extinguissem quando as apertava.

Deixarei de mencionar os fenômenos já descritos em outra parte. A fase seguinte da sessão foi realizada no escuro. Um dos Srs. Davenport e o Sr. Fay sentaram-se entre nós. Duas cordas foram jogadas aos pés de ambos e, em dois minutos e meio, tinham pés e mãos amarrados, com as mãos para trás, fortemente atadas às cadeiras onde se sentavam, sendo estas cadeiras amarradas à mesa próxima. Durante esse procedimento, o violão ergueu-se da mesa, balançou e flutuou em redor desta, acima da cabeça de todos, tocando de leve um e outro assistente. Em seguida, uma luz fosforescente projetou-se, de um lado para outro, sobre nossas cabeças; o colo, as mãos e os ombros de várias pessoas foram simultaneamente tocados, golpeados e arranhados por mãos, enquanto algumas criaturas tiveram a má sorte de terem a cabeça e os ombros escoriados pelo violão, que, após planar em torno da sala e depois próximo do teto, as atingiu. As campainhas flutuavam aqui e ali, e o violino vibrava levemente. Os dois tamborins pareciam rolar no chão, para lá e para cá, ora sacudindo-se violentamente, ora visitando os joelhos e as mãos dos circunstantes, sendo todas essas ações ouvidas e sentidas simultaneamente. O Sr. Rideout, segurando um tamborim, após perguntar se ele lhe poderia ser arrancado, teve-o quase instantaneamente arrebatado de si. Ao mesmo tempo, lorde Bury fez pedido semelhante, resistindo à enérgica tentativa feita no sentido de se lhe tomar o instrumento. O Sr. Fay perguntou, então, se o seu casaco também poderia ser retirado. Ouvimos instantaneamente um violento puxão e aí ocorreu o fato mais notável de todos: uma luz foi acesa antes de o casaco ser removido. Vimo-lo, então, ser tirado pela cabeça do Sr. Fay. O casaco voou em direção ao candelabro, onde ficou dependurado por algum tempo antes de cair no chão. Enquanto isso se dava, o Sr. Fay era visto de mãos e pés atados, como antes. Em sequência, um dos integrantes do grupo despiu o próprio casaco, colocando-o sobre a mesa. Apagou-se a luz, e o casaco transportou-se rapidamente para as costas do Sr. Fay. Durante esses acontecimentos, verificados no escuro, colocamos uma folha de papel sob os pés dos dois operadores, fazendo seu contorno com um lápis, a fim de descobrir se eles os moviam. Por iniciativa própria, ofereceram-se para que suas mãos ficassem cheias de farinha, ou outra substância, com o intuito de provar que não se utilizavam delas, mas esta precaução foi considerada desnecessária. Solicitamos-lhes, entretanto, que contassem de um a doze, sem interrupção, para que, ouvindo suas vozes constantemente, nos certificássemos de que permaneciam nos locais onde foram amarrados. Cada pessoa do grupo segurou firmemente o vizinho, de modo a não permitir movimentos sem que as duas pessoas mais próximas o notassem.

Ao término da experiência, passamos a conversar abertamente a respeito de tudo que vimos e ouvimos. Lorde Bury propôs ao grupo a seguinte conclusão: assegurar aos irmãos Davenport e ao Sr. W. Fay que, depois de rigoroso processo e do exame minucioso dos procedimentos adotados, as pessoas ali presentes só poderiam chegar à conclusão de que não havia indícios de truques nem, certamente, cúmplices ou uso de maquinismos. Assim, as testemunhas declarariam livremente nos meios sociais por elas frequentados que, até onde suas investigações lhes permitiam opinar, os fenômenos ocorridos em sua presença não eram produto de prestidigitação. Todos aceitaram a proposição de lorde Bury.

No último parágrafo, o Sr. Dion Boucicault declara não ser espiritualista. Ao firmar o relatório, além do nome, coloca sua data de nascimento.

Transcrevemos sem supressões essa admirável descrição, tão lúcida quanto completa, porque fornece resposta para muitas objeções, além de ser reconhecida a idoneidade do narrador e das testemunhas. Certamente, deve ser aceita como conclusiva, no que respeita à honestidade. Toda objeção posteriormente levantada a respeito dessa sessão é fruto da ignorância dos fatos.

Em outubro de 1864, os Davenports começaram a dar sessões públicas no *Queen's Concert Rooms*, em Hanover Square. Formaram-se comissões entre os participantes, mas foi infrutífero todo esforço empreendido para descobrir como os fenômenos eram realizados. Essas sessões, entremeadas por outras, particulares, realizaram-se quase todas as noites, até o final do ano. Abundavam na imprensa diária os relatos sobre o que nelas acontecia, e os nomes dos dois irmãos estavam em todas as bocas. No início de 1865, fizeram eles uma excursão às províncias inglesas, mas em Liverpool, Huddersfield e Leeds sofreram violência da parte de multidões exaltadas. No mês de fevereiro, em Liverpool, dois assistentes ataram-lhes as mãos tão brutalmente a ponto de o sangue jorrar, fato que levou o Sr. Ferguson a cortar a corda, soltando os médiuns, que se recusaram a prosseguir o trabalho. A multidão, então, invadiu o palco, destruindo a cabine. As mesmas táticas foram adotadas em Huddersfield, no dia 21 de fevereiro, e depois, com maior violência, em Leeds, como resultado da oposição organizada. Em virtude desses tumultos, os Davenports cancelaram todos os compromissos na Inglaterra. Em seguida, foram a Paris.

CAP 10 | OS IRMÃOS DAVENPORT

Nesta cidade, receberam a convocação para comparecerem ao Palácio de St. Cloud, onde o imperador, a imperatriz e um séquito de cerca de quarenta pessoas assistiram a uma sessão. Enquanto estavam aí, foram visitados por Hamilton, sucessor do celebre mágico Robert Houdin. O visitante declarou em carta a um jornal de Paris o seguinte:

> Os fenômenos suplantaram minha expectativa, tendo sido a experiência de grande interesse para mim. Considero meu dever acrescentar que os fatos são inexplicáveis.

Depois de breve retorno a Londres, visitaram a Irlanda, no começo de 1866. Em Dublin, tiveram muitos assistentes de influência, inclusive o editor do *Irish Times* e o Reverendo Dr. Tisdal, tendo este último declarado publicamente sua crença nas manifestações.

Em abril do mesmo ano, foram a Hamburgo e depois a Berlim, mas a expectativa da guerra (a qual, no dizer de seus guias espirituais, se aproximava) tornou a viagem improdutiva. Empresários teatrais ofereceram-lhes amplas condições para se exibirem em público, mas, seguindo o conselho do seu sempre presente guia espiritual (este lhes dizia que os fenômenos, por serem supranaturais, deveriam ser mantidos em nível superior ao dos divertimentos), recusaram as ofertas, sob os protestos de seu empresário. Passaram um mês em Berlim. Nesse período, foram visitados por membros da família real. Após três semanas em Hamburgo, seguiram para a Bélgica, onde alcançaram considerável sucesso, tanto em Bruxelas como nas principais cidades do país. Em seguida, partiram para a Rússia, chegando a São Petersburgo em 27 de dezembro de 1866. Em 7 de janeiro de 1867, deram sua primeira sessão pública nesse país, para uma assistência de mil pessoas. A sessão seguinte foi realizada na residência do embaixador da França, estando presentes cerca de cinquenta pessoas, incluindo oficiais da corte imperial. Em 9 de janeiro, fizeram uma sessão no Palácio de Inverno, para o imperador e a família imperial. Visitaram, logo após, a Polônia e a Suécia. Em 11 de abril de 1868, reapareceram em Londres, no Hanover Square Rooms, recebendo entusiástica recepção de um público bastante numeroso. O Sr. Benjamin Coleman, proeminente espiritualista, organizador de suas primeiras sessões públicas em

Londres, escreve, durante o período de permanência de quatro anos dos Davenports na Europa, o seguinte:[101]

> Desejo transmitir aos amigos da América que me apresentaram os irmãos Davenport a plena convicção de que seu trabalho, na Europa, está sendo de grande serviço para o Espiritualismo. Sua conduta pública como médiuns — só a esse respeito eu os conheço bem — é firme e inquestionável.

Diz ainda que, entre as espécies de mediunidade dele conhecidas, a dos Davenports é a mais adaptável aos grandes auditórios.

Após essa visita a Londres, os médiuns retornaram à terra natal. Visitaram ainda a Austrália, em 1876, realizando, no dia 24 de agosto, sua primeira sessão pública, em Melbourne. William faleceu em Sydney, em julho de 1877.

Durante sua carreira, os irmãos Davenport foram alvo da inveja e da malícia da confraria dos mágicos. Maskelyne, com surpreendente ousadia, alegou tê-los desmascarado na Inglaterra. Sua pretensão nesse particular foi devidamente refutada pelo Dr. George Sexton, anterior editor do *Spiritual Magazine*, que descreveu em público, na presença do Sr. Maskelyne, como os truques desse mágico eram feitos e, comparando-os com os resultados alcançados pelos Davenports, disse: "Há tanta semelhança entre eles como as produções do poeta Close com os sublimes e gloriosos dramas do imortal bardo de Avon".[102] Os mágicos, porém, fazendo mais barulho que os espiritualistas e, além disso, com a imprensa a apoiá-los, conseguiram levar o público em geral a acreditar que os irmãos Davenport tinham sido desmascarados.

Ao anunciar, em 1911, a morte, na América, de Ira Davenport, *Light* comenta as demonstrações de ignorância jornalística ensejadas por esse acontecimento. O *Daily News* é citado referindo-se aos irmãos desta forma:

> Eles cometeram o erro de aparecer como feiticeiros, em vez de se apresentarem como mágicos honestos. Se, como aquele que os

---

[101] Nota do autor: *Spiritual Magazine*, 1868, p. 321.
[102] Nota do autor: conferência em Cavendish Room, Londres, 15 jun. 1873.

desmascarou — Maskelyne —, tivessem pensado em dizer "é tão simples", os irmãos poderiam ter alcançado não apenas fortuna, mas respeitabilidade.

Em resposta, *Light* pergunta por que, sendo eles simples mágicos e não crentes sinceros em sua mediunidade, suportaram privações, insultos e ferimentos físicos, sofrendo toda sorte de indignidades? Bastaria renunciar à defesa das próprias faculdades mediúnicas para terem sido "respeitáveis" e ricos.

Os incapazes de descobrir a existência de truques levantam, inevitavelmente, a seguinte questão: qual o propósito elevado que se poderia atingir por meio de fenômenos como esses, observados com os Davenports? O conhecidíssimo autor e convicto espiritualista William Howitt apresentou uma boa resposta:

> Os que fazem *truques* e movem os instrumentos são Espíritos do Céu? Pode Deus realmente enviá-los? Sim, Deus no-los envia para ensinar, ao menos, isto: Ele tem servos de todos os graus e gostos, aptos a realizar toda espécie de trabalho. Mandou os que denominais Espíritos atrasados e arlequins a uma época atrasada e sensual. Se tivesse enviado algo superior, decerto o público não seria capaz de compreender sua mensagem. Mesmo assim, nove em dez pessoas não entendem o que veem.

É triste pensar que os Davenports — provavelmente os maiores médiuns do gênero que o mundo conheceu — tenham sofrido brutal oposição e até perseguição, por toda a existência. Em muitas ocasiões, estiveram mesmo em perigo de vida.

Somos forçados a pensar que não pode haver prova mais clara da influência das forças sombrias do mal do que a marcante hostilidade consagrada a todas as manifestações espirituais.

A respeito desse aspecto, afirma o Sr. Randall:[103]

---

[103] Nota do autor: *Biography*, p. 82.

Parece haver na mente de certas pessoas uma aversão crônica, quase ódio, às questões espirituais. É como se existisse, pairando no espaço, um vapor, uma espécie de germe mental, que, respirado pela grande maioria das pessoas, acende em seus corações um fogo letal e contínuo contra todos os missionários da paz e da boa vontade. Os homens e mulheres do futuro ficarão grandemente surpreendidos quando souberem da irredutível hostilidade recebida pelos Davenports e por todos os outros médiuns. Eles foram compelidos pela atual geração (o autor destas linhas também o foi) a suportar horrores indescritíveis tão só pela ofensa de tentar convencer os seres humanos de que eles não são feras, que perecem sem deixar sinal, mas almas imortais, que sobrevivem ao túmulo. *Somente* os médiuns são aptos a demonstrar a sobrevivência do ser humano após a morte. Contudo (estranha incoerência da natureza humana!), as mesmas pessoas que atacam os médiuns, perseguindo-os até ao desespero ou à morte prematura, são as que, livremente, proporcionam tudo quanto a riqueza pode oferecer àqueles cujo ofício é simplesmente *fazer conjecturas* sobre a característica imortal da humanidade.

Sir Richard Burton, referindo-se às declarações de vários mágicos profissionais de que haviam desmascarado ou imitado os Davenports, fez o seguinte comentário:

Passei grande parte de minha vida nas terras orientais e vi muitos de seus mágicos. Recentemente, tive ocasião de presenciar as demonstrações dos senhores Anderson e Tolmaque. Este último apresentou mágicas engenhosas, mas nenhum deles tentou realizar as façanhas dos Srs. Davenport e Fay, como, por exemplo, o belo manejo dos instrumentos musicais. Examinei também todas as explicações dos *truques* dos Davenports dadas até agora ao público inglês. Acreditem-me: se algo houvesse capaz de lançar-me, num salto gigantesco, *da matéria para o espírito,* seria, sem dúvida, a irracionalidade dessas explicações.

Note-se que os próprios Davenports, ao contrário de seus amigos e companheiros de viagem, nunca pretenderam dar origem supranatural aos fenômenos. A razão para isso poderia ser o fato de que, como divertimento, tudo era mais picante e menos provocador, pois todo assistente estaria sempre livre para formar a própria opinião. Escrevendo ao mágico americano Houdini, Ira Davenport, já em idade avançada, disse:

> Jamais afirmamos em público nossa crença no Espiritualismo. Não considerávamos fosse isso de seu interesse. De igual modo, não dávamos espetáculos tendo por base quaisquer habilidades de prestidigitação. Deixávamos a nossos amigos e antagonistas a liberdade de tratar o assunto como bem lhes aprouvesse. Infelizmente, muitas vezes fomos vítimas de seus desentendimentos.

Houdini declarou, mais tarde, ter Davenport admitido a produção das manifestações por meios normais. Contudo, ele próprio empanturrou seu livro *Um mágico entre os Espíritos*[104] com tantos erros sobre os fatos, mostrando-se tão preconceituoso em relação ao assunto, que seu depoimento perde todo o possível valor. Certamente falsa, por exemplo, é a afirmação, atribuída a Ira Davenport, de que os instrumentos nunca deixavam a cabine. Em verdade, o representante do *The Times* recebeu, no rosto, forte batida de um violão, que flutuava; sua sobrancelha foi cortada e, em diversas ocasiões, quando se acendia a luz, instrumentos caíam por toda a sala. Se Houdini se equivocou completamente em relação a esse ponto, não é provável que tenha sido exato em relação aos demais (*vide* Apêndice).

Encontramos tanto espiritualistas quanto céticos defendendo a opinião de que as manifestações psíquicas de natureza material, a exemplo das produzidas pelos irmãos Davenport, não têm valor, sendo até indignas. Com efeito, muitos de nós pensam assim; muitos outros, porém, fazem eco às seguintes palavras do Sr. P. B. Randall:

> A falha não é dos imortais, mas nossa, pois a oferta está de acordo com a demanda. Se não podemos ser alcançados de um modo, devemos ser — e somos — de outro. A sabedoria do mundo espiritual dá ao cego exatamente o que este pode suportar, e não

---

[104] N.T.: *A Magician Among the Spirits*.

mais. Se somos infantis, do ponto de vista do intelecto, devemos ser nutridos com papinha mental, até nossa capacidade digestiva permitir, e mesmo reclamar, um alimento mais forte. Se as pessoas podem ser mais facilmente convencidas da imortalidade por processos espirituais grosseiros, os fins justificam os meios. A visão do braço de um espectro, num auditório de três mil pessoas, fala a maior número de corações, causa impressão mais profunda e converte mais pessoas à crença no *post mortem*, em dez minutos, do que um regimento inteiro de pregadores, ainda que de grande eloquência, faria em cinco anos.

CAPÍTULO 11
As pesquisas de Sir William Crookes (1870-1874)

As pesquisas sobre os fenômenos do Espiritualismo, realizadas por Sir William Crookes — ou professor Crookes, como era então conhecido — durante os anos de 1870 a 1874, constituem um dos mais significativos acontecimentos da história do Espiritualismo. São notáveis, tendo em vista o elevado padrão científico do pesquisador, o espírito rigoroso e justo com que norteou a investigação, os extraordinários resultados obtidos e sua firme declaração de fé, a respeito dos fatos observados. O estratagema favorito dos opositores tem sido atribuir certa fraqueza física ou crescente senilidade a cada nova testemunha da verdade psíquica, mas ninguém pode negar que, no caso, as pesquisas foram conduzidas por um homem em pleno apogeu do desenvolvimento mental, sendo sua famosa carreira prova bastante da estabilidade de seu intelecto. O resultado de sua pesquisa serviu para provar não apenas a retidão da médium Florence Cook, com a qual ocorreram efeitos verdadeiramente sensacionais, mas a de D. D. Home e da Senhorita Kate Fox, também rigorosamente examinados.

Sir William Crookes nasceu em 1832 e faleceu em 1919. Personalidade de grande projeção no mundo da ciência, foi eleito membro da Sociedade Real em 1863, recebendo desta Corporação, em 1875, a Medalha de Ouro Real,[105] por suas várias pesquisas em Química e Física, bem como a Medalha Davy,[106] em 1888, e a Medalha Sir Joseph Copley,[107] em 1904. A rainha Vitória nomeou-o Cavaleiro, em 1897 e, em 1910, foi condecorado com a Ordem do Mérito. Ocupou diversas vezes a cadeira de Presidente da Sociedade Real, da Sociedade de Química[108], da Instituição de Engenheiros Eletricistas,[109] da Associação Britânica[110] e da Sociedade para Pesquisas Psíquicas.[111] Sua descoberta do novo elemento químico, por ele denominado *tálio*; suas invenções do radiômetro, do espintariscópio e do tubo de Crookes representam somente pequena parte de suas grandes pesquisas. Fundou, em 1859, o *Chemical News*, que ele passou a publicar e, em 1864, tornou-se editor do *Quarterly Journal of Science*. Em 1880, a Academia Francesa de Ciências[112] concedeu-lhe medalha de ouro e um prêmio de 3 mil francos em reconhecimento à importância de seu trabalho.

Crookes confessa ter iniciado a investigação dos fenômenos psíquicos acreditando ser tudo embuste. Seus companheiros de ciência, partilhando desse entendimento, manifestaram profunda satisfação com a iniciativa do professor, pois a pesquisa seria conduzida por um homem altamente qualificado. Poucas eram as dúvidas de que não seriam desmascaradas as *falsas pretensões* do Espiritualismo. Disse um escritor: "Se homens como o Sr. Crookes se ocupam desse assunto, cedo saberemos em que acreditar". O Dr. Balfour Stewart — mais tarde professor—, em comunicação ao *Nature*, elogiou a coragem e a honestidade do Sr. Crookes em dar esse passo. O próprio Crookes expressou o entendimento de que os cientistas tinham o dever de investigar os fenômenos em questão. Escreve ele:

> Depõe contra a alardeada liberdade de opinião dos cientistas sua obstinada recusa em investigar a existência e a natureza de fatos

---

[105] N.T.: Royal Gold Medal.
[106] N.T.: Davy Medal.
[107] N.T.: Sir Joseph Copley Medal.
[108] N.T.: Chemical Society.
[109] N.T.: Institution of Electrical Engineers.
[110] N.T.: British Association.
[111] N.T.: Society for Psychical Research.
[112] N.T.: French Academy of Sciences.

sustentados por tantas testemunhas competentes e fidedignas, fatos esses que eles são convidados a examinar livremente quando e onde queiram. De minha parte, valorizo em demasia a busca da verdade e a descoberta de novos elementos na natureza para eximir-me da investigação de algum fato novo, tão só porque pareça estar em contradição com as ideias dominantes.

Esse o espírito com que iniciou as pesquisas.

Convém ressaltar que, embora o professor Crookes fosse crítico severo em relação aos fenômenos físicos, ele já havia mantido contato com as manifestações intelectuais e, ao que consta, as aceitava. Essa atitude de simpatia possivelmente ajudou-o a obter seus notáveis resultados, pois nunca será demais repetir, o que é frequentemente esquecido: a pesquisa psíquica de melhor qualidade é, com efeito, *psíquica* e depende de condições espirituais. Não é o homem arrogante e teimoso, que investiga sem o senso das proporções, atribuindo a si mesmo a função de juiz em assuntos espirituais, que obtém resultados; mas aquele que percebe que o raciocínio e a observação não são incompatíveis com a humildade intelectual e que a atitude gentil e respeitosa produz harmonia e afinidade entre o investigador e seu sensitivo.

As investigações menos materiais de Crookes parecem ter começado no verão de 1869. Em julho deste ano, realizou sessões com a conhecidíssima médium Sra. Marshall e, em dezembro, com outro famoso médium: J. J. Morse. D. D. Home, após dar sessões em São Petersburgo, retornou a Londres, em julho de 1869, trazendo da parte do Professor Butlerof uma carta de apresentação a Crookes.

Fato interessante é o relatado no diário particular de

SIR WILLIAM CROOKES (1832-1919)
Pintura de P. Ludovici,
National Portrait Gallery

Crookes por ocasião de sua viagem à Espanha, em dezembro de 1870, com a expedição do Eclipse. Escreve ele em 31 de dezembro:[113]

> Não posso evitar que o pensamento me conduza ao ano passado, nesta mesma data. Nelly (sua esposa) e eu estávamos em sessão, comunicando-nos com amigos queridos já mortos, quando, ao soar a meia-noite, eles nos desejaram feliz Ano-Novo. Sinto-os observando-me agora e, como penso que o espaço não os cerceia, acredito que veem minha querida Nelly ao mesmo tempo. Sobre nós ambos há alguém a quem todos, mortais ou imortais, respeitamos, reverenciando-o como Pai e Mestre. Minha humilde prece a Ele — o Grande Deus, como é chamado pelo mandarim — pedindo-lhe que mantenha Sua misericordiosa proteção a Nelly, a mim e a nossa pequena e querida família... Possa Ele permitir, de igual modo, que continuemos a receber comunicações espirituais de meu irmão, o qual atravessou os umbrais a bordo de um navio, em alto mar, há mais de três anos.

Acrescenta, mais adiante, amorosos cumprimentos de Ano-Novo a sua esposa e a seus filhos, concluindo: "Que ao término dos dias terrenos possamos continuar vivendo outros ainda mais felizes na terra do Espírito, da qual, ocasionalmente, venho tendo alguns lampejos".

A Srta. Florence Cook, com quem Crookes realizou sua clássica série de experiências, era uma jovem de 15 anos, portadora — como se sabe — de grande força psíquica, que possibilitava a formação rara de materializações completas. Parece ter sido essa uma característica de família, pois sua irmã, Srta. Kate Cook, não era menos famosa no particular.

Em consequência de uma polêmica a respeito de seu suposto desmascaramento, na qual um tal Sr. Volckman tomou partido contra ela, a Srta. Cook, no propósito de justificar-se, colocou-se sob a proteção da Sra. Crookes, autorizando o esposo desta a examinar sua força psíquica, dentro de condições por ele estabelecidas, solicitando apenas, como recompensa, que Crookes afastasse as dúvidas sobre sua mediunidade,

---

[113] Nota do autor: D'ALBE, E. E. Fournier. *Life of Sir William Crookes*, 1923.

CAP II | AS PESQUISAS DE SIR WILLIAM CROOKES (1870-1874)

informando ao mundo as exatas conclusões de suas experiências. Felizmente, ela estava lidando com um homem de honestidade intelectual inabalável. Nestes últimos tempos, tivemos conhecimento de médiuns que, entregando-se, sem reservas, à investigação científica, foram traídos por seus investigadores, os quais não tiveram a coragem moral de admitir os resultados obtidos, por considerarem tal reconhecimento uma aceitação pública da interpretação espiritual.

O professor Crookes publicou descrição completa de seus métodos no *Quarterly Journal of Science*, do qual era, então, editor. Em sua casa, em Mornington Road, um pequeno estúdio comunicava-se com o laboratório químico por uma porta com cortina, a qual separava as duas salas. A Srta. Cook jazia em transe num sofá, no compartimento interno. No externo, com luz reduzida, sentava-se Crookes junto de outros observadores por ele convidados. O período de criação da figura materializada com o ectoplasma da médium variava de vinte minutos a uma hora. Tal substância e seu método de produção eram, nessa época, desconhecidos. Pesquisas subsequentes, contudo, lançaram bastante luz sobre esse ponto (descrição sobre o assunto foi inserida no capítulo sobre o ectoplasma). Fato é que a cortina se abria e uma figura feminina, quase sempre tão diferente da médium como duas pessoas poderiam ser, entrava no laboratório. Essa aparição, que se movia, falava e agia como entidade independente, é conhecida por Katie King — seu nome, como ela própria afirmou.

A explicação natural dos céticos é que ambas eram, com efeito, a mesma pessoa, sendo Katie uma inteligente imitação de Florence. O argumento parecia fortalecer-se pela observação — que tanto Crookes

FLORENCE COOK (1856-1904)
Retrato após o seu casamento, quando não mais exercia a carreira como médium.

como a Srta. Marryat e outros fizeram — de que havia ocasiões em que Katie se apresentava muito parecida com Florence.

Repousa nesse ponto um dos mistérios da materialização, exigindo mais consideração cuidadosa e menos zombarias. O autor, em sessão com a famosa médium americana, Sra. Besinnet, observou o mesmo. De início, quando a força ainda era fraca, o rosto da entidade se parecia com o da médium, tornando-se depois completamente diferente. Alguns especuladores imaginam que a forma etérea do médium — seu corpo espiritual — é liberada pelo transe, sendo a base sobre a qual as entidades manifestantes criam seus próprios simulacros. Conquanto possa ser assim, o fato deve ser verificado. É semelhante ao fenômeno de voz direta. Com frequência, a voz, no começo da manifestação, parece-se com a do médium, apresentando-se depois num tom inteiramente diferente, ou dividindo-se em duas vozes simultâneas.

No entanto, o estudioso tem pleno direito de afirmar que Florence Cook e Katie King são a mesma pessoa até que se lhe apresente prova convincente de que isso é impossível. Tal prova o professor Crookes teve o cuidado de oferecer.

Os pontos de diferença por ele observados, entre a Srta. Cook e Katie, são descritos assim:

> Katie varia em altura; em minha casa eu a vi 6 polegadas mais alta que a Srta. Cook. Na noite passada, estando descalça e sem pisar na ponta dos pés, era mais alta 4 polegadas e meia que esta última. O pescoço de Katie estava nu; a pele era perfeitamente lisa ao tato, bem como à vista, enquanto o pescoço da Srta. Cook apresenta um grande inchaço, o qual, em circunstâncias semelhantes, é distintamente visível e áspero ao contato. As orelhas de Katie não são furadas, enquanto a Srta. Cook habitualmente usa brincos. A tez de Katie é bastante alva, ao passo que a da Srta. Cook é bem escura. Os dedos de Katie são muito mais longos que os da Srta. Cook, sendo sua face também maior. Há, de igual modo, grandes diferenças entre ambas na maneira de se expressarem.

Posteriormente, acrescenta:

CAP II | AS PESQUISAS DE SIR WILLIAM CROOKES (1870-1874)

Ultimamente, tenho visto tantas vezes Katie à luz elétrica que posso acrescentar aos mencionados em artigo anterior outros pontos de diferença entre ela e sua médium. Tenho absoluta certeza de que a Srta. Cook e Katie são duas individualidades, no que concerne a seus corpos. Vários sinais do rosto da Srta. Cook não existem no de Katie. O cabelo da Srta. Cook é de um castanho tão escuro que parece negro. Vejo diante de mim um cacho que, com a permissão de Katie, cortei de suas exuberantes tranças, não sem antes segui-las até o couro cabeludo, convencendo-me a mim mesmo que aí cresceram. É de um rico ruivo dourado.

Certa noite, medi o pulso de Katie: marcava 75 pulsações, ao passo que o da Srta. Cook, pouco tempo depois, se mantinha em seu padrão normal de 90. Aplicando o ouvido ao peito de Katie, pude aí perceber um coração, que batia de forma ritmada, pulsando mesmo mais forte do que o da Srta. Cook, quando esta me permitiu que a auscultasse depois da sessão. Examinados da mesma maneira, os pulmões de Katie pareceram mais saudáveis do que os de sua médium, uma vez que, ao tempo dessa experiência, a Srta. Cook estava sob tratamento médico em virtude de renitente tosse.

Crookes tirou quarenta e quatro fotografias de Katie King, utilizando-se da luz elétrica. No *The Spiritualist* (1874, p. 270), assim descreve os métodos que adotara:

> Durante a semana que antecedeu a sua despedida, Katie deu sessões em minha casa quase todas as noites, a fim de possibilitar-me fotografá-la à luz artificial. Cinco conjuntos completos de aparelhos fotográficos foram preparados com esse objetivo. Consistiam de cinco câmeras: uma de chapa completa, outra de metade de chapa, outra, ainda, de um quarto de chapa, e duas câmeras estereoscópicas binoculares. Todas foram dispostas para fotografar Katie, ao mesmo tempo, toda vez que posasse. Empregaram-se cinco banhos reveladores e de fixagem, tendo sido preparada antecipadamente grande quantidade de chapas, de modo que não houvesse

empecilho ou demora durante as operações fotográficas, que eram realizadas por mim mesmo com o auxílio de um assistente.
Usei minha biblioteca como cabine escura. Ela possui portas de sanfona abrindo-se para o laboratório; uma dessas portas foi retirada das dobradiças e, em seu lugar, suspensa uma cortina, para facilitar a passagem de Katie de um lado para o outro. Nossos amigos, participantes das sessões, sentavam-se no interior do laboratório, defronte da cortina, sendo as câmeras colocadas um pouco atrás deles, prontas para fotografar, quando a cortina fosse levantada com esse propósito, não apenas Katie, assim que saísse do gabinete, como também qualquer coisa que ali estivesse. Cada noite havia três ou quatro exposições de chapas nas cinco câmaras, o que possibilitava, no mínimo, quinze fotografias diferentes em cada sessão. Algumas foram destruídas durante a revelação, outras, na regulagem da luz. Ao todo tenho quarenta e quatro negativos, uns inferiores, outros sofríveis e alguns excelentes.

Algumas dessas fotografias estão na posse do autor. Certamente a mais admirável é a que mostra Crookes, no auge do vigor, com esse anjo — pois em verdade ela o era — apoiando-se em seu braço. A palavra *anjo* pode ser um exagero, mas quando um Espírito do outro mundo se submete aos desconfortos de uma existência temporária e artificial para transmitir a lição da sobrevivência a uma geração material e mundana, não há termo mais apropriado.

Surgiu certa controvérsia sobre o fato de Crookes ter visto ou não a médium e Katie ao mesmo tempo. Ele afirma, no curso de seu relato, ter acompanhado frequentemente Katie até à cabine:

Algumas vezes as vi juntas — ela e sua médium. Na maioria das vezes, contudo, não via pessoa alguma, a não ser a médium em transe, deitada no chão. Katie com suas vestes brancas havia desaparecido.

Entretanto, Crookes oferece testemunho mais direto a respeito desse ponto em carta ao *Banner of Light* (U.S.A.), reproduzida no *The Spiritualist*, de Londres, de 17 de julho de 1874, página 29. Assim, diz ele:

CAP 11 | AS PESQUISAS DE SIR WILLIAM CROOKES (1870-1874)

Em resposta à sua solicitação, gostaria de declarar que observei a Srta. Cook e Katie juntas, à luz de uma lâmpada de fósforo com intensidade suficiente para possibilitar-me nítida visão de tudo que descrevi. O olho humano abrange vasto ângulo de percepção; assim, as duas figuras participavam de meu campo visual ao

SIR WILLIAM CROOKS
Experiência do Professor Crookes para demonstrar que a médium e o Espírito eram diferentes individualidades. (Desenho de S. Drigin)

mesmo tempo. Entretanto, como a luz era fraca e os dois rostos estavam vários pés distantes um do outro, naturalmente movia a lâmpada ora em direção a uma, ora em direção a outra, fixando-as alternadamente, toda vez que desejava trazer tanto o rosto da Srta. Cook quanto o de Katie para a parte de meu campo visual onde a visão era mais nítida. Depois disso, Katie e a Srta. Cook foram vistas juntas à luz intensa da lâmpada elétrica, em minha própria casa, não só por mim como por oito pessoas mais. Nessas ocasiões, não se podia ver o rosto da Srta. Cook, pois sua cabeça ficava envolta num xale grosso, mas eu, particularmente, convenci-me de que ela estava lá. Certa tentativa de lançar luz diretamente sobre sua face descoberta, enquanto estava em transe, teve sérias consequências.

A câmera também enfatiza os pontos de diferença entre a médium e a figura materializada. Diz ele:

> Uma das fotografias mais interessantes é a que estou de pé, ao lado de Katie; ela pisa descalça no soalho. Mais tarde, pedi à Srta. Cook que se vestisse como Katie e, colocando-nos exatamente na mesma posição da experiência anterior, fomos fotografados pelas mesmas câmeras, também posicionadas de forma igual e sob a mesma luz. Quando as duas fotografias são superpostas, as minhas duas imagens coincidem inteiramente em relação à estatura e outros pontos, mas a de Katie é meia cabeça mais alta que a da Srta. Cook, parecendo Katie uma mulher alta, em comparação com a médium. Em muitas fotos, as imagens da Srta. Cook e de Katie diferem quanto à largura da face. Outros pontos de diferença podem ser notados em todas as fotografias.

Crookes presta grande homenagem à Florence Cook:

> As sessões quase diárias que a Srta. Cook me tem proporcionado ultimamente produziram forte desgaste de suas energias. Quero, assim, demonstrar publicamente minha gratidão por sua solicitude em auxiliar-me nas experiências. Submeteu-se de boa vontade

CAP 11 | AS PESQUISAS DE SIR WILLIAM CROOKES (1870-1874)

a todo teste que lhe propus. Fala de modo franco e direto e nunca vi algo em suas atitudes demonstrando o mais leve desejo de enganar. Em verdade, não acredito conseguisse fazê-lo, ainda que o tentasse; mesmo porque seria logo descoberta, pois tal conduta não se ajusta à sua natureza. Além disso, o fato de alguém imaginar que uma inocente escolar de 15 anos fosse capaz de conceber e realizar com sucesso, durante três anos, tão gigantesca impostura, sujeitando-se a todo teste que lhe era imposto, suportando os exames mais rigorosos, aquiescendo em ser revistada a qualquer momento, antes ou depois da sessão, obtendo mesmo melhor sucesso em minha própria casa do que na de seus pais, sabendo que me visitava com o expresso objetivo de submeter-se a ensaios estritamente científicos; o fato de alguém imaginar — repito eu — que a Kate King dos últimos três anos pudesse ser o resultado de impostura, violenta mais a razão e o bom senso do que a aceitação de que ela seja quem afirma ser.[114]

Admitindo-se que uma forma temporária foi criada com o ectoplasma de Florence Cook, e que essa forma foi ocupada e manipulada por um ser independente que a si mesmo se denominava Katie King, somos defrontados por esta questão: quem é Katie King? A única resposta é a que ela mesma forneceu, sem dar provas disso. Declarou ser filha de John King, personalidade esta há muito tempo conhecida dos espiritualistas como Espírito orientador de sessões de fenômenos materiais. Falaremos a respeito dele no capítulo sobre os irmãos Eddy e a Sra. Holmes. Seu nome terreno era Morgan, sendo King o título geral de certa categoria de Espíritos e não um sobrenome comum. Tinha vivido há duzentos anos, durante o reinado de Carlos II, na ilha de Jamaica. Verdade ou não, Katie, indubitavelmente, assumia o papel, e sua conversação mantinha coerência com essas informações. Uma das filhas do professor Crookes escreveu ao autor, referindo-se à vívida lembrança que guardava dos contos da Espanha, que Katie narrava às crianças da família. Ressalta que esse gentil Espírito se fez amado por todos. A Sra. Crookes escreveu:

---

[114] Nota do autor: *Researches in the Phenomena of Spiritualism*.

> Em uma sessão com a Srta. Cook em nossa própria casa, quando um de nossos filhos era um bebê de 3 semanas, Katie King (Espírito materializado) expressou o mais vivo interesse por ele e solicitou-nos permissão para vê-lo. O menino foi trazido à sala de sessões e colocado nos braços de Katie, a qual, depois de segurá-lo muito naturalmente por algum tempo, devolveu-o sorridente.

O professor Crookes deixou registrado que a beleza e o encanto de Katie King foram únicos em sua experiência.

O leitor poderia pensar que a luz reduzida, empregada nas experiências de Crookes, tenha comprometido seus resultados, por dificultar a observação. O Professor Crookes assegurou-nos, entretanto, que a tolerância à luz é estabelecida com o prosseguimento das experiências, dando condições à figura materializada para suportar luz cada vez mais forte. Essa tolerância, porém, tinha seus limites, jamais ultrapassados por ele, mas que o foram, certa feita, numa ousada experiência descrita pela Srta. Florence Marryat (depois Sra. Ross-Church), quando Katie, com muito bom humor, consentiu submeter-se ao efeito de uma luz intensa. Note-se que o professor Crookes não estava presente nessa ocasião, nem a Srta. Marryat disse alguma vez que ele aí tinha estado; apenas o nome do Sr. Carter Hall é mencionado entre os assistentes. Diz ela:

> Katie King posicionou-se, então, junto à parede da sala de visitas, com os braços estendidos, como crucificada. Em seguida, três bicos de gás foram inteiramente acesos num espaço de cerca de 16 pés quadrados. O efeito sobre ela foi surpreendente. Katie sustentou-se por um segundo apenas; depois, gradualmente, desapareceu. Assemelhava-se a uma boneca de cera derretendo-se junto a fogo intenso. Primeiro, as feições ficaram confusas e indistintas, parecendo que se interpenetravam; os olhos entraram nas órbitas, o nariz desapareceu, o osso frontal desfez-se. Em seguida, seus membros deram impressão de sumirem debaixo do corpo, que se afundava cada vez mais no tapete, tal qual edifício ruindo. Finalmente, havia apenas a cabeça no chão e, depois, um amontoado de panos brancos, os quais desapareceram, como se mãos invisíveis os

retirassem de súbito. Restamos somente nós, à luz de três bicos de gás, de olhos fixos no lugar onde Katie King estivera.[115]

A Srta. Marryat acrescenta o interessante pormenor de que, em algumas dessas sessões, o cabelo da Srta. Cook ficava preso ao solo, fato que, de modo algum, interferia na subsequente saída de Katie da cabine.

Os resultados obtidos pelo professor Crookes em sua própria casa foram por ele descritos, com honestidade e destemor, em seu *Journal*, causando grande tumulto no mundo científico. Alguns poucos espíritos de escol, como Russel Wallace, Lorde Rayleigh, o jovem e promissor físico William Barrett, Cromwell Varley e outros, tiveram confirmadas suas opiniões anteriores, ou foram encorajados a avançar sobre esse novo caminho do conhecimento. O fisiologista Carpenter, contudo, chefiando um grupo acirradamente intolerante, manifestou-se por meio de zombaria, disposto a fazer toda espécie de imputação a seu ilustre colega, da demência à fraude.

A ciência oficial não quis ocupar-se do assunto. Em seu relato ao público, Crookes apresentou as cartas em que solicitou a Stokes — secretário da Sociedade Real — que fosse observar os fatos com seus próprios olhos. Ao recusar-se a fazer isso, Stokes colocou-se exatamente na situação dos cardeais do tempo de Galileu, os quais também não se dignariam a olhar as luas de Júpiter pelo telescópio. A ciência material, quando defronta problema novo, mostra-se tão fanática quanto a teologia medieval.

Antes de encerrarmos o assunto Katie King, algumas palavras devem ser ditas sobre o ocorrido, posteriormente, à grande médium de quem aquela extraía sua forma física. A Srta. Cook tornou-se a Sra. Corner, mas continuou a exibir suas notáveis faculdades mediúnicas. Em apenas uma ocasião, de conhecimento do autor, sua mediunidade foi questionada. Isso aconteceu quando Sir George Sitwell agarrou de súbito a médium, acusando-a de representar o Espírito. O autor entende ser necessário tolher os movimentos do médium de materialização durante o transe, de modo a impedi-lo de andar em derredor. Isso deve ser feito, inclusive, para sua proteção. É improvável que ele se mova em transe

---

[115] Nota do autor: *There is no Death*, p. 143.

profundo, mas, em transe parcial, bem pode ele, inconscientemente, ou em semiconsciência, ou ainda correspondendo às expectativas dos assistentes, sair da cabine e entrar na sala. Só mesmo nossa ignorância é capaz de admitir que uma vida inteira de provas seja maculada por um único episódio dessa natureza. No caso em referência, entretanto, todos os assistentes disseram que a figura materializada estava de branco, enquanto a Sra. Corner, ao ser agarrada, nada usava nesta cor. Um investigador experiente provavelmente teria concluído que, de fato, não ocorrera materialização e sim transfiguração, significando isto que o ectoplasma, sendo insuficiente para criar uma figura completa, foi usado para revestir a médium. Comentando casos dessa natureza, o grande investigar alemão, Dr. Schrenck Notzing, afirma o seguinte:[116]

> Isto [uma fotografia] é interessante por lançar luz sobre a gênese da chamada transfiguração, isto é: o médium toma a si o papel do Espírito, esforçando-se por dramatizar o caráter da pessoa em questão, vestindo-se ele mesmo com o material fabricado. Esse estágio transitório é encontrado em quase todos os médiuns de materialização. A literatura sobre o assunto registra largo número de tentativas de denúncia de médiuns assim personalizando *Espíritos*; por exemplo, a do médium Bastian, feita pelo príncipe herdeiro Rudolph; a da médium de Crookes, Srta. Cook; a de Madame d'Espérance etc. Em todos esses casos, o médium foi surpreendido em suposta fraude, mas o material que teria usado para disfarce imediatamente desapareceu, não sendo depois encontrado.

Nessas situações, a censura deveria ser dirigida mais aos assistentes, por sua negligência, do que ao médium.

As experiências do professor Crookes com a Srta. Cook, em virtude de sua natureza sensacional, eram muito vulneráveis aos ataques. Isso acabou obscurecendo os resultados positivos obtidos por ele com Home e a Srta. Fox, resultados estes que assentaram as faculdades destes dois médiuns em bases sólidas.

---

[116] Nota do autor: *Phenomena of Materialization* (tradução inglesa).

CAP 11 | AS PESQUISAS DE SIR WILLIAM CROOKES (1870-1874)

Logo ao iniciar suas sessões com Home e a Srta. Fox, Crookes encontrou as dificuldades habituais enfrentadas pelos pesquisadores. Possuía, contudo, bastante senso para perceber que, em se tratando de assunto inteiramente novo, o investigador deve adaptar-se às novas condições e não abandonar o estudo, contrariado diante da não adaptação dos fatos a ideias preconcebidas. Assim, diz ele a respeito de Home:

> As experiências que fiz foram muito numerosas, mas raramente podia confirmar os resultados obtidos numa sessão realizando testes posteriores em aparelho especialmente imaginado para isso. Essa dificuldade advinha de meu conhecimento ainda imperfeito das condições que favorecem as manifestações dessa força ou a elas se opõem, associado ao fato de que essa mesma força parecia agir de maneira caprichosa, sujeitando o próprio Sr. Home às suas incontáveis flutuações.[117]

O mais notável desses resultados foi a alteração de peso dos objetos. Mais tarde, esse fato foi inteiramente confirmado não apenas pelo Dr. Crawford, em seu trabalho com o grupo Goligher, como também no curso da investigação *Margery*, em Boston. Objetos pesados tornavam-se leves e objetos leves tornavam-se pesados pela ação de uma força invisível sob a aparente direção de uma inteligência autônoma. Os controles, por meio dos quais era eliminada toda possibilidade de fraude, são amplamente descritos nos registros das experiências, e naturalmente convencerão o leitor isento de preconceitos. O Dr. Huggins, conhecida autoridade em espectroscopia, e o eminente advogado Serjeant Cox testemunharam as experiências, juntamente com diversos outros observadores. No entanto, como referido anteriormente, Crookes não conseguiu que alguns eminentes representantes da ciência oficial dessem ao assunto uma hora sequer de sua atenção.

O manejo de instrumentos musicais, especialmente um acordeão, sob certas circunstâncias em que era impossível alcançar suas teclas, foi um dos fenômenos muito bem examinados e certificados por Crookes e seus distintos assistentes. No entanto, há que considerar a hipótese de o médium saber tocar o instrumento. Nesse caso, o autor não teria condições de

---

[117] Nota do autor: *Researches in the Phenomena of Spiritualism*, p. 10.

aceitar o fenômeno como prova absoluta da manifestação de uma inteligência independente, pois, aceita a existência do corpo etéreo, cujos membros correspondem aos nossos, poderia esse corpo desdobrar-se, e seus dedos etéreos pressionar as teclas, enquanto os dedos materiais permanecessem sobre o colo do médium. O problema seria resolvido, então, simplesmente, com a teoria de que o cérebro do médium pode comandar os dedos etéreos e estes têm condições de adquirir força suficiente para pressionar as teclas. Muitos fenômenos psíquicos, tais como a leitura com os olhos vendados, o toque em objetos distantes, e outros do gênero podem, na opinião do autor, estar ligados ao corpo etéreo, devendo ser classificados, de preferência, como materialismo elevado e sutil, e não como Espiritualismo. Pertencem a uma classe bem diferente da dos fenômenos intelectuais, como, por exemplo, as mensagens comprovadamente transmitidas pelos mortos, as quais, em verdade, constituem o centro do movimento espiritualista.

Falando a respeito da Srta. Kate Fox, o professor Crookes assim se expressa: "Observei muitos casos tendentes a demonstrar a influência da inteligência e da vontade da médium nos fenômenos". Acrescenta, entretanto, que isso não ocorre de modo consciente ou desonesto. E continua: "Observei alguns casos que parecem indicar, de forma conclusiva, a ação de uma inteligência exterior não pertencente a qualquer das pessoas participantes da sessão".[118] Esse o ponto que o autor pretendeu fosse assinalado por alguém que tivesse mais autoridade que ele no trato do assunto.

Os fenômenos mais bem estabelecidos, quando se investigou a mediunidade da Srta. Kate Fox, foram o movimento de objetos à distância e a produção de sons em percussão (ou batidas). Estes últimos abrangem larga escala de ruídos:

> Delicados tique-taques; sons agudos como o de uma bobina de indução em trabalho intenso; detonações no ar; pancadinhas metálicas agudas; estalidos, como os provocados pelos atritos de uma engrenagem em funcionamento; sons parecendo arranhaduras; o chilrear de pássaros etc.[119]

---

[118] Nota do autor: *Researches in the Phenomena of Spiritualism*, p. 95.
[119] Nota do autor: Id. Ibid., p. 86.

CAP 11 | AS PESQUISAS DE SIR WILLIAM CROOKES (1870-1874)

Todos que tivemos a experiência desses ruídos já nos perguntamos até que ponto estariam eles sob o controle do médium. O autor chegou à conclusão, segundo já declarado, de que o médium só os controla até determinado ponto. Certa feita, um grande médium do interior do Norte sofreu um constrangimento que o autor jamais esqueceu. Estavam o autor e o referido médium na sala de café de um hotel em Doncaster, quando, em torno da cabeça deste último, irromperam fortes batidas soando como estalos de dedos. Tivesse o autor alguma dúvida de que as batidas são independentes do médium, tal dúvida teria sido dissipada nessa ocasião. A respeito da objetividade desses ruídos, diz Crookes, referindo-se à Srta. Kate Fox:

> Parece ser-lhe apenas necessário colocar a mão sobre alguma coisa, para que aí sejam ouvidos golpes fortes e surdos, como uma tríplice pulsação; eles são por vezes tão fortes que podem ser percebidos por pessoas em outras salas. Desse modo, ouvi-os numa árvore, numa peça de vidro, num fio de ferro estendido, numa membrana esticada, num tamborim, no forro de um carro, no piso de um teatro. Alem disso, nem sempre é preciso o contato direto. Ouvi esses sons provenientes do chão, das paredes e outros locais, quando a médium tinha as mãos e os pés seguros, ou estava de pé numa cadeira, em um balanço suspenso no teto, encerrada numa gaiola de ferro, ou, ainda, desmaiada no sofá. Ouvi-os numa harmônica de vidro e senti-os em meu ombro ou sob minhas próprias mãos. Ouvi-os numa folha de papel, segura, entre meus dedos, por um fio. Tendo pleno conhecimento das numerosas teorias aventadas, principalmente na América, para explicar esses sons, experimentei-as de todas as maneiras que pude imaginar até formar a plena convicção de que se tratava de fatos reais, não produzidos por truques ou meios mecânicos.

Assim termina a lenda dos estalos dos artelhos, da queda das maçãs e todas as demais explicações absurdas, concebidas para justificar os fatos. É preciso dizer, todavia, que os dolorosos incidentes ligados aos últimos dias das irmãs Fox, tratados em capítulo anterior, podem, até certo ponto, escusar aqueles que, sem conhecimento real dos fatos, tiveram a atenção atraída para aquele episódio singular.

Pensam alguns que Crookes modificou sua opinião a respeito dos fenômenos psíquicos, expressa em 1874. De fato, a violência da oposição, aliada à timidez daqueles que teriam condições de apoiá-lo, alarmou-o, fazendo-o sentir-se ameaçado em sua posição científica. Sem chegar ao subterfúgio, Crookes, inquestionavelmente, passou a evitar o assunto. Recusou-se a republicar seus artigos sobre a matéria e não divulgou as maravilhosas fotografias em que Katie King, materializada, aparece de braço dado com ele. Numa carta, citada pelo professor Angelo Brofferio, ele afirma:[120]

> Não tenho dúvida de que existem seres inteligentes e invisíveis afirmando-se Espíritos de pessoas mortas. Mas jamais recebi provas suficientes para acreditar serem eles as pessoas que assumem ser. Estou disposto a admitir, porém, que muitos de meus amigos tenham realmente obtido as provas desejadas, como asseveram, e eu mesmo já me senti muitas vezes inclinado à mesma convicção.

À medida que envelhecia, contudo, sua convicção se tornava mais forte, ou talvez ele se tornasse mais consciente das responsabilidades morais advindas dessas admiráveis experiências.

Em seu discurso presidencial perante a *Associação Britânica*, em Bristol, no ano de 1898, Sir William referiu-se brevemente às primeiras pesquisas. Disse ele:

> Ainda não toquei num ponto que, para mim, tem mais peso e alcance do que todos os demais. Nenhum incidente de minha carreira é mais conhecido que o papel por mim desempenhado há anos em certas pesquisas científicas. São passados trinta anos desde que publiquei o relato dessas experiências tendentes a demonstrar que, além de nosso conhecimento científico, existe uma força utilizada por inteligência distinta da inteligência comum dos mortais. Não altero palavra alguma que disse. Confirmo, portanto, as declarações publicadas. Aliás, muito teria que acrescentar a elas.

---

[120] Nota do autor: *Fur den Spiritismus*, Leipzig, 1894, p. 319.

Quase vinte anos depois sua crença era ainda mais forte. Disse ele, no curso de uma entrevista:[121]

> Nunca tive motivos para modificar minhas ideias sobre esse assunto. Sinto-me plenamente convencido do que afirmei nos primeiros dias. Estabeleceu-se, em verdade, uma ligação entre este mundo e o outro.

Em resposta à questão de o Espiritualismo ter matado o velho materialismo dos cientistas, ele acrescentou: "Penso que sim, ao menos convenceu a grande maioria dos estudiosos do assunto de que existe outro mundo além do nosso".

Por gentileza do Sr. Thomas Blyton, o autor teve ultimamente oportunidade de ver a carta de pêsames escrita por Sir William Crookes na época da morte da Sra. Corner. É datada de 24 de abril de 1904, e nela consta o seguinte:

> Transmita a mais sincera simpatia em meu nome e no da senhora Crookes à família em sua irreparável perda. Confiamos que a certeza de que nossos amados, quando morrem, continuam a velar por nós (certeza que deve muito de seu fundamento à mediunidade da Sra. Corner, ou Florence Cook, como sempre será guardada em nossa memória) fortificará e consolará aqueles que aqui ficaram.

A filha da Sra. Corner, anunciando-lhe a morte disse: "Ela morreu em profunda paz e felicidade".

---

[121] Nota do autor: *The Internacional Psychic Gazette*, dez. 1917, p. 61-62.

CAPÍTULO 12
Os irmãos Eddy e o casal Holmes

É difícil acompanhar, com exatidão, o surgimento dos inúmeros médiuns que se multiplicavam nos Estados Unidos. Basta-nos, entretanto, o estudo de um ou dois casos de projeção para que o conjunto seja tipificado. Os anos de 1874 e 1875 foram de intensa atividade psíquica, constituindo isso motivo de convicção para uns e escândalo para outros. No geral, parece ter predominado o escândalo. Se houve, entretanto, fundamento para esse escândalo, é questão a ser discutida. Os adversários da verdade psíquica, tendo ao lado o clero das várias igrejas, a ciência organizada e a ampla massa da humanidade voltada para as coisas materiais, comandavam a imprensa leiga. Assim, suprimiam ou destorciam tudo que fosse a favor dessa verdade, conseguindo larga publicidade para tudo que se lhe opunha. À vista disso, é preciso voltar constantemente aos episódios dessa época para reavaliarmos os antigos valores. Mesmo nos dias presentes, a atmosfera permanece saturada de preconceitos. Se um indivíduo de boa reputação entrasse hoje na sede de um jornal londrino dizendo haver surpreendido determinado médium em fraude, a matéria seria avidamente acolhida e divulgada em todo o país. Se, no entanto, a mesma pessoa afirmasse ter-se convencido plenamente da veracidade dos fenômenos, é pouco provável obtivesse espaço, ainda que pequeno, para divulgar sua experiência. A balança pesaria sempre mais de um lado que de outro. Na América, onde, na prática, ninguém acusa a imprensa por atos de difamação, apresentando-se esta mesma imprensa, com frequência, violenta e sensacionalista, esse estado de coisas era, e possivelmente continua sendo, ainda mais evidente.

O primeiro episódio que sobressai nesse contexto é o da mediunidade dos irmãos Eddy, mediunidade esta que, provavelmente, nunca foi superada no aspecto das materializações, ou, como se diz atualmente, das formas ectoplásmicas. Naquela época, a dificuldade para a aceitação dos fenômenos espirituais originava-se do fato de parecerem eles regulados por lei desconhecida, além de estranhos às nossas experiências com a natureza. Os trabalhos de Geley, Crawford, Madame Bisson, Schrenck Notzing e outros removeram, de certa forma, essa dificuldade, ao apresentarem uma sólida hipótese científica, sustentada por prolongadas e cuidadosas investigações, de modo que pudéssemos colocar alguma ordem no assunto. Tal conhecimento não existia em 1874. Assim, fácil é compreender-se a dúvida que empolgava as mentes mais honestas e cândidas diante de dois rudes fazendeiros, desajeitados e sem instrução, produzindo efeitos singulares, inteiramente inexplicáveis pela ciência.

Os irmãos Eddy — Horatio e William — eram homens simples, que cultivavam uma propriedade rural na vila de Chittenden, próximo de Rutland, no estado de Vermont. Certo observador descreveu-os nestes termos:

> Eles são sensíveis, distantes e de poucas falas com estranhos, típicos fazendeiros, afeitos ao trabalho braçal, sem as características de padres ou profetas de uma Nova Revelação; sua compleição maciça, cabelos e olhos negros, articulações duras, maneiras desajeitadas e comportamento reservado levam os que deles se aproximam a se sentirem embaraçados e mal-acolhidos; vivem em disputa com alguns vizinhos, não sendo benquistos na comunidade. São, em verdade, desconsiderados pela opinião pública, a qual ou não se encontra preparada para estudar esses fenômenos, entendidos como maravilhas científicas ou revelações de outro mundo, ou, então, não deseja fazê-lo.

Os rumores sobre os estranhos fatos ocorridos na propriedade dos irmãos Eddy espalharam-se, provocando excitação semelhante à causada, nos primeiros dias, pela sala de música dos Koons. Veio gente de toda parte para investigar os fenômenos. Os Eddys, como se sabe, destinavam aos convidados acomodações desconfortáveis, embora amplas, alojando-os numa grande sala cujas paredes descascavam. A comida que lhes ofereciam era tão simples quanto o ambiente. Cobravam, é certo, preço módico pela hospedagem, mas, ao que consta, não auferiam proveito algum de suas demonstrações psíquicas.

As notícias desses acontecimentos despertaram certa curiosidade em Boston e Nova Iorque, levando o jornal nova-iorquino *Daily Graphic* a enviar à residência dos irmãos o coronel Olcott, na qualidade de investigador. Olcott não era ligado, nessa época, a qualquer movimento psíquico; aliás, tinha preconceito em relação ao assunto, assumindo a tarefa com o principal intuito de desmascarar os *impostores*. Era homem de raciocínio claro, notável capacidade e elevado senso de honra. Ninguém lerá o relato minucioso de sua vida, de acordo com seu livro *Folhas antigas de diário*[122], sem sentir respeito por esse homem leal, desinteressado e possuidor da rara coragem moral de buscar a verdade e aceitar os resultados dessa busca, ainda que tais resultados se oponham às expectativas e desejos das pessoas. Não era um místico sonhador, mas homem prático de negócios. Algumas de suas observações relativas a pesquisas psíquicas têm ensejado muito menos atenção do que merecem.

Olcott permaneceu dez semanas na atmosfera de Vermont, fato que deve ter sido, para ele, uma considerável demonstração de resistência, tendo em vista a alimentação modesta, a vida difícil e o comportamento desagradável dos anfitriões. Retornou pessoalmente insatisfeito em relação aos sombrios hospedeiros, mas possuindo absoluta confiança em suas faculdades psíquicas. Como todo investigador sábio, Olcott recusava-se a assinar em branco a respeito de questões de caráter, não respondia pelas sessões das quais não tivesse participado e nem pela conduta futura daqueles que estava avaliando. Restringia-se à experiência pessoal. Em quinze artigos notáveis, publicados no *New York Daily Graphic*, de outubro e novembro de 1874, apresentou os resultados completos de suas pesquisas e as providências que adotara para

---

[122] N.T.: *Old Diary Leaves*.

alcançá-los. Quando se leem esses artigos, é difícil imaginar alguma precaução que ele não tenha tomado.

Sua primeira cautela foi examinar os antecedentes dos irmãos Eddy. Eram bons esses antecedentes, mas não totalmente isentos de mácula. Nunca será demasiado insistir que o médium é simples instrumento, não tendo a faculdade mediúnica ligação alguma com seu caráter. Claro que falamos dos fenômenos físicos e não dos intelectuais, pois nenhum ensinamento elevado poderia ser transmitido através de um canal inferior. Nada fora registrado que desabonasse os irmãos, a não ser o fato de, certa vez, terem realizado uma demonstração falsa, anunciando-a como tal e praticando truques. Assim o fizeram, provavelmente, não só com o intuito de provocar polêmica como também de acalmar seus fanáticos vizinhos, irritados por serem os fenômenos considerados autênticos. Seja qual for a causa ou o motivo dessa conduta, Olcott tornou-se, naturalmente, mais circunspecto, pois o episódio demonstrou a íntima familiaridade dos médiuns com os truques.

A história de seus ancestrais é muito interessante, pois, além de ter havido, entre eles, ininterrupta cadeia de faculdades psíquicas, a avó dos Eddys fora queimada como bruxa, ou pelo menos a penalidade lhe tinha sido imposta no famoso processo de Salem, em 1692. Muitos estariam prontos para aplicar aos médiuns de hoje essa rápida solução, como o fez Cotton Mather. É de se considerar, entretanto, que a perseguição policial é o equivalente moderno da fogueira. Infelizmente o pai dos Eddys tornou-se um fanático perseguidor. Olcott declara que as crianças ficaram marcadas para toda a vida pelos socos que o pai lhes dava com o intuito de desencorajar o que entendia como *poderes diabólicos*. A mãe, também possuidora de grande força psíquica, reconhecia não ser justo o procedimento desse bruto *religioso*. Em razão disso, a propriedade habitada pela família obviamente se transformou em verdadeiro inferno na Terra. Não havia local onde as crianças pudessem refugiar-se, pois os fenômenos psíquicos costumavam segui-las mesmo na sala de aula, levando seus colegas, ignorantes e bárbaros, a insultá-las. Em casa, quando o jovem Eddy caía em transe, o pai e um vizinho jogavam água fervente sobre ele e colocavam carvão em brasa em sua cabeça, deixando indelével cicatriz. Felizmente o rapaz estava adormecido nessas ocasiões. É de admirar que depois de tal infância os meninos se tornassem homens sombrios e reservados?

Quando ficaram mais velhos, o ignóbil genitor tentou ganhar dinheiro à custa dos dons que ele tão brutalmente desencorajara, alugando os filhos como médiuns. Jamais alguém descreveu adequadamente os sofrimentos que os médiuns públicos costumam suportar nas mãos de investigadores ignorantes e céticos cruéis. Olcott certifica que as mãos e os braços dos rapazes, bem como de suas irmãs eram sulcados pelas ligaduras e feridos pelos lacres quentes, enquanto que duas das moças apresentavam na pele as nódoas deixadas pelas algemas. Eram enjaulados, surrados, queimados, apedrejados e caçados, enquanto sua cabine era repetidamente destroçada. Seu sangue escorria do canto das unhas pela compressão das artérias. Esses foram os primeiros tempos na América, mas a Grã-Bretanha tem pouco para vangloriar-se, quando nos lembramos dos irmãos Davenport e da violência da massa ignorante de Liverpool.

Parece que o poder psíquico dos Eddys abrangia todos os aspectos da mediunidade de efeitos físicos. Olcott dá a seguinte lista: batidas, movimento de objetos, pinturas a óleo e aquarela, profecia, faculdade de falar em línguas estranhas, curas, percepção de Espíritos, levitação, escrita de mensagens, psicometria, clarividência e, finalmente, produção de formas materializadas. Desde que São Paulo enumerou os dons do Espírito, não havia sido dada lista mais abrangente.

A metodologia das sessões consistia no seguinte: o médium permanecia sentado dentro da cabine, que se localizava num dos cantos da sala, enquanto os assistentes ocupavam bancos enfileirados diante dele. Poder-se-ia perguntar o porquê da cabine. A experiência demonstrou que esta pode ser dispensada, salvo no caso particular do fenômeno de materialização. Home não a utilizava, e os principais médiuns britânicos de hoje raramente o fazem. Há, contudo, justificativa para a existência desse ambiente reservado. Sem que se pretenda empregar demasiado didatismo num assunto ainda sob exame, pode admitir-se, como hipótese de trabalho aceitável, que o vapor ectoplásmico — que se solidifica na substância plástica com a qual se constroem as aparições — se condensa mais facilmente em espaço limitado. Descobriu-se, entretanto, não ser necessária a presença do médium dentro desse espaço. Na mais surpreendente sessão de materialização vista pelo autor, quando cerca de vinte figuras, de idades e tamanhos variados, apareceram em uma só noite, o médium se sentava fora do compartimento de onde as formas emergiam. De acordo com a referida hipótese, é possível que o vapor ectoplásmico desse médium fosse conduzido ao espaço confinado, independentemente da posição de seu corpo físico. Tal possibilidade, porém, ainda não havia sido concebida na época da investigação dos irmãos Eddy, de modo que a cabine foi usada.

É óbvio que a existência de um espaço isolado para o médium poderia favorecer a fraude e as representações de Espíritos. Assim, esse local tinha de ser cuidadosamente examinado. Situava-se a cabine no segundo andar e possuía pequena janela, que Olcott mantinha coberta com tela antimosquito, presa pelo lado de fora. O restante do compartimento era de madeira sólida. O acesso a ele só seria possível pela sala onde os espectadores ficavam sentados. Parece que não havia possibilidade de fraude, circunstância esta certificada por perito, a pedido do investigador.

Olcott relatou, em seus artigos de jornal e, posteriormente, no notável livro *Gente do Outro Mundo*,[123] que, no curso de dez sessões, viu emergirem da cabine nada menos que quatrocentas aparições, de ambos os sexos e diferentes raças e tamanhos, trajadas com as vestimentas mais incríveis. Eram crianças de colo, índios guerreiros, cavalheiros vestidos a rigor, um curdo com uma lança de 9 pés, uma índia pele-vermelha fumando tabaco e senhoras com roupas elegantes. Tal o testemunho de Olcott. Para cada uma de suas declarações, havia o respaldo de uma sala repleta de pessoas. Sua narrativa foi, naquela época, recebida com incredulidade. Hoje, entretanto, é menor a rejeição. Sendo conhecedor do assunto e tendo plena consciência das precauções que tomara, Olcott se irritava — como todos nos irritamos — com a crítica daqueles que, sem presenciarem as sessões, presumiam que seus integrantes eram crédulos e tolos. Dizia ele:

> Se alguém fala a esses críticos de mulheres que saem da cabine carregando bebês de colo; de mocinhas de formas delicadas, cabelos dourados e pequena estatura; de senhores e senhoras em avançada idade apresentando-se de corpo inteiro e dirigindo-nos a palavra;

---

[123] N.T.: *People from de Other World*.

de crianças, já crescidas, vistas aos pares, simultaneamente com outra aparição; de vestimentas de diferentes confecções; de cabeças calvas, cabelos grisalhos, surpreendentes cabeças negras com cabelos crespos; de fantasmas, que são imediatamente reconhecidos por amigos e de outros tantos fantasmas, que falam de modo audível numa língua estrangeira desconhecida do médium, sua serenidade não será perturbada. Ilimitada é também a credulidade de alguns cientistas. Para esses tais, é mais fácil aceitar que um bebê, sem o auxílio de alavancas, levante uma montanha, do que admitir que um Espírito possa erguer uma onça.[124]

Mas deixemos de lado o cético irredutível (este não se deixaria convencer por coisa alguma, sendo capaz mesmo de considerar ilusão de ótica a presença do próprio anjo Gabriel, no Dia do Juízo) para nos atermos a certas objeções que o estudioso honesto se vê naturalmente compelido a fazer e o crente sincero, a responder. Que vestimentas seriam essas? De onde viriam? Poderíamos aceitar uma lança de 9 pés como objeto espiritual? As respostas para essas perguntas, dentro dos limites de nossa compreensão, encontram-se nas surpreendentes propriedades do ectoplasma: esta substância multiforme, suscetível de ser moldada instantaneamente e de adquirir configurações variadas pela vontade do Espírito, esteja este dentro ou fora do corpo. O ectoplasma pode servir de modelo para qualquer coisa, segundo a vontade da inteligência que o controla. Toda sessão de materialização parece ser presidida por um ser espiritual, que organiza o programa e orienta as figuras materializadas. Por vezes, esse guia fala e dirige tudo de modo claro. Em outras ocasiões, é silencioso, revelando-se apenas por suas ações. Como já foi referido, os dirigentes das sessões dessa natureza são, em geral, índios peles-vermelhas, os quais parecem ter, na vida espiritual, certa afinidade com os fenômenos físicos.

Como se sabe, William Eddy, o médium principal dos fenômenos em referência, não sentia a saúde abalada nem as forças enfraquecidas pelo uso de suas faculdades psíquicas, conquanto esse processo geralmente

---

[124] N.T.: "Medida de peso inglesa, equivalente a 28,349 g." (*Novo dicionário Aurélio da língua portuguesa*).

leve à exaustão. Crookes pôde verificar como Home "ficava desfalecido no chão, pálido e sem fala". Home, porém, não era um camponês rude, mas um artista, doente e sensível. Parece que Eddy comia pouco e fumava excessivamente. Nas sessões, utilizavam-se a música e o canto, pois há longo tempo se observa um estreito vínculo entre as vibrações musicais e os fenômenos psíquicos. Tem-se visto também que a luz branca inibe os resultados das experiências, fato hoje comprovado pelos efeitos devastadores desse tipo de luz incidindo sobre o ectoplasma. Cores diversas têm sido experimentadas para evitar-se a escuridão total, mas, se o médium é confiável, a escuridão torna-se mais propícia à obtenção de resultados positivos, principalmente os fenômenos de luzes fosforescentes e intermitentes, que se incluem entre os mais belos. Se houver necessidade do emprego da luz, é preferível que se use a vermelha, por ser esta cor mais tolerável. Nas sessões com Eddy, era empregada uma lâmpada encoberta.

Seria cansativo para o leitor entrar em detalhes sobre os vários tipos materializados nessas memoráveis reuniões. Madame Blavatsky, desconhecida em Nova Iorque naquela época, também veio participar das experiências. Ela não havia ainda desenvolvido o pensamento teosófico, sendo, então, ardorosa espiritualista. Encontrara-se com o coronel Olcott pela primeira vez na fazenda de Vermont, iniciando-se aí uma amizade que, no futuro, teria estranhos desenvolvimentos. Aparentemente, em homenagem à Madame Blavatsky surgiram diversos Espíritos russos, que com ela se comunicaram na língua natal. As principais aparições eram, no entanto, um índio de forma gigantesca, denominado Santum, e uma índia de nome Honto, os quais se materializavam tão completamente e com tanta frequência, que os assistentes, por vezes, se esqueciam de que tinham diante de si Espíritos e não pessoas comuns, fato este perfeitamente compreensível. Tão íntimo era o relacionamento com esses Espíritos que Olcott mediu Honto, com o auxílio de uma escala pintada ao lado da porta da cabine: possuía 5 pés e 3 polegadas. Em certa ocasião, ela expôs o seio, pedindo a uma senhora presente que lhe sentisse as batidas do coração. Honto era pessoa alegre, que gostava de dançar, cantar, fumar e exibir sua rica cabeleira negra aos assistentes. Santum, por outro lado, era um guerreiro taciturno, de 6 pés e 3 polegadas de altura (o médium media 5 pés e 9 polegadas).

Digno de menção é o fato de o índio sempre usar um polvorinho[125] de chifre, que lhe tinha sido dado por um visitante. O presente fora pendurado na cabine e oferecido ao Espírito quando este se materializou. Alguns Espíritos, materializados pela mediunidade de Eddy, podiam falar, embora variasse bastante seu grau de fluência. Esse fato já foi observado pelo autor em sessões semelhantes. A alma que retorna, ao que parece, precisa aprender a manipular o ectoplasma usado para sua aparição e aqui, como em todo lugar, a prática vale muito. Essas figuras materializadas, quando falam, movem os lábios exatamente como os seres humanos o fariam; sua respiração, em água de cal, produz a característica reação do dióxido de carbono. Assevera Olcott: "Os próprios Espíritos dizem que a arte da automaterialização deve ser aprendida, como qualquer outra". Assim, no início do movimento espiritualista, eles só eram capazes de produzir mãos tangíveis, como sucedia com os irmãos Davenport, as irmãs Fox e outros. Muitos médiuns não passaram dessa fase.

Entre os numerosos visitantes da propriedade de Vermont, alguns assumiam atitude hostil. Nenhum deles, entretanto, tinha estudado suficientemente o assunto. O Dr. Beard, de Nova Iorque, por exemplo, atraiu muito interesse. Esse médico presenciara somente uma sessão, mas defendia a tese de que as figuras eram todas representadas pelo próprio Eddy; entretanto, nada apresentou fundamentando seu entendimento, além de suas próprias impressões a respeito do fato. Sustentava ainda ser capaz de produzir os mesmos efeitos usando "instrumentos de teatro, de '3 dólares'".

Em verdade, é possível formar, honestamente, opinião dessa natureza aquele que vê apenas uma apresentação, especialmente se esta não atinge os resultados esperados. Tal entendimento, porém, torna-se completamente insustentável diante das experiências dos que participam de inúmeras sessões. O Dr. Hodgson, de Stoneham, Massachusetts, por exemplo, junto de quatro outras testemunhas, assinaram a seguinte declaração:

> Certificamos que Santum estava do lado de fora da cabine no momento em que outro índio, quase tão alto quanto ele, dali saiu. Os

---

[125] N.T.: "Utensílio onde se leva pólvora para a caça" (*Novo dicionário Aurélio da língua portuguesa*).

dois, então, passaram e tornaram a passar um ao lado do outro, enquanto andavam pela sala. Simultaneamente travou-se, dentro da cabine, uma conversação entre George Dix, Mayflower, o velho Sr. Morse e a Sra. Eaton.[126] Reconhecemos a voz familiar de cada um.

Há muitos testemunhos como esse, independentes do de Olcott, pondo por terra a teoria da representação. Deve ser acrescentado que muitas aparições eram crianças pequenas e bebês de colo: Olcott mediu uma criança de 4 pés de altura. É de justiça ressaltar-se, no entanto, a existência de algo que, por vezes, confunde quem lê o relato de Olcott: suas próprias hesitações e reservas. Note-se, entretanto, que, sendo esse assunto novo para ele, uma onda de receio e dúvida deveria passar, de vez em quando, por sua mente, fazendo-o pensar que talvez estivesse indo longe demais em suas conclusões e que, por isso mesmo, deveria resguardar-se para o caso de uma eventual demonstração de que estaria errado. Assim, diz ele:

> As figuras vistas por mim em Chittenden, conquanto possam, aparentemente, desafiar qualquer explicação que não lhes dê origem extrafísica, não se encontram ainda cientificamente "provadas".

Em outro trecho, refere-se à ausência de "condições de teste".

Em realidade, a expressão "condições de teste" não possui significado. Se alguém disser, por exemplo, ter visto diante de si, fora de todo questionamento ou dúvida, a face da própria mãe falecida, ouvirá a seguinte pergunta: "Ah, mas isso estava sob condições de teste?". O teste, porém, reside no próprio fenômeno. Quando consideramos que, durante dez semanas, Olcott pôde examinar o pequeno recinto da cabine, vedar a janela, observar o médium, medir e pesar as formas ectoplásmicas, é natural queiramos saber o que ele ainda necessitava para ter segurança completa da legitimidade dos fenômenos. A verdade é que, enquanto Olcott escrevia seu relato, veio à tona o suposto desmascaramento da Sra. Holmes e a retratação parcial do Sr. Dale Owen, levando-o a adotar certas precauções.

---

[126] N.T.: ao que parece, eram Espíritos que se manifestavam habitualmente nas sessões.

A mediunidade de William Eddy propiciava o surgimento de formas materializadas completas, enquanto a de Horatio Eddy produzia efeitos bem diferentes. No caso deste último, usava-se uma tela de pano, em frente da qual o médium costumava sentar-se, colocando-se ao lado de um dos assistentes, que lhe segurava a mão. O ambiente, nessas ocasiões, era bem iluminado. Atrás da tela, eram postos um violão e outros instrumentos, que tocavam aparentemente por si mesmos, ao tempo em que mãos materializadas se mostravam à borda da tela. As apresentações faziam lembrar às dos irmãos Davenport, conquanto fossem mais expressivas. Ademais, o médium permanecia à vista de todos, sob o controle de um dos assistentes. A explicação dada pela ciência psíquica moderna, com base em muitas experiências, especialmente nas do Dr. Crawford, de Belfast, é a de que faixas invisíveis de ectoplasma — antes condutoras de força que forças em si mesmas — emergem do corpo do médium e se ligam ao instrumento a ser manipulado, possibilitando seu levantamento ou a execução de uma peça musical, conforme o desejo do poder invisível. Segundo a opinião atual do professor Charles Richet, esse poder invisível é a própria extensão da personalidade do médium, enquanto, de acordo com escola mais avançada, é uma entidade independente. Nada disso era conhecido ao tempo dos Eddys, quando o fenômeno apresentava a aparência de toda uma série de efeitos sem causa. Quanto aos fatos em si mesmos, é impossível que se leia a minuciosa descrição de Olcott sem se deixar convencer de sua realidade.

O movimento de objeto à distância do médium, ou *telecinesia*, para usar-se o termo moderno, é, atualmente, raro à luz. Em certa ocasião, porém, num grupo composto de espiritualistas experientes, o autor viu, à luz de vela, um grande círculo de madeira em forma de bandeja levantar-se pela borda e dar, por meio de batidas, respostas codificadas a perguntas que os participantes formulavam, não se encontrando nenhum desses participantes a menos de 6 pés do referido objeto.

Nas sessões de Horatio Eddy realizadas na escuridão, a completa ausência de luz permitia ao poder psíquico atuar com todo seu potencial. Foi assim que Olcott pôde observar a movimentação característica das frenéticas danças guerreiras indígenas, executadas com o estrondo de uma dúzia de pés e o toque selvagem e simultâneo de todos os instrumentos, tudo isso acompanhado de gritos e guinchos. "Como pura exibição de força bruta", diz ele, "essas danças indígenas são insuperáveis nos anais das manifestações físicas". Se a luz fosse acesa, ver-se-iam, decerto, os instrumentos espalhados pelo piso e Horatio deitado na cadeira, no sono profundo da inconsciência, sem apresentar vestígios de transpiração. Olcott afirma que ele e outros senhores presentes, cujos nomes ele cita, possuíam a permissão de sentar-se ao lado do médium, e que, um ou dois minutos depois disso, todos os instrumentos voltavam a tocar. Considerando-se tal experiência, todos os fatos posteriores — e os houve em grande número — parecem supérfluos.

A menos que Olcott e os demais espectadores fossem julgados inteiramente destituídos de senso, não se pode contestar o fato de possuir Horatio Eddy faculdades quase desconhecidas pela ciência daquela época, e mesmo pela de nossos dias.

Algumas experiências de Olcott foram tão bem definidas, sendo narradas com tanta honestidade e clareza que merecem consideração respeitosa. Alem disso, tais experiências antecederam o trabalho de muitos de nossos pesquisadores modernos. Por exemplo, ele trouxe de Nova Iorque uma balança, devidamente aferida e dada como exata por certificado divulgado ao público. Persuadiu, então, uma das figuras materializadas — a índia Honto — a ficar de pé sobre a referida balança, sendo seu peso registrado por uma terceira pessoa: o Sr. Pritchard — cidadão respeitável e completamente alheio ao assunto. Olcott relata os resultados obtidos, anexando um certificado de Pritchard, conforme depoimento dado em juízo. Honto foi pesada de pé sobre a plataforma, por quatro vezes, de modo que não poderia, de maneira alguma, reduzir o próprio peso. Sendo mulher de 5 pés e 3 polegadas de altura, era de se esperar pesasse aproximadamente 135 lb.[127] Os resultados foram, no entanto, 88, 58 e 65 lb., respectivamente, todos obtidos na mesma noite. Tal fato parece mostrar que seu corpo era mero simulacro, podendo variar de densidade, de minuto a minuto. Essa experiência demonstrou ainda — fato também verificado, mais tarde, por Crawford — que o peso total do simulacro não

---

[127] N.T.: abreviatura de libra, "medida inglesa de peso, equivalente a 453,592 g." (*Dicionário contemporâneo da língua portuguesa Caldas Aulete.*)

deriva do médium. É inconcebível que Eddy, pesando 179 lb., conseguisse diminuir o peso 88 lb. Todos os participantes de sessões desse gênero contribuem para a realização do fenômeno segundo as possibilidades de cada um, as quais, em verdade, variam muito. Outros elementos são, provavelmente, retirados da atmosfera. A mais acentuada perda de peso que apresentou a Srta. Goligher, nas experiências de Crawford, foi 52 lb., mas o mostrador da balança registrou que todos os membros do grupo doaram alguma substância para a construção das formações ectoplásmicas.

O coronel Olcott preparou também duas balanças de mola e testou a força de tração das mãos de um Espírito, ao tempo em que um dos assistentes segurava as do médium. Observou-se, então, que a mão esquerda do Espírito tinha a força de 40 lb., sendo de 50 lb. a da direita. A iluminação do recinto era boa, tanto que Olcott viu claramente que a mão direita tinha menos um dedo. Ele já conhecia a informação, dada pelo próprio Espírito, de que tinha sido marinheiro e perdera, em vida, um dos dedos. Diante dessas descrições, a queixa de Olcott de não serem definitivos seus resultados, porque ele não possuía condições perfeitas de teste, torna-se de difícil aceitação. Finaliza seu relato, entretanto, com as seguintes palavras:

> Pouco importa que os céticos se reúnam em grande número para atacar esses graníticos fatos, pouco importa que os "denunciadores" soprem suas cornetas de lata e trombetas de um centavo, esta Jericó continuará de pé.

Uma das observações de Olcott é a de que as formas ectoplásmicas obedeciam de pronto às ordens mentais, indo e vindo de acordo com o desejo expressado, desde que elas considerassem pertinente tal desejo. Outros observadores, em várias sessões, notaram o mesmo fato, podendo isso ser tomado como ponto pacífico desse desconcertante problema.

Há outro aspecto curioso que, possivelmente, tenha escapado à inteira percepção de Olcott. O médium e os Espíritos, tão amigáveis com ele durante sua longa visita, subitamente tornaram-se grosseiros e esquivos. Essa mudança de comportamento parece ter ocorrido exatamente depois da chegada de Madame Blavatsky, com quem Olcott estabelecera estreito relacionamento. Ela era, naquela época, como já tivemos a oportunidade de dizer, ardente espiritualista. É possível, no entanto, que os Espíritos tenham previsto o perigo da presença dessa dama russa. O fato é que os ensinos teosóficos de Madame Blavatsky, lançados ao público um ou dois anos depois, apresentaram os fenômenos como verdadeiros, mas definiram os Espíritos como simples cascões astrais, sem vida própria. Seja qual for a real explicação, a mudança de conduta dos Espíritos era notável.

> Apesar de ser reconhecida a importância de meu labor e me serem oferecidas todas as possíveis facilidades para bem realizá-lo, sentia-me colocado à distância, como se fosse inimigo e não observador imparcial.

O coronel Olcott narra muitos casos em que os assistentes reconheceram os Espíritos, mas não se deve dar muita ênfase a tal observação, pois, com a luz reduzida e submetido a determinadas condições emocionais, é fácil ao observador honesto enganar-se. O autor teve a oportunidade de fitar o rosto de, pelo menos, uma centena dessas imagens. Contudo, pôde apenas recordar-se de dois casos em que estava absolutamente convicto de ter reconhecido o Espírito. Em ambos os casos, os rostos eram luminosos e, assim, não se dependia da luminosidade da lâmpada vermelha. Houve duas outras ocasiões em que, à luz da lâmpada vermelha, o autor pensou estar certo da identidade da figura, mas, na vasta maioria de casos, era possível, de acordo com a própria imaginação, ver qualquer coisa nos indistintos moldes apresentados. É provável que tal circunstância ocorresse no grupo de Eddy. Mesmo C. C. Massey, competente juiz, participante de sessões com os Eddys em 1875, queixava-se desse fato. O verdadeiro milagre, contudo, não consistia no reconhecimento, mas na presença da figura materializada.

Sem dúvida, o interesse despertado quando do aparecimento, na imprensa, do relato desses fenômenos, poderia ter levado a ciência psíquica a tratar mais seriamente o assunto. Se assim o fizesse, possivelmente faria avançar, de uma geração, a causa da verdade. Infelizmente, no momento em que a atenção pública se sentia bastante atraída para esses fatos, sobreveio o escândalo — real ou imaginário — do casal Holmes, na Filadélfia, escândalo esse vigorosamente explorado pelos materialistas, ajudados pela honestidade exagerada de Robert Dale Owen. Eis os fatos.

Dois médiuns da Filadélfia, o Sr. e a Sra. Nelson Holmes, realizaram uma série de sessões, nas quais o suposto Espírito Katie King (o mesmo das experiências do professor Crookes, em Londres) aparecia constantemente. A identidade desse Espírito afigurava-se, no entanto, bem duvidosa, pois a original Kate King havia anunciado o término de sua missão. Abstraída, porém, a questão da identidade, o fenômeno parecia legítimo, pois era inteiramente endossado pelo Sr. Dale Owen, pelo general Lippitt e por inúmeros outros observadores, que citaram experiências pessoais inteiramente fora do alcance de eventual impostura.

Naquela época existia, na referida cidade, certo Dr. Child, o qual desempenhou ambíguo papel nos obscuros acontecimentos que se seguiram. Child asseverara que os fenômenos eram autênticos. Fora ao ponto de declarar, num panfleto publicado em 1874, que os mesmos John e Katie King, vistos por ele na sala de sessões, tinham ido a seu escritório e aí descrito particularidades de suas existências terrenas, fato este também publicado. Tais declarações são de molde a levantar graves dúvidas na mente de qualquer estudioso de psiquismo, pois o Espírito, para manifestar-se, necessita de um médium e não há indicação alguma de que Child o fosse. Seja como for, pode-se imaginar que, após testemunho dessa natureza, Child seria a última pessoa no mundo a apontar os fenômenos como fraudulentos.

Um artigo do general Lippitt, publicado no *Galaxy*, de dezembro de 1874, e um outro, de Dale Owen, divulgado pelo *Atlantic Monthly*, de janeiro de 1875, a respeito das sessões com o casal Holmes, despertaram grande interesse público. Subitamente, então, irrompeu o estrondo. Precedeu-o uma nota de Dale Owen, datada e 5 de janeiro, afirmando que lhe foram apresentadas provas que o obrigavam a retirar suas anteriores expressões de confiança no citado casal. Carta semelhante foi divulgada pelo Dr. Child. Escrevendo a Olcott, que, após sua investigação sobre os Eddys, se tornou uma autoridade reconhecida, disse Dale Owen:

> Creio que, ultimamente, eles nos têm enganado. Pode ser que estejam apenas misturando o verdadeiro com o falso. Essa atitude,

entretanto, levanta dúvidas a respeito das manifestações do verão passado, de tal modo que, provavelmente, eu não as inclua em meu próximo livro sobre o Espiritualismo. É uma pena, mas as suas experiências e as do Sr. Crookes compensam essa minha lacuna.

A posição de Dale Owen é bastante clara. Sendo homem de honra, além de sensível, ficou horrorizado diante da possibilidade de ter, por um instante, legitimado uma impostura. Seu equívoco, porém, foi o de agir baseado em indícios em vez de esperar que os fatos fossem mais bem esclarecidos. A posição do Dr. Child, contudo, é mais questionável, pois, se as manifestações eram de fato fraudulentas, como pôde ter entrevistado sozinho, em seu escritório, os mesmos Espíritos?

Dizia-se que uma mulher, cujo nome não é mencionado, representava o Espírito Katie King nas sessões, tendo sido fotografada enquanto desempenhava o papel. E mais: a fotografia estava sendo vendida ao público. Dizia-se, ainda, que as vestimentas e os ornamentos usados por Katie King eram produzidos por essa mesma mulher, a qual estava disposta, inclusive, a fazer confissão completa de seu procedimento. Nada poderia ser mais condenatório e decisivo. Foi neste ponto que Olcott assumiu as investigações, parecendo disposto a confirmar a opinião geral.

Logo no início de suas investigações, porém, luzes novas foram lançadas sobre o assunto, provando que a pesquisa psíquica, para ser meticulosa, deve examinar *as denúncias* com o mesmo senso crítico que aplica aos fenômenos. O nome da pessoa que confessou haver desempenhado o papel de Katie King foi revelado: Eliza White. Do seu relato, publicado na imprensa, sem que seu nome fosse mencionado, podem ser extraídos os seguintes pontos: nascera em 1851 (tinha, portanto, 23 anos de idade); casara-se aos 15, sendo mãe de uma criança de 8 anos; seu marido havia morrido em 1872, deixando-a sozinha para manter a criança; no mês de março de 1874, o casal Holmes tinha vindo hospedar-se em sua casa e, em maio do mesmo ano, contrataram-na para representar o papel do Espírito; a cabine, em que ficava por ocasião das experiências, possuía um painel falso na parte posterior, através do qual podia deslizar, vestida com um roupão de musselina; convidado para assistir às sessões, o Sr. Dale Owen fora completamente enganado. Disse ainda que, embora o drama de consciência que passou a viver, foi ainda mais longe, aprendendo a desaparecer gradualmente, ou a mudar de forma, com a ajuda de roupas negras, deixando-se finalmente fotografar como Katie King.

Certo dia, segundo relata, assistiu à sua apresentação um empreiteiro ferroviário, de nome Leslie. Este homem mostrou-se desconfiado e, num encontro posterior, acusou-a de fraude, oferecendo-lhe ajuda pecuniária, se confessasse. Aceitando a proposta, ela lhe revelou seus métodos de imitação. Em 5 de dezembro, realizou uma sessão fraudulenta, em que representou seu papel, como se fosse uma sessão autêntica, fato que impressionou vivamente Dale Owen e o Dr. Child, então presentes, levando-os a fraquejar em sua convicção.

A mudança de atitude de Dale Owen foi um golpe para aqueles que haviam aceitado seu julgamento e que, agora, sustentavam que ele deveria ter investigado mais profundamente os fatos antes de oferecer-se em testemunho de sua legitimidade. A situação era tanto mais penosa porque Dale Owen contava, então, com 73 anos e fora um dos mais eloquentes e dedicados discípulos da Nova Revelação.

A primeira tarefa de Olcott foi estudar cuidadosamente o que se divulgara e descobrir o anonimato da autora. Logo verificou tratar-se, como já referido, da Sra. Eliza White, que, embora estando na Filadélfia, se recusava a vê-lo. O casal Holmes, por outro lado, adotara atitude aberta em relação a ele, oferecendo-lhe, inclusive, todas as facilidades para examinar os fenômenos com as condições de testes que pudesse estabelecer. Ao examinar a vida passada de Eliza White, Olcott constatou que seu depoimento, na parte referente à própria história, não passava de uma teia de mentiras. Era muito mais velha do que declarou (não tinha menos que 35 anos), sendo duvidoso ter-se casado alguma vez com White. Fora, durante quatro anos, vocalista de uma companhia ambulante. White, por sua vez, encontrava-se ainda no mundo dos vivos, não sendo ela, assim, sua viúva. Olcott publicou atestado do Chefe de Polícia a tal respeito.

Entre outros documentos apresentados pelo coronel Olcott, havia o do Sr. Allen, juiz de paz de Nova Jersey, escrito sob juramento. Eliza White, de acordo com essa testemunha, era "tão indigna de crédito que ninguém podia dizer quando falava a verdade. Sua reputação moral era tão ruim quanto possível". O juiz Allen prestou testemunho ligado diretamente ao assunto em discussão. Declarou que tinha visitado o casal Holmes na Filadélfia e auxiliara o Dr. Child a preparar a cabine. Disse que esta, solidamente construída, tornava impossível a existência de entrada pelos fundos, como alegado pela Sra. White. Afirmou, ainda, que participara da sessão em que Katie King apareceu e que os trabalhos tinham sido perturbados pelo canto da Sra. White em outro aposento, circunstância que a impedia de representar o papel de Espírito, como asseverou. Esse testemunho, oferecido sob juramento por um juiz de paz, deve ser considerado como elemento convincente de prova.

A cabine em referência parece ter sido organizada em junho, pois o general Lippitt, excelente testemunha, descreveu-a de forma diversa quando participou das experiências. Disse ele que duas portas dobravam-se para trás, de modo que se tocavam, e que o compartimento era constituído apenas do espaço existente entre essas duas portas, tendo uma tábua na parte superior.

> Fiz cuidadoso exame nas duas ou três primeiras noites, em uma das vezes com a presença de um mágico profissional, que ficou perfeitamente convencido da impossibilidade de truques.

Tal fato ocorreu em maio. Assim, não são contraditórias as duas descrições, salvo a pretensão de Eliza White de ser capaz de entrar na cabine.

Em aditamento a essas declarações, buscando defender a própria credibilidade, o casal Holmes mostrou-se habilidoso ao apresentar as cartas que lhe foram endereçadas pela Sra. White, em agosto de 1874, cujo teor era incompatível com a existência de qualquer segredo culposo entre eles. Por outro lado, em uma das cartas, ela faz menção a investidas de suborno para confessar que havia desempenhado o papel de Katie King. Mais tarde, no mesmo ano, a Sra. White parece ter assumido tom mais ameaçador — conforme atesta o casal Holmes, sob juramento. Declara que, se lhe dessem regularmente a quantia que especificava, ela não mais os perturbaria, pois vários senhores ricos, incluindo membros da Associação Cristã de Moços, estavam dispostos a pagar-lhe larga soma em dinheiro (1000 dólares era a soma exata que Eliza White ganharia se consentisse em admitir que representara o papel de Katie King). Certamente que esse depoimento do

CAP 12 | OS IRMÃOS EDDY E O CASAL HOLMES

Sr. Holmes e senhora, associado às declarações da Sra. White, exige que se busque comprovação de cada uma das afirmações desta última.

O fato seguinte, entretanto, é culminante. Enquanto se realizava a falsa sessão em que Eliza White mostrava como representava o papel de Katie King, o casal Holmes dava uma sessão autêntica — presentes vinte pessoas —, em que o Espírito aparece do modo habitual. O coronel Olcott reuniu diversas declarações formais dos participantes, afastando, dessa forma, toda possibilidade de dúvida a respeito do fato. A do Dr. Adolphus Fellger é breve e pode ser citada quase inteiramente. Ele diz, sob juramento:

> Tendo visto o Espírito conhecido como Katie King cerca de oito vezes, posso dizer que conheço perfeitamente suas características pessoais. Assim, não me posso enganar a respeito da identidade da Katie King que apareceu na noite de cinco de dezembro, pois, embora o dito Espírito dificilmente surja exatamente com a mesma altura ou com as mesmas feições por duas noites seguidas, a voz é sempre a mesma, fato que, juntamente com as expressões dos olhos e os tópicos de sua conversação, me dá segurança para dizer que se trata da mesma pessoa.

Fellger era médico muito conhecido e altamente respeitado na Filadélfia, e sua simples palavra, diz Olcott, era mais valiosa que "vinte declarações, sob juramento, de Eliza White".

Ficou demonstrado, de igual modo, que Katie King aparecia constantemente, estando a Sra. Holmes em Bilssfield e a Sra. White na Filadélfia, e que a Sra. Holmes escrevera à Sra. White descrevendo as aparições bem-sucedidas do citado Espírito, fatos que assumem a feição de prova definitiva de que esta última não era sua cúmplice.

Como se vê, a confissão anônima da Sra. White possui tanta fragilidade que faz lembrar uma nau cheia de furos, afundando. Há uma parte desse navio, contudo, que, na opinião do autor, ainda flutua. É a questão da fotografia. Afirmou o casal Holmes, numa entrevista com o general Lippitt — cuja palavra é qual pedaço de terra sólida em todo esse pântano —, que Eliza fora contratada pelo Dr. Child para se deixar fotografar como Katie King. Ao que consta, Child desempenhou papel dúbio em todo o caso, pois fez afirmações contraditórias em diferentes ocasiões, aparentando, inclusive, certo interesse pecuniário em relação ao assunto. Sendo assim, é natural nos sintamos inclinados a considerar seriamente a acusação em referência, acreditando na possibilidade de o casal Holmes ter tomado parte na fraude. Ainda que a imagem de Katie King fosse real, bem poderiam ter duvidado da possibilidade de ela ser fotografada à luz reduzida, necessária à produção da figura. Por outro lado, a venda das fotografias aos assistentes pelo preço de meio dólar cada uma seria, indubitavelmente, uma fonte de renda. O coronel Olcott, em seu livro, apresenta a fotografia da Sra. White ao lado de uma que, supostamente, era de Katie King, asseverando a inexistência de semelhança entre ambas. No entanto, ao fotógrafo poderia ter sido solicitado retocasse o negativo de tal modo a esconder a semelhança, pois, se assim não fora, a fraude seria óbvia. O autor tem a impressão — não é certeza — de que os dois rostos são os mesmos, apenas com certas mudanças que a manipulação poderia ter produzido. Assim, pensa ele que a fotografia pode bem ser fraudulenta, mas que isso não confirma o restante da narrativa da Sra. White, embora possa enfraquecer a confiança tanto no caráter do Sr. e da Sra. Holmes como no do Dr. Child. Mas o caráter dos médiuns de efeitos físicos tem somente peso indireto na questão da realidade da força psíquica, força esta que deve ser testada por suas características próprias, seja o indivíduo santo ou pecador.

À vista desse conflito de provas, o coronel Olcott sabiamente optou por desconsiderar o passado e testar os médiuns à própria maneira. Assim o fez, e de um modo bastante convincente. Quem lê o relato de sua investigação (*Gente do outro mundo*, p. 460 e seguintes) não pode negar ter ele adotado as precauções possíveis contra a fraude. Uma tela cobria as partes laterais da cabine, de tal modo que ninguém poderia nela entrar, o que vai de encontro às afirmações da Sra. White. A Sra. Holmes era colocada num saco, amarrado em torno do pescoço. Como seu marido estivesse ausente, ela só poderia contar com seus próprios recursos. Nessas circunstâncias, formaram-se numerosas cabeças, algumas semimaterializadas, de terrível aparência. Talvez tenha sido um teste, ou o longo período de discórdia tivesse enfraquecido as faculdades da médium. Os rostos apareciam a uma altura fora do alcance da médium. Dale Owen, presente à demonstração, decerto já estaria começando a lamentar suas declarações prematuras.

Sessões posteriores foram realizadas no próprio escritório de Olcott, com o intuito de afastar a possibilidade de existência de algum mecanismo engenhoso, sob o controle da médium. Os resultados foram semelhantes. Em dada ocasião, quando a cabeça de John King (o Espírito dirigente) apareceu no ar, Olcott, recordando-se da afirmação de Eliza White de que os rostos materializados eram apenas máscaras de dez centavos, pediu e obteve permissão para passar a bengala em seu derredor, convencendo-se a si mesmo de que ninguém os sustentava. Essa experiência parece conclusiva. Entretanto, se o leitor desejar ainda mais provas, poderá encontrá-las, em abundância, no livro citado. Assim, fosse qual fosse o papel desempenhado por Eliza White no caso da fotografia, a Sra. Holmes, sem sombra de dúvida, pode ser considerada médium genuína e de grande potencial para efeito materiais. Deve ser acrescentado que a cabeça de Katie King foi vista repetidamente pelos investigadores, mas sua forma completa materializou-se apenas uma vez. O general Lippitt esteve presente às experiências, associando-se publicamente às conclusões de Olcott, conforme está no *Banner of Light*, de 6 de fevereiro de 1875.

O autor estendeu-se um pouco sobre este caso porque se trata de exemplo típico de como o público tem sido desviado do Espiritualismo. Os jornais estão cheios de denúncias *de fraudes*. Estas são investigadas, mas o resultado final da investigação, mostrando que os fenômenos são realmente falsos ou parcialmente verdadeiros, não é exposto ao público, que permanece com a impressão da primeira notícia dada. Mesmo agora, alguns críticos referem-se a Katie King, nestes termos: "Oh, descobriu-se que sua manifestação, na Filadélfia, foi uma fraude". E por natural confusão de ideias, tudo isso tem sido usado como argumento contra as clássicas experiências de Crookes. Pode-se dizer que este caso, particularmente pela temporária fraqueza de Dale Owen, atrasou por muitos anos a causa do Espiritualismo na América.

Fez-se menção a John King, o Espírito que presidia as sessões do casal Holmes. Essa estranha entidade parece ter sido a principal controladora de todos os fenômenos físicos nos primeiros dias do movimento.

Hoje, ainda é vista e ouvida ocasionalmente. Seu nome é associado ao salão de música de Koons, aos irmãos Davenport, a Williams (em Londres), a Sra. Holmes e a muitos outros. Quando materializado, sua aparência é a de um homem alto, moreno, de cabeça nobre e espessa barba negra. Sua voz é forte e penetrante e as batidas que produz têm características peculiares. Parece mestre em todas as línguas, pois, tendo sido testado nas mais estranhas, como o georgiano, jamais foi descoberto em erro. Essa entidade admirável controla as falanges de Espíritos primitivos (índios peles-vermelhas e outros), participantes das sessões. Apresenta Katie King como sua filha e diz ter sido, ele mesmo, o pirata Henri Morgan, o qual foi perdoado e transformado em cavaleiro por Charles II. Afirma ainda ter concluído seus dias na Terra como governador da Jamaica. Era, portanto, um desordeiro bastante cruel e terá muito que expiar. O autor sente-se na obrigação de dizer, contudo, que possui um retrato de Henri Morgan (encontra-se na página 178 da obra *Piratas*,[128] de Howard Pyle), o qual, se verdadeiro, não apresenta semelhança alguma com John King. Todas essas questões de identidade terrena dos Espíritos são muito obscuras.[129]

Antes de encerrarmos o relato desse estágio das experiências de Olcott, algo deve ser dito a respeito do caso da transfiguração de Compton, como é chamado. Esse caso mostra as águas profundas em que mergulhamos quando fazemos pesquisa psíquica. Essas profundezas não foram ainda sondadas e muito menos mapeadas. Nada pode ser mais claro que os fatos nem mais satisfatório que as provas. A médium, Sra. Compton, estava encerrada em sua pequena cabine. Havia fios que passavam pelos furos de suas orelhas e eram amarrados ao encosto da cadeira onde se sentava. Foi então que elegante figura emergiu desse compartimento. Olcott tinha providenciado uma balança de plataforma, onde o Espírito ficou de pé. Pesou-o duas vezes, registrando os pesos de 77 lb. e

---

[128] Nota do autor: *Buccaneers*.

[129] Nota do autor: como o autor apresentou um ponto negativo a respeito da identidade de John King como Morgan, é justo que dê outro que a sustente e que venha para ele de uma fonte confiável, quase em primeira mão. A filha de recente governador da Jamaica encontrava-se numa sessão, em Londres, quando se defrontou com John King. O Espírito King disse-lhe: "Você trouxe da Jamaica algo que é meu". Ela replicou: "O que é?". Respondeu ele: "Meu testamento". Era fato, totalmente desconhecido dos presentes, que seu pai tinha trazido esse documento.

59 lb., respectivamente. Como previamente combinado, Olcott entrou na cabine deixando a figura materializada do lado de fora. *A médium havia desaparecido.* A cadeira estava lá, mas não havia sinal algum da mulher. Ele voltou e pesou de novo a aparição, a qual, desta vez, apresentou 52 lb. Em seguida, o Espírito retornou ao compartimento reservado, e outras figuras dali saíram. Ao final, diz Olcott:

> Entrei na cabine com uma lâmpada e encontrei a médium exatamente como eu a deixara no início da sessão. Os fios permaneciam intactos, e os lacres inalterados! Estava lá sentada, com a cabeça inclinada para a parede, pálida e fria como o mármore, com os olhos revirados, a testa coberta de uma umidade de morte, sem respiração nem batidas do pulso. Tendo os assistentes examinado os fios e os lacres, cortei estes frágeis laços com uma tesoura e, levantando a cadeira por seu encosto e assento, carreguei a médium em estado cataléptico para fora da cabine. Ela permaneceu assim inanimada por dezoito minutos. A vida foi-lhe gradualmente retornando ao corpo, até que a respiração, o pulso e a temperatura da pele tornaram-se normais. Coloquei-a então sobre a balança: pesava 121 libras!

Que fazer de tais resultados? Havia onze testemunhas, além do próprio Olcott. Os fatos parecem estar acima de discussão. Mas que deduzir deles? O autor viu uma fotografia, tomada na presença de um médium amador, em que podem ser observados todos os pormenores da sala, mas não há sinal do médium. O desaparecimento da Sra. Compton seria análogo a este caso? Se a figura ectoplásmica pesava somente 77 lb. e a médium 121 lb., resta claro que somente 44 lb. lhe tinham sobrado enquanto o fantasma estava fora do gabinete. Se, entretanto, 44 lb. não eram suficientes para manter-lhe a vida, não poderiam seus guardiãos, usando de química oculta e sutil, desmaterializá-la, salvando-a, assim, de todo perigo até que a volta do fantasma à cabine lhe permitisse a reabsorção total do peso? Estranha suposição esta, mas que parece apoiar-se nos fatos, pois nenhuma hipótese pode ser levantada sem base ou com irracional incredulidade.

CAPÍTULO 13
Henry Slade e o Dr. Monck

Os efeitos que inteligências desconhecidas podem ocasionar no ambiente físico, quando encontram condições materiais para sua manifestação, têm sido demonstrados por tantos médiuns, com vários graus de força psíquica (e, por vezes, de honestidade), que se torna impossível fazer deles uma relação. Há uns poucos, no entanto, de considerável destaque, inclusive pelas polêmicas públicas a que deram origem. Por esse motivo, devem ser citados numa história do movimento espiritualista, ainda que suas carreiras não estejam indenes de suspeição. Trataremos, assim, neste capítulo, das histórias de Slade e de Monck, haja vista o papel significativo que desempenharam em sua época.

Henry Slade — o consagrado médium de escrita em ardósia — apresentou-se publicamente na América, durante quinze anos, antes de chegar a Londres, no dia 13 de julho de 1876. O coronel H. S. Olcott, antigo presidente da Sociedade Teosófica, declara ter sido responsável, juntamente com Madame Blavatsky, pela visita de Slade à Inglaterra. Parece que, como o grão-duque Constantine, da Rússia, desejasse realizar uma investigação científica sobre o Espiritualismo, uma comissão de professores da Universidade Imperial de São Petersburgo solicitou ao coronel Olcott e à Senhora Blavatsky que selecionassem, entre os melhores médiuns americanos, um que pudesse ser recomendado para as experiências. Escolheram Slade, não sem antes submetê-lo, por várias semanas, a testes rigorosos diante de uma comissão de céticos. Em seu relatório, afirmaram estes que foram escritas mensagens em ardósias duplas — por vezes amarradas e lacradas em conjunto —, enquanto permaneciam sobre a mesa à plena vista, ou eram colocadas sobre as cabeças de membros da Comissão, ou presas na parte inferior do tampo da mesa, ou, ainda, seguras por um dos participantes, sem que o médium as tocasse.

Foi a caminho da Rússia que Slade passou pela Inglaterra.

Um representante do *World*, de Londres, participando de uma sessão com Slade, logo após sua chegada, descreve-o da seguinte forma:

> Temperamento ansioso, mas controlado, rosto místico e sonhador, feições regulares, olhos expressivos e luminosos, sorriso quase sempre triste, gestos elegantes e melancólicos, tal foi a impressão que me causou esse homem, alto e gentil, que me foi apresentado como Dr. Slade. Ele é o tipo de pessoa que, numa assembleia, se destacaria como entusiasta.

Diz o relatório da Comissão Seybert que "ele tem cerca de 6 pés de altura e um corpo inusitadamente simétrico", e que "seu rosto atrairia a atenção em qualquer lugar, pela beleza incomum". Em síntese: "um homem digno de nota sob todos os aspectos".

Desde que chegou a Londres, Slade começou a dar sessões no próprio local onde se hospedara: Russel Square, Upper Bedford Place, 8. Seu sucesso foi imediato e expressivo. Não apenas a escrita era obtida, de modo evidente e sob rigoroso controle, sendo mesmo usadas ardósias trazidas pelos assistentes, mas também a levitação de objetos. Além disso, mãos materializadas eram observadas em plena luz do dia. O editor do *The Spiritual Magazine*, o mais sóbrio e qualificado periódico espiritualista da época, escreveu: "Não hesitamos em dizer que o Dr. Slade é o mais notável médium dos tempos modernos".

O Sr. J. Enmore Jones, pesquisador psíquico muito conhecido naqueles dias e que, posteriormente, foi o editor do *The Spiritual Magazine*, disse que Slade estava ocupando o lugar deixado por D. D. Home. O relato da primeira sessão realizada por ele com o médium indica seu método profissional de procedimento:

No caso do Sr. Home, que se recusava a receber remuneração, as sessões eram realizadas, de regra, ao anoitecer e no silêncio da vida doméstica; com o Dr. Slade, porém, as sessões verificam-se a qualquer hora do dia, em um dos aposentos da pensão em que reside. Cobra a taxa de 20 xelins e, de preferência, introduz apenas uma pessoa na grande sala que ocupa. Não há perda de tempo. Tão logo o visitante se senta, iniciam-se os fenômenos, prosseguindo sem interrupção e, em quinze minutos, terminam.

Stainton Moses, mais tarde o primeiro presidente da Aliança Espiritualista de Londres,[130] emite idêntica opinião a respeito de Slade. Escreve ele:

> Em sua presença, os fenômenos ocorrem com tanta regularidade e precisão, com tal desconsideração para as chamadas *condições* e com tão ampla facilidade de observação que me satisfazem completamente. É impossível conceber circunstâncias mais favoráveis à investigação minuciosa do que aquelas nas quais presenciei os fenômenos que, com velocidade tão surpreendente, ocorrem em sua presença. Não há hesitação nem tentativas. Tudo é rápido, nítido, decisivo. Os operadores invisíveis sabem exatamente o que vão fazer e o fazem com presteza e exatidão.[131]

A primeira sessão de Slade na Inglaterra realizou-se em 15 de julho de 1876, com a presença do eminente espiritualista, Sr. Charles Blackburn, e do Sr. W. H. Harrison, editor do *The Spiritualist*. Em plena luz do dia, o médium e os dois assistentes ocuparam três lados de uma mesa comum, que media cerca de 4 pés de lado. No quarto lado da mesa havia uma cadeira vaga. Slade pôs um minúsculo pedaço de lápis — aproximadamente do tamanho de um grão de trigo — sobre a ardósia e encostou-a na parte debaixo do tampo da mesa, segurando-a com uma das mãos. Ouviu-se o ruído de algo sendo escrito na ardósia. Quando

---

[130] N.T.: London Spiritualist Alliance.
[131] Nota do autor: *The Spiritualist*, vol. IX, p. 2.

esta foi examinada, verificou-se ter sido aí escrita uma breve mensagem. Enquanto ocorria esse fenômeno, as quatro mãos dos assistentes e a mão livre de Slade estavam presas umas às outras no centro da mesa. A cadeira onde o Sr. Blackburn estava sentado moveu-se 4 ou 5 polegadas, sem que ninguém, exceto ele, mantivesse contato com ela. A cadeira vaga, que estava no quarto lado da mesa, pulou subitamente, batendo o assento contra a borda inferior da mesa. Certa mão, parecendo estar viva, passou duas vezes em frente do Sr. Blackburn, enquanto ambas as mãos de Slade estavam sendo observadas. O médium segurou um acordeão debaixo da mesa e, enquanto sua outra mão estava sobre o mesmo móvel à vista de todos, foi tocada a canção *Lar, doce lar*. Em seguida, o Sr. Blackburn segurou o acordeão do mesmo modo. O instrumento foi, então, violentamente puxado, ouvindo-se a execução de uma nota. Enquanto isso ocorria, Slade tinha as mãos sobre a mesa. Finalmente, os três participantes levantaram as mãos à altura de um pé acima do referido móvel, o qual se ergueu até tocá-las. Numa outra sessão, realizada no mesmo dia, uma cadeira levantou-se, cerca de 4 pés, sem ter sido tocada por ninguém. Além disso, quando Slade descansou uma das mãos no espaldar da cadeira onde se sentara a Srta. Blackburn, esta foi erguida, juntamente com o móvel, cerca de meia jarda[132] do chão.

O Sr. Stainton Moses assim descreve uma das primeiras sessões que realizou com Slade:

> Derramava-se na sala um sol de meio-dia bastante quente para torrar qualquer um. A mesa estava descoberta. O médium sentara-se de tal modo que tinha todo o corpo à vista. Não havia a presença de outro ser humano, além de nós dois. Que condições poderiam ser melhores? As batidas produziram-se instantânea e intensamente, como se fossem provocadas pelo punho cerrado de um homem vigoroso. Obteve-se a escrita, dentro das condições fixadas, em três lousas: numa que o Dr. Slade e eu prendíamos; numa outra, posta no lado da mesa mais afastado do médium,

---

[132] N.T.: "Unidade fundamental de comprimento, do sistema inglês, equivalente a 3 pés, ou 914 mm" (*Novo dicionário Aurélio da língua portuguesa*).

segura apenas por mim, e em outra ainda, trazida por mim e que eu mesmo segurava. A última escrita levou mais tempo para ser executada: ouvia-se distintamente o ranger do lápis formando cada palavra. Uma cadeira, que me estava oposta, levantou-se algumas polegadas do chão. A ardósia que eu detinha foi arrancada de minha mão e transportada para o outro lado da mesa, onde não poderia ser alcançada nem pelo Dr. Slade nem por mim, produzindo-se ali a escrita. O acordeão tocou em meu derredor, enquanto o doutor o segurava pela parte inferior. Finalmente, a um toque de sua mão no encosto da cadeira onde me sentava, esta levitou, alçando-me com ela.

O próprio Sr. Stainton Moses era médium poderoso, e esse fato, sem dúvida, auxiliou-o na observância das condições dos fenômenos. Acrescenta ele:

Já observei inúmeros fenômenos, de tipos variados, mas jamais os tinha visto ocorrerem tão rapidamente, de forma consecutiva e em plena luz do dia. O tempo inteiro da sessão não era mais que meia hora e, uma vez iniciados, os fenômenos se sucediam sem interrupção.[133]

Tudo correu bem durante seis semanas. Londres estava entusiasmada com os dons de Slade. De repente, contudo, houve uma embaraçosa interrupção desse entusiasmo.

No início de setembro de 1876, o professor Ray Lankester e o Dr. Donkin realizaram duas sessões com Slade. Na segunda dessas sessões, ao pegar a ardósia, o professor Lankester encontrou-a escrita, quando ninguém pensava pudesse estar escrito algo ali. Era ele inteiramente sem experiência em pesquisa psíquica, do contrário teria sabido ser impossível dizer-se em que momento da sessão a escrita se forma. Por vezes, uma folha inteira é preenchida de modo vertiginoso, enquanto, em outras ocasiões, se ouve claramente — o autor é testemunha disso — o ranger do lápis, linha

---

[133] Nota do autor: *The Spiritualist*, vol. IX, p. 2.

por linha. Para Ray, entretanto, era um caso evidente de fraude. Assim, não apenas escreveu ao *The Times*[134] denunciando Slade, como iniciou processo contra ele, por obtenção de dinheiro mediante fraude. Críticas a Lankester, em apoio a Slade, logo surgiram, vindas do Dr. Alfred Russel Wallace, professor Barrett e de outros. O Dr. Wallace afirmou que o relato do professor Lankester, a respeito dos fatos ocorridos na aludida sessão, destoava de tudo que ocorrera durante sua própria visita ao médium, bem como das experiências descritas por Serjeant Cox, Dr. Carter Blake e muitos outros. Portanto, somente poderia considerar o caso como um exemplo chocante da *teoria das ideias preconcebidas*, criada pelo Dr. Carpenter. Aplicando essa teoria ao caso concreto, diz o Dr. Wallace:

> O professor Lankester começou a observar os fenômenos com a prévia convicção de que eles eram uma impostura. Assim, acreditou ter visto o que estava de acordo com sua ideia preconcebida.

Na verdade, o professor Lankester revelou seu preconceito quando, referindo-se ao artigo que fora lido pelo professor Barrett, em 12 de setembro, na Associação Britânica — artigo que trata dos fenômenos espiritualistas —, disse, em carta dirigida ao *The Times*: "As discussões da Associação Britânica foram degradadas pela inclusão do Espiritualismo".

O professor Barrett declarou que Slade possuía uma pronta resposta para as acusações. Tal resposta era baseada na própria ignorância acerca do momento de formação da escrita. Ele descreve uma sessão de grande valor probante, em que a ardósia foi colocada em cima da mesa, debaixo de seu cotovelo. Segurava uma das mãos de Slade, que tinha os dedos da outra mão tocando de leve a superfície da ardósia. Nessas condições, a escrita ocorreu no lado de dentro da lousa. Refere-se, posteriormente, a um famoso cientista, seu amigo, o qual obteve a escrita numa ardósia que segurava firmemente, enquanto ambas as mãos do médium se encontravam sobre a mesa. Tais exemplos, decerto, afigurar-se-ão decisivos ao leitor imparcial, restando claro que, se o positivo é firmemente estabelecido, eventuais fatos negativos não terão efeito algum sobre a conclusão do assunto.

---

[134] Nota do autor: 16 set. 1876.

O julgamento de Slade ocorreu na Corte de Polícia de Bow Street, no dia 1º. de outubro de 1876, sob a presidência do juiz Flowers, sendo o Sr. George Lewis responsável pela acusação e o Sr. Munton, pela defesa. Os depoimentos sustentando a legitimidade das faculdades mediúnicas de Slade foram prestados pelo Dr. Alfred Russel Wallace, por Serjeant Cox, pelo Dr. George Wyld e por mais uma pessoa, haja vista que se permitiram apenas quatro testemunhas. O juiz asseverou que os testemunhos constituíam prova "esmagadora" dos fenômenos. Contudo, ao julgar o caso, desconsiderou-os, fundamentando-se tão somente nas provas de Lankester e de seu amigo, Dr. Donkin. Seu argumento foi que deveria basear a decisão "nas inferências deduzidas de fatos naturais conhecidos". Certa declaração do famoso mágico, Sr. Maskelyne, de que a mesa usada por Slade era adaptada para truques foi desmentida pelo carpinteiro que a construiu. A mesa em referência pode agora ser vista nos escritórios da Aliança Espiritualista de Londres. É inacreditável ter alguém a ousadia de colocar em perigo a liberdade de uma pessoa prestando depoimento falso, de natureza tal que foi capaz de alterar o curso do processo. Com efeito, em face dos depoimentos de Ray Lankester, Donkin e Maskelyne, é difícil imaginar-se como o Sr. Flowers poderia inocentar o réu, pois diria, com toda razão:

> O que está diante da Corte não é o que aconteceu em outras ocasiões — por mais convincentes possam ser as eminentes testemunhas que depuseram a favor do acusado —, mas o que ocorreu em determinada sessão. E, nesse caso, temos duas testemunhas de um lado e somente o prisioneiro do outro.

A "mesa adaptada para truques" certamente decidiu a lide.

Slade é condenado, por ato de vadiagem, a três meses de prisão com trabalhos forçados; interpôs recurso, sendo solto mediante fiança. Ao ser julgado o apelo, ele é, finalmente, absolvido, mas com fundamento em ponto técnico. Não se deve presumir, contudo, que, embora a condenação tenha sido afastada por motivo de ordem técnica — a saber: a omissão das expressões "por quiromancia ou outro meio", que aparecem na lei —, na ausência dessa falha processual, o médium não pudesse ser absolvido com base no próprio mérito do caso. Slade, cuja saúde tinha sido seriamente afetada pela pressão que lhe impôs o processo, partiu da Inglaterra para o continente um ou dois dias mais tarde. Estando em Hague, após um descanso de poucos meses, escreveu ao professor Lankester propondo-lhe retornar a Londres para dar-lhe, em ambiente reservado, exaustivas demonstrações de sua força psíquica, desde que não sofresse qualquer tipo de constrangimento. Não recebeu resposta a sua sugestão, a qual seguramente não é a de um homem culpado.

Em 1877, os espiritualistas de Londres fizeram um manifesto em homenagem a Slade nos seguintes termos:

> À vista do encerramento deplorável da visita de Henry Slade a este país, nós, abaixo assinados, desejamos registrar o elevado conceito que temos de sua mediunidade, bem como a reprovação pelo tratamento a ele dispensado. Consideramos Henry Slade um dos mais valiosos médiuns dos tempos atuais. Os fenômenos que ocorrem em sua presença se revestem de rapidez e regularidade raramente igualadas. Ele nos deixa não apenas com a reputação intacta, a despeito do processo de nossa Corte de Justiça, mas com um volume de testemunhos a seu favor que, decerto, não teria obtido de outra maneira.

Assinam o documento o Sr. Alexander Calder, presidente da Associação Nacional Britânica dos Espiritualistas,[135] e inúmeros representantes espiritualistas.

Infelizmente, porém, são os *contra* e não os *a favor* que alcançam o ouvido da imprensa, e mesmo agora, passados quinze anos, seria difícil encontrar um jornal suficientemente esclarecido para fazer-lhe justiça.

Os espiritualistas, no entanto, mostraram grande energia ao apoiar Slade. Antes do julgamento, foi levantado um *Fundo de Defesa,* e os espiritualistas da América elaboraram um memorial dirigido ao ministro americano em Londres. No interregno entre a condenação em Bow Street e o julgamento do recurso, foi enviado ao secretário do Interior outro memorial, protestando-se contra a ação do governo de prosseguir

---

[135] N.T.: British National Association of Spiritualists.

CAP 13 | HENRY SLADE E O DR. MONCK

no processo após a apelação. Enviaram-se cópias deste último documento a todos os membros do Legislativo, aos magistrados do Middlesex, a vários membros da Sociedade Real e a outras corporações públicas. A Srta. Kislingbury, secretária da Associação Nacional dos Espiritualistas, remeteu uma dessas cópias à rainha.

Depois de realizar sessões com êxito em Hague, Slade foi a Berlim, em novembro de 1877, onde despertou o mais aguçado interesse. Consta que ele não tinha conhecimento da língua alemã. Contudo, apareceram, nas ardósias, mensagens em alemão, escritas em caracteres do século XV. O *Berliner Fremdenblatt*, de 10 de novembro de 1887, publicou o seguinte:

> Desde a chegada do Sr. Slade ao Hotel Kronprinz, a maior parte do mundo culto de Berlim vem sofrendo de uma epidemia que podemos chamar de febre espiritualista.

Descrevendo suas experiências em Berlim, Slade disse que começou por converter o dono do hotel, usando ardósias e mesas deste último na própria casa do hospedeiro. O referido proprietário convidou o Chefe de Polícia e vários cidadãos eminentes de Berlim para testemunharem as manifestações. Essas pessoas declararam-se convencidas. Escreve Slade:

> Samuel Bellachini, mágico da corte do imperador da Alemanha, realizou experiências comigo, gratuitamente, durante uma semana. Proporcionei-lhe duas a três sessões diárias, sendo que, uma delas, em sua própria casa. Depois de fazer uma investigação completa das manifestações, Bellachini foi a um notário público e prestou juramento sobre a inexistência de fraude: os fenômenos eram genuínos.

A declaração de Bellachini foi publicada, ratificando a informação de Slade. Diz ele que, depois de minuciosa investigação, chegou à conclusão de que explicar os fenômenos por meio de truques mágicos é "absolutamente impossível".

A conduta dos mágicos parece ter sido determinada por uma espécie de união comercial provocada pelo ciúme, como se os resultados produzidos pelos médiuns constituíssem, de algum modo, uma quebra de monopólio. Esse alemão esclarecido, porém, ao lado de Houdin, Kellar, e uns poucos mais, demonstrou possuir mente mais aberta.

Seguiu-se uma visita à Dinamarca e, em dezembro, iniciaram-se as sessões históricas com o professor Zöllner, em Leipzig. Um relato completo dessas sessões pode ser encontrado na *Física transcendental*,[136] de Zollner, traduzida para o inglês pelo Sr. C. C. Massey. Zöllner era professor de Física e astronomia da Universidade de Leipzig e, em suas experiências com Slade, foi acompanhado por outros cientistas, entre os quais William Edward Weber, professor de Física; professor Scheibner, ilustre matemático; Gustave Theodore Fechner, professor de Física e filósofo naturalista eminente. Todos eles, conforme asseverou o professor Zöllner, ficaram "perfeitamente convencidos da realidade dos fatos, excluindo, por unanimidade, a impostura e a prestidigitação". Os fenômenos em referência incluíam, entre outros,

> a produção de nós em uma corrente sem extremidade, o rompimento do cortinado do leito do Sr. Zöllner, o desaparecimento de uma mesa pequena e sua subsequente descida do teto, em plena luz. Tudo isso ocorria numa residência particular, sob rigorosa observação, notando-se, em especial, a aparente passividade do Dr. Slade durante as manifestações.

Certos críticos julgaram insuficientes as precauções adotadas nessas experiências. O Dr. J. Maxwell, crítico francês perspicaz, ofereceu a eles excelente resposta.[137] Referiu que os investigadores psíquicos conscienciosos e habilidosos costumam omitir, em seus relatórios, que toda hipótese de fraude foi estudada e eliminada, na suposição de que tal circunstância "estaria implícita em sua afirmação da realidade do fato". Esse procedimento evita, inclusive, a elaboração de relatórios muito longos. Críticos ardilosos, entretanto, não hesitam em condená-los, sugerindo possibilidades inadmissíveis de fraude dentro das condições observadas.

Zöllner, diante da suposição de que teria sido enganado quando realizava a experiência das cordas amarradas, afirmou dignamente:

---

[136] N.T.: *Transcendental Physics*.
[137] Nota do autor: *Metapsychical Phenomena* (tradução, 1905), p. 405.

> Se os fundamentos desse fato, deduzidos a partir de minha própria concepção de espaço, são negados, remanesceria tão somente outra espécie de explicação, inspirada por um código de respeito moral, que, é bem verdade, está sendo atualmente muito empregado. Essa explicação consistiria em admitir-se que tanto eu quanto os honrados homens e cidadãos de Leipzig, em cujas presenças diversas dessas cordas foram lacradas, somos impostores vulgares ou, então, não temos senso suficiente para perceber que o Sr. Slade tinha feito os nós antes de as cordas serem seladas. A discussão de tal hipótese, contudo, não mais pertenceria ao domínio da ciência, mas sim ao da decência social.[138]

Como exemplo da negligência com que os opositores do Espiritualismo fazem suas declarações, pode ser mencionado o fato de que o Sr. Joseph McCabe — que perde apenas para o americano Houdini em se tratando de incorreções grosseiras —, se refere[139] a Zöllner como "professor obtuso e decrépito". No entanto, Zöllner faleceu, em 1882, com apenas 48 anos de idade. Além disso, as experiências com Slade verificaram-se no período de 1877 a 1878, quando o distinto cientista estava em seu pleno vigor intelectual.

Os oponentes foram ao ponto de declarar — tal sua animosidade — que Zöllner estava desequilibrado e que sua morte, alguns anos mais tarde, tinha sido acompanhada de fraqueza cerebral. Investigação realizada pelo Dr. Funk pôs término a essa controvérsia, embora, infelizmente, seja fácil encontrar amplamente divulgadas as acusações, mas muito dificilmente, as refutações. Eis o documento referente ao assunto:[140]

> Recebemos sua carta, de 20 de outubro de 1903, endereçada ao reitor desta Universidade. O reitor, que não tivera relacionamento pessoal com Zöllner, aqui se instalou após sua morte; entretanto, informações recebidas dos colegas de Zöllner atestam que este, durante todos os estudos na Universidade até sua morte, possuía

---

[138] Nota do autor: *Massey's Zöllner*, p. 20-21.
[139] Nota do autor: *Spiritualism; A Popular History from 1847*, p. 161.
[140] Nota do autor: *The Widow's Mite*, p. 276.

mente sólida e perfeita saúde. Uma hemorragia que o acometeu na manhã de 25 de abril de 1882, enquanto tomava o café da manhã com sua mãe, provocou-lhe o falecimento logo em seguida. É verdade ter sido o professor Zöllner ardente crente no Espiritualismo e, como tal, amigo íntimo de Slade.

(Dr. Karl Bucher, professor de estatística e economia nacional da Universidade).

Certa feita, Zöllner, Weber e Scheibner — todos três professores da Universidade — presenciaram manifestação vigorosa de força psíquica. Deve-
-se dizer que fatos dessa natureza só se verificam ocasionalmente, quando as condições são favoráveis. Em um canto da sala, via-se pesada tela de madeira.

Subitamente, ouvimos violento estalo, como se fosse descarga de uma grande bateria de garrafas de Leyden. Um tanto alarmados, voltamo-nos para o ponto de onde viera o som e vimos a tela de madeira cair, dividindo-se em dois pedaços. Os fortes parafusos de madeira, de 0,5 polegada de grossura, foram arrancados de cima a baixo, sem que tivéssemos percebido qualquer contato de Slade. As partes quebradas distavam do médium pelo menos 5 pés, estando ele de costas para a referida tela. No entanto, ainda que ele tivesse pretendido partir esta última por algum movimento lateral inteligentemente planejado, teria sido necessário prendê-la do lado oposto. Estando a tela quase solta e, além disso, sendo os veios da madeira paralelos ao eixo dos ferrolhos cilíndricos, a fratura em pedaços somente poderia ter sido realizada por uma força que agisse longitudinalmente. Ficamos atônitos diante dessa inesperada e violenta manifestação de força mecânica, e perguntamos a Slade o que tudo aquilo significava. Ele apenas deu de ombros, dizendo que tais fenômenos raramente ocorriam em sua presença. Enquanto falava, estando ainda de pé, colocou um pedaço de lápis de ardósia na superfície polida da mesa e, sobre ele, uma lousa que eu mesmo tinha comprado e acabara de limpar. Em seguida, pressionou com os cinco dedos abertos da mão direita a parte superior da referida lousa, enquanto sua mão esquerda permanecia no centro da mesa. Iniciou-se, então, a escrita na superfície interna da ardósia e, quando Slade a virou, apareceu grafada a seguinte sentença em inglês: "Não foi nossa intenção causar prejuízo. Pedimos-lhes desculpas pelo acontecido". Estávamos bastante surpresos por ter sido a escrita realizada naquelas circunstâncias, principalmente pelo fato de as mãos de Slade permanecerem imóveis enquanto a redação se produzia.[141]

Na tentativa desesperada de explicar o incidente, o Sr. McCabe afirma não restar dúvida de que a tela fora quebrada anteriormente, tendo sido seus pedaços presos depois por meio de fios. Como se vê, não há limites para a credulidade dos incrédulos.

Após uma série de sessões bem-sucedidas em São Petersburgo, Slade retornou a Londres, em 1878, por poucos dias, seguindo viagem para a Austrália. Interessante relato de seu trabalho nesse país pode ser encontrado no livro de James Curtis *Sussurros na Cidade de Ouro*.[142] Em seguida, voltou para a América. Em 1885, apresentou-se à Comissão Seybert, para investigação e, no ano de 1887, visitou de novo a Inglaterra com o nome de *Dr. Wilson,* embora todos soubessem de quem se tratava. Presume-se ter ele usado um pseudônimo com medo da reabertura do velho processo.

Na maioria de suas sessões, Slade demonstrou possuir a faculdade de clarividência. Era muito frequente também o aparecimento de mãos materializadas. Na Austrália, onde as condições psíquicas eram boas, obteve materializações de Espíritos. O Sr. Curtis diz que o médium se recusava a fazer sessões com este último propósito não só porque o deixavam enfraquecido por algum tempo, como também pelo fato de preferir trabalhar em plena luz. Consentiu, no entanto, em tentar a experiência com o Sr. Curtis, que assim descreve o ocorrido em Ballarat, Victoria:

> A primeira vez que houve materialização de um Espírito foi no Hotel Lester. Coloquei a mesa numa distância de aproximadamente 4 a 5 pés da parede esquerda do quarto. O Sr. Slade sentou-se

---

[141] Nota do autor: *Transcendental Physics*, p. 34-35.
[142] N.T.: *Rustlings in the Golden City*.

à mesa no local mais afastado dessa parede, enquanto me sentei perto dele, mas no lado do móvel que ficava na direção da parede norte do quarto. A luz de gás foi reduzida o suficiente para que se pudessem ver claramente todos os objetos do aposento. Colocamos nossas mãos umas sobre as outras, como em pilha única. Permanecemos quietos durante cerca de dez minutos, quando observei, entre mim e a parede, algo semelhante a pequena nuvem vaporosa. À primeira vista pareceu-me o chapéu de feltro cinza-esbranquiçado de um cavalheiro. Essa espécie de nuvem rapidamente cresceu e transformou-se numa mulher — numa dama, para ser exato. O ser assim formado era perfeito. Ergueu-se do solo até a altura da mesa, ocasião em que pude mais distintamente observar-lhe o aspecto. Os braços e as mãos tinham formas elegantes; a testa, a boca, o nariz, as maçãs faciais e o belo cabelo castanho apresentavam-se harmoniosamente: cada parte concordava com o todo. Somente os olhos eram velados, porque não se materializaram completamente. Calçavam-lhe os pés sapatos brancos de cetim. O vestido resplandecia sob a ação da luz; nunca tinha visto um tão belo: suas cores alternavam-se do cinza-prateado ao branco-cinza brilhante. A figura era toda graciosa e o vestuário, primoroso. O Espírito materializado deslizou e caminhou pela sala, fazendo a mesa balançar, vibrar, saltar e inclinar-se consideravelmente. Pude também ouvir o roçar do vestido, quando a visitante celeste se transportava de um lugar para outro. Depois, a forma espiritual, dissolvendo-se gradualmente, a 2 pés de distância de nossas mãos ainda imóveis e empilhadas, desapareceu.

As condições dessa bela sessão, em que as mãos do médium estavam totalmente seguras e havia luz suficiente para a visibilidade, afiguram-se-nos satisfatórias, admitida a honestidade da testemunha. Considerando-se, porém, que o prefácio do livro antes citado inclui o apoio do testemunho de um oficial responsável do governo australiano, que menciona, inclusive, o inicial ceticismo do Sr. Curtis, cremos poder aceitar as palavras deste último como expressão da verdade. Na mesma sessão, um quarto de hora mais tarde, a figura apareceu de novo:

CAP 13 | HENRY SLADE E O DR. MONCK

A aparição flutuou no ar. Em seguida, pousou sobre a mesa, deslizando em volta com rapidez. Por três vezes, curvou a linda imagem em reverências graciosas, todas calculadas, completas, de tal modo que a cabeça se aproximava 6 polegadas de meu rosto. A cada movimento, ouvia-se-lhe o ruge-ruge do vestido. O rosto permanecia parcialmente velado, como da primeira vez. Depois de algum tempo, tal qual sucedera antes, a figura começou a desaparecer gradualmente até tornar-se invisível.

São descritas outras sessões da mesma natureza.

À vista de todos os rigorosos e bem-elaborados testes que Slade enfrentou com sucesso, a história de ter sido desmascarado na América, em 1886, não se mostra convincente. Referimo-nos a ela, contudo, por razões históricas e para demonstrar que incidentes desse tipo não foram excluídos de nossa narrativa. O *Boston Herald*, de 2 de fevereiro de 1886, apresenta o assunto com o seguinte título:

> O célebre Dr. Slade, desmascarado em Weston, oeste da Virgínia, escreve sobre ardósias que descansam em seus joelhos e move mesas e cadeiras com os dedos dos pés.

Observadores que estavam em sala contígua à do médium, olhando através de uma fenda existente na porta que interligava as duas salas, viram as proezas de sua agilidade, embora os que permaneciam no mesmo ambiente com ele nada tenham percebido. Parece haver aí, como em situações semelhantes, a indicação da ocorrência de fraude, e os próprios espiritualistas juntaram-se aos que o denunciaram. Em apresentação pública subsequente, realizada no Palácio da Justiça, em Weston, e que teve como objetivo a obtenção da escrita direta dos Espíritos, o Sr. E. S. Barrett, conhecido como espiritualista, adiantou-se para explicar a forma pela qual a impostura de Slade tinha sido descoberta. Chamado a falar, Slade pareceu aturdido, podendo apenas dizer, segundo o relato do jornal, que, se seus acusadores tinham sido enganados, ele também fora, pois, se fraudara, foi por ato inconsciente.

O Sr. J. Simmons, administrador dos negócios de Slade, fez uma declaração honesta, que parece apontar para a atuação de membros ectoplásmicos, como, anos mais tarde, foi provado ser o caso da famosa médium italiana Eusapia Palladino. Ele diz:

> Não duvido que esses cavalheiros tenham visto o que afirmaram ter visto, mas estou ao mesmo tempo convencido da inocência de Slade em relação à acusação que lhe foi feita. Tal acusação o senhor mesmo [o editor] teria recebido em semelhantes circunstâncias. Sei, entretanto, que minha explicação não teria força nos tribunais. Eu mesmo vi certa mão, que poderia jurar ser de Slade, se ele pudesse posicionar a sua daquela forma. Enquanto uma de suas mãos estava sobre a mesa e a outra mantinha a ardósia debaixo dela, apareceu uma terceira segurando uma escova de roupa (a mesma escova que pouco antes tinha sido passada em mim, do joelho para cima) no lado oposto da mesa, de 42 polegadas de comprimento.

Slade e seu administrador foram presos e soltos sob fiança, mas nenhum processo posterior parece ter sido instaurado contra eles. Truesdell, de igual modo, em seu livro *Fatos básicos do Espiritualismo*,[143] declara ter visto Slade efetuando o movimento de objetos com o próprio pé, asseverando a seus leitores que o médium lhe fizera confissão completa de como eram produzidas tais manifestações.

Se Slade alguma vez, por um arroubo de leviandade, prestou declaração nesse sentido, foi, provavelmente, com o intuito de fazer de bobo certo tipo de observador, dizendo-lhe exatamente o que ele esperava ouvir. Podemos aplicar, em relação a tais exemplos, o julgamento que fez o professor Zöllner no incidente de Lankester:

> Os fenômenos físicos por nós observados em sua presença possuem variedade tão espantosa que afastam qualquer suposição racional de que ele, em um único e isolado caso, tenha recorrido à impostura.

---

[143] N.T.: *Spiritualism, Bottom Facts*.

Acrescenta — o que foi certamente a situação naquele exemplo em especial — ter sido o médium vítima dos limitados conhecimentos de seu acusador e de seu juiz.

Ao mesmo tempo, existem evidências da degradação do caráter de Slade, no final de sua vida. As sessões confusas com objetivos comerciais, o esgotamento físico daí decorrente, os estímulos alcoólicos, para alívio temporário das tensões, tudo isso agindo sobre uma organização física muito sensível teve consequências deletérias. O enfraquecimento do caráter, com a correspondente perda da saúde, pode ter ocasionado a diminuição de seus poderes psíquicos, intensificando nele a tentação de fraudar. Mesmo levando-se em conta a dificuldade de distinção entre fraude e fato psíquico puro, não se pode deixar de sentir impressão desagradável diante das provas apresentadas na Comissão Seybert e do fato de os próprios espiritualistas locais terem condenado o procedimento de Slade. A fragilidade humana, contudo, nada tem de ver com a força psíquica. Aqueles que procuram provas dessa força sempre as encontrarão no período em que esse homem e suas faculdades estavam no zênite.

Slade morreu em 1905, num sanatório em Michigan, onde fora colocado pelos espiritualistas americanos. A ocorrência teve a habitual sorte de comentários da imprensa londrina. O *Star*, que tem uma tradição negativa em assuntos psíquicos, publicou artigo sensacionalista intitulado *Fraudes de fantasma*,[144] apresentando relato superficial da acusação de Lankester, em Bow Street. Referindo-se a isso, *Light* assim se manifesta:[145]

> Sem dúvida, tudo isso é um misto de ignorância, injustiça e preconceito. Não nos interessa discutir os fatos ou refutá-los. Seria inútil fazê-lo diante dos injustos, dos ignorantes e dos preconceituosos. Além disso, não é necessário para aqueles que sabem. Basta dizer que o *Star* é apenas um exemplo a mais da dificuldade de apresentação desses fatos ao público. Os jornais preconceituosos, contudo, devem acusar-se a si mesmos por sua ignorância e suas incorreções. É novamente a história dos irmãos Davenport e Maskelyne.

---

[144] N.T.: *Spook Swindles*.
[145] Nota do autor: 1886, p. 433.

É difícil avaliarmos a carreira de Slade. Se, de um lado, somos forçados a admitir a preponderância esmagadora dos fenômenos psíquicos que produziu, de outro, não podemos afastar a existência de um resíduo que deixou a desagradável impressão de que ele misturava a verdade com a fraude.

Esse mesmo comentário pode ser aplicado ao médium Monck, que desempenhou papel considerável em parte dos anos setenta.[146] De todos os médiuns, porém, Monck é o mais difícil de ser avaliado, pois, enquanto muitos dos fatos ocorridos por seu intermédio estão fora de toda discussão, alguns poucos parecem estar inquinados da certeza absoluta de desonestidade. Em seu caso, como no de Slade, houve causas físicas que contribuíram para a degeneração das forças morais e psíquicas.

Monck era um clérigo não conformista, discípulo favorito do famoso Spurgeon. Segundo ele mesmo relatou, desde a infância estava sujeito à influenciação psíquica, situação que foi aumentando com a idade. Em 1873, anunciou sua adesão ao Espiritualismo num discurso proferido em Cavendish Rooms. Logo em seguida, ao que parece, passou a realizar demonstrações gratuitas, em plena luz. Em 1875, fez uma excursão pela Inglaterra e Escócia, realizando apresentações que muito atraíram a atenção do público, além de provocarem numerosos debates. Em 1876, visitou a Irlanda, onde se lhe manifestou a faculdade de cura. Por esta razão, era habitualmente chamado de Dr. Monck, fato este que naturalmente levantou protestos da classe médica.

O Dr. Alfred Russel Wallace, observador honesto e competente, relatou uma sessão realizada com Monck, na qual se obteve prova incontestável do fenômeno de materialização. Nenhuma suspeita ou convicção surgida posteriormente poderia eliminar esse exemplo incontroverso de força psíquica. É de se notar a estreita concordância entre os efeitos, então produzidos, com as demonstrações posteriores do fluxo ectoplásmico nos casos de Eva e outros médiuns modernos. Os companheiros do Dr. Wallace, nessa ocasião, eram o Sr. Stainton Moses e o Sr. Hensleigh Wedgwood. Escreve o Dr. Wallace:

> Era uma brilhante tarde de verão e tudo aconteceu em plena luz do dia. Após breve conversa, Monck, vestido no costumeiro hábito negro clerical, pareceu entrar em transe. Em seguida, ficou

---

[146] N.T.: século XIX.

de pé a poucos passos a nossa frente e, depois de alguns instantes, apontou para o lado, dizendo: "Vejam".

Vimos, no lado esquerdo de seu casaco, tênue mancha branca, que se tornou mais brilhante, parecendo cintilar, enquanto se expandia de cima para baixo, formando, gradualmente, uma coluna de neblina junto do corpo do médium, estendendo-se-lhe do ombro aos pés.

O Dr. Wallace continua descrevendo como essa forma nebulosa finalmente assumiu a figura de uma mulher envolvida em panos, a qual, pouco tempo depois, foi absorvida pelo corpo do médium. E acrescenta: "O processo completo de formação de uma figura amortalhada era visto em plena luz do dia".

O Sr. Wedgwood assegurou-lhe que tivera ainda mais notáveis manifestações dessa espécie com Monck, estando o médium em transe profundo e à vista de todos.

É impossível, depois de provas tão convincentes, haver dúvida sobre as faculdades do médium, nessa fase de sua vida. O arcerdiago Colley, que tinha visto exibições semelhantes, ofereceu o prêmio de 1000 libras ao famoso prestidigitador, Sr. J. N. Maskelyne, para repetir a façanha. O desafio foi aceito, mas o resultado demonstrou que a imitação em nada se assemelhava ao original. O Sr. Maskelyne recorreu à Justiça, mas a sentença lhe foi desfavorável.

É interessante comparar o relato de Russel Wallace com a experiência posterior do Dr. Dailey, conhecidíssimo juiz americano, que a descreveu nestes termos:[147]

> Relanceamos os olhos para a direção do Dr. Monck e observamos algo semelhante a massa opalina de compacto vapor saindo da parte inferior esquerda de seu coração. Essa massa avolumou-se, elevou-se e, em seguida, estendeu-se no sentido oposto, enquanto a porção superior tomava a forma de uma cabeça de criança, cujo rosto se parecia com o do filhinho que eu havia perdido vinte anos antes, aproximadamente. Manteve essa aparência apenas por

---

[147] Nota do autor: *Banner of Light*, 15 dez. 1881.

um momento e subitamente desapareceu, absorvida pela parte lateral do corpo do médium. A cada vez que se repetia esse notável fenômeno — o que sucedeu quatro ou cinco vezes —, a materialização era mais perfeita. A sala, iluminada a gás com bastante intensidade para tornar visíveis os objetos ali existentes, oferecia condições para todos testemunharem o fato. O fenômeno era raro. No entanto, foi possível aos observadores se certificarem

ALFRED RUSSEL WALLACE (1823-1913)
(Foto de Elliot & Fry)

não apenas da notável faculdade do Dr. Monck como médium de materialização, mas também da admirável maneira pela qual o Espírito se movimentava enquanto nossas mãos permaneciam imóveis, o que só deixava de ocorrer quando eu tinha de desatar as lousas para verificar os resultados da escrita.

Depois de tal testemunho, seria inútil negar a grande força psíquica de Monck.

Além de médium de materializações, o Dr. Monck era notável na produção da escrita em ardósia. O Dr. Russel Wallace, em carta ao *Spectator*,[148] refere-se à sessão que tivera com Monck numa residência em Richmond. Nessa oportunidade, ele mesmo limpou duas ardósias, inserindo um fragmento de lápis entre elas. Amarrou-as bem apertado, uma contra a outra, com um grosso cordão, cruzando-o de modo a impedir qualquer movimento.

Em seguida, depositei-as [as ardósias] em cima da mesa, sem perdê-las de vista um instante sequer. O Dr. Monck descansou os dedos de ambas as mãos sobre elas, enquanto eu e uma senhora, sentada no lado oposto, colocamos as mãos nos cantos das mesmas. Nossas mãos permaneceram nessa posição até que eu desatasse as ardósias para certificar-me do resultado.

Monck pediu a Wallace que indicasse uma palavra para ser escrita na lousa. Ele escolheu a palavra *Deus* e, em resposta a determinada solicitação, decidiu que essa palavra fosse ali inserida longitudinalmente. Ouviu-se o ruído da escrita e, quando o médium retirou as mãos de sobre as lousas, o Dr. Wallace, abrindo-as, encontrou, na que estava em posição inferior e na forma que solicitara, a palavra sugerida.

Diz o Dr. Wallace:

São os seguintes os aspectos essenciais dessa experiência: eu mesmo limpei e amarrei as ardósias; mantive todo o tempo as mãos sobre elas; as ardósias não saíram de minha vista sequer por um

---

[148] Nota do autor: 7 out. 1877.

momento; eu escolhi a palavra a ser escrita e a maneira como deveria ser escrita; isso foi feito depois de as lousas estarem amarradas e sob meu controle.

O Sr. Edward T. Bennett, secretário assistente da Sociedade de Pesquisas Psíquicas, acrescenta o seguinte: "Eu estava presente nessa ocasião e confirmo a exatidão do relato do Sr. Wallace".

Outra boa experiência foi a descrita pelo conhecido investigador Sr. W. P. Adshead, de Belper. Narra ele, referindo-se à sessão realizada em Derby, no dia 18 de setembro de 1876:

> Havia oito pessoas no recinto: três senhoras e cinco cavalheiros. Uma dessas senhoras, jamais vista pelo Dr. Monck, tinha em mãos uma ardósia, que lhe fora entregue por um dos participantes. Ao examiná-la, a citada senhora certificou-se de que estava limpa. Sobre a mesa, poucos minutos antes de nos sentarmos, havia um lápis específico para lousas. Como não foi encontrado quando o procuramos, um dos investigadores achou que seria interessante se fazer a experiência com um lápis de grafite. Colocou-se, então, o lápis sobre a ardósia. A senhora em questão segurou a ardósia com o lápis por baixo da mesa. Ouviu-se instantaneamente o ruído da escrita e, em poucos segundos, foi dada uma comunicação que preencheu um lado inteiro da lousa. As letras eram de tamanho muito pequeno, mas a escrita, legível, referia-se a assunto estritamente particular. Nessa oportunidade, realizaram-se três testes simultâneos: 1. Obteve-se a escrita sem que o médium, ou qualquer outra pessoa, exceto a citada senhora, tocasse na ardósia. 2. Foi usado, para sua produção, um lápis de grafite, conforme sugerido espontaneamente por um dos investigadores. 3. O resultado da experiência foi de grande importância comprobatória, pois a mensagem obtida tratava de assunto estritamente particular. Além disso, o Dr. Monck não tocou na ardósia durante todo o tempo da experiência.

O Sr. Adshead refere-se também a fenômenos físicos ocorridos espontaneamente com o médium, quando suas mãos estavam contidas por um aparelho denominado *stocks*,[149] o qual não lhe permitia movimentá-las nem mesmo uma polegada em qualquer direção.

No ano de 1876, tramitava em Londres o processo de Slade, como já referido, e *denúncias* pairavam no ar. Nesses casos de *denúncias*, entretanto, para que o julgamento das provas seja imparcial, há que considerar um aspecto importante. É que toda vez que um homem publicamente conhecido (um mágico ou um mesmerista, por exemplo) afirma ter *desmascarado* um médium, ele obtém facilmente valioso espaço nos jornais, atraindo, dessa forma, a atenção daquela numerosa parte do público, ansiosa por ver os médiuns desmascarados.

No misterioso e certamente suspeito caso, que passaremos a narrar, o mencionado mágico ou mesmerista era o famoso Lodge, tendo o fato acontecido numa sessão realizada em Huddersfield, no dia 3 de novembro de 1876. Repentinamente, o Sr. Lodge solicitou fosse feita inspeção no médium, o qual, por temer uma agressão, ou, talvez, para evitar ser desmascarado, subiu as escadas correndo, trancando-se no quarto. Em seguida, pulou a janela e dirigiu-se à delegacia de polícia, onde prestou queixa pelo tratamento sofrido. Na verdade, houve arrombamento da porta de seu quarto, seus pertences foram revirados, achando-se no meio deles um par de luvas de lã. Monck asseverou terem sido estas confeccionadas para uma conferência em que descrevera a diferença entre ilusionismo e mediunidade. Ainda, como observou um jornal espiritualista naquela ocasião:

> Os fenômenos mediúnicos produzidos pelo Dr. Monck não possuem relação alguma com a integridade de seu caráter. Fosse ele o maior embusteiro e, ao mesmo tempo, o mais talentoso prestidigitador, ainda assim, persistiriam inexplicáveis as manifestações a ele atribuídas.

Monck foi sentenciado a três meses de prisão e supõe-se tenha feito uma confissão ao Sr. Lodge.

---

[149] N.T.: tronco é a "armação de madeira com furos nos quais se prendiam as pernas e os braços de condenados" (*Novo Michaelis dicionário ilustrado*).

Depois de solto, o médium realizou, com Stainton Moses, uma série de sessões experimentais onde ocorreram fenômenos notáveis. *Light* faz o seguinte comentário:

> Aqueles cujos nomes citamos como testemunhas da mediunidade do Dr. Monck são considerados, pelos espiritualistas mais antigos, experimentadores argutos e escrupulosamente cautelosos. O apoio do Sr. Hensleigh Wedgwood, por exemplo, foi de grande peso, pois, além de conhecido como homem de ciência, era cunhado de Charles Darwin.

O caso de Huddersfield, porém, apresenta um elemento de dúvida. É que, embora o acusador não fosse, de modo algum, pessoa imparcial, o testemunho de Sir. William Barrett é claro no sentido de afirmar que Monck se utilizava algumas vezes da fraude, de forma deliberada e insensível. Escreve Sir William:

> Surpreendi o *doutor* em fraude grosseira, quando usava, para simular um Espírito parcialmente materializado, um pedaço de musselina branca com uma moldura de arame ligada a um fio preto.[150]

Uma revelação assim, vinda de fonte tão segura, provoca tal mal-estar que somos induzidos a jogar na cesta de lixo toda prova existente em favor do médium. Todavia, devemos ser pacientes e razoáveis nesses assuntos. As sessões iniciais de Monck, como claramente demonstrado, foram realizadas com luz suficiente, circunstância que impediria o emprego de mecanismos grosseiros. Não podemos afirmar, por exemplo, que, pelo fato de um homem, em determinada ocasião, ter falsificado um cheque, ele nunca tenha assinado um cheque autêntico em sua vida. Admitamos, porém, o fato de Monck ser capaz de fraudar, de tomar o caminho mais fácil, quando as coisas complicavam. Portanto, cada manifestação de sua mediunidade deve ser cuidadosamente examinada.

---

[150] Nota do autor: *S.P.R. Proceedings*, vol. VI, p. 38 (nota de rodapé).

CAPÍTULO 14

Investigações coletivas sobre o Espiritualismo

Várias comissões, em diferentes oportunidades, ocuparam-se do Espiritualismo. As duas mais importantes foram a da Sociedade Dialética, no período 1869-70, e a Comissão Seybert, em 1884. A primeira era britânica e a segunda, americana. Pode-se destacar também a da sociedade francesa *Institut Général Psycologique*, nos anos de 1905 a 1908. Apesar dos anos decorridos entre essas investigações, julgamos conveniente tratá-las em capítulo específico, uma vez que lhe podem ser aplicadas diversas observações de mesmo teor.

No caminho das investigações coletivas surgem dificuldades óbvias. Tais dificuldades são tão graves que parecem quase insuperáveis. Quando, por exemplo, um Crookes ou um Lombroso investigam o assunto, fazem-no sozinhos com o médium, ou se associam a pessoas que, conhecedoras das condições psíquicas e das leis dos fenômenos, possam auxiliá-los. O mesmo, entretanto, não sucede com as comissões. Seus integrantes não compreendem que eles, individualmente, fazem parte da experiência, podendo criar vibrações tão intoleráveis, envolver-se em atmosfera tão negativa que as forças espirituais, governadas por leis bem-definidas, não conseguem romper. Não é em vão que as três palavras "em comum acordo" são interpoladas no relato da reunião apostólica.[151] Uma forte

---

[151] N.T.: Atos, 1:14.

corrente psíquica adversa pode arruinar um círculo psíquico tanto quanto uma pequena peça de metal é capaz de perturbar toda uma instalação magnética. É por essa razão — e não por demasiada credulidade — que os espiritualistas praticantes frequentemente alcançam resultados jamais atingidos por meros pesquisadores. Esse pode ser também o motivo pelo qual, entre as comissões citadas, aquela em que os espiritualistas estavam adequadamente representados foi a mais bem sucedida. Referimo-nos à comissão organizada pela Sociedade Dialética de Londres, que iniciou suas experiências no início de 1869, apresentando o relatório de seus trabalhos em 1871. Se as pessoas que examinaram esse relatório tivessem agido com bom senso e respeitado as normas gerais que regulam a produção de provas, o progresso da verdade psíquica teria avançado em cinquenta anos.

Os trinta e quatro conceituados senhores integrantes da Comissão tinham a incumbência de "investigar os fenômenos tidos como manifestações espirituais". Em sua maioria, eles agasalhavam o propósito de desmascarar a impostura. Encontraram, porém, um conjunto de provas que não poderia ser desconsiderado, fato que os levou a afirmar: "O assunto é merecedor de mais séria atenção e mais cuidadosa pesquisa do que até agora foi objeto". Essa conclusão surpreendeu de tal modo a sociedade que representavam que os membros da Comissão não conseguiram ter seu relatório publicado pela entidade. Fizeram-no, entretanto, às próprias custas, possibilitando, com isso, o registro permanente de uma investigação de grande interesse.

Tais integrantes pertenciam a variadas profissões, contando-se, entre eles, um doutor em teologia, dois médicos, dois cirurgiões, dois engenheiros civis, dois membros de sociedades científicas e dois advogados. O racionalista Charles Bradlaugh era um deles. O professor Huxley e G. H. Lewes, marido de George Eliot, foram convidados para cooperar, mas ambos recusaram-se. Huxley declarou, em sua resposta: "Ainda que os fenômenos sejam autênticos, eles não me interessam". Tal afirmação demonstra que esse admirável homem, com toda a sua inteligência, também tinha limitações.

A Comissão foi dividida em seis subcomissões, que se reuniram quarenta vezes, sob condições favoráveis às experiências, sem terem, na maior parte dessas ocasiões, a ajuda de um médium profissional. Conscientes de suas próprias responsabilidades, os investigadores concordaram em que os seguintes pontos estavam estabelecidos:

CAP 14 | INVESTIGAÇÕES COLETIVAS SOBRE O ESPIRITUALISMO

Ouvem-se os mais variados tipos de sons (vindos aparentemente de artigos da mobília, do chão e das paredes da sala), cuja produção não é devida à ação muscular ou a artifício mecânico. Esses sons se fazem acompanhar por vibrações, que são muitas vezes distintamente perceptíveis ao toque.

Corpos pesados movimentam-se sem o auxílio de dispositivo mecânico de qualquer espécie ou o emprego de força muscular das pessoas presentes, e frequentemente sem contato ou conexão com qualquer pessoa.

Esses sons e movimentos muitas vezes ocorrem de acordo com as solicitações dos participantes das sessões e, por meio de simples código de sinais, respondem a perguntas e formam comunicações coerentes.

As respostas e comunicações assim obtidas, em geral, não vão além do que é comum. Algumas vezes, porém, são dadas informações corretas, conhecidas apenas de uma das pessoas presentes. As circunstâncias sob as quais os fenômenos ocorrem são variáveis, mas destaca-se o fato de que a presença de certas pessoas parece necessária e a de outras, prejudicial a sua produção. Essa diferença, contudo, não depende do grau de crença ou descrença em relação a eles.

A presença ou a ausência de tais pessoas, respectivamente, não assegura, porém, a ocorrência dos fenômenos.

O relatório da Comissão resume as provas orais e escritas recebidas. Essas provas não se referem apenas aos fenômenos da mesma natureza testemunhados pelas subcomissões, mas a outros do mais variado e extraordinário caráter:

Treze testemunhas declaram que viram corpos pesados — em alguns casos homens — erguerem-se vagarosamente e permanecerem no ar por algum tempo, sem apoio visível ou tangível.

Quatorze atestam que observaram mãos ou figuras, as quais, embora não fossem humanas, tinham a aparência e a mobilidade do ser humano. Disseram que algumas vezes tocaram ou mesmo agarraram tais aparições, ficando assim convencidas de não serem elas resultado de impostura ou ilusão.

Cinco afirmam que foram tocadas em várias partes do corpo e, frequentemente, conforme solicitavam, por algum agente invisível, enquanto as mãos de todos os participantes da sessão permaneciam visíveis.

Treze dizem que ouviram peças musicais bem-tocadas, conquanto não fossem vistos os executores dos respectivos instrumentos.

Cinco declaram que viram carvões incandescentes sendo colocados nas mãos ou nas cabeças de várias pessoas, sem que produzissem dor ou queimadura, ainda que leves, e três afirmam que passaram imunes por essa experiência.

Oito atestam que obtiveram, por batidas, pela escrita e por outros meios, informações cuja exatidão era desconhecida tanto delas mesmas como dos demais assistentes, mas que foi constatada em investigações posteriores.

Uma afirma que recebeu uma clara e minuciosa comunicação, que, entretanto, estava totalmente errada, como se pôde verificar.

Três atestam que presenciaram a produção de desenhos, a lápis e a cores, em tão breve tempo e sob tais condições que tornava impossível a ação humana.

Seis, ainda, declaram que receberam informações sobre eventos futuros e que, em alguns casos, a hora e o minuto da ocorrência foram preditos com exatidão, dias e até semanas antes.

Além disso, houve provas de psicofonia, de curas, de escrita automática, de introdução de flores e frutas em recintos fechados, de vozes ecoando no ar, de visões em cristais e espelhos, e de alongamento do corpo humano.

O relato termina com as seguintes observações:

> Ao apresentar o relatório, vossa Comissão, considerando o elevado caráter e a grande inteligência de muitas pessoas que testemunharam os fatos mais extraordinários, bem como a importância desse testemunho, em virtude do apoio que obteve dos relatórios

das subcomissões; considerando, também, a ausência de qualquer prova de impostura ou ilusão, no que respeita a grande parte dos fenômenos produzidos, e a excepcional peculiaridade desses fenômenos, a par do grande número de pessoas, em todas as camadas sociais do mundo civilizado, que são mais ou menos influenciadas pela crença na origem sobrenatural dos mesmos; considerando, finalmente, a circunstância de que inexiste qualquer explicação filosófica sobre eles, julga que é seu dever afirmar a própria convicção de que o assunto é merecedor de mais séria atenção e mais cuidadosa pesquisa do que até agora tem sido objeto.

Entre aqueles que apresentaram provas ou leram trabalhos perante a Comissão, estavam o Dr. Alfred Russel Wallace, a Sra. Emma Hardinge, o Sr. H. D. Jencken, o Sr. Benjamin Coleman, o Sr. Cromwell F. Varley, o Sr. D. D. Home e o Mestre de Lindsay. Foi recebida ainda correspondência de Lorde Lytton, do Sr. Robert Chambers, do Dr. Garth Wilkinson, do Sr. William Howitt, de M. Camille Flammarion e de outros.

A Comissão teve êxito ao coligir provas junto àqueles que estavam convencidos da realidade dos fenômenos, mas falhou quase por completo, como declarou em seu relatório, quando buscou obtê-las dos que atribuíam os fatos à fraude ou à ilusão.

No registro dos depoimentos de mais de cinquenta pessoas, há volumoso testemunho de homens e mulheres de alta posição social a favor da existência dos fatos. Uma dessas testemunhas[152] afirmou que o mais notável fenômeno produzido pelos trabalhos da Comissão foi o extraordinário número de homens eminentes que se revelaram crentes convictos da hipótese espiritual. Outra,[153] ainda, declarou que, fossem quais fossem os meios empregados para a produção das manifestações, elas não poderiam ser explicadas nem pela impostura nem pela ilusão.

Um aspecto interessante do crescimento do movimento espiritualista pode ser verificado pela declaração da Sra. Emma Hardinge de que, naquela época (1869), conhecia apenas dois médiuns profissionais

---

[152] Nota do autor: Grattan Geary.
[153] Nota do autor: E. L. Blanchard.

em Londres, embora se relacionasse com vários outros não profissionais. Considerando-se que ela própria era médium, sua afirmação deve estar correta. O Sr. Cromwell Varley assevera que não havia, em todo o Reino, mais do que uma centena de médiuns conhecidos, acrescentando que muito poucos, entretanto, tinham faculdades desenvolvidas. Ele dá testemunho conclusivo a respeito do grande trabalho realizado na Inglaterra por D. D. Home, cuja mediunidade provocou a maioria das conversões. Outro médium que desempenhou importante papel foi a Sra. Marshall. Muitas testemunhas falaram das sessões comprobatórias que assistiram em sua casa. O conhecidíssimo autor, Sr. William Howitt, era de opinião de que cerca de vinte milhões de pessoas em todos os países se converteram ao Espiritualismo em virtude de suas experiências pessoais.

As objeções dos opositores nada apresentavam de especial. Lorde Lytton dizia, por exemplo, que os fenômenos eram causados por influências materiais de natureza ignorada. O Dr. Carpenter defendia sua tese preferida: a da *cerebração inconsciente*. O Dr. Kidd afirmava que, evidentemente, se tratava, em sua maioria, de fenômenos subjetivos. Houve ainda três testemunhas, as quais, embora convencidas da autenticidade dos fatos, os atribuíam à ação demoníaca. Essas objeções foram devidamente refutadas pelo Sr. Thomas Shorter — secretário da Escola Superior de Trabalhadores[154] e autor de *Confissões de um pesquisador da verdade*[155] — em admirável análise do relatório, publicada no *The Spiritual Magazine*.[156]

Digno de menção é o fato de que esse importante e bem-conceituado relatório foi alvo de ridículo por grande parte da imprensa londrina. Uma honrosa exceção foi o *Spectator*.

O revisor do *The Times* considerou-o

> nada mais do que uma miscelânea de conclusões inconsistentes, ornamentada de monstruoso lixo, o qual, para nossa infelicidade, foi reunido para exame como nunca tinha sido antes.

---

[154] N.T.: Working Men's College.
[155] N.T.: *Confessions of a Truth Seeker*.
[156] Nota do autor: 1872, p. 3-15.

O *Morning Post* disse: "O relatório publicado é inteiramente sem valor".

O *Saturday Review* esperava que o relatório servisse "para levar um pouco mais de descrédito a uma das mais degradantes superstições jamais aceitas pelas pessoas sensatas".

O *Standard* fez uma crítica sensata, que merece ser lembrada. Contestando a observação dos que, embora não acreditando no Espiritualismo, dizem que pode haver "algo de concreto nele", o jornal observa com sabedoria: "Se existe no Espiritualismo alguma coisa que não seja impostura e imbecilidade, então há todo um outro mundo aí".

O *Daily News* considerou o relatório como "uma importante contribuição para a literatura de um assunto que algum dia, tendo em vista o número de seus seguidores, demandará mais ampla investigação".

O *Spectator*, depois de descrever o livro como extremamente curioso, acrescenta:

> Poucas pessoas, entretanto, poderiam ler a massa de provas contidas nesse volume, em que é mostrada a convicção de indivíduos respeitáveis e honestos na realidade dos chamados fenômenos espirituais, sem concordar com a opinião do Sr. Jeffrey. Este afirma que não só os notáveis fenômenos testemunhados — alguns dos quais não foram atribuídos à impostura ou à ilusão — mas também o testemunho coletivo de pessoas honradas "justificam a recomendação do assunto para futuras e cautelosas investigações".

São esses apenas breves extratos do longo noticiário publicado em uns poucos jornais de Londres. Conquanto ruins, não deixam de indicar uma mudança de atitude da parte da imprensa, que antes simplesmente ignorava o assunto.

É preciso lembrar que o relatório se refere tão somente ao aspecto fenomênico do Espiritualismo: o menos importante, na opinião dos líderes espiritualistas. Apenas uma das subcomissões indicou em seu relato, como pontos essenciais das mensagens, os seguintes: que a morte física constitui assunto de mera recordação para os Espíritos, mas que representa, para eles, uma espécie de renascimento em nova existência; que a vida espiritual é, sob todos os aspectos, humana; que as relações de amizade se fazem tão comuns e aprazíveis quanto neste mundo; que, embora os Espíritos se interessem muito pelos acontecimentos mundanos, não possuem o menor desejo de retornar ao estado anterior de existência; que a comunicação com os amigos terrenos é, para eles, agradável e desejada, sendo vista como um meio de dar àqueles uma prova da continuidade da vida, apesar da dissolução do corpo físico, e que os Espíritos não reivindicam o poder da profecia. Foram essas as linhas mestras das informações recebidas.

De modo geral, será reconhecido no futuro que a Comissão da Sociedade Dialética fez excelente trabalho para sua época e geração. A grande maioria de seus membros era antagônica às ideias espiritualistas, mas, em face das evidências, com poucas exceções — tais como o Dr. Edmunds — curvaram-se ao testemunho dos próprios sentidos. Houve poucos exemplos de intolerância, como a infeliz declaração de Huxley, já referida, e a afirmação de Charles Bradlaugh de que não examinaria o que estivesse na região do impossível; mas, no conjunto, a equipe de trabalho das subcomissões portou-se de forma excelente.

Há, no relatório da Comissão, longo artigo do Dr. Edmunds, um opositor do Espiritualismo e dos resultados das experiências de seus colegas. Vale a pena lê-lo, como típico da posição mental de certas pessoas. O digno doutor, conquanto imaginando-se imparcial, é, na verdade, tão preconceituoso que sequer admite a possibilidade da existência de fenômenos fora do âmbito das leis naturais conhecidas. Quando os vê com seus próprios olhos, sua única pergunta é: "Como o truque foi feito?". Se não encontra a resposta, tal circunstância não lhe traz a possibilidade de outra explicação: simplesmente registra que não consegue descobrir o truque. Seu testemunho é perfeitamente honesto quanto ao fato. Declara, por exemplo, que algumas flores frescas e frutas ainda úmidas caíram sobre a mesa — fenômeno de transporte, que foi mostrado muitas vezes pela Sra. Guppy. Seu único comentário, porém, é que elas *devem* ter sido retiradas do guarda-louça, embora se possa imaginar que uma grande cesta de frutas sobre o guarda-louça atraísse naturalmente a atenção. Ele mesmo não se arrisca a dizer que viu ali o referido objeto. De outra feita, cerra-se com os Davenports na cabine, admite sua impossibilidade de explicar o fato, mas, obviamente, *deve* ser um truque mágico. E, quando

CAP 14 | INVESTIGAÇÕES COLETIVAS SOBRE O ESPIRITUALISMO

constata que os médiuns que percebem sua atitude mental se recusam, desesperançados, a se reunirem de novo com ele, considera esse afastamento uma evidência de culpa. Há determinado tipo de mente científica que é bem sagaz quando se trata do objeto de seus estudos, mas, fora dele, é o que há de mais tolo e ilógico no mundo.

A Comissão Seybert, que passaremos a estudar, teve a infelicidade de ter sido composta por pessoas despreparadas, com exceção do espiritualista Sr. Hazard, admitido ao grupo extraoficialmente e que, por isso mesmo, tinha poucas chances de exercer influência sobre a atmosfera geral de obstrução que envolvia os companheiros. As circunstâncias em que a referida comissão foi constituída foram as seguintes.

Certo cidadão da Filadélfia, de nome Henry Seybert, legou a soma de 60.000 dólares à Universidade da Pensilvânia com o objetivo de ser ali criada a cadeira de filosofia. Impôs, entretanto, uma condição: a Universidade deveria nomear uma comissão para

> realizar completa e imparcial pesquisa a respeito de todos os sistemas morais, religiosos ou filosóficos que pretendem representar a verdade e, particularmente, sobre o moderno Espiritualismo.

As pessoas escolhidas para integrarem a Comissão nada tinham de especial, a não ser o fato de serem todas ligadas não apenas à Universidade propriamente dita, mas também ao Dr. Pepper, reitor da Universidade e presidente honorário da Comissão; ao Dr. Furness, seu presidente efetivo, e ao Professor Fullerton, seu secretário. Embora a incumbência desse grupo de trabalho fosse "fazer completa e imparcial investigação" do moderno Espiritualismo, seus integrantes, no relatório preliminar, declaram friamente:

> A Comissão é composta de homens que têm seus dias ocupados por obrigações inadiáveis, o que lhes permite devotar a essas investigações apenas uma pequena parcela de seu tempo.

O simples fato de iniciarem o trabalho em tão precárias condições demonstra o pouco entendimento que tinham da natureza da tarefa a eles confiada. O fracasso, portanto, era inevitável. As sessões começaram em março de 1884, tendo sido publicado um relatório "preliminar" — como foi chamado —, em 1887. Esse relatório, entretanto, tornou-se definitivo, pois, ainda que republicado em 1920, nada se lhe acresceu, salvo descolorido prefácio de três parágrafos assinado por descendente do presidente anterior. Em essência, diz a Comissão que o Espiritualismo era constituído, de um lado, pela fraude e de outro, pela credulidade, e que nada tinha havido que merecesse a consideração do grupo. O documento vale a pena ser lido, em sua inteireza, por todo estudioso de assuntos psíquicos. A impressão que se tem é que os membros da Comissão, dentro das próprias limitações, se esforçaram honestamente para compreender os fatos. No entanto, tinham suas mentes em tal atitude de rejeição que, a exemplo do Dr. Edmunds, se algum acontecimento psíquico conseguia ameaçar a posição em que se mantinham, de forma alguma consideravam a possível autenticidade do fenômeno: simplesmente passavam adiante, como se ele não existisse. Assim foi com a Sra. Fox-Kane. Eles obtiveram, por seu intermédio, batidas bem-acentuadas, mas deram-se por satisfeitos com a suposição mil vezes desmentida de que tais batidas vinham do corpo da médium, desconsiderando o fato de que receberam dela longas mensagens em manuscrito, escritas rapidamente, da direita para a esquerda, mensagens estas que somente poderiam ser lidas se colocadas diante do espelho. No contexto dessas mensagens, havia uma complicada sentença em latim, que, como tudo indica, estava muito acima da capacidade da médium. Nada disso eles explicavam; apenas ignoravam.

Ainda pela médium, Sra. Lord, após ter sido esta revistada, foram obtidas não só a voz direta como também luzes fosforescentes. Está registrado no relatório que a Sra. Lord mantinha "um quase contínuo bater de palmas", e que, nada obstante, pessoas distantes dela se sentiam tocadas. Pode-se julgar o espírito com que foi conduzida a investigação pelas palavras do presidente efetivo dirigidas a W. M. Keeler — um fotógrafo de Espíritos, como era conhecido. Diz ele o seguinte: "Só me convenceria se visse um querubim sobre minha cabeça e um em cada ombro, além de um anjo, com todas as características, sobre meu peito". Qualquer espiritualista ficaria surpreso se um investigador com tal frivolidade fosse bem sucedido. Sempre a mesma falácia de que é o médium que produz algo, como faz o mágico. Nunca se leva em conta que o favor e o consentimento dos operadores invisíveis sejam essenciais à produção do fenômeno, uma vez que podem eles curvar-se diante das mentes humildes, mas retrair-se perante o zombador autossuficiente ou, então, divertir-se às suas custas.

Ao mesmo tempo que houve resultados que bem poderiam ser considerados autênticos, se não tivessem sido ignorados, ocorreram episódios que, não obstante dolorosos, não podem deixar de ser encarados pelos espiritualistas. A Comissão descobriu fraude óbvia no caso da Sra. Patterson, médium de ardósia. Por outro lado, é impossível negar-se fundamento à denúncia contra Slade. Os últimos dias deste médium foram, com efeito, nebulosos, e as faculdades tão notáveis de antes podem ter sido substituídas pelos truques. O Dr. Furness vai ao ponto de afirmar que Slade admitiu o uso de truques, mas a história, da maneira como é relatada, dá mais a impressão de ter havido uma brincadeira da parte de Slade. Que este último, de sua janela aberta, acenasse jovialmente ao doutor e, imediatamente, em resposta a uma observação jocosa, pudesse admitir que toda sua vida fora uma fraude é, simplesmente, inacreditável.

Há alguns aspectos em relação aos quais alguns membros da Comissão parecem não ter agido com sinceridade. Assim, é declarado, no começo dos trabalhos, que o relatório seria baseado nos próprios labores da Comissão, desconsiderando-se a massa de material já disponível. Apesar disso, introduz-se, no referido documento, longo e adverso relato do secretário sobre o testemunho de Zollner em favor de Slade. Esse relato tem muitas incorreções, como é mostrado na descrição das experiências de Zollner em Leipzig, incluída no capítulo anterior. Foi cuidadosamente suprimido o fato, por exemplo, de que o principal prestidigitador da Alemanha, depois de realizar considerável investigação, certificou que os fenômenos produzidos por Slade não eram truques. Por outro lado, quando se trata do testemunho de um ilusionista contra a explicação espiritual, como se dá com Kellar, os comentários deste são apresentados no inteiro teor, desconhecendo-se, pelo menos aparentemente, que, no caso de outro médium — Eglinton —, esse mesmo Kellar tinha afirmado que os resultados obtidos estavam além de sua arte.

Abrindo o relatório, afirmam os membros da Comissão:

> Sentimo-nos felizes por ter sido nosso conselheiro, desde o início, o Sr. Thomas R. Hazard, amigo pessoal do Sr. Seybert e amplamente conhecido por todo o país como espiritualista convicto.

Obviamente o Sr. Hazard sabia como era importante assegurar as condições adequadas ao trabalho e quais seriam os assistentes apropriados a uma investigação experimental daquele teor. Ao descrever a entrevista que tivera com o Sr. Seybert, poucos dias antes do falecimento deste, ocasião em que decidiu concordar em agir como seu representante, o Sr. Hazard disse ter aceitado a incumbência por entender que lhe seria dada

> a liberdade de prescrever os métodos da investigação, escolher os médiuns integrantes das experiências e rejeitar a presença de pessoas que pudessem prejudicar a harmonia e a boa ordem dos trabalhos.

Mas o representante do Sr. Seybert parece que foi silenciosamente ignorado pela Universidade. Pouco tempo depois do início das reuniões, o Sr. Hazard já se mostrava descontente com alguns membros da Comissão e seus respectivos métodos. Encontramo-lo escrevendo no jornal *North American*,[157] da Filadélfia, ao que parece depois de tentar inutilmente aproximar-se das autoridades da Universidade, o seguinte:

> Sem, de forma alguma, querer denegrir junto ao público o ilibado caráter moral dos membros da Faculdade, incluídos os integrantes da Comissão, nem o elevado padrão social e literário que ocupam na sociedade, devo dizer que, em virtude de estranha paixão, julgamento tendencioso ou desvio intelectual, as Autoridades Universitárias nomearam, para compor a Comissão — que tem por propósito investigar o moderno Espiritualismo —, em sua maioria, indivíduos cuja educação, hábitos mentais e preconceitos os

---

[157] Nota do autor: 18 maio 1885.

desqualificam inteiramente para a investigação completa e imparcial que essas mesmas Autoridades são obrigadas a realizar por razões contratuais e por questão de honra. Tivesse sido o objetivo em vista depreciar a causa (a qual, bem o sei, o finado Henry Seybert guardava no imo do coração, amando-a mais que qualquer outra coisa no mundo), trazendo-lhe o descrédito e atraindo para ela o ódio e o desprezo geral, as citadas Autoridades dificilmente poderiam ter escolhido, entre todos os habitantes da Filadélfia, instrumentos mais adequados que os senhores que constituem a maioria da Comissão Seybert. E isso — repito eu — não por circunstâncias que lhes afetem o nível moral, social ou literário, mas simplesmente em razão de seu preconceito contra a causa do Espiritualismo.

Mais tarde, ele aconselhou as Autoridades Universitárias a afastarem da Comissão os Srs. Fullerton, Thompson e Koenig.

O Sr. Hazard transcreve as seguintes palavras do Professor Fullerton, proferidas em uma palestra no Clube da Universidade de Harvard, em 3 de março de 1885:

> É possível que os médiuns tragam informações a respeito de alguém pelo processo de transmissão de pensamento, pois toda pessoa que recebe tais informações vai a um médium pensando justamente naquilo que lhe será dito por este. Quando, por exemplo, alguém se resfria, ouve um zumbido no ouvido, da mesma forma que um louco ouve constantemente sons que não existem. Pode-se admitir, então, que a doença da mente ou a do ouvido, ou, ainda, um forte abalo emocional possam ser a causa de um grande número de fenômenos espirituais.

Essas palavras foram ditas depois de o professor ter participado da Comissão por mais de doze meses.

O Sr. Hazard também cita a opinião do Dr. George A. Koenig, publicada no *Philadelphia Press*, cerca de um ano após sua nomeação para o trabalho em referência. Expressa-se Koenig nestes termos:

Devo admitir, com toda franqueza, que estou preparado para negar a veracidade do Espiritualismo, tal como é popularmente entendido na atualidade. Creio que todos os chamados médiuns são embusteiros, sem exceção. Nunca vi Slade fazer quaisquer de seus truques, mas, pelos relatos publicados, pude concluir que é um impostor, por certo o mais inteligente de todos. Não acredito que a Comissão examine esses médiuns dos Espíritos, de bom grado. Os homens mais sábios podem ser iludidos. Em uma hora, podem-se inventar mais truques do que um sábio poderia descobrir em um ano.

O Sr. Hazard soube de uma fonte que lhe merecia confiança que o professor Robert E. Thompson foi o responsável pela seguinte opinião, publicada no *Penn's Monthly*, de fevereiro de 1880:

Ainda que o Espiritualismo seja tudo aquilo que seus líderes pretendem, nenhuma importância terá para quem possua fé cristã. Quando se argumenta sobre esse assunto, manipulam-se conceitos e promovem-se discussões que não têm, para o cristão convicto, o mínimo interesse.

Pode-se julgar, por essas opiniões, como eram despreparados os membros da Comissão para fazer "uma completa e imparcial" investigação do assunto, como o Sr. Seybert esperava.

O periódico espiritualista americano *Banner of Light*, referindo-se ao comunicado do Sr. Hazard, escreveu:

Tanto quanto sabemos, nenhuma atenção foi dada ao apelo do Sr. Hazard; certamente nenhuma ação foi realizada, pois os membros acima citados permanecem na Comissão até hoje, e seus nomes aparecem no relatório preliminar. Com efeito, o professor Fullerton era e ainda é o secretário, tendo escrito cento e vinte das cento e cinquenta páginas do volume que temos a nossa frente. Ele demonstra aquela excessiva ausência de percepção espiritual e conhecimento do oculto (poderíamos também dizer das leis naturais) que o levou a afirmar diante de um auditório de estudantes de Harvard: "Quando alguém se resfria, ouve um zumbido no ouvido" e "um louco ouve constantemente sons que não existem", sugerindo-lhes que os fenômenos espirituais podem proceder dessas causas.

O *Banner of Light* continua:

> Parece que a falha da Comissão Seybert em não seguir as orientações do Sr. Hazard, como era de dever, foi a chave de seu completo fracasso. A insuficiência de resultados fenomênicos, que o relatório registra, muito aquém até mesmo daquilo que um cético poderia esperar, é certamente notável. Em verdade, o relatório se atém, de preferência, a tudo que possa demonstrar a não ocorrência dos fenômenos, deixando de lado o que poderia levar aos resultados positivos. Nos memorandos dos registros de cada sessão, redigidos pelo professor Fullerton, vê-se claramente o estudado esforço para dar relevância a tudo que, por um exame superficial, sugerisse a existência de trapaça por parte do médium, escondendo-se os fatos que servissem de apoio à veracidade de suas alegações. Menciona-se, por exemplo, que, na presença de certos membros da Comissão, os fenômenos cessavam. Tal fato corrobora o posicionamento do Sr. Hazard, e não há pessoa alguma, cuja opinião seja considerada valiosa por sua larga experiência com os médiuns, que não o endosse. Os Espíritos sabiam com que elementos estavam lidando e se esforçavam por afastar aqueles que inutilizavam as experiências. Não o conseguiram, pela ignorância, teimosia e preconceito dos integrantes do grupo, e, assim, as experiências falharam. Resultado: a Comissão, muito "sábia em seu próprio conceito", decidiu que tudo era fraude.

Referindo-se ao relatório, diz *Light*,[158] em 1887, o que se poderia dizer hoje:

---

[158] Nota do autor: 1887, p. 391.

Noticiamos com certa satisfação — ainda que sem nenhuma expectativa de êxito, se forem empregados os mesmos métodos impróprios de pesquisa — que a Comissão se propõe a continuar seus trabalhos "tendo seus membros hoje as mentes tão sincera e honestamente abertas à convicção quanto possuíam antes". Em sendo assim, permitimo-nos oferecer a ela alguns conselhos baseados em nossa larga experiência. Primeiramente, é preciso dizer que a investigação desses obscuros fenômenos não pode ser enfrentada sem dificuldade, pois todas as orientações a respeito do assunto são resultantes de conhecimentos quase sempre empíricos. Todavia, mostra a experiência que prolongados e pacientes trabalhos com um grupo adequadamente constituído é condição *sine qua non* para o sucesso desejado. Sabemos que nem tudo depende do médium e que o grupo deve variar seus elementos de vez em quando, até reunir os mais apropriados à sua formação definitiva. Que elementos serão esses? Não poderíamos dizer. Cabe à Comissão Seybert descobri-los. Antes de prosseguirem em suas experiências devem seus membros estudar o que existe na literatura do Espiritualismo a respeito das variadas características da mediunidade. Se assim for feito, é possível que percebam como é fácil chegar a resultados negativos, conduzindo investigações dessa natureza. Estarão, portanto, em melhores condições de dedicar-se inteligente e pacientemente a um tipo de estudo que, se realizado de outra maneira, será improdutivo.

Não resta dúvida de que o relatório da Comissão Seybert atrasou por algum tempo a causa da verdade psíquica. O dano real, porém, sofreu-o a douta entidade que os senhores membros da Comissão representavam. Nos dias atuais, quando o ectoplasma — base física dos fenômenos psíquicos — é plenamente admitido por todos os pesquisadores do Espiritualismo, é muito tarde para alguém dizer que nada há para ser examinado. Hoje, em quase todas as capitais, existe uma sociedade de pesquisas psíquicas. Esse fato refuta definitivamente o entendimento da Comissão Seybert de que não havia campo para pesquisa. Tivesse a citada comissão, por efeito de seu trabalho, levado a Universidade da Pensilvânia a liderar o movimento espiritualista, seguindo a grande tradição do professor Hare, como teria sido magnífica sua posição final! Como Newton associou Cambridge à lei da gravitação, Pensilvânia poderia ter sido ligada a um importantíssimo avanço do conhecimento humano. Essa honra, entretanto, transferiu-se aos vários centros científicos europeus, que a compartilham entre si.

A investigação coletiva, que passaremos a citar, pode ser considerada de menor importância pelo fato de seus trabalhos se terem realizado apenas com um médium. Essa investigação foi conduzida pelo Institut Général Psychologique, de Paris, constituindo-se de três séries de sessões com a famosa médium Eusapia Palladino, nos anos de 1905, 1906 e 1907. Houve ao todo quarenta e três sessões. Não se divulgou, porém, a lista completa de seus assistentes nem se redigiu um relatório geral apropriado. O único relato, imperfeito e inconcluso, é de autoria do secretário, M. Courtier. Entre os investigadores incluíam-se pessoas distintas, como Charles Richet; o Sr. e a Sra. Curie; os Srs. Bergson e Perrin; o professor d'Arsonal, do *Colégio de França*, presidente da Sociedade; o conde de Gramont; o professor Charpentier, e o reitor Debierne, da *Sorbonne*. Não se pode afirmar que as experiências tenham sido desastrosas, pois convenceram o professor Richet da realidade das faculdades psíquicas da médium. No entanto, acompanhando-se a carreira posterior de Eusapia, verifica-se que ela costumava empregar estranhos truques, os quais, embora de pequena monta, devem ter constrangido (bem o imaginamos) os novatos nessas experiências.

Consta, no mencionado relato, certo tipo de conversação entre os assistentes revelando a atitude mental nebulosa e descompromissada de muitos deles em relação ao objeto da pesquisa. Conquanto não se possa dizer que nova luz tenha sido lançada sobre a médium, ou que algum novo argumento tenha surgido, quer para os céticos, quer para os crentes, o Dr. Geley, que, mais do que qualquer outro, se tem aprofundado nos estudos de ciência psíquica, alega que "as experiências constituem valiosa contribuição para o assunto".[159] Fundamenta sua opinião no fato de que os resultados obtidos confirmam surpreendentemente os que foram alcançados em seu próprio *Institut Metapsychique*, quando trabalhava com

---

[159] Nota do autor: *L'Ectoplasmie et la Clairvoyance*, 1924, p. 402.

Kluski, Guzik e outros médiuns. As diferenças existentes — diz ele — são apenas nos pormenores, nunca no essencial. O controle das mãos foi o mesmo em todos os casos: os médiuns estavam sempre com ambas as mãos presas. Esse procedimento tornava-se mais fácil com os demais medianeiros, especialmente com Kluski em transe, porque Eusapia era geralmente muito irrequieta. Parece que a característica desta última — o que também foi observado pelo autor nos casos de Frau Silbert, Evan Powell e outros médiuns — era permanecer numa condição intermediária: conquanto aparentasse estar em seu estado normal, recebia sugestões e outras impressões mentais. Muito facilmente pode ser levantada a suspeita de fraude em tais casos, pois o desejo experimentado por alguns assistentes de que algo aconteça costuma influenciar a mente passiva do médium. Uma pessoa, possuidora de certa força psíquica, assegurou ao autor ser preciso que o médium se sinta inibido diante dos assistentes para que consiga conter os próprios impulsos e, assim, aguardar a presença de uma força exterior. Lê-se, no mencionado relatório, o seguinte:

> Estando as mãos, os pés e os joelhos de Eusapia sob controle, a mesa levanta-se subitamente, ficando com os 4 pés um pouco acima do solo. Eusapia cerra os punhos, apoiando-os na mesa, a qual, então, se levanta completamente cinco vezes seguidas, ao tempo em que são dadas cinco batidas. Mais uma vez a mesa se ergue, estando cada uma das mãos de Eusapia apoiada na cabeça de um assistente; fica a uma altura de um pé, pairando no ar por sete segundos, enquanto Eusapia mantém uma das mãos sobre ela e uma vela acessa é colocada debaixo do móvel...

E assim por diante, obtendo-se testes ainda mais conclusivos, tanto em relação às manifestações por meio da mesa quanto em relação a outros fenômenos.

A timidez do relatório foi satirizada pelo grande espiritualista francês Gabriel Delanne, que afirma:

> O relatório usa sempre as expressões "parece" e "dá impressão", como faria alguém inseguro daquilo que fala. Aqueles que

realizaram quarenta e três sessões, tendo bons olhos e instrumentos de verificação, deveriam ter opinião firmada sobre o que viram, ou, ao menos, ser capazes de dizer se tal ou qual fenômeno pode ser considerado fraudulento, porque, em determinada sessão, surpreenderam o médium no ato de fraudar. Nada disso ocorre. Deixa-se o leitor na incerteza. Há uma vaga suspeita pairando sobre tudo, ainda que sem nenhuma base séria.

Comentando esse fato, *Light* aduz o seguinte:[160]

> Delanne demonstra, citando trechos do próprio relatório, o êxito de algumas experiências, mesmo quando eram tomadas as mais amplas precauções, como a de se usar pó de sapato para descobrir se realmente a médium tocava os objetos. Essas observações, diretas e positivas, são deliberadamente minimizadas, trazendo-se à baila exemplos de casos, ocorridos *em outras ocasiões e lugares*, em que *se dizia*, ou *se acreditava* ter Eusapia participado da execução dos fenômenos. À medida que o tempo passa, mais o relatório Courtier se denuncia como "um monumento de inépcia", conforme já o designamos. A realidade dos fenômenos ocorridos com Eusapia não pode ser posta em dúvida pelas frases sem significado que tão livremente o ornamentam.

Pode-se chamar também de investigação coletiva de um médium a que foi realizada com a Sra. Crandon — esposa de um médico de Boston —, nos anos de 1923 a 1925, por uma comissão escolhida pelo Scientific American e, posteriormente, por pequena comissão formada de elementos de Harvard, tendo à frente o astrônomo Dr. Shapley. A controvérsia sobre essas investigações ainda ruge (o assunto está referido no capítulo que trata dos grandes médiuns modernos). Em resumo: entre os investigadores do Scientific American, o secretário, Sr. Malcolm Bird, e o Dr. Hereward Carrington anunciaram sua completa conversão; os demais prestaram declarações imprecisas, as quais envolvem a humilhante

---

[160] Nota do autor: 1909, p. 356.

admissão de que, após numerosas sessões sob condições previamente estabelecidas e em presença de fenômenos constantes, eles não sabiam dizer se tinham sido enganados ou não. O problema dessa comissão foi que nenhum espiritualista experiente, conhecedor da natureza psíquica, dela participou. O Dr. Prince era muito surdo, enquanto o Dr. McDougall se sentia na incômoda posição de ver a carreira em perigo, caso aceitasse uma explicação impopular. A mesma observação aplica-se à comissão do Dr. Shapley, que era toda composta de cientistas iniciantes. Sem que pudessem imputar desonestidade mental consciente à médium, os membros da Comissão, para manterem o curso da própria segurança, acharam uma saída no subconsciente. Lendo-se o relatório desses senhores, não se consegue descobrir o caminho por eles percorrido para chegar à conclusão, uma vez que, após concordarem com os resultados obtidos nas experiências, chegam ao veredito final de fraude. Por outro lado, as pessoas que não possuíam motivos pessoais para adotarem precauções extremas frequentemente aceitavam a mediunidade com entusiasmo. O Dr. Mark Richardson, de Boston, relatou que estivera em mais de trezentas sessões e não tinha dúvida alguma sobre a realidade dos fenômenos.

O autor viu numerosas fotografias do fluxo ectoplásmico de Margery [Sra. Crandon] e, comparando-as com fotografias semelhantes tiradas na Europa, não tem dúvida em afirmar que são incontestavelmente legítimas, e que o futuro justificará a médium perante seus desarrazoados críticos.

CAPÍTULO 15

A carreira de Eusapia Palladino

A mediunidade de Eusapia Palladino é um grande marco histórico da pesquisa psíquica, por ter sido ela o primeiro médium de fenômenos físicos a ser examinado por grande número de cientistas eminentes. As principais manifestações ocorridas por seu intermédio foram os movimentos de objetos, sem contato; a levitação da mesa e de outros objetos; a levitação da própria médium; o aparecimento de mãos e rostos materializados, além de luzes, e ainda a audiência de instrumentos musicais, sem contato. Todos esses fenômenos ocorreram também, como já referido, com o médium D. D. Home. No entanto, quando, ao tempo deste último, Sir William Crookes convidou seus colegas cientistas a investigá-los, eles declinaram do convite. Agora, pela primeira vez, os estranhos fatos passam a ser alvo de prolongadas investigações, realizadas por homens conceituados da Europa. Desnecessário dizer-se que esses experimentadores foram a princípio altamente céticos, numa época em que os chamados *testes* (aquelas precauções em geral tolas, que podem comprometer o próprio objetivo almejado) estavam na ordem do dia. Médium algum em todo o mundo foi mais rigidamente testado que Eusapia, sendo sua capacidade de convencer a grande maioria de seus assistentes um atestado claro de que suas faculdades mediúnicas não eram do tipo comum. Em verdade, nenhum pesquisador deveria ser admitido à sala de sessões psíquicas sem ter, ao menos, um conhecimento básico do caráter complexo da mediunidade, bem como das condições adequadas para seu desenvolvimento. Não poderia desconhecer, ainda, a verdade fundamental de que não apenas o médium, mas também os assistentes são fatores necessários para o sucesso da experiência. Entretanto, esse ponto não é reconhecido sequer por um cientista em mil. O fato de Eusapia ter triunfado, apesar dessa imensa desvantagem, é eloquente tributo à sua mediunidade.

A carreira mediúnica dessa napolitana simples e iletrada, de grande interesse e de extrema importância por seus resultados, fornece também o exemplo da criatura humilde que serviu de instrumento para destruir os sofismas dos doutos.

EUSAPIA PALLADINO
(1854-1918)

Eusapia Palladino nasceu em 21 de janeiro de 1854 e faleceu em 1918. A primeira manifestação de sua mediunidade ocorreu por volta dos 14 anos. Sua mãe morreu por ocasião de seu nascimento e seu pai, quando ela atingiu os 12 anos. Passando a residir com amigos, foi por eles, certa vez, persuadida a sentar-se à mesa com outras pessoas. Ao final de dez minutos, a mesa levitou, as cadeiras começaram a dançar, as cortinas da sala esvoaçaram, copos e garrafas moveram-se. Todos os presentes foram examinados com o intuito de descobrir-se o responsável pelos movimentos, chegando-se finalmente à conclusão de que Eusapia era o médium. Ela não demonstrou o menor interesse pela experimentação, só concordando em realizar sessões posteriores para agradar seus anfitriões e evitar que ela própria fosse enviada para o convento. Sua educação espiritualista somente começou aos 22 ou 23 anos de idade, tendo sido orientada, de acordo com o Sr. Flammarion, pelo ardente espiritualista Signor Damiani.

Eusapia relata incidente singular ocorrido nessa época. Numa sessão realizada em Nápoles, certa senhora inglesa, casada com o Signor Damiani, foi aconselhada pelo Espírito que se denominou John King a procurar uma mulher chamada Eusapia, especificando a rua e o número da casa onde a mesma se encontrava. Disse o Espírito que ela era portadora de grande mediunidade e que pretendia manifestar-se por seu intermédio. A Sra. Damiani foi ao endereço indicado e encontrou Eusapia Palladino, de quem jamais ouvira falar. As duas mulheres fizeram uma sessão e John King manifestou-se, passando a ser, daí por diante, o guia da médium.

Sua introdução no mundo científico europeu deu-se por meio do professor Chiaia, de Nápoles, o qual publicou, em 1888, num jornal de Roma, uma carta dirigida ao professor Lombroso. Nessa carta, ele descreve minuciosamente suas experiências com a médium e convida o célebre psiquiatra a investigá-la também. Lombroso só aceitou o convite em 1891, realizando, no mês de fevereiro, em Nápoles, duas sessões com Eusapia. Rendendo-se à evidência, escreveu: "Estou confuso. Lamento tenha combatido com tanta persistência a possibilidade dos fatos chamados espiritualistas". Sua conversão levou muitos cientistas da Europa a investigar o assunto e, daquele momento em diante, a senhora Palladino teve de ocupar-se por muitos anos com as sessões experimentais.

Às sessões de Lombroso em Nápoles, no ano de 1891, seguiram-se às da Comissão de Milão, em 1892. Eram integrantes desta comissão: o professor Schiaparelli, diretor do Observatório de Milão; o professor Gerosa, catedrático de Física; Ermacora, doutor em filosofia natural; o Sr. Aksakof, conselheiro de Estado do imperador da Rússia; Charles du Prel, doutor em filosofia, de Munique, e o professor Charles Richet, da Universidade de Paris. Ao todo, realizaram-se dezessete sessões. Em sequência, foram feitas investigações em Nápoles, no ano de 1893; em Roma, nos anos de 1893 e 1894; em Varsóvia e na França, em 1894 (as da França foram dirigidas pelo professor Richet, por Sir Oliver Lodge, pelo Sr. F. W. H. Myers e pelo Dr. Ochorowicz); em 1895, ocorreram sessões em Nápoles e, no mesmo ano, na Inglaterra, em Cambridge, na casa do Sr. F. W. H. Myers, estando presentes o professor Sidgwick e senhora, Sir Oliver Lodge e o Dr. Richard Hodgson. Prosseguiram as investigações em 1895, na França, em casa do coronel de Rochas; em 1896, em Tremezzo, Auteuil e Choisy Yvrac; em 1897, em Nápoles, Roma, Paris, Montfort e Bordeaux; em novembro de 1898, em Paris, na presença de uma comissão científica composta dos Srs. Flammarion, Charles Richet, A. de Rochas, Victorien Sardou, Jules Claretie, Adolphe Bisson, G. Delanne, G. de Fontenay, e outros; em 1901, no Clube Minerva, em Genebra, com a participação dos professores Porro, Morselli, Bozzano, Venzano, Lombroso, Vassalo e outros. Houve muitas outras sessões experimentais realizadas, com Eusapia, por homens de ciência, tanto na Europa quanto na América.

LEVITAÇÃO
Experiência com Eusapia Palladino, Milão, Itália, 1892.

O professor Chiaia, na carta ao professor Lombroso antes citada, faz brilhante descrição dos fenômenos ocorridos com a médium, afirmando tratar-se de caso especial, merecedor da séria atenção de um cérebro qual o de Lombroso. Diz ele:

> O caso a que me refiro é o de uma mulher inválida, pertencente à camada mais simples da sociedade. Tem aproximadamente 30 anos, sendo bastante inculta; seu olhar não é fascinante nem dotado do poder que os modernos criminólogos chamariam de irresistível; mas, quando o deseja, seja durante o dia ou à noite, pode divertir os curiosos, por uma hora, ou até mais, com fenômenos surpreendentes. Amarrada à cadeira, ou firmemente

segura pelas mãos dos assistentes, exerce atração sobre os móveis que a circundam; suspende-os, mantendo-os no ar como o caixão de Maomé; faz depois com que desçam, em movimentos ondulatórios, como se estivessem obedecendo a sua vontade. Aumenta-lhes o peso ou o diminui, de acordo com seu desejo. Produz batidas ou pancadinhas nas paredes, no teto, no piso, com muito ritmo e cadência. Em resposta aos pedidos dos assistentes, algo, como lampejos de eletricidade, sai de seu corpo, envolvendo-a ou aos espectadores dessas cenas maravilhosas. Desenha em cartões, que os assistentes seguram, tudo que se lhe pede: figuras, assinaturas, números, sentenças, apenas esticando as mãos em direção ao local indicado. Colocando-se, num canto da sala, uma bacia contendo camada fina de cal, veem-se aí impressas, depois de alguns momentos, uma pequena ou grande mão, um rosto — de frente ou perfil —, que podem ser moldados a gesso. Desenhos de um rosto, em diferentes ângulos, foram assim preservados, o que permite a realização de estudos sérios aos que o desejarem. Essa mulher ergue-se no ar, pouco importando as amarras que a prendam. Parece flutuar no espaço, como se estivesse num colchão, contrariando todas as leis da gravidade; faz com que órgãos, sinos e tamborins sejam tocados, como se estivessem ao contato de suas mãos, ou fossem movidos pelo sopro de invisíveis gnomos. Por vezes, aumenta sua estatura em mais de 4 polegadas.

O professor Lombroso, conforme foi dito, interessou-se bastante por essa descrição e, passando a investigar a médium, converteu-se.

Em seguida, no ano de 1892, a Comissão de Milão passou a fazer experiências com Eusapia. No relatório da Comissão consta o seguinte:

> Tantas foram as vezes que certa mão apareceu e foi tocada por um de nós, que se tornou impossível a existência da dúvida. A mão que vimos e tocamos era, de fato, a de um ser vivo. Durante o fenômeno, o busto e os braços da médium estavam visíveis, e suas mãos seguras pelas pessoas que a ladeavam.

Muitos fatos se deram à luz de duas velas e uma lâmpada a óleo; as mesmas ocorrências foram testemunhadas em plena luz, enquanto a médium permanecia em transe.

Em 1894, o Dr. Ochorowicz persuadiu Eusapia a visitar Varsóvia. Nesta cidade, realizaram-se sessões com a presença de homens e mulheres conceituados nos círculos científicos e filosóficos. No registro das experiências, incluem-se a obtenção de levitações completas e parciais da mesa, assim como outros muitos fenômenos físicos. Por ocasião das levitações, os pés da médium eram visíveis, ou, então, estavam amarrados e seguros por um assistente ajoelhado debaixo da mesa ao redor da qual Eusapia se encontrava.

Após as sessões em casa do professor Richet, na Ile Roubaud, em 1894, Sir Oliver Lodge, no relatório para a Sociedade de Pesquisas Psíquicas, disse o seguinte:

> Embora seja ainda necessário explicar os fatos, vejo-me forçado a admitir sua possibilidade. Não tenho mais espaço mental para a dúvida. Qualquer pessoa que veja o que eu vi, se não for vencida pelo preconceito, chegará à mesma conclusão, isto é, a de que determinadas coisas, até agora consideradas impossíveis, realmente acontecem. Minha experiência convence-me de que certos fenômenos, tidos em geral por anormais, pertencem à ordem natural. Em consequência, devem ser investigados e registrados por pessoas e sociedades interessadas no conhecimento da natureza.[161]

Na reunião em que se leu o relatório de Sir Oliver Lodge, Sir William Crookes chamou a atenção para a semelhança existente entre os fenômenos ocorridos com Eusapia e os produzidos em presença de D. D. Home.

O relato de Sir Oliver Lodge não foi aceito pelo Dr. Richard Hodgson — ausente, por se encontrar nos Estados Unidos. Eusapia Palladino e o Dr. Hodgson foram, então, convidados para virem à Inglaterra, onde realizariam uma série de sessões, na casa do Sr. F. W. H. Myers, em Cambridge, nos meses de agosto e setembro de 1895. As

---

[161] Nota do autor: *Journal, S.P.R.*, vol. VI, nov. 1894, p. 334-360.

Experiências de Cambridge, como foram chamadas, em sua maioria não tiveram sucesso. Alegou-se que a médium era repetidamente apanhada em fraude. Muito se escreveu a favor e contra, na aguda controvérsia que se seguiu. Basta dizer-se que observadores competentes, condenando redondamente os métodos adotados pelo grupo de experimentadores de Cambridge, se recusaram a aceitar a conclusão de que Eusapia fraudava.

É interessante recordarmos que certo repórter americano, por ocasião da visita de Eusapia aos Estados Unidos, em 1910, perguntou bruscamente à médium se alguma vez fora ela surpreendida em fraude. Eis sua resposta franca:

SIR OLIVE LODGE (1851-1940)
(Foto de Lafayette)

> Muitas vezes disseram-me isso. Veja o senhor, parece que acontece assim: algumas pessoas que estão à mesa esperam por truques — de fato, elas os querem. Estou em transe. Nada acontece. Ficam impacientes. Pensam nos truques, nada mais a não ser nos truques. Colocam suas mentes nesse desejo, e eu, de modo automático, a elas respondo. Mas isso não é frequente. Elas desejam, simplesmente, que eu os faça. Isso é tudo.

Essas palavras soam como engenhosa adoção de certo argumento em sua defesa, o qual ela teria ouvido. Ao mesmo tempo, sem dúvida, existe aí um elemento verdadeiro: o aspecto psicológico da mediunidade, ainda tão pouco entendido.

A respeito dessa questão, duas importantes observações podem ser feitas. Primeiramente, como assinalado pelo Dr. Hereward Carrington, as várias experiências realizadas com o objetivo de repetir os fenômenos por meios fraudulentos resultaram, na maioria dos casos, em completo fracasso. Em segundo lugar, ao que parece, os assistentes de Cambridge desconheciam a existência e a atuação daquilo que pode ser denominado *membro ectoplásmico*, observado no caso de Slade e de outros médiuns. Carrington assevera:

> Todas as objeções levantadas pela Sra. Sidgwick podem ser explicadas admitindo-se que Eusapia materializa, por vezes, um *terceiro braço*, o qual é o responsável pela produção de certos fenômenos. Quando estes terminam, tal braço recolhe-se ao corpo da médium.

Embora possa parecer estranha, é justamente essa a conclusão para a qual aponta a evidência dos fatos. Anteriormente, em 1894, Sir Oliver Lodge havia visto algo que ele descreve como *surgimento de membros extras*, em continuação ao corpo de Eusapia, ou muito perto dele. Com a segurança tão frequentemente assumida pela ignorância, o *Journal of the Society for Psychical Research*, no qual o relato de Sir Oliver foi publicado, fez o seguinte comentário em seu editorial: "É desnecessário observar que os membros do Espírito saindo do corpo do médium são, *prima facie*, uma circunstância altamente sugestiva de fraude".

Posteriormente, outros cientistas confirmaram a conjectura de Sir Oliver Lodge, acima citada. O professor Bottazzi declara:

> Posteriormente, a mão antes referida tocou meu antebraço direito, sem pressioná-lo. No mesmo instante, levei minha mão esquerda ao local onde fui tocado, e olhei. Pude, então, ver a mão de um ser humano, de cor natural, e, ao mesmo tempo, sentir, com a minha, os dedos e as costas dessa mão, áspera, nervosa e tépida. A mão dissolveu-se diante de meus olhos e retraiu-se, como se entrasse no corpo da Sra. Palladino, descrevendo uma curva. Confesso ter-me surgido a dúvida sobre a possibilidade de a mão esquerda de Eusapia ter-se soltado de minha mão direita, para alcançar-me o antebraço, mas, simultaneamente, era capaz de provar a mim

mesmo não haver base para tal suposição, porque nossas duas mãos continuavam em contato, como de hábito. Todos os fenômenos por mim observados nessas sete sessões poderiam desaparecer de minha memória, exceto este, que eu jamais poderia esquecer.

O professor Galeotti, em julho de 1907, viu, nitidamente, o que chamou de duplo do braço esquerdo da médium. Na ocasião, exclamou:

> Olhem, vejo dois braços esquerdos, idênticos em aparência! Um está sobre a mesinha, e o Sr. Bottazzi toca-o; o outro parece sair do ombro da médium, aproximar-se dela, tocá-la, retrair-se e desaparecer no seu corpo. Não é alucinação.

Em outra experiência, no mês de julho de 1905, em casa do Sr. Berisso, quando as mãos de Eusapia estavam seguras e plenamente visíveis, o Dr. Venzano e outros assistentes "viram, distintamente, mão e braço — este coberto por manga escura — saírem da fronte e da parte superior do ombro direito da médium". Muitos testemunhos semelhantes poderiam ser citados.

Merece toda a atenção o caso que veremos a seguir, por trazer elementos para o estudo da complexidade das faculdades mediúnicas, especialmente as de Eusapia Palladino. Em determinada sessão com o professor Morselli, Eusapia foi vista no momento em que soltava a mão que o professor mantinha sob controle, esticando-a, depois, com o propósito de alcançar a corneta que estava sobre a mesa. Foi, porém, impedida de realizar o intento. Diz o relatório:

> Nesse momento, quando o controle era certamente mais rigoroso que nunca, a corneta foi erguida da mesa e desapareceu dentro da cabine, passando entre a médium e o Dr. Morselli. É óbvio que Eusapia tentara fazer com a mão o que depois realizou mediunicamente. Uma tentativa de fraude fútil e tola como essa é inexplicável. Não há dúvida sobre o ocorrido: desta vez a médium não tocou nem poderia tocar a corneta e, ainda que o

pudesse, não teria condições de levá-la para dentro da cabine, que lhe ficava às costas.

Cumpre observar que, num canto da sala, tinha sido colocada uma cortina, de modo a formar a chamada cabine (isto é, um recinto fechado possibilitando a concentração de energia) e que Eusapia, ao contrário de outros médiuns, se sentava do lado de fora da cabine, ficando de costas para a cortina, à distância de um pé.

Em 1895, A Sociedade de Pesquisas Psíquicas tinha chegado à conclusão de que os fenômenos ocorridos com Eusapia eram todos fraudulentos e que, em consequência, nada mais deveria ser investigado. Entretanto, no continente europeu, vários grupos de cientistas, prosseguindo em suas investigações sob os mais rigorosos cuidados, confirmavam as faculdades mediúnicas de Eusapia. À vista disso, a Sociedade de Pesquisas Psíquicas decidiu, em 1908, examinar a médium mais uma vez, nomeando, para essa tarefa, três de seus céticos mais competentes. O primeiro deles, o Sr. W. W. Baggally, membro do Conselho, investigara os fenômenos psíquicos por mais de trinta e cinco anos e, durante esse tempo — com exceção, talvez, de uns poucos fatos ocorridos numa sessão com Eusapia alguns anos antes —, jamais havia testemunhado um fenômeno físico autêntico. "Em todas as investigações descobria, invariavelmente, a fraude, nada mais que a fraude". Era ele, também, hábil ilusionista. O segundo, o Sr. Everard Feilding, secretário honorário da Sociedade, havia investigado esses fenômenos por alguns anos, mas "durante todo esse tempo, nunca tivera a prova de um legítimo fenômeno físico, a não ser, talvez, [de novo a referência] no caso de uma sessão com Eusapia". O Dr. Hereward Carrington, terceiro nomeado, embora tivesse assistido a incontáveis sessões, dissera, antes de participar de uma experiência com Eusapia: "Eu nunca vi manifestação alguma de ordem física que pudesse considerar autêntica".

À primeira vista, as manifestações desses três investigadores surgem como golpe esmagador contra as concepções dos espiritualistas. Entretanto, ao examinar Eusapia Palladino, o trio de céticos encontrou seu *Waterloo*.[162]

---

[162] N.T.: referência à última batalha de Napoleão Bonaparte (1815), em que ele sofreu a derrota que teve como consequência a queda de seu império (*Enciclopédia Século XX*, volume VIII, p. 2.140).

O relato completo da longa e paciente pesquisa que esses cientistas realizaram com a médium, em Nápoles, encontra-se no livro do Dr. Hereward Carrington *Eusapia Palladino e seus fenômenos*,[163] publicado em 1909.

Como exemplo da cuidadosa investigação realizada por cientistas do continente europeu, deve-se mencionar o fato de que o professor Morselli anotou nada menos que trinta e nove tipos de fenômenos produzidos na presença de Eusapia.

Os fatos a seguir descritos podem ser classificados como "provas surpreendentes". Consta no relatório de uma sessão realizada em Roma, no ano de 1894, estando presentes o professor Richet, o Dr. Schrenck Notzing e o professor Lombroso, o seguinte:

> Na esperança de obtermos a movimentação de objeto sem contato, colocamos, em cima de um disco de papelão fino, debaixo de um copo, um pedacinho de papel dobrado em forma de "A". A experiência, porém, não foi bem sucedida e, como não quisemos fatigar a médium, deixamos os citados apetrechos sobre a mesa grande, fechamos cuidadosamente todas as portas e tomamos nossos lugares em volta da mesinha. Em seguida, solicitei aos convidados que guardassem nos bolsos as chaves das portas, a fim de que ninguém nos acusasse de negligência na adoção das necessárias precauções. Logo após a luz ter sido apagada, ouvimos o soar de um copo sobre a mesa em torno da qual estávamos. Acendemos a luz e encontramos perto de nós, na mesma situação (emborcado e cobrindo o pedacinho de papel), o copo antes referido; faltava, entretanto, o disco de papelão. Procuramo-lo sem sucesso. Terminada a sessão, conduzi meus convidados mais uma vez para a antessala. O Sr. Richet foi o primeiro a abrir a porta, que tinha sido trancada por dentro. Qual não foi sua surpresa quando percebeu, do outro lado da porta — junto à soleira, sobre a escada —, o disco que havíamos buscado por tanto tempo! Ele o pegou, e todos identificamos o papelão que fora posto debaixo do copo.

---

[163] N.T.: *Eusapia Palladino and Her Phenomena*.

Vale a pena mencionar, como provas consistentes, as fotos — batidas por M. de Fontenay — das várias mãos que apareceram sobre a cabeça de Eusapia. Em uma dessas fotografias, veem-se os investigadores segurando firmemente as mãos da médium. Reproduções dessas fotos encontram-se nos *Annals of Psychical Science*, de abril de 1908, nas páginas 181 e seguintes.

Na sexta e última sessão realizada em Gênova com o professor Morselli, nos anos de 1906-1907, imaginou-se um teste decisivo: a médium foi amarrada ao sofá com uma faixa grossa e larga, como as usadas nos hospícios para conter os pacientes (essas faixas podem ser fortemente apertadas sem provocar cortes). Morselli, com sua experiência de psiquiatra, realizou a operação, mantendo também presos os punhos e os tornozelos da médium. Tendo sido acesa a luz (uma lâmpada elétrica vermelha de dez velas), a mesa, que estava fora de toda possibilidade de contato, passou a mover-se intermitentemente e foram vistas pequenas luzes, além de certa mão. Em dado momento, a cortina que vedava a cabine se abriu, deixando ver a médium, que estava bem amarrada. "Os fenômenos [afirma-se no relatório] eram inexplicáveis, considerando-se que a posição da médium tornava impossível qualquer movimento de sua parte".

Para terminar, citaremos dois relatos de materializações convincentes, escolhidos entre muitos. O primeiro, incluído nos *Annals of Psychical Science* (vol. VI, p. 164), de setembro de 1907, é o do Dr. Joseph Venzano. O ambiente era iluminado por uma vela, possibilitando que a figura da médium fosse vista:

> Apesar da pouca luminosidade, pude ver distintamente a Sra. Palladino e meus companheiros. De súbito, percebi atrás de mim uma forma muito alta; tinha a cabeça inclinada sobre meu ombro esquerdo e soluçava tão violentamente que todos podiam ouvir. Ela beijou-me repetidamente. Percebi, de modo claro, o contorno de sua face, que tocava a minha; senti seus cabelos, muito finos e abundantes, em contato com minha face esquerda. Tratava-se, sem nenhuma dúvida, de uma mulher. Em seguida, a mesa começou a mover-se e, por tiptologia, foi dado o nome de pessoa intimamente ligada a minha família, falecida há algum tempo. Entre os presentes, só eu a conhecia. A incompatibilidade de temperamentos

provocou sérias desavenças entre minha família e ela, razão por que não me poderia passar pela mente ter seu nome indicado pelas batidas. A princípio, pensei numa coincidência. Contudo, no exato momento em que assim refletia, senti, em meu ouvido esquerdo, o hálito tépido de uma boca sussurrando-me, *em dialeto genovês,* uma série de frases, cujo murmúrio todos percebiam. Essas frases, entrecortadas de soluços, continham insistentes rogativas de perdão. Referiam-se a assuntos familiares com tantos pormenores que apenas a pessoa em questão tinha condições de saber. O fenômeno pareceu-me tão real que me vi compelido a responder, afetivamente, ao pedido de desculpas, pedindo a essa mulher, por minha vez, perdão, por meu ressentimento talvez excessivo. Entretanto, quando apenas balbuciara as primeiras sílabas, duas mãos, com extrema delicadeza, foram aplicadas sobre meus lábios, não me deixando continuar. A figura então agradeceu-me, abraçou-me, beijou-me, e desapareceu.

Com outros médiuns têm havido materializações de melhor qualidade e sob luz mais intensa; mas, no caso em apreço, houve prova subjetiva de identidade.

O último exemplo ocorreu em Paris, no ano de 1898, estando presente à sessão o Sr. Flammarion. Na oportunidade, o Sr. Le Bocain dirigiu-se, em árabe, ao Espírito materializado, da seguinte forma: "Se és tu, Rosalie, que realmente estás entre nós, puxa-me o cabelo da parte posterior da cabeça por três vezes seguidas". Cerca de três minutos mais tarde, quando já havia quase esquecido sua solicitação, o Sr. Le Bocain sentiu que lhe puxavam o cabelo três vezes, tal como pedira. Diz ele: "Certifico o fato, que, além disso, deu-me prova convincente da presença, junto a nós, de um Espírito familiar". E acrescenta ser desnecessário dizer que Eusapia não sabe falar árabe.

Os adversários e uma parte dos pesquisadores dos fenômenos psíquicos argumentam que a prova dos fatos ocorridos numa sessão é de pouco valor, porque, em geral, os observadores desconhecem os recursos dos ilusionistas. Em 1910, na cidade de Nova Iorque, o Dr. Hereward Carrington levou a uma sessão realizada com Eusapia o Sr. Howard

Thurston, por ele considerado o mais famoso mágico da América. O Sr. Thurston e seu assistente seguraram as mãos e os pés da médium durante toda a sessão; o ambiente, por sua vez, encontrava-se suficientemente iluminado. Eis o depoimento do mágico:

> Testemunhei pessoalmente as levitações de mesa produzidas pela Sra. Eusapia Palladino. Estou plenamente convencido de que os fenômenos que observei não foram fraudulentos nem produzidos com a ajuda dos pés, dos joelhos ou das mãos da médium.

Prontificou-se ainda a dar 1000 dólares a uma instituição de caridade, se fosse provada a impossibilidade de a médium levitar a mesa sem recorrer ao truque ou à fraude.

É natural se pergunte pelo resultado de todos esses anos de experiências com Eusapia. Alguns cientistas, entre eles Sir David Brewster, sustentam que *Espírito* é a última coisa a ser por eles admitida. E inventam hipóteses engenhosas para explicar fenômenos de cuja autenticidade estão convencidos: o coronel de Rochas tentou explicá-los pelo que chamou de "exteriorização da motricidade"; M. de Fontenay falou de uma teoria dinâmica da matéria; outros acreditam numa *força ectênica*, numa *consciência coletiva*, na ação da mente subconsciente. Entretanto, existem casos, bem-investigados, nos quais a atuação de uma inteligência independente é claramente demonstrada, tornando insustentáveis essas explicações. Vários pesquisadores foram forçados a adotar a hipótese espiritualista como a única suscetível de explicar todos os fatos de maneira razoável. Afirma o Dr. Venzano:

> Na maioria dos casos de formas materializadas, de cuja realidade nos inteiramos, quer pela vista, quer pelo tato ou pela audição, fomos capazes de identificar pontos de semelhança com pessoas mortas — em geral nossos parentes —, desconhecidas da médium e conhecidas apenas dos assistentes relacionados com os fenômenos.

O Dr. Hereward Carrington não vacila. Considerando a opinião da Sra. Sidgwick de que é inútil especular se os fenômenos são de caráter espiritualista, ou se representam "alguma lei biológica desconhecida", até que os próprios fatos tenham sido estabelecidos, diz ele: "Devo afirmar que antes de fazer minhas próprias sessões também adotava a opinião da Sra. Sidgwick". E continua:

> Entretanto, estou agora plenamente convencido de que ocorrem fenômenos legítimos e que, sendo este o caso, assoma diante de mim o problema de sua interpretação. Penso que a hipótese espiritualista não é apenas justificável como teoria de trabalho, mas é, em verdade, a única suscetível de explicar racionalmente os fatos.[164]

Como dissemos de início, as faculdades de Eusapia assemelham-se à de outros médiuns. Entretanto, atraíram a atenção de homens influentes que publicaram suas experiências. Tais relatos tiveram grande peso junto à opinião pública, fato que não acontecia com os testemunhos de pessoas menos conhecidas. Lombroso, em particular, registrou a própria convicção no seu conhecido livro *Morte... e depois?* (1909).[165] Eusapia Palladino foi o instrumento de demonstração da realidade de certos fatos não aceitos pela ciência ortodoxa. É mais fácil negar os fatos que explicá-los; este é, em geral, o procedimento adotado.

Quem busca explicações para a mediunidade de Eusapia nos truques, conscientes ou inconscientes, que, de hábito, ela parecia realizar, está simplesmente enganando-se a si mesmo. Não há dúvida de que ela se utilizou de truques. O próprio Lombroso, que defende firmemente a autenticidade de suas faculdades mediúnicas, assim os descreve:

> São muitos os truques engenhosos que ela emprega, seja em estado de transe (inconscientemente) ou não. Eis alguns: liberta uma das mãos do controle dos assistentes, com o objetivo de mover os objetos que lhe estão próximos; toca as pessoas; levanta vagarosamente as pernas da mesa, empregando o joelho ou o pé; finge arrumar os cabelos e, em seguida, furtivamente, puxa uma mecha

---

[164] Nota do autor: *Eusapia Palladino and her Phenomena*, de Hereward Carrington Ph.D., p. 250-251.
[165] N.T.: *After Death, What?*

e a coloca no prato de pequena balança de pesar cartas, a fim de baixá-lo. Certa vez, antes da sessão, Faifofer viu-a juntar flores do jardim, cautelosamente, com o propósito de simular o transporte das mesmas, aproveitando-se da obscuridade da sala. Contudo, ela sente a mais profunda tristeza quando se vê acusada de trapaça durante as sessões — acusada algumas vezes injustamente, é bom se diga, porque estamos agora convencidos de que membros fantásticos são superpostos, ou juntados, aos dela e agem como seus substitutos. Antes acreditava-se que a médium se utilizava dos membros de seu próprio corpo, e que tal procedimento era descoberto no ato de trapaça.

Mais tarde, com as faculdades em declínio, Eusapia visitou a América. Ao ser surpreendida fazendo truques, ofendeu de tal modo os assistentes que eles se retiraram do local, à exceção do famoso mágico Howard Thurston, que, conforme relata, resolveu desconsiderar o incidente e continuar a experiência. Esta sua atitude levou-o a obter uma incontestável materialização. Outro assistente muito conhecido declara que, no exato momento em que a censurava por estar movendo com a mão determinado objeto, outro, muito além do alcance da médium, moveu-se sobre a mesa. O exemplo de Eusapia é certamente peculiar: médium algum teve as faculdades psíquicas tão comprovadas como as suas; no entanto, nenhum médium enganou tanto quanto ela. Aqui, como em tudo, o resultado positivo é o que conta.

Eusapia era portadora de enfraquecimento do osso parietal, causado, ao que se diz, por acidente sofrido na infância. Defeitos físicos dessa natureza são frequentemente associados a uma vigorosa mediunidade. É como se a fraqueza corporal provocasse, por assim dizer, o deslocamento da alma, fazendo com que esta se destaque do corpo e seja capaz de agir de forma independente. Assim aconteceu com a Sra. Piper, cuja mediunidade surgiu após submeter-se a duas cirurgias; com Home, que viu suas faculdades mediúnicas eclodirem juntamente com a diátese tuberculosa, e com muitos outros médiuns. Eusapia Palladino era de natureza histérica, impetuosa e caprichosa, mas possuía alguns traços bonitos. Lombroso a ela se refere como possuidora de singular candura de coração, que a leva a distribuir os próprios recursos entre os pobres e as crianças, com o intuito de suavizar-lhes os infortúnios; que a impele à piedade pelos velhos e fracos, e a passar noites em claro preocupada com eles. A mesma bondade de coração a induz a proteger animais maltratados, repreendendo asperamente seus cruéis opressores.

Essas palavras devem ser endereçadas a todos aqueles que pensam que a mediunidade tem parte com o diabo.

CAPÍTULO 16

Grandes médiuns de 1870 a 1900: Charles H. Foster, Madame d'Espérance, William Eglinton e Stainton Moses

Apareceram muitos médiuns notáveis, alguns dos quais se tornaram famosos, no período de 1870 a 1900. Entre os de notoriedade, estão D. D. Home, Slade e Monck, já citados. Podemos destacar ainda outros quatro, cujos nomes perdurarão na história do movimento, a respeito dos quais faremos breve relato: o americano C. H. Foster, Madame d'Espérance, Eglinton e o reverendo W. Stainton Moses.

Charles H. Foster teve a sorte de contar com um biógrafo que o admirava tanto que o chamou de "o maior médium desde Swedenborg". Há certa tendência da parte dos escritores de exagerar o valor de um sensitivo com quem mantiveram contato. Entretanto, não se pode desconsiderar o fato de que o Sr. George C. Bartlett, em *O vidente de Salem*,[166] apresenta-se como amigo íntimo de Foster, dizendo ser este realmente um médium notável. Com efeito, sua fama não se circunscrevia à América, pois viajou intensamente, tendo visitado a Austrália e a Grã-Bretanha. Neste último país, fez amizade com Bulwer Lytton, visitou Knebworth e tornou-se a fonte inspiradora de *A estranha história*,[167] de Margrave.

---

[166] N.T.: *The Salem Seer*.
[167] N.T.: *The Strange Story*.

Consta que Foster era um grande clarividente, além de possuir o dom especial de mostrar, na própria pele, geralmente no antebraço, o nome ou as iniciais do Espírito por ele visto. Este fato, repetindo-se frequentemente, foi a tal ponto examinado que torna impossível a dúvida. Quanto à causa do fenômeno, esta é outra questão. Muitas características da mediunidade de Foster apontam mais para a expansão de sua própria personalidade que para a intervenção de uma inteligência externa. Parece inacreditável, por exemplo, que Espíritos de autores famosos, tais como Virgílio, Camões e Cervantes, tenham ficado à espera desse iletrado da Nova Inglaterra para manifestar-se. É de notar-se, contudo, que Bartlett, com o peso de sua autoridade, confirma o fato, ilustrando-o com muitas citações de conversas mantidas por ele com as referidas entidades, as quais eram capazes de citar o conteúdo de qualquer estrofe selecionada de sua copiosa biblioteca.

Essa evidência de conhecimentos literários além da capacidade de Foster possui certa analogia com os testes frequentemente empregados nos últimos anos, em que se consegue a pronta citação de determinada linha de um livro qualquer de uma biblioteca. Tal fato não reclama a presença efetiva do autor do livro, mas indica a existência de uma faculdade indefinida que se encontraria no eu etéreo do médium, ou, talvez, a participação de um guia espiritual, que teria condições de obter rapidamente, por meios supranormais, os informes requeridos.

Os espiritualistas supervalorizaram tanto esse caso que não podem pretender sejam da mesma qualidade todos os fenômenos psíquicos do gênero. Entretanto, confessa o autor ter verificado grande quantidade de informações que, registradas ao longo do tempo, em vários locais, nos foram transmitidas sem que fosse possível ao médium consultar, por meios normais, as fontes desse conhecimento.

O dom especial, que possibilitava o aparecimento de letras no corpo do médium, antes referido, ocasionou algumas situações cômicas. Bartlett relata o ocorrido numa consulta feita a Foster por um certo Sr. Adams:

> Quando este ia saindo, o Sr. Foster lhe disse que, em toda a sua experiência, jamais tinha conhecido alguém que lhe trouxesse tantos Espíritos: a sala estava cheia deles indo e vindo. Aproximadamente às duas da manhã do dia seguinte, o Sr. Foster chamou-me e disse:

"George, você poderia fazer o obséquio de acender o gás? Eu não consigo dormir; a sala está ainda repleta dos familiares de Adams escrevendo seus nomes". E, para meu espanto, uma lista de nomes da família de Adams surgiu no corpo do médium. Contei onze nomes diferentes; um escrito na testa, outros nos braços e vários nas costas.

Tais histórias prestam-se certamente a zombarias. Entretanto, temos muitas provas de que é maior o senso de humor no Além que entre nós.

Poder-se-iam comparar as letras escarlates rabiscadas na pele de Foster com o bem-conhecido fenômeno dos estigmas, que aparecem nas mãos e nos pés dos devotos. Neste último caso, a concentração do pensamento em determinado assunto provoca um resultado objetivo. No caso de Foster, pode ser que o pensamento de alguma entidade invisível produzisse efeitos semelhantes. Devemos ter sempre em mente que todos somos Espíritos, no corpo ou fora dele, possuindo as mesmas forças psíquicas em graus variados.

O entendimento de Foster a respeito de sua própria mediunidade parece ter sido bem contraditório, pois declarou muitas vezes, como fizeram Margaret Fox-Kane e os Davenports, que não tinha condições de atribuir os fenômenos a entidades espirituais. No entanto, todos os participantes de suas sessões eram levados a pensar o contrário. Ele descrevia, minuciosamente, a aparência dos Espíritos, transmitindo mensagens em nomes destes aos parentes vivos. Como D. D. Home, ele era excessivamente crítico a respeito de outros médiuns: não acreditava nas faculdades fotográficas de Mumler, embora estas tivessem sido tão bem verificadas quanto as suas. Parece ter possuído, em grau exagerado, o temperamento inconstante do médium típico, facilmente influenciável para o bem ou para o mal. Seu biógrafo amigo — efetivamente um observador atento — diz a esse respeito:

> Ele possuía expressiva dualidade de comportamento. Não alternava apenas as faces do Dr. Jekyll e do Sr. Hyde, mas representava meia dúzia de diferentes Jekylls e Hydes. Possuía, de um lado, dotes excepcionais e, de outro, demonstrava deplorável deficiência. Era um gênio desequilibrado e, às vezes — poder-se-ia dizer —, louco. Tinha um coração imenso, a ponto de abarcar o mundo: lágrimas para os aflitos; dinheiro para os pobres; compaixão para todos os suspiros.

Nada obstante, em outras ocasiões, encolhia o próprio coração como se quisesse fazê-lo desaparecer. Tornava-se mal-humorado e, com a petulância de uma criança, maltratava os melhores amigos. Esgotava muitos de seus amigos, como um cavalo indomável faz com o dono. Nada lhe servia de freio. Foster não era mau, mas totalmente incontrolável. Seguia seu próprio caminho, que, frequentemente, era o errado. Tinha a imprevidência da criança. Vivia o dia presente, não se importando com o amanhã. Se fosse possível, fazia exatamente o que queria, não pensando nas consequências. Não aceitava conselhos, simplesmente porque não podia. Era impermeável às opiniões alheias, conquanto, aparentemente, se submetesse a todas as vontades. Apesar de tudo, não abusou das condições físicas, pois permaneceu em perfeita saúde até o fim de sua vida. Quando alguém lhe perguntava "Como está a saúde?", sua resposta favorita era: "Excelente. Estou simplesmente vendendo saúde". Essa mesma inconstância apresentava-se em seu trabalho. Em certas ocasiões, poderia sentar-se à mesa todo o dia e entrar pela noite, submetendo-se a grande esforço mental. Poderia continuar assim dia após dia e noite após noite. Depois, vinham dias e semanas em que não fazia coisa alguma: jogava fora centenas de dólares e desapontava as pessoas sem que, aparentemente, houvesse razão para isso, a não ser sua vontade de ficar à toa.

Madame d'Espérance, cujo nome verdadeiro era Sra. Hope, nasceu em 1849. Sua carreira mediúnica durou trinta anos, período em que realizou sessões não só na Grã-Bretanha como no continente. Sua primeira aparição pública deveu-se a T. P. Barkas, cidadão de Newcastle bastante conhecido. Naquela época, era ela muito jovem e possuía a educação típica da classe média. Entretanto, quando em transe parcial, demonstrava, em grau acentuado, aquele dom de sabedoria e conhecimento que São Paulo colocava no ponto culminante da hierarquia espiritual. Barkas narra que preparava longas listas de questões relativas a todos os ramos da ciência. As respostas vinham rapidamente pelas mãos da médium, geralmente em inglês, mas algumas vezes em alemão e até em latim. O Sr. Barkas resume, assim, essas sessões:[168]

---

[168] Nota do autor: *Psychological Review*, vol. I, p. 224.

Todos admitem a impossibilidade de alguém responder a tantas e complicadas questões abrangendo setores científicos de seu total desconhecimento, empregando, para isso, apenas os meios naturais; ver e desenhar com exatidão, em completa obscuridade, pelos processos normais; ler, no escuro, o conteúdo de cartas fechadas, usando a visão comum, ou, ainda, escrever, com rapidez e correção, longas comunicações em língua alemã, desconhecendo este idioma. Tais fenômenos, porém, ocorriam com essa médium, sendo tão bem demonstrados quanto os fatos corriqueiros da vida diária.

Devemos considerar, no entanto, que, sem conhecer os limites da força exteriorizada pela liberação total ou parcial do corpo etéreo, não poderemos dizer, com segurança, se as manifestações dessa natureza são devidas à intervenção dos Espíritos. Elas demonstram a existência de uma personalidade psíquica notável, mas, em princípio, nada mais que isso.

A fama de Madame d'Espérance, entretanto, originou-se de faculdades indubitavelmente mediúnicas. No livro, de sua autoria, *No país das sombras*,[169] há uma descrição completa de sua mediunidade. Essa obra, ao lado da de A. J. Davis, *Vara mágica*[170] e da de Turvey, *Os princípios da vidência*,[171] pode ser considerada uma das mais notáveis autobiografias psíquicas de nossa literatura. Não é possível lê-la sem que se fique impressionado com os bons sentimentos e a honestidade da escritora.

Assim como outros grandes sensitivos, Madame d'Espérance, em sua infância, brincava com Espíritos de crianças, tão reais para ela quanto o eram as pessoas vivas. Essa faculdade de clarividência perdurou por toda a vida, sendo-lhe adicionada outra ainda mais rara — a de materialização. O livro citado contém fotografias de Yolande, uma bela moça árabe, que representava para a médium o que Katie King era para Florence Cook. Não raro, materializava-se enquanto Madame d'Espérance estava sentada fora da cabine à plena vista dos assistentes. A médium, assim, podia ver a estranha emanação de seu corpo, tão íntima para ela e ao mesmo tempo tão distinta. Eis sua própria descrição:

---

[169] N.T.: *Shadow Land*.
[170] N.T.: *Magic Staff*.
[171] N.T.: *The Beginnings of Seership*.

MADAME D' ESPÉRANCE
(1855-1918)

As vestes finas de Yolande permitiam que se visse nitidamente o rico tom de oliva de seu pescoço, de seus ombros, braços e tornozelos. Seus cabelos negros, longos e ondulados desciam-lhe pelos ombros até abaixo da cintura e eram presos, no alto da cabeça, por pequeno turbante. Seu rosto miúdo e regular tinha um ar provocante. Seus olhos eram negros, grandes e vivos. Todos os movimentos apresentavam-se tão graciosos quanto os de uma menina, ou — esta foi minha impressão quando a vi de pé, entre as cortinas, meio tímida e meio audaz — como os de uma gazela.

Madame d'Espérance relata que, no decorrer de uma das sessões, sentiu como se teias de aranha lhe roçassem a face e as mãos. Viu, então, pela tênue claridade que passava por entre as cortinas da cabine, uma cerração esbranquiçada, semelhante à fumaça de uma locomotiva, flutuando em seu derredor. Essa massa vaporosa logo se transformou numa forma humana. No exato momento em que sentiu o que ela define como *teia de aranha*, uma sensação de vazio a fez perder o controle dos próprios membros.

O honorável Alexander Aksakof, de São Petersburgo, conhecido pesquisador de psiquismo e editor do *Psychische Studien*, em seu livro *Um caso de parcial desmaterialização*,[172] descreve uma incrível experiência na qual o corpo da médium foi parcialmente dissolvido. Comentando o assunto, observa o referido autor:

> O fato, frequentemente notado, da semelhança entre a figura materializada e a médium encontra aqui sua explicação natural: como a figura é apenas a duplicata da médium, é razoável que tenha todas as características fisionômicas desta.

Embora, como diz Aksakof, o fenômeno pareça natural, é natural também ser ridicularizado pelo cético até que este, em virtude de uma experiência mais ampla, se convença de que o cientista russo está com a razão. O autor já participou de sessões em que viu autênticas duplicatas do rosto do médium, a ponto de sentir-se compelido a denunciar a fraude; mas, observando com paciência, verificou que, em ocasiões de maior concentração de força, surgiam rostos que não podiam ser confundidos com o do médium, por maior fosse o esforço de imaginação. Em alguns casos, parecia que a força invisível, que em geral não se importa muito

---

[172] N.T.: *A Case of Partial Dematerialization*.

ALEXANDER AKSAKOF
(1832-1903)

com os defeitos de suas criações, se apossava, primeiramente, do rosto do médium (este se encontrava inconsciente), colocando-lhe, em seguida, adornos ectoplásmicos, para transformar-lhe a aparência. De outras vezes, poder-se-ia crer que o duplo etéreo do médium era a base da nova criação. Assim acontecia com Katie King, a qual, por vezes, se apresentava com feições semelhantes às de Florence Cook, ainda que diferisse desta na estatura e na coloração da pele. Em outras ocasiões, a figura materializada era-lhe totalmente distinta. O autor observou as três fases de construção de um Espírito no caso da médium americana, Srta. Ada Besinnet, cuja imagem ectoplásmica algumas vezes tomava a forma de um índio musculoso e bem-desenvolvido. A história de Madame d'Espérance retrata bem essa variedade de concentração de força.

O Sr. William Oxley, compilador e editor de um trabalho notável, em cinco volumes, intitulado *Revelações angélicas*,[173] falou a respeito da produção por Yolande (a figura materializada) de vinte e sete rosas numa só sessão, referindo-se também à materialização de uma planta rara. Escreve o Sr. Oxley:

> Na manhã seguinte, fotografei a planta — *Ixora crocata* — e, posteriormente, trouxe-a para casa, colocando-a na estufa aos cuidados do jardineiro. Manteve-se viva por três meses, depois murchou. Doei, então, a maior parte das folhas, guardando comigo apenas a flor e as três folhas da extremidade que o jardineiro cortou quando cuidava da planta.

---

[173] N.T.: *Angelic Revelations*.

Consta que, na sessão de 28 de junho de 1890, houve a materialização de um lírio dourado de 7 pés de altura, na presença do Sr. Aksakof e do professor Butlerof, este último também de São Petersburgo. A flor, da qual foram tiradas seis fotografias, manteve-se materializada por uma semana. Após esse tempo, dissolveu-se. Vê-se uma dessas fotografias na página 328 do livro *No país das sombras,* já citado.

Uma forma feminina, algo mais alta que a médium e conhecida pelo nome de Y-Ay-Ali, provocou a maior admiração. Diz o Sr. Oxley: "Vi muitas formas materializadas, mas nunca tinha visto uma de simetria tão perfeita e com semblante tão belo". A figura materializada presenteou-o com o referido lírio e, em seguida, retirando o véu que lhe cobria o rosto, beijou-lhe a mão. Depois, estendeu-lhe a sua, que ele beijou.

> Como se encontrava sob a luz, vi-lhe nitidamente o rosto e as mãos. O semblante era belo e as mãos macias, quentes, perfeitamente naturais, e, a não ser pelo que se seguiu, poderia ter pensado que segurava a mão de uma mulher de carne e osso, perfeitamente natural e ao mesmo tempo extremamente bela e pura.

Em sequência, o Sr. Oxley relata que a figura materializada ficou distante da médium 2 pés, dentro da cabine, e, à vista de todos,

> se desmaterializou, fundindo-se a partir dos pés, de tal modo que apenas a cabeça ficou à mostra no chão. Em seguida, esta diminuiu, pouco a pouco, até formar um ponto branco, o qual, após alguns instantes, não mais foi visto.

Na mesma sessão, materializou-se uma criança, que colocou três dedos de sua mãozinha na mão do Sr. Oxley. Segurou este, então, a minúscula mão na sua e deu-lhe um beijo. O fato ocorreu em agosto de 1880.

O Sr. Oxley registra uma experiência que, além de muito interessante, é de grande valor como prova. Enquanto Yolande — a moça árabe — falava a uma senhora participante da reunião, a parte superior de suas brancas vestes caiu revelando-lhe as formas. "Notei a imperfeição da figura, pois o busto era pouco desenvolvido e a cintura, irregular, fato que demonstra sua aparência incomum". E ele poderia ter acrescentado: sem semelhança alguma com a médium.

Ao escrever a respeito de *como um médium se sente durante as materializações*, Madame d'Espérance lança alguma luz sobre a curiosa ligação constantemente notada entre o médium e a forma espiritual. Descrevendo uma sessão em que está sentada do lado de fora da cabine, diz ela:[174]

> Em dado momento, aparece outra forma pequena e delicada, com os bracinhos estendidos. Uma mulher, colocada no final da sala, levanta-se, aproxima-se da aparição e ambas se abraçam. Ouço sons inarticulados: "Anna, oh! Anna, minha filha, minha querida filhinha!". Em seguida, outra assistente se levanta e também abraça o Espírito. Ouço, então, soluços e exclamações misturadas com bênçãos. Sinto meu corpo balançar de um lado para outro; nada mais vejo tal a escuridão que se faz. Sinto dois braços envolvendo-me os ombros; um coração bate contra meu peito. Percebo que algo está acontecendo. Ninguém está perto de mim; ninguém me presta a mínima atenção. Todos os olhares se voltam para aquela figura pequena, branca e esguia, nos braços das duas mulheres em pranto. Deve ser meu coração que ouço bater tão distintamente; contudo, decerto, os braços de alguém me enlaçam. Nunca senti, de modo tão nítido, um abraço! Começo a conjeturar. Quem sou eu? Sou eu a aparição em vestes brancas, ou sou eu a mulher que permanece sentada na cadeira? São meus aqueles braços em volta do pescoço da senhora mais idosa? Ou os meus são os que descansam em meu colo? Sou eu o fantasma? Se assim é, como chamarei o ser que se encontra na cadeira? Tenho a certeza de que beijam meus lábios, e meu rosto está todo molhado com as lágrimas abundantemente derramadas pelas duas mulheres. Mas como pode ser isso? Essa incerteza quanto à própria identidade é apavorante. Quero estender uma das mãos que repousam sobre meu colo. Não consigo fazê-lo.

---

[174] Nota do autor: *Medium and Daybreak*, 1896, p. 46.

> Quero tocar alguém, para saber se sou eu mesma, ou se tudo não passa de um sonho, se Anna sou eu, ou se, de algum modo, me encontro imersa em sua personalidade.

A médium ainda estava nesse estado de incerteza, quando outro Espírito de criança, materializado, vem e põe suas mãos entre as dela.

> Como me sinto feliz com esse toque, ainda que seja o de uma criancinha, pois ele faz desaparecerem as dúvidas sobre quem sou e onde estou. Enquanto vivencio tudo isso, a alva forma de Anna desaparece na cabine, e as duas mulheres voltam a seus lugares, lacrimosas, agitadas pela emoção, mas imensamente felizes.

Não causa surpresa o fato de um dos assistentes das reuniões de Madame d'Espérance ter declarado, após segurar a figura materializada, ser esta a própria médium. Vale a pena transcrever a opinião de Aksakof[175] sobre o assunto:

> Alguém poderia agarrar a forma materializada, segurá-la, dizer a si mesmo que se trata da médium em carne e osso, e isso não constituir prova de fraude. De fato, segundo nossa hipótese, que aconteceria se agarrássemos o duplo da médium, a tal ponto materializado que, na cadeira atrás da cortina, restasse apenas *o simulacro invisível* do medianeiro? É óbvio que o simulacro — essa pequena porção, fluídica e etérea — seria imediatamente absorvido pela figura materializada, a qual passaria, então, a ser a própria médium.

Na introdução escrita para o citado livro de Madame d'Espérance, Aksakof enaltece-a não só como médium, mas também como pessoa. Diz ele que ela demonstrava tanto interesse quanto ele mesmo na busca da verdade. Para isso, submetia-se de boa vontade a todos os testes que ele achasse por bem impor-lhe.

---

[175] Nota do autor: *A Case of Partial Dematerialization*, p. 181.

Incidente interessante na carreira de Madame d'Espérance foi seu êxito em reconciliar o professor Friese, de Breslau, com o professor Zöllner, de Leipzig. O rompimento entre os dois amigos deveu-se à conversão de Zöllner ao Espiritualismo, mas a médium inglesa foi capaz de oferecer tantas provas da espiritualidade a Friese que este não mais contestou as conclusões do amigo.

Observe-se que, no curso das experiências do Sr. Oxley com Madame d'Espérance, foram confeccionados moldes das mãos e dos pés das figuras materializadas, com punhos e tornozelos de aberturas tão estreitas que não permitiam a retirada dos membros, a não ser por desmaterialização. À vista do grande interesse despertado pelos moldes de parafina feitos com o médium Kluski, no ano de 1922, em Paris, é curioso notar que o mesmo experimento já tinha sido realizado com êxito nos idos de 1876 por esse estudioso de Manchester, embora só a imprensa espiritualista o tenha divulgado.

A última fase da vida de Madame d'Espérance transcorreu, em grande parte, na Escandinávia e foi marcada pela enfermidade adquirida com o abalo sofrido em 1893, quando teria sido *desmascarada* por imprudente pesquisador de Helsingfors, que agarrou Yolande. Ninguém expressou melhor do que ela o quanto sofrem os sensitivos pela ignorância do mundo que os cerca. No último capítulo de seu notável livro, ela trata desse assunto. E conclui assim:

> Talvez os que venham após mim sofram quanto eu tenho sofrido pela ignorância das pessoas a respeito das leis de Deus. Entretanto, o mundo é hoje mais sábio e pode ser que os médiuns da próxima geração não precisem lutar como lutei contra o fanatismo estreito e os julgamentos cruéis dos *estranhos* condutores da humanidade.

Todos os médiuns referidos neste capítulo tiveram um ou mais livros dedicados às suas carreiras. No caso de William Eglinton, há uma obra notável, de autoria de J. S. Farmer, intitulada *Entre dois mundos*,[176] descrevendo a maior parte de suas atividades.

---

[176] N.T.: *Twixt Two Worlds*.

Eglinton nasceu em Islington, no dia 10 de julho de 1857. Após breve período de frequência à escola, trabalhou na gráfica de um parente seu. Era um garoto sensível, criativo e sonhador. Todavia, como outros tantos grandes médiuns, não apresentou, durante a infância, sinal algum de ser portador de faculdades psíquicas. Em 1874, com 17 anos, portanto, Eglinton ingressou no grupo familiar dirigido pelo pai, grupo este que tinha por objetivo investigar os chamados fenômenos do Espiritualismo. Até então, esse grupo não obtivera resultados nas experiências. Com a chegada do rapaz, entretanto, a mesa ergueu-se gradualmente, a tal ponto que os assistentes foram obrigados a se porem de pé para manter as mãos sobre ela. Em seguida, para satisfação dos presentes, foram dadas respostas a diversas perguntas. Na sessão da noite seguinte, o rapaz entrou em transe, recebendo comunicações autênticas da mãe falecida. Em poucos meses, sua mediunidade ampliou-se, produzindo-se manifestações mais ostensivas. Sua fama como médium espalhou-se, passando a receber numerosos pedidos para realizar sessões. Resistia, porém, às investidas para torná-lo médium profissional. Finalmente, em 1875, viu-se compelido a adotar esse caminho.

Eglinton descreve assim seus sentimentos quando, pela primeira vez, entrou na sala de sessões bem como a mudança que nele se operou:

> Antes de entrar no recinto das experiências, era eu um rapaz cheio de alegria. Tão logo, porém, vi-me diante dos *investigadores*, estranho e misterioso sentimento apoderou-se de mim e eu não pude mais afastá-lo. Sentei-me à mesa, determinado a colocar um ponto final naquela situação, se nada acontecesse. Contudo, algo ocorreu e eu não tive forças para evitá-lo. A mesa começou a dar sinais de vida e vigor; subitamente ergueu-se do chão e gradualmente foi-se elevando até obrigar-nos a ficar de pé para alcançá-la. Isso ocorreu em plena luz de gás. Em seguida, respondeu, de forma inteligente, a várias perguntas, oferecendo numerosas provas às pessoas presentes. A noite seguinte encontrou-nos ansiosos por novas manifestações. O grupo estava maior, pois era voz corrente que tínhamos "visto fantasmas e com eles falado" e coisas similares. Após a leitura da prece habitual, senti-me como se não mais pertencesse a este mundo. Uma sensação de êxtase apoderou-se de

mim e logo entrei em transe. Meus amigos, todos novatos no assunto, tentaram despertar-me, usando os mais variados recursos, mas não conseguiram. Passada meia hora, retornei à consciência, sentindo um forte desejo de voltar ao estado anterior. Obtivemos comunicações que me convenceram inteiramente de que o Espírito de minha mãe estava ali entre nós. Comecei a perceber quão errada, vazia e material tinha sido minha vida até aquele momento e senti o prazer indescritível de saber, com absoluta certeza, que todos os que deixavam a Terra poderiam a ela retornar, a fim de provar a imortalidade da alma. Usufruímos ao máximo, na quietude de nosso grupo familiar, essa comunhão com os que haviam partido, tendo sido incontáveis as horas felizes assim vividas.

O trabalho de Eglinton assemelha-se ao de D. D. Home em dois aspectos: suas sessões, em geral, eram realizadas em plena luz e ele submetia-se de boa vontade a todos os testes propostos. Outro grande ponto de semelhança estabeleceu-se posteriormente: os resultados que obteve foram vistos e registrados por muitos homens eminentes e por outras testemunhas de boa capacidade crítica.

Como Home, Eglinton viajou muito. Tal fato possibilitava a observação de sua mediunidade em diversos locais. No ano de 1878, esteve na África do Sul. No ano seguinte visitou a Suécia, a Dinamarca e a Alemanha. Em fevereiro de 1880 compareceu à Universidade de Cambridge, ali realizando algumas sessões, sob os auspícios da Sociedade de Psicologia.[177] No mês de março, viajou para a Holanda, daí seguindo para Leipzig, onde deu sessões para o professor Zöllner e outras pessoas ligadas à Universidade. Seguiram-se Dresden e Praga. Em Viena, no mês de abril, realizou mais de trinta sessões, com a participação de vários membros da aristocracia; foi hóspede do barão Hellenbach, conhecido escritor, que, em sua obra *Preconceitos da humanidade*,[178] descreveu os fenômenos ocorridos enquanto o médium esteve na cidade. Após voltar à Inglaterra, pegou um vapor para a América, em 12 de fevereiro de 1881, permanecendo

---

[177] N.T.: Psychological Society.
[178] N.T.: *Prejudices of Mankind*.

no novo continente por três meses. Em novembro do mesmo ano, foi à Índia, retornando em abril de 1882, depois de fazer inúmeras sessões em Calcutá. Em 1883, visitou de novo Paris, voltando a esta cidade em 1885, ano em que também retornou a Viena. A seguir, visitou Veneza, que ele descreve como "um autêntico viveiro de Espiritualismo".

Em 1885, em Paris, Eglinton encontrou o famoso artista, M. Tissot, que assistiu às sessões realizadas pelo médium, indo, posteriormente, visitá-lo na Inglaterra. Em notável sessão, houve materialização completa de duas figuras. Uma delas era uma forma de mulher, reconhecida como parente de Tissot. O artista imortalizou-as numa tela, a que deu o título de *Apparition Médianimique*. Esta bela e artística produção, da qual há uma cópia na Aliança Espiritualista de Londres, mostra as duas figuras iluminadas por luzes espirituais, que carregam nas mãos. Tissot também fez uma água-forte do médium, encontrada no frontispício do livro do Sr. Farmer, *Entre dois mundos*.

Exemplo típico dessas primeiras manifestações da mediunidade de efeitos físicos de Eglinton é descrito[179] pela Srta. Kislingbury e pelo Dr. Carter Blake, docente de anatomia do *Hospital Westminster*:

> As mangas do casaco do Sr. Eglinton foram costuradas pelos punhos, com uma linha de algodão bem grossa, nas suas costas, perto da cintura. Os encarregados de conter o médium amarraram-no à cadeira, passaram uma fita em volta de seu pescoço e colocaram-no defronte dos assistentes, logo atrás da cortina da cabine, tendo os joelhos e os pés à vista. Em seguida, uma mesinha redonda, com vários objetos, foi posta fora da cabine à frente do Sr. Eglinton e à vista do público. Um pequeno instrumento de cordas, conhecido pelo nome de *Oxford chimes*,[180] foi emborcado sobre os joelhos do médium, pondo-se em cima desse instrumento um livro e uma campainha. Em poucos instantes, as cordas tocaram, embora não fossem acionadas por mão alguma visível; o livro, cuja parte frontal estava virada para os assistentes, se abriu e fechou: este

---

[179] N.T.: *The Spiritualist*, 12 maio 1876, p. 221.
[180] N.T.: instrumento que emite o som de sinos.

fato repetiu-se inúmeras vezes, de tal modo que todos puderam presenciar a experiência com segurança; a campainha tocou sem que a borda fosse levantada, e uma caixa de música, que estava junto à cortina, mas perfeitamente visível, parou de tocar e depois continuou, sempre com a tampa fechada. Dedos e, algumas vezes, mão completa saíram da cortina. Logo após uma dessas aparições, pediu-se ao capitão Rolleston que passasse o braço pela abertura da cortina, para se certificar de que as amarras e a costura permaneciam intactas. Ele verificou que tudo estava como antes, sendo o mesmo testemunho dado, logo depois, por outro assistente.

Essa foi uma das inúmeras sessões experimentais realizadas sob os auspícios da Associação Nacional de Espiritualistas Britânicos, em suas dependências na Great Russell Street, 38, Londres. Em relação ao assunto, diz *The Spiritualist*:[181]

> As experiências realizadas com o Sr. Eglinton são de grande valor; não que outros médiuns não possam obter, de igual modo, resultados positivos, mas, em seu caso, tais experiências foram observadas e registradas por testemunhas de boa capacidade crítica, cujos depoimentos, decerto, terão peso junto ao público.

No início, as materializações de Eglinton eram obtidas à luz da Lua, com todos os participantes das sessões sentados em redor da mesa. Não havia cabine para o médium, que quase sempre permanecia consciente. Foi então que um amigo seu, que havia participado de uma sessão com um médium profissional, induziu-o a sentar-se no escuro. Posicionando-se desse modo, ele passou a sentir-se obrigado a assim continuar, mas declarou que os resultados obtidos não tinham as características espirituais dos anteriores. O traço distintivo daquelas primeiras experiências era o fato de que Eglinton se sentava entre os assistentes e suas mãos ficavam presas. Nessas condições, foram vistas materializações completas com luz suficiente para o reconhecimento das figuras.

---

[181] Nota do autor: 12 maio 1876.

Em janeiro de 1877, Eglinton realizou uma série de sessões sem caráter profissional, nas imediações do Park Lane, em casa da Sra. Makdougall Gregory, viúva do professor Gregory, de Edimburgo. Delas participaram Sir Patrick e Lady Colquhoun, lorde Borthwick, senhora Jenkinson, reverendo Maurice Davies, D. D., senhora Archibald Campbell, Sir William Fairfax, lorde Mount-Temple e senhora, General Brewster, Sir Garnet e senhora Wolseley, lorde Avonmore e senhora, professor Blackie, e muitos outros. O Sr. Harrison, editor de *The Spiritualist*, assim descreve uma dessas sessões:[182]

> Na noite da última segunda-feira, dez ou doze amigos, entre os quais o médium Eglinton, sentaram-se de mãos dadas em volta de grande mesa circular. Em tais condições, o médium era mantido seguro pelos dois lados. Não havia outras pessoas na sala, iluminada fracamente por um fogo bruxuleante, que apenas permitia ver a silhueta dos objetos. Eglinton estava sentado perto do fogo, ficando de costas para a luz. Foi quando uma forma, de características masculinas, ergueu-se lentamente do chão e atingiu o nível da mesa, permanecendo cerca de um pé atrás do cotovelo direito do médium. O assistente mais próximo era a Sra. Wiseman, de Orme Square, Bayswater. A forma revestia-se de um pano branco, encobrindo-lhe as feições. Como estivesse perto do fogo, ela pôde ser observada distintamente pelos mais próximos. Todos que estavam assim colocados puderam constatar que nem a mesa nem os demais assistentes impediam a visão da figura materializada. Quatro ou cinco pessoas viram a aparição ao mesmo tempo, não sendo o fato, portanto, fruto de impressões subjetivas. Depois de elevar-se ao nível da mesa, a figura precipitou-se em direção ao piso e não mais foi vista, dando a impressão de ter esgotado as próprias forças. O Sr. Eglinton vestia-se a rigor e estava numa casa estranha. De modo geral, pode-se concluir que essa manifestação não poderia ter sido produzida por meios artificiais.

---

[182] Nota do autor: *The Spiritualist*, 23 fev. 1877, p. 96.

O Sr. Dawson Rogers descreve uma sessão de características notáveis. Ela foi realizada no dia 17 de fevereiro de 1885, sob todas as condições de prova, estando presentes quatorze pessoas. Havia uma grande sala destinada à cabine, mas o Sr. Eglinton ali não ficou, permanecendo entre os assistentes, cujos assentos foram dispostos em forma de ferradura. Materializou-se uma figura, que passou a circular pela sala apertando a mão de cada um dos presentes. Em seguida, aproximando-se do Sr. Eglinton — sustentado pelo Sr. Rogers, para que não caísse —, segurou-o pelo ombro e o arrastou até à cabine. Diz o Sr. Rogers:

> Era a forma de um homem mais velho e mais alto que o médium algumas polegadas; vestia-se com um robe flutuante, apresentando-se cheio de vida e animação. Em determinado momento, postou-se a 10 pés do médium.

Particularmente interessante é a mediunidade de Eglinton, conhecida como psicografia ou escrita em lousas, em relação a qual existe esmagadora massa de testemunhos. À vista dos admiráveis resultados obtidos, é digno de nota o fato de ter ele realizado sessões por mais de três anos sem receber a escrita de uma única letra. Só a partir de 1884 concentrou suas faculdades nessa forma de manifestação, então considerada mais apropriada aos iniciantes, especialmente porque todas as sessões se realizavam em plena luz. Eglinton, recusando-se a dar uma sessão de materialização para um grupo de investigadores inexperientes, deu as seguintes razões para sua decisão:

> Defendo a ideia de que o médium se coloca numa posição de grande responsabilidade, tendo ele o direito de satisfazer, tanto quanto possível, aqueles que o procuram. Minha experiência no assunto leva-me a concluir que nenhum cético, mesmo bem-intencionado e honesto, se dará por convencido simplesmente por participar de uma sessão de materialização, resultando daí mais ceticismo de sua parte e a condenação do médium. Tudo fica diferente dentro de um círculo harmônico de espiritualistas suficientemente habilitados para testemunhar

o fenômeno. Com um grupo assim, terei sempre o prazer de realizar sessões. Mas o neófito deve ser preparado por outros métodos. Se seus amigos se interessarem em vir a uma sessão de escrita na ardósia, ficarei feliz em marcar uma hora; do contrário, devo abster-me de realizar a sessão de materialização, pelas razões expostas, as quais se recomendam por si mesmas tanto a você como a todos os pensadores espiritualistas.

É preciso dizer que Eglinton usava ardósias escolares comuns, tendo os assistentes toda a liberdade de trazer as suas. Após lavar-se a ardósia que seria utilizada, colocava-se sobre a mesma um pedaço de lápis apropriado. A ardósia, então, era posta debaixo do tampo da mesa, sendo pressionada contra este e segura pela mão de Eglinton, cujo polegar ficava visível na parte superior do tampo. Ouvia-se logo o som da escrita e, ao sinal de três batidas, examinava-se a ardósia, encontrando-se uma mensagem. Aplicando-se o mesmo processo, usavam-se duas lousas de igual tamanho, estreitamente amarradas uma a outra, bem como as conhecidas lousas em forma de caixa, às quais se ligavam cadeados com chave. Em muitas ocasiões, obtinha-se a escrita com uma única ardósia, posta em cima da mesa, sendo o lápis colocado em cima desta, mas debaixo da ardósia.

O Sr. Gladstone realizou uma sessão com Eglinton, em 29 de outubro de 1884, mostrando-se muito interessado pelo ocorrido. Quando *Light* publicou o relato dessa sessão, quase todos os jornais importantes do país seguiram-lhe o exemplo, resultando daí considerável publicidade para o movimento. Consta que, ao término da sessão, o Sr. Gladstone disse:

> Sempre considerei os homens de ciência indivíduos presos às próprias rotinas. Fazem eles nobre trabalho em suas áreas específicas de pesquisa, mas quase sempre se mostram de má vontade para dar alguma atenção a assuntos que parecem estar em conflito com sua maneira de pensar. De fato, não raro tentam negar o que nunca investigaram, sem conseguirem perceber, de forma clara, a possibilidade de haver forças da natureza que lhes são desconhecidas.

Pouco depois, o Sr. Gladstone, conquanto jamais se tenha confessado espiritualista, demonstrou grande interesse no assunto, ao associar-se à Sociedade de Pesquisas Psíquicas.

Eglinton não escapou aos habituais ataques. Em junho de 1886, a Sra. Sidgwick (esposa do professor Sidgwick, de Cambridge, um dos fundadores da Sociedade de Pesquisas Psíquicas) publicou, no *Journal* da Sociedade, um artigo intitulado *Sr. Eglinton*.[183] Nesse artigo, depois de citar o relato de diversos participantes de mais de quarenta sessões de escrita em lousa com o referido médium, afirma: "Quanto a mim, não hesito em atribuir tais realizações a truques hábeis". Ela não tinha experiência pessoal com Eglinton, mas baseou sua declaração na impossibilidade de manter uma observação continuada durante as manifestações. Nas colunas de *Light*,[184] Eglinton solicitou testemunhos dos assistentes que estavam convencidos da legitimidade de sua mediunidade. O mencionado periódico publicou, em suplemento especial, a resposta de um grande número de pessoas, muitas das quais membros e associados da S.P.P. O Dr. George Herschell, mágico amador de quatorze anos de experiência, deu uma das muitas convincentes réplicas à Sra. Sidgwick. A Sociedade de Pesquisas Psíquicas também publicou relatos minuciosos do Sr. S. J. Davey, que afirmou obter, por meio de truques, escrita em ardósia semelhante à de Eglinton e até mais surpreendente que a deste.[185] O Sr. C. C. Massey, advogado, muito competente e experiente observador, membro da *S.P.P*, endossou o ponto de vista de muitos, quando escreveu a Eglinton, a respeito do artigo da Sra. Sidgwick:

> Concordo com você, quando diz que ela "não apresenta a menor prova" em apoio a tão injurioso julgamento, baseado tão somente em presunções, as quais, a meu ver, são contrárias ao bom senso e à experiência adquirida, além de se oporem a um grande número de excelentes testemunhos.

---

[183] Nota do autor: jun. 1886, p. 282-324.
[184] Nota do autor: 1886, p. 309.
[185] Nota do autor: S.P.R. *Proceedings*, vol. IV, p. 416-487.

De um modo geral, o duro ataque da Sra. Sidgwick contra o médium teve efeito salutar, porque possibilitou o aparecimento de muitos testemunhos (alguns mais valiosos, outros menos) em favor da autenticidade dos fenômenos por ele produzidos.

Eglinton, assim como tantos outros médiuns de manifestações físicas, teve também seus *desmascaramentos*, como ocorreu, certa feita em Munique, ao ser convidado para dar uma série de doze sessões. Dez destas tiveram grande êxito, mas, na décima primeira, embora estivesse com as mãos seguras, foi ele acusado de fraude, porque, além de um sapo mecânico ter sido descoberto na sala, encontrou-se, posteriormente, pó preto no corpo do médium. Tal substância, sem que Eglinton o soubesse, tinha sido usada para enegrecer os instrumentos musicais. Três meses mais tarde, um dos assistentes confessou haver introduzido o brinquedo mecânico na sala. Nenhuma explicação sobre o caso do pó preto veio à tona, mas o fato de as mãos de Eglinton estarem presas deveria ter sido considerado elemento suficiente de refutação.

Os conhecimentos atuais, mais amplos sobre o assunto, têm demonstrado que os fenômenos físicos dependem do ectoplasma, e que este, quando reabsorvido, transmite ao corpo do médium toda a matéria colorida de que se impregnou. Assim, por exemplo, o Dr. Crawford, após uma experiência com carmim, encontrou manchas desse material na pele da médium, Srta. Goligher. Dessa forma, tanto no caso do sapo mecânico quanto no do pó preto, como tantas vezes acontece, o erro está com os que *desmascaram* e não com o médium.

Acusação mais séria contra Eglinton foi feita pelo arquidiácono Colley, que declarou[186] ter descoberto, no sobretudo do médium, quando este realizava uma sessão em casa do Sr. Owen Harries, porções de musselina e de uma barba, que correspondiam a pedaços de pano e de cabelo cortados de supostas figuras materializadas. A Sra. Sidgwick, em seu artigo no *Journal* da S.P.P., reproduziu as acusações do arquidiácono Colley. Eglinton, em sua reposta à referida senhora, limita-se a uma simples negativa, observando que estava na África do

---

[186] Nota do autor: *Medium and Daybreak*, 1878, p. 698, 730. *The Spiritualist*, 1879, vol. XIV, p. 83, 135.

Sul, na ocasião em que as acusações foram publicadas, delas só tendo conhecimento anos mais tarde.

Ao discutir o incidente, diz *Light* em editorial,[187] terem sido as acusações em questão amplamente investigadas pelo Conselho da *Associação Nacional Britânica de Espiritualistas* e rejeitadas, pois o Conselho não pôde, de modo algum, obter provas diretas dos acusadores. E assim continua:

> A Sra. Sidgwick suprimiu muitos pontos em sua citação publicada no *Journal*. Deve ser ressaltado, primeiramente, que os referidos fatos teriam ocorrido dois anos antes do aparecimento da carta onde são feitas as acusações, e que durante esse tempo o acusador não acionou a opinião pública para o assunto. Mesmo agora, só o fez em consequência de ressentimento contra o Conselho da Associação. Em segundo lugar, os trechos suprimidos da carta mencionada pela Sra. Sidgwick trazem a marca de sua completa desvalia. Afirmamos que pessoa alguma, acostumada a examinar e avaliar provas por métodos científicos, daria a mais ligeira atenção à citada correspondência, a não ser que ela fosse ratificada por mais decisivos testemunhos.

Deve-se admitir, todavia, que, quando um espiritualista de coração, como o arquidiácono Colley, faz uma acusação assim concreta, tal fato é matéria grave, que não pode ser ignorada. É sempre possível que um grande médium, sentindo que suas faculdades o abandonam — como sói acontecer —, recorra à fraude para preencher a lacuna, até que elas retornem. Home narrou como suas forças subitamente o abandonaram por um ano, retornando, em toda a plenitude, após este período. Quando um médium vive de seu trabalho, um hiato como esse é assunto sério, que lhe pode trazer a tentação da fraude. Como quer que tenha sido no caso específico, é certo, como demonstramos nestas páginas, que a massa de provas em favor da realidade dos dons de Eglinton é tão volumosa que dificilmente poderá ser abalada. Entre outras testemunhas de

---

[187] Nota do autor: 1886, p. 324.

suas faculdades está o famoso prestidigitador Kellar, que admitiu, como outros mágicos fizeram, que os fenômenos psíquicos transcendem as possibilidades da prestidigitação.

Escritor algum reforçou tanto o lado religioso do Espiritualismo quanto o reverendo W. Stainton Moses. Seus escritos inspirados confirmam tudo que já tinha sido aceito e trazem muitos esclarecimentos sobre o que ainda estava nebuloso. É geralmente considerado pelos espiritualistas o mais alto expoente moderno de seus pontos de vista. Todavia, não lhe dão a palavra final como ser infalível. Ele mesmo afirmou, em declarações póstumas, com toda a evidência de autenticidade, ter sido sua experiência ampliada no Outro Lado, fazendo-o modificar a opinião sobre certas questões. Esse é o resultado inevitável da nova vida para cada um de nós. A questão das opiniões religiosas será tratada em capítulo à parte, dedicado à religião dos espiritualistas.

Além de inspirado pregador religioso, Stainton Moses era vigoroso médium, de tal modo que foi um dos poucos homens que puderam seguir os preceitos apostólicos e os exemplificar não apenas por palavras, mas também pela mediunidade. Este último aspecto é que será destacado neste ligeiro relato. Ele nasceu em Lincolnshire, no dia 5 de novembro de 1839, sendo educado na Bedford Grammar School e no Exeter College, de Oxford. Voltou-se para o ministério religioso e, após ter servido alguns anos como cura na Isle of Man e outros locais, tornou-se mestre da University College School. Vale a pena citar que, no curso de suas viagens, visitou o monastério de Mount Athos, ali permanecendo por seis meses, fato raro em se tratando de um protestante inglês. Convenceu-se mais tarde de que essa experiência foi o berço de sua carreira psíquica. Durante o período de exercício do cargo de cura, teve oportunidade de demonstrar coragem e senso de dever. Isso aconteceu quando da irrupção de uma séria epidemia de varíola em sua paróquia, que não dispunha de médico. Diz seu biógrafo:

> Dia e noite ele prestava assistência às vítimas da enfermidade e, algumas vezes depois de haver suavizado os últimos momentos de um sofredor, era compelido a unir os ofícios de padre e de coveiro, fazendo o enterro com suas próprias mãos.

Não surpreende ter recebido dos paroquianos, ao deixar o local, uma grande manifestação de reconhecimento, que pode ser resumida nestas palavras: "Quanto mais o conhecemos e vemos seu trabalho, mais aumenta nossa admiração pelo senhor".

Stainton Moses teve sua atenção despertada para o Espiritualismo no ano de 1872, em virtude das sessões com Williams e Srta. Lottie Fowler. Muito antes, porém, já havia descoberto que ele mesmo possuía mediunidade em extensão maior que a habitual. Ao mesmo tempo, dispôs-se a fazer um estudo completo do assunto, dedicando-lhe toda sua poderosa inteligência. Seus escritos, com o pseudônimo de *M. A. Oxon*, estão entre os clássicos do Espiritualismo, como *Ensinos espiritualistas*[188] e *Elevados aspectos do Espiritualismo*,[189] entre outros. Finalmente, tornou-se editor de *Light*, sustentando por muitos anos as altas tradições do periódico. Sua mediunidade ampliou-se consideravelmente até abranger quase todos os fenômenos físicos conhecidos. Foi-lhe necessário para isso, entretanto, passar por um período de preparação. Diz ele:

> Por muito tempo fracassei nas tentativas de obter a prova desejada e, se tivesse seguido o exemplo de muitos pesquisadores, teria entrado em desespero e abandonado a pesquisa. Tinha tanta convicção de minhas próprias concepções que me vi obrigado a passar por certos sofrimentos pessoais antes de atingir o resultado esperado. Paulatinamente, contudo, juntando um pouquinho aqui e um pouquinho ali, a prova chegou, *quando minha mente se abriu para recebê-la*: eram passados seis meses de persistentes esforços para encontrar a prova da sobrevivência do ser humano e sua possibilidade de comunicação após a morte.

Em presença de Stainton Moses, pesadas mesas levantavam-se, livros e cartas transportavam-se de uma sala para a outra *em plena luz*. Existem testemunhos de pessoas fidedignas confirmando tais manifestações.

O falecido Serjeant Cox, em seu livro *Que sou eu?*,[190] registra o seguinte incidente ocorrido com Stainton Moses:

---

[188] N.T.: *Spirit Teachings*.
[189] N.T.: *Higher Aspects of Spiritualism*.
[190] N.T.: *What Am I?*

REVERENDO W. STAINTON MOSES
Retrato de propriedade da Aliança Espiritualista de Londres

Terça-feira, 2 de junho de 1873, um amigo íntimo — cavaleiro de alta posição social, formado em Oxford — veio à minha residência, na Russell Square, com o intuito de vestir-se para um jantar ao qual compareceríamos. Anteriormente, esse meu amigo já demonstrara possuir consideráveis faculdades psíquicas. Como estávamos com meia hora de folga, fomos para a sala de jantar.

Eram exatamente seis horas e, naturalmente, ainda estava claro. Eu abria cartas, enquanto ele lia *The Times*. Devo dizer que minha mesa de jantar é de mogno, muito pesada, estilo antigo, com 6 pés de largura e nove de comprimento. Está em cima de um tapete turco, o que muito dificulta sua movimentação. Em tentativa posterior, verificou-se que eram necessários dois homens fortes, agindo simultaneamente, para movê-la uma polegada. Estava sem toalha, e a luz incidia em cheio sobre ela. Não havia pessoa alguma na sala, exceto meu amigo e eu. Subitamente, enquanto permanecíamos sentados, ouvimos batidas fortes e continuadas no tampo da mesa. Meu amigo segurava o jornal com ambas as mãos, tendo um braço apoiado na mesa e o outro, no espaldar da cadeira; sentava-se ele de lado, de tal modo que as pernas e os pés não ficavam debaixo da mesa. Em seguida, a mesa tremeu como se estivesse febril. Depois oscilou de um lado para o outro tão violentamente que quase deslocou as oito pesadas colunas que lhe serviam de pernas. Moveu-se, então, para frente cerca de 3 polegadas. Olhei debaixo da mesa para assegurar-me de que ninguém a tocava, mas ela continuava a mover-se, e as batidas soavam fortes no tampo.

Essa súbita irrupção de força àquela hora e naquele lugar, sem que ninguém estivesse presente, fora nós dois, e sem que houvesse qualquer pensamento no sentido de provocar tais manifestações, nos causou profunda surpresa. Meu amigo disse que nada parecido havia ocorrido antes com ele. Falei que deveríamos aproveitar a inestimável oportunidade a nós oferecida por aquela poderosa força em ação, para tentar o *movimento sem contato*. Tudo favorecia à realização de uma experiência de suma importância: a presença de apenas duas pessoas, a luz do dia, o lugar, o tamanho e o peso da mesa. Aceita minha sugestão, posicionamo-nos de pé, cada um de um lado do móvel. Ficamos a 2 pés da mesa e mantivemos as mãos 8 polegadas acima dela. Em um minuto, ela agitou-se violentamente; depois, moveu-se 7 polegadas sobre o tapete e, a seguir, ergueu-se 3 polegadas do lado onde meu amigo se encontrava. Logo após, levantou-se igualmente do meu lado.

Finalmente, meu companheiro colocou as mãos 4 polegadas acima da extremidade da mesa e solicitou a esta que se levantasse e o tocasse três vezes, o que foi feito. Em seguida, atendendo a pedido semelhante, a mesa levantou-se até minha mão, a qual estava na sua outra extremidade, em igual posição e à mesma altura.

Num domingo de agosto de 1872, em Douglas, na Isle of Man, obteve-se notável demonstração de força espiritual. Os fatos são relatados por Stainton Moses e confirmados pelo Dr. Speer e senhora, em cuja residência os fenômenos se deram, no período entre o café da manhã e as dez horas da noite. O médium era acompanhado por batidas em qualquer lugar onde estivesse e, mesmo na igreja, ele, o Dr. Speer e sua senhora as ouviam, sentados em seus respectivos bancos. Retornando à casa, Stainton Moses descobriu, em seu quarto, que certos objetos foram removidos da penteadeira para a cama e aí dispostos em forma de cruz. Saiu do aposento a fim de trazer o Dr. Speer para testemunhar o acontecido e, ao voltar, descobriu que o colarinho, por ele retirado cerca de um minuto antes, tinha sido posto em torno do topo da improvisada cruz. Ele e o Dr. Speer trancaram a porta do quarto e foram almoçar. Durante a refeição ouviram-se fortes batidas, movendo-se a pesada mesa de jantar três ou quatro vezes. Em inspeção posterior ao referido quarto, eles verificaram que dois outros objetos tinham sido também retirados da mala de viagem e adicionados à cruz. O quarto foi trancado outra vez e, em três visitas subsequentes, viram que a cruz estava acrescida de novos objetos. Disseram que, na ocasião da primeira ocorrência do fenômeno, não havia na casa pessoa alguma apta a realizar truques e que, posteriormente, foram adotadas as devidas precauções para que tal coisa não ocorresse.

Eis a versão da Sra. Speer sobre os mesmos acontecimentos:

> Enquanto estávamos na igreja todos ouvimos as batidas que se produziam ao longo dos bancos onde nos sentamos. Em nosso retorno a casa, o Sr. S. M. encontrou em sua cama, dispostos em forma de cruz, três objetos, que antes estavam na penteadeira. Chamou ao quarto o Dr. S. para que este também visse o acontecido durante nossa ausência. O Dr. S. ouviu então fortes pancadas

no pé da cama e, em seguida, trancou a porta, pôs a chave no bolso e deixou o quarto vazio por algum tempo. Fomos jantar, mas durante a refeição, a grande mesa — coberta de copos, porcelanas e outros objetos — moveu-se repetidamente, trepidou e produziu batidas: parecia estar cheia de vida e movimento. Algumas batidas acompanhavam a melodia de um hino que nossa filhinha estava cantando, enquanto batidas inteligentes seguiam nossa conversação. Fizemos várias visitas ao quarto fechado, sempre encontrando a cruz acrescida de algum objeto. O Dr. S. pegava a chave, abria a porta e saía do quarto por último. Por fim, tudo cessou, após a cruz ser colocada abaixo do centro da cama e serem usados todos os objetos que estavam na valise de viagem de nosso amigo. Todas as vezes que íamos ao quarto, ouviam-se as batidas. Alguém propôs deixássemos um pedaço de papel e lápis em cima da cama. Feito isso, ao voltarmos ao aposento, ali encontramos escritas as iniciais de três amigos do Sr. S. M., já falecidos, e que ninguém na casa, a não ser ele próprio, conhecia. A cruz em referência era perfeitamente simétrica e tinha sido formada num quarto fechado, onde ninguém teria condições de entrar. Com efeito, foi uma surpreendente manifestação de força espiritual.

Um desenho mostrando os vários objetos de toalete, dispostos em cruz, aparece na página 72 do livro *Modernos místicos e moderna magia*,[191] de Arthur Lillie. Outros exemplos são citados no *Apêndice*.

Em suas sessões com o Dr. Speer e senhora, muitas comunicações foram recebidas, dando provas de identidade dos Espíritos, com a indicação de nomes, datas e lugares desconhecidos dos presentes, mas posteriormente verificados.

Ao que consta, um grupo de Espíritos estava associado à mediunidade de Stainton Moses. Este recebeu, por meio deles, através da escrita automática, durante o período de 30 de março de 1873 até o ano de 1880, um corpo de ensinamentos, os quais, selecionados, constituíram os *Ensinos espiritualistas*. Na introdução do livro, assinala Stainton Moses:

---

[191] N.T.: *Modern Mystics and Modern Magic*.

A temática é de caráter elevado e puro, sendo muitos desses ensinos de aplicação pessoal, pois se dirigem à minha própria instrução. Posso dizer que, neste conjunto de comunicações escritas, recebidas sem interrupções até 1880, jamais identifiquei frivolidades, tentativas de gracejos, vulgaridades, incongruências, declarações falsas ou enganosas, coisa alguma, portanto, incompatível com o objetivo almejado e constantemente repetido de instrução, esclarecimento e orientação por meio de Espíritos devidamente preparados para a tarefa. Julguei essas inteligências comunicantes, como eu mesmo desejaria ser julgado, e elas demonstraram ser realmente o que pretendiam ser: suas palavras exalavam sinceridade e seus propósitos eram sóbrios e sérios.

No livro *Os guias de Stainton Moses*,[192] do Sr. A. W. Tetley, publicado em 1923, há uma minuciosa descrição dos autores dessas comunicações, muitos dos quais de nomes respeitáveis.

Stainton Moses participou da formação da Sociedade de Pesquisas Psíquicas em 1882, mas afastou-se da corporação em 1886, desgostoso pela forma com que a Sociedade tratou o médium William Eglinton. Foi também o primeiro presidente da Aliança Espiritualista de Londres, criada em 1884, cargo por ele ocupado até à morte.

Além de escrever as obras *Identidade dos Espíritos*[193] (1879), *Elevados aspectos do Espiritualismo* (1880), *Psicografia*[194] (2ª ed., 1882) e *Ensinos espiritualistas* (1883), Stainton Moses contribuía, com frequência, não só para a imprensa espiritualista mas também para o *Saturday Review*, o *Punch* e outros jornais conceituados.

Um magistral resumo de sua mediunidade foi escrito pelo Sr. F. W. H. Myers e publicado nos *Proceedings*, da Sociedade de Pesquisas Psíquicas.[195] Noticiando-lhe a morte, diz o Sr. Myers: "Pessoalmente, considero sua vida uma das mais valiosas de nossa época e de poucos homens ouvi experiências pessoais tão importantes quanto as que me relatou".

---

[192] N.T.: *The Controls of Stainton Moses*.
[193] N.T.: *Spirit Identity*.
[194] N.T.: *Psychography*.
[195] Nota do autor: vol. IX, p. 245-353, e vol. XI, p.24-113.

Pode-se dizer que os médiuns referidos neste capítulo possuíam os diferentes tipos de mediunidade predominantes em sua época. Outros houve, entretanto, quase tão conhecidos quanto os citados. Assim, por exemplo, a Sra. Marshall trouxe ensinamentos a muitos; a Sra. Guppy mostrou faculdades que, em certos aspectos, jamais foram ultrapassadas; a Sra. Everitt — médium não profissional —, durante toda sua longa vida foi um centro permanente de energia psíquica, e a Sra. Mellon, tanto na Inglaterra como na Austrália, produziu fenômenos físicos extraordinários, especialmente materializações.

CAPÍTULO 17

A Sociedade de Pesquisas Psíquicas

Não se inclui no plano desta obra o relato minucioso das atividades da Sociedade de Pesquisas Psíquicas, em cujos registros se mesclam, de modo estranho, o positivo e o negativo. Alguns pontos, entretanto, merecem ser discutidos. Num certo enfoque, o trabalho da Sociedade foi excelente, mas desde o início ela cometeu o erro capital de adotar atitude arrogante em relação ao Espiritualismo. Tal atitude resultou não apenas no afastamento de muitos homens que poderiam ter sido de grande valia em suas pesquisas, mas, acima de tudo, na ofensa aos próprios médiuns, de cuja cooperação necessitava para o êxito do trabalho. Atualmente a Sociedade possui excelente sala de sessões, mas o difícil é convencer o médium a entrar nela. Não poderia ser diferente, levando-se em conta os perigos a que ele se expõe — perigos que se refletem na causa do Espiritualismo, por ele representada — diante das informações falsas e acusações injuriosas, hoje tão levianas quanto no passado. A pesquisa psíquica deveria respeitar os sentimentos e as opiniões dos espiritualistas, pois, sem estes, aquela certamente não existiria.

Apesar de irritados com a crítica ofensiva, não devem os espiritualistas desconsiderar os excelentes trabalhos realizados pela Sociedade ao longo do tempo. Foi ela, por exemplo, mãe de muitas outras sociedades, as quais, por sua vez, se tornaram mais ativas que sua inspiradora; estimulou ainda inúmeras personalidades, tanto em Londres como em sua filial na América, homens que buscaram provas e se tornaram defensores ardorosos da visão espiritualista. Em verdade, não é demais dizer que quase todos os grandes vultos, notáveis por sua primorosa inteligência em outros setores, adotaram a explicação espiritualista: Sir William Crookes, Sir Oliver Lodge, Russell Wallace, lorde Rayleigh, Sir William Barrett, professor William James, professor Hyslop, Dr. Richard Hodgson e Sr. F. W. H. Myers. Todos estes estavam, em graus diversos, ao lado dos anjos.

Houve antes uma sociedade da mesma natureza: a Sociedade Psicológica da Grã-Bretanha[196], fundada em 1875 pelo Sr. Serjeant Cox, mas se dissolveu com a morte de seu fundador, em 1879.

Em 6 de janeiro de 1882, por iniciativa de Sir William Barrett, realizou-se uma reunião com o objetivo de tratar da formação de uma nova sociedade e, em 20 de fevereiro, esta foi criada. O professor Henry Sidgwick, de Cambridge, foi eleito presidente, estando o reverendo W. Stainton Moses entre os vice-presidentes. Participaram da reunião vários representantes espiritualistas, como o Sr. Edmund Dawson Rogers, Sr. Hensleigh Wedgwood, Dr. George Wyld, Sr. Alexander Calder e o Sr. More Theobald. Veremos, no curso de nosso relato, como a Sociedade de Pesquisas Psíquicas afastou, gradualmente, a simpatia desses membros, provocando a renúncia de muitos deles, e como essa rachadura, assim precoce, ampliou-se com o passar dos anos.

Diz um manifesto da Sociedade:

> Sente-se por toda parte que é tempo de se fazer uma tentativa para investigar, organizada e sistematicamente, essa grande variedade de fenômenos designados como Mesmerismo, Psiquismo e Espiritualismo.

Em seu primeiro discurso presidencial, no dia 17 de julho de 1882, ao referir-se à necessidade da pesquisa psíquica, assim se expressou o professor Sidgwick:

> Todos concordamos que o presente estado de coisas é um escândalo para nossa época esclarecida, pois continua a discordância sobre

---

[196] N.T.: Psychological Society of Great Britain.

a realidade desses admiráveis fenômenos, quando, em verdade, não se lhes poderia retirar a importância científica, fosse verdadeira apenas décima parte do que dizem suas testemunhas; é um escândalo — repito — que, havendo tantas pessoas competentes, convencidas de sua realidade e tantas outras profundamente interessadas em ver o assunto esclarecido, o mundo culto, de modo geral, prossiga adotando uma atitude simplista de incredulidade.

A atitude dos membros da Sociedade de Pesquisas Psíquicas, assim definida por seu primeiro presidente, é racional e adequada. Ao responder à crítica de que eles tinham a intenção de rejeitar os resultados de todas as anteriores investigações dos fenômenos físicos, diz ele:

> Não passa pela minha mente a ideia de que poderia produzir provas de melhor qualidade do que as muitas já apresentadas por homens de notória reputação científica, tais como o Sr. Crookes, o Sr. Wallace e o falecido professor De Morgan. Mas, para que o propósito da Sociedade, por mim antes definido, seja alcançado, é preciso ampliar a quantidade dessas provas.

O mundo culto por ele citado não estava ainda convencido; assim, mais provas deveriam ser acumuladas. Poderia ter dito que já existiam provas abundantes, mas aquele mundo não se tinha dado ao trabalho de examiná-las.

Retornando a esse aspecto, ao término de seu discurso, disse:

> A incredulidade científica cresceu tanto, são tantas e tão fortes suas raízes que nosso papel é destruí-la de vez, se disso formos capazes, enterrando-a viva sob uma pilha de fatos. Devemos continuar "trabalhando com zelo", como dizia Lincoln, acumulando fato sobre fato, somando experiência com experiência e — poderia mesmo dizer — deixando de lado as calorosas discussões com os antagonistas sobre o valor probante de determinada investigação, confiando que a massa de provas lhes trará o convencimento. Por mais autêntico que seja o fenômeno registrado numa única

experiência, sua aceitação fica adstrita à reconhecida probidade do pesquisador. Pode-se mesmo dizer que só teremos feito o melhor quando, em nossas pesquisas, nada deixarmos para refutação, a não ser o argumento de que somos parceiros do embuste: este será, com certeza, o último recurso do crítico. Assim, compete-nos levar o opositor a tal situação que ele se veja forçado a adotar uma destas alternativas: admitir a própria incapacidade de explicar os fenômenos; acusar os investigadores de mentirosos e trapaceiros, ou considerá-los de uma cegueira e negligência incompatíveis com qualquer condição intelectual, a não ser a do idiota.

O primeiro trabalho da Sociedade foi o da investigação experimental da transmissão de pensamento, assunto já apresentado à Associação Britânica, em 1876, por Sir (então professor) William Barrett. Após longa e paciente pesquisa, concluiu-se que a transmissão de pensamento, ou telepatia — como foi denominada pelo Sr. F. W. H. Myers —, estava cientificamente estabelecida. A Sociedade realizou trabalho muito valioso no domínio dos fenômenos intelectuais, tendo sido tudo sistemática e cuidadosamente registrado em seus *Proceedings*. De igual modo, as pesquisas sobre as *correspondências cruzadas* constituem importante fase de suas atividades. A investigação da mediunidade da Sra. Piper — tratada mais adiante — foi também trabalho notável realizado pela Sociedade de Pesquisas Psíquicas.

A Sociedade foi menos feliz em relação aos fenômenos físicos do Espiritualismo. O Sr. E. T. Bennett, que, por vinte anos, foi seu secretário-assistente, assim comenta o assunto:

> É simplesmente notável, podemos mesmo dizer um dos acontecimentos mais significativos da história da Sociedade, o fato de que esse ramo de investigação tenha sido — sem exagero — absolutamente improdutivo em seus resultados, principalmente levando-se em conta a simplicidade desses supostos fenômenos. Em relação ao movimento de mesas e outros objetos, sem contato, e à produção de batidas audíveis e de luzes, a opinião dos membros da Sociedade — para não falar do mundo inteligente lá fora — permanece no mesmo estado caótico de há vinte anos.

> Pode-se dizer que a questão do movimento de mesas, sem contato, está exatamente no mesmo ponto onde foi deixada pela Sociedade Dialética,[197] em 1869, quando uma pesada mesa de jantar se moveu, sem que ninguém a tocasse. Tal fato ocorreu na presença de um médium não profissional e foi verificado por inúmeros homens bastante conhecidos. Se era um escândalo que a discussão sobre a realidade desses fenômenos ainda existisse, quando o professor Sidgwick fez seu primeiro discurso presidencial, mais escandaloso é agora, passado aproximadamente um quarto de século, que o mundo culto continue adotando a mesma atitude simplista de incredulidade. Em toda a série de volumes publicados pela Sociedade, nenhuma luz é lançada sobre esses fenômenos tão simples de serem vistos e ouvidos. No que diz respeito aos mais complexos, cuja produção requer um ato inteligente — tais como a escrita direta e a fotografia dos Espíritos —, algumas investigações foram realizadas, embora, em grande parte, tenham tido resultados negativos.[198]

Essas críticas a respeito da atuação da Sociedade são feitas de forma amistosa. Vejamos agora como os espiritualistas, em geral, viam suas atividades. Em 1883, um ano, portanto, depois da criação da S.P.P., *Light* recebe de um de seus correspondentes a seguinte pergunta: "Qual a distinção entre a Sociedade de Pesquisas Psíquicas e a Associação Central dos Espiritualistas?".[199] Ele também desejava saber se havia antagonismo entre as duas organizações. Pelo interesse histórico do fato, que relembramos, passados quarenta anos, transcrevemos o trecho seguinte do editorial em que é dada a resposta:[200]

> Os espiritualistas não duvidam que, com o passar do tempo, a Sociedade de Pesquisas Psíquicas dará provas tão claras e inquestionáveis de clarividência, escrita dos Espíritos, aparições e outros

---
[197] Nota do autor: Dialectical Society.
[198] Nota do autor: BENNETT, Edward T. *Twenty Years of Psychical Research*, 1904.
[199] N.T.: Central Association of Spiritualists.
[200] Nota do autor: *Light*, 1883, p. 54.

tantos fenômenos físicos, quanto tem fornecido de leitura do pensamento. Há, entretanto, nítida linha divisória entre a Sociedade de Pesquisas Psíquicas e a Associação Central de Espiritualistas. Os espiritualistas têm uma fé estabelecida — e mais: certo conhecimento a respeito de fatos ainda obscuros para a Sociedade. Esta procura apenas as provas da existência dos fatos; a ideia da comunicação com os Espíritos, das suaves confabulações com os amigos que se foram — tão caras aos espiritualistas — não lhe desperta interesse algum. Referimo-nos — é claro — à Sociedade como um todo, não aos seus membros individualmente considerados. Em nome da Sociedade, estudam eles ossos e músculos; não atingiram ainda o coração e a alma.

Prossegue o editor, procurando devassar o futuro longínquo:

Como representantes da Sociedade, não podem seus membros afirmar-se espiritualistas; mas, quando virem o acúmulo de provas, tornar-se-ão, primeiro, *espiritualistas sem Espíritos* e, por fim, como os demais espiritualistas. Sentir-se-ão jubilosos, entretanto, por terem alcançado essa posição após percorrer todas as etapas do caminho, estimulando, com sua conduta cautelosa, muitos homens e mulheres nobres e inteligentes a trilhar a mesma estrada.

Em conclusão, é assegurado ao correspondente que não há antagonismo entre as duas organizações, e que os espiritualistas confiam que a Sociedade de Pesquisas Psíquicas esteja realizando um trabalho útil.

A passagem é instrutiva, mostrando os sentimentos amáveis com que o principal periódico espiritualista envolvia a nova sociedade. A profecia que o acompanha, contudo, está longe de realizar-se. Em exagerado esforço para adotar atitude considerada imparcial e científica, pequeno grupo dentro da Sociedade manteve-se por muitos anos em posição, se não hostil, ao menos de persistente negação da realidade das manifestações físicas observadas com determinados médiuns. Pouco importava a massa de testemunhos de homens merecedores de confiança por suas qualificações e experiência. Tão logo, porém, a Sociedade começou a reconhecer esses testemunhos, ou a conduzir suas próprias investigações — o que era mais raro —, os médiuns passaram a ser alvo de acusações abertas de fraude. Quando tal não sucedia, levantavam-se suspeitas de que os resultados eram obtidos por meios não supranormais. Assim, a Sra. Sidgwick, um dos investigadores mais intransigentes, dizia de uma sessão realizada com a Sra. Jencken — Kate Fox (o local tinha luz suficiente para leitura de impressos, e a escrita direta foi aí obtida em folha de papel fornecida pelos assistentes e posta sob a mesa): "Pensamos que a Sra. Jencken poderia ter escrito com o pé". A respeito de Henry Slade, expressava-se desta forma: "A minha opinião, depois de ter participado de cerca de dez sessões com o Sr. Slade, é que os fenômenos são produzidos por truques". Referindo-se à escrita em ardósia obtida por William Eglinton, afirmava de igual modo: "Não hesito, de forma alguma, em dizer que as realizações do médium são frutos de inteligente prestidigitação". Certa médium, filha de conhecido professor, disse ao autor destas linhas que a atitude da Sra. Sidgwick, nessas ocasiões, era impossível de ser concebida, parecendo mesmo que esta senhora insultava as pessoas sem ter consciência do que fazia.

Muitas outras críticas do mesmo gênero sobre médiuns famosos poderiam ser citadas, como já dissemos. Um artigo da Sra. Sidgwick, intitulado *Sr. Eglinton*, e publicado no *Journal* — órgão da Sociedade —, provocou uma tempestade de críticas contundentes, levando *Light* a dedicar um suplemento especial às cartas de protesto. Em editorial, de autoria do Sr. Stainton Moses, este último periódico, anteriormente tão receptivo à novel organização, assim se manifesta:

> A Sociedade de Pesquisas Psíquicas, em mais de um aspecto, colocou-se em posição falsa e, quando o percebeu, preferiu permanecer omissa. Na verdade, quando for escrita a história secreta da *pesquisa psíquica* na Inglaterra, a narração será muito instrutiva e sugestiva. E mais, lamentamos dizer — e assim o fazemos com pleno senso da gravidade de nossas palavras — que, no tocante à discussão livre e ampla desse assunto, a política da Sociedade tem sido obstrucionista. Em tais circunstâncias, ela terá de decidir se o atrito com os adeptos do Espiritualismo — infelizmente hoje

existente — se intensificará, ou se será estabelecido um *modus vivendi* entre seus membros e os espiritualistas. Nenhuma desaprovação oficial às considerações da Sra. Sidgwick, como representante da Sociedade de Pesquisas Psíquicas, foi, porém, ainda efetivada. Certamente este seria o primeiro passo.

Essa situação, ocorrida no quarto ano de existência da entidade, continua quase inalterável até os dias atuais. Sir. Oliver Lodge[201] descreve-a bem, quando diz, referindo-se à Sociedade, embora, naturalmente, sem concordar com a referência:

> Ela tem sido chamada de sociedade para suprimir os fatos, imputar indiscriminadamente a impostura, desencorajar sensitivos e repudiar toda revelação que, fluindo das regiões da luz e do conhecimento, descesse à humanidade.

Mesmo considerando-se essa crítica demasiadamente severa, ela ao menos indica a concordância de um grupo influente da opinião pública em relação à Sociedade de Pesquisas Psíquicas.

Uma das primeiras atividades públicas da Sociedade foi a viagem, à Índia, de seu representante, Dr. Richard Hodgson, com o propósito de investigar os supostos milagres ocorridos em Adyar, quartel-general de Madame Blavatsky. Esta senhora assumira papel proeminente na ressurreição da antiga sabedoria oriental, reunindo-a, sob o nome de Teosofia, num sistema filosófico compreensível ao Ocidente. Não se trata aqui de discutir o caráter complexo dessa notável mulher. Basta lembrar que o Dr. Hodgson formou opinião adversa a seu respeito e a seus pretensos milagres. Essa opinião parecia definitiva, quando sobrevieram certos argumentos, postos pela Sra. Besant,[202] tendentes a alterá-la. O principal ponto de defesa da Sra. Besant era que as testemunhas, maliciosas e corruptas, haviam claramente manipulado as provas. O resultado líquido de tudo isso é que, enquanto este episódio e outros da mesma natureza

---

[201] Nota do autor: *The Survival of Man*, 1909, p. 6.
[202] Nota do autor: *H. P. Blavatsky and the Masters of Wisdom* (Theosophical Publishing House).

lançarem dúvidas sobre a reputação de Madame Blavatsky, não se pode chegar à conclusão definitiva sobre ela. Um fato, porém, é patente: quando deseja provar uma fraude, a Sociedade adota critérios bem mais flexíveis do que os utilizados para examinar os fenômenos psíquicos.

Voltemo-nos agora para assunto mais interessante: o exame completo do caso da Sra. Leonora Piper — a celebrada sensitiva de Boston, U.S.A. —, cuja mediunidade se alinha entre as que produziram os mais belos resultados no âmbito da Sociedade de Pesquisas Psíquicas. As experiências desenvolveram-se durante quinze anos, sendo inumeráveis os fatos registrados. Entre os investigadores, destacavam-se homens conhecidos e competentes, tais como professor William James, da Universidade de Harvard; Dr. Richard Hodgson e professor Hyslop, da Universidade de Columbia. Os três convenceram-se da autenticidade dos fenômenos que ocorriam em presença da médium, sendo favoráveis à interpretação espiritualista dos mesmos.

Os espiritualistas ficaram naturalmente jubilosos com a confirmação de sua tese. O Sr. E. Dawson Rogers, presidente da Aliança Espiritualista de Londres, em encontro promovido pela entidade, em 24 de outubro de 1901, disse:[203]

> Nos últimos dias sucedeu um fato que, segundo se pensa, está exigindo algumas palavras de minha parte. Muitos dos senhores sabem que nossos amigos da Sociedade de Pesquisas Psíquicas — ou ao menos alguns deles — vieram para nosso lado. Não estou querendo dizer que se tenham ligado à Aliança Espiritualista de Londres. Digo apenas que alguns dos que há pouco tempo riam e zombavam de nós hoje aderem às nossas crenças, isto é, aceitam a hipótese ou a teoria de que o ser humano continua a viver depois da morte e que, em certas condições, pode comunicar-se com os que deixaram para trás. Guardo dolorosa memória dos primeiros tempos da história da Sociedade de Pesquisas Psíquicas. Era eu, feliz ou infelizmente, membro de seu primeiro Conselho, como também o era o nosso querido e saudoso amigo W. Stainton Moses.

---

[203] Nota do autor: *Light*, 1901, p. 523.

Ficávamos tristes durante as reuniões vendo a maneira como o Conselho da Sociedade recebia todas as sugestões que envolvessem a demonstração da continuidade da existência do ser humano após a chamada morte. Foi assim que, não conseguindo suportar por mais tempo essa situação, tanto eu como o Sr. Stainton Moses renunciamos aos respectivos cargos. O tempo, contudo, exerceu sua revanche. Naquela época nossos amigos diziam-se ansiosos por descobrir a verdade, mas acalentavam a esperança de que esta fosse a identificação do Espiritualismo como fraude. Felizmente esse tempo e essa atitude passaram, e podemos atualmente considerar a Sociedade de Pesquisas Psíquicas excelente amiga. Ao realizar seu trabalho, assídua e diligentemente, ela comprovou nossa tese *in totum*, se é que esta necessitasse ser comprovada. Antes tínhamos nosso bom amigo Sr. F. W. H. Myers, de venerada memória. Não nos podemos esquecer de que o Sr. Myers afirmou claramente haver chegado à conclusão de que a hipótese espiritualista era a única capaz de explicar os fenômenos por ele testemunhados. Em seguida, veio o Dr. Hodgson. Todos os que têm estudado longamente esse assunto decerto se lembrarão com que tenacidade ele perseguia os adeptos do Espiritualismo. Era um legítimo Saulo perseguindo os cristãos. No entanto, em decorrência da própria investigação a respeito dos fenômenos ocorridos em presença da Sra. Leonora Piper, passou para nosso lado, declarando, honestamente e sem medo, sua conversão à hipótese espiritualista. Finalmente, nestes últimos dias, foi publicado pela Sociedade de Pesquisas Psíquicas o notável livro do professor Hyslop, da Universidade de Columbia, de Nova Iorque: um livro de 650 páginas, mostrando que também ele, vice-presidente da Sociedade, está convencido de que a hipótese espiritualista é a única suscetível de explicar os fenômenos que testemunhou. Aos poucos estão todos chegando. Isso me faz sentir alguma esperança em relação ao bom amigo, Sr. Podmore.

De nossa posição privilegiada, decorridos vinte anos tão significativos, podemos constatar ter sido o prognóstico muito otimista. As experiências com a Sra. Piper, contudo, mantêm-se acima de qualquer contestação.

CAP 17 | A SOCIEDADE DE PESQUISAS PSÍQUICAS

O professor James teve contato com a Sra. Piper em 1885, após saber dos interessantes resultados obtidos por parente seu que a visitara. Não obstante cético, resolveu investigar os fatos. Entre as numerosas mensagens autênticas por ele recebidas, há o caso de sua sogra, que havia perdido o talão de cheques. Solicitou-se a ajuda do Dr. Phinuit — guia espiritual da Sra. Piper — para descobri-lo, tendo o guia indicado o local correto onde o objeto pôde ser encontrado. Em outra ocasião, Dr. Phinuit disse ao professor James: "Sua filhinha tem por companheiro, em nosso mundo, um garoto chamado Robert F.". Os F. eram primos da Sra. James e moravam em cidade distante. O professor James disse à esposa que o Dr. Phinuit se equivocara sobre o sexo da criança dos F. que havia falecido. Mas estava enganado: a criança era mesmo um garoto, sendo, pois, correta, a informação. Aqui não se poderia invocar a leitura do pensamento dos assistentes. Muitos outros exemplos de comunicações verídicas poderiam ser dados. O professor James descreve a Sra. Piper como pessoa simples e honesta, declarando, depois de investigá-la:

> A certeza que tenho de que a Sra. Piper, em seus transes, sabe de coisas que lhe não poderiam ter chegado ao conhecimento no estado de vigília é a mesma que possuo em relação a qualquer fato de minha experiência pessoal.

Após a morte do Dr. Richard Hodgson, em 1905, o professor Hyslop recebeu, por intermédio da Sra. Piper, uma série de comunicações que o convenceram de estar realmente palestrando com seu amigo e ex-companheiro de trabalho. Hodgson, por exemplo, relembrou-o de certa médium não profissional, cuja mediunidade fora alvo de divergência entre ambos. Afirmou que a tinha visitado, acrescentando: "A situação lá está melhor do que eu imaginava". Falou também de um ensaio em que os dois usaram água e tinta vermelha, com o objetivo de testar um médium a 500 milhas de Boston, fato este desconhecido pela Sra. Piper. Mencionou ainda uma discussão de ambos acerca da redução do manuscrito de um dos livros de Hyslop. O cético pode objetar que o professor Hyslop conhecia tudo isso e que a Sra. Piper retirou dele as informações por via telepática. Mas, acompanhando o curso das comunicações, veem-se muitas provas de características pessoais do Dr. Hodgson reconhecidas pelo professor Hyslop.

A fim de possibilitar ao leitor o exame da consistência de algumas provas obtidas por intermédio da Sra. Piper, sob a orientação de Phinuit, passamos a citar o seguinte caso:[204]

> Na 45ª sessão realizada na Inglaterra, em 24 de dezembro de 1889, quando os Srs. Oliver e Alfred Lodge, bem como o Sr. Thompson e senhora eram os assistentes, disse Phinuit, de súbito:
> — Conhece Richard, Rich, Sr. Rich?
> — Não muito bem — diz a Sra. Thompson. — Eu conheci um Dr. Rich.
> — É este. Faleceu — afirma Phinuit. — Ele envia a seu pai as mais atenciosas saudações.
> Na 83ª sessão, estando presentes de novo o Sr. Thompson e senhora, Phinuit de repente disse:
> — Aqui está o Dr. Rich.
> Em seguida, Dr. Rich põe-se a falar:
> — É muita gentileza deste cavalheiro [isto é, Phinuit] permitir que eu fale. Senhor Thompson, desejo que leve uma mensagem a meu pai.
> — Levá-la-ei — afirmou o Sr. Thompson.
> Diz o Dr. Rich:
> — Agradeço-lhe mil vezes. É muita bondade de sua parte. Veja: parti de modo repentino; meu pai abalou-se profundamente e ainda não se recuperou. Diga-lhe que estou vivo e que o amo. Onde estão meus óculos? [A médium passa as mãos sobre os olhos]. Eu usava óculos. [Era verdade]. Imagino que meu pai os tenha guardado, bem como alguns de meus livros. Havia uma caixinha preta. Penso que está com ele também. Não desejo que ela se perca. Por vezes meu pai sofre de tonturas, ficando nervoso com isto; mas trata-se de problema simples.
> — O que faz seu pai? — pergunta o Sr. Thompson.

---

[204] Nota do autor: *Proceedings of S.P.R.*, vol. VI, p. 509. Transcrito no livro *Mrs. Piper and the S.P.R.*, de M. Sage.

A médium pegou um cartão, figurou escrever nele e pôr-lhe um selo.
— Ocupa-se com estas coisas [afirma o Dr. Rich]. Sr. Thompson, se o senhor lhe der esta mensagem, pode contar com minha ajuda de várias maneiras. Sei que posso fazê-lo e farei.

As observações do professor Lodge sobre esse incidente são as seguintes:

O Sr. Rich, pai, é administrador do *Correio de Liverpool*.[205] Seu filho, Dr. Rich, era quase um estranho para o Sr. Thompson e inteiramente desconhecido para mim. Seu pai estava muito angustiado com a morte do filho, como tivemos ocasião de verificar. O Sr. Thompson foi vê-lo e deu-lhe a mensagem. Ele (o Sr. Rich, pai) considerou o episódio inusitado, só explicável pelo emprego de algum tipo de truque. A frase "agradeço-lhe mil vezes", segundo ele, é característica, e admitiu ter tido leve tontura recentemente.

O Sr. Rich não conhecia o significado da *caixa preta*, de que fala o filho. A única pessoa que poderia trazer esclarecimentos sobre o assunto achava-se então na Alemanha. Sabia-se, entretanto, que o Dr. Rich falava constantemente de uma caixa preta em seu leito de morte.

M. Sage faz o seguinte comentário:

Não há dúvida de que o Sr. e a Sra. Thompson conheciam o Dr. Rich, pois se encontraram com ele uma vez. Mas eram completamente alheios aos detalhes aqui fornecidos. De onde a médium tirou essas informações? Sem dúvida não foi da influência de um objeto qualquer, pois tal não havia na sessão.

A Sra. Piper teve diversos guias durante as várias etapas de sua longa carreira. O primeiro deles foi um certo Dr. Phinuit, que afirmava ter sido médico francês, mas o relato de sua vida terrena era contraditório e insuficiente. Contudo, foi ele de atuação notável, convencendo muitas

---

[205] N.T.: *Liverpool Post Office*.

pessoas de que era, de fato, intermediário entre vivos e mortos. Algumas das objeções contra o Dr. Phinuit, porém, tinham força, pois ainda que seja bem possível que o prolongado estágio no outro mundo apague nossas lembranças terrenas, dificilmente se concebe que o esquecimento vá ao ponto a que chegou, no seu caso. Por outro lado, a teoria alternativa de ser ele uma personalidade secundária da Sra. Piper — uma projeção, por assim dizer, de sua individualidade — levanta questões ainda mais complexas, considerando-se tanta coisa obtida acima do conhecimento da médium.

Estudando esses fenômenos, Dr. Hodgson — um dos críticos mais severos das explicações transcendentes — via-se forçado a aceitar gradativamente a hipótese espiritual como a única aplicável aos fatos: a telepatia do assistente para o médium não bastava. Verificou, impressionado, que, nos casos em que a inteligência comunicante tinha sido acometida de um distúrbio mental antes da morte, as mensagens posteriores eram obscuras e insensatas. Isso seria inexplicável se tais mensagens fossem meros reflexos das lembranças dos assistentes. Por outro lado, havia exemplos, como o de Hannah Wild, em que, uma mensagem, cujo conteúdo estava num envelope lacrado em seu período de vida, não pôde ser revelada depois da morte. Embora sejam válidas essas objeções, é oportuno repetir a recomendação de que nos devemos ater aos resultados positivos, esperando por maiores conhecimentos para elucidar os aparentemente negativos. Como poderíamos compreender, em nosso estágio atual, as leis e dificuldades especiais dessas experiências?

Em março de 1892, Phinuit foi substituído por George Pelham, elevando-se, com essa troca, o tom das comunicações. George Pelham era um jovem literato, morto aos 32 anos, de uma queda de cavalo. Interessado nos estudos psíquicos, havia prometido ao Dr. Hodgson que, após sua morte, se esforçaria por trazer provas da sobrevivência. Cumpriu a promessa integralmente, e o autor deseja expressar sua gratidão, pois foram os estudos dos registros de George Pelham[206] que tornaram sua mente receptiva ao assunto, até que as provas definitivas lhe viessem durante a Grande Guerra.

Pelham preferia escrever por intermédio da mão da Sra. Piper e, não raro, escrevia enquanto Phinuit falava. Ele provou sua identidade em conversa

---

[206] Nota do autor: Dr. Hodgson's Report. *Proceedings* of S.P.R., vol. XIII, p. 284-582.

com trinta velhos amigos, desconhecidos da médium; reconheceu-os a todos, dirigindo-se a cada um no mesmo tom que costumava usar em vida. Nunca se confundiu, tomando um estranho por um amigo. É difícil imaginar como a persistência da individualidade depois da morte e sua comunicabilidade — os dois pontos essenciais do Espiritualismo — poderiam ser demonstradas mais claramente do que o foi por meio desses encontros. É interessante ressaltar, para nossa instrução, o prazer de Pelham em comunicar-se. "Estou feliz aqui e mais ainda porque descobri que posso comunicar-me com vocês. Lamento os que não podem fazê-lo". Algumas vezes mostrou-se ignorante em relação ao próprio passado. M. Sage comenta o fato com lucidez:

> Em havendo um outro mundo, os Espíritos certamente não ficarão lá ruminando o ocorrido na vida incompleta deixada para trás. Ali chegando, serão naturalmente arrastados pelo vórtice de uma atividade mais elevada e intensa. Assim, não surpreende que, por vezes, se esqueçam. É de notar-se, entretanto, que eles parecem esquecer menos que nós.[207]

Ante a comprovação da identidade de Pelham, tudo que ele disse acerca da vida no outro mundo se torna de suma importância. E aqui o lado fenomênico do Espiritualismo cede espaço ao lado religioso. Com efeito, que mestre, por mais venerável; que obra, por mais excelente, seria capaz de formar convicção mais forte que o relato pessoal de alguém que conhecemos, vivendo as experiências que descreve? Esse assunto será tratado com mais amplitude em outro capítulo. Aqui basta ser dito que o relato de Pelham é, em essência, o mesmo que tantas vezes temos recebido: descreve uma vida em que a evolução se dá gradativamente, em continuação à vida terrena; uma vida que possui muitos aspectos da existência material, embora geralmente se apresente sob enfoque mais agradável. Não se vive aí por mero prazer, ou em ócio egoístico, mas exercitando nossas faculdades pessoais em vastíssimo campo de ação.

Em 1898, James Hervey Hyslop, professor de lógica e ética da Universidade de Columbia, substituiu o Dr. Hodgson na chefia das

---

[207] Nota do autor: M. Sage, *Mrs. Piper and the S.P.R.*, p. 98.

investigações. Adotando, de início, a mesma postura cética do antecessor, foi forçado, fazendo as mesmas experiências, a chegar a idêntica conclusão. Quando lemos seus relatórios, incluídos em vários livros de sua autoria e também no volume XVI dos *Proceedings* da Sociedade de Pesquisas Psíquicas, sentimos quanto lhe seria difícil resistir à evidência. Seu pai e muitos parentes comunicaram-se, mantendo confabulações totalmente inexplicáveis pela teoria da personalidade secundária ou da telepatia. Ele é incisivo em relação a essas conversas, dizendo: "Estive falando com meu pai, meu irmão e meus tios", e todos que examinam seus relatos são obrigados a concordar com ele. Como a Sociedade pode ter tantas provas reunidas em seus próprios *Proceedings* e, ainda assim, no que concerne à maior parte de seu Conselho, permanecer alheia à visão espiritual dos fatos, é, em verdade, um mistério. A única explicação plausível é que existe certo tipo de mente, egocêntrica e limitada — conquanto arguta —, impermeável às experiências alheias. Além disso, sua estrutura é de tal forma constituída que, provavelmente, será a última a convencer-se por suas próprias experiências, tendo em vista o modo como trata o material de que depende a prova.

Lembrança alguma, por mais insignificante ou óbvia, era desconsiderada pelo pai de Hyslop, na ânsia de despertar a memória do filho. Muitos fatos tinham sido esquecidos por este último e alguns nem lhe haviam chegado ao conhecimento. Havia referências — tais como duas garrafas em sua escrivaninha, seu canivete castanho, sua caneta de pena de pato, o nome de seu pônei, seu boné preto — que poderiam ser consideradas triviais, mas eram importantes para comprovar-lhe a identidade. Ele tinha sido membro ativo de uma pequena seita, sobre a qual, entretanto, parecia ter mudado de opinião. "A ortodoxia — dizia ele — não tem força alguma aqui onde me encontro. Quando passamos a conhecer melhor as coisas, é fácil mudar as próprias ideias".

Na ocasião de sua décima-sexta entrevista, quando foram adotados os métodos dos espiritualistas, propiciando-se conversação livre, sem a preocupação de testes, ocorreu um fato digno de nota: o professor Hyslop obteve mais efetiva confirmação do que em todas as quinze sessões anteriores, em que se esmerou nas precauções. O incidente ratifica o entendimento de que quanto menos limitações se coloquem nesse tipo de experiência melhores são os resultados atingidos, e que o pesquisador muito meticuloso frequentemente põe a perder a própria experimentação. Hyslop deixou registrado que, entre os 205 incidentes referidos nas conversações, conseguiu verificar a exatidão de nada menos que 152.

Talvez a mais interessante e dramática conversação tenha sido a travada entre os dois pesquisadores da Sra. Piper, após a morte de Richard Hodgson, em 1905. Aqui temos duas mentes de escol, Hodgson e Hyslop, um *morto* e o outro na plenitude de suas faculdades, conversando na linguagem habitual pela boca e mão de uma mulher pouco instruída, em transe. O quadro era surpreendente, mesmo inconcebível: quem tinha por tanto tempo estudado os Espíritos que se manifestavam por meio dessa médium era agora um desses Espíritos, que dela se utilizava, e ainda mais: estava sendo examinado por seu antigo colega. Vale a pena estudar cuidadosamente esse episódio em sua inteireza.[208]

Assim também é a mensagem seguinte, atribuída a Stainton Moses. O trecho daria o que pensar a muitos de nossos pesquisadores mais afeitos aos fenômenos materiais de psiquismo. O leitor decidirá se ela poderia ter sido criada pela mente da Sra. Piper.

> Desejamos que você e os demais amigos da Terra gravem nas mentes este pensamento: a entrada no mundo dos Espíritos daquele que buscou crescer espiritualmente não é a mesma de quem apenas perseguiu o conhecimento científico. Dr. Hodgson quer dizer-lhe, por meu intermédio, que cometeu um grande erro em ficar tão ligado às coisas da vida material. Você naturalmente compreenderá que ele não se interessava por uma vida mais alta, ou espiritual. Não considerou os assuntos psíquicos da maneira como os considerei: buscou a base de tudo na matéria, nada interpretou do ponto de vista espiritual. Quem procede como ele procedeu é transportado de uma esfera de vida para a outra como uma criança recém-nascida. Desde que aqui chegou, vê-se cercado por mensagens vindas desse lado em que você se encontra. Mensageiros trazem-lhe toda sorte de perguntas. Mas

---

[208] Nota do autor: FUNK, Isaac. *The Psychical Riddle*, p. 58 et seq.

tudo em vão: ele não pode responder. Insiste em dizer-lhe que compreende agora ter visto apenas um lado desse magno problema: o menos importante.

Uma descrição dessa médium notável deve interessar ao leitor. Aqui está a do Sr. A. J. Philpott:

> Deparei-me com uma mulher de meia-idade, graciosa, de compleição forte e saudável, estatura acima da média, cabelos castanhos e semblante afável de matrona. Tinha a aparência de pessoa rica, mas sem nenhuma característica significativa, seja intelectual ou outra. Esperava antes encontrar um tipo diferente de mulher, alguém que mostrasse os nervos mais à flor da pele. Essa senhora, ao contrário, transparecia a calma e a serenidade de uma dona de casa alemã. Era evidente que nunca se havia preocupado com questões metafísicas, ou outras de caráter vago e abstrato. De algum modo, lembrou-me uma enfermeira, que certa feita vira num hospital: mulher calma e senhora de si.

Como outros grandes médiuns — a exemplo de Margaret Fox-Kane — a Sra. Piper mantinha-se agnóstica em relação à origem de suas faculdades, o que é bem compreensível em seu caso, pois estava sempre em transe profundo, só podendo, assim, julgar os acontecimentos por relatos de segunda mão. Preferia então tudo explicar, de maneira superficial, pela telepatia. Como sucedeu com Eusapia Palladino, sua mediunidade eclodiu depois de passar por um ferimento na cabeça. Ao que consta, suas faculdades mediúnicas se extinguiram tão subitamente quanto apareceram. O autor encontrou-a em Nova Iorque, em 1922, quando parecia ter perdido completamente a mediunidade, embora ainda se interessasse pelo assunto.

A Sociedade de Pesquisas Psíquicas dedicou-se árdua e pacientemente à investigação dos fenômenos denominados *correspondências cruzadas*. Os *Proceedings* contemplam o assunto com muitas centenas de páginas, levantando aguda controvérsia.

F. W. H. Myers tinha o entendimento de que as *correspondências cruzadas* eram um método de comunicação criado pelo *Outro Lado* com o objetivo de eliminar este *bicho papão* de tantos pesquisadores: a telepatia entre vivos. Certo é que, enquanto estava na Terra, Myers considerava o esquema de maneira muito simples: a obtenção da mesma palavra ou mensagem por meio de dois médiuns.

A *correspondência cruzada*, segundo a concepção da Sociedade, era bem mais complicada: um manuscrito não deveria reproduzir simplesmente as declarações constantes em outro, mas, em verdade, ambos representariam diferentes aspectos de uma mesma ideia, e frequentemente a informação que constava em um deles explicava e complementava a do outro.

A Srta. Alice Johnson, oficial de pesquisa da S.P.P., foi a primeira a notar a vinculação entre as escritas. Cita o seguinte exemplo:

> Certa feita, a Sra. Forbes recebeu, de seu filho Talbot [Espírito], uma mensagem em que este diz estar procurando um sensitivo de escrita automática, a fim de poder confirmar, por meio deste, as mensagens que a médium recebia.
> Na mesma data, a Sra. Verrall escreveu a respeito de um pinheiro existente em certo jardim, sendo o manuscrito assinado com uma espada, na qual se via uma corneta dependurada. A corneta fazia parte do distintivo do regimento a que Talbot Forbes pertencera, e a Sra. Forbes possuía, no jardim de sua casa, alguns pinheiros, cujas sementes lhe haviam sido enviadas pelo filho. Esses fatos eram ignorados pela Sra. Verrall.

A Srta. Johnson estudou profundamente as mensagens recebidas pelas Sras. Thompson, Forbes, Verrall, Willett, Piper e outros médiuns, chegando à seguinte conclusão:

> A característica desses casos — ou, ao menos, de alguns deles — é que um manuscrito não é a reprodução *verbum ad verbum* do outro, nem apresentam ambos a mesma ideia exposta de maneiras diferentes, como poderia acontecer numa transmissão telepática.

O que se percebe é a existência, em cada um deles, de informações fragmentárias, aparentemente sem nenhum significado; quando, porém, essas informações são comparadas, verifica-se que se completam e que uma só ideia se delineia, embora expressa parcialmente em cada manuscrito.

Diz ela[209] — o que não é de forma alguma verdadeiro, porque existem centenas de exemplos em sentido contrário — o seguinte:

> A fraqueza de todos os casos bem-documentados de aparente telepatia dos mortos é, sem dúvida, o fato de que a maioria deles pode ser explicada pela telepatia dos vivos.

E acrescenta:

> Nessas correspondências cruzadas, entretanto, parece que a telepatia se relaciona com o momento presente, isto é, as informações que se interligam se referem a acontecimentos atuais, completamente desconhecidos de qualquer vivente, pois seu significado é ininteligível aos médiuns, que as recebem isoladamente, até que, postos em confronto os dois manuscritos, o enigma é solucionado. Ao mesmo tempo, temos a comprovação do conteúdo dos próprios escritos. Assim, parece que o método das correspondências cruzadas tende a satisfazer nossas condições de prova.

O estudioso, querendo levar adiante a árdua tarefa de examinar cuidadosamente esses documentos, os quais se estendem por centenas de páginas impressas, talvez se dê por convencido ante as provas apresentadas.

Vemos, entretanto, que muitos pesquisadores de psiquismo, experimentados e capazes, consideram insatisfatórios os fatos sob menção. Eis algumas opiniões a respeito:

Afirma Richet:

---

[209] Nota do autor: *S.P.P. Proceedings*, vol. XXI, p. 375.

É certo que esses são casos evidentes de criptestesia; mas a criptestesia, a lucidez ou a telepatia de nenhum modo implicam a sobrevivência de uma individualidade consciente.[210]

Deve ser lembrado, no entanto, de que Richet não é um polemista imparcial, pois a admissão do Espírito viria de encontro aos conhecimentos adquiridos em toda a sua existência.

Dr. Joseph Maxwell é da mesma escola de pensamento de Richet. Diz ele:

> É impossível admitir a intervenção de um Espírito. Queremos provar os fatos. O sistema de *correspondências cruzadas* é baseado em fatos negativos, daí sua instabilidade. Somente os fatos positivos têm o valor intrínseco não mostrado, pelo menos no presente, por essas *correspondências*.

Deve ser assinalado que tanto Maxwell quanto Richet vêm caminhando a passos largos na direção do Espiritualismo.

O *Spectator*, de Londres, discute o assunto com a precisa gravidade:

> Ainda que as correspondências cruzadas do tipo complexo fossem comuns, poder-se-ia argumentar que elas apenas trariam a prova de sua origem inteligente, mas não que fosse um *Espírito* esse ser inteligente nem que determinada pessoa morta se estivesse manifestando, como apregoado. A *correspondência cruzada* é uma eventual prova de organização, mas não de identidade.

Em verdade, muitas pessoas de reconhecida competência, como Sir Oliver Lodge e o Sr. Gerald Balfour, aceitam as *correspondências cruzadas* como prova. Se, entretanto, elas trazem convencimento somente a poucas pessoas (comparando-se com o número dos que não as aceitam), podemos dizer que seu objetivo não foi atingido.

---

[210] Nota do autor: *Thirty Years of Psychical Research*.

Citamos a seguir alguns casos simples, retirados dos *Proceedings*. Os casos mais complicados são muito longos; a um destes, por exemplo, foram dedicadas cinquenta a cem páginas. Assim, fica difícil resumi-los em poucas linhas, e sua transcrição completa seria leitura enfadonha.

A uma hora da madrugada do dia 11 de março de 1907, a Sra. Piper despertou, dizendo:

"Violetas."

No mesmo dia, às onze horas da manhã, a Sra. Verrall recebeu, pela escrita automática, o seguinte:

"Suas cabeças foram coroadas com botões de violetas."

"Violace odores" (cheiro de violetas).

"Folhas de oliveira e violeta, de cor púrpura e branca."

"A cidade das violetas..."

Em 8 de abril de 1907, o suposto Espírito de Myers disse, por intermédio da Sra. Piper, à Sra. Sidgwick:

> Lembra-se da palavra *Eurípedes*? Lembra-se daquelas outras: *Espírito* e *Anjo*? Fui eu quem as transmitiu. Quase todas as palavras que escrevi hoje são relativas a mensagens que estou tentando transmitir por intermédio da Sra. V.

No dia 7 de março, a Sra. Verrall recebeu, no curso de uma escrita automática, as palavras "Hercules Furens" e "Eurípedes", e, em 25 de março, escreveu: "Aí está a peça teatral *Hércules* e a pista encontra-se na peça *Eurípedes*; se você ao menos pudesse vê-la...".

Tal fato certamente vai além da coincidência.

Em 16 de abril de 1907, a Sra. Holland, quando se encontrava na Índia, produziu um manuscrito no qual aparecem a palavra *Mors* e a frase *a sombra da morte*.

No dia seguinte, a Sra. Piper escreveu o vocábulo *Tanatos*, obviamente uma grafia errônea de *Thanatos*, que significa *morte* em grego, assim como *mors* é *morte* em latim.

Em 29 de abril, a Sra. Verrall transmitiu mensagem versando sobre o tema da morte, com citações de Landor, Shakespeare, Virgílio e Horácio, todas referentes à mesma ideia.

Em 30 de abril, a Sra. Piper, encontrando-se em estado de vigília, repetiu por três vezes sucessivas a palavra *Thanatos*.

Aqui de novo, a teoria da coincidência parece forçada.

Há uma *correspondência* bastante longa a respeito da frase *Ave Roma immortalis*. O Sr. Gerald Balfour, ao discuti-la,[211] diz que a ideia completa está num quadro do Vaticano, bastante conhecido.

A Sra. Verrall, em seu manuscrito, descreveu o referido quadro com pormenores sem significado algum para ela, mas que foram esclarecidos pela frase *Ave Roma immortalis*, escrita poucos dias depois pela Sra. Holland. Aspecto interessante a ser destacado é que seu guia espiritual demonstrou compreender o que estava acontecendo.

Em 2 de março, quando se iniciou essa *correspondência cruzada*, a Sra. Verrall escreveu que a solução para o assunto viria por "intermédio de outra senhora". Em 7 de março, ao findar-se a *correspondência*, a Sra. Holland, após esclarecer a questão, como anunciado, escreveu as seguintes palavras: "Como poderia tornar as coisas mais claras sem dar a ela uma pista?".

O Sr. Gerald Balfour considera, com razão, que esses dois comentários mostram a intencionalidade da *correspondência*.

Sir Oliver Lodge, referindo-se à forma pela qual o significado dessas *correspondências cruzadas* é engenhosamente encoberto, diz a respeito de uma delas: "A habilidade, a sutileza e a feição literária tornaram a mensagem difícil de ser compreendida, mesmo depois de decifrada pelo talento do Sr. Piddington".

A crítica, vinda de quem já se convenceu da autenticidade desses fenômenos, se nos afigura suficiente para indicar que as *correspondências cruzadas* são de interesse limitado. Para o espiritualista comum, elas surgem como instrumento excessivamente vago para demonstrar algo que pode ser provado por mais fáceis e convincentes métodos. É como se alguém, para provar a existência da América, recolhesse, nas praias da Europa — como fez Colombo —, madeira arrastada pelas correntes marinhas, em lugar de manter contato com a terra e seus habitantes. Tal procedimento apresentaria uma comparação grosseira com esses meios indiretos de investigação.

---

[211] Nota do autor: S.P.R. Proceedings, vol. XXV, p. 54.

Além dos manuscritos de *correspondência cruzada*, diversos outros foram bem examinados pela Sociedade de Pesquisas Psíquicas. O mais notável e convincente foi o que se chamou de *Ouvido de Dionísio*. Cumpre ressaltar que, à vista do ambiente inferior — e eventualmente até sórdido — que envolvia os fenômenos físicos, essas incursões intelectuais tiveram a virtude de nos elevar a uma atmosfera mais pura e rarefeita. As *correspondências cruzadas* eram demasiadamente prolongadas e complexas para atrair simpatias, além do que provocavam a sensação incômoda de se assemelharem a um pedante jogo de salão. O caso do Ouvido de Dionísio, porém, é diferente. Conquanto se expresse em tom acadêmico, por ser assunto clássico, presumivelmente manejado por dois professores, trata-se de tentativa direta e clara de provar a sobrevivência, mostrando que ninguém, salvo esses dois homens, teria condições de elaborar o conteúdo do manuscrito, o qual, certamente, ultrapassava o conhecimento, bem como as faculdades de quem o redigiu. Esta pessoa, que optou por adotar o pseudônimo Sra. Willett, escreveu, em 1910, a seguinte frase: "Ouvido de Dionísio. O lóbulo". Encontrando-se presente a Sra. Verrall — esposa de famoso homem de letras —, esta falou a respeito da frase ao marido, que explicou tratar-se do nome de grande pedreira abandonada, existente em Siracusa, com a forma irregular de uma orelha de burro. Ali ficaram confinados os infelizes cativos atenienses depois da famosa derrota imortalizada por Tucídides. O nome tem origem nas peculiares condições acústicas do local, que possibilitariam ao tirano Dionísio ouvir secretamente a conversa de suas vítimas.

O Dr. Verrall morreu logo depois e, em 1914, os manuscritos da Sra. Willett passaram a conter muitas referências ao Ouvido de Dionísio, as quais pareciam emanar do médico falecido. Eis uma delas:

> Lembra-se de que você nada sabia sobre esse assunto e que eu lamentei sua ignorância a respeito dos clássicos? Trata-se do lugar onde foram postos os escravos. O assunto também diz respeito à audição e à acústica. Pense na galeria dos cochichos.

Algumas referências, como a precedente, apontavam o Dr. Verrall como seu autor, enquanto outras pareciam ligar-se ao professor

S. H. Butcher, de Edimburgo — outro estudioso, falecido em 1910. Assim, por exemplo: "Pai Cam caminhando de braço dado com o Canongate", isto é, Cambridge com Edimburgo. Todo o estranho mosaico foi descrito por um guia espiritual como "uma associação literária de ideias, indicando a influência de duas mentes desencarnadas". Esse entendimento tinha certamente sustentação, pois ninguém, lendo cuidadosamente os manuscritos, deixará de convencer-se de que sua origem está em algo inteiramente fora do alcance de quem os escreveu. Tão herméticas são as referências clássicas que mesmo os estudiosos mais perspicazes ficavam, por vezes, desconcertados. Um deles chegou a declarar que ninguém de seu conhecimento teria condições de engendrá-las, a não ser as mentes de Verrall e Butcher. Depois de cuidadoso exame dos registros, o Sr. Gerald Balfour declarou que estava propenso a aceitar os dois referidos estudiosos como "os verdadeiros autores desse curioso enigma literário". Os comunicantes invisíveis parecem ter ficado cansados desses circunlóquios, o que levou Butcher a dizer: "Oh, essa tolice é tão fatigante!". É de notar-se, contudo, que o resultado atingido foi um dos mais notáveis êxitos da Sociedade de Pesquisas Psíquicas no trato dos fenômenos psíquicos de natureza intelectual.

O trabalho da Sociedade de Pesquisas Psíquicas durante os últimos anos não lhe faz jus à reputação. É com relutância que o autor, um de seus mais antigos membros, diz isso. A administração central da Sociedade caiu nas mãos de um grupo cujo interesse, ao que parece, é o de não provar a verdade, desacreditando tudo que tenha a aparência de supranormal. Dois de seus membros mais respeitáveis — Lodge e Barrett — lutaram contra essa situação, mas tiveram seus votos vencidos pelos obstrucionistas. Os espiritualistas, particularmente os médiuns, olham com aversão para os investigadores da Sociedade e seus métodos. Parece que nunca ocorreu a esses tais que o médium é — ou deveria ser — passivo; que existe uma força inteligente agindo por seu intermédio; que essa força somente será cativada, encorajada, por meio da simpatia, da gentileza e de uma conduta atenciosa e diplomática.

As experiências com Eva, médium de materialização, vinda da França, não alcançaram bons resultados, pois as excessivas e exageradas precauções frustraram os seus objetivos. O relatório em que a Comissão apresenta suas conclusões é documento contraditório. De fato, a pesar de sua leitura conduzir ao entendimento de que nada aconteceu digno de registro, o texto é ilustrado com fotografias de emissão de ectoplasma, semelhantes, em ponto menor, às obtidas em Paris. Madame Bisson, que acompanhou sua protegida a Londres, com grandes dificuldades para ambas, ficou naturalmente indignada com esse resultado. O Dr. Geley publicou expressivo artigo nos *Proceedings* do *Institut Métapsychique*, onde expõe os erros cometidos pelos investigadores e ressalta a inutilidade do relatório. Os professores da Sorbonne podem ser desculpados por lidar com Eva sem o menor respeito às leis psíquicas, mas os representantes de um organismo científico de psiquismo deveriam ter mostrado maior compreensão.

O ataque contra o fotógrafo médium Sr. Hope, investigado por uma Comissão independente, foi considerado sem consistência, apresentando até sinais de conspiração contra ele. A Sociedade acabou diretamente envolvida nesse conturbado caso, pois um de seus dirigentes tomou parte nas investigações, tendo sido o relatório da Comissão publicado no *Journal*, órgão oficial da entidade. A história completa desse episódio, bem como a recusa da Sociedade de manifestar-se sobre os fatos, embora deles tivesse participado, lança uma sombra sobre toda a questão.

A despeito do passado da Sociedade de Pesquisas Psíquicas, sua existência é bem-acolhida pelo mundo. Ela tem sido uma espécie de carteira de compensação para as ideias sobre psiquismo e, ao mesmo tempo, local de descanso para os que, sentindo-se atraídos para o Espiritualismo, se mostram temerosos de um contato mais íntimo com sua impressionante filosofia. Houve constante oscilação da parte de seus membros entre a negação e a aceitação. O simples fato de ter havido uma sucessão de presidentes espiritualistas convictos é, em si mesmo, sinal de que os membros adversos ao Espiritualismo não são demasiadamente intolerantes nem tão difíceis de ser suportados. Em geral, como todas as instituições humanas, ela está aberta tanto ao elogio quanto à censura. Se a Sociedade passou por períodos obscuros, teve também seus momentos de brilho. É constantemente forçada a defender-se contra a acusação de ser uma sociedade meramente espiritualista, condição que a privaria da imparcialidade judiciosa que sempre pretendeu possuir, mas nem sempre exercitou. Frequentemente encontrou-se em situação difícil, mas o simples fato de se manter durante tantos anos é prova de que detém certa dose de sabedoria,

CAP 17 | A SOCIEDADE DE PESQUISAS PSÍQUICAS

dando-nos a esperança de que o período de esterilidade e de infrutífera crítica negativa esteja chegando ao fim. Enquanto tal não acontece, o *Psychic College*, instituição fundada pelo trabalho de autossacrifício de Sr. Hewat MacKenzie e esposa, tem demonstrado plenamente que o zelo pela busca da verdade e das necessárias condições de prova não é incompatível com o tratamento humanitário dos médiuns nem com a atitude receptiva ao exame das explicações espiritualistas.

CAPÍTULO 18

Ectoplasma

Desde o início, os espiritualistas sustentaram a existência de uma base material para os fenômenos físicos. Nos primeiros livros sobre o Espiritualismo, já podem ser encontradas centenas de descrições a respeito de um vapor denso e semiluminoso, que flui da parte lateral do corpo do médium ou de sua boca e é fracamente visível no escuro. Esses pioneiros foram mais longe: observaram como tal vapor se solidifica numa substância plástica, que forma os diversos objetos surgidos na sala de sessão. Investigações científicas mais rigorosas apenas vieram confirmar essas primeiras observações.

Eis alguns exemplos. O juiz Peterson declara ter visto, em 1877, com o médium W. Lawrence, "uma nuvem lanosa", que, parecendo sair do lado deste último, formou, gradativamente, um corpo sólido.[212] Ele também fala de certa figura saída de "uma bola de luz". James Curtis observou, em 1878, na Austrália, com Slade, uma "espécie de vapor cinza esbranquiçado", o qual se foi acumulando até possibilitar o aparecimento de uma forma completa materializada. Alfred Russel Wallace observou, estando presente o Dr. Monck, uma "mancha branca", que gradualmente se transformava numa espécie de "coluna nevoenta". A mesma expressão "coluna nevoenta" é usada pelo Sr. Alfred Smedley, ao referir-se à imagem que se formou, com o médium Williams, quando da

---

[212] Nota do autor: *Essay from the Unseen*.

manifestação de John King; ele também fala de "uma nuvem fracamente iluminada". Sir William Crookes viu, com D. D. Home, uma "nuvem luminosa", que se condensou, formando uma perfeita mão. O Sr. E. A. Brackett observou, em 1885, nos Estados Unidos, com a médium Helen Berry, "uma substância branca, nebulosa e de pequenas proporções", que se expandiu até chegar a 4 ou 5 pés de altura, "constituindo, subitamente, a figura de Bertha: inteira, sólida, parecendo uma sílfide".[213] O Sr. Edmund Dawson Rogers narra que, em uma sessão com Eglinton, em 1885, viu surgir do lado do médium "uma substância esbranquiçada e suja", balançando e vibrando. O Sr. Vincent Turvey, conhecidíssimo sensitivo de Bournemouth, faz referência a uma "substância vermelha viscosa,[214] emergindo do médium". De especial interesse é a descrição dada pela admirável médium de materialização Madame d'Espérance, nos seguintes termos: "Parecia-me sentir tênues fios sendo puxados dos poros de minha pele".[215] Tal descrição liga-se por importante vínculo às pesquisas do Dr. Crawford e suas observações sobre "as varinhas psíquicas" e "a substância como germe". Lemos também no *The Spiritualist* que o Espírito Katie King, ao materializar-se por intermédio de Florence Cook, "mantinha-se ligado à médium por fios nebulosos e fracamente luminosos".[216]

Para ilustrar essas breves referências sobre o assunto, passamos a descrever três experiências de formação de ectoplasma.

Um dos assistentes do grupo de Madame d'Espérance forneceu o seguinte relato:

> No início, observou-se no chão, defronte à cabine, um tecido nevoento e esbranquiçado, que se ampliava gradativamente, estendendo-se e desdobrando-se no piso, como se fosse um pedaço de musselina animado, até alcançar o comprimento de 2 a 3 pés e algumas polegadas — talvez 6 ou mais — de profundidade. Em seguida, começou a erguer-se lentamente, mais ou menos

---

[213] Nota do autor: *Materialized Apparitions*, p. 106.
[214] Nota do autor: *Beginnings of Seership*, p. 55.
[215] Nota do autor: *Shadow Land*, p. 229.
[216] Nota do autor: *The Spiritualist*, 1873, p.83

a partir de sua parte central, como se ali houvesse uma cabeça humana, enquanto a camada nevoenta do piso parecia cada vez mais com a musselina, caindo em pregas junto da porção que se elevava assim misteriosamente. Quando esta última atingiu 2 ou mais pés de altura, pareceu-nos que, em sua parte inferior, se escondia uma criança, movendo os braços em todas as direções, como se manipulasse alguma coisa. Continuando a erguer-se, submergia, por vezes, para elevar-se ainda mais, até atingir a altura de aproximadamente 5 pés, quando sua forma pôde ser vista, como que arrumando as pregas das próprias vestes. A seguir, seus braços ergueram-se consideravelmente sobre a cabeça e, ao abrirem-se, através dessas vestes nevoentas, vimos surgir diante de nós Yolande, sem véus, graciosa e bela, com cerca de 5 pés de altura, tendo na cabeça uma espécie de turbante, do qual saíam longos cabelos negros, espargindo-se sobre os ombros e as costas. O excedente da roupagem branca, semelhante a véus, ajustou-se, em parte, a sua volta, sendo que o restante se espalhou no tapete, para uso posterior. Tudo isso durou de dez a quinze minutos.[217]

O segundo relatório é do Sr. Edmund Dawson Rogers.[218] Diz ele que, além do médium Eglinton, quatorze pessoas participavam da sessão — todas elas bem-conhecidas — e que a luz era suficiente para que se pudesse "observar claramente tudo e todos na sala". Assim, quando a *forma* ficou de pé diante do relator, estava este "em condição de perceber-lhe nitidamente as feições". O Sr. Eglinton, em estado de transe, caminhou por cinco minutos entre os assistentes e, então,

> suavemente, começou a retirar de seu lado e a espalhar em ângulo reto uma substância suja e esbranquiçada, que caiu, no chão, a sua esquerda. Essa massa esbranquiçada expandiu-se e começou a vibrar, movendo-se para cima e para baixo, enquanto

---

[217] Nota do autor: *Shadow Land*, de E. d'Espérance (1897), p. 254-255.
[218] Nota do autor: *Life and Experience*, p. 58.

oscilava de um lado para o outro, como se uma força motora a impulsionasse por baixo. Em seguida, ganhou cerca de 3 pés de altura e, logo depois, a *forma* cresceu rápida e silenciosamente até alcançar sua estatura real. Por rápido movimento de mão, o Sr. Eglinton puxou a substância branca que cobria a cabeça da *forma*, deixando-a cair para trás, sobre os ombros desta, de tal modo que a mencionada substância passou a fazer parte da roupagem do visitante. O elo de ligação (o fio esbranquiçado saindo do lado do médium) foi cortado ou tornou-se invisível, e a *forma* avançou para o Sr. Everitt, deu-lhe um aperto de mão e, em seguida, percorreu o círculo de assistentes, fazendo o mesmo com todos.

Essa sessão ocorreu em Londres, em 1885.

O último relato é de uma sessão em Argel, no ano de 1905, com Eva C., então conhecida como Marthe Béraud. Eis a descrição da senhora X:[219]

Marthe estava só na cabine. Após a espera de vinte e cinco minutos aproximadamente, ela mesma abriu a cortina e, em seguida, voltou a sentar-se na cadeira que lhe fora destinada. Quase imediatamente, estando a médium bem à vista dos assistentes (mãos, cabeça e corpo perfeitamente visíveis), divisamos alguma coisa diáfana e branca formando-se, gradualmente, junto dela. A princípio, parecia grande mancha nevoenta, atada a seu corpo, perto do cotovelo direito. Essa mancha, de grande mobilidade, espalhou-se rapidamente para cima e para baixo. Finalmente, transformou-se numa coluna nebulosa e amorfa, com o ponto inicial aproximadamente a 2 pés acima da cabeça da médium, estendendo-se até os pés desta última. Não pude distinguir as mãos nem a cabeça de Marthe; via apenas como se fossem nuvens brancas, lanosas e de brilho variado, as quais, pouco a pouco, se condensavam até concentrarem-se em torno de algo que deveria ser um corpo, embora invisível para mim.

---

[219] Nota do autor: *Annals of Physical Science*, vol. II, p. 305.

Temos aí um relato que se ajusta admiravelmente àqueles, já citados, de sessões realizadas muitos anos antes.

Quando examinamos as descrições de aparecimento de ectoplasma nos círculos espiritualistas, há quarenta e cinquenta anos e as comparamos com as de nossos dias, vemos como os primeiros resultados eram muito mais ricos. Naquela época estavam em voga métodos *não científicos*, segundo o entendimento de muitos pesquisadores modernos de psiquismo. Entretanto, os primeiros pesquisadores observavam uma regra áurea: eles envolviam o médium em atmosfera de amor e simpatia. Discutindo as primeiras materializações ocorridas na Inglaterra, diz *The Spiritualist* em um de seus editoriais:[220]

> O estado espiritual dos observadores reflete-se nas sessões: pessoas mundanas e suspeitosas obtêm manifestações mais fracas; os Espíritos têm frequentemente aparência pálida e espectral, como sucede quando é pouca a energia [Esta é a descrição exata de muitos rostos que aparecem nas sessões realizadas com Eva C.]. Pessoas espiritualizadas, em cuja presença o médium se sente feliz, veem, sem dúvida, as manifestações mais belas. Apesar de os fenômenos espirituais serem governados por leis fixas, estas leis funcionam de tal modo que o Espiritualismo passa a assumir, inquestionavelmente, o caráter de revelação especial para pessoas especiais.

O Sr. E. A. Brackett, autor do notável livro *Aparições materializadas*,[221] exprime a mesma ideia, de outro modo. Sua opinião, naturalmente, provoca escárnio nos chamados círculos científicos, mas encerra profunda verdade. Deve prevalecer, contudo, o espírito de suas palavras e não a literalidade da forma:

> A chave que abre as portas da outra vida é a afeição pura, simples e confiante, como aquela que impele a criança a enlaçar o pescoço de sua mãe. Aos que se orgulham das próprias aquisições

---

[220] Nota do autor: 1873, p. 82-83.
[221] N.T.: *Materialized Apparitions*.

intelectuais, tal conduta afigurar-se-ia abandono do exercício das faculdades superiores. Não é este o caso, porém. Posso mesmo dizer que, antes de adotar, sinceramente e sem reservas, esse procedimento, nada aprendia a respeito de tais coisas. Em vez de ter a razão e o julgamento obscurecidos, minha mente abriu-se à mais clara e inteligente percepção do que se passava diante de mim. Esse espírito de gentileza, de amorosa bondade, que, antes de tudo, encima os ensinos do Cristo com a eterna beleza, encontra sua expressão mais alta nessa comunhão com os seres do outro mundo.

Se, por essas palavras, alguém imaginasse ser o referido autor um pobre e crédulo tolo, facilmente manipulável por qualquer médium desonesto, bastaria breve leitura de seu excelente livro para convencer-se do contrário. Além disso, seu método dava bons resultados. Lutava ele contra a dúvida e a perplexidade, quando, seguindo o conselho de um Espírito materializado, decidiu abandonar toda reserva e — como dizia —"saudar essas formas como amigos mortos queridos, que vinham de longe, vencendo grandes obstáculos, para chegar até mim". A mudança foi instantânea.

A partir desse instante, as figuras materializadas, que antes pareciam sem vida, adquiriam força surpreendente: avançavam para cumprimentar-me; enlaçavam-me com braços ternos; passavam a falar livremente, ao passo que, durante minhas investigações anteriores, ficavam quase sempre mudas; seus rostos, que até então se semelhavam a máscaras, eram agora de beleza irradiante. A que se dizia minha sobrinha me cumulou de carinho: enlaçou-me, repousou a cabeça em meu ombro; depois, olhou para cima e disse: "Agora podemos estar mais perto do senhor".

É deveras lamentável que Eva C. não tivesse tido ensejo de exibir suas faculdades na atmosfera amorosa de uma sessão espiritualista dos velhos tempos. Certamente, os resultados com ela obtidos, em termos de materialização, teriam sido de outra ordem. Como prova do que dizemos, podemos citar o fato de que Madame Bisson, em sessão realizada com a referida médium, num grupo familiar, obteve resultados que jamais foram atingidos com os métodos de tortura dos investigadores científicos.

Pode-se dizer que o primeiro médium de materialização cuidadosamente investigado do ponto de vista científico foi essa moça, de nome Eva — ou Eva C., como é geralmente chamada, por ser Carriere seu sobrenome. Em 1903, foi ela examinada pelo professor Charles Richet numa série de sessões em Villa Carmen, Argel. Esse cientista, observando a curiosa matéria esbranquiçada que parecia sair do corpo da médium, criou a palavra *ectoplasma* para designá-la. Eva possuía, então, 19 anos e estava no auge de sua força mediúnica, força esta gradualmente minada depois, em virtude dos longos anos de investigação sob constrangimento. Algumas tentativas foram feitas para lançar dúvida sobre os resultados alcançados por Richet, dizendo-se que as figuras materializadas eram, em verdade, algumas pessoas da casa, sob disfarce. A resposta final, contudo, é que o experimento foi realizado a portas fechadas e que resultados semelhantes foram muitas vezes obtidos, desde então. É até justo ter o professor Richet passado por essa crítica iníqua e irritante, pois, em seu notável livro *Trinta anos de pesquisas psíquicas*,[222] ele é bem parcial em relação aos médiuns, acreditando em qualquer história que os levasse ao descrédito, além de agir continuamente de acordo com o princípio de que ser acusado é o mesmo que ser condenado.

CHARLES RICHET
(1850-1935)

---

[222] N.T.: *Thirty Years of Psychical Research*.

Em seus primeiros relatórios, publicados nos *Annals of Psychical Science*, Richet descreve, com minúcias, o aparecimento da forma materializada de um homem, que se denominava Bien Boa, por meio da médium Eva C. Segundo o professor, essa forma possui todas as qualidades vitais:

> Anda, fala, move-se e respira como um ser humano. O corpo é resistente, tendo certa força muscular. Não é um manequim ou uma boneca, nem uma imagem refletida no espelho; é um ser

MADAME JULIETE BISSON
Pioneira da pesquisa do ectoplasma

vivo: um homem. Há razões para pôr-se de lado, em definitivo, qualquer outra hipótese, a não ser as duas seguintes: ou trata-se de um fantasma com atributos vitais, ou de uma pessoa viva, que interpreta um fantasma.[223]

Ele discute, pormenorizadamente, as razões pelas quais afasta a possibilidade de ser esse um caso de personificação.

Ao descrever o desaparecimento da forma, escreve ele:

> Bien Boa tenta chegar até nós — ao menos esta é a minha percepção —, mas seus passos são débeis e vacilantes. Não saberia dizer se anda ou desliza. Em certo momento, cambaleia, como se fosse cair: tenho a impressão de que ele tem uma das pernas enfraquecidas, incapaz de suportar o peso do corpo. Em seguida, caminha em direção à abertura da cortina e, sem abri-la (também esta é outra percepção minha), subitamente afunda e desaparece no piso, ouvindo-se, ao mesmo tempo, o "clac! clac!" de um corpo que fosse lançado ao chão.

Enquanto isso acontecia, o médium, na cabine, era visto com clareza por outro assistente: Gabriel Delanne, editor da *Revue du Spiritisme*. Continua Richet:

> Pouco tempo depois (dois a quatro minutos), bem aos pés do general, na abertura da cortina, vemos de novo a mesma bola branca (sua cabeça?) no piso. Eleva-se rapidamente, no sentido vertical, atinge a altura de um homem e, em seguida, afunda, fazendo o mesmo barulho de "clac! clac!" de um corpo caindo no chão. O general sentiu o choque dos membros da figura materializada, os quais, na queda, bateram em sua perna com certa violência.

Os súbitos aparecimento e desaparecimento da figura semelhavam-se tanto a uma ação realizada através de porta falsa que, no

---

[223] Nota do autor: *Annals of Psychical Science*, vol. II, p. 273.

dia seguinte, Richet examinou minuciosamente não só os ladrilhos do piso como o teto da garagem, que ficava embaixo deles, mas nada encontrou que lhe sugerisse a existência de uma porta falsa. Para afastar quaisquer especulações a esse respeito, obteve posteriormente um certificado do arquiteto.

O interesse em relação ao registro dessas primeiras manifestações torna-se maior pelo fato de que, até então, o médium conseguia materializações completas, enquanto, mais tarde, em Paris, eram elas extremamente raras.

Experiência curiosa realizada com Bien Boa foi tentar fazer com que ele respirasse dentro de um frasco contendo solução de barita, para ver se a respiração mostraria a existência de bióxido de carbono. Com dificuldade, a figura fez o que se lhe pediu, e o líquido apresentou a esperada reação. Durante a experiência, a médium e uma jovem nativa, a qual se sentava a seu lado na cabine, eram vistas claramente.

Richet registra um divertido incidente durante essa experiência. Quando a solução de barita se tornou branca, os assistentes gritaram: "Bravo!". Em resposta, Bien Boa apareceu três vezes na abertura da cortina, curvando-se, como um ator no teatro ao ser chamado à cena.

Richet e Delanne tiraram muitas fotografias de Bien Boa, consideradas, por Sir Oliver Lodge, como as melhores fotos de materialização que ele tinha visto. Aspecto impressionante dessas fotografias é que um dos braços da médium se apresenta achatado, indicando o processo de desmaterialização parcial, tão bem-observado com Madame d'Espérance. Richet observa, com perspicácia:[224]

> Não tenho receio de dizer que o vazio da manga, longe de revelar a existência de fraude, estabelece, ao contrário, sua inexistência, e que o fato tende a demonstrar uma espécie de desagregação material da médium, que ela própria seria incapaz de supor.

Em seu último livro, já citado, Richet descreve, pela primeira vez, a esplêndida materialização por ele presenciada em Villa Carmen.

---

[224] Nota do autor: *Annals of Psychical Science*, vol. II, p. 288.

> Fecharam-se e abriram-se as cortinas quase ao mesmo tempo e, na abertura entre elas, apareceu o rosto de jovem e bela mulher, com uma espécie de faixa dourada ou diadema, cobrindo-lhe o lindo cabelo e o alto da cabeça. Ria gostosamente, parecendo divertir-se muito. Ainda posso lembrar-me nitidamente de sua risada e de seus dentes, semelhantes a pérolas. Apareceu duas ou três vezes, mostrando a cabeça e escondendo-a em seguida, como uma criança brincando de esconde-esconde.

Foi pedido ao professor Richet que trouxesse uma tesoura no dia seguinte, quando lhe seria permitido cortar uma mecha do cabelo dessa rainha egípcia, como era chamada. Assim ele fez.

> A rainha egípcia voltou, mas mostrou tão somente o alto da cabeça, onde se viam seus belos e abundantes cabelos; estava ansiosa por saber se eu tinha trazido a tesoura. Segurei então seu longo cabelo, mas não pude distinguir-lhe o rosto, que ela escondia por detrás da cortina. Quando ia cortar uma mecha que se destacava, uma firme mão, por detrás da cortina, baixou a minha, de tal modo que pude apenas cortar uma ponta de cerca de 6 polegadas. Como operava devagar, ela disse em voz baixa: "Depressa! Depressa!" e desapareceu. Consegui reter uma mecha de seu cabelo — muito fino, sedoso e vivo. O exame microscópico revelou sua autenticidade. Informaram-me, ainda, que uma peruca dele custaria em torno de mil francos. O cabelo de Marthe, por sua vez, é muito escuro e ela prefere usá-los curtos.[225]

Cabe aqui fazer, de passagem, referência ao que o professor Richet denominava "histórias de jornais ignóbeis". Uma delas é a suposta confissão de fraude feita pela médium; outra, a declaração de um cocheiro árabe, empregado do general Noel, de ter desempenhado o papel de fantasma, em Villa Carmen. A respeito desta última, deve-se dizer que o homem jamais fora admitido na sala de sessões, enquanto, em relação à

---

[225] Nota do autor: *Thirty Years of Psychical Research*, p. 508.

pretensa confissão da médium, ela própria negou publicamente o fato. Richet observa que, mesmo se a confissão fosse verdadeira, os pesquisadores de psiquismo estão advertidos do valor a ser dado a tais revelações, que revelam apenas a instabilidade dos médiuns.

Assim resume Richet:

> As materializações produzidas por Marthe Béraud são da mais alta importância. São inúmeros os fatos dessa natureza ocorridos com a médium e que ilustram o *processo* geral das materializações, fornecendo à ciência metapsíquica dados inteiramente novos e imprevistos (grifo do autor).

Essa é sua judiciosa conclusão.

A primeira investigação sistemática e prolongada do ectoplasma foi empreendida por Madame Bisson, esposa de Adolphe Bisson, homem público bastante conhecido. É provável que essa senhora francesa venha ladear sua compatriota, Madame Curie, nos anais da ciência. Madame Bisson adquiriu considerável influência pessoal sobre Eva, que, após as experiências de Argel, foi submetida à habitual perseguição da intolerância. Tomando a médium a seus cuidados e expensas, possibilitou-lhe iniciar uma série de experiências, as quais duraram cinco anos e deram tão sólidos resultados que, no futuro, não apenas uma ciência, mas várias poderão aí ter sua origem. Nessas experiências, Madame Bisson associou-se a um cientista alemão de Munique: Dr. Schrenck Notzing, nome que também estará definitivamente ligado às primeiras investigações do ectoplasma. Os estudos, realizados entre 1908 e 1913, foram insertos no livro de Madame Bisson, *Les Phénomènes dits de Matérialisation*, e no de Schrenck Notzing, *Fenômenos de materialização*,[226] traduzido para o inglês.

O método empregado pelos investigadores consistia em fazer que a médium, devidamente fiscalizada, trocasse toda a roupa e, em seguida, vestisse uma camisola sem botões e fechada nas costas. Somente suas mãos e pés ficavam livres. Era ela posteriormente levada

---

[226] N.T.: *Phenomena of Matérialisation*.

à sala das experiências, onde só entrava nessa ocasião. Num dos cantos da sala havia pequeno espaço cercado por cortinas, que cobriam a parte posterior, as laterais e a parte de cima do espaço, deixando aberta a frente. Tratava-se da cabine, cujo objetivo era concentrar os vapores de ectoplasma.

Ao descrever os resultados atingidos por ambos, diz o cientista alemão:

> Tivemos muitas vezes a possibilidade de verificar que, por processo biológico desconhecido, saía do corpo da médium, primeiramente em estado semifluídico, certa espécie de matéria, a qual tinha algumas das propriedades de uma substância viva, notadamente o poder de transformação, de movimento e de assunção de formas definidas.

E acrescenta: "Poder-se-ia duvidar da autenticidade desses fatos, se eles não tivessem sido verificados centenas de vezes no curso de laboriosos testes, sob variadas e estritas condições". Haveria, em relação a essa substância, comprovação maior para a tese dos primeiros espiritualistas, os quais, por duas gerações, suportaram, pacientemente, o ridículo do mundo? Schrenck Notzing encerra seu respeitável prefácio exortando a companheira de trabalho a manter a própria coragem.

> Não se deixe desencorajar, em seus esforços de abrir um novo domínio para a ciência, por tolos ataques, covardes calúnias, deturpação dos fatos, violência dos malévolos, ou por qualquer outra forma de intimidação. Siga sempre adiante no caminho encetado, pensando nas palavras de Faraday: "Nada é tão surpreendente que não possa ser verdade".

Esses resultados estão, com efeito, entre os mais notáveis de todas as investigações psíquicas. Verificou-se, por numerosas e competentes testemunhas, sendo confirmado por fotografia, que da boca, ouvidos, olhos e pele da médium fluía uma singular matéria gelatinosa. As imagens são estranhas e repulsivas, mas não são assim, aos nossos olhos, diversos processos da natureza? Vê-se uma substância listrada e viscosa, que se dependura, qual pingente de gelo, no queixo da médium, espalhando-se por seu corpo até formar uma espécie de avental branco, ou, ainda, que se projeta dos orifícios do rosto, como massa informe. Quando tocada, ou sob a incidência inadequada da luz, ela se recolhe rápida e secretamente para dentro do corpo, como se fossem tentáculos de um polvo escondido. Se agarrada ou apertada, a médium gritará. Ela aparece entre as roupas desta e extingue-se de novo, quase sem deixar vestígio. Com a concordância da médium, cortou-se uma pequena porção dessa substância, porção que se dissolveu, como se fosse neve, na caixa onde fora colocada, deixando úmido o local, com algumas células que poderiam provir de um fungo. O microscópio revelou também a existência de células epiteliais da membrana mucosa, da qual a substância parece originar-se.

 A produção da estranha substância é suficiente, por si só, para que essas experiências se tornem revolucionárias e marquem época, mas o que se obtém, por meio dela, é ainda mais estranho e responderá a uma pergunta que está, decerto, na mente do leitor: "Que relação tem tudo isso com os Espíritos?". Por mais incrível que pareça, no caso de alguns médiuns, inclusive Eva, o ectoplasma, após sua formação, começa a constituir membros e rostos humanos, que são vistos, a princípio, em duas dimensões, mas logo depois vão mostrando contornos cada vez mais definidos até se configurarem completamente. Muitíssimas fotografias exibem esses estranhos fantasmas, frequentemente menores do que seriam em vida. Provavelmente, algumas dessas figuras representem formas-pensamento do cérebro de Eva, tornadas visíveis, notando-se mesmo clara semelhança entre algumas delas e retratos que ela talvez tenha visto e guardado na memória. Uma, por exemplo, parece um presidente Wilson bem informal, de bigode, enquanto outra se semelha a uma versão do Sr. Poincaré, de aspecto feroz. Outra, ainda, mostra a palavra *miroir*[227] impressa em cima da cabeça da médium, fato este que levou alguns críticos a dizerem — ainda que não pudessem explicar o objetivo desse procedimento — que ela a havia retirado do jornal de

---

[227] N.T.: espelho.

mesmo nome. A explicação dada pela médium foi que seus guias, de algum modo, possivelmente por transporte, haviam trazido a legenda com o propósito de transmitir a ideia de que os rostos e figuras materializados não faziam parte de suas individualidades reais, sendo apenas sua reflexão num espelho.

Pode ser que, até o momento, o leitor não tenha visto ainda uma necessária ligação entre esses fatos e o Espiritualismo. A etapa seguinte, porém, mostrar-nos-á esse caminho. Quando Eva está em suas melhores condições — o que só ocorre a longos intervalos e a custo de sua própria saúde —, as aparições são completas e possuem os traços de uma pessoa falecida, o cordão que prende a figura à médium se afrouxa e a personalidadeque é ou pretende ser a do morto toma posse da figura. Um sopro de vida passa então por esta, fazendo-a mover-se, falar e expressar as emoções do Espírito.

Bisson conclui seu relato com as seguintes palavras:

> Desde que se iniciaram essas sessões, em inúmeras vezes o fantasma se mostrou por inteiro, saiu de dentro da cabine, começou a falar e se aproximou de Madame Bisson, beijando-lhe a face. O som do beijo era ouvido distintamente.

Porventura já houve desfecho mais estranho para uma investigação científica? Isso demonstra como é impossível, para o mais inteligente materialista, encontrar, a respeito de tais fatos, qualquer explicação que se coadune com suas próprias teorias. A única que o Sr. Joseph McCabe pôde apresentar, em seu recente debate público, foi a de que seria o caso da regurgitação de alimentos! Parece não ter ele levado em conta que, em algumas experiências, o rosto da médium era coberto por um véu de malhas finas, sem que isso causasse o menor obstáculo ao fluxo do ectoplasma.

Conquanto observados de todas as maneiras possíveis, esses fenômenos eram, com efeito, tão admiráveis que o investigador tinha pleno direito de acautelar-se em seu julgamento. Hoje, porém, eles estão plenamente confirmados. O Dr. Schrenck Notzing retornou a Munique e, nessa cidade, teve a sorte de encontrar outra médium, uma senhora polonesa, que possuía a faculdade de materialização. Realizou com ela uma série de experiências, registrando-as no livro antes referido. Trabalhando com essa médium, de nome Stanislawa, adotou os mesmos métodos rigorosos empregados com Eva, obtendo idênticos resultados. Seu livro supera o de Madame Bisson, porque, além de conter o relato das experiências de Paris, confirma essas experiências pelos fatos investigados, sob todo controle, no verão de 1912, em Munique. As várias fotografias de ectoplasma, tiradas nas sessões da cidade alemã, dificilmente se distinguem das de Paris, de modo que qualquer teoria de elaboração de fraude aplicada a Eva, também deveria sê-lo em relação a Stanislawa. Muitos observadores germânicos fiscalizaram essas sessões.

Por seu próprio caráter teutônico, Schrenck Notzing vai mais fundo no assunto do que Madame Bisson. Obtém cabelos de uma figura materializada e compara-os microscopicamente com os de Eva (isto também foi feito na série francesa de experiências), mostrando, por diversos testes, que não poderiam provir da mesma pessoa. Apresenta também o resultado do exame químico de uma pequena porção de ectoplasma, que foi reduzida a cinza, deixando um cheiro de chifre queimado. Entre seus elementos constituintes foram encontrados cloreto de sódio (sal de cozinha) e fosfato de cálcio. Finalmente, consegue a filmagem do ectoplasma fluindo da boca da médium. Parte de tudo isso é reproduzida em seu livro.

Convém ressaltar que a médium de modo algum ficava inanimada durante as experiências, parecendo adquirir outra personalidade, que poderia ser uma de suas próprias personalidades secundárias ou uma influência real, vinda de fora. Essa personalidade costumava referir-se à médium com severidade, dizendo a Madame Bisson que ela necessitava disciplina tanto quanto manter-se no trabalho. Ocasionalmente, mostrava sinais de clarividência, explicando corretamente, por exemplo, o ocorrido com um aparelho elétrico que deixara de funcionar. Eva, em transe, contorcia-se e gemia, mas parece que tais manifestações eram puramente instintivas.

Essas experiências foram confirmadas pelo Dr. Gustave Geley, cujo nome perdurará nos anais das pesquisas psíquicas. Dr. Geley era clínico geral em Annecy, onde cumpria as elevadas promessas feitas na vida acadêmica, em Lyon. Sentiu-se atraído pela ciência nascente, sendo nomeado por M. Jean Meyer diretor do Institut Métapsychique. Seu trabalho e seus métodos serão sempre exemplos para seus seguidores, pois, desde cedo, mostrou que não era apenas experimentador habilidoso e observador meticuloso, mas profundo filósofo. Seu grande livro *Do inconsciente ao consciente*[228] provavelmente resistirá ao teste do tempo. Foi assaltado pelos costumeiros mosquitos humanos, os quais aborrecem os pioneiros que avançam pela floresta virgem do pensamento, mas enfrentou-os com bravura e bom humor. Geley teve morte súbita e trágica: ao sair de Varsóvia, onde obteve algumas novas moldagens de ectoplasma com o médium Kluski, infelizmente o avião em que viajava caiu. Foi uma perda irreparável para a ciência psíquica.

A Comissão do Institut Métapsychiche, reconhecida de utilidade pública pelo governo francês, era constituída dos seguintes membros: professor Charles Richet; professor Santoliquido, ministro da Saúde da Itália; conde de Gramont, do *Instituto de França*; Dr. Calmette, inspetor-geral médico; Sr. Camille Flammarion; Sr. Jules Roche, ex-ministro de Estado; Dr. Treissier, do Hospital de Lyon, tendo o Dr. Gustave Geley como diretor. Mais tarde, integraram a Comissão Sir Oliver Lodge; professor Bozzano e professor Leclainche, membro do Instituto de França e inspetor-geral dos Serviços Sanitários da Agricultura. O Instituto está equipado com um bom laboratório para pesquisas psíquicas, possuindo também uma biblioteca, uma sala de leitura e salas de recepção e conferências. As notícias dos trabalhos ali desenvolvidos saem em sua revista, intitulada *La Revue Métapsychiqhe*.

DR. GUSTAVE GELEY (1868-1924)
Dirigente do Instituto de Metapsíquica de Paris. Pioneiro da pesquisa psíquica.

---

[228] N.T.: *From the Unconscious to the Conscious*.

Um lado importante do trabalho do Instituto tem sido o de convidar eminentes homens públicos, de ciência e literatura, para testemunhar as investigações psíquicas ali realizadas. Mais de cem desses homens presenciaram os fenômenos e, em 1923, trinta deles, inclusive dezoito médicos de destaque, assinaram uma declaração — permitindo fosse publicada —, onde consta a plena crença na autenticidade das manifestações por eles observadas sob rigoroso controle.

O Dr. Geley realizou uma série de sessões com Eva, das quais participaram, ao longo do tempo, cem homens de ciência, por ele convidados. Tão rigorosos eram os testes empregados que ele conclui seu relato com estas palavras: "Não direi simplesmente que não há fraude. Direi que a fraude é impossível". Palmilhou de novo o velho caminho por tantos percorrido, encontrando os mesmos resultados. Em suas experiências, porém, os fantasmas tomavam a forma de rostos femininos, por vezes belos, mas desconhecidos para ele, como certa feita assegurou ao autor.

EXPERIÊNCIA NO INSTITUTO DE METAPSÍQUICA, PARIS,
quando Richet, Geley e de Gramont obtiveram moldes de mãos em cera, que confirmaram experiências anteriores de Oxley e outros. Esta é, naturalmente, uma idealização da cena.

Talvez fossem formas-pensamento de Eva, pois esses fantasmas, como se pode ver nos registros das sessões, não pareciam Espíritos realmente vivos. Havia, entretanto, o suficiente para o Dr. Geley dizer: "O que vimos mata o materialismo. Já não há mais lugar para ele no mundo". Refere-se ao materialismo clássico do período vitoriano, para o qual o pensamento era o resultado da matéria. Todas as novas provas apontam a matéria como resultante do pensamento. Somente quando se pergunta de onde vem o pensamento é que se acende o debate.

Depois das experiências com Eva, o Dr. Geley conseguiu resultados ainda mais surpreendentes com o polonês Frank Kluski. Com este, o ectoplasma formava figuras tão sólidas que era possível tirar moldagens de suas mãos, em parafina. Essas luvas de parafina, exibidas em Londres,[229] são tão estreitas no pulso que não haveria possibilidade de a mão passar pela abertura sem quebrar o molde. Assim, somente a desmaterialização da mão explica o fato. As referidas experiências foram conduzidas por Geley, Richet e o conde de Gramont, todos de grande competência. Uma descrição circunstanciada desses e de outros moldes, tirados de figuras formadas por ectoplasma, serão vistas no capítulo XX. Essas moldagens são muito importantes, porque constituem provas permanentes e inegáveis, jamais obtidas dessas estruturas. Nenhuma crítica racional pôde ser feita até agora a esse respeito.

Outro médium polonês, chamado Jean Guzik, foi também examinado pelo Dr. Geley, no Instituto, em Paris. As manifestações consistiam não só de luzes, mas de rostos e mãos de ectoplasma. Sob o mais rigoroso controle, trinta e quatro distintas personalidades de Paris, muitas das quais inteiramente céticas, afirmaram, depois de longa e minuciosa investigação, sua crença na legitimidade dos fenômenos observados com esse médium. Entre elas estavam membros da Academia Francesa, da Academia de Ciências, da Academia de Medicina, doutores em Medicina e em Direito, além de técnicos de polícia.

O ectoplasma é a mais proteica das substâncias e pode manifestar-se de muitas maneiras, com propriedades variadas. Isso foi

---

[229] Nota do autor: luvas semelhantes estão expostas no Psychic College, 595, Holland Park, W., e no Psychic Museum, Abbey House, Victoria Street, Westminster.

demonstrado pelo Dr. W. J. Crawford, professor de engenharia mecânica da Queen's University, de Belfast. Ele dirigiu uma importante série de experiências com a médium Kathleen Goligher, de 1914 a 1920, relatando-as em suas obras *A realidade dos fenômenos psíquicos*[230] (1917), *Experiências em ciência psíquica*[231] (1919) e *As estruturas psíquicas no grupo Goligher*[232] (1921). O Dr. Crawford faleceu em 1920, deixando, nesses três livros, um monumento indestrutível de pesquisa científica, a qual, assim como outros trabalhos do gênero, contribuiu para dar uma base sólida à ciência psíquica.

É preciso ler esses livros, se quisermos compreender inteiramente as conclusões do Dr. Crawford. Entretanto, em resumo, podemos afirmar ter ele demonstrado que a levitação da mesa, as batidas no chão da sala e o movimento de objetos durante as experiências são devidos à ação de *alavancas psíquicas*, ou — como as designou em seu último livro — *estruturas psíquicas*, emanadas do corpo do médium. Quando a mesa levita, essas *alavancas* são operadas em dois sentidos. Se a mesa é leve, a *alavanca* ou *estrutura* não toca o piso, mas se assemelha a

> um console firmemente fixado no corpo do médium por uma das extremidades, suspendendo a superfície inferior ou as pernas da mesa pela extremidade livre.

No caso de uma mesa pesada, a ação não se dá sobre o médium, mas sobre o piso da sala, formando uma espécie de suporte entre a face inferior da mesa levitada e o chão. Ao colocar-se a médium numa balança, observou-se que, enquanto a mesa levitava, aquela aumentava de peso.

Segue-se a interessante hipótese do Dr. Crawford para o processo de formação de ectoplasma no grupo (ele chama de *operadores* os Espíritos incumbidos de controlar os fenômenos).

---

[230] N.T.: *The Reality of Psychic Phenomena*.
[231] N.T.: *Experiments in Psychical Science*.
[232] N.T.: *The Psychic Structures at the Goligher Circle*.

> Os operadores atuam nos assistentes, primeiramente, no cérebro e, em seguida, no sistema nervoso, retirando deste pequenas partículas, possivelmente moléculas, que são expelidas pelos punhos, mãos, dedos e outras partes do corpo. Tais partículas possuem uma quantidade considerável de energia latente, podendo reagir sobre qualquer sistema nervoso humano com o qual se ponham em contato. Essa corrente de partículas energéticas circula entre os assistentes, provavelmente pela periferia de seus corpos e, pelo gradual incremento produzido por estes, atinge o médium num alto grau de *tensão*, energizando-o e dele recebendo suprimento; em seguida, atravessa de novo o grupo, reiniciando a trajetória. Ao final, quando a *tensão* se torna suficiente, cessa o processo circulatório e as partículas energizadas se concentram no sistema nervoso do médium, transformando-se este último num reservatório de energia. Tendo à disposição um bom suprimento de energia adequada — por exemplo, energia nervosa —, os operadores podem, então, extrair temporariamente do corpo do médium grande quantidade de matéria e projetá-la na sala de sessões.[233]

É provável ter sido essa a primeira tentativa de se dar uma explicação clara do que ocorre numa sessão de fenômenos físicos, sendo mesmo possível que tal explicação corresponda exatamente à realidade. No trecho seguinte, o Dr. Crawford faz importante comparação entre as primeiras manifestações psíquicas e as atuais, apresentando ainda uma ousada teoria geral de todos os fenômenos do gênero.

> Comparei a estrutura dessa matéria esbranquiçada, aparentando uma nuvem, com as fotografias dos vários estágios do fenômeno de materialização, obtido por inúmeros médiuns em todo o mundo, e cheguei à conclusão de que o material é muito semelhante, se não idêntico, àquele usado em todas as ocorrências da espécie. Com efeito, não é demais dizer que essa substância nebulosa, translúcida e esbranquiçada é a base dos fenômenos

---

[233] Nota do autor: *The Reality of Psychic Phenomena*, p. 243.

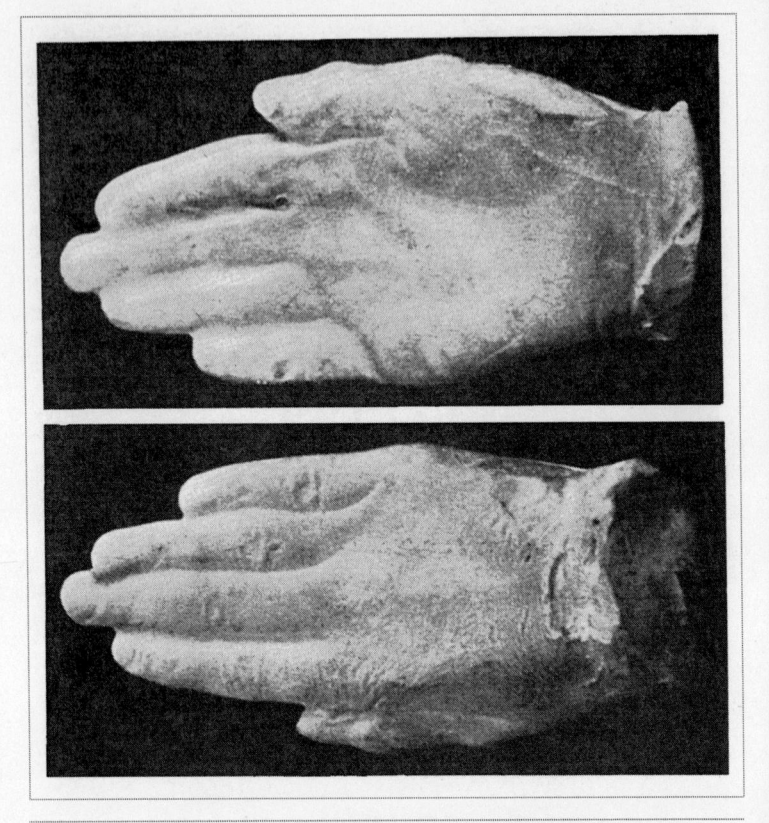

MOLDE EM GESSO DE MÃO DE ECTOPLASMA
Obtida pelo Dr. Geley e impossível de ser reproduzida de outro modo. (Note-se a largura do pulso comparada com a mão)

psíquicos de ordem física. Sem ela, seria impossível a existência destes, a partir de certo grau, pois é essa matéria que dá consistência a todos os tipos de estruturas criadas pelos operadores na sala de sessões. É ela que, adequadamente manipulada e aplicada, possibilita às figuras materializadas entrarem em contato com as formas conhecidas de matéria, sejam essas figuras similares à matéria esbranquiçada e nebulosa de que estou falando, sejam materializações de formas corporais, como rostos e mãos. Provavelmente a substância de que se trata seja, além disso, a base de formação dos fenômenos conhecidos como *voz direta* e *fotografia de Espíritos*.[234]

Enquanto Crawford trabalhava com suas alavancas de ectoplasma em Belfast, o Dr. Geley verificava os resultados obtidos com Eva em nova série de experimentos. Assim resume ele suas observações:

> Uma substância emana do corpo da médium; exterioriza-se; é amorfa ou polimorfa, à primeira vista; ao assumir várias formas, constitui, em geral, órgãos mais ou menos completos. É possível distingui-la em dois estágios: no primeiro, como substrato de materialização; no segundo, como desenvolvimento organizado desta. Costuma anunciar seu surgimento pela presença de fluidos semelhantes a flocos esbranquiçados e luminosos, os quais variam de tamanho entre o de uma ervilha e o de uma moeda de 5 francos, distribuindo-se, aqui e ali, sobre o vestido preto da médium, principalmente no lado direito. Essa substância extravasa de todo o corpo da médium, em particular dos orifícios naturais e das extremidades, do topo da cabeça, do peito e das pontas dos dedos das mãos. Sua origem mais comum, a mais facilmente observada, é a boca. Aparece em vários formatos, tais como pasta dúctil, massa protoplásmica, fios delgados numerosos, cordas de grossura variada, raios estreitos e rígidos, faixas largas, membrana, ou, ainda, tecido de lã, de contornos indefinidos e irregulares. A aparência mais curiosa é a de uma membrana bem longa, com franjas e pregas, à semelhança de uma rede.
> A matéria exteriorizada modifica-se bastante em relação à própria quantidade: em alguns casos envolve completamente a médium, como um manto. Apresenta-se em três cores diferentes: branca, preta e cinza, sendo a branca a mais frequente, talvez por ser mais facilmente observável; essas cores surgem às vezes simultaneamente. No tocante à visibilidade, é grande a variação da substância, cuja nitidez pode ser lentamente aumentada e diminuída.

---

[234] Nota do autor: *The Psychic Structures at the Goligher Circle*, p. 19.

Ao ser ela tocada, produz impressões diversas: pode ser úmida e fria, viscosa, pegajosa, mais raramente, seca e dura. Possui também mobilidade. Às vezes move-se lentamente, para cima e para baixo, passando pelos ombros, peito e joelhos da médium, como se fosse um réptil rastejando. Outras vezes, movimenta-se súbita e rapidamente, aparecendo e desaparecendo qual relâmpago. Tal substância é sensível à luz.

Eis aí, apenas em parte, a magistral análise do Dr. Geley. O trecho final refere um aspecto importante:

> Durante todo o tempo de ocorrência do fenômeno, o produto materializado está em óbvia conexão fisiológica e psíquica com a médium. A ligação fisiológica é perceptível por um cordão delgado, que liga a estrutura materializada ao corpo da medianeira, como o cordão umbilical une o embrião à mãe. Ainda que esse cordão nem sempre seja visível, a relação fisiológica é sempre íntima, pois toda impressão recebida pelo ectoplasma reage sobre a médium e vice-versa: a sensação reflexa da forma materializada e a da medianeira se misturam. Em suma: tudo prova ser o ectoplasma uma porção exteriorizada da própria médium.

Comparando-se os pormenores dessa descrição com os que foram dados no início deste capítulo, ver-se-á, de imediato, quão numerosos são os pontos de semelhança. O ectoplasma, em sua essência, é sempre o mesmo. Após essas confirmações não se pode considerar ceticismo, mas pura ignorância a não aceitação da existência desse estranho material.

Eva C. veio a Londres, como foi dito, realizando trinta e oito sessões sob os auspícios da Sociedade de Pesquisas Psíquicas, mas o relatório[235] é documento conflitante, e não convence. O Dr. Schrenck Notzing encontrou, ainda, outro médium que lhe pôde demonstrar a existência do ectoplasma, tendo sido os resultados da experiência, de

---

[235] Nota do autor: *S.P.R. Proceedings*, vol. XXXII, p. 209-343.

CAP 18 | ECTOPLASMA

modo geral, os mesmos da de Paris. Era um garoto de 14 anos, chamado Willie S. O Dr. Schrenck Notzing mostrou essa nova substância a cem observadores devidamente selecionados, e nenhum deles foi capaz de contrapor-se à evidência dos próprios sentidos. Entre os que assinaram a declaração positiva estavam professores ou ex-professores de Jena, Giessen, Heidelberg, Munique, Tübingen, Upsala, Freiburg, Basle, e de outras universidades, juntamente com inúmeros médicos, neurologistas e cientistas de várias especialidades.

Assim, não há dúvida sobre a existência do ectoplasma. Contudo, ele não é obtido ao sabor de nosso comando. Sua produção é operação delicada, que pode falhar, como sucedeu com diversos experimentadores, notadamente com um pequeno grupo da Sorbonne. Temos aprendido que é necessária a conjugação das pessoas certas com as condições apropriadas ao fenômeno, sendo essas condições antes mentais e espirituais que químicas. Uma atmosfera harmoniosa favorece-o, enquanto um clima de censura e antagonismo o embaraça ou o frustra. É nesse ponto que o ectoplasma demonstra suas afinidades espirituais e difere dos produtos meramente físicos.

Mas que é o ectoplasma? Ele toma forma. Quem determina essa forma? A mente do médium em transe? A mente dos observadores? Uma inteligência independente? Entre os experimentadores, alguns pertencem à escola materialista, a qual insiste na possibilidade de estarmos descobrindo uma rara propriedade, latente no corpo físico; outros — entre os quais o autor — são de uma escola diferente, que defende a ideia de que estamos atingindo um elo da corrente que nos levará à nova ordem de vida. Ressalte-se, entretanto, que nada, em relação ao assunto, era desconhecido dos velhos alquimistas da Idade Média. Eis um fato interessantíssimo, trazido à luz pelo Sr. Foster Damon, da Universidade de Harvard, em uma série de resumos dos trabalhos de Vaughan — filósofo que viveu por volta de 1650 —, nos quais, com o nome de *matéria prima* ou *mercúrio*, é descrita certa substância, expelida pelo corpo, tendo todas as características do ectoplasma. Aqueles eram dias difíceis para os pesquisadores de psiquismo, os quais tinham de lidar, de um lado com a Igreja Católica e, de outro, com os puritanos e seus descobridores de feiticeiros. Por isso, os químicos de então buscavam encobrir seu conhecimento com nomes fantásticos, fato que teve, por consequência, a morte desse mesmo conhecimento. Quando, porém, percebemos que chamavam de *Sol*, o operador; de *Lua*, o sensitivo; de *fogo*, a força mesmérica ou magnética, e de *mercúrio*, o ectoplasma, obtemos a chave de seus segredos.

O autor tem visto frequentemente o ectoplasma como vapor, e somente uma vez na forma sólida.[236] Isto aconteceu com Eva C., numa sessão dirigida por Madame Bisson. Naquela ocasião, a estranha e variável substância apareceu como uma faixa de matéria de 6 polegadas — não muito diversa de uma porção de cordão umbilical — encravada no vestido da médium, sobre a região inferior do estômago. Era plenamente visível. Sendo permitido ao autor apertá-la entre os dedos, teve ele a impressão de tratar-se de uma substância viva, que vibrava e se encolhia quando tocada. No caso, não havia possibilidade de fraude.

É impossível observar os fatos reveladores da existência do ectoplasma, sem considerar os efeitos deste sobre a fotografia psíquica. As imagens fotografadas à volta de Eva, com suas nebulosas franjas de lã, são, com frequência, idênticas às obtidas pelo Sr. Hope e outros. A conclusão mais racional parece ser a de que, uma vez formado, o ectoplasma pode ser modelado pela mente e que esta, nos casos mais simples, será apenas a do médium inconsciente. Por vezes, nos esquecemos de que somos Espíritos e que o Espírito encarnado tem, provavelmente, poderes semelhantes aos de outro sem o corpo físico. Nos casos mais complexos, em especial na fotografia psíquica, torna-se bem claro não ser o Espírito do médium quem opera, e sim uma força mais poderosa, que intervém, com propósitos definidos.

A opinião do autor é de que serão descobertas inúmeras formas de plasma, com diferentes campos de ação, e tudo isso constituirá, no futuro, uma ciência especial, que bem poderemos chamar de *Plasmologia*. Acredita também o autor que todos os fenômenos psíquicos exteriores ao médium, inclusive o de clarividência, podem ser atribuídos à mesma fonte. Desse modo, o médium clarividente seria quem emite essa substância, ou outra análoga, construindo em torno de si uma atmosfera

---

[236] Nota do autor: salvo os muitos casos de materializações reais de rostos ou figuras.

especial, que possibilita ao Espírito mostrar-se a todos com a faculdade de percepção. Assim como o aerólito — em geral oculto pela invisibilidade — se torna momentaneamente visível ao entrar na atmosfera da Terra, seria possível que o Espírito, ao passar pela atmosfera psíquica do médium, manifestasse sua presença por um curto espaço de tempo. Tais especulações, em verdade, vão além das provas atuais, mas Tyndall mostrou como essas hipóteses exploratórias podem transformar-se em pontas de lança da verdade. A razão por que algumas pessoas veem fantasmas, enquanto outras não, talvez seja o fato de que algumas delas fornecem suficiente ectoplasma para a produção do fenômeno. Por outro lado, a sensação de frio, o tremor e o subsequente desmaio podem originar-se não apenas do terror, mas, em parte, de uma súbita descarga de energia psíquica.

A par dessas especulações, podemos dizer que o sólido conhecimento do ectoplasma, agora adquirido, nos dá, finalmente, uma base material consistente para a pesquisa psíquica. Quando o Espírito desce à matéria, necessita ele dessa base material, sem o que lhe seria impossível impressionar nossos sentidos físicos. Em 1891, Stainton Moses, o mais notável médium de sua época, ainda era forçado a dizer: "Não sei sobre o método ou métodos pelos quais se produzem as formas materializadas mais do que sabia quando as vi pela primeira vez". Vivesse ele hoje, dificilmente poderia dizer o mesmo.

Esse conhecimento novo e preciso tem sido útil para dar uma explicação racional a respeito de um fenômeno incluído entre os primeiros a atraírem a atenção do público: as batidas. Seria prematuro dizer que elas se produzem de um único modo, mas, ao menos, pode ser estabelecido que, em geral, o método adotado é o alongamento da barra de ectoplasma, sendo esta visível ou não, e sua percussão num objeto sólido. É possível ser a barra de ectoplasma transmissora e não produtora de força, assim como se dá com um pequeno fio de cobre, o qual é capaz de conduzir a descarga elétrica que desintegrará um navio de guerra. Em uma de suas admiráveis experiências, Crawford, admitindo provir o ectoplasma do peito da médium, mergulhou a blusa desta num líquido carminado e, em seguida, solicitou fossem dadas batidas na parede. Verificou, então, ter ficado a parede salpicada de manchas vermelhas, como se o ectoplasma, projetando-se, tivesse transportado consigo certa quantidade de tinta. De igual modo, as batidas dadas pela mesa, quando autênticas, parecem originar-se da acumulação de ectoplasma sobre a superfície dos referidos móveis, após ser retirado dos integrantes da sessão pela inteligência operadora, a qual, em seguida, o utiliza. Crawford supunha que o ectoplasma expelido deveria possuir, na extremidade, tubos de sucção ou garras, de modo a poder movimentar ou levantar objetos. O autor reuniu, posteriormente, várias fotografias nas quais se veem formações de ectoplasma que mostram claramente, em suas extremidades, uma borda dentada, a qual se prestaria para aquele propósito.

Crawford atribuiu também grande importância à correspondência entre o peso do ectoplasma e a perda de peso do médium. Suas experiências tendem a demonstrar que todos somos médiuns e perdemos peso nas sessões de materialização. A diferença entre o médium principal e os demais estaria na circunstância de ter aquele maior provimento de ectoplasma e, assim, poder emiti-lo em maior quantidade. Se perguntarmos por que um ser humano difere de outro a esse respeito, entraremos numa controvérsia sem fim, semelhante àquela acerca da razão de uma pessoa possuir apurado ouvido musical, enquanto outra nem sequer percebe uma simples melodia. Devemos aceitar esses atributos pessoais da forma como os encontramos. Nas experiências de Crawford, era comum a médium perder de 10 a 15 libras numa sessão, sendo seu peso recuperado assim que o ectoplasma era absorvido. Certa feita, registrou-se a enorme perda de 52 libras. Poder-se-ia pensar que as balanças, no caso, estavam desreguladas. Entretanto, perdas maiores têm sido registradas com outros médiuns, como se pode ver nos registros das experiências de Olcott com os Eddys.

Há outras propriedades dessas projeções de ectoplasma a serem observadas. Além de poderem ser destruídas pela incidência da luz, salvo se adaptadas gradativamente, ou especialmente preparadas com antecedência pelos guias, essas projeções, ao receberem um súbito jato de luminosidade, recuam para os respectivos médiuns com a força de um elástico. Isso é um fato real, presenciado por muitos observadores, e não uma falsa explicação para proteger os médiuns contra uma surpresa. Deve ser veementemente desaprovada qualquer espécie de manipulação do ectoplasma, a menos que haja certeza de fraude em sua produção: agarrar à força uma trombeta, ou qualquer outro objeto sustentado pela barra de ectoplasma é quase tão perigoso quanto fazer incidir a luz sobre eles. O autor recorda-se de um caso em que determinado assistente, leigo no assunto, removeu a trombeta que flutuava a sua frente. Fê-lo em silêncio; nada obstante, a médium queixou-se de dor e mal-estar às pessoas ao seu lado, ficando prostrada por alguns dias. Outra médium mostrou uma contusão, indo do peito ao ombro, causada pela retração da faixa de ectoplasma, quando pretenso descobridor de fraudes acendeu uma lanterna elétrica. No momento em que o ectoplasma retorna precípite a uma superfície mucosa, pode provocar séria hemorragia, como demonstram numerosos casos observados diretamente pelo autor. Por exemplo, a médium Susanna Harris ficou uma semana de cama, depois de passar por experiência do gênero em Melbourne.

Numa obra que trata de assunto tão vasto, como este da história do Espiritualismo, seria impossível dar, em apenas um capítulo, uma visão minuciosa de um dos aspectos desse assunto, que, por si só, reclamaria um livro para ser desenvolvido. Nosso conhecimento a respeito dessa substância estranha, ardilosa, multiforme, altamente permeável aumenta de ano para ano. Pode mesmo ser profetizado que, se a última geração se ocupou do protoplasma, a próxima se verá absorta por seu equivalente psíquico, que guardará — assim o esperamos — o nome de ectoplasma, dado por Charles Richet, embora vários outros nomes, tais como *plasma*, *teleplasma* e *ideoplasma*, já estejam, infelizmente, em circulação.

Este capítulo já havia sido elaborado, quando ocorreram, em várias partes do mundo, novas demonstrações de ectoplasmia. A mais notável é a de Margery (ou Sra. Crandon, de Boston), cujas faculdades foram amplamente tratadas no livro *Margery*, do Sr. Malcolm Bird.

CAPÍTULO 19

Fotografia de Espíritos

O primeiro relato autêntico sobre a produção da chamada fotografia de Espíritos data de 1861, sendo os resultados obtidos por William H. Mumler, em Boston, nos Estados Unidos. Diz-se que em 1851, na Inglaterra, Richard Boursnell fez uma experiência semelhante, mas nenhuma fotografia foi conservada. O primeiro exemplo registrado na Inglaterra ocorreu em 1872, com o fotógrafo Hudson.

Tanto quanto a expansão do moderno Espiritualismo, essa nova modalidade de fenômeno foi predita pelo Outro Lado. Em 1856, o Sr. Thomas Slater — oftalmologista residente em Euston Road, 136, Londres — realizava uma sessão com lorde Brougham e o Sr. Robert Owen, quando foi anunciado, mediante pancadas, que chegaria o tempo em que o Sr. Slater obteria fotografia de Espíritos. O Sr. Owen observou que, se estivesse no mundo dos Espíritos quando esse tempo chegasse, ele apareceria numa chapa. Em 1872, ao fazer experiências desse gênero, o Sr. Slater, ao que se diz, obteve os rostos do Sr. Robert Owen e de lorde Brougham.[237] Alfred Russell Wallace, a quem Slater mostrou o resultado dessas experiências, escreveu:[238]

> Seu primeiro êxito foi o aparecimento de duas cabeças ao lado do retrato de sua irmã. Uma delas, sem sombra de dúvida, é a

---

[237] Nota do autor: *The Spiritualist*, nov. 1873.
[238] Nota do autor: *Miracles and Modern Spiritualism*, 1901, p. 198.

de lorde Brougham, recentemente falecido; a outra, bem menos nítida, foi reconhecida pelo Sr. Slater como a de Robert Owen, com quem manteve laços de amizade até à época de sua morte.

Após descrever outras fotografias de Espíritos conseguidas pelo Sr. Slater, prossegue o Dr. Wallace:

> Se essas formas estão ou não corretamente identificadas, este não é o ponto essencial. O fato de aparecerem figuras, de aparência tão clara e indiscutivelmente humana, em chapas batidas no estúdio particular de um experimentado oftalmologista e fotógrafo amador — fabricante de seus próprios aparelhos —, sem ninguém presente, além dos membros da própria família, é deveras admirável. Num dos casos, uma segunda imagem aparece na chapa junto do Sr. Slater, quando este estava complemente só, tendo sido a fotografia tirada por ele mesmo, pelo simples processo de sentar-se numa cadeira após preparada a câmera.
> O próprio Sr. Slater mostrou-me tais fotografias, explicando a maneira como foram produzidas. Certamente, elas não são fruto de impostura, tendo mesmo valor inestimável, pois confirmam o fenômeno antes apenas obtido por fotógrafos profissionais.

De Mumler, em 1861, a William Hope, em nossos dias, cerca de vinte a trinta médiuns de fotografias psíquicas produziram centenas de imagens supranormais, imagens essas que passaram a ser conhecidas como *extras*. Os mais populares entre esses sensitivos, além de Hope e a Sra. Deane, são Hudson, Parkes, Wyllie, Buguet, Boursnell e Duguid.

Mumler trabalhava como gravador numa das principais joalherias de Boston; não era espiritualista nem fotógrafo profissional. Numa hora de folga, quando tentava tirar uma fotografia sua, no estúdio de um amigo, obteve na chapa o contorno de outra imagem. Adotava ele o procedimento de focalizar uma cadeira, na qual se sentava rapidamente, logo após descobrir a objetiva, aí permanecendo o tempo necessário à exposição. No verso da referida fotografia, o Sr. Mumler escreveu o seguinte:

Este retrato foi tirado por mim mesmo num domingo, quando não havia, por assim dizer, viva alma na sala. Reconheço, a meu lado direito, minha prima, falecida há cerca de doze anos.

A imagem é a de uma menina que parece estar sentada na cadeira, repousando um de seus braços na mesa ao lado. Tanto a cadeira quanto a mesa são vistas através do corpo e dos braços da menina. De acordo com outro relato, a forma, parecendo usar um vestido decotado, de mangas curtas, esmaece em tênue vapor abaixo da cintura, tornando nebulosa a parte inferior do retrato. É interessante observar-se nessa primeira fotografia de Espírito alguns traços característicos que seriam repetidos em muitas outras, obtidas por diversos operadores.

Assim que as notícias do ocorrido com Mumler vieram à tona — fato que se deu rapidamente —, ele passou a ser assediado por pedidos de sessões. A princípio recusou, mas enfim, teve de ceder e quando, posteriormente, outros fatos extraordinários aconteceram e sua fama se espalhou, Mumler foi compelido a abandonar o emprego e dedicar-se à nova tarefa. Como, de modo geral, suas experiências foram idênticas às dos fotógrafos médiuns posteriores, faremos um breve relato sobre elas.

Investigadores particulares de boa reputação obtiveram retratos reconhecíveis de amigos e parentes, ficando plenamente convencidos da legitimidade do fenômeno. Surgiram, então, os fotógrafos profissionais, certos da existência de algum truque e da possibilidade de isso ser descoberto, se tivessem o ensejo de realizar as experiências debaixo de condições por eles mesmos estabelecidas. Vieram uns após outros, em alguns casos trazendo suas próprias chapas, câmeras e produtos químicos, mas, mesmo tendo dirigido e supervisionado as operações, não descobriram fraude alguma. Mumler também compareceu aos estúdios desses fotógrafos, permitindo-lhes manipularem e revelarem as chapas, mas os resultados foram os mesmos. Andrew Jackson Davis, que era, nessa época, editor do *Herald of Progress*, de Nova Iorque, solicitou a um fotógrafo profissional, Sr. William Guay, fizesse uma investigação completa do caso. Em seu relato, o Sr. Guay declarou que, embora lhe fosse permitido controlar todo o processo fotográfico, surgiu na chapa o retrato de um Espírito. Fez experiências com o médium em diversas outras ocasiões, ficando convencido da autenticidade do fenômeno.

O Sr. Black, famoso retratista de Boston, enviou também um investigador: o fotógrafo Sr. Horace Weston, o qual, ao retornar, após ter obtido a fotografia de um Espírito, declarou nada ter visto diferente dos processos empregados para tirar um retrato comum. O próprio Black, então, foi a Boston, realizando pessoalmente a manipulação e a revelação das chapas. Quando viu aparecer, em uma destas, uma imagem além da sua, verificando tratar-se de um homem apoiando o braço em seu ombro, exclamou, exaltado: "Meu Deus! É possível?".

Mumler recebia muitos convites para realizar sessões: mais do que lhe permitia o tempo. Assim, os compromissos eram agendados com semanas de antecedência. Esses convites vinham de todas as classes sociais, destacando-se, entre as pessoas particularmente interessadas, ministros, médicos, advogados, juízes, prefeitos, professores e homens de negócios. Os registros dessa época trazem descrições minuciosas dos inúmeros resultados positivos obtidos por Mumler.[239]

Em 1863, Mumler, como ocorreu a tantos outros médiuns de fotografia, obteve *extras* de pessoas vivas. Seus maiores defensores eram incapazes de aceitar esse novo e espantoso fenômeno e, embora mantivessem a crença em suas faculdades mediúnicas, entendiam que ele também se utilizava de truques. Em carta de 20 de fevereiro de 1863 ao *Banner of Light*, de Boston, referindo-se a esse novo tipo de manifestação, afirma o Dr. Gardner:

> Embora esteja plenamente convencido de que foram obtidos por sua mediunidade autênticos retratos de Espíritos, encontrei provas de fraude, pelo menos em dois casos, levando-me à conclusão de que o Sr. Mumler, ou alguém ligado à sala de sessões da Sra. Stuart, é responsável pela fraude de apresentar retratos de pessoas vivas desta cidade como se fossem fotografias de Espíritos.

O que tornava o caso ainda mais conclusivo para seus acusadores era a circunstância de a mesma pessoa viva aparecer em duas chapas diferentes. Essa descoberta levantou a opinião pública contra o médium, fazendo-o a partir para Nova Iorque, em 1868. Aí seu negócio prosperou

---

[239] Nota do autor: *The Spiritual Magazine*, 1862, p. 562; 1863, p. 34-41.

durante algum tempo até ser preso por ordem do prefeito, por instigação do repórter de um jornal, que obtivera a fotografia de um *extra* não reconhecido. Depois de longo processo, Mumler foi inocentado, sem mancha em seu caráter. As conclusões dos fotógrafos profissionais não espiritualistas eram-lhe inteiramente favoráveis.

Declara o Sr. Jeremiah Gurney:

> Sou fotógrafo há vinte e oito anos; testemunhei o processo de fotografia de Mumler e, apesar de ter ido investigar o fato com o ânimo de tudo examinar cuidadosamente, nada encontrei que indicasse a existência de fraude ou a utilização de truques. O único procedimento estranho à nossa habitual rotina era o fato de o operador manter a mão sobre a câmera.

Mumler morreu na pobreza, em 1884. Deixou interessante e convincente narrativa de sua carreira, no livro *Experiências pessoais de William H. Mumler com fotografia de Espíritos*,[240] do qual existe um exemplar no Museu Britânico.

A primeira fotografia de Espíritos devidamente comprovada, obtida na Inglaterra, deveu-se à mediunidade de Hudson. Ao que consta, ele possuía aproximadamente 60 anos de idade na época (março de 1872). A experiência foi conduzida pela Srta. Georgina Houghton, que descreve o incidente com minúcias.[241] Existem abundantes testemunhos a respeito do trabalho de Hudson. O Sr. Thomas Slater, já citado, usou sua própria câmera e chapas e, depois de precisa observação, afirmou que "a existência de fraude ou o emprego de truques estavam fora de cogitação". O Sr. William Howitt, desconhecido do médium, chegou sem se apresentar e recebeu um retrato com dois *extras,* reconhecendo-os como seus filhos falecidos. Disse, ainda, que as fotografias eram "perfeitas e inconfundíveis".

O Dr. Alfred Russell Wallace obteve uma boa fotografia de sua mãe. Assim ele descreve o fato:[242]

---

[240] N.T.: *Personal Experiences of William H. Mumler in Spirit Photography.*
[241] Nota do autor: *Chronicles of the Photographs of Spiritual Beings*, etc., 1882, p. 2.
[242] Nota do autor: *Miracles and Modern Spiritualism* (edição revisada, 1901), p. 196-197.

Posei três vezes, escolhendo sempre minha posição. A cada vez, uma imagem aparecia comigo no negativo. A primeira era a de um homem com uma pequena espada; a segunda, a de uma figura de corpo inteiro, de pé, atrás de mim, afastada alguns pés para o lado, olhando para baixo, na minha direção e segurando um ramo de flores. Por ocasião da terceira pose, depois de sentar-me e ser a chapa introduzida na câmera, solicitei que a imagem viesse para perto de mim. Então, apareceu na chapa, de pé, próxima a mim, uma mulher, que se colocava a minha frente de tal modo que sua roupagem me cobria a parte inferior do corpo. Presenciei toda a revelação, notando que a figura adicional sempre aparecia no momento em que a chapa era imersa no revelador, enquanto meu retrato só se tornava visível depois de cerca de vinte segundos. Nenhuma dessas figuras foi por mim reconhecida no negativo; mas, no instante em que peguei as provas, ao primeiro relance percebi que a terceira chapa continha, sem dúvida alguma, a imagem de minha mãe, com as mesmas feições e a mesma expressão. Não era como uma fotografia tirada em vida: minha mãe estava algo pensativa, idealizada; mas, ainda assim, a semelhança era inconfundível.

O segundo retrato, conquanto não apresentasse muita clareza, foi também reconhecido pelo Dr. Wallace como de sua mãe. O *extra*, aparecido na primeira foto, era o de um homem desconhecido.

O Sr. J. Traill Taylor, então editor do *British Journal of Photography*, ao afirmar[243] ter obtido resultados supranormais com o referido médium, usando suas próprias chapas, declarou que "em momento algum, durante a preparação, exposição e revelação das fotos, o Sr. Hudson se manteve afastado da câmera ou da sala escura por mais de 10 pés". Certamente isso deve ser considerado conclusivo.

O Sr. F. M. Parkes, residente em Grove Road, Bow, no East End de Londres, era um médium natural, que tinha visões autênticas desde a infância, mas não tomara conhecimento do Espiritualismo até 1871. No começo do ano seguinte, realizou experiências de fotografia com seu

---

[243] Nota do autor: *British Journal of Photography*, ago. 1873.

amigo, Sr. Reeves, proprietário de um restaurante perto de King's Cross. Tinha ele, nessa época, 39 anos. A princípio apenas marcas irregulares e manchas de luz apareciam nas chapas, mas depois de três meses, estando presentes o Dr. Sexton e o Dr. Clarke, de Edimburgo, foi obtida a foto de um Espírito. O Dr. Sexton pediu ao experiente fotógrafo, Sr. Bowman, de Glasgow, fizesse um completo exame da câmera, da sala escura e de todo o material empregado. Feito isso, o fotógrafo declarou ser impossível qualquer manipulação da parte de Parkes.

O Sr. Stainton Moses, dedicando todo um capítulo de um de seus livros ao Sr. Parkes,[244] escreve:

> O ponto mais impressionante, no álbum do Sr. Parkes, é a enorme variedade de figuras ali existentes. O segundo ponto talvez seja o caráter diferente da maioria dessas figuras e sua total dessemelhança com os fantasmas convencionais. Em cento e dez retratos que tenho diante dos olhos, tirados, com alguns intervalos, de abril de 1872 até à presente data, não há dois parecidos — raramente se vê qualquer tipo de semelhança entre eles. Cada figura tem seu aspecto particular, apresentando no rosto as marcas da própria individualidade.

Inúmeras dessas fotografias, segundo Stainton Moses, foram reconhecidas pelos assistentes.

O francês M. Ed. Buguet, fotógrafo de Espíritos, visitou Londres em junho de 1874, recebendo pessoas de renome em seu estúdio, na Baker Street, 33. O Sr. Harrison, editor do *The Spiritualist*, fala a respeito de um teste, empregado pelo fotógrafo, que consistia em cortar um canto da chapa e ajustar o pedaço cortado ao negativo após a revelação. O Sr. Stainton Moses descreve Buguet como um homem magro, alto, sério, de feições marcantes e farta cabeleira negra. Durante a exposição da chapa, ao que se diz, entrava em transe parcial. Os resultados psíquicos por ele obtidos eram de qualidade artística e nitidez bem mais acentuada que os alcançados por outros médiuns. Além disso, foi possível reconhecer grande porcentagem de imagens de Espíritos.

---

[244] Nota do autor: *Human Nature*, 1875, p. 152.

Uma curiosa característica de Buguet era que ele conseguia tirar inúmeros retratos de *duplos* não só dos assistentes como de outras pessoas que não estavam no estúdio. Assim, Stainton Moses, enquanto permanecia em estado de transe em Londres, teve sua imagem refletida numa chapa em Paris, quando o Sr. Gledstanes se prestava à experiência.[245]

Em abril de 1875, Buguet foi preso e processado pelo governo francês, sob a acusação de obter fotografias de Espíritos mediante fraude. Pensando em livrar-se, confessou a culpa, mas foi condenado a um ano de prisão e a pagar a multa de 500 francos. Durante o processo, homens bastante conhecidos do público se disseram convictos da legitimidade dos *extras* que tinham obtido, a despeito de constar nos autos que o médium se utilizava de cúmplices para interpretar os fantasmas. O certo, porém, é que a confissão de Buguet não corresponde inteiramente à verdade. Os interessados em ler o relato completo de sua prisão e de seu processo[246] estarão aptos a tirar suas próprias conclusões. O Sr. Stainton Moses afirmou, depois do julgamento: "Não apenas creio, mas tenho a certeza — assim como estou certo de outras coisas — de que algumas das fotografias de Buguet eram autênticas".

Coates diz que o médium era uma pessoa sem valor moral. Com efeito, alguém que, para provar que é inocente, admite ter feito uma confissão de fraude por medo, demonstra a própria fraqueza. Sem dúvida, sua conduta tornou menos convincente o caso das fotografias psíquicas. A referida confissão foi feita no decorrer da ação criminal movida pelo arcebispo da Igreja Católica de Toulouse contra a *Revue Spirite*, ação esta que teve por resultado a condenação de Leymarie, editor da revista. Foi dito a Buguet que sua única alternativa era confessar. Assim pressionado, fez ele o que tantas vítimas da Inquisição fizeram antes: uma confissão forçada, a qual, entretanto, não o isentou de cumprir doze meses de prisão.

Richard Boursnell (1832-1909) marcou sua presença na história da fotografia de Espíritos. Formava parceria com um fotógrafo profissional da Fleet Street e, já em 1851, parece ter obtido imagens psíquicas de mãos e rostos. Seu parceiro acusava-o de não limpar convenientemente as chapas (era a época do processo coloidal) e, certa feita, após acerba

---

[245] Nota do autor: *Human Nature*, vol. IX, p. 97.
[246] Nota do autor: *The Spiritualist*, vol. VI, VII (1875) e *Human Nature*, vol. IX, p. 334.

discussão, Boursnell disse que não mais participaria do negócio. Só aproximadamente vinte anos mais tarde essas formas reapareceram, para seu aborrecimento, porque isso implicava a necessidade de destruição de muitas chapas, com prejuízo para os negócios. Depois de longo trabalho de persuasão, o Sr. M. W.T Stead conseguiu realizar sessões com Boursnell, que aceitou submeter-se às condições estabelecidas pelo investigador. Foi assim que Stead obteve repetidamente o que o velho fotógrafo chamou de *retratos de sombras*. A princípio as figuras não eram reconhecidas; mais tarde, porém, diversas delas foram identificadas. O Sr. Stead descreve, com minúcias, as precauções tomadas no preparo das chapas, e outras tantas, mas ressalta a pouca importância que dá a tudo isso, considerando que a reconhecida semelhança da figura com um parente de um assistente desconhecido do médium é teste do qual nenhum mágico experiente ou fotógrafo embusteiro poderiam escapar. Assim, afirma:

> Muitas vezes enviei amigos ao Sr. Boursnell, sem lhe dar informação alguma a respeito da identidade deles ou dos parentes e amigos falecidos, cujos retratos desejavam obter e, quando os negativos eram revelados, a imagem desses parentes e amigos mortos costumava aparecer atrás e algumas vezes à frente dos respectivos interessados. Isso ocorria com tanta frequência que estou inteiramente convencido da impossibilidade de fraude. Certa feita, um editor francês, ao identificar, logo após a revelação do negativo, o retrato de sua falecida esposa, ficou tão transportado de júbilo que insistiu em beijar o Sr. Boursnell, deixando o velho fotógrafo muito embaraçado. Em outra ocasião, um engenheiro de Lancashire, também fotógrafo, após marcar as chapas e tomar todas as precauções possíveis, obteve retratos de dois parentes seus, além da fotografia de certa personalidade eminente com a qual mantivera estreitas relações de amizade. Ainda, de outra vez, uma pessoa que morava na vizinhança, mas fora inteiramente incógnita ao estúdio, obteve o retrato da filha morta.

Em 1903, os espiritualistas de Londres presentearam o Sr. Boursnell com uma bolsa de ouro e um certificado contendo mais de cem assinaturas de representantes do Espiritualismo. Nessa ocasião, trezentas fotografias de Espíritos, selecionadas entre as obtidas por Boursnell, foram expostas nas paredes das salas da Sociedade de Psicologia,[247] na George Street, Portman Square.

A propósito da opinião do Sr. Stead de que há, nessas fotografias, "reconhecida semelhança", os críticos declaram que a referida semelhança é com frequência imaginada pelos assistentes e, por vezes, mais de um identifica o mesmo *extra* como parente seu. Em resposta, pode ser dito não haver melhor juiz do que o Dr. Alfred Russel Wallace, por exemplo, para decidir se uma fotografia é ou não a de sua mãe falecida. O Dr. Cushman — a respeito do qual mais tarde falaremos — submeteu o *retrato* da filha Agnes a certo número de parentes e amigos, e todos se disseram convencidos. Ainda que não se tenha certeza sempre da pretendida semelhança, existe prova esmagadora não só da realidade desses retratos supranormais, como também de que, em milhares de casos, foram eles reconhecidos.

O Sr. Edward Wyllie, que viveu de 1848 a 1911, tinha faculdades mediúnicas autênticas, examinadas que foram por competentes investigadores. Nascido em Calcutá, ao tempo que seu pai era secretário militar do governador da Índia, Willie serviu como capitão na guerra de Maori, em Nova Zelândia, onde, posteriormente, iniciou seu trabalho de fotógrafo. Indo para a Califórnia, em 1886, viu, depois de certo tempo, que pontos luminosos começaram a aparecer nos negativos e, como eles aumentassem, sentiu seu negócio ameaçado de destruição. Nunca tinha ouvido falar das fotografias de Espíritos até que certa senhora lhe sugeriu o fato como possível explicação. Ao fazer experiências, tendo-a como assistente, rostos luminosos apareceram nas chapas, no lugar dos referidos pontos. Daí por diante, com outros assistentes, surgiram tantos rostos que ele foi compelido a deixar seu trabalho habitual e dedicar-se às fotografias de Espíritos. Encontrou então novo obstáculo: foi acusado de fraude. Sentiu-se tão magoado com essa acusação que tentou ganhar a vida de outra maneira. Não sendo bem sucedido, teve que voltar ao trabalho de médium fotógrafo, como era chamado. Em 27 de novembro de 1900, a Comissão da Sociedade de Pesquisas Psíquicas de Pasadena realizou, em Los Angeles,

---

[247] N.T.: Psychological Society.

uma investigação sobre ele. Por ser de interesse histórico, transcrevemos as seguintes perguntas feitas a Willie, e suas respectivas respostas:

> P. O senhor anuncia ou promete a seus assistentes fotografar rostos de Espíritos ou algo fora do comum?
> R. De forma alguma. Nada garanto ou prometo. Não tenho controle sobre o que ocorre. Simplesmente cobro pelo meu tempo e o material usado, como pode ser visto no quadro pregado na parede. Cobro um dólar por sessão. Se a primeira não for satisfatória, faço uma segunda tentativa, sem acréscimo de valor.
> P. Por vezes deixa de obter um *extra*?
> R. Oh! sim, frequentemente. Sábado passado, por exemplo, trabalhei toda a tarde, fiz cinco sessões e nada obtive.
> P. Em que proporção essas falhas se apresentam?
> R. Posso dizer que, num dia comum de trabalho, a média é de três a quatro falhas, alguns dias mais, outros menos.
> P. Em que percentual o senhor avalia que esses rostos extras são reconhecidos pelos assistentes ou seus amigos?
> R. Durante vários meses do ano passado, fiz registro desse ponto, verificando que, em cerca de dois terços das sessões, um ou mais rostos eram reconhecidos. Às vezes aparecia apenas um rosto extra; outras vezes cinco ou seis, ou mesmo oito, e eu não podia contá-los, mas apenas registrar o número total de sessões, como se pode ver em meu livro de notas.
> P. Quando a sessão se realiza, o senhor sabe, como médium, se haverá algum *extra* na chapa?
> R. Há ocasiões em que vejo luzes em volta do assistente e, então, tenho a certeza de que algo sucederá, mas o que será exatamente eu sei tanto quanto os senhores poderiam saber. Nada sei, portanto, até que o negativo seja revelado e examinado sob a luz.
> P. Quando um assistente deseja fortemente que um amigo desencarnado em particular apareça na chapa, é mais provável que obtenha esse resultado?
> R. Não. O forte estado de tensão mental ou emocional, provocado pelo desejo, pela ansiedade ou pelo antagonismo, enfraquece

a força magnética do Espírito, que, assim, encontra grande dificuldade em usar o magnetismo dos assistentes para a produção das manifestações. Dessa forma, é menos provável que alguma imagem extra apareça na chapa. Uma atitude de repouso, descontraída, passiva é a mais favorável à obtenção de bons resultados.
P. Os espiritualistas alcançam maior êxito do que os descrentes?
R. Não, obtive alguns de meus melhores resultados quando os críticos mais radicais ocupavam a cadeira.
Com essa comissão nenhum *extra* foi obtido. Anteriormente, em 1899, outra comissão, composta de sete pessoas, submetendo o médium a testes rigorosos, verificou que quatro chapas em oito "mostraram resultados inexplicáveis". Depois de uma descrição minuciosa das precauções tomadas, ela conclui seu relatório nestes termos: "Como grupo constituído, não temos teoria alguma, apenas testemunhamos o de que 'temos conhecimento'. Individualmente, discordamos sobre as prováveis causas, mas estamos todos de pleno acordo em relação aos fatos. Daremos vinte e cinco dólares a qualquer fotógrafo de Los Angeles que, mediante habilidade ou truque, seja capaz de produzir, em condições semelhantes, os mesmos resultados".

(Assinado: Julian McCrae, P. C. Campbell, J. W. Mackie, W. N. Slocum, John Henley.)

David Duguid (1832-1907), o conhecidíssimo médium de escrita automática e pintura, teve suas fotografias de Espíritos cuidadosamente investigadas pelo Sr. J. Traill Taylor, editor do *British Journal of Photography*. Em documento lido, em 9 de março de 1893, diante da *London and Provincial Photographic Association*, o referido editor descreveu as pesquisas realizadas com o médium, nos termos seguintes:

> As condições por mim estabelecidas eram extremamente simples: partiria do princípio de que todos eram trapaceiros, de modo que, para prevenir a fraude, usaria não apenas minha própria câmera como também chapas retiradas de pacotes fechados, adquiridos

de negociantes idôneos; ser-me-ia permitido reter as chapas em minhas mãos até serem reveladas, a menos que resolvesse de modo diverso; assim como eu os tratava com suspeição, eles me tratariam de igual forma, devendo meus atos ser presenciados por duas testemunhas; mais ainda: poria um dispositivo na minha própria câmera, para efeito de obter uma duplicata com o mesmo foco — em outras palavras: usaria uma câmera estereoscópica e estabeleceria todas as condições da operação.

Após explicar minuciosamente o procedimento adotado, registra o aparecimento de figuras extras nas chapas e prossegue:

> Algumas imagens estavam bem focadas, outras não; algumas eram iluminadas pela direita, enquanto os assistentes recebiam a luz pela esquerda; outras ocupavam a maior parte da chapa, quase cobrindo os assistentes; outras ainda — lembrando figuras de horríveis vinhetas, ou cortes de fotografia, em forma oval, feitos por um abridor de latas e pregados de forma grosseira — surgiam por trás dos assistentes. Mas eis o ponto da questão: esses *extras*, que se mostravam de maneira tão nítida no negativo, não eram, de modo algum, visíveis para mim durante o tempo de exposição da câmera, e declaro mesmo, com toda veemência, que ninguém teve oportunidade de manipular qualquer chapa antes que fosse colocada no diapositivo, ou revelada. Do ponto de vista fotográfico, essas imagens eram de baixa qualidade, mas como apareceram?

Outros assistentes muito conhecidos descreveram fenômenos notáveis ocorridos com Duguid.[248]

O Sr. Stainton Moses, na conclusão de seu valioso trabalho sobre a fotografia de Espíritos,[249] discute a teoria de que as formas extras surgidas nas fotografias são moldadas pelo ectoplasma (denominado por

---

[248] Nota do autor: COATES, James, *Photographing the Invisible* (1921); GLENDINNING, Andrew, *The Veil Lifted* (1894).
[249] Nota do autor: *Human Nature*, vols. VIII e IX, 1874-1875.

ele *substância fluídica*) sob a ação dos operadores invisíveis, fazendo ainda importantes comparações entre os resultados obtidos por diferentes médiuns fotógrafos.

Trataremos rapidamente das "valiosas e conclusivas experiências" do Sr. John Beattie, segundo a expressão do Dr. Alfred Russel Wallace. O Sr. Beattie, de Clifton, Boston, fotógrafo aposentado, com vinte anos de experiência, tinha muitas dúvidas sobre a legitimidade das fotografias de Espíritos que lhe eram mostradas, decidindo ele próprio investigar o assunto. Sem nenhum médium profissional, mas em presença de um amigo íntimo — médium — ele, juntamente com o Dr. G. S. Thompson, de Edimburgo, também seu amigo, realizou uma série de experiências (1872), obtendo nas chapas, primeiramente, manchas luminosas e, mais adiante, figuras extras completas. Verificou que tanto as figuras extras como as manchas apareciam na chapa, durante a revelação, muito antes da imagem do assistente, peculiaridade observada com frequência por outros operadores. A honestidade do Sr. Beattie é atestada pelo editor do *British Journal of Photography*. O Sr. Stainton Moses[250] e outros forneceram pormenores dessas experiências.

Em 1908, o *Daily Mail*, de Londres, nomeou comissão para "investigar a autenticidade das chamadas fotografias de Espíritos", mas ela não chegou a resultado algum. Era composta de três não espiritualistas: Srs. R. Child Bayley, F. J. Mortimer e E. Sanger-Shepherd, e de três defensores da fotografia de Espíritos: Srs. A. P. Sinnett, E. R. Serocold Skeels e Robert King. Estes últimos afirmaram, em seu relatório, que

> apenas poderiam dizer que a Comissão falhou na obtenção de provas da fotografia de Espíritos não porque elas não existam em abundância, mas pela inépcia de alguns de seus integrantes, sem experiência no trato do assunto.

Pormenores sobre os trabalhos da Comissão podem ser encontrados no *Light*.[251]

---

[250] Nota do autor: *Human Nature*, vol. VIII (1874), p. 390 et seq.
[251] Nota do autor: 1908, p. 526 e 1909, p. 290, 307, 329.

CAP 19 | FOTOGRAFIA DE ESPÍRITOS

Nos últimos anos, a história da fotografia de Espíritos ficou circunscrita ao chamado *Círculo Crewe*, atualmente formado pelo Sr. William Hope e a Sra. Buxton, ambos de Crewe. O grupo foi constituído por volta de 1905, mas não despertou atenção até ser descoberto pelo arcediago Colley, em 1908. O Sr. Hope, descrevendo suas primeiras experiências, diz que, quando trabalhava numa fábrica perto de Manchester, tirou, num sábado à tarde, a fotografia de um operário, seu colega, em frente a um muro de tijolos. Ao ser a chapa revelada, viu, além do retrato do amigo, a figura de uma mulher, em pé ao lado dele e, através dela, o muro de tijolos. O homem perguntou a Hope como ele conseguira introduzir aquela imagem na foto, pois era o retrato de sua irmã, falecida havia alguns anos. Afirma o Sr. Hope:

> Nessa época, eu nada sabia a respeito do Espiritualismo. Levamos a fotografia para os trabalhadores, na segunda-feira e um deles — espiritualista — disse tratar-se da denominada fotografia de Espíritos. Sugeriu, então, fizéssemos nova tentativa no sábado seguinte, no mesmo lugar e usando a mesma câmera. Assim fizemos e não somente a referida senhora apareceu outra vez na chapa, mas também uma criancinha com ela. Tudo isso me era muito estranho, fiquei interessado e continuei as experiências.

Hope, entretanto, tinha por hábito destruir todos os negativos onde apareciam figuras de Espíritos, até que, muito tempo depois, o arcediago Colley, travando conhecimento com ele, aconselhou-o a preservá-los.

Colley realizou sua primeira sessão com o Círculo Crewe em 16 de março de 1908. Trouxe a própria câmera (uma Lancaster de ¼ de chapa, usada ainda hoje pelo Sr. Hope), suas chapas de diamante, seus caixilhos, e fez a revelação das chapas usando seus produtos químicos. O único ato do Sr. Hope foi apertar o bulbo para a exposição. Numa das chapas surgiram dois Espíritos.

Desde esse dia, o Sr. Hope e a Sra. Buxton obtiveram milhares de fotografias de Espíritos, debaixo de todos os testes que se poderiam imaginar, e orgulham-se de poder dizer que jamais cobraram um só centavo por seu trabalho profissional, apenas se ressarcindo do custo do material fotográfico e do tempo expendido.

O Sr. M. J. Vearncombe, fotógrafo profissional em Bridgwater, Somerset, teve a mesma perturbadora experiência que Wyllie, Boursnell e outros, ao encontrar incontáveis manchas luminosas em suas chapas, chegando a tirar, de igual modo, fotografias de Espíritos. Em 1920, o conhecido investigador, Sr. Fred Barlow, de Birmingham, obteve com esse médium, sob condições de teste e em chapas que não foram expostas na câmera, *extras* de rostos e mensagens escritas.[252] Desde então, o Sr. Vearncombe obteve muitos resultados probantes.

A mediunidade da Sra. Deane irrompeu recentemente, sendo sua primeira fotografia de Espírito tirada em junho de 1920. Ela obteve, sob condições de teste, muitos *extras* reconhecidos. Seu trabalho é, por vezes, igual aos melhores de seus antecessores no ramo. Há pouco tempo alcançou dois excelentes resultados. O Dr. Allerton Cushman, cientista americano muito conhecido e diretor dos Laboratórios Nacionais, em Washington, fez inesperada visita ao Colégio Britânico de Ciência Psíquica,[253] no Holland Park, em julho de 1921. Nessa ocasião, obteve, por meio da médium, um belo *extra*, em que reconheceu a filha falecida. Descrição minuciosa da sessão encontra-se, ilustrada com fotografias, nos registros do *Journal of the American Society for Psychical Research*.[254] O outro resultado deu-se no dia 11 de novembro de 1922, por ocasião do *Grande Silêncio*, no Dia do Armistício, em Whitehall, quando, em uma fotografia da grande multidão aglomerada nas vizinhanças do cenotáfio,[255] distinguem-se muitos rostos de Espíritos, alguns dos quais foram reconhecidos. Esse fenômeno repetiu-se durante três anos consecutivos.

As pesquisas modernas provaram que esses resultados psíquicos, pelo menos em alguns casos, não são obtidos através das lentes da câmera. Em muitas ocasiões, sob condições de teste, esses retratos supranormais têm sido conseguidos em caixas fechadas de chapas fotográficas, mantidas

---

[252] Nota do autor: ver *Light*, 1920, p. 190.
[253] N.T.: British College of Psychic Science.
[254] Nota do autor: mar. 1922, p. 132-147.
[255] N.T.: "Monumento fúnebre erigido em memória de alguém, mas que não lhe encerra o corpo" (*Novo dicionário Aurélio da língua portuguesa*).

nas mãos de um ou mais assistentes. Assim também, quando são usadas duas câmeras na experiência, apenas uma delas capta o aparecimento do *extra*. A teoria explicativa do fato é que a imagem se precipita na chapa fotográfica ou que a esta se aplica uma tela psíquica.

O autor talvez possa dizer algumas palavras acerca de sua experiência pessoal, principalmente relacionada com o *Círculo Crewe* e a Sra. Deane. No que diz respeito a esta, houve sempre resultados, mas em nenhum caso os *extras* foram reconhecidos. O autor está perfeitamente ciente da força psíquica da Sra. Deane, demonstrada de maneira notável durante a longa série de experiências realizadas pelo Sr. Warrick, debaixo de todas as condições possíveis de teste. Essas experiências estão descritas de forma circunstanciada no *Psychic Science*.[256] Sua experiência pessoal, entretanto, nunca lhe deu uma prova convincente e, se ele se fundamentasse somente nela, não poderia falar com segurança. Como usou as próprias chapas da Sra. Deane, ele tem a forte impressão de que os rostos podem ter sido precipitados sobre elas durante os dias de preparação, quando a própria médium se incumbiu de carregar os pacotes. A Sra. Deane entende que facilita os resultados operando dessa forma, mas provavelmente esteja errada, pois, no caso Cushman, por exemplo, o efeito foi inesperado. Pode-se também registrar que ela foi alvo de um estratagema no Psychic College: seu pacote de chapas foi substituído por outro. Apesar disso, os *extras* apareceram. Seria, assim, mais prudente se ela abandonasse métodos que tornam seus legítimos resultados tão vulneráveis aos ataques.[257]

Com o Sr. Hope, porém, o caso é diferente. Nas várias ocasiões em que o experimentou, o autor trouxe suas próprias chapas, marcou-as na sala escura, manipulou-as e fez, ele próprio, a respectiva revelação. Em quase todos os casos, surgiu um *extra*. Ainda que não tenha havido, até agora, claro reconhecimento desses *extras*, o processo de sua produção foi, decerto, fora do normal. O Sr. Hope suportou os habituais ataques da ignorância e da malícia a que todos os médiuns são expostos, mas saiu deles sem mácula em sua honra.

---

[256] Nota do autor: jul. 1925.
[257] Nota do autor: desde que escreveu estes comentários, o autor testou a médium com suas próprias chapas, marcando-as e revelando-as ele mesmo. Obteve seis resultados psíquicos em oito experimentos.

Referência deve ser feita ainda aos notáveis resultados produzidos pelo Sr. Staveley Bulford, talentoso estudioso de psiquismo, o qual obteve excelentes fotografias psíquicas. Ninguém consegue ver seu álbum de recortes e observar o gradual desenvolvimento de suas faculdades, desde as grandes manchas luminosas até os rostos perfeitos, sem ficar convencido da realidade do processo.

O assunto é ainda obscuro e toda a experiência pessoal do autor leva-o a defender a opinião de que, em certo número de casos, nada é construído externamente: o efeito é produzido por uma espécie de raio, que, carregando a imagem, penetra os sólidos — como a parede do caixilho — e a imprime na placa. A experiência, antes citada, em que duas câmeras foram usadas simultaneamente, com o médium posicionado entre elas, parece conclusiva, pois o aparecimento do *extra* se deu em apenas uma das chapas. Os resultados já conseguidos pelo autor em chapas que nunca saíram do caixilho são de igual qualidade aos que obteve naquelas que foram expostas à luz. Se Hope jamais houvesse tirado a tampa da objetiva, provavelmente o efeito teria sido o mesmo.

Seja qual for a eventual explicação, a única hipótese que atualmente abrange os fatos é a de um ser inteligente, invisível e sábio, presidindo a experiência, o qual, trabalhando a sua própria maneira, mostra diferentes resultados em grupos distintos. Tão padronizados são os métodos de cada um desses fotógrafos que o autor poderia dizer, num relance, qual deles teria tirado a fotografia sob sua vista. Supondo esse ser inteligente com os poderes que se lhe atribuem, logo entendemos por que as leis comuns de fotografia são infringidas, por que sombra e luz se tornam incompatíveis e por que, em resumo, o crítico convencional se vê às voltas com tantas armadilhas. Podemos compreender também, considerando a hipótese de o ser inteligente construir a figura e lançá-la na chapa, por que encontramos resultados que são reproduções de velhas pinturas ou fotografias, e por que é possível aparecer na chapa tanto o rosto de um homem vivo como o de um Espírito desencarnado. Num exemplo, citado pelo Dr. Henslow, raro manuscrito grego do Museu Britânico apareceu em uma das chapas de Hope, com ligeira alteração linguística, mostrando que não se tratava simplesmente de uma cópia.[258] Ao que

---

[258] Nota do autor: HENSLOW, George. *Proofs of the Truths of Spiritualism*, p. 218.

parece, o comunicante invisível observou a inscrição e a reproduziu na chapa, mas algum lapso de memória prejudicou a transferência. Essa explicação tem o desconcertante corolário de que o mero fato de se ter a fotografia psíquica de um amigo falecido não constitui prova da presença desse amigo. Somente quando essa presença é atestada, de forma independente, numa sessão anterior ou posterior, é que se pode ter algo semelhante a uma prova.

Nas experiências com Hope, ao que tudo indica, o autor conseguiu captar o processo de produção dessas fotografias. Tanto é assim que lhe foi possível organizar uma série de *slides* mostrando os vários estágios do processo. O primeiro *slide* — tirado com o Sr. William Jeffrey, de Glasgow, na qualidade de assistente — mostra uma espécie de casulo de veios finos: material nevoento e compacto, que poderíamos chamar de *ectoplasma*. É tênue como uma grande bolha de sabão e nada contém. Parece ser o envoltório dentro do qual o processo se desenvolve, reunindo forças, como se fosse a cabine do médium. No *slide* seguinte, vê-se que um rosto se formou dentro do casulo e que este se abre na parte central. Podem ser observadas as várias fases dessa abertura. Finalmente surge o rosto do lado de fora do casulo, o qual lhe fica por trás, formando uma grinalda sobre ele, e um véu, que lhe cai de ambos os lados. Esse véu é bem característico das fotografias de Hope, tanto que, à sua falta, podemos afirmar não ter havido presença objetiva, mas puro efeito mental. Véus e mantilhas, de formas diversificadas, podem ser identificados em todo o histórico das fotografias de Espíritos, sendo especialmente observáveis em uma foto de amador, tirada na costa ocidental africana, na qual se veem densas dobras desse material sobre a cabeça do Espírito de um negro, e no chão. Quando efeitos semelhantes são obtidos em Crewe e Lagos, é simples questão de bom senso concordar que se trata de uma lei comum.

Ao referir-se à evidência do casulo psíquico, espera o autor dar pequena contribuição para melhor entendimento da fotografia de Espíritos — autêntico ramo da ciência psíquica, como bem o sabe todo investigador sério, embora não possamos negar tenha sido usado, por vezes, como instrumento de embusteiros. De toda forma, os autênticos resultados obtidos por alguns médiuns não devem servir de justificativa para aceitarmos, sem verificação, tudo quanto nos possa chegar ao conhecimento, a respeito do assunto.

CAPÍTULO 20

Voz direta e moldagens

É impossível dedicar capítulos específicos a cada tipo de faculdade psíquica sem transcender os limites desta obra, mas os fenômenos de produção de voz e de moldagens são tão claros e evidentes que descrição mais ampla dos mesmos não será supérflua.

Milhares de pessoas podem repetir as palavras de Jó — "E eu ouvi uma voz" —, referindo-se à voz de alguém que não vive Terra. E elas podem dizê-lo com plena convicção, pois verificaram o fato por uma série de exaustivos testes. A narrativa bíblica é abundante em exemplos desse fenômeno,[259] e os registros modernos mostram que, em relação a ele e a outras manifestações supranormais, o ocorrido na aurora do mundo acontece ainda.

Exemplos históricos de mensagens de voz são os de Sócrates e Joana d'Arc, embora não fique claro, em ambos os casos, se as vozes por eles ouvidas também o eram por outras pessoas. Só à luz dos conhecimentos mais amplos agora adquiridos somos capazes de concluir, com alguma probabilidade de acerto, que aquelas vozes tinham a mesma característica supranormal das que hoje conhecemos.

O Sr. F. W. H. Myers[260] faz-nos pensar ter sido o *demônio* de Sócrates "o profundo extrato do próprio sábio" comunicando-se com seu

---

[259] Nota do autor: ver *The Voices*, de Usborne Moore (1913), p. 433.
[260] Nota do autor: *S. P. R. Journal*, vol. III (1887), p. 131.

"extrato superficial ou consciente". Dizendo isso, contudo, ele não está explicando coisa alguma.

Que devemos pensar dos relatos de antigas estátuas falando? O ilustrado autor anônimo do curioso livro *Apocatastasis ou progresso regressivo*[261] (provavelmente o Dr. Leonard Marsh, da Universidade de Vermont) cita as seguintes palavras de Nonnus:

> Sobre esta estátua [de Apolo], o lugar onde se encontrava e o modo como falava — eu nada disse. Note-se, entretanto, ter existido uma estátua em Delfos que emitia voz inarticulada. Deveis saber que os Espíritos falam com vozes inarticuladas porque eles não têm órgãos que lhes permitam falar articuladamente.

Comentando o assunto, diz o Dr. Marsh:

> O autor parece não ter sido bem informado a respeito do poder de expressão dos Espíritos por meio da fala, pois a história antiga está cheia de referências acerca das vozes que eram frequentemente ouvidas no ar, mediante sons articulados, repetindo as mesmas palavras em diferentes lugares, fenômeno mundialmente conhecido pelo nome de *vox divina*.

Prossegue em seu comentário dizendo que, com a mencionada estátua, o Espírito estava evidentemente experimentando o grosseiro material de que ela era constituída — provavelmente a pedra — com o intuito de produzir sons articulados. Contudo, não obtinha êxito, porque a estátua não possuía "laringe ou outros órgãos da fala, como possuem os médiuns". Em seu livro, o Dr. Marsh procura demonstrar que, naquela época (1854), os fenômenos espiritualistas eram grosseiros e incipientes, em comparação com as manifestações dos Espíritos na antiguidade. Os antigos — diz ele — falavam desse assunto como de uma ciência, afirmando que os conhecimentos adquiridos por meio dessas manifestações eram certos e confiáveis, "apesar de todos os demônios enganadores".

---

[261] N.T.: *Apocatastasis or Progress Backwards*.

CAP 20 | VOZ DIRETA E MOLDAGENS

Admitindo-se que o sacerdote era um médium de vozes, facilmente se explicam os oráculos falantes.

É digno de nota que a *voz* — uma das primeiras formas de mediunidade, associada ao moderno Espiritualismo — ainda se destaque, enquanto muitos outros aspectos da mediunidade iniciante se tenham tornado raros. Como há certo número de competentes investigadores que colocam os fenômenos das vozes entre os mais convincentes das manifestações psíquicas, lancemos um olhar sobre os registros concernentes ao assunto.

Jonathan Koons — fazendeiro de Ohio — parece ter sido o primeiro médium moderno desse fenômeno. Em sua choupana, antes referida, chamada de *Casa dos Espíritos,* ocorreram, em 1852 e durante alguns anos depois, muitos fenômenos surpreendentes, entre eles as vozes de Espíritos, os quais falavam através de um megafone de estanho ou de uma trombeta. O Sr. Charles Partridge, conhecido homem público e um dos primeiros investigadores do Espiritualismo, declara ter ouvido, em sessão na casa de Koons, no ano de 1815, o Espírito conhecido como John King:

> No encerramento da sessão, o Espírito King, como de hábito, tomou a trombeta e fez, por meio dela, breve palestra, falando clara e distintamente a respeito dos benefícios que adviriam, em tempo oportuno e para toda a eternidade, do intercâmbio com os Espíritos; exortou-nos a ser discretos e firmes no falar, diligentes em nossas investigações, fiéis às responsabilidades que o privilégio desse conhecimento impõe, caridosos em relação àqueles ainda na ignorância ou no erro, temperando o zelo com a sabedoria, etc.

O professor Mapes, conhecidíssimo químico americano, declarou que, na presença dos Davenports, conversou por meia hora com John King, cuja voz era alta e distinta. O Sr. Robert Cooper, um dos biógrafos dos Irmãos Davenport, ouvia frequentemente a voz de King não só à luz do dia como também ao luar, quando caminhava com os médiuns pelas ruas.

Atualmente, já podemos formar uma ideia a respeito do processo de produção dessas vozes nas sessões. Aliás, esse conhecimento tem sido ratificado pelas comunicações recebidas dos próprios Espíritos.

Parece que o ectoplasma, cuja origem principal é o médium (embora, em menor proporção, também provenha dos assistentes), é empregado pelos Espíritos para modelar algo semelhante à laringe humana, a fim de lhes ser possível a produção da voz.

Na explicação dada a Koons pelos Espíritos, eles falaram que combinavam elementos do corpo espiritual com "uma aura física emanada do médium" (nosso moderno ectoplasma). Compare-se essa explicação com a de um Espírito, dada à conhecida médium de vozes Sra. Bassett, inglesa, quando ela possuía 70 anos de idade:

> Eles dizem que tiram as emanações do médium e de outros membros do grupo, fazendo, com este material, um instrumento que lhes possibilita falar.[262]

A Sra. Mary Marshall (falecida em 1875) — primeiro médium profissional, inglês — era o canal da voz de John King e de outros. Em Londres, no ano de 1869, o Sr. W. H. Harrison, editor do *The Spiritualist*, realizou exaustivos testes com ela. Levando-se em conta o fato de serem os primeiros espiritualistas considerados pessoas facilmente impressionáveis, é interessante assinalar sua cuidadosa investigação. Diz ele, em se referindo à Sra. Mary Marshall:

> Mesas e cadeiras moviam-se à luz do dia e, por vezes, elevavam-se do chão, ao passo que, nas sessões em obscuridade, ouviam-se vozes e viam-se manifestações luminosas; tudo isso parecendo provir dos Espíritos. Foi então que resolvi visitar assiduamente essas sessões e pôr-me ao trabalho até me convencer da autenticidade do que me era apresentado, ou descobrir a impostura com segurança e precisão suficientes para denunciá-la. Se este fosse o caso, era minha intenção reunir testemunhos da fraude, publicando os fatos, com desenhos minuciosos dos mecanismos usados. A voz que se denominava John King era acionada por uma inteligência que apresentava características inteiramente diferentes das do

---

[262] Nota do autor: *The Spiritual Magazine*, 1872, p. 45.

Sr. Marshall e sua esposa. Conquanto tivesse admitido, primeiramente, que o Sr. Marshall fosse o produtor dessa voz, ao participar de algumas sessões notei que este último e John King falavam, de hábito, ao mesmo tempo, circunstância que deitou por terra minha teoria. Posteriormente, pensei que a produtora da voz era a Sra. Marshall; mas, numa noite, sentei-me a seu lado: ela estava a minha direita e eu lhe segurava a mão e o braço, quando John King veio e falou junto de meu ouvido esquerdo. Durante todo esse tempo a Sra. Marshall permaneceu imóvel. Assim, diluiu-se minha segunda teoria. Mais adiante, presumi a existência de um cúmplice entre os visitantes do grupo, o qual estaria incumbido de fazer a voz de John King. À vista disso, realizei uma sessão apenas com o Sr. Marshall e sua senhora: John King compareceu e falou durante uma hora. Por último, imaginei existir um parceiro, escondido, produzindo a voz. Resolvi, então, fazer duas sessões com a Sra. Marshall num grupo de pessoas inteiramente desconhecidas dela, numa casa também estranha, e novamente John King apresentou-se mais vivo que nunca. Finalmente, na noite de quinta-feira, dia 30 de dezembro de 1869, John King veio e falou para onze pessoas, no grupo da Sra. C. Berry, na ausência do Sr. Marshall e esposa, sendo médium a Sra. Perrin.[263]

Conquanto o Sr. Harrison se tenha dado por convencido de que nenhum ser humano presente às sessões produzia as vozes, não faz menção (deveria fazê-lo) ao fato de que essas vozes frequentemente davam tais provas de identidade que nem o médium nem um eventual cúmplice poderiam ter fornecido.

O conhecidíssimo investigador Signor Damiani, em depoimento à Sociedade Dialética de Londres, declarou[264] que as vozes com as quais conversara, servindo-se de médiuns não remunerados, posteriormente lhe vieram falar nas sessões da Sra. Marshall, apresentando "as mesmas peculiaridades de tom, expressão, nível de agudeza, volume e pronúncia".

---

[263] Nota do autor: *The Spiritualist*, vol. I, p. 38.
[264] Nota do autor: Relatório da Sociedade Dialética de Londres (1871), p. 201.

Essas vozes trataram de assuntos de natureza particular, os quais ninguém, exceto ele próprio, poderia conhecer. Por vezes também predisseram eventos, que se confirmaram.

É natural que todos os que presenciaram, pela primeira vez, os fenômenos de vozes tenham admitido a ventriloquia como explicação plausível. D. D. Home, com o qual essas vozes ocorriam frequentemente, tomava os devidos cuidados para evitar semelhante objeção. Descrevendo a sessão realizada com Home, quando este o visitou em Cupar, Fife, no ano de 1879, afirma o general Boldero:[265]

> Assim, as vozes foram ouvidas na sala, falando ao mesmo tempo: julgando-se pela entonação, pareciam duas pessoas diferentes. Não pudemos compreender as palavras proferidas, pois o Sr. Home insistia em falar conosco todo o tempo. Censuramo-lo por isso e ele respondeu: "Falo, propositadamente, para que vocês se convençam do fato de não serem as vozes fruto de ventriloquia de minha parte. Tal seria impossível, quando alguém está falando com sua voz natural". A voz de Home distinguia-se das outras vozes ouvidas na sala.

O autor pode confirmar o fato, por experiência pessoal, pois, repetidas vezes, ouviu vozes falando simultaneamente. Há exemplos disso no capítulo sobre os grandes médiuns modernos.

O almirante Usborne Moore declara que ouviu, juntamente com a Sra. Wriedt, de Detroit, as vozes de três e mesmo quatro Espíritos ao mesmo tempo. Em seu livro *As vozes*,[266] de 1913, ele cita a famosa escritora Srta. Edith K. Harper (anterior secretária particular do Sr. W. T. Stead), que dá o seguinte testemunho:

> Examinei o registro das sessões realizadas pela Sra. Etta Wriedt (cerca de duzentas) durante suas três visitas à Inglaterra. Posso afirmar que tão somente as notas das sessões gerais bastariam para encher um grosso volume, se fossem escritas por extenso.

---

[265] Nota do autor: *S. P. R. Journal*, vol. IV, p. 127.
[266] N.T.: *The Voices*.

Tentarei, assim, resumir algumas das experiências mais surpreendentes a que eu e minha mãe tivemos o privilégio de assistir, graças à mediunidade dessa senhora. Examinando minhas notas de sua primeira visita, em 1911, destaco, entre os principais aspectos das sessões, as seguintes particularidades:

A Sra. Wriedt nunca entrava em transe; ao contrário, conversava livremente com os assistentes. Ouvimo-la também conversando com os Espíritos e até discutindo com eles, por discordar de suas opiniões a respeito de determinado assunto. Lembro-me de que, certa vez, o Sr. Stead se contorceu em gargalhadas ouvindo a Sra. Wriedt repreender, subitamente, o finado editor do *Progressive Thinker* por sua atitude em relação aos médiuns, fato que provocou o manifesto embaraço do Sr. Francis [Espírito], o qual, depois de uma tentativa de explicação, derrubou a trombeta e deixou o recinto, aparentando constrangimento.

Dois, três, quatro Espíritos falavam a diversos assistentes ao mesmo tempo.

Mensagens eram dadas em línguas estrangeiras, tais como francês, alemão, italiano, espanhol, norueguês, holandês, árabe, além de outras, desconhecidas da médium. Certa feita, uma voz masculina, expressando-se em norueguês, dirigiu-se a uma senhora norueguesa, bem-conhecida no mundo literário e político, dizendo-se seu irmão, de nome P. Conversando com este, essa senhora deu mostras de intensa alegria pelas provas de identidade que lhe foram apresentadas. De outra vez, uma voz falou em espanhol, dirigindo-se a outra senhora do grupo, a qual nenhum dos assistentes sabia ser conhecedora desse idioma. Seguiu-se, então, fluente diálogo em espanhol entre a referida senhora e o Espírito comunicante, para evidente satisfação deste último.[267]

A notável médium americana Sra. Mary Hollis, posteriormente Sra. Hollis-Billing, visitou a Inglaterra em 1874 e 1880, sendo apresentada à sociedade londrina por representantes do Espiritualismo.

---

[267] Nota do autor: *The Voices*, p. 324-325.

O Dr. N. B. Wolfe faz excelente relato de suas variadas faculdades mediúnicas, no livro *Fatos surpreendentes do moderno Espiritualismo*.[268] A Sra. Hollis era uma dama distinta, cuja mediunidade convenceu e consolou milhares de pessoas. Seus dois Espíritos guias, James Nolan e um índio chamado Ski, falavam livremente por voz direta. Em uma de suas sessões, realizadas na casa da Sra. Makdougall Gregory, em Grosvenor Square, no dia 21 de janeiro de 1880, certo clérigo da Igreja da Inglaterra.[269]

> reatou uma conversa interrompida, sete anos antes, com determinado Espírito. Esse clérigo confessou-se inteiramente convencido em virtude das características da voz que lhe falava. Ela era bastante peculiar e podia ser ouvida distintamente pelos que estavam sentados junto dele, na sala de sessões.

O Sr. Edward C. Randall refere-se à Sra. Emily S. French, outra boa médium americana de voz direta, em seu livro *Os mortos nunca morreram*.[270] Ela faleceu na própria casa, em Rochester, Nova Iorque, em 24 de junho de 1912. O Sr. Randall investigou-lhe as faculdades por vinte anos e convenceu-se do altíssimo nível de sua mediunidade.

A Sra. Mercia M. Swain, médium de voz direta, falecida em 1900, teve suas faculdades utilizadas por um *grupo de socorro,* da Califórnia, para auxiliar almas atrasadas no Além. Uma descrição dessas notáveis sessões, dirigidas pelo Sr. Leander Fisher, de Buffalo, Nova Iorque, por vinte anos (1875 a 1900), encontra-se no livro do almirante Usborne Moore, intitulado *Relances sobre o novo Estado*.[271]

A Sra. Everitt, excelente médium não profissional, obteve vozes diretas na Inglaterra, em 1867 e nos anos seguintes.

A maioria dos grandes médiuns de efeitos físicos — especialmente os de materialização — produziu a voz direta. Isso ocorria, por exemplo, com Eglinton, Spriggs, Husk, Duguid, Herne, a Sra. Guppy e Florence Cook.

---

[268] N.T.: *Startling Facts in Modern Spiritualism*.
[269] Nota do autor: *Spiritual Notes*, vol. I, p. 262, iv.
[270] N.T.: *The Dead Have Never Died*.
[271] N.T.: *Glimpses of the Next State*.

A Sra. Elizabeth Blake, de Ohio, falecida em 1920, foi um dos mais notáveis médiuns de voz direta de que temos notícia e, talvez, o que tenha trazido as mais convincentes provas, porque, em sua presença, as vozes se produziam regularmente, em plena luz do dia. Era ela mulher pobre e iletrada, tendo sido médium desde criança. Vivia na pequena aldeia de Bradrick às margens do rio Ohio, oeste da Virgínia. No outro lado do rio, estava a cidade de Huntingdon. Bastante religiosa, pertencia à Igreja Metodista, da qual, contudo, foi expulsa por causa da mediunidade, como sucedeu a outros médiuns.

Pouco se tem escrito sobre ela: o único relato minucioso a seu respeito é a valiosa monografia do professor Hyslop.[272] Consta que foi repetidamente testada por "cientistas, médicos e outros" e que, de boa vontade, se submetia aos testes. Entretanto, como não foi possível a esses investigadores apurar qualquer tipo de fraude, não se preocuparam eles em apresentar ao mundo os resultados de suas experiências. Hyslop teve a atenção despertada em relação a ela, quando soube que um conhecidíssimo mágico americano, com muitos anos de experiência, tinha ficado convencido da autenticidade de seus dons. Viajou, então, para Ohio, no ano de 1906, para investigar-lhe a mediunidade.

O volumoso relatório do professor Hyslop descreve a ocorrência de comunicações legítimas. Faz ele, porém, esta não rara confissão de ignorância da presença do ectoplasma no processo de produção dos fenômenos de voz direta:

> A altura dos sons, em alguns casos, afasta a suposição de que as vozes sejam transmitidas à trombeta pelas cordas vocais. Ouvi sons a 20 pés de distância (teria condições de ouvi-los a quarenta ou cinquenta) sem que os lábios da Sra. Blake se movessem. Resta estabelecer uma hipótese plausível para explicar o fenômeno. Se falarmos de *Espíritos*, a explicação soa insatisfatória ao homem de ciência. Ele quer saber do processo mecânico envolvido, assim como o identificamos no ato de falar. Pode ser verdadeiro que os Espíritos sejam a causa primeira, no caso, mas há degraus no processo, que mediam

---

[272] Nota do autor: *Proceedings, American S.P.R.*, vol. VII (1913), p 570-788.

entre sua iniciativa e o resultado final. E isso torna o fato mais surpreendente que a própria presença dos Espíritos na produção do fenômeno. O cientista não pode entender como eles teriam condições de executar algo mecânico sem o uso de instrumentos mecânicos.

Em verdade, ninguém o poderia; mas a explicação tem sido dada, repetidas vezes, pelo Outro Lado. Portanto, o desejo do professor Hyslop de conhecer o elo existente entre os sons e sua fonte surpreende, pois os Espíritos têm reiteradamente fornecido respostas a tal questão. Por meio de muitos médiuns deram eles explicações quase idênticas.

O Dr. L. V. Guthrie, superintendente do *West Virginia Asylum*, de Huntingdon, e conselheiro médico da Sra. Blake, tinha convicção a respeito da mediunidade desta. Escreve ele, nestes termos:[273]

> Realizei, com ela, sessões em meu próprio escritório, ao ar livre, no alpendre, assim como, certa feita, numa carruagem em movimento. Repetidamente, permitia-me realizar sessões usando uma chaminé de lâmpada em lugar de uma corneta de estanho; via-a frequentemente produzir vozes enquanto repousava a mão em uma das extremidades da corneta.

O Dr. Guthrie relata os dois seguintes casos em que a informação dada não era conhecida dos assistentes nem poderia sê-lo da médium.

> Uma jovem, minha empregada, cujo irmão se alistara no Exército e partira para as Filipinas, ansiosa por notícias suas, escreveu-lhe muitas vezes, endereçando as cartas aos cuidados de sua Companhia, naquele país, mas não recebia resposta alguma. Recorrendo à Sra. Blake, foi-lhe dito pelo *Espírito* de sua mãe, falecida há vários anos, que, se escrevesse ao irmão, endereçando a carta para C., ela teria uma resposta. Assim o fez, recebendo, em dois ou três dias, uma carta de seu irmão: havia este regressado das Filipinas, sem que ninguém da família o soubesse.

---

[273] Nota do autor: *Proceedings, American S.P.R.*, vol. VII (1913), p. 581.

O próximo caso é ainda mais surpreendente.

> Uma conhecida minha, de importante família nesta região do Estado, cujo avô fora encontrado sem vida, com o crânio esmagado, debaixo de uma grande ponte, visitou a Sra. Blake poucos anos atrás, sem que, naquela ocasião, pensasse em seu avô. Ficou bastante surpresa quando o Espírito daquele se apresenta e diz que não tinha caído da ponte por estar embriagado, como, então, se supunha, mas fora assassinado por dois homens, que, vendo-o quando estava num *buggy*,[274] conseguiram cercá-lo, despojá-lo de seus bens e lançá-lo de cima da ponte. O *Espírito* descreveu minuciosamente os dois assassinos, dando tantas outras informações específicas que foi possível prender e condenar um desses indivíduos (ou, talvez, ambos).

Inúmeros assistentes notavam que, enquanto a Sra. Blake falava, as vozes dos Espíritos eram ouvidas e, mais: estes haviam preservado a própria personalidade e a mesma entonação de voz durante o curso dos anos. Hyslop descreve minuciosamente um caso em que a voz comunicante revela o segredo para abrir o cadeado de um cofre, segredo este desconhecido do assistente.

Entre os modernos médiuns de voz direta da Inglaterra estão o Sr. Roberts Johnson, a Sra. Blanche Cooper, John C. Sloan, William Phoenix, as Srtas. Dunsmore, o médium galês Evan Powell e o Sr. Potter.

O Sr. H. Dennis Bradley fez uma descrição completa da mediunidade de voz direta de George Valiantine, médium americano bastante conhecido. O Sr. Bradley era também capaz de obter vozes em seu próprio grupo doméstico, sem a presença de um médium profissional. É impossível mensurar os benefícios que o trabalho dedicado e de autossacrifício do Sr. Bradley trouxe à ciência psíquica. Se nosso conhecimento sobre esse assunto ficasse circunscrito às provas fornecidas em seus dois

---

[274] N.T.: carro leve para uma ou duas pessoas, puxado por um cavalo (*Oxford Advanced Learner's Dictionary*).

livros, *Rumo às estrelas*[275] e *A sabedoria dos deuses*,[276] ele seria considerado mais do que suficiente por qualquer pessoa sensata.

Algumas páginas devem ser dedicadas às moldagens de figuras constituídas de ectoplasma, isto é, de formas materializadas. Há provas suficientes desse fenômeno.

O primeiro que explorou essa linha de pesquisa parece ter sido William Denton, autor de *Segredos da natureza*,[277] livro sobre psicometria, publicado em 1863. Trabalhando com a médium Mary M. Hardy, no ano de 1875, em Boston, Estados Unidos, ele empregou métodos que se assemelham aos usados por Richet e Geley em suas recentes experiências em Paris. Na verdade, Denton apresentou publicamente, em Paine Hall, a moldagem do rosto de um Espírito, feita, ao que se diz, em parafina fundida. Outros médiuns que obtiveram moldes foram a Sra. Firman, o Dr. Monck, a Srta. Fairlamb (depois Sra. Mellon) e William Eglinton. O fato de esses resultados terem sido, mais tarde, confirmados nas sessões de Paris é argumento bastante forte em favor de sua realidade. O Sr. William Oxley, de Manchester, relata que, em 5 de fevereiro de 1876, foi obtida uma linda moldagem da mão de uma mulher, e, em seguida, um molde, não tão perfeito, da mão da Sra. Firman. Nessa ocasião, encontrava-se esta médium dentro de um saco rendado, fechado por um laço acima da cabeça, e amarrado em volta de sua cintura, prendendo-lhe as mãos e os braços. Isso parecia bastante para impedir qualquer espécie de truque por parte da Sra. Firman. Por outro lado, a cera para a moldagem, em estado fervente, mostrava a impossibilidade de ter sido previamente introduzida na sala da sessão. É difícil imaginar que outras precauções poderiam ter sido tomadas para garantir os bons resultados da experiência. Numa outra ocasião, foram obtidas as moldagens do pé e da mão de um Espírito: em ambos os casos, nem o pulso nem o tornozelo poderiam ter sido retirados do molde, em virtude da estreiteza de sua abertura. Parece não haver outra explicação a não ser a de que o pé e a mão foram desmaterializados.

---

[275] N.T.: *Towards the Stars*.
[276] N.T.: *The Wisdom of the Gods*.
[277] N.T.: *Nature's Secrets*.

Os resultados conseguidos com o Dr. Monck parecem também resistir à crítica. As experiências que Oxley fez com ele em Manchester, no ano de 1876, alcançou os mesmos resultados das realizadas com a Sra. Firman. Com o Dr. Monck, entretanto, obtiveram-se moldagens de duas figuras diferentes. Sobre essas experiências, afirma Oxley:

> A importância e o valor desses moldes são inestimáveis, porque, se os fenômenos espirituais, tanto quanto outros, de caráter duvidoso ou cético, estão circunscritos ao campo da credibilidade, o mesmo não se dá com as moldagens de pés e mãos, as quais, além de evidentes, permanecem ao longo do tempo exigindo dos homens de ciência, dos artistas e também dos zombadores a solução do mistério de sua ocorrência.

Essa exigência permanece. O famoso mágico Houdini e o grande anatomista Sir Arthur Keith tentaram moldar as próprias mãos, e o resultado, laboriosamente obtido, serviu apenas para acentuar o caráter único das experiências que buscavam reproduzir.

No caso de Eglinton, o Dr. Nichols, biógrafo dos Davenports, registrou a produção de autênticas moldagens de mãos. Relata ainda que, certa feita, uma senhora presente identificou numa delas leve deformidade, característica da mão de sua filhinha, morta por afogamento, na África do Sul, com a idade de 5 anos.

Talvez a moldagem mais convincente e conclusiva tenha sido a que Epes Sergeant obteve com a médium Sra. Hardy, já mencionada quando tratamos das experiências de Denton. As conclusões de Sergeant merecem citadas por extenso. Diz ele:

Nossas conclusões são as seguintes:

Por obra de algum poder desconhecido, inteligente e com habilidades manuais, produziu-se, numa caixa fechada, a modelagem de uma perfeita mão, em tamanho natural.

As condições da experiência não se subordinaram à confiança no caráter e na boa-fé da médium; contudo, a autenticidade de suas faculdades mediúnicas foi plenamente demonstrada pelo resultado obtido.

Essas condições, simples e rigorosas, excluíam completamente o espaço para a fraude e os manejos da ilusão; daí nossa percepção clara sobre o caráter conclusivo da experiência.

Esse teste de duplicação confirma o fato há muito conhecido dos investigadores de que mãos imperceptíveis, conduzidas por uma inteligência e projetadas de um organismo invisível, podem tornar-se visíveis e tangíveis.

As experiências de moldagem, associadas às das fotografias de Espíritos, fornecem provas objetivas da ação de uma força inteligente, exterior a qualquer organismo visível, e oferecem base sólida à investigação científica.

A pesquisa sobre a forma de produção desse molde dentro da caixa envolve considerações filosóficas de grande importância para o futuro, do mesmo modo que toca em problemas de psicologia e fisiologia, propiciando, ainda, melhor compreensão das faculdades latentes no ser humano e de seu elevado destino.

Sete testemunhas respeitáveis assinam o relatório.

Se o leitor, com tais exemplos, ainda não se der por convencido da legitimidade das experiências com moldes e moldagens, deverá ler a respeito das conclusões a que chegou o grande investigador Geley, ao término de suas clássicas experiências com Kluski, já brevemente citadas.

O Dr. Geley realizou, com Kluski, notáveis experiências de moldagem, em cera, de mãos materializadas, registrando[278] os resultados de onze sessões bem-sucedidas. Sob luz fraca, o professor Richet segurava a mão direita do médium, enquanto o conde Potocki lhe prendia a esquerda. Uma vasilha com cera, mantida em ponto de fusão por meio de água quente, era colocada defronte de Kluski, numa distância de 2 pés e, para efeito de teste — fato ignorado pelo médium —, misturava-se a cera com colesterina, a fim de ser afastada a possibilidade de sua substituição. Narra o Dr. Geley:

> A débil claridade não permitia que se presenciasse o fenômeno; éramos advertidos do momento da imersão pelo som do líquido se esparramando. A operação reclamava duas ou três imersões. A mão que estava atuando era mergulhada na vasilha, daí retirada e, coberta de parafina quente, tocava as mãos dos condutores da

---

[278] Nota do autor: *Revue Métapsychique*, jun. 1921.

experiência; depois, imergia de novo na cera. Após a operação, a luva de parafina, ainda morna, mas solidificada, era posta junto da mão de um dos investigadores.

Nove moldagens foram feitas desse modo: sete de mãos, uma de pé e outra de queixo e lábios. Ao testar-se a cera em que se formavam os moldes, verificou-se que a mesma apresentava a reação característica da colesterina. O Dr. Geley apresenta vinte e três fotografias de moldagens e de suas cópias em gesso. É preciso ser dito que os moldes mostram as dobras da pele, as unhas e as veias, as quais, de modo algum, se parecem com as do médium. Por sua vez, os esforços para se obterem, em condições semelhantes, moldes de mãos dos seres humanos tiveram sucesso apenas parcial, sendo marcantes as diferenças entre eles e os acima referidos. Escultores e modeladores de reputação declararam não conhecerem método algum de produção de moldes em cera como os obtidos nas sessões com Kluski.

Geley resume os resultados nos seguintes termos:[279]

Enumeraremos agora as provas que demos das moldagens de membros materializados em nossas experiências em Paris e Varsóvia. A par do controle exercido sobre o médium, cujas mãos segurávamos, mostramos que toda fraude era impossível.

A teoria da fraude pelo uso de uma luva de borracha é inadmissível, pois esta tentativa leva a resultados grosseiros e absurdos, revelando, num relance, a imitação.

É impossível produzir luvas de cera utilizando-se de moldes rígidos, anteriormente preparados. Uma tentativa dessa natureza logo revela a impossibilidade do procedimento.

O emprego de moldes já preparados, feitos de alguma substância fundível e solúvel, coberta, durante a sessão, com uma camada de parafina e depois dissolvida num balde d'água, não se ajusta ao procedimento adotado, porque não tínhamos balde d'água.

A teoria de que teria sido usada a mão do médium ou de um assistente é inadmissível. Isso não poderia ser realizado por diversos motivos: as luvas, assim obtidas, são grossas e sólidas, enquanto as das sessões

---

[279] Nota do autor: *L'Ectoplasmie*, etc, p. 278.

se apresentam finas e delicadas; de igual modo, a posição dos dedos, nas moldagens, torna impossível que os mesmos sejam retirados sem quebrarem a luva. Além disso, os moldes foram comparados com as mãos do médium e dos assistentes, e se mostraram distintos, fato também demonstrado pelas medidas das mãos.

Finalmente, levantou-se a hipótese de terem sido as luvas trazidas pelo médium. Tal hipótese cai por terra, quando se sabe que introduzimos secretamente produtos químicos na cera derretida e que estes produtos foram encontrados nas luvas. A conclusão dos especialistas em modelagem, sobre esse ponto, é categórica e definitiva.

Nenhum fato é considerado prova por aqueles que, eivados de preconceitos, fecham o espaço mental à razão, mas é inconcebível que alguém de normal inteligência possa ler tudo quanto foi dito e ainda duvidar da possibilidade de se fazerem moldagens de figuras constituídas de ectoplasma.

CAPÍTULO 21
Espiritualismo francês, alemão e italiano

O Espiritualismo na França e entre os povos latinos segue Allan Kardec, que prefere usar o termo *Espiritismo*, sendo seu principal aspecto a crença na reencarnação.

O Sr. Hippolyte Léon Denizard Rivail, que adotou o pseudônimo *Allan Kardec*, nasceu em 1804, na cidade de Lyon, onde seu pai exercia a profissão de advogado. Em 1850, quando as manifestações de Espíritos na América chamaram a atenção da Europa, Allan Kardec investigou o assunto por meio da mediunidade de duas filhas de um amigo.

Nas comunicações então obtidas, foi-lhe dito que

> Espíritos de ordem mais elevada do que aqueles que habitualmente se comunicavam por meio das duas jovens tinham vindo a este plano por causa dele e continuariam a vir, pois desejavam capacitá-lo para desempenhar importante missão religiosa.

Buscando confirmar o que lhe fora anunciado, elaborou uma série de questões relacionadas com os problemas humanos e as submeteu às inteligências operantes. As respostas que obteve, por meio de batidas e da escrita com a prancheta, se tornaram o fundamento de seu sistema de Espiritismo.

Transcorridos dois anos de comunicações, verificou que suas convicções e ideias tinham mudado inteiramente. Diz ele:

As instruções assim transmitidas constituem uma teoria inteiramente nova da vida humana, do dever e do destino, teoria esta que se me afigura perfeitamente racional e coerente, admiravelmente lúcida e consoladora, além de profundamente interessante.

Veio-lhe a ideia de publicar os ensinos recebidos e, submetendo esta ideia às inteligências comunicantes, foi-lhe dito que tais ensinos deveriam ser transmitidos ao mundo, sendo esta a missão a ele confiada pela Providência. Elas também o instruíram para denominar a obra *O livro dos espíritos*.

Esse livro, elaborado em 1856, teve grande sucesso, com mais de vinte edições. Sua edição revisada em 1857[280] tornou-se reconhecidamente o livro básico da filosofia espiritualista na França. Em 1861, publicou *O livro dos médiuns*; em 1864, *O evangelho segundo o espiritismo*; em 1865, *O céu e o inferno*, e, em 1867,[281] *A gênese*. Além dessas, que são suas principais obras, publicou dois breves estudos intitulados *O que é o espiritismo* e *O espiritismo reduzido à sua expressão mais simples*.

A Srta. Anna Blackwell, tradutora das obras de Allan Kardec para o inglês, descreve-o nestes termos:

> Allan Kardec tinha a estatura pouco abaixo da média. De compleição forte, cabeça grande, redonda e maciça, feições bem-delineadas e olhos cinza-claros, parecia mais alemão que francês; enérgico, determinado, de temperamento calmo, cauteloso, não imaginativo quase até a frieza, era incrédulo, por natureza e educação; pensador rigoroso e lógico, eminentemente prático de pensamentos e atos, mantinha-se livre de misticismos e arrebatamentos; grave, vagaroso no falar, simples de maneiras, deixava transparecer a dignidade serena, resultante da determinação e da franqueza — traços distintivos de seu caráter. Não provocava nem evitava a discussão: voluntariamente não tocava no assunto a que dedicara sua vida, mas recebia, com afabilidade, inúmeros visitantes de todas

---

[280] N.T.: aqui houve evidente equívoco do autor, uma vez que a edição revisada de *O livro dos espíritos* data de 1860, sendo 1857 o ano de sua primeira edição.

[281] N.T.: o ano de publicação de *A gênese* é 1868.

as partes do mundo, os quais vinham com ele conversar a respeito das ideias de que era reconhecido expoente. Respondia-lhes, então, às perguntas e objeções, aplainando dificuldades, dando informações a todos os investigadores sérios, com os quais falava com liberdade e entusiasmo. Seu rosto, por vezes, iluminava-se com um sorriso franco e amável; contudo, ninguém o surpreendia rindo, haja vista sua habitual sobriedade. Entre milhares de pessoas que o visitavam havia muitas de alta posição social, literária, artística e científica. O imperador Napoleão III, cujo interesse pelos fenômenos espíritas não era mistério, mandou chamá-lo várias vezes às Tulherias, travando com ele longas conversações sobre a doutrina de *O livro dos espíritos*.

Fundou a Sociedade de Estudos Psicológicos,[282] a qual se reunia semanalmente em sua casa com o propósito de obter comunicações por meio de médiuns escreventes. Também criou *La Revue Spirite*, periódico mensal ainda existente, por ele publicado até sua morte, em 1869. Pouco antes desta, traçou o plano da organização que continuaria seu trabalho. Chamou-a de Sociedade para Continuação das Obras de Allan Kardec, com o poder de comprar e vender, receber doações, legados e prosseguir com a publicação de *La Revue Spirite*. Após seu falecimento, esse plano foi fielmente executado.

Kardec considerava que os vocábulos *espiritual, espiritualista* e *espiritualismo* já possuíam significados definidos. Dessa forma, substituiu-os por *espiritismo* e *espírita*.

A filosofia espírita distingue-se pela crença de que nosso progresso espiritual se efetua por meio de uma série de encarnações.

> Do fato de os Espíritos passarem por muitas encarnações resulta que todos nós tivemos diversas existências e que teremos outras, mais ou menos aperfeiçoadas, tanto na Terra como em diferentes mundos.

---

[282] N.T.: o nome correto da sociedade fundada por Kardec é Sociedade Parisiense de Estudos Espíritas.

A encarnação dos Espíritos ocorre sempre na espécie humana; seria um erro supor que a alma ou Espírito pudesse reencarnar no corpo de um animal.

As várias existências corporais do Espírito são sempre progressivas e nunca retrógradas, mas a rapidez de nosso progresso depende dos esforços que fazemos para atingir a perfeição.

As qualidades da alma são as do Espírito em nós encarnado; assim, um homem bom é a encarnação de um bom Espírito e um homem mau, a de um Espírito imperfeito.

A alma já possuía sua individualidade antes da encarnação e a preserva após separar-se do corpo.

Ao retornar ao mundo dos Espíritos, a alma aí encontra todas as pessoas que conheceu na Terra, volta-lhe à memória suas existências anteriores e lembra-se do bem e do mal que praticou.

O Espírito encarnado está sob a influência da matéria; o homem que supera tal influência pela elevação e purificação de sua alma se avizinha dos Espíritos superiores, entre os quais será ele um dia incluído. Quem se permite dominar pelas más paixões e põe todo seu prazer na satisfação dos apetites grosseiros, aproxima-se dos Espíritos impuros, pois dá preponderância a sua natureza animal.

Os Espíritos encarnados habitam os diferentes globos do universo.[283]

Em sua investigação, Kardec mantinha contato com as inteligências comunicantes, usando o método de perguntas e respostas. Foi assim que obteve o material de seus livros. Muitas informações foram dadas a propósito da reencarnação. À pergunta "Qual o objetivo da encarnação dos Espíritos?". Aquelas inteligências forneceram a seguinte resposta:

> É uma necessidade a eles imposta por Deus, a fim de atingirem a perfeição. Para uns é uma expiação; para outros, uma missão. Para que alcancem a perfeição, é preciso que suportem todas as vicissitudes da existência corporal. A utilidade da expiação está

---

[283] Nota do autor: introdução de *O livro dos espíritos*.

na experiência que se adquire por seu intermédio. A encarnação possui também outro objetivo, que é o de preparar o Espírito para desempenhar sua tarefa na obra da criação; para tanto, deve ele apropriar-se de um instrumento corporal em harmonia com o estado da matéria do mundo a que foi enviado, instrumento este que lhe tornará possível realizar o trabalho especial de que foi incumbido pela ordem divina naquele mundo.

ALLAN KARDEC
(1804-1869)

Assim, é levado a dar sua contribuição para o bem-estar geral, enquanto trabalha pelo próprio adiantamento.[284]

Os espiritualistas da Inglaterra não têm decisão firmada sobre a reencarnação. Alguns a aceitam, muitos não. A atitude geral é no sentido de que, como se não pode provar a doutrina da reencarnação, é melhor excluí-la da política ativa do Espiritualismo. A Srta. Anna Blackwell sugere uma explicação para essa atitude. Diz ela que a mente continental aceitou Allan Kardec por ser mais receptiva a teorias em geral, ao passo que a mente inglesa "habitualmente desconsidera qualquer teoria até assegurar-se dos fatos por esta admitidos".

O Sr. Thomas Brevior (Shorter), um dos editores do *The Spiritual Magazine*, resume o pensamento corrente dos espiritualistas ingleses de sua época. Escreve ele:[285]

> Quando a reencarnação assumir aspecto mais científico, quando tiver condições de apresentar um conjunto de fatos que possam ser verificados, como os do Espiritualismo Moderno, merecerá ampla e cuidadosa discussão. Por enquanto, que os arquitetos das especulações se divirtam, construindo castelos no ar. A vida é demasiadamente curta e há muito que fazer neste mundo atarefado, para que nos entreguemos, por lazer ou por prazer, ao trabalho de demolir essas estruturas aéreas ou mostrar os frágeis alicerces em que se assentam. É muito melhor atermo-nos aos pontos em que todos estamos de acordo, deixando de lado as disputas sobre aqueles em que parecemos divergir tão desesperadamente.

William Howitt, que foi, na Inglaterra, um dos vigorosos defensores do Espiritualismo nascente, é ainda mais enfático, quando condena

---

[284] N.T.: esta citação é a da questão n° 132 de *O livro dos espíritos*, de acordo com a tradução para o inglês de Anna Blackwell. No trecho, que colocamos em relevo, houve evidente substituição do contido no original francês, onde se lê *c'est là qu'est l'expiation*, traduzido por Guillon Ribeiro e Evandro Noleto Bezerra, nestes termos: "Nisto é que está a expiação".

[285] Nota do autor: *The Spiritual Magazine*, 1876, p. 35.

a reencarnação. Após citar as observações de Hardinge Britten de que milhares no Outro Mundo protestam, por meio de destacados médiuns, que não têm conhecimento ou provas da reencarnação, ele afirma:[286]

> Tal doutrina abala as raízes da fé nas revelações espiritualistas. Se somos levados a duvidar dos Espíritos comunicantes, debaixo da máscara da seriedade, usando as mais sérias afirmações, onde estará o Espiritualismo? Se a reencarnação é real, lamentável e repelente como é, deve ter havido milhões de Espíritos que, entrando no Outro Mundo, procuraram em vão seus familiares e parentes, os filhos, os amigos... Alguma vez já chegou até nós o sussurro dessa calamidade, partindo de milhares e dezenas de milhares de Espíritos comunicantes? Nunca. Só esse fato nos permite considerar falso o dogma da reencarnação, tão falso quanto o inferno do qual ele surgiu.

O Sr. Howitt, porém, em sua veemência, esquece que não só deve haver um período de tempo antes que ocorra a nova encarnação, como também que a vontade deve participar desse ato.

O honorável Alexander Aksakof, em interessante artigo,[287] fornece o nome dos médiuns do círculo de Allan Kardec, descrevendo-os. Também menciona que a crença na reencarnação era, naquela época, fortemente defendida na França, como se pode ver na obra do Sr. Pezzani *A pluralidade das existências*[288] e outras. Escreve Aksakof:

> Que a propagação desta doutrina por Allan Kardec era matéria de forte predileção não resta a menor dúvida: desde o início a reencarnação foi apresentada não como objeto de estudo, mas como dogma. Para sustentá-la, Kardec recorria a médiuns escreventes, os quais, como bem sabemos, submetem-se facilmente à influência de ideias preconcebidas (e o Espiritismo produziu-as

---

[286] Nota do autor: *The Spiritual Magazine*, 1876, p. 57.
[287] Nota do autor: *The Spiritualist*, vol. VII (1875), p. 74-75.
[288] N.T.: *The Plurality of Existences*.

largamente). Por meio de médiuns de efeitos físicos, as comunicações não apenas são mais objetivas, mas sempre contrárias à doutrina da reencarnação. Kardec sempre depreciou essa forma de mediunidade, sob o pretexto de sua inferioridade moral. Assim, o método experimental é, em seu conjunto, desconhecido do Espiritismo. Durante vinte anos este não fez o mais leve progresso intrínseco e manteve-se totalmente afastado do Espiritualismo anglo-americano! Os poucos médiuns franceses de efeitos físicos que desenvolveram suas faculdades, a despeito de Allan Kardec, jamais foram mencionados por ele na *Revue*, restando quase desconhecidos dos espíritas somente porque os Espíritos que por eles se comunicavam não defendiam a doutrina da reencarnação.

Acrescenta Aksakof que suas observações não dizem respeito à teoria da reencarnação propriamente dita, mas tão somente a sua propagação sob os auspícios do Espiritismo.

Comentando o artigo de Aksakof, D. D. Home trouxe forte argumento a propósito de um dos aspectos da crença na reencarnação, ao dizer:[289]

> Encontrei muitos reencarnacionistas, entre os quais tive o prazer de conhecer ao menos doze que tinham sido Maria Antonieta, seis ou sete que viveram como Mary, rainha da Escócia, uma multidão se dizendo a reencarnação de Luís e outros reis, cerca de vinte que foram Alexandre, o Grande; mas ainda não encontrei pessoa alguma que tivesse sido um modesto John Smith. Peço a quem o encontrar que o guardem como peça de curiosidade.

A Srta. Anna Blackwell resume o conteúdo dos principais livros de Kardec, nos termos seguintes:

> *O livro dos espíritos* demonstra a existência e atributos do Poder Causal e a natureza da relação entre esse Poder e o universo, pondo-nos na rota da ação divina.

---

[289] Nota do autor: *The Spiritualist*, vol. VII, p. 165.

O livro dos médiuns descreve os vários métodos de comunicação entre este mundo e o outro.

O céu e o inferno sustenta a justiça do governo divino: explica o mal como resultado da ignorância e mostra o processo de iluminação e purificação da humanidade.

O evangelho segundo o espiritismo comenta os preceitos morais do Cristo, com o exame de sua vida e a comparação dos incidentes nesta ocorridos com as atuais manifestações dos Espíritos.

A gênese apresenta a concordância da filosofia espírita com as descobertas da ciência moderna e com o sentido geral dos escritos de Moisés, segundo as explicações dos Espíritos.

Essas obras [diz ela] são consideradas, pela maioria dos espiritualistas do continente, a base da filosofia religiosa do futuro: uma filosofia, harmonizada com o avanço das descobertas científicas em todos os ramos do conhecimento humano, trazida a público por Espíritos iluminados, sob a direção do próprio Cristo.

De modo geral, afigura-se ao autor que, bem-sopesadas, as provas até aqui reunidas demonstram que a reencarnação é um fato, mas não necessariamente de caráter universal. Quanto à ignorância dos nossos amigos Espíritos sobre um ponto ligado ao seu próprio futuro, tal fato não deve causar estranheza, visto que, se não estamos certos quanto ao nosso, é possível que eles tenham também o mesmo tipo de limitação. Quando nos perguntamos "Onde estávamos antes de nascer?", temos uma resposta conclusiva no sistema do vagaroso processo evolutivo pelas encarnações, com longos períodos intermediários de repouso para o Espírito. Se não for assim, não temos resposta alguma; parece inconcebível, porém, que tenhamos entrado para a eternidade no momento em que nascemos: existência posterior implica existência anterior. A propósito da natural pergunta "Por que, então, não nos lembramos das existências pregressas?", podemos dar a seguinte resposta: tais lembranças trariam graves complicações à vida presente, além do que essas existências bem podem formar um ciclo, que se nos apresenta suficientemente claro apenas quando atingimos seu termo e descortinamos o inteiro rosário de vidas entrelaçadas à nossa individualidade. A convergência de tantas linhas de pensamento teosófico e oriental para a reencarnação, e a explicação que esta fornece à doutrina do *karma*, que sustenta a injustiça de uma vida única, são pontos em seu favor, como possivelmente serão aquelas lembranças e identificações, por vezes bastante precisas para serem simplesmente confundidas com impressões atávicas. Certas experiências hipnóticas — a mais famosa é a do investigador francês coronel de Rochas — pareciam robustecer a ideia da reencarnação, pois o sensitivo, em transe, era levado a situações que sugeriam encarnações passadas; contudo, as mais remotas destas eram difíceis de ser verificadas, ao passo que as mais próximas se tornavam motivo de suspeição pela possibilidade de interferência dos conhecimentos do próprio médium. Entretanto, não se pode negar que, ante uma determinada tarefa a ser concluída ou uma falta exigindo reparação, a possibilidade de retorno à vida física será ansiosamente aguardada pelo Espírito interessado.

Antes de deixarmos a história do Espiritualismo francês, devemos considerar o esplêndido grupo de escritores que o adornam. Além de Allan Kardec e o trabalho de pesquisa científica de Geley, Maxwell, Flammarion e Richet, marcaram sua presença, como espíritas genuínos, Gabriel Delanne, Henri Regnault e Léon Denis, entre outros. O último, em especial, teria sido considerado um grande mestre da prosa francesa, fosse qual fosse o conteúdo de seus escritos.

Esta obra, que se atém ao rio principal da história psíquica, dificilmente poderia acompanhar os muitos zigue-zagues dos pequenos afluentes que dele derivam, espalhando-se por todas as regiões do globo. Esses afluentes invariavelmente repetem ou são estreitas variantes das manifestações psíquicas até agora descritas, sendo possível afirmar-se que o culto católico, em sua mais ampla acepção, sempre se impõe, uma vez que ele existe em todos os países. Assim, da Argentina à Islândia, são obtidos, de um só modo, idênticos resultados provenientes das mesmas causas. Conquanto a narrativa dessas manifestações de menor amplitude reclame, por si só, um volume inteiro, algumas páginas especiais devem ser dedicadas à Alemanha.

Difícil se nos afigura acompanhar a história do movimento organizado nesse país, pois somente em 1865 aí surgiu um jornal espiritualista — o *Psyche*. Pode-se dizer, no entanto, que o movimento espiritualista na Alemanha, mais que em outras terras, seguiu a tradição da especulação mística e da experiência mágica, como fase preparatória para a revelação definitiva. Paracelso, Cornelius Agrippa, van Helmont e Jacob Boehme contam-se entre os pioneiros da percepção do Espírito fora da matéria, embora não se saiba ao certo o ponto a que chegaram em suas experiências. Resultados mais precisos foram alcançados por Mesmer, o qual realizou a maior parte de seu trabalho em Viena, no último quartel do século XVIII. Apesar dos erros de algumas de suas inferências, ele foi quem primeiro colocou diante da mente humana a tese da dissociação entre a alma e o corpo. O Sr. Puységur, natural de Strasbourg, deu um passo adiante, ao descerrar as maravilhas da clarividência. Jung Stilling e o Dr. Justinus Kerner são outros nomes que sempre deverão estar associados ao desenvolvimento da sabedoria humana, ao longo desse caminho nevoento.

GABRIEL DELANNE
(1857-1926)

O anúncio das comunicações dos Espíritos foi recebido com um misto de interesse e ceticismo, tendo passado muito tempo até que vozes autorizadas se levantassem em sua defesa. Em verdade, o assunto só ganhou projeção com a histórica visita de Slade, em 1877. Em Leipzig, ele conseguiu que seis professores, após investigarem suas apresentações, testemunhassem em favor da autenticidade dos fenômenos. Foram eles Zöllner, Fechner e Scheibner, de Leipzig; Weber, de Göttingen; Fichte, de Stuttgart, e Ulrici, de Halle. Os testemunhos desses professores, corroborados pelo do principal mágico da Alemanha, Sr. Bellachini, que declarou, por escrito, ser impossível o emprego de truques nas experiências, produziram considerável efeito sobre a opinião pública, efeito este que se ampliou quando dois russos eminentes — Aksakof, homem de Estado, e o professor Butlerof, da Universidade de São Petersburgo — aderiram à causa. Não parece, entretanto, que o Espiritualismo tenha encontrado solo fértil nesse país burocrático e militarista, pois, além de Carl du Prel, nenhum outro grande nome se lhe encontra associado de modo mais efetivo.

Em seu primeiro trabalho como estudioso do misticismo,[290] o barão Carl du Prel, de Munique, não tratou propriamente do Espiritualismo, mas das forças latentes no ser humano, dos fenômenos do sonho, do transe e do sono hipnótico. Contudo, em outra obra, intitulada *Um problema para os mágicos*,[291] ele apresenta minucioso e fundamentado relato das etapas que o levaram à convicção plena sobre as verdades do Espiritualismo. Nesse livro, conquanto admita que cientistas e filósofos talvez não sejam as pessoas mais capacitadas para descobrir fraudes, lembra aos leitores que Bosco, Houdin, Bellachini e outros mágicos hábeis afirmaram que os médiuns por eles investigados não eram impostores. Du Prel, como tantos outros, não se satisfez com as experiências alheias. Assim, realizou certo número de sessões com Eglinton e, mais tarde, com Eusapia Palladino. Deu especial atenção ao fenômeno de psicografia (escrita nas lousas), a respeito do qual assim se expressou:

> Uma coisa é certa: a psicografia deve ser considerada de origem transcendental, pelas seguintes razões: 1) é inadmissível a hipótese do preparo antecipado das lousas; 2) o lugar em que aparece a escrita é inacessível às mãos do médium (em alguns casos a lousa dupla fica inteiramente fechada, deixando-se apenas espaço interno para diminuto pedaço de lápis); 3) a escrita é realmente feita na ocasião; 4) o médium não está escrevendo; 5) a escrita é de fato realizada com um lápis, num pedaço de lousa; 6) ela é de autoria de um ser inteligente, porque as respostas são exatamente relacionadas com as perguntas; (7) o ser em referência pode ler, escrever, compreender a linguagem dos humanos, expressando-se quase sempre em idioma desconhecido do médium; 8) ele tem forte semelhança com os seres humanos, tanto no que diz respeito à inteligência quanto em relação aos erros que algumas

---

[290] Nota do autor: *Philosophy of Mysticism*, em 2 volumes (1889), traduzido por C. C. Massey.
[291] N.T.: *A Problem for Conjurers*.

vezes comete (estes seres, embora invisíveis, pertencem à natureza ou espécie humana, sendo inútil lutar contra esta afirmação); 9) quando falam, é na linguagem humana que o fazem e, quando se lhes pergunta quem são, respondem que são seres que deixaram este mundo; (10) ao se tornarem parcialmente visíveis, em geral apenas as mãos, estas possuem a forma humana; 11) quando se apresentam completamente visíveis, mostram eles a forma e o semblante humanos. O Espiritualismo deve ser investigado pela ciência. Considerar-me-ia um covarde se não expressasse abertamente minhas convicções.

Du Prel chama a atenção para o fato de que suas conclusões não se fundamentam em resultados obtidos por médiuns profissionais. Diz conhecer três médiuns não profissionais "em cujas presenças a escrita direta não apenas se realiza na parte interna de lousas duplas, mas em lugares inacessíveis".

"Nestas circunstâncias [afirma secamente], a pergunta 'médium ou mágico?' levanta, em meu ponto de vista, muito mais poeira do que deve". Eis uma observação que alguns pesquisadores de psiquismo deveriam guardar de cor.

Vale ser mencionada a declaração de Du Prel de que as mensagens eram tolas e triviais, sendo inúteis às suas experiências; ao mesmo tempo, afirma não ter encontrado nelas qualquer traço de inteligência sobre-humana. Naturalmente, alguém que se pronuncie dessa forma deve determinar antes como se pode identificar uma inteligência sobre-humana e até que ponto ela seria compreendida por nosso cérebro.

Falando sobre materializações, assim se expressa du Prel:

> Quando as figuras se tornam completamente visíveis na sala em obscuridade, elas se apresentam com a forma e o semblante humanos. É muito fácil dizer-se, nesse caso, que o próprio médium se apresenta sob disfarce. Contudo, quando este fala do lugar onde está sentado, no meio da corrente formada pelo grupo; quando os assistentes que o ladeiam declaram que seguram suas mãos e, ao mesmo tempo eu vejo, de pé junto a mim, a figura materializada;

quando, ainda, esta ilumina o próprio rosto com a lâmpada de vapor de mercúrio que se encontra sobre a mesa (note-se que a incidência da luz por movimentos rápidos não é obstáculo às materializações), de tal modo que posso vê-la distintamente, então, o conjunto de provas me convence da existência de um ser transcendental operando o fenômeno, ainda que todas as conclusões que me vieram durante vinte anos de trabalho e estudo fossem lançadas por terra. Isso, entretanto, não se dá, porque minhas opiniões, expostas na *Filosofia do misticismo*[292] se encontram plenamente confirmadas por tais experiências. Dessa forma, vejo pouco fundamento para afirmar que estes fatos não são objetivos.

E acrescenta:

Tenho agora a experiência empírica da existência desses seres transcendentes, da qual estou convencido tanto pela evidência de meus sentidos de vista, audição e tato quanto por suas comunicações inteligentes. Assim, tendo formado meu convencimento por duas formas distintas de observação. deveria mesmo ser abandonado pelos deuses se não reconhecesse o fato da imortalidade, ou, melhor dizendo, uma vez que ainda não há provas da imortalidade propriamente dita, o fato da continuidade da existência do ser humano após a morte.

Carl du Prel morreu em 1899. Seu trabalho foi, talvez, a maior contribuição da Alemanha para o assunto. Por outro lado, surgiu nesse país um temível oponente, na pessoa de Eduard von Hartmann — autor de *A filosofia do inconsciente*[293] e da brochura intitulada *Espiritismo*,[294] escrita em 1855. Comentando o trabalho de Hartmann, escreve C. C. Massey:[295]

---

[292] N.T.: *Philosophy of Mysticism*.
[293] N.T.: *The Philosophy of the Unconscious*.
[294] N.T.: *Spiritism*.
[295] Nota do autor: *Light*, 1885, p. 404. Note-se que Charles Carlton Massey, o advogado, e Geraldo Massey, o poeta, são duas pessoas distintas, sem nada em comum, a não ser o fato de serem ambos espiritualistas.

Agora, pela primeira vez, um homem de posição intelectual elevada se nos defronta como adversário. Deu-se ele ao esforço de estudar os fatos, se não inteiramente, ao menos numa extensão que, indiscutivelmente, o qualifica para o exame crítico. Conquanto não se tenha rendido à pujança das provas, chegou à conclusão de que existem, no organismo humano, suficientemente confirmados por testemunhos históricos e contemporâneos, mais poderes e faculdades do que os admitidos pela ciência exata, o que o levou a insistir na realização de pesquisas por comissões nomeadas e pagas pelo Estado. Usa de toda sua autoridade de filósofo e cientista para repudiar a tese de que os fenômenos são *a priori* inacreditáveis ou "contrários às leis da natureza". Mostra a irrelevância das "denúncias" e contesta veementemente a tola equiparação entre médiuns e mágicos. Embora se utilize da psicologia do sonambulismo para explicar os fenômenos, excluindo completamente a intervenção dos Espíritos, essa explicação, por outro lado, fornece ao público informações importantes para a proteção dos médiuns.

Massey afirma ainda que, do ponto de vista da filosofia de von Hartmann, a ação dos Espíritos é inadmissível e a imortalidade individual uma ilusão. "O debate sobre a filosofia psicológica está agora entre sua escola e a de du Prel e Hellenbach".

Alexander Aksakof replica von Hartmann em sua revista mensal *Psychische Studien*, dizendo que Hartmann não tinha experiência prática, fosse qual fosse; que concedeu insuficiente atenção aos fenômenos que não se ajustavam a sua explicação, e que havia muitos fenômenos completamente desconhecidos por ele. Hartmann, por exemplo, não acreditava na objetividade dos fenômenos de materialização. Com habilidade, Aksakof descreve minuciosamente uma série de casos que, decididamente, se opõem às conclusões de Hartmann. Refere-se, ainda, ao espiritualista barão Lazar Hellenbach como o primeiro investigador filosófico dos fenômenos na Alemanha, e afirma: "Quando Zöllner aceitou a realidade dos fenômenos mediúnicos, o fato produziu enorme sensação na Alemanha". Sob muitos aspectos, ao que parece, von Hartmann escreveu com imperfeito conhecimento do assunto.

A Alemanha não produziu grandes médiuns, a não ser que Frau Anna Rothe seja assim considerada. É possível ter essa mulher recorrido à trapaça quando as faculdades psíquicas lhe faltavam, mas, que ela as possuía em alto grau, isso é claramente mostrado nas provas do processo contra ela instaurado, em 1902, por supostas fraudes.

Essa médium, presa durante doze meses e três semanas antes de ser levada ao tribunal, foi sentenciada a dezoito meses de prisão e multa de 500 marcos. No processo, muitas pessoas de posição testemunharam a seu favor, entre as quais estavam Herr Stöcker, antigo capelão da Corte, e o juiz Sulzers, presidente da *Suprema Corte de Apelação de Zurich*. Sob juramento, o juiz declarou que Frau Roth o havia posto em comunicação com os Espíritos de sua mulher e de seu pai, e que estes lhe disseram coisas que a médium não poderia inventar, porque se referiam a assuntos desconhecidos de qualquer mortal. Também declarou que flores da mais rara espécie foram introduzidas numa sala inundada de luz. Seu depoimento provocou sensação.

Restou claro que o processo estava previamente decidido. Foi uma repetição da conduta do magistrado Flowers, no caso de Slade. O representante alemão da lei começou assim seu discurso:

> Esta Corte não se permite criticar a teoria espiritista, levando em conta que a ciência, pela maioria dos homens de cultura, declara que as manifestações sobrenaturais são impossíveis.

Diante disso, nenhuma prova teria valor.

Nos últimos anos, dois nomes sobressaíram-se em relação ao assunto de que tratamos: um deles é o Dr. Schrenck Notzing, de Munique, a cujo excelente trabalho de laboratório nos referimos no capítulo sobre o ectoplasma; o outro é o famoso Dr. Hans Driesch, professor de filosofia da Universidade de Leipzig. Este último declarou recentemente que "a realidade dos fenômenos só é posta em dúvida pelo incorrigível dogmatismo". Essa declaração, feita durante uma conferência na Universidade de Londres, em 1924, foi posteriormente publicada no *The Quest*.[296] Em sequência, afirma:

---

[296] Nota do autor: jul. 1924.

CAP 21 | ESPIRITUALISMO FRANCÊS, ALEMÃO E ITALIANO

Esses fenômenos têm enfrentado, contudo, árdua luta para serem reconhecidos, sendo a principal razão desse extenuante combate o fato de eles não se submeterem à psicologia ortodoxa e à ciência natural, tais como eram entendidas até o fim do século passado.

O professor Driesch chama a atenção para as radicais alterações sofridas pela ciência natural e pela psicologia a partir do início do presente século, mostrando como os fenômenos psíquicos estão ligados às ciências da natureza ditas *normais*. Observa ele que, se estas últimas não quiserem reconhecer sua relação com aqueles, isso não fará diferença alguma para a realidade dos fenômenos psíquicos. Demonstra ainda, por meio de várias ilustrações biológicas, como a teoria mecanicista ruiu, e expõe sua teoria vitalista "para estabelecer contato mais íntimo entre os fenômenos da biologia normal e os fenômenos físicos no campo da pesquisa psíquica".

Sob determinados pontos, a Itália se destacou, em relação aos demais Estados europeus, no tratamento do Espiritualismo — e isso apesar da constante oposição da Igreja Católica Romana, a qual, em evidente demonstração de contrassenso, assinala como demoníaco justamente aquilo que considera marca especial de santidade, quando ocorre dentro de seus muros. O *Acta Sanctorum* é uma longa crônica de fenômenos psíquicos de levitação, transporte, profecia e todos os outros sinais de faculdades mediúnicas. A Igreja, entretanto, sempre perseguiu o Espiritualismo. Poderosa como é, descobrirá, no devido tempo, ter encontrado algo mais forte que ela.

Dentre os italianos da atualidade destacam-se o grande Mazzini — espiritualista do tempo em que o Espiritualismo estava em seus primórdios — e seu companheiro Garibaldi, presidente de uma sociedade psíquica. Em carta dirigida a um amigo, em 1849, Mazzini delineia seu sistema filosófico-religioso, que, curiosamente, antecede a visão espiritualista mais recente: substitui o inferno eterno por um purgatório temporário, que considera um laço de união entre este mundo e o outro; apresenta uma hierarquia dos seres espirituais, e antevê o progresso contínuo rumo à suprema perfeição.

A Itália tem sido muito rica de médiuns, mas ainda mais afortunada por seus cientistas, que se revelaram suficientemente sábios para seguirem os fatos aonde estes os conduzissem. Entre esses numerosos investigadores — convictos todos eles da realidade dos fenômenos psíquicos,

LINDA GAZZERA
(1890 – 1932)

conquanto não se possa dizer que todos aceitassem a visão espiritualista — contam-se nomes como Ermacora, Schiaparelli, Lombroso, Bozzano, Morselli, Chiaia, Pictet, Foa, Porro, Brofferio, Bottazzi, além de muitos outros. Tiveram eles a vantagem de encontrar uma admirável sensitiva: Eusapia Palladino, à qual já nos referimos; mas houve uma sucessão de excelentes médiuns, entre os quais se incluem nomes como Politi, Carancini, Zuccarini, Lucia Sordi e, especialmente, Linda Gazzera. Entretanto, aqui como alhures, o primeiro impulso foi dado pelos países de língua inglesa: a visita de D. D. Home a Florença, em 1885, e a subsequente da Sra. Guppy, em 1868, prepararam a leira. Signor Damiani — o primeiro desses grandes investigadores — foi o responsável pela descoberta das faculdades da senhora Palladino, em 1872.

O manto de Damiani envolveu o Dr. G. B. Ermacora — fundador e coeditor, juntamente com o Dr. Finzi, da *Revista di Studi Psichici*. Ermacora faleceu em Rovigo, aos 40 anos, pelas mãos de um homicida, o que foi uma grande perda para a causa. Sua adesão ao Espiritualismo e seu entusiasmo atraíram para o movimento outros nomes do mesmo porte. Em seu necrológio, escreve Porro:

> Lombroso encontrou-se em Milão com três jovens físicos inteiramente isentos de preconceito. Eram eles Ermacora, Finzi e Gerosa. Esteve também com dois profundos pensadores, os quais já haviam esgotado o lado filosófico da questão: o germânico Du Prel e o russo Aksakof; com outro filósofo, de mente aguçada e de vasto saber: Brofferio e, finalmente, com o grande astrônomo Schiaparelli e o fisiologista Richet.

E acrescenta:

Seria difícil reunir um grupo de homens cultos que oferecesse melhores condições de seriedade, de competência diversificada, de habilidade técnica na experimentação, de sagacidade e também de prudência para chegar às próprias conclusões.

Em continuação, diz o necrologista:

> Enquanto Brofferio, em sua importante obra *Per lo Spiritismo* (Milão, 1892), demolia, um por um, os argumentos dos opositores, reunindo, coordenando e classificando, com incomparável habilidade dialética, as provas em favor de sua tese, Ermacora aplicava, em seu trabalho, todos os recursos da mente robusta, treinada no emprego do método experimental. Ele sentiu tanto prazer nesse estudo novo e fértil que abandonou inteiramente as pesquisas sobre eletricidade, as quais já o haviam colocado como sucessor de Faraday e Maxwell.

O Dr. Ercole Chiaia, falecido em 1905, era também devotado trabalhador e propagandista. Entre os muitos europeus eminentes que a ele devem seus primeiros conhecimentos dos fenômenos físicos, citam-se Lombroso; o professor Bianchi, da Universidade de Nápoles; Schiaparelli; Flournoy; o professor Porro, da Universidade de Gênova, e o coronel de Rochas. Escrevendo sobre ele, afirma Lombroso:

> Tendes razão em venerar profundamente a memória de Ercole Chiaia. Num país onde se recebe com tanto horror tudo que é novo, é preciso ter grande coragem e nobreza de alma para tornar-se apóstolo de uma teoria marcada pelo ridículo, e fazê-lo com aquela tenacidade e aquela energia que sempre caracterizaram Chiaia. É a ele que muitos — inclusive eu — devem o privilégio de vislumbrar o novo mundo aberto à investigação psíquica, e isto pelo único meio capaz de convencer homens de cultura: a observação direta.

Sardou, Richet e Morselli também renderam tributo ao trabalho de Chiaia.[297]

---

[297] Nota do autor: *Annals of Psychical Science*, vol. II (1905), p. 261-252.

Chiaia realizou importante tarefa ao orientar o eminente psiquiatra Lombroso na investigação do assunto. Depois de sua primeira experiência com Eusapia Palladino, em março de 1891, escreve Lombroso: "Sinto muita vergonha e pesar por ter-me oposto com tanta tenacidade à possibilidade dos chamados fatos espíritas".

Inicialmente, apenas aceitou os fatos, mas ainda se opunha à teoria a eles associada. Entretanto, ainda que parcial, sua aceitação causou intensa repercussão na Itália e no mundo. Aksakof escreveu ao Dr. Chiaia: "Glória ao Sr. Lombroso por suas nobres palavras! Glória a você por sua dedicação!".

Lombroso fornece bom exemplo de conversão de um declarado materialista, depois de longo e cuidadoso exame dos fatos. Em 1900, ele escreveu ao professor Falcomer o seguinte: "Sinto-me como um pequeno seixo, perdido na praia; mas, a cada maré, mais me aproximo do mar".

Ao final, como sabemos, convenceu-se plenamente, tornando-se autêntico espiritualista. Publicou uma obra que teve grande repercussão: *Morte... E depois?* [298]

Ernesto Bozzano, nascido em Gênova, no ano de 1862, dedicou-se durante trinta anos à pesquisa psíquica, reunindo suas conclusões em trinta extensas monografias. Será sempre lembrado por sua crítica incisiva[299] às referências desdenhosas do Sr. Podmore ao Sr. Stainton Moses, crítica esta que teve por título *Uma defesa de William Stainton Moses.*[300] Bozzano, juntamente com os professores Morselli e Porro, realizou longa série de experiências com Eusapia Palladino. Após análise dos fenômenos subjetivos e objetivos, foi levado, "por necessidade lógica", a aderir plenamente à hipótese espírita.

Enrico Morselli, professor de Psiquiatria em Gênova foi, por muitos anos, como ele mesmo diz, completamente cético no tocante à realidade objetiva dos fenômenos psíquicos. De 1901 em diante, realizou trinta sessões com Eusapia Palladino, tornando-se inteiramente convencido dos fatos, ainda que não o fosse da teoria espírita. Publicou suas observações em um livro que o professor Richet descreve como "um modelo de erudição": *Psicologia e espiritismo*, em dois volumes (Turin, 1908). Em

---

[298] N.T.: *After Death — What?*
[299] Nota do autor: Annals of Psychical Science, vol. I (1905), p. 75-129.
[300] N.T.: *A Defence of William Stainton Moses.*

análise bastante generosa do livro, Lombroso refere-se ao ceticismo do autor em relação a certos fenômenos observados.

ERNESTO BOZZANO
(1862–1943)

Sim, Morselli repete o mesmo erro de Flournoy, em relação à Srta. Smith:[301] o de torturar-se ingenuamente buscando considerar inverídicos e sem credibilidade fatos por ele observados e que realmente aconteceram. Por exemplo, nos primeiros dias posteriores à aparição de sua própria mãe, declarou-me ele tê-la visto, comunicando-se com

---

[301] Nota do autor: Helene Smith, a médium do livro de Flournoy, *From India to the Planet Mars* (*Da Índia ao planeta Marte*).

ela por meio de gestos. Nessa ocasião, sua mãe apontou, quase com amargura, para seus óculos e sua cabeça parcialmente calva, fazendo-o lembrar-se de como o havia deixado ainda belo e arrojado rapaz.

Quando Morselli pediu à mãe uma prova de identidade, ela tocou-lhe a testa com a mão, procurando uma verruga, mas, por ter ela tocado primeiramente o lado direito e depois o esquerdo, onde a verruga realmente se encontrava, Morselli não aceitou o fato como prova da presença de sua mãe. Lombroso, mais experiente, falou-lhe a respeito da inabilidade dos Espíritos quando usam um instrumento mediúnico pela primeira vez. A verdade é que Morselli tinha, por estranho que pareça, extrema repugnância à aparição da mãe por meio de um médium. Lombroso não conseguia entender tal sentimento:

> Confesso que não compartilho desse modo de sentir; ao contrário, quando revi minha mãe, senti a mais agradável emoção de minha vida, um prazer que se aproximou do êxtase e que não despertou em mim ressentimento algum em relação à médium, mas gratidão por quem lançou minha mãe de novo em meus braços após tantos anos. Esse grande acontecimento fez-me esquecer, não uma, mas muitas vezes, a humilde posição de Eusapia, que tinha feito por mim, ainda que de modo automático, o que nem o mais inteligente ou poderoso mortal teria podido fazer.

A posição de Morselli, no que respeita à pesquisa psíquica, muito se assemelha à do professor Richet e, juntamente com este último distinto cientista, tem sido ele instrumento poderoso para dar à opinião pública visão mais esclarecida sobre o assunto.

Morselli fala veementemente sobre a omissão da ciência, ao escrever, em 1907, o seguinte:

> Discute-se a questão do Espiritismo há mais de cinquenta anos e, embora hoje não se possa prever quando será ela decidida, todos nós concordamos em lhe assinalar grande importância entre as questões que o século XIX legou ao nosso, reconhecendo,

no Espiritismo, uma forte corrente ou tendência do pensamento contemporâneo. Se, por muitos anos, a ciência acadêmica depreciou o conjunto de fatos que, pelo bem ou pelo mal, correta ou erroneamente, o Espiritismo absorveu e assimilou para formar os elementos de seu sistema doutrinário, tanto pior para ela! E pior ainda para os cientistas que permaneceram surdos e cegos diante de todas as afirmações, não de sectários crédulos, mas de sérios e valiosos pesquisadores, como Crookes, Lodge e Richet. Não me envergonho de dizer que eu mesmo, na medida de minhas modestas possibilidades, contribuí para esse obstinado ceticismo, até o dia em que fui capaz de romper as correntes das próprias prevenções, que me cerceavam o raciocínio.[302]

É de notar-se que, em sua maioria, os professores italianos, mesmo quando aceitavam os fatos psíquicos, se abstinham de acompanhar as conclusões daqueles que eles chamam de espiritistas. De Verme torna isso claro:

> É muito importante chamar a atenção para o fato de que a revivescência do interesse do público italiano por essas questões não teria ocorrido tão facilmente, se os cientistas que proclamaram a autenticidade objetiva dos fenômenos mediúnicos não tivessem tido o cuidado de acrescentar que o reconhecimento dos *fatos* não implicava, de modo algum, a aceitação da hipótese espírita.

Houve, contudo, competente minoria que percebeu o inteiro significado da revelação.

---

[302] Nota do autor: *Annals of Psychical Science*, vol. V (1907), p. 322.

CAPÍTULO 22

Grandes médiuns modernos

Há sempre certa monotonia em escrever sobre as manifestações físicas de uma inteligência independente do ser humano, porque elas se apresentam, por natureza, sob formas fixas e limitadas. Tais manifestações são mais que suficientes ao objetivo de provar a presença de uma força invisível desconhecida da ciência material; mas tanto os métodos de sua produção como seus efeitos acarretam infindáveis repetições. Elas ocorrem, como se sabe, em todos os países. Sendo assim, todo aquele que pensa seriamente no assunto deveria ficar convencido não só da existência de leis inalteráveis como também de que se trata, no caso, de uma ciência em desenvolvimento, e não de esporádica sucessão de milagres. Não levando em conta essas considerações, por ignorância ou arrogante desdém, pecam os adversários. "Ils ne comprennent pas qu'il y a des lois",[303] escreve Madame Bisson, por ocasião da tola tentativa dos doutores da Sorbonne de produzirem o ectoplasma debaixo de condições que impediam a experiência. Como vimos anteriormente, um grande médium de efeitos físicos pode produzir a voz direta fora de seus próprios órgãos vocais; a telecinesia, ou movimento de objetos a distância; as batidas ou percussões de ectoplasma; as levitações; os transportes ou trazimentos de objetos distantes; as materializações, tanto de rostos como de membros e figuras completas; a fala e a escrita em estado de transe; as escritas dentro de lousas fechadas, e os fenômenos luminosos, os

---

[303] N.T.: "Eles não compreendem que existem leis".

quais tomam formas diversas. Todas essas manifestações foram vistas muitas vezes pelo autor e, como lhe foram mostradas pelos principais médiuns da atualidade, ele se arrisca a alterar a forma desta história, falando dos mais recentes sensitivos que conheceu pessoalmente e observou.

Sabe-se que os médiuns, de hábito, cultivam faculdades diferentes e que aqueles com possibilidade de mostrar todos os dons mediúnicos não o fazem, em geral, com a mesma habilidade de quem se especializou em cada um deles: se alguém possui muita força psíquica, pode extravasá-la, com intensidade, por um único canal ou dispersá-la, superficialmente, por diversos outros. De vez em quando, aparece um médium surpreendente, como D. D. Home, possuidor de todas as formas de mediunidade, mas isso é raro.

Entre os médiuns de transe[304] com os quais o autor manteve contato, o melhor é a Sra. Osborne Leonard. O grande mérito de sua faculdade é o de ser, em regra, contínua; não se interrompe com longas pausas nem intervalos improdutivos; simplesmente flui, como se a pessoa que se supõe falar estivesse, de fato, presente. Em geral, a Sra. Leonard — mulher refinada, de meia-idade, agradável e gentil — cai em sono leve, durante o qual sua voz muda inteiramente e seu pequeno guia Feda, ao que consta, transmite a comunicação. O guia fala alto, com intimidade e num inglês entrecortado, usa expressões joviais, dando impressão de tratar-se de doce, amável e inteligente criança. Atua como porta-voz de outro Espírito, mas este, ocasionalmente, se intromete na comunicação. Quando isto ocorre, opera-se repentina mudança na forma de falar, da primeira pessoa do singular para a terceira; por exemplo: "Eu estou aqui, pai. Ele diz que deseja falar. Sinto-me muito bem e feliz. Ele diz que acha maravilhoso ser capaz de falar com o senhor..." e assim por diante.

Quando a médium está em seus melhores dias, a experiência alcança níveis espantosos. Certa vez, o autor recebeu em seu grupo doméstico, pela mão e voz de sua esposa, longa série de mensagens tratando do destino do mundo. Ao visitar a Sra. Leonard, nada lhe disse sobre o assunto, do qual também não havia falado a pessoa alguma. Contudo, mal ele se sentara, tendo em mãos o bloco de anotações, apresentou-se seu filho, falando por uma hora quase sem parar. Durante esse longo

---

[304] N.T.: psicofônicos.

monólogo, mostrou intimo conhecimento de tudo quanto sucedera no grupo doméstico, a par de pormenores da família, totalmente estranhos à médium. Em toda a entrevista não se via erro em relação aos fatos mencionados, a despeito de terem sido muitos. Aqui vai um pequeno trecho dessa entrevista que não contém referências particulares:

> Há muito progresso no campo material ou mecânico. Trata-se, entretanto, de um falso progresso. Se, por exemplo, um carro é fabricado para percorrer mil milhas este ano, logo outro o será com a capacidade de atingir duas mil milhas no ano próximo. Ninguém, contudo, se torna melhor por isso. Desejamos o progresso autêntico: o que leva ao entendimento da força da mente e do Espírito, bem como à percepção do mundo espiritual. Poderíamos prestar grande auxílio às pessoas da Terra, se elas fossem receptivas, pois nossa ajuda não é imposta; só a damos a quem esteja em condições de recebê-la. Esta a tarefa: tornar as pessoas receptivas ao auxílio que lhes podemos oferecer. Assim, ainda que algumas delas se apresentem totalmente ignorantes, plantem a semente, despreocupados de vê-la crescer. O clero é muito restrito em suas ideias, cerceado que se encontra por um sistema obsoleto. Apresenta-se como se servisse a comida da semana anterior, em lugar da de hoje. Queremos alimento espiritual novo, não o mexido de comida velha. Sabemos quão magnífico é o Cristo. Sentimos seu amor e poder. Ele pode ajudar-nos a todos, mas o fará acendendo lumes novos e não revolvendo sempre as antigas cinzas. Eis o que desejamos ver: o fogo do entusiasmo nos altares da imaginação e do conhecimento. Algumas pessoas preferem afastar a imaginação, que é quase sempre o portal do conhecimento. As igrejas detinham o ensino correto, mas não o puseram em prática. O conhecimento espiritual que se possui deve ser exercitado. Aguardamos pela ação de vocês nesse sentido, pois o plano em que habitam lhes dá todas as condições para esse trabalho. Em nosso plano, conhecimento e fé exteriorizam-se em atos — pensa-se em algo e imediatamente isso é transformado em ação —, mas, na Terra, embora muitos digam que uma coisa é certa, não a realizam. A Igreja ensina, mas não exemplifica seus próprios ensinamentos. Como sabem

vocês, o quadro-negro algumas vezes é útil, para que se demonstre nele o que foi ensinado. Nesse contexto, os fenômenos físicos são realmente os mais importantes. Haverá alguns deles no choque da grande mudança. É difícil para nós operarmos as manifestações físicas neste momento, porque a tendência do pensamento coletivo é contra nós. Quando chegar a grande mudança, porém, as pessoas serão sacudidas de sua atitude radical, ignorante e antagônica, o que abrirá caminho para que possamos dar demonstrações mais amplas do que as dadas até agora. Atualmente estamos diante de uma espécie de muro, contra o qual devemos bater, mas perdemos noventa por cento de nossa força batendo nesse muro de ignorância em busca de um ponto fraco pelo qual possamos chegar a vocês. Sabemos, entretanto, que muitos estão cavando e martelando do outro lado para permitir nossa entrada. Não foram vocês que o construíram; ao contrário, estão nos ajudando a passar por ele. Em pouco tempo, o muro tornar-se-á tão frágil que se desintegrará e, em lugar de nos arrastarmos através dele com dificuldade, surgiremos todos ao mesmo tempo, como gloriosa equipe. Será então o clímax: o encontro do Espírito com a matéria.

Se a verdade sobre o Espiritualismo dependesse apenas das faculdades mediúnicas da Sra. Leonard, as provas reunidas já seriam esmagadoras, pois ela atendeu a centenas de clientes, e estes raramente se mostraram insatisfeitos. Há, entretanto, muitos clarividentes, com menor grau mediúnico, que talvez a pudessem igualar, se empregassem suas faculdades com a mesma reserva. Não há dinheiro que faça a Sra. Leonard receber mais de dois clientes por dia, e é a esta norma, sem dúvida, que se deve a manutenção da excelência de seus resultados.

Entre os clarividentes londrinos com os quais o autor realizou experimentos, o Sr. Vout Peters ocupa lugar de destaque, haja vista notável prova que foi obtida por seu intermédio.[305]

Outro excelente médium é a Sra. Annie Brittain. O autor, durante a guerra, tinha o hábito de enviar-lhe pessoas que pranteavam parentes

---

[305] Nota do autor: DOYLE, Arthur Conan. *The New Revelation*, p. 53.

e amigos mortos, guardando as cartas nas quais elas narravam suas experiências. O resultado foi bastante significativo. Entre os primeiros cem casos, podem ser selecionados oitenta em que os consulentes conseguiram estabelecer contato com seus entes queridos. Em algumas situações, a experiência foi admirável, sendo difícil avaliar-se o conforto daí advindo. Com efeito, a transformação de sentimentos que se opera numa pessoa que ouve, mesmo fracamente, a voz querida que, devassando o silêncio da morte, retorna para falar-lhe, com arroubos de felicidade, é realmente extraordinária. Narra certa senhora que estava determinada a acabar com a própria existência, tão triste e vazia esta se lhe figurava. Entretanto, quando deixou a sala de sessões da Sra. Brittain, renovada esperança fluía de seu coração. Quando se tem notícia de que médiuns de tal porte são arrastados às delegacias de polícia, interrogados por policiais ignorantes e condenados por magistrados ainda mais ignorantes, sente-se de fato que ainda se vive no período escuro da história do mundo.

Assim como a Sra. Leonard, a Sra. Brittain era assistida por um Espírito familiar que se apresentava como criança. Seu nome era Belle. Em sua vasta pesquisa, o autor encontrou muitas criaturinhas dessas em diferentes partes do mundo e nelas identificou sempre o mesmo caráter, a mesma voz e os mesmos gestos agradáveis. Ao pensador, essa semelhança mostraria por si só a ação de uma lei geral. Feda, Belle, Íris, Harmonia e muitos outros guias tagarelam com suas vozes agudas de falsete, e sua presença e ensinamentos tornam o mundo melhor.

A Srta. McCreadie é outra notável clarividente londrina, pertencente à velha escola: ela irradia uma atmosfera de religião que, por vezes, faz falta. Há muitos outros, mas resenha alguma poderia ser completa sem que nos referíssemos aos significativos e elevados ensinos transmitidos por Johannes e os outros guias da Sra. Hester Dowden, filha do famoso especialista em Shakespeare. Não nos podemos abster também de citar o capitão Bartlett, cujos admiráveis escritos e desenhos possibilitaram ao Sr. Bligh Bond descobrir as ruínas de duas capelas de Glastonbury, as quais estavam tão soterradas que apenas o sentido da clarividência poderia marcar-lhes a exata posição. Os leitores de *O portão da lembrança*[306] compreenderão todo o valor desse marcante episódio.

---

[306] N.T.: *The Gate of Remembrance*.

Os fenômenos de voz direta são diferentes dos de mera clarividência e de fala em transe, pois os sons, na voz direta, não parecem provir do médium, mas do exterior. Esses sons muitas vezes são ouvidos a uma distância de várias jardas,[307] ainda que se coloque água na boca do médium, e podem mesmo ser provocados por duas ou três vozes ao mesmo tempo. Em tais ocasiões, uma trombeta de metal é usada para ampliar a voz e também, como se supõe, para formar pequena câmara escura onde as verdadeiras cordas vocais utilizadas pelo Espírito são materializadas. Essa situação é interessante e tem causado muita apreensão aos que possuem pouca experiência no assunto, porque, em geral, os primeiros sons se assemelham à voz do médium. Logo, no entanto, desaparece a semelhança e a voz se torna neutra ou, ainda, pode apresentar estreita similitude com a do morto. É possível que a causa de tal semelhança seja a de que o ectoplasma, com o qual os fenômenos são produzidos, transporte consigo, ao ser retirado do médium, algumas das peculiaridades deste por algum tempo até que a força operante, assumindo o comando, neutralize a influência do medianeiro. Seria bom que os céticos fossem mais pacientes e esperassem o desenvolvimento natural das manifestações. Conheci um investigador, ignorante e senhor de si, que concluiu pela existência de fraude apenas por notar a semelhança de vozes, arruinando toda a sessão com rudes brincadeiras. Se tivesse aguardado, suas dúvidas teriam sido prontamente esclarecidas.

O autor participou de sessões nas quais a voz direta era acompanhada de batidas na trombeta. A médium, Sra. Wriedt, ficava sentada a algumas jardas de distância. As experiências se davam em plena luz do dia, circunstância que afasta a ideia de que a Sra. Wriedt, no escuro, tenha trocado de posição. Não raro ouviam-se duas ou três vozes de Espíritos falando ou cantando ao mesmo tempo, o que, por sua vez, é fatal à hipótese de ventriloquia. De igual modo, a corneta, que é em geral pintada com tinta fosforescente, podia ser vista movendo-se ao longe, fora do alcance das mãos da médium. Certa vez, em casa do Sr. Dennis Bradley, o autor viu a corneta iluminada rodopiar e bater no teto, à semelhança da mariposa. Em seguida, o médium Valiantine, atendendo a uma solicitação, subiu na cadeira onde estava sentado e segurou

---

[307] N.T.: jarda é a "unidade fundamental de comprimento, do sistema inglês, equivalente a 3 pés, ou 914 mm" (*Novo dicionário Aurélio da língua portuguesa*).

CAP 22 | GRANDES MÉDIUNS MODERNOS

a corneta com o braço estendido. Verificou-se, então, a impossibilidade de ele ter tocado o teto. Tal fato foi testemunhado por oito pessoas.

    A Sra. Wriedt nasceu em Detroit há cerca de cinquenta anos, sendo, talvez, o médium americano mais conhecido na Inglaterra. A autenticidade de seus dons mediúnicos pode ser mais bem avaliada por breve descrição do ocorrido quando ela visitou o autor, em sua casa de campo. Nessa ocasião, sentamo-nos todos — o autor e sua esposa, seu secretário e a médium numa sala bem-iluminada. Começamos a cantar um hino. Antes que chegássemos ao término da primeira estrofe, uma quinta voz, de excelente qualidade, juntou-se ao conjunto. Os três observadores tinham plena consciência de que a Sra. Wriedt também cantava. À sessão da noite compareceram vários amigos mortos, que deram todas as provas possíveis de identidade. Uma assistente sentiu a aproximação do pai, falecido recentemente, o qual se apresentou com a mesma forte tosse seca que o acometera em sua enfermidade fatal. Ele tratou, com bastante discernimento, de uma questão envolvendo certo legado. Um amigo do autor, anglo-indiano, de temperamento irritável, manifestou-se — tanto quanto é possível fazê-lo por meio da voz —, reproduzindo exatamente sua maneira de falar e relatando episódios da existência terrena. Outro assistente recebeu a visita de alguém que alegava ser sua tia avó. Em princípio, negou o parentesco, mas fazendo pesquisa junto aos de sua família, descobriu que havia tido realmente uma tia do mesmo nome, a qual falecera quando ele era criança. A telepatia é insuficiente para abranger tais casos.

    Ao todo, o autor realizou experiências com pelo menos vinte médiuns de voz direta, não tendo sido pouca sua perplexidade ao verificar a diferença no volume dos sons por eles obtidos. Frequentemente o volume é tão baixo que só com dificuldade se percebe a mensagem. Poucas experiências são mais penosas do que a de forçarmos o ouvido para escutar, no escuro, sons ofegantes e entrecortados, vozes que se expressam com dificuldade diante de nós e que muito poderiam significar, se as pudéssemos bem compreender! Por outro lado, o autor teve notícia de algo deveras embaraçoso: no quarto de movimentado hotel em Chicago, irrompeu uma voz que poderia ser comparada ao rugido do leão. O médium dessa proeza era um jovem americano franzino, que não teria condições de produzir o som com seus órgãos vocais. Entre esses dois extremos, podem-se ouvir todas as gradações de volume e vibração dessas vozes.

George Valiantine, já referido, talvez ocupasse o segundo lugar, se o autor tivesse de fazer uma lista dos grandes médiuns de voz direta com os quais trabalhou. Foi ele examinado pela comissão do *Scientific American*, mas rejeitado, sob a desculpa de que certo instrumento elétrico mostrara que ele tinha saído de sua cadeira enquanto a voz se fazia ouvir. O caso atrás citado pelo autor, em que a corneta girava fora do alcance desse médium, é prova decisiva de que os resultados por ele obtidos não dependem do fato de sair ou não da cadeira. Ademais, o efeito produzido pelo fenômeno não está tanto no modo como o som é produzido, mas, principalmente, no que diz a voz. Quem lê *Rumo às estrelas*, de Dennis Bradley, e seu livro seguinte narrando a longa série de sessões em Kingston Valle, percebe que nada pode explicar a mediunidade de Valiantine, a não ser o fato de que ele possui mesmo faculdades psíquicas excepcionais. Estas variam muito, de acordo com as condições, mas, quando tudo lhes é propício, atingem níveis bem-elevados. Como a Sra. Wriedt, Valiantine não cai em transe; entretanto, o estado em que fica não pode ser considerado normal. Há condições de semitranse que aguardam pelas investigações dos estudiosos do futuro.

O Sr. Valiantine exerce a profissão de manufatureiro numa pequena cidade da Pensilvânia. Ele é calmo, amável, bondoso e, como está em plena juventude, uma carreira promissora deve estender-se à sua frente.

Como médium de materialização, Jonson, de Toledo, que, posteriormente residiu em Los Angeles, até onde o autor pôde observar, está sozinho em posição de destaque. Naturalmente, o nome da esposa deve ser ligado ao seu, pois trabalham juntos. A peculiaridade do trabalho de Jonson reside no fato de que ele fica sentado fora da cabine, inteiramente à vista do grupo, enquanto a esposa permanece perto daquela, supervisionando os trabalhos. A descrição completa de uma sessão com Jonson está à disposição dos interessados no livro do autor *Nossa segunda aventura americana*,[308] sendo sua mediunidade também tratada de forma ampla pelo Almirante Usborne Moore,[309] que se inclui entre os maiores pesquisadores de psiquismo. Ele realizou muitas sessões com Jonson, nas quais contou com o apoio de um ex-chefe do Serviço Secreto dos Estados Unidos, que,

---

[308] N.T.: *Our Second American Adventure*.
[309] Nota do autor: *Glimpses of the Next State*, p. 195, 322.

CAP 22 | GRANDES MÉDIUNS MODERNOS

permanecendo vigilante durante os trabalhos, nada encontrou contra o médium. Quando nos lembramos de que Toledo era nessa época uma cidade de recursos limitados e que, algumas vezes, cerca de vinte personalidades diferentes se manifestavam em uma única sessão, percebemos que a personificação seria impossível no caso. Certa ocasião, em que estava presente o autor, inúmeras figuras emergiram de pequena cabine, aparecendo uma de cada vez. Eram velhos e jovens, homens, mulheres e crianças. A luz de uma lâmpada vermelha era suficiente para que os assistentes vissem as aparições, embora não pudessem distinguir os pormenores das fisionomias. Algumas dessas figuras permaneceram fora da cabine nada menos que vinte minutos e conversaram livremente com o grupo, respondendo a todas as perguntas que lhes eram formuladas. Nenhuma pessoa pode dar a outra um cheque em branco, por confiar em sua honestidade, certificando que ela é honesta e sempre o será. O autor pode apenas dizer que, nessa sessão específica, ele ficou inteiramente convencido da autenticidade dos fenômenos e que não tem motivo para deles duvidar em qualquer outra ocasião.

Jonson é homem de compleição forte e, nada obstante esteja agora beirando a velhice, suas faculdades psíquicas são ainda inigualáveis. Ele é a personagem central de um grupo em Pasadena, perto de Los Angeles, grupo este que se reúne toda semana para usufruir das notáveis faculdades do médium. O finado astrônomo professor Larkin, que era frequentador habitual desse grupo, garantiu ao autor estar inteiramente convencido da honestidade de Jonson em relação à própria mediunidade.

As materializações parecem ter sido mais comuns no passado que nos dias de hoje. Quem leu obras como *Aparições materializadas*, de Brackett, ou *Não há morte*, da Srta. Marryat, que o diga. Atualmente, a materialização completa é muito rara. O autor participou de sessão com um tal Thompson, em Nova Iorque, mas o que ali se passou não o convenceu. Esse homem, inclusive, foi preso pouco depois, acusado de fraude, em circunstâncias que não deixam dúvida alguma sobre sua culpa.

Há médiuns que, sem se especializarem em determinadas faculdades, podem obter, em larga escala, fenômenos variados. Entre todos os que o autor conheceu, ele destacaria, pela variedade e consistência das manifestações, a Srta. Ada Besinnet, de Toledo, na América, e o Sr. Evan Powell, que residia anteriormente em Merthyr Tydvil, no País de Gales. Ambos são médiuns admiráveis, além de pessoas boas e gentis, dignas das notáveis faculdades que possuem. No caso da Srta. Besinnet, os fenômenos incluem as vozes diretas, frequentemente duas ou mais ao mesmo tempo. Manifesta-se, por seu intermédio, o guia de nome Dan, possuindo notável voz de barítono. Qualquer um que tenha ouvido essa voz jamais duvidará de sua incompatibilidade com o organismo da médium. Por vezes, junta-se à de Dan, em harmonioso dueto, uma voz feminina. Expressivo assobio, em que não se percebe a pausa para a entrada do ar, é outra manifestação de sua mediunidade. Assim também a produção de luzes de acentuado brilho. Assemelham-se estas luzes a pequenos objetos sólidos luminosos, um dos quais o autor, certa vez, teve a curiosa experiência de ver sobre seu bigode. Tivesse aí pousado um grande vagalume e o efeito teria sido o mesmo. As vozes diretas da Srta. Besinnet — exceto quando provêm dos guias — não são fortes; muitas vezes é até difícil ouvir as mensagens que transmitem. O que mais surpreende em sua mediunidade, porém, é o aparecimento de rostos de fantasmas em faixa luminosa diante dos assistentes. Afiguram-se simples máscaras, pois não mostram profundidade. Na maioria dos casos, os rostos são opacos e, ocasionalmente, semelhantes ao da médium: isto quando a saúde desta ou a coesão do grupo está enfraquecida. Em condições favoráveis, a similitude não existe. Por duas vezes, o autor viu rostos que ele poderia jurar pertencerem, respectivamente, a sua mãe e a seu sobrinho Oscar Hornung, jovem oficial morto na guerra. Eram eles tão visíveis e distintos quanto em vida. Por outro lado, havia noites em que não era possível qualquer reconhecimento claro, conquanto, entre os rostos, alguns se apresentassem tão belos e puros que poderiam ser tidos por angélicos.[310]

 No mesmo nível da Srta. Besinnet está o Sr. Evan Powell, com idêntica variedade de manifestações, embora nem sempre com os mesmos tipos de mediunidade. Os fenômenos luminosos de Powell são igualmente bons. Sua produção de voz direta, entretanto, é melhor. O autor ouviu vozes de Espíritos tão altas quanto as da fala humana e relembra uma ocasião em que três delas falavam simultaneamente, uma à Sra. Cowan,

---

[310] N.T.: várias avaliações e experiências da mediunidade da Srta. Besinnet podem ser encontradas na obra do autor *Our American Adventure*, p. 124-132; no livro *Glimpses of the Next State*, do almirante Moore, p. 226 e 312, e, finalmente, no relato do Sr. Hewat McKenzie, no Psychic Science, 1922.

outra a Sir James Marchant e a terceira a Sir Robert McAlpine. São comuns os movimentos de objetos nas sessões de Powell. Certa feita, um móvel pesando 60 libras foi suspenso, por algum tempo, acima da cabeça do autor. Evan Powell sempre insiste em ficar bem amarrado durante as sessões, o que é feito para sua proteção, pois ele não tem controle sobre os próprios movimentos durante o transe. Isso lança interessante luz sobre a possível natureza de algumas denúncias de fraude. Há provas suficientes de que o médium, inconscientemente ou sob sugestão da assistência, pode agir de modo suspeito. Além disso, forças maléficas, simplesmente perturbadoras ou mesmo contrárias ao Espiritualismo, por vezes atuam sobre ele, enquanto em transe, fazendo-o adotar atitudes que o levam ao descrédito. Algumas observações muito sensatas sobre esse assunto, com base em sua experiência pessoal, foram feitas pelo professor Haraldur Nielsson, da Islândia, ao comentar o caso em que certo integrante do grupo cometeu fraude grosseira, por instigação de um Espírito, que, posteriormente, admitiu o fato.[311] De modo geral, pode-se dizer que Evan Powell é o médium mais bem dotado da Inglaterra nos dias atuais. Isto porque, além de transmitir a doutrina espiritualista, independentemente de estar ou não sob a influência do guia espiritual, possibilita a ocorrência de quase todos os tipos de fenômenos. É pena que seu comércio de carvão em Devonshire não lhe permita estar constantemente em Londres.

A mediunidade de escrita em lousas propicia manifestações admiráveis. A Sra. Pruden, de Cincinnati, que a possui em alto grau, visitou recentemente a Grã-Bretanha, exibindo suas notáveis faculdades a inúmeras pessoas. O autor, que participou de várias de suas sessões, explicou minuciosamente o método de trabalho dessa médium no livro *Nossa aventura americana*, já referido. Por tratar-se de trecho curto e com o intuito de tornar o assunto mais claro para os iniciantes, passamos a transcrevê-lo:

> Tive muita sorte ao entrar mais uma vez em contato com a excelente médium Sra. Pruden, de Cincinnati, que veio a Chicago participar de minhas conferências. A cortesia de seu anfitrião, Sr. Holmyard, facultou-nos o ensejo de realizar, no *Blackstone Hotel*,

---

[311] Nota do autor: *Psychic Science*, jul. 1925.

uma sessão de esplêndidos resultados. Trata-se senhora idosa e gentil, com maneiras maternais. Sua principal faculdade é a da escrita em lousas, fenômeno que eu ainda não havia presenciado. Eu sabia que era comum o uso de truques nesse gênero de manifestação. Entretanto, a médium estava ansiosa por usar minhas lousas, permitindo-me que examinasse as suas cuidadosamente. Seu método é o seguinte: prepara uma cabine escura cobrindo a mesa com um pano; sustenta a lousa debaixo desta com uma das mãos; o assistente segura a lousa pelo outro lado; a médium deixa visível a mão livre; são duas lousas: o lado da escrita de uma fica virado para o lado correspondente da outra; entre ambas, prende-se um pedacinho de lápis. Após meia hora de espera, a escrita começou a ser produzida. Era uma sensação muito estranha a de segurar as ardósias e sentir o trepidar e a vibração do lápis entre elas. Todos os presentes tinham formulado uma pergunta e dobrado cautelosamente o papel, colocando-o no chão, debaixo do pano, a fim de que a força psíquica pudesse ter condições adequadas para desenvolver seu trabalho, que sempre sofre a interferência da luz.

Encontramos as respostas de nossas perguntas escritas na lousa. Ao nos ser dada licença para recolher os papéis que havíamos dobrado, percebemos que nenhum deles tinha sido aberto. Devo dizer que a sala estava inundada pela luz do dia, não sendo possível à médium abaixar-se sem que fosse vista.

Nessa manhã em que se realizou a sessão, tinha ainda de me encontrar com o inventor francês Dr. Gelbert, para tratar de um negócio, em parte espiritual e em parte material. Em minha pergunta, quis saber se seria sensato participar do referido encontro. A resposta na ardósia foi a seguinte: "Confie no Dr. Gelbert. Kingsley". Não tinha mencionado seu nome em minha pergunta e a Sra. Pruden nada sabia sobre o assunto. Minha esposa recebeu longa mensagem, assinada, de querida amiga sua. A assinatura era autêntica. Ao todo, as manifestações eram de alto grau de convencimento. Batidas sobre a mesa, fortes e definidas, acompanharam toda a nossa conversação.[312]

---

[312] Nota do autor: *Our American Adventure*, p. 144-145.

CAP 22 | GRANDES MÉDIUNS MODERNOS

Em geral, tanto o método como os resultados da Sra. Pruden são idênticos aos do Sr. Pierre Keeler, dos Estados Unidos. O autor não conseguiu realizar sessão com este último, mas um amigo seu presenciou fatos que colocam a verdade dos fenômenos acima de todo questionamento, obtendo respostas a perguntas inseridas em envelopes posteriormente lacrados, circunstância que afasta a explicação favorita de que o médium consegue, por algum meio, ler as tiras de papel. Entretanto, quem participou de experiências com a Sra. Pruden sabe que ela não se abaixava durante a sessão e que as tiras de papel permaneciam aos pés dos assistentes.

Faculdade mediúnica notável é a que torna, pela fixação do olhar do médium, plenamente visíveis os quadros formados num objeto de cristal. O autor testemunhou o fato apenas uma vez, pela mediunidade de uma senhora de Yorkshire. As imagens sucediam-se nítidas e bem definidas, separadas umas das outras por intervalos preenchidos por uma névoa. Não pareciam estar ligadas a qualquer evento passado ou futuro: eram apenas pequenos trechos de paisagens, rostos opacos e coisas do gênero.

Tais são algumas das variadas formas de força espiritual oferecidas a nós por antídoto contra o materialismo. As mais elevadas, contudo, não são as de ordem física, mas as que se encontram nos inspirados escritos de homens como Davis, Stainton Moses e Vale Owen. Nunca é demais repetirmos, porém, que o simples fato de vir uma mensagem por via mediúnica não garante que ela seja superior ou autêntica. Existem, no lado invisível, os pretensiosos, os que se iludem a si mesmos, os pensadores artificiais e os enganadores conscientes, prontos a transmitirem suas comunicações inúteis por meio de agentes descuidados. Toda mensagem deve ser detidamente examinada e avaliada. Muita coisa deverá ser posta de lado, mas o que restar será digno de nossa mais respeitosa atenção. Nada, entretanto, por melhor que seja, tem caráter definitivo, podendo ser alterado, como ocorreu no caso de Stainton Moses, quando atingiu o Outro Lado. Esse grande mestre, por intermédio da Sra. Piper, admitiu a existência de pontos sobre os quais ele tinha sido mal informado.

Os médiuns de que tratamos possuem vários tipos de mediunidade. Há, contudo, muitos outros que mereceriam destaque, se houvesse espaço. O autor reuniu-se diversas vezes em sessão com Sloan e Phoenix, de Glasgow, ambos com faculdades notáveis, abrangendo quase todo o campo mediúnico. Tanto um como outro são (ou foram) criaturas ausentes do mundo, inteiramente desapegados das coisas desta vida. A Sra. Falconer, de Edimburgo, é um médium de transe de considerável força. Entre os médiuns da nova geração, o autor investigou Husk e Craddock, cujas faculdades mediúnicas apresentam grandes oscilações de intensidade; a Sra. Susanna Harris, a qual tem fornecido boas provas de efeitos físicos; a Sra. Wagner, de Los Angeles, com mediunidade semelhante à da anterior, e os não profissionais John Ticknor, de Nova Iorque e Sr. Nugent, de Belfast, que estão nos primeiros voos da mediunidade de transe.[313]

Em relação a John Ticknor, o autor pode citar uma experiência que fez e relatou nos *Proceedings* da Sociedade Americana de Pesquisas Psíquicas,[314] uma corporação que, quase tanto quanto sua similar da Inglaterra, se manteve retrógrada por ação de seus maus dirigentes do passado. Nesse caso, o autor registrou cuidadosamente a pulsação do Sr. Ticknor em várias ocasiões: em seu estado normal; quando se manifestava o coronel Lee, um de seus guias espirituais, e sob a influência do guia pele-vermelha Falcão Negro. Os batimentos foram 82, 100 e 118, respectivamente.

A Sra. Roberts Johnson é outra médium de resultados desiguais, mas, quando está em suas melhores condições, apresenta excelente rendimento em relação aos fenômenos de voz direta. O caráter religioso está ausente de suas sessões: uma atmosfera descontraída, provocada pelos alegres jovens camponeses do Norte, que se manifestam, as envolve, divertindo os assistentes, mas afastando aqueles que preferem tratar de forma solene os assuntos do Espiritualismo. A voz escocesa profunda de David Duguid, o qual em vida fora médium famoso, desafia todas as possibilidades de imitação pela garganta de uma mulher. Suas observações transmitem dignidade e sabedoria. O reverendo Dr. Lamond assegurou-me que Duguid, durante uma das sessões, recordou-lhe desentendimento ocorrido entre ambos, quando este último ainda estava deste lado, circunstância que se apresenta como prova suficiente de individualidade.

Não há, entre os fenômenos psíquicos, efeito mais curioso e dramático que o transporte. É tão surpreendente que dificilmente o cético se

---

[313] N.T.: psicofonia.
[314] N.T.: American Society for Psychical Research.

convence de sua possibilidade. Mesmo ao espiritualista é difícil aceitá-lo, até que se defronte com fatos cuja realidade não possa contestar. A introdução do autor ao conhecimento dos assuntos espirituais foi, em grande parte, devida ao finado general Drayson, o qual, naquela época (há quarenta anos, aproximadamente), recebia, por uma médium não profissional, uma série de transportes de objetos bem curiosos: lâmpadas de origem indiana, amuletos, frutos frescos e coisas do gênero. Fenômeno assim tão magnífico e fácil de ser simulado era demais para a compreensão de um iniciante e, em lugar de ajudá-lo, retardou-lhe o progresso. Posteriormente, contudo, o autor encontrou-se com o editor de conhecido jornal, que, após a morte do general Drayson, passou a fazer experiências com a mesma médium, obtendo transportes similares, debaixo de rígidas condições. O autor foi forçado a reconsiderar sua opinião e crer que havia subestimado tanto a honestidade da médium quanto a inteligência de seu experimentador.

O Sr. Bailey, de Melbourne, parece ter sido notável médium de transporte, não acreditando o autor em sua impostura, em Grenoble. Bailey declara que foi vítima de conspiração religiosa e, à vista dos registros de sua longa série de sucessos, é mais provável ser verdadeira sua afirmação do que ter ele introduzido, por algum meio misterioso, um pássaro vivo na sala de sessões, sabendo antecipadamente que aí seria despido e examinado. A explicação dos pesquisadores de psiquismo de que o pássaro estava escondido em seu intestino é o exemplo supremo dos absurdos que a incredulidade pode conceber. Certa vez, o autor teve a experiência de um transporte com Bailey, impossível de ser explicado de modo diferente. Eis sua descrição:

> Em seguida, colocamos o Sr. Bailey em um canto da sala, reduzimos as luzes, e aguardamos. Quase no mesmo instante, ele começou a respirar de forma pesada, dando sinais de que entrava em transe mediúnico e, em seguida, falou algo em língua estrangeira ininteligível para mim. Um de nossos amigos, o Sr. Cochrane, disse tratar-se de idioma indiano e imediatamente passou a responder, travando-se ligeira conversação entre ambos. Após o diálogo, o comunicante afirmou, em inglês, que era um guia hindu, acostumado a fazer transportes com o médium, e que esperava ser capaz de trazer algo para nós. "Aqui está" — disse ele, pouco tempo

depois —, e o médium estendeu a mão com alguma coisa dentro dela. A luz foi aumentada e vimos que se tratava de perfeito ninho de pássaro, lindamente construído de finíssimas fibras misturadas com musgo. Tinha cerca de 2 polegadas de altura e 3 de largura, não sendo observado vestígio algum de achatamento, que pudesse ter ocorrido por sua eventual ocultação. Dentro do ninho havia pequeno ovo branco, com pintinhas marrons. O médium — ou, antes, o guia hindu agindo por seu intermédio — colocou o ovo na palma da mão e quebrou-o, fazendo com que a clara se derramasse. Não havia traço algum da gema. "Não temos a permissão de interferir na vida" — disse ele. "Se tivesse havido fertilização, não poderíamos tê-lo trazido". Essas palavras foram ditas antes de quebrar o ovo, fato que demonstra conhecimento das condições em que o ovo se se encontrava. Isto é deveras notável.

— De onde veio o ovo? — perguntei-lhe.

— Da Índia.

— Que pássaro é este?

— É chamado lá de pardal da floresta.

Guardei o ninho comigo e passei uma manhã inteira com o Sr. Chubb, do museu local, para certificar-me de que o ninho era realmente do tal pássaro. Parecia muito pequeno para um pássaro indiano e, no entanto, nem o ninho nem o ovo podiam ser classificados entre os tipos australianos! Outros ninhos e ovos transportados pelo Sr. Bailey têm sido devidamente identificados. Conquanto seja válido o argumento de que tais pássaros possam ser importados e adquiridos, é, certamente, um insulto à razão supor-se que ninhos com ovos frescos estejam também nos mercados. Assim, posso tão somente apoiar-me na extensa experiência do Dr. MacCarthy, de Sydney, com seus bem-elaborados ensaios, e afirmar a minha crença de que o Sr. Charles Bailey era médium autêntico, possuidor de notável faculdade de transporte.

Devo dizer, entretanto, que, ao retornar a Londres, levei uma das placas assírias de Bailey ao *Museu Britânico* e lá me foi dito que era falsa. Pesquisa posterior revelou que cópias dessa natureza são produzidas por judeus em um subúrbio de Bagdad e, até onde se sabe, somente ali. Desse modo, o assunto não avançou muito. Pode-se conceber que, para o ato de transporte, uma peça recentemente embebida de magnetismo humano seja mais fácil de ser manipulada do que outra retirada diretamente de um monumento. Bailey produziu transportes de pelo menos uma centena desses objetos, e nenhum oficial da Alfândega declarou o modo por que entraram no país. Por outro lado, disse-me ele claramente que as placas passaram pelo crivo do *Museu Britânico*, o que afasta a confiança na autenticidade de suas palavras. E é justamente aí que reside a grande dificuldade de solucionar o caso. É sempre bom recordarmos, porém, que a mediunidade de efeitos físicos não tem ligação alguma com o caráter do médium, assim como não há vínculo necessário entre a conduta moral do poeta e o dom da poesia.[315]

Esquecem-se os críticos que acusam Bailey de impostura[316] ter ele suportado, pouco antes da experiência de Grenoble, longa série de testes em Milão, durante os quais os investigadores adotaram até o extremo e injustificável procedimento de o observarem secretamente no quarto de dormir. A Comissão, integrada por nove pessoas, entre as quais homens de negócios e médicos, fiscalizou dezessete sessões, chegando mesmo a colocar o médium dentro de um saco, mas nada descobriu de errado. Tais sessões, ocorridas de fevereiro a abril de 1904, foram amplamente descritas pelo professor Marzorati. À vista do sucesso de Milão, a acusação posterior na França foi, decerto, exagerada. Se às chamadas mistificações se desse o mesmo tratamento analítico e cético que se aplica aos fenômenos, a opinião pública seria orientada de maneira mais justa.

O fenômeno de transporte afigura-se tão acima de nossa compreensão que, certa feita, o autor pediu a um guia espiritual lhe dissesse algo que pudesse lançar luz sobre o assunto. A resposta foi a seguinte:

> Esse fenômeno possui características que estão além da ciência humana, não podendo, assim, ser esclarecidas. Pode ser usada,

---

[315] Nota do autor: *The Wanderings of a Spiritualist*, p. 103-105.
[316] Nota do autor: *Annals of Psychical Science*, vol. IX.

entretanto, como analogia grosseira, a água que se transforma em vapor. Este, por sua vez, sendo invisível, tem condições de ser levado a qualquer lugar e aí apresentar-se de novo como água.

Trata-se, como o próprio guia afirma, de analogia e não de explicação, mas que, de alguma forma, nos dá uma ideia do que acontece. Deve ser acrescentado, como já referido, que não apenas o Sr. Stanford, de Melbourne, mas também o Dr. MacCarthy, um dos principais médicos de Sydney, realizaram longa série de experiências com Bailey, dando-se por convencidos de sua mediunidade.

Os médiuns mencionados não esgotam, de modo algum, a lista daqueles com os quais o autor tem tido oportunidade de fazer experiências, e ele não poderia encerrar este tópico sem se referir ao ectoplasma de Eva, que experimentou entre os dedos, ou à luminosidade radiante de Frau Silbert, que viu jorrar, como coroa cintilante, da cabeça da médium. Pensa ter dito o suficiente não só para mostrar que a sucessão de grandes médiuns não se acaba para quem esteja determinado a prosseguir em suas pesquisas, como também para assegurar ao leitor destas páginas que elas foram escritas por alguém que não mediu sacrifícios para adquirir o conhecimento prático de seus estudos. Quanto à pecha de crédulo, a qual os não receptivos invariavelmente lançam contra quem possui opinião positiva sobre este assunto, o autor pode solenemente declarar que, durante sua longa carreira como investigador jamais se enganou a respeito de algum ponto importante, ou considerou honesto qualquer trabalho cuja desonestidade tenha sido posteriormente comprovada. A pessoa crédula não gasta vinte anos de leitura e experiências antes de chegar às próprias conclusões.

Nenhum relato sobre a mediunidade de efeitos físicos seria completo se omitisse os notáveis resultados obtidos por Margery, pseudônimo da Sra. Crandon, a bela e talentosa esposa de um dos principais cirurgiões de Boston. Há alguns anos essa dama demonstrou possuir faculdades psíquicas. Aliás, o *Scientific American Committee* voltou seus olhos para ela, às instâncias do autor. Assim fazendo, porém, ele, involuntariamente, expôs a médium a muitos aborrecimentos e preocupações, suportados com extraordinária paciência por ela e pelo esposo. É difícil dizer-se o que é mais irritante: se o mágico Houdini, com suas grotescas e ignorantes teorias de fraude, ou os tais *cientistas*, como o professor McDougall, de Harvard, que, depois de participar de cinquenta sessões e ter assinado as atas que registraram tantos fatos surpreendentes, foi incapaz de emitir qualquer julgamento definitivo, contentando-se com vagas deduções. E esse estado de coisas não melhora com interferências como a do Sr. E. J. Dingwall, da S.P.P. de Londres, o qual aceita a mediunidade com entusiasmo em cartas particulares, mas nega sua convicção em público. Esses supostos especialistas são pouco convincentes em relação ao assunto, enquanto mais de duzentos assistentes de bom senso tiveram suficiente inteligência e honestidade para testemunhar, como verdadeiro, o ocorrido diante de seus olhos. O autor pode acrescentar ter ele próprio feito experiência com a Sra. Crandon, ficando convencido, tanto quanto o poderia numa sessão, da realidade e abrangência de sua força psíquica.

No caso em apreço, o guia espiritual afirma ser Walter, irmão falecido da médium, revela personalidade marcante, com forte senso de humor e considerável domínio da linguagem irônica. O fenômeno apresenta-se como de voz direta, masculina, que parece atuar a algumas polegadas da testa da médium. As faculdades da Sra. Crandon, com o tempo, ampliaram seu âmbito de ação até englobar atualmente quase todas as formas de mediunidade. O tilintar de campainhas sem contato produz-se *ad nauseam,* de modo que ninguém, salvo se for surdo como uma pedra ou *especialista em ciência,* pode duvidar do fato. Movimentos de objetos à distância, luzes espirituais, soerguimento de mesas, transportes e, finalmente, a nítida produção de ectoplasma, em boa luz vermelha, ocorrem de modo contínuo. O paciente trabalho do Dr. Crandon e senhora será, decerto, recompensado: seus nomes serão incluídos na história da ciência psíquica, assim como os de seus detratores, mas numa categoria bem diferente da destes últimos.

De todas as formas de mediunidade, a mais elevada e valiosa, quando confiável, é a denominada escrita automática, porque se apresenta como método direto de obtenção de ensinos do Além. Infelizmente, esse método leva facilmente à decepção, pois o subconsciente, como se sabe, possui muitas faculdades ainda desconhecidas. É impossível aceitar toda mensagem recebida por escrita automática como expressão cem por cento da verdade espiritual. O vidro opaco sempre coará a luz que o atravessa, e o organismo humano está longe de ser cristal transparente. A veracidade de qualquer comunicação dessa espécie não depende de meras afirmações, mas de circunstâncias que confirmem seu conteúdo. Além disso, não deve a mensagem ajustar-se à mentalidade do médium, mas sim à do suposto inspirador. Quando, no caso do falecido Oscar Wilde, por exemplo, obtêm-se longas comunicações com as características de seu estilo e escritas na própria caligrafia do autor, relatando episódios obscuros de sua vida, forçoso é que se admita tratar-se de prova esmagadora. Existe atualmente grande efusão de escrita automática em todos os países de língua inglesa. Há os bons manuscritos, os maus e os neutros, sendo que os bons revelam os traços da inspiração superior. O cristão e o judeu bem poderiam perguntar a si mesmos por que alguns trechos do Velho Testamento são tidos como escritos dessa maneira [escrita automática], enquanto exemplos semelhantes dos tempos modernos são tratados com desprezo. Há, na *Bíblia*, diversos exemplos que mostram o uso antigo dessa forma particular de comunicação dos Espíritos, como neste trecho: "E foi-lhe trazida uma carta do profeta Elias, dizendo..." etc. (II Crônicas, 21:12).

Entre todos os casos ocorridos nos últimos anos nenhum se compara, em amplitude e dignidade, aos escritos do reverendo George Vale Owen, cuja magnífica obra *A vida além do véu*[317] pode ser comparada à de Swedenborg, quanto ao aspecto da permanente influência espiritual. Essa interessante característica é levantada pelo Dr. A. J. Wood, que afirma existir íntima semelhança entre o trabalho desses dois videntes, mesmo nos pontos mais sutis e complexos. Note-se, entretanto, que Vale Owen conhece apenas superficialmente os escritos do grande mestre sueco.

George Vale Owen é figura tão proeminente na história do moderno Espiritualismo que viriam muito bem a propósito algumas notas a seu respeito. Nasceu em Birmingham, no ano de 1869, sendo aí educado, no Midland Institute e no Queen's College. Depois dos curatos de Seaforth, Fairfield e da baixa Scotland Road, divisão de Liverpool, os quais lhe proporcionaram larga experiência no convívio com os pobres, tornou-se vigário de Oxford, próximo a Warrington, onde, por sua energia, conseguiu erguer uma nova igreja. Permaneceu ali durante vinte

---

[317] N.T.: *The Life Beyond the Veil*.

CAP 22 | GRANDES MÉDIUNS MODERNOS

anos, trabalhando em sua paróquia e fazendo preleções intensamente apreciadas. Surgiram-lhe então algumas manifestações psíquicas e, finalmente, sentiu-se compelido a exercitar suas faculdades latentes de escrita sob inspiração. No início, a escrita parecia provir de sua mãe, mas, posteriormente, de Espíritos elevados ou Anjos, os quais integravam, com ela, a mesma falange espiritual. Eram, em seu conjunto, informações sobre a vida depois da morte, ensinos filosóficos e conselhos oriundos de fontes invisíveis, que apresentam, aos olhos do autor, sinais marcantes de sua origem elevada. A narrativa, digna e superior, se expressa em inglês um tanto arcaico, circunstância que lhe dá curioso sabor de originalidade.

Alguns extratos desses trabalhos apareceram em vários jornais, atraindo maior atenção por terem surgido da pena de um vigário da Igreja oficial. Finalmente, os manuscritos chegaram ao conhecimento do finado Lord Northcliffe, que ficou bastante impressionado não só em virtude de seu conteúdo como também pelo desapego do escritor, o qual se recusava a receber qualquer tipo de recompensa por sua publicação. Esta passou a ser feita semanalmente no jornal de Lord Northcliffe, o *Weekly Dispatch*, que saía aos domingos. Nada antes havia levado os nobres ensinos do Espiritualismo tão diretamente ao povo. Tal fato demonstrou, embora incidentalmente, ter sido a política norteadora da imprensa no passado não apenas ignorante e injusta, mas totalmente equivocada em relação aos interesses materiais, pois a circulação do *Dispatch* ampliou-se consideravelmente durante o ano de publicação dos referidos escritos. Esse estado de coisas, entretanto, era altamente ofensivo a certo bispo muito conservador, fato que transformou o Sr. Vale Owen, como sucede a todos os reformadores religiosos, em objeto de desagrado, fazendo-o sofrer velada perseguição dos superiores de sua Igreja. Sob tal pressão, mas envolvido pela força atrativa da comunidade espiritualista, tendo, ainda, o firme apoio da esposa, ele decidiu corajosamente deixar para trás o antigo meio de vida e entregar-se, juntamente com a família, aos desígnios da Providência. Era um passo ousado para um casal que já passara da juventude. Atualmente, após ter feito breve viagem à América e outra à Inglaterra, para proferir conferências, o Sr. Vale Owen preside uma congregação espiritualista em Londres, atraindo considerável audiência tão só pelo magnetismo de sua presença. Eis a excelente descrição que dele faz o Sr. David Gow:

A figura alta e esbelta do ministro; seu rosto pálido e contemplativo, iluminado por grandes olhos, radiantes de ternura e otimismo; suas maneiras modestas; as palavras mansas, carregadas do magnetismo de sua simpatia, tudo isso dá a justa medida do tipo de homem que ele é, revelando-lhe a alma intensamente devota, que se mantém saudável e doce em virtude de um delicado senso de humor e uma visão prática do mundo. Afigura-se investido mais do espírito de Erasmo ou Melanchthon que o do áspero Lutero. Talvez a Igreja não necessite mais de Luteros hoje em dia.

O autor incluiu essa breve notícia no contexto dos relatos de suas próprias experiências, porque se viu honrado, durante alguns anos, pela amizade pessoal do Sr. Vale Owen, fato este que o colocou em condições de estudar e garantir a realidade de suas faculdades psíquicas.

Há que acrescentar, ainda, a ocorrência do fenômeno de voz direta em sessão em que o autor estava sozinho com a esposa. A voz masculina e profunda era ouvida a alguns pés de nossas cabeças, externando apenas breve, mas bem audível cumprimento. Espera-se que posteriores pesquisas possam conduzir a resultados ainda mais consistentes. Há anos que o autor obtém em seu grupo doméstico, por meio da mão e voz de sua esposa, inspiradas e elevadas mensagens, frequentemente de alto valor probante. São, entretanto, muito pessoais e íntimas para serem discutidas num exame geral do assunto.

CAPÍTULO 23
O Espiritualismo e a guerra

Muitas pessoas nada sabiam do Espiritualismo até que, com a guerra de 1914, o Anjo da Morte entrou subitamente nos lares. Tal fato levou os adversários do movimento a afirmarem que a sublevação mundial era a causa preponderante do atual interesse pelas pesquisas psíquicas. Foram mais além esses adversários inescrupulosos: disseram que tanto o autor quanto Sir Oliver Lodge, seu distinto amigo, defendem o assunto porque ambos perderam o filho na guerra, sendo a tristeza daí advinda a responsável pela redução de sua capacidade crítica, pois creem em coisas que, em situação normal, não acreditariam. O autor refutou muitas vezes essa grosseira mentira, declarando que suas investigações se iniciaram bem antes, em 1886. Sir Oliver Lodge, por sua vez, diz o seguinte:

> Não se deve supor que meu ponto de vista tenha mudado apreciavelmente depois da guerra, tendo em vista as experiências pessoais relatadas nas páginas seguintes. Minhas conclusões formaram-se gradualmente ao longo dos anos, embora, sem dúvida, tenham sido baseadas em experiências da mesma natureza vividas por outras pessoas. As experiências que tive em virtude do referido acontecimento mundial, contudo, fortaleceram-me, compelindo-me a testemunhar. Tratava-se agora de experiência pessoal; não mais precisava valer-me do testemunho alheio. Enquanto dependemos, ainda que indiretamente, de provas ligadas

ao sofrimento que a morte causou a outrem, somos reticentes e cautelosos e, por vezes, silenciamos. A reprodução de alguns fatos só por especial permissão pode dar-se e, mesmo assim, esta permissão nem sempre está ligada a casos importantes. Assim, minhas deduções de hoje são as mesmas de ontem; a única diferença é que agora os fatos me pertencem.[318]

Conquanto verdadeiro o fato de que eram milhões os adeptos do Espiritualismo antes da guerra, esta doutrina sem dúvida não era bem compreendida pelo mundo, que dificilmente lhe reconhecia a existência. A guerra mudou a situação. Os desenlaces, ocorridos em quase todas as famílias, despertaram súbito e concentrado interesse na vida após a morte. As pessoas não perguntavam apenas "Morre o homem para viver de novo?"; tinham ânsia de saber se lhes era possível entrar em comunicação com os seres amados que haviam perdido. Procuravam "o toque da mão que desaparecera e o som da voz que não mais ouviam". Não só milhares de pessoas investigavam diretamente, mas, como ocorreu no início do movimento, os que haviam partido tomavam, com frequência, a iniciativa do intercâmbio. Os jornais não conseguiam resistir à investida da opinião pública, sendo dada muita publicidade, então, às histórias de soldados que retornavam, bem como, de modo geral, à questão da vida depois da morte.

Neste capítulo, daremos apenas ligeira notícia das diferentes formas de manifestação do mundo espiritual durante as várias fases da guerra. Além de o próprio conflito ter sido predito inúmeras vezes, soldados mortos mostravam-se em seus antigos lares, advertiam do perigo seus camaradas de luta e deixavam suas imagens em chapas fotográficas; viam-se, nos campos de batalha, figuras solitárias e hostes legendárias, não pertencentes a este mundo; sentia-se mesmo, de tempos em tempos, em todo o cenário da guerra, a forte atmosfera da presença e da atividade do mundo espiritual.

Se fosse permitido ao autor dar seu testemunho pessoal, ele diria o seguinte: embora a morte do filho não tivesse influído em sua opinião, o fato de ver o mundo em conturbação e tristeza, ansiando por socorro

---

[318] Nota do autor: *Raymond*, p. 374.

e conhecimento, atingiu sua mente, levando-o a compreender que esses estudos psíquicos, aos quais se dedicava há tanto tempo, tinham imensa importância prática, não podendo ser considerados mero passatempo intelectual ou fascinante busca de novas pesquisas. Ele encontrou em sua própria casa a prova da presença dos mortos, e o alívio que lhe forneceram as mensagens póstumas fez com que percebesse o grande conforto que teria o mundo torturado, se pudesse compartilhar do conhecimento que lhe bafejava o espírito. Em virtude de tal percepção, o autor e sua esposa, desde o início de 1916, dedicaram-se intensamente ao Espiritualismo, por meio de conferências em muitos países e de viagens realizadas à Austrália, Nova Zelândia, América e Canadá, em missões de instrução. Na verdade, pode-se dizer que a história do movimento espiritualista obedece ao mesmo impulso que compeliu o autor a abraçar a causa com todas as forças do coração. Seu trabalho pode ser considerado bem pequeno dentro do contexto histórico, mas sua lembrança, num capítulo que trata da guerra, parece apropriada, pois foi a atmosfera de guerra que o provocou e desenvolveu.

A profecia é uma faculdade espiritual: toda prova clara de sua existência revela dotes psíquicos que ultrapassam nosso habitual conhecimento. No caso da guerra, muitos poderiam, naturalmente, por meios normais e o uso da própria razão, prever que o estado do mundo se tinha tornado tão instável por causa do militarismo que o equilíbrio não seria mantido. Mas algumas profecias parecem ser tão distintas e minuciosas que vão além da simples razão e previsão das coisas.[319]

O anúncio de uma grande catástrofe mundial atingindo a Inglaterra é referido, em linhas gerais, numa comunicação recebida pelo Grupo Oxley, em Manchester, e publicada em 1885:[320]

> Após o período de duas vezes sete anos, a contar-se da data que lhes foi indicada, as investidas contra a nação britânica obterão sucesso. *Depois dessa época*, terrível conflito será deflagrado,

---

[319] Nota do autor: referências a algumas dessas profecias são encontradas nas seguintes publicações: *Prophecies and Omens of the Great War*, de Ralph Shirley; *The War and the Prophets*, de Herbert Thurston, e *War Prophecies*, de F.C. S. Schiller (S.P.P., *Journal*, jun. 1916).
[320] Nota do autor: *Angelic Revelations*, vol. V, p. 170-171.

grande luta ocorrerá, com imenso derramamento de sangue e, segundo a maneira humana de expressar-se, haverá quedas de reis, perdas de poderes, enorme tumulto e perturbação, e ainda maior distúrbio entre as massas pela posse das riquezas. Falo conforme a possibilidade humana de compreensão. A pergunta mais importante é: Perder-se-á para sempre a Grã-Bretanha? Observamos não só as profecias de muitos representantes do mundo, mas também suas atitudes em relação ao Outro Plano, vendo, mais claramente do que muitos na Terra o admitiriam, o seguinte: entre tais representantes há os que mais amam o ouro do que o princípio que este simboliza. A menos que o Grande Poder, isto é, a Grande Força Operadora da qual lhes falei, intervenha ante a crise que se anuncia e, com serena dignidade, se sobreponha e institua a paz, a profecia de alguns de que a Inglaterra afundará para sempre nas profundezas será cumprida. Assim como os princípios reguladores do Estado devem submergir, por algum tempo, a fim de erguer-se de novo, também a Nação descerá a uma grande profundidade por certo período, porque ela está imersa no amor do que é falso e ainda não adquiriu a inteligência, que, como poderosa alavanca, deverá levantá-la para sua própria dignidade. Irá mergulhar a Inglaterra — como um homem em processo de afogamento, que afunda pela terceira e última vez — e perder-se para sempre? Outrora protegida pelo Todo Poderoso, assim deverá continuar. Mão bondosa estender-se-á para salvá-la, retirando-a dos vagalhões do individualismo que a ameaçam tragar. Com energia irreprimível, diz aquela Grande Força: "Uma vez Inglaterra, para sempre Inglaterra! Mas não da mesma forma. Ela descerá bem baixo para que possa subir mais alto ainda. Falarei mais tarde sobre o como, o porquê e o tratamento que será aplicado para trazer-lhe a salvação e a serenidade; por agora devo dizer que, para salvar-se, a Inglaterra deve perder seu mais puro sangue.

Sobre as minúcias da famosa profecia de M. Sonrel, em 1868, a respeito da guerra de 1879, e sua profecia menos direta da de 1914, devem os leitores consultar o livro do professor Richet *Trinta anos de pesquisas psíquicas* (p. 387-9). A parte essencial desta última profecia é expressa nos seguintes termos:

> Esperem agora, esperem... os anos passam. É uma grande guerra. Quanto derramamento de sangue! Deus! Quanto sangue! Oh! França. Oh! minha pátria. Tu estás salva! Estás no Reno!

Essa profecia, feita em 1868, só foi registrada pelo Dr. Tardieu, em abril de 1914.

O autor já se referiu[321] à profecia anunciada em Sydney, Austrália, pela bem-conhecida médium Sra. Foster Turner, mas vale a pena repeti-la. Em reunião realizada num domingo de fevereiro de 1914, no Little Theatre, Castlereagh Street, diante de aproximadamente mil pessoas, a referida médium, em estado de transe, transmitiu pela palavra, mediante suposta influência do Sr. W.T. Stead, a seguinte mensagem, conforme notas tomadas na ocasião:

> Ainda que não haja rumores no momento de próxima guerra europeia, quero adverti-los de que, antes do término deste ano de 1914, a Europa será inundada de sangue. A Grã-Bretanha, nossa amada nação, será arrastada à guerra mais horrenda que o mundo já conheceu. A Alemanha será a grande antagonista e atrairá algumas nações para seu lado. A Áustria se aproximará da ruína. Cairão reis e reinos. Milhões de vidas preciosas serão sacrificadas, mas a Grã-Bretanha finalmente sairá vitoriosa.

A data do final da Grande Guerra foi dada corretamente em *O soldado Dowding*,[322] de autoria do Major W. Tudor Pole, que chama sua obra de *Um singelo registro das experiências post mortem de um soldado morto em campo de batalha*.[323] Neste livro, primeiramente

---

[321] Nota do autor: *The Wanderings of a Spiritualist* (1921), p. 260.
[322] N.T.: *Private Downding*.
[323] N.T.: *A Plain Record of the After-Death Experiences of a Soldier killed in Battle*.

publicado em Londres, no ano de 1917, encontramos, na página 99, a seguinte comunicação:

> Mensageiro: Na Europa haverá três grandes federações de estados. Essas federações virão naturalmente e sem derramamento de sangue; mas antes haverá a luta de Armagedom[324].
> W.T.P.: Quanto tempo isso levará?
> Mensageiro: Não sou um ser de muita elevação; assim, não me foram revelados pormenores desses notáveis acontecimentos. Até onde me é permitido saber, a paz será restabelecida durante 1919 e as federações mundiais surgirão nos sete anos seguintes. Embora a guerra propriamente dita deva terminar em 1918, muitos anos passarão antes que a estabilidade e a paz se tornem efetivas e permanentes.

Na lista das profecias, a da famosa médium de transe, Sra. Piper, de Boston, Estados Unidos, ocupa lugar de destaque, apesar de ser considerada um tanto vaga por alguns. Ocorreu em 1898, numa sessão com o Dr. Richard Hodgson, eminente membro da Sociedade de Pesquisas Psíquicas da Inglaterra e da América.

> Jamais, desde os dias de Melquisedeque,[325] o mundo terráqueo foi tão suscetível à influência espiritual. Tal fato será percebido no próximo século, para espanto da mente humana. Farei outra afirmação que, certamente, também será confirmada. Antes de ficar patente a possibilidade das comunicações espirituais, terrível guerra assolará diferentes partes do mundo. Esse acontecimento será precedido por comunicações bem claras. O mundo inteiro

---

[324] N.T.: Armagedom (do grego *Armagedon*, equivalente ao hebraico Har-Meguido, que significa "montanha de Meguido") é um lugar apocalíptico cujo nome designa a maior batalha da História, só registrado no último livro do *Novo Testamento* e somente uma vez. Nesse local, forças do bem e do mal se enfrentarão numa luta final (*Dicionário histórico de religiões*, p. 48).

[325] N.T.: Melquisedeque era rei de Salém e sacerdote; seu nome é mencionado três vezes na Bíblia (GÊNESIS, 14:18; SALMOS, 110:4; HEBREUS, 5:6) e significa "Rei de Justiça" (Bíblia Sagrada, tradução de João Ferreira de Almeida).

deve ser limpo e purificado, antes que o homem mortal possa vislumbrar, pela visão espiritual, seus amigos deste lado, e este será justamente o caminho que o levará ao estado de perfeição. Amigo, pense carinhosamente sobre isso.[326]

O Sr. J.G. Piddington, nos *Proceedings* da Sociedade de Pesquisas Psíquicas,[327] refere-se minuciosamente às predições de guerra encontradas em várias mensagens recebidas por escrita automática, particularmente pela Sra. Alfred Lyttelton. Diz ele, em resumo:

> Tais mensagens prediziam a guerra, de um modo geral; muitas pessoas, de igual forma, faziam previsões a esse respeito. Cerca de meia dúzia dessas mensagens, entre 9 e 21 de julho de 1914, afirmavam que a guerra estava à vista; assim também uma anterior, recebida por Sir Cecil Spring-Rice. Essas comunicações declaravam que a guerra traria grande desenvolvimento para as relações internacionais e as condições sociais. De igual modo, dezenas de milhares de cidadãos comuns em todo o império britânico acreditavam ou esperavam que a Grande Guerra fosse *uma guerra para acabar com as guerras*. Mas este último paralelo, entre as predições contidas nas mensagens e as crenças e aspirações que, de modo intenso e estranho, se manifestavam por toda parte quando irrompeu a guerra é, em verdade, um paralelo superficial, pois, ao passo que a onda de idealismo que varreu todo o Império surgia logo no início da guerra — ou, melhor, se sincronizava com ela —, muitos anos antes de agosto de 1914 os escritos espirituais já combinavam, repetidamente, predições utópicas com predições de guerra. E isso se dava de tal maneira que a realização das predições utópicas dependiam da confirmação das predições de guerra. Não vejo, assim, paralelo algum nisso. Escritores, soldados, diplomatas e políticos, que nos advertiam a respeito da proximidade da guerra, pregando seus horrores e perigos, não afirmaram, de

---

[326] Nota do autor: transcrito em *Light*, 1914, p. 349.
[327] Nota do autor: S.P.R. vol. XXXIII (mar. 1923).

modo algum, que os trágicos acontecimentos que previam eram como as dores do parto de um mundo mais feliz. Da mesma forma, os propagadores da Conferência de Haia e de outras medidas com que pretendiam atenuar as rivalidades internacionais não declararam que a guerra mundial precederia a realização de seus desejos. Ao contrário, eram unânimes em prever ou recear a aproximação do caos. Somente as comunicações espirituais, até onde me é dado saber, falaram de esperança para o mundo, não obstante a guerra que se aproximava, saudando a aproximação do caos como prelúdio de um novo cosmo.

Tais predições de guerra não podem ser separadas das de acontecimentos utópicos. As mensagens não dizem: "Haverá uma guerra", ponto e, começando de novo: "Haverá uma utopia". Elas afirmam claramente que a utopia será resultante da guerra. Não se pode dizer, contudo, que essas duas partes integrantes da mesma profecia devessem permanecer ou cair juntas, porque as predições de guerra se realizaram. A confirmação, ou o malogro, das predições de utopia, porém, terá influência sobre a melhor compreensão da fonte das predições de guerra. Se as predições utópicas forem traduzidas em fatos, como consequência da guerra, será muito difícil atribuí-las à presciência humana comum. Surgirá, então, forte controvérsia sobre a aceitação do conteúdo das mensagens e sobre o fato de serem os desencarnados os autores das predições utópicas. Entretanto, se estas forem consideradas um trabalho dos desencarnados, as de guerra, que estão intimamente ligadas a elas, decerto, também o serão.

Há muitas outras profecias mais ou menos bem-sucedidas. Sua leitura atenta, porém, levará o estudioso a perceber — não sem surpresa — que as informações a respeito de datas são as mais imprecisas nas comunicações dos Espíritos. Muito frequentemente, quando os fatos estão corretos, as datas lamentavelmente não estão.

A mais exata de todas as profecias relativas à guerra parece ter sido a de Sophie, uma jovem grega, que, hipnotizada pelo Dr. Antoniou, de Atenas, expressou-a oralmente, em estando de transe. O fato ocorreu no dia 6 de junho de 1914. Ela não apenas previu a Grande Guerra e as partes litigantes, como forneceu diversos pormenores relativos ao evento: a inicial neutralidade da Itália, sua posterior aliança com a Tríplice Entente,[328] a ação da Grécia, a batalha final no vale do Vardar, e assim por diante. A despeito de ter ela cometido alguns erros, estes tendem apenas a demonstrar a insegurança das posições fatalistas e a larga margem que sempre existe para o exercício da força e da vontade humanas.[329]

Há inúmeros testemunhos de fatos atribuídos à intervenção dos Espíritos durante a guerra. O Capitão W. E. Newcome relatou o seguinte:[330]

> Era setembro de 1916, quando o segundo Suffolks deixou Loos e foi para o setor norte de Albert. Acompanhei-o e, durante o período em que estive nas trincheiras da linha de frente desse setor, eu, juntamente com outros, presenciei uma das mais significativas ocorrências da guerra. Entre o fim de outubro e cinco de novembro, estávamos guardando esse ponto das trincheiras com tropas muito reduzidas. Em 1º de novembro, os alemães promoveram forte ofensiva, empregando o máximo de seus esforços para romper nossa barreira. O ataque começou na minha ausência, quando eu havia descido às linhas de reserva. Retornei rapidamente para minha Companhia, chegando ainda a tempo de ajudar meus companheiros a fazer o inimigo retroceder, sem que conquistasse um palmo sequer de nossas trincheiras. O assalto fora intenso e curto. Colocamo-nos, pois, em observação à espera de novo ataque. Não tivemos de aguardar muito tempo, pois logo vimos os alemães atravessando a *Terra de Ninguém* em ondas maciças. Entretanto, antes de atingirem nossa cerca de arame, alva figura espiritual de soldado ergueu-se de uma cratera ou do chão, aproximadamente a 100 jardas à nossa esquerda, justo em frente à cerca, entre a primeira linha de alemães e nós. Em seguida, o espectro caminhou lentamente mais ou menos 1000 jardas ao longo de nossas linhas. Sua silhueta sugeria-me a de antigo oficial de antes da guerra, pois parecia usar

---

[328] N.T.: aliança militar entre a Inglaterra, a França e a Rússia antes da 1ª Guerra Mundial (*Novo dicionário Aurélio da língua portuguesa*).
[329] Nota do autor: *Revue Métapsychique*, dez. 1923, p. 380, 390.
[330] Nota do autor: *Pearson's Magazine*, ago. 1919, p. 190-191.

jaqueta e quepe de campanha. Olhou primeiramente para os alemães que se aproximavam; depois virou a cabeça e começou a andar vagarosamente pelo setor que defendíamos. A artilharia havia dado resposta ao nosso sinal de S.O.S. Balas e granadas assobiavam pela *Terra de Ninguém*, mas nenhuma delas conseguia impedir o caminhar do espectro. Ele marchava, com passos firmes, da nossa esquerda até a extrema direita do setor, e então virava inteiramente a face direita em nossa direção. Parecia olhar nossas trincheiras de alto a baixo e cada clarão que subia mais lhe destacava a presença. Após nos inspecionar rapidamente, voltou-se de modo brusco para a direita, indo *incontinenti* para as trincheiras alemãs. Os alemães espalharam-se, recuando, e não mais foram vistos naquela noite. A primeira ideia que os homens tiveram foi a de que se tratava dos *Anjos de Mons*.[331] Depois, alguém achou a figura semelhante a lorde Kitchener; outros disseram que seu rosto, ao voltar-se para nossa direção, fez recordar lorde Roberts. Sei apenas que o fato me causou imenso choque e por algum tempo não se falou de outra coisa na Companhia. A aparição pode ser testemunhada pelos sargentos e soldados de minha seção.

No mesmo artigo do *Pearson's Magazine*, narra-se a história do Sr. William M. Speight, que havia perdido, em Ypres, no mês de dezembro de 1915, um irmão oficial, que era também seu melhor amigo. Na mesma noite do acontecimento, viu-o entrar em seu refúgio. Na noite seguinte, o Sr. Speight convidou outro oficial a vir ao referido abrigo, a fim de que pudesse confirmar o fato, caso a aparição retornasse. O oficial morto surgiu mais uma vez e, após indicar um lugar no chão do recinto, desapareceu. Um buraco foi aberto nesse local, descobrindo-se, à profundidade de 3 pés, estreito túnel cavado pelos alemães, com minas e detonadores programados para explodir treze horas mais tarde. A descoberta dessas minas poupou inúmeras vidas.

A Sra. E. A. Cannock, conhecidíssima clarividente de Londres, descreve[332] como, numa reunião espiritualista, alguns soldados falecidos adotaram novo e convincente método de identificação. Esses soldados,

---

[331] N.T.: ver explicação mais adiante, neste capítulo.
[332] Nota do autor: *Light*, 1919, p. 215;

segundo ela, avançavam em fila indiana pelo corredor, guiados por um tenente. Cada um deles carregava no peito o que parecia ser uma grande placa, em que estava escrito seu nome e o lugar em que vivera na Terra. A Sra. Cannock foi capaz de ler os nomes e as descrições, de tal modo que todos os comunicantes puderam ser identificados por várias pessoas presentes. O curioso era que, ao ser reconhecido, o Espírito desaparecia, abrindo passagem para o seguinte da fila.

A título de exemplo de outras histórias da mesma natureza podemos citar o caso descrito como *Telepatia da linha de frente*.[333]

No dia 4 de novembro de 1914, a Sra. Fussey, de Wimbledon, cujo filho, Tab, servia na França no 9º Regimento de Lanceiros, estava em sua casa, sentada, quando sentiu no braço a dor aguda de um ferimento. Pulou da cadeira e exclamou "Como arde!", esfregando o lugar. O marido examinou-lhe o braço, mas nada encontrou de errado. A Sra. Fussey continuou a sentir dor e disse: "Tab feriu-se no braço, bem o sei". Na segunda-feira chegou uma carta do suboficial Fussey, na qual este dizia ter recebido um tiro no braço, achando-se, naquele momento, no hospital.[334] Esse caso coincide com as experiências de muitas pessoas, que, em virtude de desconhecida lei de afinidade, sentem sensações penosas na mesma ocasião em que amigos e até estranhos sofrem, em lugares distantes, algum tipo de acidente.

Em muitos casos, soldados mortos têm-se manifestado por meio da fotografia psíquica. Um dos exemplos mais notáveis ocorreu em Londres, no dia 11 de novembro de 1922 (Dia do Armistício), quando a médium Sra. Deane, em presença da Srta. Estelle Stead, tirou uma fotografia da multidão em Whitehall, nas proximidades do cenotáfio.[335] O fato ocorreu por ocasião dos *dois minutos de silêncio*. Na referida fotografia, vê-se grande círculo de luz, no meio do qual aparecem duas ou três dúzias de cabeças, muitas de soldados, que foram reconhecidos. Tais fotografias reapareceram nos anos seguintes e, a despeito dos inconsequentes e maliciosos ataques à médium e a seu trabalho, aqueles que tiveram oportunidade de examiná-las têm certeza de seu caráter supranormal.

---

[333] N.T.: *Telepathy from the Battle-front*.
[334] Nota do autor: *Light*, 1914, p. 595.
[335] N.T.: "Monumento fúnebre erigido em memória de alguém, mas que não lhe encerra o corpo" (*Novo dicionário Aurélio da língua portuguesa*).

São centenas de casos típicos. Eis mais um deles, descrito pelo Sr. R. S. Hipwood, 174, Cleveland Road, Sunderland:[336]

> Perdemos nosso único filho na França, em 27 de agosto de 1918. Sendo eu bom fotógrafo amador, sentia curiosidade a respeito das fotografias tiradas no Círculo Crewe. Levamos conosco uma chapa e eu mesmo a coloquei no caixilho, nela escrevendo meu nome. Fiz duas exposições, obtendo uma fotografia reconhecida até por meu neto de 9 anos, o qual disse quem era o *extra* sem que ninguém lhe tivesse fornecido qualquer tipo de informação. Por conhecer bem fotografia, posso garantir a autenticidade da foto em todos os pormenores: a fotografia que lhes envio é um retrato meu e da Sra. Hipwood, com o *extra* de meu filho, R. W. Hipwood, 13º. Regimento Welsh, morto na França, no grande avanço de agosto de 1918. Apresentamos aos amigos de Crewe nossa ilimitada confiança no trabalho que desenvolvem.

Entre os inúmeros casos de retorno de soldados mortos, o seguinte se destaca porque as minúcias foram recebidas por duas fontes diversas. É narrado[337] por W. T. Waters, de Tunbridge Well, o qual afirma ser apenas um novato no estudo do Espiritualismo:

> Em julho último, tive uma sessão com o Sr. J. J. Vango, no decorrer da qual o guia falou, subitamente, que a meu lado, de pé, estava um jovem soldado muito ansioso para que eu levasse uma mensagem sua à mãe e irmã, que moravam na cidade. Disse ao guia que não sabia quem era. O rapaz, contudo, não se afastava, levando-me a crer que meus próprios amigos mortos estavam cedendo a vez para que ele falasse. Prometi, então, esforçar-me para satisfazer-lhe o desejo. Pela descrição minuciosa que fez, em seguida, reconheci nele, de imediato, o filho de um conhecido de minha família. Disse-me certas coisas que me convenceram tratar-se dele mesmo e não de outro.

---

[336] Nota do autor: DOYLE, Arthur Conan. *The Case for Spirit Photography*, p. 108.
[337] Nota do autor: *Light*, 20 dez. 1919, p. 407.

Logo após, transmitiu uma mensagem de conforto e segurança para a mãe e irmã (seu pai tinha morrido quando ele era ainda bebê), as quais, durante dois anos, estiveram incertas de seu destino, pois fora considerado *desaparecido*. Narrou que se ferira gravemente, fora capturado pelos alemães em uma retirada e morrera cerca de uma semana depois. Implorou-me dissesse à mãe e irmã queridas que ele estava frequentemente com elas e que o único obstáculo à própria felicidade era o fato de ver a mãe passando por grande tristeza, sem que ele pudesse manifestar sua presença junto dela. Procurei cumprir minha promessa, mas, sabendo que seus familiares eram adeptos da Igreja e muito provavelmente receberiam a notícia com ceticismo, fiquei pensando em como levar-lhes o recado sem que imaginassem que tudo não passava de delírio meu, provocado pela perda que também sofrera. Busquei aproximar-me de sua tia, mas às minhas palavras apenas respondeu: "Não pode ser". Então resolvi esperar por uma oportunidade, a fim de falar diretamente à mãe do rapaz. Antes de se me apresentar ensejo para tal, uma jovem desta cidade, que havia perdido a mãe dois anos antes, ouvindo de minha filha que eu investigava esse tipo de assunto, veio visitar-me, ocasião em que lhe emprestei alguns livros meus: um destes, *Rupert vive*,[338] deixou-a particularmente chocada. Teve a oportunidade de marcar uma sessão com a Srta. McCreadie, por meio de quem recebeu prova suficiente para tornar-se crente convicta. Nessa sessão, compareceu o mesmo jovem soldado. Repetiu-lhe o relato que me fizera, acrescentando seu nome — Charlie. Rogou-lhe, em seguida, transmitisse a mensagem à mãe e à irmã (a mesma que eu deixara de entregar). Estava tão ansioso que, ao terminar a sessão, retornou para implorar-lhe que não deixasse de ajudá-lo. Note-se que esses fatos se passaram em diferentes datas — julho e setembro — e a mesma mensagem foi dada por médiuns diferentes a diferentes pessoas. E ainda há quem diga que isso tudo é mito e que os médiuns simplesmente leem nossos pensamentos. Quando minha amiga me contou sua experiência, imediatamente pedi-lhe que fosse comigo à casa da

---

[338] N.T.: *Rupert Lives*.

mãe do soldado. Tenho a satisfação de declarar que essa dupla mensagem convenceu a ambas, mãe e filha, e que a tia do rapaz está quase convencida da verdade, se é que o não está completamente.

Sir William Barrett[339] registra esta convincente comunicação recebida em Dublin, mediante uso da *ouija board*,[340] pela Sra. Travers Smith, filha do falecido professor Edward Dowden. Sua amiga, a Srta. C., presente na ocasião, era filha de um médico. Sir William chama este fato de *O caso do alfinete de gravata de pérola*.[341]

A Srta. C. tinha um primo, oficial de nosso Exército, na França, morto há um mês em campo de batalha, fato este de seu conhecimento. Certo dia, o nome de seu primo foi inesperadamente soletrado por meio da *ouija*, o que a levou a fazer a seguinte pergunta: "Sabe quem sou eu?" Seu nome, então, veio como resposta. Em seguida, foi dada a seguinte mensagem: "Diga à mamãe que dê meu alfinete de gravata de pérola à moça com quem estava para me casar. Quero que ela fique com ele". Quando se quis saber o nome e o endereço da moça, estes foram fornecidos. O nome veio completo, com o sobrenome, sendo este último muito pouco comum e completamente desconhecido das duas participantes da reunião. O endereço de Londres era fictício, ou captado incorretamente, pois a carta enviada para o local indicado foi devolvida, o que fez se considerasse fictícia toda a mensagem. Seis meses depois, entretanto, descobriu-se que o oficial, pouco antes de ir para frente de batalha, tinha ficado noivo justamente da moça cujo nome fora dado na sessão. Entretanto, não o dissera a pessoa alguma: nem a prima nem a família na Irlanda conheciam o fato. Ninguém sequer ouvira falar de seu nome até o momento em que o Ministério da Guerra enviou os objetos pessoais do morto, ocasião em que souberam que ele havia posto a moça no testamento como parente mais próximo, sendo o prenome e sobrenome desta os mesmos que foram

---

[339] Nota do autor: *On The Threshold of the Unseen*, p. 184.
[340] N.T.: quadro marcado com as letras do alfabeto e outros sinais, usados nas sessões para receber mensagens dos Espíritos (*Oxford Advanced Learner's Dictionary*).
[341] N.T.: *The Pearl Tie-pin Case*.

fornecidos pela *ouija*. Igualmente surpreendente o fato de ter sido encontrado, entre seus pertences, o alfinete de pérola. As referidas senhoras enviaram-me documento assinado, confirmando a exatidão da narrativa. A mensagem foi registrada na própria ocasião, e não escrita posteriormente, de memória, após ter sido confirmada. Não se pode explicar o fato pela memória subliminal, telepatia entre vivos, ou por conluio. A prova de que houve mesmo uma mensagem telepática do oficial morto é inequívoca.

Descreve o reverendo G. Owen[342] a volta de George Leaf, um de seus colegas de classe de estudo da *Bíblia*, em Oxford, Warrington, o qual se alistou à R.A.F. e morreu na Grande Guerra:

> Algumas semanas depois de sua morte, a mãe limpava a lareira da sala de estar, ajoelhada diante da grelha, quando sentiu um impulso para virar-se e olhar na direção da porta que se abria para a entrada. Assim fazendo, viu o filho, em roupa de trabalho, exatamente como voltava para casa à noite, quando vivo. Tirou o casaco e pendurou-o na porta, segundo o velho hábito. Em seguida, tornou-se para ela, fez-lhe um aceno de cabeça, sorriu e foi para a cozinha, onde tinha o hábito de lavar-se antes do jantar. Era tudo muito natural, como durante sua vida. Sabia que o filho morto ali estava para mostrar-lhe que continuava vivo no mundo dos Espíritos, tinha uma vida natural e estava bem, contente, feliz. Sorria, irradiando amor, como querendo dizer-lhe que seu coração ainda estava em casa com os velhos. Ela é pessoa sensata, circunstância que afasta qualquer possível dúvida sobre seu relato. Aliás, desde a morte, seu filho tem sido visto na igreja de Oxford, que costumava frequentar, e em outros lugares!

Há muitos exemplos de visões de soldados, coincidentes com sua morte. No livro *Sonhos e visões da guerra*,[343] de Rosa Stuart, é narrado o seguinte caso:

---

[342] Nota do autor: *Facts and Future Life* (1922), p. 53-54.
[343] N.T.: *Dreams and Visions of the War*.

Tocante história me foi contada por uma senhora de Bournemouth. Seu marido, que era sargento em Devons, foi para a França em 25 de julho de 1915. Recebia dele cartas regulares, nas quais se mostrava sempre feliz e otimista, de tal modo que passou a estar tranquila em relação ao esposo, sentindo que, se algum perigo o ameaçasse, certamente se salvaria. Na noite de 25 de setembro de 1915, cerca de dez horas, achava-se em seu quarto, sentada na cama, conversando com a moça que morava com ela. A luz estava acesa e nenhuma das duas pensava em dormir, tão entretidas se encontravam em falar sobre os fatos do dia e da guerra. Subitamente, fez-se silêncio: a esposa interrompera de modo brusco o que dizia, passando a fitar o espaço: ali estava diante dela, de pé, fardado, seu marido! Manteve-se, durante dois ou três minutos, impressionada com o ar de tristeza de seus olhos. Então, levantando-se rapidamente, encaminhou-se para o esposo, mas, ao chegar ao local onde deveria encontrá-lo, a visão desapareceu. Embora houvesse recebido, naquela manhã, uma carta sua dizendo que estava bem e a salvo, teve a certeza de que a visão era de mau augúrio. Tinha razão. Pouco depois, uma carta do Ministério da Guerra comunicava-lhe a morte do marido, em 25 de setembro de 1915, na batalha de Laos; na mesma data, portanto, que o vira ao lado de sua cama.

Há um gênero de visões da Grande Guerra que apresenta aspecto místico mais profundo. Trata-se dos chamados *Anjos de Mons*. O Sr. Arthur Machen, conhecido jornalista londrino, escreveu uma história narrando a intervenção dos arqueiros ingleses do campo de Agincourt,[344] na terrível retirada de Mons.[345] Confessou mais tarde, entretanto, que havia inventado o incidente. Mas aqui, como em tantas outras ocasiões, a verdade provou que a ficção era um fato, ou, pelo menos, que fatos com as mesmas características eram relatados por testemunhas fidedignas. O

---

[344] N.T.: referência à Batalha de Agincourt, ocorrida em 25 de outubro de 1415, no norte da França, e que faz parte da Guerra dos Cem Anos (BARKER, Juliet. *Agincourt*, 2009).
[345] N.T.: a Batalha de Mons, ocorrida em 23 de agosto de 1914, em Mons, na Bélgica, foi o primeiro grande combate da Força Expedicionária Britânica na Primeira Guerra Mundial (GRANT, R.G. *1001 Battles That Changed the Course of History*, 2011, p. 705).

Sr. Harold Begbie publicou um opúsculo intitulado *Ao lado dos anjos*,[346] em que apresenta muitas provas desse fenômeno, o que foi seguido pelo Sr. Ralph Shirley, editor da *Occult Review*, de Londres, com *Os anjos guerreiros de Mons*,[347] reforçando o testemunho do Sr. Begbie.

Em resposta ao Sr. Machen, certo oficial britânico relata no *London Evening News*, de 14 de setembro de 1915, que lutava em Le Cateau, no dia 26 de agosto de 1914, e que sua divisão daí se retirou, marchando durante a noite de 26 e o dia 27. E continua:

> Na noite de 27, galopava ao longo da coluna com dois outros oficiais. Falávamos todo o tempo, fazendo o possível para não dormirmos em cima de nossos cavalos. Enquanto cavalgávamos, vi, atravessando os campos que ladeavam a estrada, grande grupo de cavaleiros, como se fosse um esquadrão de cavalaria, mantendo-se em linha conosco. A noite não estava muito escura e pude percebê-los nitidamente. Nada disse a princípio sobre o assunto, mas observei-os por vinte minutos, aproximadamente. Os outros dois oficiais tinham parado de falar. Finalmente, um deles perguntou-me se havia visto alguma coisa nos campos. Disse-lhe, então, o que vira. O terceiro oficial também confessou ter observado os mesmos cavaleiros durante os últimos vinte minutos. Tão convencidos estávamos de tratar-se de reais cavaleiros que, na primeira parada para descanso, um dos oficiais, acompanhado de uma patrulha de reconhecimento, foi ao local da visão, mas não encontrou pessoa alguma. A noite tornara-se então mais escura e nada mais percebemos. O mesmo fenômeno foi visto por muitos homens de nossas fileiras. Naturalmente estávamos cansadíssimos e sobrecarregados, mas é extraordinário que tantas pessoas vissem a mesma coisa. Eu mesmo estou absolutamente convencido de que esses cavaleiros não são fruto de minha imaginação, pois que os vi realmente. Não tento explicar o mistério, apenas relato o fato.

---

[346] N.T.: *On The Side of the Angels*.
[347] N.T.: *The Angels Warriors at Mons*.

A prova parece convincente, embora se possa admitir que, em virtude do esforço e da tensão da grande retirada, os homens não estivessem nas melhores condições mentais para avaliá-la. Por outro lado, não se pode esquecer que é nos momentos de grandes dificuldades que as forças psíquicas se tornam geralmente mais ativas.

Ensinamento profundo que deflui da Guerra Mundial é o de que a guerra neste mundo não é senão um dos ângulos das batalhas invisíveis travadas em planos mais altos, na luta entre os poderes do bem e do mal. O Sr. A. S. Sinnett, eminente teosofista já falecido, aborda essa questão no artigo intitulado *Transcendentes aspectos da guerra*.[348] Não vamos entrar nesse assunto, salvo para dizer que há muitas fontes de provas indicando que o Sr. Sinnett fala de coisas fundamentadas nos fatos.

Considerável número de livros e maior ainda de manuscritos registram as supostas experiências dos que morreram na guerra. Tais experiências, na verdade, não diferem daquelas por que passam os mortos em geral: apenas se tornam mais dramáticas em razão do momento histórico da ocorrência. O mais importante desses livros é *Raymond*. Sir Oliver Lodge é cientista famoso e tão profundo pensador que sua confissão, franca e corajosa, causou grande impacto popular. Ultimamente o livro foi publicado em forma condensada e possivelmente será, por muitos anos, um clássico no assunto. Outros do mesmo gênero, coincidentes nos aspectos principais, são, por exemplo, *O caso de Lester Coltman*,[349] *O livro de Claude*,[350] *Rupert vive*, *O granadeiro Rolf*[351] e *O soldado Dowding*. Em todos, estão retratadas as características de vida no Além. Este assunto será comentado em capítulo posterior.

---

[348] Nota do autor: *Super-Physical Aspects of the War*. The Occult Review, dez. 1914, p. 346.
[349] N.T.: *The Case of Lester Coltman*.
[350] N.T.: *Claude's Book*.
[351] N.T.: *Grenadier Rolf*.

CAPÍTULO 24

O aspecto religioso do Espiritualismo

O Espiritualismo é um sistema de pensamento e conhecimento que se pode ajustar a qualquer religião, pois seus pontos básicos se resumem na persistência da personalidade após a morte e no seu poder de comunicação. Esses dois aspectos interessam tanto ao brâmane e ao maometano quanto ao parse e ao cristão. O Espiritualismo transmite, assim, apelo universal. Há apenas uma escola de pensamento com a qual é irreconciliável: a do materialismo, que atualmente prende o mundo em suas garras, sendo a causa fundamental de nossos infortúnios. Portanto, a compreensão e aceitação do Espiritualismo são essenciais para a salvação da humanidade, que, de outro modo, estaria destinada a cair cada vez mais no mero utilitarismo e na visão egoística do universo. Exemplo de Estado tipicamente materialista é o da Alemanha de pré-guerra, mas todos os Estados modernos são do mesmo tipo e, possivelmente, do mesmo grau.

Perguntar-se-á por que as velhas religiões não seriam bastante fortes para resgatar o mundo da degradação espiritual. A resposta é que todas tentaram, mas não o conseguiram. As igrejas que as representam tornaram-se formais, mundanas, materiais; perderam todo o contato com os fatos vivos do Espírito e contentam-se com o passado, realizando o serviço de preces e de culto externo num sistema tão antiquado e misturado de incríveis teologias que a mente honesta não consegue tolerar. Nenhuma classe se mostra mais cética e incrédula em relação às modernas manifestações espiritualistas do que esse mesmo clero, que aceita plenamente fatos semelhantes ocorridos em outras épocas: a recusa de admiti-los agora se tornou mesmo uma demonstração de suas convicções religiosas. Tanto se abusou da fé que esta passou a ser inacessível a muitas pessoas de discernimento, havendo um clamor generalizado por provas e conhecimento das coisas. É o que fornece o Espiritualismo: ele fundamenta a realidade da vida após a morte e a existência de planos invisíveis, não em tradições ancestrais, ou em vagas intuições, mas na consistência dos fatos, de tal modo que uma ciência da religião deve ser constituída, para mostrar ao homem um caminho seguro através do pantanal dos credos.

Quando se afirma que o Espiritualismo se pode conciliar com qualquer religião, isto não significa que todas as religiões tenham o mesmo valor, ou que o Espiritualismo precise misturar-se com os ensinos de outro credo, para tornar-se melhor. É opinião pessoal do autor que o Espiritualismo sozinho satisfaz a todas as necessidades do ser humano. Verifica, porém, que muitos homens de espírito elevado, embora não consigam afastar-se de suas antigas convicções, aceitam também a nova verdade. Quem se orienta apenas pelo Espiritualismo não está, de modo algum, em oposição à essência do Cristianismo, mas permanece a este ligado pelas próprias explicações daquele. Ambos os sistemas pregam a vida após a morte e reconhecem que a situação, de progresso ou de felicidade, nessa outra existência, é influenciada pela conduta adotada no mundo material. Tanto um quanto o outro admitem a crença nos Espíritos, os quais podem ser bons ou maus. Esses Espíritos são chamados, pelos cristãos, de anjos e demônios, e, pelos espiritualistas, de guias espirituais e Espíritos atrasados. Tanto o Espiritualismo quanto o Cristianismo apontam as mesmas virtudes — o desinteresse, a bondade, a pureza e a honestidade — como atributos necessários do caráter nobre. O fanatismo, entretanto, considerado séria ofensa pelos espiritualistas, é aprovado pela maioria das seitas cristãs. Para os espiritualistas, todas as vias que conduzem para o alto são recomendáveis e, em todos os credos, existem almas santas e de grande superioridade recebendo, por intuição, tudo quanto eles aprendem por meio da investigação psíquica. A missão que lhes cabe, entretanto, não é junto a essas almas, mas ao lado dos que se declaram abertamente agnósticos, ou daqueles — mais perigosos — que professam alguma forma de credo, mas não refletem sobre as próprias ideias, sendo, em verdade, também agnósticos. Do ponto de vista do autor, só se beneficia inteiramente da Nova Revelação quem investigou com seriedade as diversas crenças, achando-as insuficientes. Sente-se, então, no *vale das trevas*, tendo apenas a *morte* por perspectiva. Por outro lado, em relação à prática religiosa, percebe somente obrigações óbvias e comuns. Enquanto está nessa situação, pode chegar ao estoicismo, mas não à felicidade. Eis que lhe vem, porém, subitamente ou por lenta convicção, a prova da existência fora da matéria. A nuvem que lhe obscurecia o horizonte se dissipa. Já não está mais no *vale*, mas além, na *montanha*, de onde descortina sucessivos montes, cada um mais belo que o outro. Onde antes havia trevas agora vibra intensa claridade. Esse instante de revelação torna-se a culminância de sua vida.

Ao contemplar a imponente hierarquia de seres espirituais que lhe são superiores, o espiritualista percebe a possibilidade de alguns, entre esses magníficos arcanjos, visitarem a humanidade, de tempos em tempos, em missão de ensino e esperança. Até a humilde Kate King, trazendo a mensagem da imortalidade a um grande cientista, torna-se, para ele, um anjo das alturas. Francisco de Assis, Joana d'Arc, Maomé, Bab-ed-Din e todos os autênticos chefes religiosos da História são também incluídos entre esses evangelizadores. Mas acima de todos, de acordo com nossa visão ocidental, está Jesus — filho de um artesão judeu — a quem chamamos de Cristo. Não compete a nossos cérebros de mosquito o exame do grau de sua divindade; só podemos dizer que ele está certamente mais próximo de Deus do que nós, sendo sua doutrina, ainda não praticada pelo mundo, a mais altruísta, misericordiosa e bela de quantas temos conhecimento, salvo a de Buda — seu santo companheiro de missão —, que também era mensageiro de Deus, mas cujos ensinamentos se ajustam melhor à mentalidade oriental que à europeia.

Quando, porém, relembramos a mensagem de nosso inspirado Mestre, verificamos quão pouca sintonia há entre seus preceitos e os dogmas e ações de seus atuais discípulos. Vemos também que muito do que ensinou obviamente se perdeu e que, para encontrar essa porção extraviada que os evangelhos não registraram, teremos de examinar as práticas da

Igreja primitiva, a qual era conduzida pelos que estiveram diretamente em contato com ele. Esse exame mostrará que tudo quanto denominamos Espiritualismo Moderno era conhecido do grupo do Cristo; que os dons do Espírito, exaltados por São Paulo, são exatamente os mesmos de nossos médiuns, e que os prodígios que trouxeram o convencimento sobre a realidade do outro mundo às pessoas daqueles tempos, agora também se manifestam, provocando efeitos semelhantes em todo aquele que busca o conhecimento da verdade. Esse assunto é tratado com minúcias em outros livros. Basta dizer-se, aqui, sem nenhuma eiva de ortodoxia, que há boas razões para se acreditar que o espiritualista humilde e não dogmático, com suas mensagens espirituais diretas, seu intercâmbio com os santos e sua associação com os ensinos elevados — ditos do Espírito Santo — está mais próximo do Cristianismo primitivo do que o crente de qualquer outra doutrina.

Quem lê os primeiros documentos da Igreja, especialmente os escritos dos chamados pais da Igreja, se surpreende ao descobrir que o conhecimento psíquico e sua prática eram comuns naqueles dias. Os primeiros cristãos viviam em íntimo contato com os invisíveis; sua fé e constância baseavam-se no conhecimento individual que haviam adquirido. Sabiam, não por especulação, mas com base nos fatos, que a morte nada mais era que a passagem para uma vida mais grandiosa, que mais propriamente deveria ser chamada de *nascimento*. Assim, de modo algum a receavam, considerando-a tal qual o Dr. Hodgson, quando disse "Oh! como me custa esperar!". Tal atitude não afetou suas atividades nem lhe diminuiu o valor neste mundo, fato que é confirmado por seus próprios inimigos. Se, na época atual, os habitantes de longínquas terras parecem retroceder moralmente, quando se tornam cristãos, é porque o Cristianismo que abraçam perdeu toda a força e a virtude dos primeiros dias.

Ao lado dos escritos dos pais da Igreja, temos as inscrições nas catacumbas como prova dos sentimentos dos primeiros cristãos. Um livro interessante sobre os restos mortais dos cristãos primitivos em Roma, escrito pelo reverendo Spencer Jones, deão de Gloucester, trata, em parte, desses estranhos e patéticos registros. Tais inscrições mostram-se mais valiosas que todas as outras provas documentais, pois dificilmente poderiam ter sido forjadas ou interpoladas. Depois de ler centenas delas, afirma o Dr. Jones: "Os primeiros cristãos falam dos mortos como se estes ainda estivessem vivos. Eles falam a seus mortos". Tal é, de igual modo, a concepção dos modernos espiritualistas, há muito tempo perdida pelas Igrejas. Os túmulos dos primitivos cristãos apresentam estranho contraste com os dos pagãos, que os cercam. Estes últimos referem-se sempre à morte como o final de tudo, terrível e irrevogável. "Fuisti Vale" resume seus sentimentos. Os cristãos, por outro lado, dão sempre ênfase à continuidade feliz da vida: "Ágape, hás de viver para sempre!", "Victorina está em paz e em Cristo!", "Que Deus renove teu espírito!", "Mayest, vives em Deus". Essas inscrições bastam para mostrar que nova e imensamente consoladora visão da morte tinha surgido para o ser humano.

As catacumbas podem também ser mencionadas como prova de simplicidade do Cristianismo primitivo, antes que neste fosse inserida toda sorte de definições complexas e de abstrações, propaladas pelo pensamento grego e bizantino, as quais tanto mal causaram ao mundo. O símbolo que predomina nessas catacumbas é o do Bom Pastor — a delicada ideia de um homem carregando pobre ovelha desamparada. Quando se examinam as catacumbas dos primeiros séculos da era cristã, nada se encontra, em seus milhares de desenhos, que expresse um sacrifício cruento ou o nascimento por meio de uma virgem. Ver-se-á sempre o Bom Pastor, a âncora da esperança, a palma do martírio, e o peixe, que era o logogrifo do nome de Jesus. Tudo transpira simplicidade de religião. O Cristianismo atingira seu ponto culminante nas mãos dos mais humildes. Foram os ricos, os poderosos, os instruídos que o degradaram, complicaram e arruinaram.

Não é possível, entretanto, tirar qualquer inferência psíquica das inscrições e desenhos das catacumbas. Para isso, é preciso ir aos padres pré-nicenos[352]. Nos escritos destes encontramos tantas referências que facilmente encheríamos as páginas de pequeno livro só sobre esse assunto. Temos, porém, que sintonizar nossos pensamentos e palavras com os seus, a fim de que lhes apreendamos o inteiro sentido. Por exemplo, eles chamam de *profecia* o que hoje denominamos *mediunidade*, e de *Anjo* o

---

[352] N.T.: são os padres anteriores ao Concílio de Niceia.

que atualmente chamamos de Espírito elevado ou guia. Tomemos algumas citações ao acaso.

Em seu livro *De cura pro mortuis*, diz Santo Agostinho:

> Os Espíritos dos mortos podem ser enviados aos vivos e revelar-lhes o futuro, que aprenderam de outros Espíritos ou dos Anjos [isto é, dos guias espirituais], ou ainda por revelação divina.

Isso é Espiritualismo puro, exatamente como o conhecemos e definimos. Agostinho não teria falado assim com tanta segurança e exatidão, se não tivesse tido experiência pessoal do fato. Não há, no livro, qualquer indício de que fosse ilícito tratar desse assunto.

Volta ele ao tema em sua *Cidade de Deus*.[353] Nesta obra refere-se às práticas usadas por determinadas pessoas para comunicar-se, por meio de seus corpos etéreos, com os Espíritos e guias elevados, bem como para ter visões. Tais pessoas são, obviamente, médiuns, uma vez que *médium* significa apenas intermediário entre seres encarnados e desencarnados.

São Clemente de Alexandria cita fatos semelhantes, como também São Jerônimo, em sua controvérsia com o gaulês Vigilantius. Essa controvérsia, contudo, é de data posterior ao Concílio de Niceia.

Hermas, personalidade não muito conhecida, que consta ter sido amigo de São Paulo e discípulo direto dos apóstolos, é considerado autor do livro *O pastor*[354]. Seja ou não apócrifa a autoria, o certo é que a obra foi escrita por alguém dos primeiros séculos do Cristianismo e representa as ideias então predominantes. Diz ele:

> O Espírito não responde a qualquer um que o chame, porque o Espírito que vem de Deus não fala ao homem quando este quer, mas quando Deus permite. Assim, quando um homem, que possui um Espírito de Deus [isto é, um guia espiritual], vem a uma assembleia de fiéis; tão logo é feita uma prece, ele é tomado por esse Espírito e fala como Deus deseja.

---

[353] N.T.: *The City of God*.
[354] N.T.: *The Pastor*.

CAP 24 | O ASPECTO RELIGIOSO DO ESPIRITUALISMO

É o que sucede em nossas experiências psíquicas, quando as sessões são bem orientadas. Não invocamos Espíritos, como afirmam continuadamente os críticos ignorantes, e não sabemos o que acontecerá. Mas oramos, usando o Pai-Nosso, como regra, e aguardamos os acontecimentos. Então, o Espírito escolhido vem até nós e fala ou escreve pelo médium. Como Agostinho, Hermas não teria falado com tanta precisão, se não estivesse familiarizado com o processo.

Orígenes referiu-se muitas vezes ao conhecimento psíquico. É curioso comparar a ignorância de nossos atuais dirigentes espiritualistas com a sabedoria dos antigos. Muitas citações poderiam ser feitas. Eis uma delas, retirada de sua polêmica com Celsus:

> Muitas pessoas abraçaram a fé cristã, a despeito das próprias crenças, porque seus corações foram subitamente transformados pela ação de um Espírito, quer numa aparição, quer num sonho.

De igual modo, líderes materialistas, com o Dr. Elliotson à frente, convenceram-se a respeito da vida futura e de suas relações com a atual, pelo estudo dos fatos psíquicos.

Os primeiros pais da Igreja são bem mais categóricos nesse particular, pois estavam mais perto da grande fonte psíquica. Assim, Irineu e Tertuliano, que viveram no fim do segundo século, fazem muitas referências aos sinais psíquicos, enquanto Eusébio, escrevendo mais tarde, se queixa da escassez desses sinais, lamentando que a Igreja se tenha tornado indigna deles.

Escreve Irineu:

> Sabemos que muitos irmãos da Igreja possuem dons proféticos [mediúnicos], falam diversas línguas, por ação dos Espíritos; dizem, no interesse geral, coisas ocultas aos seres humanos, e revelam os mistérios de Deus.

Nenhuma passagem poderia descrever melhor o trabalho de um grande médium.

Quando Tertuliano teve sua grande polêmica com Márcio, ele usou os dons mediúnicos como meio de demonstração da verdade, alegando que os possuía em maior número. Entre esses dons incluíam-se a fala em transe, a profecia e a revelação de coisas secretas. Assim, tudo isso que agora é ridicularizado ou condenado por tantos clérigos, era, no ano 200, a pedra de toque do Cristianismo. Também diz Tertuliano em seu livro *De Anima*:

> Temos hoje entre nós uma irmã que recebeu da natureza o dom das revelações, o qual ela exerce, em espírito, na Igreja, durante os ritos do Dia do Senhor, caindo em êxtase. Ela conversa com os anjos [Espíritos elevados], vê e ouve mistérios, lê os corações de certas pessoas e traz a cura a quem a solicita. Entre outras coisas, disse ela: "foi-me mostrada uma alma em forma corpórea, que parecia ser um Espírito, mas não era algo vazio ou vago; pelo contrário, dava a impressão de que podia ser tocada, era macia, luminosa, da cor do ar e apresentava os mínimos aspectos do corpo humano".

Uma mina de informações sobre os pontos de vista dos cristãos primitivos é encontrada nas *Constituições apostólicas*. Em verdade, estas não são propriamente apostólicas, mas Whiston, Krabbe e Bunsen concordam que, pelo menos, sete dos oito livros são autênticos documentos pré-nicenos, provavelmente do início do terceiro século. Seu estudo revela fatos curiosos. Os cristãos primitivos usavam o incenso e as lâmpadas ardentes em seus serviços, o que justifica as atuais práticas católicas; os bispos e os sacerdotes eram casados; existia elaborado sistema de represálias contra quem transgredisse as regras da Igreja: se um clérigo comprasse um benefício eclesiástico, era afastado, o mesmo sucedendo com qualquer homem que obtivesse seu cargo no clero por proteção mundana; não havia cogitação alguma a respeito de um bispo superior, ou Papa; o vegetarianismo e a completa abstinência de vinho eram proibidos e punidos (estas normas surpreendentes provavelmente surgiram como reação a alguma heresia que pregava ambas as condutas); um clérigo apanhado numa taverna era suspenso; o clero devia comer carne sem sangue, à moderna maneira judaica; o jejum era frequente e rigoroso — um dia por semana (ao que parece nas sextas-feiras) e quarenta dias na quaresma.

Entretanto, é discutindo os *dons*, ou as variadas formas de mediunidade, que esses documentos antigos derramam luz sobre os assuntos psíquicos. Naquela época, tanto quanto hoje, eram diversas as faculdades mediúnicas: o dom das línguas, a faculdade curadora, a profecia e outras. Segundo Harnack, em cada igreja cristã primitiva, havia três mulheres, de conduta discreta: uma para as curas e duas para as profecias. Tudo isso é livremente tratado nas *Constituições*. Parece que todos os que tinham mediunidade se envaideciam disso. Eram, então, seriamente alertados para que se lembrassem de que alguém pode ter muitos dons sem possuir grandes virtudes e, portanto, ser espiritualmente inferior a muitos que os não possuam.

Como no Espiritualismo moderno, o objetivo dos fenômenos era a conversão dos incrédulos, e não o entretenimento dos adeptos. Eles [os fenômenos]

> não são para o proveito dos que os realizam, mas para a convicção dos descrentes: aqueles que não se deixam persuadir pelo ensino talvez sejam humilhados pela força dos sinais, pois estes não se dirigem a nós, que acreditamos, mas aos incrédulos, tanto judeus, quanto gentios (*Constituições*, Livro VIII, Séc. I).

Em sequência, são apresentados os vários dons, que em geral correspondem às diferentes formas de mediunidade.

> Portanto, que nenhum fiel que produza determinados sinais e maravilhas critique os que não têm possibilidade de realizar os mesmos fenômenos, porque os dons de Deus, que são concedidos por intermédio do Cristo, são diversos, recebendo cada um sua parte: enquanto uns recebem a palavra de sabedoria [fala em transe][355] e outros a palavra do conhecimento [inspiração], outros distinguem os Espíritos [clarividência] ou possuem o conhecimento antecipado das coisas; outros, ainda, têm a palavra que ensina [oratória inspirada pelos Espíritos] e

---

[355] N.T.: psicofonia.

outros, enfim, um longo sofrimento [todos os nossos médiuns necessitam deste último].

A propósito, bem poderíamos perguntar onde, fora das fileiras espiritualistas, encontramos essas faculdades e orientações; em qual dessas igrejas, que se dizem ramificações das raízes primitivas.

Elevadas presenças espirituais são observadas continuadamente. Assim, na *Ordenação dos Bispos* lemos o seguinte: "O Espírito Santo está presente, do mesmo modo que os Espíritos divinos e guias espirituais".

Entretanto, olhando o conjunto, diria eu que temos agora abrangência bem maior de fatos psíquicos do que tinham os autores das *Constituições* e, provavelmente, tais documentos retratam o declínio daquela íntima *comunhão de santos* que existia no primeiro século. Há razões para se pensar que as faculdades psíquicas não sejam algo fixo, mas que venham em ondas, num movimento de fluxo e refluxo. Presentemente a maré está em alta, mas não se sabe por quanto tempo.

É tão restrito o conhecimento dos fatos da história primitiva que seria razoável buscar-se o contato com algum Espírito elevado, participante daqueles acontecimentos, a fim de que ele pudesse suprir nossas escassas fontes de informações. Em verdade, isso já vem acontecendo mediante inspiradas mensagens. Agora mesmo, quando as provas deste livro estavam sendo corrigidas, algo interessante ocorreu, tornando clara a estreita ligação entre as comunicações com o outro mundo e a religião: apareceram duas longas mensagens escritas pela médium semiconsciente Srta. Cummins, à extraordinária velocidade de duas mil palavras por hora. A primeira pretende ser um relato da missão do Cristo, escrito pelo evangelista Felipe[356] e a segunda, um suplemento aos Atos dos Apóstolos, proveniente de Cléofas, que ceou com o Cristo ressuscitado, em Emaús. A primeira já foi publicada[357] e a segunda brevemente o será.

Até onde sabe o autor, a narrativa de Felipe não foi objeto de crítica. Entretanto, sua leitura cuidadosa convenceu-o de sua autenticidade. Trata-se de um trabalho digno e pujante, que esclarece muitos pontos

---

[356] N.T.: o título de evangelista parece ter sido conferido a si mesmo pelo Espírito ante o fato de estar escrevendo um novo evangelho.
[357] *The Gospel of Philip the Evangelist* (*O evangelho do evangelista Felipe*).

CAP 24 | O ASPECTO RELIGIOSO DO ESPIRITUALISMO

considerados obscuros pelos comentaristas. O caso de Cléofas é, contudo, ainda mais notável, e o autor está inclinado a aceitá-lo como o mais rico documento intelectual e um dos que apresentam os mais evidentes sinais de origem supranormal de toda a história do movimento. O documento foi examinado pelo Dr. Oesterley, capelão do bispo de Londres: uma das maiores autoridades em história e tradição da Igreja. Esse especialista declarou que o documento apresenta todos os indícios de ter sido escrito por alguém que viveu nos primeiros tempos do Cristianismo e que se achava em contato direto com o grupo apostólico. Muitas sutilezas históricas podem ser aí observadas, como o emprego do nome hebraico Hanan para designar o Sumo Sacerdote, quando este é conhecido dos leitores de língua inglesa tão somente por Annas, equivalente ao nome hebraico. Esse é um dos inumeráveis elementos probantes, muito além das habilidades dos falsificadores. Entre outras coisas interessantes, Cléofas descreve a festa de Pentecostes, declarando que os Apóstolos se sentavam em círculo, com as mãos dadas, como o Mestre lhes ensinara. Seria, com efeito, algo surpreendente, se o culto tão ridicularizado e perseguido, cuja história aqui se registra, fosse justamente o revelador desse profundo significado do Cristianismo, há tanto tempo perdido.

Esses dois escritos representam, na opinião do autor, duas das mais convincentes provas intelectuais da comunicação dos Espíritos até hoje obtidas. Parece impossível explicá-los de outra maneira.

Os espiritualistas, em geral, tanto os da Inglaterra quanto os de outros países, podem ser divididos em dois grupos: os que permanecem ainda em suas respectivas Igrejas e os que organizaram a sua própria. Estes últimos têm na Inglaterra cerca de quatrocentos pontos de reunião, sob a direção geral da *União Nacional dos Espiritualistas*.[358] Há grande flexibilidade em relação aos dogmas e, enquanto a maior parte das Igrejas é unitarista, minoria expressiva segue as diretrizes cristãs. Pode-se dizer que essas igrejas se acham unidas por sete princípios básicos, que são:

A paternidade de Deus.
A fraternidade entre os homens.

---

[358] N.T.: Spiritualists' National Union.

A comunhão dos santos e o ministério dos anjos.
A sobrevivência humana à morte física.
A responsabilidade pessoal.
A compensação ou retribuição pela prática do bem ou do mal.
O progresso eterno acessível a todos.

Vê-se que todos esses princípios são compatíveis com os do Cristianismo, talvez com a exceção do quinto. Os espiritualistas preferem considerar a vida terrena e a morte do Cristo como exemplo e não como redenção. Cada um responde por seus erros e ninguém poderá esquivar-se à expiação, por meio do oferecimento de sacrifícios religiosos. Não é possível que o tirano ou o debochado, ainda que arrependidos, escapem ao justo castigo, por algum truque espiritual. O arrependimento, quando verdadeiro, os ajuda, mas a dívida contraída deve ser paga. A misericórdia de Deus, no entanto, é maior do que se pode imaginar, e todas as possíveis circunstâncias atenuantes que se liguem às tentações, aos fatores hereditários e ao meio ambiente serão devidamente sopesadas antes de estabelecida a punição. Tal é, em poucas palavras, o posicionamento das Igrejas espiritualistas.

Em outro trabalho,[359] o autor mostrou que, embora a pesquisa psíquica, em si mesma, se distinga da religião, as deduções dela extraídas e o aprendizado que com ela obtemos ensinam-nos

> a vida contínua da alma, sua natureza e como é influenciada por nossa conduta terrena. Se isso é diferente de religião, devo confessar que não entendo a diferença. Para mim é religião — sua própria essência.

O autor também falou da grande força unificadora do Espiritualismo, por ser este, talvez, a única crença que se ligue a todas as religiões, sejam cristãs ou não. Embora seus ensinamentos modifiquem profundamente o Cristianismo convencional, tais modificações restringem-se a explicações e desenvolvimentos, não atingindo o nível do antagonismo. Ele também se referiu à Nova Revelação como absolutamente fatal para o materialismo.

---

[359] Nota do autor: DOYLE, Arthur Conan. *The New Revelation*, p. 67-69.

CAP 24 | O ASPECTO RELIGIOSO DO ESPIRITUALISMO

Numa época materialista como a nossa, pode-se dizer que, sem a crença na sobrevivência do ser humano após a morte, a mensagem do Cristianismo cai, com frequência, em ouvidos surdos. Em seu discurso presidencial na Sociedade Americana de Pesquisas Psíquicas,[360] o Dr. McDougall mostra o vínculo entre a decadência da religião e a propagação do materialismo. São suas palavras:

> A menos que a pesquisa psíquica apresente fatos que não possam ser explicados pelo materialismo, este prosseguirá expandindo-se. Nenhuma outra força poderá detê-lo; a religião revelada e a filosofia metafísica são ambas impotentes diante da maré de materialismo que avança. E se essa maré continuar avançando e crescendo como até agora, será — tudo o indica — maré de destruição: afundará todas as árduas conquistas da humanidade, todas as tradições morais edificadas por incontáveis gerações, as quais tanto se esforçaram pela conquista da verdade, da justiça e da caridade.

Torna-se, pois, importante avaliarmos o grau de persuasão do Espiritualismo e da pesquisa psíquica para levar à crença religiosa, ou para intensificar tal crença nas pessoas que a possuem. Em primeiro lugar, temos muitos casos de materialistas que se converteram à crença no pós-morte, por meio do Espiritualismo. Podemos citar, entre esses então materialistas, o professor Robert Hare e o professor Mapes, na América, e os doutores Alfred Russel Wallace, Elliotson, Sexton, Robert Blatchford, John Ruskin e Robert Owen, na Inglaterra. Muitos outros poderiam ainda ser mencionados.

Se o Espiritualismo fosse devidamente compreendido, haveria poucas dúvidas a respeito de sua harmonia com a religião. A definição de Espiritualismo, impressa em cada edição do *Light* — jornal espiritualista londrino semanal — é a seguinte:

> A crença na vida do Espírito, separado e independente do organismo material, e na realidade e valor do intercâmbio inteligente entre Espíritos encarnados e desencarnados.

---

[360] Nota do autor: *Journal*, American S.P.R., jan. 1923.

Essas duas crenças são artigos da fé cristã.

Se há uma classe, mais que outras, que deveria ser capaz de falar com autoridade sobre as tendências religiosas do Espiritualismo, tal classe é o clero. Muitos de seus integrantes mais progressistas têm externado a própria opinião sobre o assunto em termos precisos. Examinemos alguns depoimentos.

O reverendo H. R. Haweis, M.A., em conferência realizada na Aliança Espírita de Londres, em 20 de abril de 1900, afirmou que não via, no que acreditava ser o verdadeiro Espiritualismo, a menor contradição com o que acreditava ser o legítimo Cristianismo; que o Espiritualismo, na verdade, se ajusta perfeitamente ao Cristianismo, apresentando-se como desdobramento deste e não como seu antagonista. Disse ainda que a dívida do clero para com o Espiritualismo — se aquele fosse mais atento às próprias obrigações — deveria ser realmente muito grande, porque, antes de tudo, o Espiritualismo havia reabilitado a *Bíblia*. Não se pode negar — continua o expositor — que a fé e o respeito pela *Bíblia* estavam morrendo, em consequência das crescentes dúvidas em relação aos milagres ali contidos. Os adeptos curvavam-se inteiramente diante da beleza da doutrina cristã, mas não conseguiam digerir o elemento miraculoso do Velho e Novo Testamento, pois, apesar de serem orientados para acreditarem nesses milagres, recebiam o ensino de que, fora da *Bíblia*, nada de supranatural poderia ocorrer. A situação agora mudou: as pessoas não acreditam no Espiritualismo por causa da *Bíblia*, mas acreditam nesta em razão daquele. Narrou ainda que, ao iniciar seu ministério, procurou livrar-se dos milagres não relatados na *Bíblia*, por meio de explicações que lhe reduziam a importância. Posteriormente, entretanto, viu que não poderia fazer o mesmo com as pesquisas de Crookes, Flammarion e Alfred Russel Wallace.

O reverendo Arthur Chambers, anteriormente vigário de Brockenhurst, Hants, fez valioso trabalho no sentido de levar a mente humana a considerar o lado espiritual da vida, aqui e no Além. Seu livro *Nossa vida após a morte*[361] chegou a cento e vinte edições. Numa conferência sobre *O Espiritualismo e a luz que lança sobre a verdade cristã*,[362] diz ele:

---

[361] N.T.: *Our Life After Death*.
[362] N.T.: *Spiritualism and the Light it casts on Christian Truth*.

Pela persistente investigação dos fenômenos psíquicos e a proclamação, sem evasivas, de que as comunicações entre os dois mundos é um fato atual, o Espiritualismo deu ensejo a que muitas pessoas percebessem que "há mais coisas entre o céu e a terra" do que antes haviam '"sonhado em sua filosofia". Isso levou muitos homens e mulheres cristãs a compreenderem a poderosa verdade nele contida e o seu vínculo com a religião. Essa verdade fundamental é a do nosso lugar no grande universo, uma verdade a que os seres humanos sempre se agarraram, malgrado o incrédulo franzir de sobrancelhas e a desaprovação dos professores religiosos. Vem-me à mente, em conclusão, o pensamento a respeito do modo peculiar com que os ensinos espiritualistas enalteceram as ideias religiosas nos dias de hoje, ajudando-nos a formar uma noção maior e mais autêntica de Deus e seus desígnios.

Em outra brilhante passagem, aduz:

> Sim, o Espiritualismo fez muito, muitíssimo mesmo, em prol da melhor compreensão dos fatos notáveis que formam a base do Evangelho de Jesus: ajudou homens e mulheres a terem visão mais clara não apenas de Deus — o Grande Espírito Pai, no qual vivemos e nos movimentamos, e a que devemos o próprio ser —, mas também desse vasto universo espiritual, de que somos e sempre deveremos ser partes constitutivas. Como espiritualista cristão, tenho a grande esperança — mesmo a certeza — de que o Espiritualismo, que tanto tem feito em favor dos ensinamentos cristãos e, de modo geral, do mundo, afugentando o fantasma da morte e auxiliando-nos a melhor perceber o que o Cristo, em sua grandiosidade, realmente ensinou; que o Espiritualismo — repito — reconhecerá, em toda a plenitude, o que o Cristo representa, à luz das verdades espirituais.

O Sr. Chambers disse, posteriormente, haver recebido, de todas as partes do mundo, centenas de cartas de escritores exprimindo-lhe não só o alívio e o conforto, mas também o reforço que tiveram na própria crença em Deus pela leitura de seu livro *Nossa vida depois da morte*.

O reverendo F. Fielding-Ould, M. A., vigário da Igreja de Cristo, em Regent's Park, Londres, é outro dos que proclamam corajosamente o bom trabalho realizado pelo Espiritualismo. Em conferência de 21 de abril de 1921, sobre *A relação entre o espiritualismo e o cristianismo*,[363] diz ele:

> O mundo necessita dos ensinos do Espiritualismo. O número de pessoas não religiosas em Londres é hoje assombroso. Há incontáveis pessoas de todas as classes sociais — e falo por experiência própria —, que não possuem religião alguma; não oram, não participam dos ofícios religiosos e, conscientemente ou por hábito, pensam que a morte é o fim de tudo: nada existe além, a não ser espesso e branco nevoeiro, dentro do qual a imaginação é severamente proibida de vagar. Incluem-se essas pessoas entre os adeptos da Igreja inglesa, os católicos romanos e os judeus, mas são como garrafas vazias numa adega, ainda conservando os rótulos de famosas safras.

E mais adiante:

> Não raro almas lutadoras e aflitas são socorridas pelo Espiritualismo. Não conhecemos, todos nós, pessoas que, após abandonarem a religião, a ela retornaram, por intermédio daquele? Eram pessoas agnósticas, haviam perdido a esperança em Deus e na imortalidade, passando a considerar a religião apenas um esqueleto cheio de formalidades. Voltaram-se, enfim, contra esta, atacando-a sob todos os aspectos. Foi quando o Espiritualismo chegou a suas vidas, como a aurora chega a alguém que se agitou toda a noite, febril e insone. A princípio elas ficaram espantadas e incrédulas, mas, fixando a própria atenção, em breve foram tocadas pelo sentimento. Deus tinha retornado a suas existências, e nada poderia exprimir sua alegria e gratidão.

O reverendo Charles Tweedale, vigário de Weston, Yorkshire, que tem defendido heroicamente a causa do Espiritualismo, refere-se às

---

[363] N.T.: *The Relation of Spiritualism to Christianity.*

considerações tecidas sobre este na Conferência dos Bispos, realizada em Lambeth Palace, de 5 de julho a 7 de agosto de 1920. Falando da moderna pesquisa psíquica, afirma:[364]

> Enquanto o mundo, em geral, se voltava para o Espiritualismo com ávido e crescente interesse, a Igreja, que se proclama guardiã da verdade religiosa e espiritual, por mais estranho que pareça, não dava a mínima atenção às modernas provas em favor da realidade do mundo dos Espíritos, cujo testemunho é o principal objetivo de sua existência. Mesmo agora, apresenta somente alguns fracos sinais de que percebeu quão importante esse assunto é para ela. Recente sinal de que os tempos são chegados foi a inclusão do exame dos fenômenos psíquicos na Conferência de Lambeth e a distribuição de minha brochura *Os modernos fenômenos espirituais e as igrejas*[365] entre os bispos, com o consentimento do arcebispo, feita pelo secretário. Outro sinal significativo dos tempos é a escolha de Sir. Wiliam Barrett para realizar uma conferência sobre assuntos psíquicos, no Congresso das Igrejas.

O relatório sobre a Conferência de Lambeth, publicado no *Proceedings*, assim se refere à pesquisa psíquica:

> É possível estejamos no limiar de nova ciência, a qual confirmará, empregando os próprios métodos, a existência de um mundo além deste que vemos, bem como de algo, dentro de nós, que possibilita entremos em contato com ele. Jamais poderíamos pretender limitar os meios de que Deus se serve para trazer ao ser humano a percepção da vida espiritual.

Depois dessa cautelosa declaração, o relatório procura colocar-se em terreno mais firme, acrescentando:

---

[364] Nota do autor: *Light*, 30 out. 1920.
[365] N.T.: *Present Day Spirit Phenomena and the Churches*.

Mas nada há no culto fundamentado nos princípios de tal ciência que realce o significado desse outro mundo e as nossas relações com ele, conforme explicado no Evangelho do Cristo e no ensino da Igreja. Existe mesmo muita coisa que obscurece esse significado e essas relações, menosprezando, ao mesmo tempo, os recursos que nos foram dados para conseguir e manter a comunhão com o mundo espiritual.

Sob a epígrafe *Espiritualismo*, prossegue o relatório:

Embora reconhecendo que os resultados das investigações psíquicas tenham ensejado a busca de um significado espiritual e um objetivo para a vida humana, fazendo com que muitas pessoas refletissem sobre a própria sobrevivência depois da morte, a tendência de transformar o Espiritualismo numa religião surge, por sua vez, como perigo grave. É que a prática do Espiritualismo como culto implica subordinação da inteligência e da vontade a forças ou personalidades desconhecidas, levando, por isso mesmo, à abdicação do autocontrole.

A respeito desse ponto do relatório, conhecido colaborador de *Light*, que usa o pseudônimo *Gerson*, faz o seguinte comentário:
Sem dúvida, há perigo na "subordinação da inteligência e da vontade a forças ou personalidades desconhecidas", mas a prática do intercâmbio com os Espíritos não envolve, necessariamente, como pretendem os bispos, tal subordinação. Outro perigo, na opinião deles, é a "tendência de transformar o Espiritualismo numa religião". *Light* e todos os que seguem as mesmas diretrizes jamais demonstraram qualquer inclinação para isso. A possibilidade de comunicação com os Espíritos é um fato natural, e não concordamos em tomar qualquer fato da natureza como base de uma religião. Entretanto, uma forma superior de religião pode estar associada a um fato natural, o que é diferente: o reconhecimento da beleza e da ordem do universo não constitui, em si mesmo, religião, mas essa atitude, na medida em que inspire reverência à Fonte da beleza e da ordem, auxilia o espírito religioso.

No Congresso da Igreja Inglesa, em 1920, o reverendo M. A. Bayfield leu um trabalho intitulado *A ciência psíquica, uma aliada do cristianismo*. Disse ele:

> Muitos integrantes do clero olham a ciência psíquica com suspeição e, alguns deles, com positivo antagonismo e alarme. Sob seu nome popular — Espiritualismo — ela chegou mesmo a ser denunciada como anticristã. Esforçar-se-ia, então, por demonstrar que esse ramo de estudos é, de modo geral, um aliado da fé. Quem não é materialista é, por isso mesmo, espiritualista, e o próprio Cristianismo é uma religião essencialmente espiritualista.

Mais adiante, referiu-se ao serviço que o Espiritualismo presta ao Cristianismo, tornando possível a crença no elemento miraculoso do Evangelho.

O Dr. Elwood Worcester proferiu sermão na Igreja de St. Stephen, Filadélfia, no dia 25 de fevereiro de 1923, com o título *Os aliados da religião*.[366] Em sua fala, refere-se à pesquisa psíquica como verdadeira amiga da religião e aliada espiritual do ser humano:

> Ela [a ciência psíquica] esclarece também muitos acontecimentos importantes da vida do Senhor, ajudando-nos a compreender e a aceitar ocorrências que, de outro modo, seriam rejeitadas. Penso, em especial, nos fenômenos do batismo de Jesus, de seu surgimento no mar da Galileia, sua transfiguração e, acima de tudo, sua ressurreição e aparecimento aos discípulos. A ciência psíquica é, acima de tudo, a única esperança de solução efetiva do problema da morte. Provavelmente, de nenhuma outra fonte surgirá uma nova explicação para esse eterno mistério que nos atinge.

O reverendo G. Vale Owen lembra-nos que, embora haja, entre os espiritualistas, os que se chamam de cristãos-espiritualistas, o Espiritualismo não está confinado no Cristianismo. Refere-se, por exemplo, à existência,

---

[366] Nota do autor: *Journal*, American S.P.R., jan. 1923, p. 323.

em Londres, da Sociedade Espiritualista Judia. Disse também que, a princípio, a Igreja considerava a *evolução* como adversária, mas finalmente a aceitou, por entendê-la de acordo com a fé cristã. E conclui:

> Assim como a aceitação da *evolução* deu ao Cristianismo mais amplo e valioso entendimento da criação e do Criador, também a admissão das grandes verdades sustentadas pela ciência psíquica fará do agnóstico um crente em Deus, do judeu um melhor judeu, do maometano um melhor maometano e do cristão um melhor cristão, tornando-os mais alegres e felizes.[367]

Deflui claramente das últimas citações que muitos clérigos da Igreja da Inglaterra, e de outras, concordam com a influência benéfica que o Espiritualismo exerce sobre a religião.

Existe outra importante fonte de informações sobre as tendências religiosas do Espiritualismo: é a do próprio mundo dos Espíritos. Há aí rico material, mas contentemo-nos com breves transcrições. A primeira é a do conhecido livro *Ensinos espiritualistas,* recebido pela mediunidade de Stainton Moses:

> Amigo, se alguém perguntar qual a utilidade de nossa mensagem, que benefícios ela pode trazer aos que Deus a envia, diga-lhe que se trata de um evangelho que revela o Deus de ternura, de piedade e de amor, ao invés de uma criação fabulosa, cheia de aspereza, crueldade e paixão. Diga-lhe ainda que nossa mensagem leva a conhecer inteligências cuja vida é toda de amor, misericórdia, piedade e ajuda ao ser humano, bem como de adoração ao Supremo.

Outra, da mesma fonte:

> Gradativamente, a humanidade construiu em torno dos ensinos de Jesus um muro de deduções, especulações e comentários materiais, semelhante àquele com que os fariseus haviam cercado a

---

[367] Nota do autor: *Facts and Future* Life (1922), p. 170.

lei mosaica: tal procedimento era intensificado à medida que se perdia de vista o mundo espiritual. Assim, chegou-se ao materialismo duro e frio dos dias de hoje, decorrente de ensinamentos que tinham o propósito de inspirar espiritualidade e afastar os rituais que apelam para os sentidos físicos. Nossa tarefa é fazer com o Cristianismo o que fez Jesus com o Judaísmo: espiritualizar o significado de antigas fórmulas, infundindo-lhes vida nova. Renovação e não destruição — eis o que desejamos. Diremos uma vez mais: não desejamos abolir iota ou til algum dos ensinos de Jesus. Nossa intenção é varrer as interpretações materiais, mostrando o significado espiritual oculto, que se perdeu. A missão que nos cabe é a de prosseguir com o antigo ensino — estranhamente alterado —, mostrando que sua fonte é idêntica; seu curso tem a mesma direção, e sua finalidade é a mesma do ensino atual.

Esta outra passagem é retirada das *Cartas de Júlia*,[368] de W. T. Stead:

Todos receberam o ensinamento da comunhão dos santos; dizem e cantam, das mais variadas formas, que os santos, em toda parte, integram o exército do Deus vivo. Entretanto, quando um de nós deste Outro Lado emprega todos os esforços para que percebam a unidade e sintam que estão rodeados de grande nuvem de testemunhas, ouve-se o clamor: isso é contra a vontade de Deus! É pacto com demônios! é invocação de maus Espíritos! Oh! meu amigo, não te deixes impressionar por esses gritos enganadores. Sou um demônio? Ou serei um Espírito familiar? estarei fazendo algo contrário à vontade divina, quando procuro constantemente inspirar-te a fé no Criador, o amor cada vez maior a ele e a suas criaturas e, assim, trazer-te para mais perto dele, tornando-te mais íntimo de Deus? Sabes que faço tudo isso. É minha alegria e lei de meu ser.

E, finalmente, este trecho das *Mensagens de Meslom*:[369]

---

[368] N.T.: *Letters from Julia*.
[369] N.T.: *Messages from Meslom*.

> Todo ensino que ajude a humanidade a crer numa outra vida, no fortalecimento da alma pelas provas corajosamente enfrentadas e pela vitória sobre as próprias fraquezas é bom, porque aí está a verdade fundamental. Se, além disso, revelar o Deus de amor, tanto melhor, uma vez que, se a humanidade pudesse compreender o Amor divino, o sofrimento, mesmo na Terra, cessaria.

O teor elevado dessas mensagens dirige o pensamento para os assuntos de ordem superior e para a compreensão dos mais profundos objetivos da vida.

A fé no Cristianismo, que F. W. H. Myers havia perdido, foi restaurada pelo Espiritualismo. Em seu livro *Fragmentos de prosa e poesia*,[370] no capítulo a que deu o título de *A fé final*, diz ele:

> Nenhuma distinção essencial poderia fazer entre minha atual crença e o Cristianismo. Considero-a antes o desenvolvimento científico das atitudes e dos ensinos do Cristo.
> Você me pergunta qual o sentido moral de todos esses ensinos trazidos pelo Espiritualismo, e a resposta é surpreendentemente simples e concisa. Ele é o mesmo e inevitável sentido que tem todo ensino moral superior, o mais antigo, o verdadeiro sentido do próprio Cristianismo: o reconhecimento — agora com novas provas — das palavras do Cristo sobre a realidade de nossa natureza interna; a confirmação de seu ensinamento de que *a letra mata, mas o Espírito vivifica*, e de que toda a moral que ensinou tem por base o intenso amor a Deus e ao próximo.

Muitos escritores se referem à luz que a moderna pesquisa psíquica lança sobre a *Bíblia*. Quem, no entanto, melhor se expressa a tal respeito é F. W. H. Myers, no livro *Personalidade humana*:[371]

---

[370] N.T.: *Fragments of Prose and Poetry*.
[371] N.T.: *Human Personality*.

Arrisco, agora, esta declaração corajosa: prevejo que, em consequência das novas provas, todas as pessoas sensatas, daqui a um século, acreditarão na ressurreição do Cristo; entretanto, na ausência dessas provas, essas mesmas pessoas, daqui a um século, nada admitiriam acerca desse ponto. Quanto ao ensino central do Espiritualismo de que a alma é capaz de manifestar-se, com toda a vivacidade, após a morte do corpo, é certo que, dia a dia, ele será menos sustentado apenas pela tradição; deverá ser submetido, cada vez mais, às experiências e investigações modernas. Suponhamos, por exemplo, que, nesta época de criticismo, sejam reunidas muitas histórias sobre este assunto, confirmadas por testemunhos diretos; suponhamos, ainda, que essas narrativas não resistam à análise, sendo todas reconhecidas como alucinações, representações, ou outras fontes habituais de erro. Poderemos, então, esperar que pessoas racionais do cenário da Inglaterra moderna acreditem que esses fenômenos maravilhosos, sempre a se diluírem no nada, quando rigorosamente examinados, continuem a sustentar a adoração religiosa? Bastaria, para isso, o registro de sua ocorrência num país do Oriente e numa era remota e supersticiosa? Em resumo, se os resultados das experiências da *pesquisa psíquica* tivessem sido meramente negativos, não teriam dado nos fatos cristãos — não digo na emoção cristã, mas nos fatos cristãos — um golpe esmagador?

Muitos são os testemunhos de eminentes homens públicos que podem ser citados. Sir. Oliver Lodge, por exemplo, escreve:

> Apesar de não ter sido levado a minha posição atual pela fé religiosa, tudo quanto tenho aprendido apenas ampliou meu amor e minha veneração pela figura central do Evangelho.

Lady Grey of Fallodon[372] rende eloquente tributo ao Espiritualismo, descrevendo-o como algo que vitalizou a religião e levou conforto a milhares de pessoas. Falando a respeito dos espiritualistas, aduz:

---

[372] Nota do autor: *Fortnightly Review*, out. 1922.

> Constituem eles um corpo de trabalhadores mais ligados ao espírito do *Novo Testamento* do que muitos integrantes da Igreja poderiam imaginar. A Igreja da Inglaterra deveria reconhecer no Espiritualismo valioso aliado, uma vez que este não apenas ataca frontalmente o materialismo e identifica o universo material com o espiritual, mas possui verdadeiro tesouro de conhecimento e orientações preciosas.

E acrescenta:

> Nele encontro a corrente revigorante que traz o sopro de vida às velhas crenças. O conjunto de ensinamentos das *Sagradas Escrituras* é, em essência, o mesmo das mensagens que nos chegam nestes últimos tempos. Nós, os que guardamos no coração esses novos ensinos, sabemos que o Espiritualismo faz uma moderna leitura da *Bíblia*. Se as Igrejas compreendessem isso, ele seria reconhecido como o grande aliado da religião.

São palavras corajosas e verdadeiras.

Mostra o Dr. Eugene Crowell[373] que a Igreja Católica Romana sustenta a existência de constantes manifestações espirituais sob a divina autoridade da Igreja, ao passo que as igrejas protestantes, a despeito de aceitar o fato dessas manifestações com Jesus e seus discípulos, repudia a ocorrência de fenômenos semelhantes nos dias atuais. E acrescenta:

> Assim, a Igreja Protestante, quando procurada pelos famintos do espírito — e há milhões nessas condições, de cujo íntimo emerge poderoso clamor por alimento espiritual —, nada tem para oferecer, ou, pelo menos, nada além de cascas.
> Hoje o Protestantismo se vê comprimido entre as mós do Materialismo e do Catolicismo. Cada uma dessas forças está exercendo sobre ele crescente pressão, que o impele a submeter-se a uma ou

---

[373] Nota do autor: *The Identity of Primitive Christianity and Modern Spiritualism*, em 2 volumes, 2. ed., Nova Iorque, 1875.

a outra, sob pena de ser reduzido a pó. Em suas atuais condições, falta-lhe o necessário vigor para resistir à ação dessas duas forças, e sua única esperança reside no sangue novo que somente o Espiritualismo lhe pode injetar nas veias cansadas. Acredito plenamente que realizar essa tarefa é parte da missão do Espiritualismo. Baseia-se minha crença não apenas nas notórias necessidades do Protestantismo, mas também na clara percepção de que o Espiritualismo se adapta perfeitamente a essa incumbência e que pode executá-la com habilidade.

Declara o Dr. Crowell que a ampliação do conhecimento não diminuiu a curiosidade pelas questões relativas à vida espiritual e à existência futura, mas hoje as pessoas querem prova daquilo que antes era aceito somente pela fé. A teologia é incapaz de fornecer essa prova, e milhões de mentes sinceras — diz ele —permanecem à distância, esperando por provas convincentes. O Espiritualismo — sustenta — surgiu para dar essa prova. Nenhuma outra fonte poderia fazê-lo.

Algumas referências devem ser feitas ao ponto de vista dos espiritualistas unitaristas. O entendimento manifestado por seu muito hábil e sincero dirigente, Ernest W. Oaten, editor de *The Two Worlds* — entendimento aceito por todos, salvo pequeno grupo de extremistas —, é o da reconstrução e não da destruição do ideal cristão. Após relato muito respeitoso da vida do Cristo, segundo os conhecimentos psíquicos atuais, continua ele:

> Alguns dizem que tenho aversão por Jesus de Nazaré. Prefiro, no entanto, confiar antes no julgamento deste do que no das pessoas. Conheço a vida de Jesus mais profundamente — acredito — do que qualquer cristão. De todas as figuras históricas é aquela à qual dedico maior estima. Tenho aversão, sim, pelo lugar falso e ilusório onde foi colocado por aqueles que não são mais aptos para compreendê-lo do que o seriam para ler hieróglifos egípcios; mas amo o homem, a quem muito devo. Ele tem muito a ensinar ao mundo, desde que este o retire do pedestal de adoração e de idolatria e caminhe com ele lado a lado, como num jardim. A leitura que faço de sua vida é, entretanto, *naturalística* e estou satisfeito

de que seja assim, pois nada há de mais divino do que as leis reguladoras da vida. Deus, que as estabeleceu, tornou-as adequadas a seus desígnios e não necessita substituí-las. É o mesmo Deus, que controla o processo da vida na Terra e do mundo espiritual.[374]

Neste ponto, deixo o assunto. Esta história procurou mostrar quão especial tem sido o esforço dos agentes invisíveis para oferecerem ao mundo, de que são os orientadores, as provas materiais exigidas pela mentalidade moderna. Mostrou também que essas manifestações têm sido acompanhadas de mensagens espirituais que retornam às grandes bases religiosas da humanidade, revivendo aquele fogo central de inspiração, de cujas chamas ardentes tinham restado apenas cinzas. O ser humano havia perdido o contato com as vastas forças que o rodeiam: seu conhecimento e suas inspirações tinham ficado circunscritos às deploráveis vibrações de seu próprio espectro, bem como às insignificantes oitavas de suas percepções auditivas. O Espiritualismo — o maior movimento produzido em dois mil anos — salvou-o dessa condição: rompeu a névoa fina que o ocultara, mostrando-lhe novos potenciais e ilimitados horizontes em seu derredor e mais além. Já se veem iluminados os picos das montanhas. Em breve, o sol da verdade brilhará também nos vales.

---

[374] Nota do autor: *The Relation of Modern Spiritualism to Christianity*, p. 23.

CAPÍTULO 25

O pós-morte na visão dos espiritualistas

O espiritualista possui grande vantagem em relação aos profitentes das velhas manifestações religiosas. Quando entra em comunicação com inteligências do Outro Lado, que já habitaram corpos terrenos, naturalmente as interroga com avidez acerca de suas condições de vida, bem como dos efeitos das ações praticadas na Terra sobre seu estado atual. As respostas a essas perguntas geralmente correspondem aos pontos de vista sustentados pela maioria das religiões, mostrando, de igual modo, que o caminho da virtude é a estrada para a suprema felicidade. É-nos apresentado à consideração um sistema definido, que elucida amplamente as vagas cosmogonias de antigas eras. Esse sistema aparece em livros que descrevem a experiência dos que nos precederam na nova vida. Devemos lembrar, contudo, que tais obras não são produzidas por escritores profissionais. Deste lado está o chamado escritor *automático*, que recebe a inspiração e, do outro, a inteligência que a transmite; ambos, no entanto, podem não ter sido dotados pela natureza com a capacidade literária, mesmo em grau mínimo, ou ainda tido a experiência prévia de encadear uma narrativa. De igual modo, é preciso levar em conta que o trabalho produzido é resultado de processo incômodo, o qual, em muitos casos, torna-se cansativo. Se imaginássemos alguém na Terra que, para escrever, usasse o telefone em lugar da caneta, poderíamos estabelecer grosseira analogia com as dificuldades do Espírito operador. Nada obstante, a despeito de todas as limitações, as narrativas são muitas vezes claras, dramáticas, de grande interesse. Sobretudo, raramente deixam de ser interessantes, pois nos mostram hoje o caminho que deveremos percorrer amanhã.

Diz-se que tais narrativas variam muito e são contraditórias. O autor não pensa assim. Dedicou longo tempo à leitura atenta de muitos volumes tidos como relatos de experiências póstumas, bem como de grande número de mensagens obtidas em círculos familiares, resguardados do grande público, e ficou perplexo com a concordância existente. Veem-se, aqui e ali, narrativas em que a autossugestão se patenteia e, ocasionalmente, há desvios para o sensacionalismo; mas, no conjunto, as descrições se apresentam sérias, ponderadas e concordantes entre si, ainda que difiram nas minúcias. As histórias de nossas próprias vidas também variam nas particularidades, e um crítico de Marte, por exemplo, que recebesse relatos de um camponês hindu, de um caçador esquimó e de um professor de Oxford bem poderia recusar-se a crer que experiências tão divergentes se encontrassem no mesmo planeta. Essa disparidade, porém, não existe do Outro Lado; não há ali, tanto quanto o saibamos, contrastes extremos dentro da mesma esfera de vida. Na verdade, pode ser dito que a característica da vida na Terra é a mistura de diversas espécies ou graus de experiência, enquanto que a do outro mundo é a subdivisão e a separação dos seres inteligentes. O céu é lá distinto do inferno. Nos tempos atuais, as pessoas poderiam — e algumas vezes o conseguem por algum tempo — tornar este mundo um céu, conquanto haja extensas regiões que se afiguram imitações convincentes do inferno. Quanto ao purgatório, pode ser este entendido como a condição normal da Terra.

De modo geral, os Espíritos podem estar em três condições. Há os que, embora tenham trocado os corpos mortais por corpos etéreos, se mantêm na superfície deste mundo, ou em suas proximidades, por serem de natureza grosseira ou terem interesses mundanos acentuados. Tão rude pode ser a constituição de seus corpos extraterrenos que chegam a se tornar visíveis até mesmo a quem não possui a faculdade da clarividência. Nesta classe errante e infeliz encontra-se a explicação de todos os fantasmas, espectros, aparições bem como das casas assombradas, que têm despertado a atenção da humanidade em todas as fases da História.

Tais Espíritos, tanto quanto lhes possamos compreender a situação, nem começaram a vida espiritual propriamente dita. Esta só se inicia quando se rompem os laços mais fortes que os prendem ao mundo material.

Por sua vez, os que realmente começam a nova vida se veem na situação correspondente às próprias condições espirituais. Num ambiente que tipifica seu estado de espírito, onde a iluminação varia do nevoeiro à escuridão, eles encontram, em companhia de seus semelhantes, a punição da crueldade, do egoísmo, do fanatismo e da frivolidade. Essa situação não é permanente. Todavia, os que não se esforçam por conquistar planos mais elevados, ficam aí indefinidamente, enquanto os que acolhem as orientações dos Espíritos socorristas, ainda que estejam nos círculos de salvamento próximos à superfície terrestre, cedo aprendem a lutar para atingir zonas mais luminosas. No intercâmbio espiritual de seu grupo familiar, o autor experimentou contato com seres das *trevas exteriores* e teve a satisfação de receber seus agradecimentos, ao oferecer-lhes visão mais clara de seu estado espiritual, das causas que os levaram àquelas condições e dos meios para a própria cura.[375] Esses Espíritos parecem constituir ameaça constante à humanidade, pois, ao penetrarem na aura protetora dos indivíduos — se esta, de algum modo, se tornou defeituosa —, podem transformar-se em parasitas, passando a influenciar as ações de seu hospedeiro. É possível que a ciência do futuro descubra que muitos casos de manias inexplicáveis, de violência insensata e de súbita rendição aos hábitos viciosos não tenham outra causa. Isso seria um argumento contra a pena capital, uma vez que os referidos Espíritos ampliariam o poder de dano do criminoso.

Há que admitir que o assunto é, por enquanto, obscuro e se complica pela existência das chamadas formas-pensamento e outras produzidas pela emersão da memória. Além disso, sabe-se que nem todos os Espíritos ligados à Terra são necessariamente maus. Assim é que, por exemplo, os monges devotos de uma venerável abadia de Glastonbury poderiam ficar vinculados aos antigos retiros tão somente pela força da devoção.

---

[375] Nota do autor: na obra do Dr. Wickland, *Thirty Years among the Dead*, e no Apêndice do livro *Glimpses of the Next State*, do almirante Usborne Moore, encontramos amplo relato das condições dos que se acham ligados à Terra.

Se nosso conhecimento a respeito das condições exatas dos Espíritos mais próximos ao planeta é precário, em relação às dos Espíritos que estão em regiões de punição é ainda mais. Há a história um tanto impressionante, relatada em *Indo para o Oeste*,[376] do Sr. Ward. Existe outra, mais comedida e verossímil, em *A vida além do véu*, do Rev. Vale Owen. Há narrativas no mesmo sentido, nas visões de Swedenborg; no livro *Espiritualismo*,[377] do juiz Edmonds, e em outras obras. Nossa falta de informações pessoais acerca do assunto deve-se ao fato de não sermos qual Hamlet, que mantinha contato direto com os que vivem nessas esferas mais baixas. As notícias que temos são indiretas, por meio de Espíritos mais elevados, que realizam trabalho missionário junto deles, trabalho este que parece ser executado com as mesmas dificuldades e perigos que rodeiam quem tenta evangelizar as raças ignorantes da Terra. Temos lido que Espíritos elevados descem a esferas muito inferiores, lutando contra as forças do mal; que existem príncipes das trevas terríveis em seus domínios, e que há imenso aglomerado de almas infelizes para onde escorre incessantemente a lama psíquica do mundo. Tudo isso, porém, deve ser considerado mais como instrumento terapêutico que penal. Essas regiões são, por assim dizer, sombrias salas de espera da nova vida — hospitais para as almas doentes, que sofrem a experiência depuradora a fim de alcançarem saúde e felicidade.

Mais completas são as informações que recebemos das esferas felizes, onde a beleza e a felicidade, ao que parece, são graduadas pelo desenvolvimento espiritual de seus habitantes. Dizemos *desenvolvimento espiritual*, em lugar de *bondade* e *altruísmo*, para melhor entendimento do que aí se passa, pois é no sentido de *desenvolvimento espiritual* que se dá o crescimento da alma. Trata-se, por certo, de assunto que não se vincula propriamente ao intelecto, embora a união das faculdades intelectuais e espirituais produza, naturalmente, seres mais perfeitos.

As condições de vida nessas esferas são descritas como de intensa felicidade. É a verdadeira vida do Além, a única que corresponde à concepção de justiça e de misericórdia da Inteligência Central. O ar, as

---

[376] N.T.: *Gone West*.
[377] N.T.: *Spiritualism*.

paisagens, os lares, o ambiente e as ocupações são minuciosamente descritos, conquanto haja sempre a ressalva de que palavra alguma faz justiça à gloriosa realidade desses planos. Talvez haja certa dose de parábola ou analogia nesses relatos, mas o autor inclina-se a aceitá-los tais quais se apresentam, e acredita que a *Terra de verão*, de Davis, é tão real e objetiva para seus habitantes quanto é nosso mundo para nós. Fácil é levantar-se a seguinte objeção: "Por que, então, nada vemos?". É razoável conceber que a vida etérea se expresse em termos etéreos e que, exatamente como nós — com cinco sentidos materiais — nos afinamos com o mundo material, os Espíritos, com seus corpos etéreos, sintonizam com as paisagens e os sons do mundo etéreo. Aliás, o vocábulo éter só é usado por conveniência, para exprimir algo muito mais sutil que nossa atmosfera. Não temos, em verdade, prova alguma de que o éter dos físicos seja o mesmo instrumento do mundo espiritual. Pode haver aí outras essências sutis que sejam muito mais delicadas que o éter, como é este, se comparado com o ar.

    O céu espiritual, portanto, seria sublimada e etérea reprodução da Terra e da vida terrena, em condições mais elevadas e melhores. "Embaixo, como em cima", dizia Paracelso, estabelecendo o princípio fundamental do universo. O corpo transporta suas qualidades espirituais e intelectuais inalteradas, quando transita de uma sala da grande mansão universal para outra mais próxima. Sua forma também não se altera, conquanto o jovem e o velho tendam a adquirir expressão de completa maturidade. Admitindo isso, devemos considerar razoável a dedução de que tudo o mais seja assim e que as ocupações e o sistema geral de vida propiciem oportunidade para o exercício dos talentos especiais do indivíduo. O artista sem arte e o músico sem música seriam, de fato, figuras trágicas e o que se aplica a estes deve estender-se a todo o gênero humano. Há, de fato, uma sociedade muito complexa, onde cada um encontra o trabalho a que mais se adapta e que lhe causa maior satisfação. Por vezes, há possibilidade de escolha. Assim, em *O Caso de Lester Coltman,* escreve o estudante morto:

> Algum tempo depois de minha partida desse mundo, tinha ainda dúvidas sobre qual seria meu trabalho: se a música ou a ciência. Depois de pensar muito seriamente no assunto, decidi que a

música seria meu *passatempo* e que meus esforços maiores deveriam ser canalizados para a ciência, em todos os aspectos.

Quem lê tal declaração, sente naturalmente o desejo de conhecer em profundidade esse trabalho científico, inclusive as condições em que se realiza. Lester Coltman é claro:

> O laboratório que dirijo tem por principal objetivo estudar os fluidos e vapores que formam a barreira entre o mundo material e o espiritual. Acreditamos que, após muito estudo e experimentação, nos será possível atravessá-la. O resultado dessa pesquisa pode ser o *Abre-te Sésamo* da porta que separa a Terra das esferas espirituais.[378]

Adiante, Lester Coltman dá uma descrição mais ampla do contexto de seu trabalho. Essa descrição pode ser considerada típica de muitas outras. Diz ele:[379]

> O interesse evidenciado pelos homens e mulheres da Terra a respeito das características de nossos lares e locais de trabalho é, obviamente, natural. Entretanto, não é muito fácil descrevê-las usando a linguagem terrena. Assim, darei como exemplo minha maneira de viver. Daí poderá ser deduzido o modo de vida de outros, de acordo com seu temperamento e estágio mental.
> Continuo aqui o trabalho científico iniciado na existência terrena. Para isso, visito com frequência um laboratório que possui excelentes condições de experimentação. Tenho minha própria casa, extremamente agradável, com uma biblioteca repleta de livros de referência: obras históricas, científicas e de Medicina; na verdade, com todos os gêneros de literatura. A nós esses livros afiguram-se tão essenciais como são os da Terra para os encarnados. Em minha casa, há também uma sala de música, que reúne todas as formas

---

[378] Nota do autor: WALBROOK, Lilian. *Case of Lester Coltman*, p. 34.
[379] Nota do autor: Ibidem, p. 32-33.

de expressão de sons. Possuo pinturas de rara beleza e móveis de delicado padrão. Atualmente vivo só, mas recebo frequentemente a visita de meus amigos, assim como os visito também. Se, por vezes, a tristeza de mim se apodera, saio à procura daqueles que mais amei na Terra. De minha janela avista-se ondulante campo de grande beleza e, a pouca distância, uma casa aberta para a comunidade, onde muitas almas, que trabalham em meu laboratório, vivem em feliz harmonia. Meu assistente-chefe é um velho chinês muito querido, que presta valioso concurso em análises químicas e exerce o cargo de diretor dessa comunidade. Além de excelente filósofo, ele é também pessoa admirável, de grande simpatia.

Eis outra descrição que trata do mesmo assunto:[380]

É muito difícil discorrer sobre o trabalho no mundo dos Espíritos. Aqui as tarefas são distribuídas segundo o progresso de cada um. À alma que veio diretamente da Terra, ou de outro mundo material, deve ser ensinado tudo o que ela negligenciou na existência precedente, a fim de que possa desenvolver suas qualidades rumo à perfeição. Sofrerá tudo que fez os outros sofrerem. Se tem grande talento, poderá aperfeiçoá-lo, pois a bela música, ou outro dom qualquer, nós os temos mais elevados. A música é uma das grandes forças motoras de nosso mundo. No entanto, embora as artes e os talentos possam ser levados a sua máxima expressão, o grande trabalho das almas é o de se depurarem para a vida eterna. Há excelentes escolas para os Espíritos crianças. Além de aprenderem todas as coisas a respeito do universo conhecido e de outros reinos regulados pelas leis divinas, recebem lições de altruísmo, de verdade e de honra. Os que aprendem como Espíritos crianças e retornam ao mundo material revelam-se aí portadores das mais altas qualidades. Todos os que levaram a existência terrena executando apenas trabalhos físicos, quando aqui chegam têm muito que aprender. O trabalho é algo fascinante e os que se tornam mestres de almas

---

[380] Nota do autor: *Thought Lectures*, do *The Spiritualists' Reader*, p. 53.

aprendem muito. Espíritos literatos transformam-se em grandes oradores, falando e ensinando em eloquente linguagem. Há livros, mas diferentes dos da Terra. Quem estudou as leis terrenas ingressa, na escola para Espíritos, como professor, com a incumbência de ensinar tudo o que se relacione às questões de justiça. O soldado que, na existência física, aprendeu as lições da verdade e da honra tem, em qualquer esfera ou mundo, a função de guiar e ajudar as almas, trabalhando pelo entendimento da verdadeira fé em Deus.

No grupo doméstico do autor, um Espírito familiar discorreu sobre sua vida no Além, em resposta a perguntas que lhe foram feitas, nestes termos:

— O que faz você?
— Cuido de crianças, amando-as e servindo-lhes de mãe; ocupo-me de música, além de várias outras coisas. Trabalho aqui muito mais que na velha Terra. Não existem sons perturbadores a nossa volta, e isso faz que tudo se torne mais feliz e completo.
— Fale acerca de sua habitação.
— É encantadora. Jamais vi residência semelhante na Terra. São tantas as flores! Há um esplendor de cores em todas as direções, maravilhosas e diferentes fragrâncias, que se misturam deliciosamente!
— Você pode ver outras casas?
— Não; se o pudesse, a paz seria destruída. Buscamos a natureza exterior apenas ocasionalmente. Cada casa é como se fosse um oásis. Além, há cenários grandiosos, outros doces lares formados por pessoas queridas, amáveis e alegres, que são risonhas e felizes pelo simples fato de viverem num ambiente admirável. Sim, tudo é belo. Mente alguma na Terra seria capaz de conceber a luminosidade e a maravilha do ambiente em que vivemos: as cores são muito mais delicadas, o sistema de vida familiar, muito mais radioso.

Talvez deva ser citado outro trecho dos registros do grupo familiar do autor, uma vez que a força comprobatória de seu conteúdo inspirou a completa confiança das pessoas ligadas aos fatos:

Pelo amor de Deus, sacudam a mente dessas pessoas tolas, que se recusam a pensar! O mundo necessita desse conhecimento. Se eu o tivesse possuído enquanto na Terra, ele teria alterado minha vida. O Sol teria brilhado em meu caminho sombrio, se eu tivesse antevisto o que estaria a minha frente. Aqui não há conflitos, pois todos apoiam as ideias da maioria. Estou interessado em muitas coisas, principalmente as que dizem respeito ao ser humano, como seu progresso e, acima de tudo, a regeneração da Terra. Sou dos que trabalham por esta causa, ombro a ombro com vocês. Nada temam. A luminosidade será tanto mais intensa quanto mais profunda for a escuridão. Voltarei muito breve, se Deus assim o permitir. Nada poderá opor-se a essa luminosidade. Nenhum poder das trevas pode suportar, sequer por um minuto, a luz divina. Todo o trabalho das multidões contra a vontade de Deus será destruído. Apoiem-se mais em nós, pois nossa capacidade de auxílio é imensa.

— Onde você está?

—É tão difícil explicar-lhes nossas condições de vida! Estou onde mais desejaria estar, isto é, com meus entes queridos, em contato direto com todos vocês ainda no plano terreno.

— Há comida aí?

— Não na forma que vocês conhecem, mas muito mais delicada. São tantos os frutos e perfumes deliciosos, além de outras coisas que vocês não têm na Terra! Ficarão surpreendidos com o que os aguarda aqui: tudo belo e elevado, suave e luminoso. A vida material é preparação para este plano. Sem esse treinamento eu não teria sido capaz de entrar neste mundo admirável e glorioso. Na Terra, aprendemos as lições e, nesta esfera, recebemos a grande recompensa: o verdadeiro lar, a vida real; é a luz do Sol brilhando depois da chuva.

O assunto é tão vasto que apenas em linhas gerais poderia ser tratado neste capítulo. Assim, deve o leitor recorrer à admirável literatura existente e que está em constante desenvolvimento, embora pouco ainda conhecida pelo mundo. Livros como *Raymond*, de Oliver Lodge;

A vida além do véu, de Vale Owen; *A testemunha,*[381] da Sra. Platts; *O caso de Lester Coltman,* da Srta. Walbrook, e muitos outros, apresentam visão clara e consistente da vida no Além.

Quando lemos as numerosas descrições da vida após a morte, naturalmente nos perguntamos até que ponto elas podem ser aceitas. Tranquiliza-nos, entretanto, verificar, a concordância existente entre todos esses relatos, o que, certamente, constitui argumento seguro em favor de sua autenticidade. Poder-se-ia dizer que tal concordância se origina do fato de derivarem, conscientemente ou não, de fonte comum. Essa é, porém, uma hipótese insustentável. Muitas dessas descrições são feitas por pessoas que não teriam possibilidade de conhecer as opiniões umas das outras; ainda assim, se apresentam concordantes nos mínimos detalhes. Por exemplo, na Austrália, o autor examinou algumas dessas narrativas escritas por habitantes de lugares remotos, que se mostravam honestamente surpresos com o que escreviam. Um dos casos mais impressionantes é o do Sr. Hubert Wales.[382] Este cavalheiro, que era cético e talvez ainda o seja, ao ler um relato do autor a respeito das condições *post mortem*, procurou um texto que havia escrito anos atrás, o qual, na ocasião, fora para ele motivo de incredulidade e até de divertimento. Disse o Sr. Wales:

> Fiquei surpreso quando li seu artigo, quase perplexo diante da circunstância de que tudo aquilo que eu tinha escrito sobre as supostas condições de vida no além-túmulo coincide inteiramente com sua descrição, baseada nas informações que o senhor obteve de diversas fontes.

As demais conclusões do Sr. Wales encontram-se no *Apêndice.*

Tratasse esta filosofia de magníficos tronos brancos, aos pés dos quais os seres se prostrassem em adoração perpétua, ela poderia ser considerada reflexo dos ensinamentos recebidos durante a infância. Mas não é assim; tudo, decerto, é bem mais razoável. Ela apresenta um campo aberto para o desenvolvimento de todas as habilidades de que somos dotados.

---

[381] N.T.: *The Witness.*
[382] Nota do autor: DOYLE, Arthur Conan. *The New Revelation,* p. 146.

A ortodoxia sustenta a permanência de tronos, coroas, harpas e outros objetos, desde que considerados celestes. Não é mais sensato admitir que, se coisas como estas podem sobreviver, todas as demais também poderão, devendo apenas adaptar-se ao ambiente? Quando examinamos as especulações da humanidade, vemos que, possivelmente, os Campos Elíseos dos antigos e os felizes campos de caça dos peles-vermelhas estejam mais próximos da realidade que essas fantásticas representações do céu e do inferno, surgidas das visões extáticas dos teólogos.

Um céu comum e simples pode parecer material a muita gente, mas não nos podemos esquecer de que a evolução é vagarosa, tanto no plano físico como no espiritual. Em nossa situação, ainda inferior, não podemos pretender saltar os patamares intermediários, a fim de atingir as esferas celestes. Esse terá de ser o trabalho de séculos, possivelmente de milhares de anos. Ainda não estamos preparados para a vida puramente espiritual. Na medida em que nos tornarmos mais depurados, o mesmo sucederá com o ambiente em que vivermos e, assim, evoluiremos de céu em céu, até que a alma humana se lance no esplendor da glória, e os olhos da imaginação não possam mais acompanhá-la.

APÊNDICE

I

Notas ao capítulo 4

Prova da assombração na casa de Hydesville antes de ser habitada pela família Fox

A Sra. Ann Pulver declara o seguinte:

> Eu mantinha relações com o senhor e a senhora Bell, que habitavam a casa em 1844. Visitava-os frequentemente. Minhas agulhas de tricô ficavam no quarto do casal e era ali que costumava fazer meu trabalho. Certa manhã, quando lá cheguei, a Sra. Bell me disse que se sentia muito mal, que pouco dormira à noite, se é que dormira. Quando lhe perguntei a razão, respondeu-me que não sabia, mas que estava agitada; pensava ter ouvido alguém à noite andando de um quarto para outro e que tinha feito o marido levantar-se e trancar as janelas. Depois disso, sentiu-se mais segura. Perguntei-lhe o que achava que havia acontecido. Disse-me que podiam ser os ratos. Posteriormente, ouvi-a falar de novo sobre rumores que não tinha condições de descrever.

A Srta. Lucretia Pulver deu este testemunho:

> Morei nessa casa, com a família do Sr. Bell, durante um inverno inteiro. Trabalhava para eles uma parte do dia e o resto do tempo

ia à escola ou bordava. Morei ali cerca de três meses. No fim desse período, passei a ouvir frequentes batidas na cama, inclusive debaixo dos pés da mesma, uma vez que dormi no mesmo quarto todo o tempo de minha permanência na casa. Certa noite, ouvi um ruído como se fosse um homem andando pela despensa, a qual se separa do quarto apenas por uma escada. A Srta. Aurelia Losey, que estava comigo naquela noite, também ouviu o barulho e ambas ficamos muito assustadas; levantamo-nos, fechamos as janelas e trancamos a porta. Parecia que alguém andava pela despensa, depois pela adega, indo até ao porão, onde o ruído cessava. Não havia pessoa alguma na casa, além de nós e meu irmãozinho, dormindo no mesmo quarto em que estávamos. Penso que era por volta de meia-noite. Tínhamos ido para a cama depois das onze e ainda não havíamos adormecido, quando ouvimos o barulho. O senhor e a senhora Bell tinham ido a Loch Berlin, onde ficariam até o dia seguinte.

Assim, fica evidente que ruídos estranhos eram ouvidos na casa da família Fox em 1844.

Outra família, chamada Weekman, que também morou nessa casa, de 1846 a 1847, passou por experiência semelhante.

Depoimento da Sra. Hannah Weekman

Tomei conhecimento dos ruídos misteriosos que têm sido ouvidos na casa agora ocupada pelo Sr. Fox. Moramos no mesmo imóvel aproximadamente um ano e meio, antes de virmos para a atual residência. Há cerca de um ano, quando ainda morávamos lá, pensamos ter ouvido alguém batendo de leve na porta de entrada da casa. Acabara de deitar-me, mas meu marido, que não tinha vindo para a cama ainda, abriu a porta e disse que não havia ali pessoa alguma. Voltou e já estava para se deitar quando novamente ouvimos as batidas na porta. Mais uma vez ele foi abri-la e disse que nada via, mesmo tendo dado alguns passos adiante. Em seguida, retornou e deitou-se. Estava meio zangado, pois supunha que fossem alguns garotos procurando perturbar-nos. Disse então que eles podiam bater, mas que não iriam fazê-lo de bobo, ou algo semelhante. Ouviram-se as batidas outra vez e, depois de algum tempo, ele se levantou, foi até à porta e saiu. Disse-lhe que não saísse de casa, pois talvez alguém o quisesse fora para poder feri-lo. Voltou, então, dizendo que nada pôde ver. Ouvimos muito barulho durante aquela noite, mas não se podia dizer exatamente de onde vinha. Às vezes parecia que alguém caminhava pela adega. Mas a casa era velha e imaginamos que poderiam ser estalos de madeira solta, ou algo assim.

Algumas noites depois, uma de nossas meninas, que dormia no mesmo quarto onde agora se ouvem as batidas, acordou-nos aos gritos. Meu marido, eu e a empregada levantamo-nos imediatamente para ver o que se passava. Ela estava sentada na cama, gritando e chorando, e passou-se algum tempo até que descobríssemos o que havia acontecido. Disse-nos que algo se movera sobre sua cabeça e rosto — algo frio, que não poderia dizer o que era. Falou ainda que tinha sentido o mesmo por todo o corpo, mas que ficara mais alarmada quando a sensação se deu no rosto. Estava muito assustada. Isso se passou entre meia-noite e uma hora. Ela levantou-se e foi para nossa cama, custando muito a adormecer. Só depois de muitos dias conseguimos que fosse dormir em seu quarto novamente. Tinha, então, 8 anos de idade.

Nada mais me aconteceu durante o tempo que ali moramos. Meu marido, porém, disse-me que, certa noite, ouvira alguém chamá-lo pelo nome. A voz vinha de algum lugar na casa, mas não sabia precisar de onde — e jamais pôde sabê-lo — nem o que era. Eu não estava em casa nesta noite, pois assistia uma pessoa doente. Naquela época, não pensávamos que a casa fosse assombrada.

(Ass. Hannah Weekman, em 11 de abril de 1848).

Depoimento de Michael Weekman

Sou marido de Hannah Weekman. Moramos na mesma casa hoje ocupada pelo Sr. Fox e família, onde, segundo seus atuais habitantes, são ouvidos ruídos estranhos. Vivemos lá cerca de um ano e meio. Uma noite, à hora de dormir, ouvi batidas. Pensei que fosse alguém que quisesse entrar. Não disse ao visitante: "pode entrar", como habitualmente faço; mas fui até à porta. Ninguém encontrando, voltei. No justo momento em que estava indo para a cama, ouvi as batidas outra vez. Abri a porta rapidamente. Entretanto, nada vi. Dei um passo ou dois à frente. Não encontrei pessoa alguma. Resolvi voltar e ir para a cama. Supus que alguém estivesse querendo divertir-se às minhas custas. Passaram-se poucos minutos e, novamente, ouvi as batidas. Após esperar um pouco, levantei-me e fui até à porta. As batidas continuavam. Rodeei a casa, mas nada encontrei. Voltei, fechei a porta e segurei o ferrolho, pensando que, se viesse alguém, eu o pegaria. Dentro de um ou dois minutos ouvi nova batida. Estava com a mão na porta, onde parecia que o toque era produzido. Podia sentir sua vibração. Num ímpeto, abri a porta e saí. Ninguém surgiu a minha vista. Em seguida, circundei de novo a casa. Como antes, porém, nada pude descobrir. Minha mulher disse-me que era melhor não sair de casa, visto que, talvez, alguém me quisesse ferir. Não sei o que pensar a respeito disso, pois tudo parece muito estranho e inexplicável.

Então, relata o caso da menina assustada, como dito acima.

Certa noite, depois disso, despertei por volta da meia-noite, ouvindo meu nome. Parecia que a voz vinha do lado sul do quarto. Sentei-me na cama e fiquei atento, mas nada mais ouvi. Não me levantei, esperando que me repetissem o nome. Naquela noite minha mulher não estava em casa. Posteriormente, narrei-lhe o sucedido e ela me disse que achava que eu tinha sonhado. Minha mulher, porém, vivia assustada com estranhos ruídos que ouvia frequentemente dentro e fora da casa.
Tenho escutado tantas coisas a respeito desse assunto, de homens em quem deposito plena confiança, que, levando em conta tudo que ouvi, não posso descrever tais ruídos de outra forma a não ser como manifestações sobrenaturais. Ofereço-me para prestar

depoimento juramentado sobre os fatos que relatei, caso seja necessário. (Ass. Michael Weekman, em 11 de abril de 1848).

Trecho do artigo de Horace Greeley, no New York Tribune, sobre as irmãs Fox e sua mediunidade [383]

As batidas misteriosas

A senhora Fox e suas três filhas deixaram ontem nossa cidade, de regresso a Rochester. Passaram aqui algumas semanas, durante as quais submeteram a misteriosa influência, que, segundo consta, as acompanha, a todos os testes possíveis e à observação minuciosa, severa e crítica de centenas de pessoas que com elas mantiveram contato. Os aposentos que ocupavam no hotel eram minuciosamente examinados, sendo disso avisadas com menos de uma hora de antecedência; levavam-nas a casas em que nunca haviam entrado; as médiuns eram colocadas, inconscientes, sobre uma superfície de vidro, oculta debaixo do tapete, para que fossem interrompidas as vibrações elétricas; algumas damas, designadas de improviso para compor uma comissão, tinham a incumbência de despi-las, não devendo deixar o aposento antes que a investigação fosse concluída; muitas outras exigências foram feitas e, apesar disso, ao que sabemos, ninguém, até o presente momento pretendeu ter surpreendido a mãe ou as filhas produzindo as batidas ou sendo a causa destas, nem seus detratores inventaram teoria alguma plausível para explicar a produção dos sons, ou a singular inteligência que, por vezes, parece manifestar-se.

Há dez ou doze dias, a Sra. Fox e filhas saíram do hotel e passaram o restante da jornada atendendo a convites de diversas famílias interessadas no assunto. Tal medida possibilitou que a singular influência a que estariam sujeitas fosse examinada com mais calma e atenção, exame este que não poderia ser feito no hotel perante pessoas estranhas, as quais se reuniam mais por

---

[383] Nota do autor: CAPRON, E. W. *Modern Spiritualism*, p. 179-181.

curiosidade que por interesse intelectual, ou até mesmo por invencível hostilidade. Em nossa residência, incluída entre as visitadas, as supostas manifestações dos Espíritos foram submetidas a ampla e profunda investigação.

Sacrificamos três dias de nossas obrigações para dedicá-los a tais experiências. Seria, portanto, profunda covardia não afirmarmos a plena convicção na perfeita integridade e boa-fé da Sra. Fox e suas filhas, no que diz respeito a essas manifestações. Seja qual for a causa das batidas, certamente não são as senhoras, em cuja presença elas ocorrem, que as produzem. Isso nós verificamos rigorosamente até ficarmos plenamente convencidos. Sua conduta e suas atitudes são tão diferentes das dos trapaceiros que ninguém que as conheça poderia admitir — ao menos assim pensamos — que elas fossem capazes de se lançar à ousada, ímpia e vergonhosa impostura de produzir tais ruídos. Ademais, seria impossível que fraude dessa espécie fosse praticada em público por tanto tempo. O impostor apresenta um truque rapidamente e logo passa a outro; não executa semana após semana o mesmo ato, tendo sentadas a sua frente ou a seu lado, em plena luz do dia, centenas de pessoas, sabendo que estas não estão ali para divertir-se, mas para descobrir o truque. Além disso, ele evita naturalmente falar do objeto da impostura, ao passo que essas senhoras conversam livre e abertamente sobre a origem das batidas ocorridas em sua casa, anos atrás, as variadas impressões provocadas por aquelas, a excitação criada na vizinhança e o progresso desses fenômenos — isto é, a ampliação de tudo que elas viram, ouviram e sentiram desde o princípio até agora. Se tudo fosse falso, já se teriam envolvido num labirinto de ruinosas contradições, uma vez que, isoladamente, cada uma tem relatado os mais surpreendentes fatos com elas acontecidos ao longo do tempo. Quem fosse bastante tolo para proceder assim, sem qualquer tipo de cautela, naturalmente não teria conseguido protelar, por uma semana sequer, a descoberta da fraude.

É natural que as pessoas que as visitaram tenham formado diferentes opiniões a respeito de tão estranho assunto. Muitas estiveram em seus aposentos aproximadamente por uma hora, escutando, no meio de uma multidão de estranhos, uma miscelânea de perguntas — nem todas suscetíveis de receberem respostas proveitosas. Essas perguntas eram feitas a supostas inteligências invisíveis, que as respondiam por batidas ou ruídos singulares no chão, na mesa e em outros locais — enquanto o alfabeto era soletrado —, ou por outro modo. É compreensível, portanto, que essas pessoas saíssem dali confusas, até desgostosas, mas dificilmente convencidas. Pode-se até mesmo questionar o fato de que assunto de tal gravidade pudesse ser apresentado sob condições tão desfavoráveis à convicção. Mas, entre aquelas que encontraram condições adequadas para realizar ampla investigação dos fenômenos, acreditamos que três quartas partes ficaram convencidas, assim como estamos nós, de que essas manifestações ou ruídos singulares não são provocados pela senhora Fox e suas filhas, nem por qualquer cúmplice humano.

Como então se produzem, qual sua origem? Tais indagações abrem vasto campo para uma pesquisa cujos indicadores confessamos não conhecer. Quem puder devassar os arcanos do universo, que decida, de forma dogmática, se essas manifestações são naturais ou sobrenaturais. Dizem essas senhoras terem recebido a informação de que tudo isso é apenas o começo de uma nova era, ou economia, na qual os Espíritos vestidos de carne estarão em contato mais íntimo e palpável com aqueles que alcançaram a imortalidade; que as referidas manifestações já ocorreram em muitas outras famílias e se tornarão cada vez mais patentes, até que todos possam comunicar-se livremente com seus amigos que "se desembaraçaram das amarras mortais". De tudo isso, porém, não fazemos a menor ideia.

Todavia, se simplesmente publicássemos — o que não faremos — as perguntas formuladas e as respostas recebidas durante a ininterrupta conversação de duas horas que mantivemos com os *batedores*, seríamos imediatamente acusados de termos assim agido com o deliberado propósito de sustentar a teoria que considera esses fenômenos manifestações dos Espíritos dos mortos.

(H. G.).

2
Nota ao capítulo 6

DESCRIÇÃO DE LAKE HARRIS POR LAURENCE OLIPHANT

O Sr. Masollam alternava, de forma notável, a vivacidade com a lentidão de seus movimentos. Sua voz parecia afinada em duas tonalidades diferentes. Quando estas mudavam, davam impressão de que uma era o eco distante da outra — espécie de ventriloquia, calculada para dar choque súbito e não muito agradável aos nervos dos ouvintes. Ao usar a voz que chamarei de *próxima*, ele era geralmente ágil e vivaz; quando a trocava pela voz *longínqua*, era solene e impressionante. Seu cabelo, antes totalmente negro, estava agora grisalho, mas, ainda cheio, caía pesadamente sobre as orelhas e quase até aos ombros, dando-lhe aspecto um tanto leonino. Suas sobrancelhas eram salientes e espessas, e os olhos semelhavam luzes giratórias dentro de duas cavernas escuras, tão hábeis se mostravam para emitir raios e, logo após, perderem toda a vivacidade. Tanto quanto a voz, seus olhos tinham uma expressão *próxima* e outra *distante*. Podendo ser ajustados ao foco adequado como um telescópio, tornavam-se cada vez menores, como se se esforçassem para ver além dos limites normais da visão. Por vezes, apresentavam-se tão alheios ao exame dos objetos exteriores que transmitiam a impressão de quase cegueira; mas, de repente, alterava-se o foco, dilatavam-se as pupilas e destas eram emitidos raios, como se fossem relâmpagos a saírem de uma nuvem escura, dando inesperada e rara luminosidade a uma face que parecia apenas aguardar esse estímulo. O aspecto geral do semblante, cuja parte superior, não fosse pela profundeza das órbitas, seria de tocante beleza, era decididamente semítico, e, em repouso, possuía a aparência de uma estátua em serena imobilidade. A boca era parcialmente oculta por farto bigode e longa barba cinzento-escura; mas a transição do repouso à animação revelava flexibilidade incomum naqueles músculos que momentos antes pareciam extremamente rígidos, e todo o semblante se alterava tão subitamente como a expressão dos olhos. Seria talvez penetrar demais nos segredos da natureza, ou, de qualquer modo, nos segredos da natureza do Sr. Masollam, procurarmos saber se o brilho ou a sombra de sua fisionomia eram resultantes, ou não, de um ato voluntário. Em grau menor, o mesmo fenômeno ocorre com todos nós: as emoções agem sobre nosso semblante, tornando-o escuro ou fulgurante. A particularidade, no caso do Sr. Masollam, é que este podia tornar as feições muito mais sombrias e radiantes que a maioria das pessoas, e alternar essas duas formas de expressão com rapidez e intensidade extraordinárias — como se fosse uma espécie de prestidigitação facial —, o que levantava suspeita de que isso poderia ser uma faculdade adquirida. Ele operava ainda, em sua fisionomia, outra mudança que involuntariamente afetava as pessoas, provocando, sobretudo no belo sexo, efeito muito contrário ao desejo delas: o Sr. Masollam possuía o dom de parecer mais velho em determinados momentos. Havia ocasiões em que o estudo meticuloso de suas rugas e de seus olhos, nublados e aparentemente fracos, nos levava a atribuir-lhe cerca de 80 anos. Em outras, o olhar cintilante, as narinas dilatadas, as sobrancelhas largas e lisas, e a boca móvel davam-lhe toque rejuvenescedor, convencendo-nos, por um instante, que teria vinte e cinco anos a menos de nossa estimativa anterior. Esses rápidos contrastes eram calculados para prender a atenção do mais inadvertido observador, bem como para produzir uma sensação que, em geral, não era agradável a quem o via pela primeira vez. Não seria exatamente uma sensação de desconfiança — pois ambas as formas eram claras e naturais — mas, antes, de perplexidade. Ele parecia possuir duas personalidades opostas, que se fundiam numa só, apresentando, ao mesmo tempo, sem qualquer intenção, um curioso problema moral e filosófico para ser solucionado, problema este que trazia uma espécie desagradável de atrativo, pois, embora a pessoa sentisse quase imediatamente a impossibilidade de resolvê-lo, não conseguia tirá-lo da mente. Ele podia ser o melhor e o pior dos homens.

3
Notas ao capítulo 7

TESTEMUNHO ADICIONAL DO PROFESSOR DE MORGAN E SENHORA

Diz o professor De Morgan:

Relatei tudo isso a um amigo — hoje falecido —, o qual de nenhum modo estava disposto a aceitar esses fatos como algo além de inteligente impostura. "Contudo", dizia-me, "o que você me conta é bastante singular. Farei uma visita à Sra. Hayden. Irei sozinho e não direi meu nome. Certamente, nada ouvirei seja de quem for. Entretanto, se tal acontecer, descobrirei o truque. Esteja certo disso, eu o descobrirei". Assim procedeu, narrando-me depois o que havia sucedido. Falou-me que fizera mais que eu, pois tinha insistido em levar seu alfabeto para trás de um grande biombo e em formular as perguntas usando o alfabeto e um lápis, assim como em receber as respostas do mesmo modo. Nenhuma outra pessoa estava na sala, a não ser ele mesmo e a Sra. Hayden. O *Espírito* que se lhe apresentou era alguém cuja morte infeliz foi descrita minuciosamente. Meu amigo confessou-me que tinha sentido tanto *temor* que quase se esquecera de tomar as precauções necessárias. Tudo que eu lhe havia narrado, entretanto, foi apenas o começo de uma longa série de experiências que depois realizei. Muitas delas foram tão notáveis quanto as que lhe contara; muitas outras, de características menos significativas, que, se olhadas isoladamente

pouco valiam, ganhavam peso, no conjunto, quando reunidas a experiências de maior valor probante. As provas frequentemente sugeriam a confirmação de determinados fatos, mas contrastavam com a gravidade e a dignidade do mundo espiritual. A célebre aparição de Giles Scroggins, no entanto, revelou uma personagem séria, se comparada com outras surgidas em meu caminho. Se essas coisas são *Espíritos,* eles demonstram que os mistificadores, brincalhões e mentirosos são encontrados tanto do outro lado do túmulo quanto deste. E "por que não?", perguntava Meg Dods.
A questão do Espiritualismo pode receber a mesma atenção acurada que se dá à investigação da verdade, ou, então, desaparecer, ao sabor das observações casuais, até que nova irrupção de fenômenos a coloque outra vez na ordem do dia. Esse desaparecimento, contudo, parece que não irá ocorrer. Já se passaram doze ou treze anos desde que o assunto passou a ser comentado em toda parte e, durante esse período, apesar de ter sido anunciada a total extinção da *espiritomania,* em muitos casos, como na fábula de Tom Moore, os extintores pegaram fogo. Ainda que o Espiritualismo fosse um absurdo, como frequentemente se proclama, ele teria efeito positivo, pois chamaria a atenção para as *manifestações* de um outro absurdo: a filosofia das possibilidades e das impossibilidades, a filosofia da *quarta corte.* Os extremos tocam-se, mas tal *encontro* tem frequentemente o propósito de provocar sua mútua exposição, tal qual a dos tolos cavalheiros nos dias dos elegantes duelos de linguagem. Como estes cavaleiros, o Espiritualismo também ficaria exposto, se não passasse de impostura ou ilusão. Entretanto, é certo que não poderia ser mais impostura ou ilusão do que a filosofia que se opõe a ele. Assim, embora sem conhecer *fulano* ou *beltrano,* estou convicto de que todo aquele que examina ambos os lados da moeda julga mais provável que *fulano* tenha visto um fantasma do que *beltrano saiba* que *fulano* não teria condições de vê-lo. No entanto, sei que *beltrano* pensa que sabe tal coisa.

A propósito, o *Publishers' Circular,* quando do aparecimento do livro da Sra. De Morgan, destaca o senso crítico do Prof. De Morgan, nestes termos:

APÊNDICE 3 | NOTAS AO CAPÍTULO 7

Meros literatos e escritores de ficção podem ser perdoados por sua tendência para o que é utópico e ilusório; mas que o conhecido autor de obras padrões sobre *lógica formal, cálculo diferencial* e *teoria das possibilidades* possa figurar, juntamente com a esposa, entre aqueles que acreditam em batidas de Espíritos e em mesas girantes, é, decerto, espantoso para a maioria das pessoas. Não há, talvez, outro investigador que se sinta mais à vontade destruindo o erro, ou derrotando, de forma bem-humorada, os falsos cientistas que o Sr. De Morgan; seu estilo claro, lógico, espirituoso inspira os literatos em seus inumeráveis e brilhantes artigos nos jornais de crítica especializada. É ele, portanto, o ultimo homem que o cético esperaria encontrar ao lado, por exemplo, do Sr. Home ou da Sra. Newton Crosland. Nada obstante, o Sr. De Morgan se declara "perfeitamente convicto de que viu e ouviu, de uma forma que torna impossível a dúvida, tais coisas *chamadas* espirituais", acrescentando que "nenhum ser racional poderia atribuir a causa dessas coisas à impostura, à coincidência ou ao engano".

Eis o depoimento da Sra. De Morgan:

> Há dez anos comecei a observar atentamente os fenômenos do Espiritualismo. Minha primeira experiência se deu com a Sra. Hayden, de Nova Iorque. Devo dizer que nunca ouvi qualquer palavra que pudesse abalar minha firme convicção em sua honestidade; o resultado mesmo de nosso primeiro encontro, quando meu nome lhe era completamente desconhecido, foi suficiente para provar que não fui, então, vítima de impostura ou de minha credulidade.

Depois de descrever a visita à Sra. Hayden, a quem nenhum dos presentes mencionara o próprio nome, continuou:

> Estávamos sentados há pelo menos um quarto de hora e já começávamos a recear o fracasso, quando ouvimos certo tremor, ou leve pancada, que parecia provir do centro da mesa. Grande foi nossa satisfação quando a Sra. Hayden, que antes parecia ansiosa, disse:

"Eles estão chegando". Quem estava chegando? Nem ela nem nós poderíamos dizê-lo. Quando os sons ficaram mais fortes, o que parece ter acontecido com nossa convicção em sua autenticidade, fosse qual fosse sua origem, disse a Sra. Hayden: "Há um Espírito que deseja falar com alguém aqui, mas como ignoro os nomes dos cavalheiros e das senhoras presentes, apontarei um por um e, quando indicar a pessoa certa, solicito ao Espírito que o confirme por meio de uma batida". O método foi aceito pelo companheiro invisível, que bateu, em anuência. Em seguida, a Sra. Hayden apontou todos os integrantes do grupo, um por um. Para minha surpresa e mesmo certo aborrecimento — ao contrário de muitos ali, eu não desejava isso —, nenhum som foi ouvido até que ela me apontou (eu era a última do ciclo; estava sentada a sua direita e ela havia iniciado o processo pela esquerda). Fui então orientada para apontar as letras de um grande alfabeto e devo acrescentar que, não desejando obter nomes de amigos ou parentes, indicava as letras rapidamente, ao contrário do que, em geral, se faz. No entanto, para meu assombro, o nome pouco comum de um parente querido, que tinha deixado este mundo há sete anos e cujo sobrenome era o de meu pai — e não o de meu marido — foi soletrado. Em seguida, vieram estas palavras: "Sou feliz e estou com F. e G." (nomes por extenso). Recebi então a promessa de futuras comunicações com os três Espíritos. Os dois últimos tinham falecido há vinte e há doze anos, respectivamente. Outros integrantes da reunião também receberam comunicações por batidas; algumas delas tão genuínas e convincentes quanto as minhas; outras falsas e até nocivas.

A Sra. De Morgan observa que, depois das sessões com a Sra. Hayden, ela e seus amigos realizaram experiências particulares, tendo sido "descoberto que algumas pessoas, pertencentes ou não a sua família, possuíam faculdades mediúnicas, em maior ou menor grau".

4
Nota ao capítulo 10

ERAM OS DAVENPORTS PRESTIDIGITADORES OU ESPIRITUALISTAS?

Para esclarecimento da questão, que teria sido levantada pelo Sr. Houdini, de que os Davenports jamais se teriam afirmado espiritualistas, citamos a seguinte passagem da carta que eles escreveram, em 1868, ao *Banner of Light*, principal jornal espiritualista dos Estados Unidos. Referindo-se à declaração de que não eram espiritualistas, assim escreveram:

> É singular que alguém, cético ou espiritualista, possa acreditar em tal assertiva, levando-se em conta que enfrentamos catorze anos de amargas perseguições e violenta oposição, as quais culminaram com os tumultos de Liverpool, Huddersfield e Leeds, onde sofremos iminente perigo de vida ante a fúria de multidões brutais e tivemos nossos bens destruídos, acarretando-nos a perda de 75 mil dólares; tudo isso porque *não renunciávamos ao Espiritualismo*. Acusam-nos também de prestidigitadores, quando, ameaçados pela massa, éramos compelidos a nos apresentar como tais. Repudiamos todas essas insinuações por ignóbeis falsidades.

5
Notas ao capítulo 16

A MEDIUNIDADE DO REV. STAINTON MOSES

Descrevendo uma experiência de levitação, afirma o Rev. Stainton Moses:

> A cadeira onde eu estava sentado, num dos cantos da sala interna, deslocou-se para trás, na direção da parede. Em seguida, segundo minha percepção, ela ergueu-se cerca de um pé, para, logo após, deixar-se cair na posição anterior, enquanto eu era carregado mais para o canto. Descrevi o fato de minha aparente locomoção para o Dr. S. e Senhora e, assim que me senti parado, tirei do bolso um lápis, fazendo com ele uma marca — mais ou menos a 6 pés do soalho — na parede à frente. Sem que minha posição se alterasse — imagino —, percebi que descia muito delicadamente até que me vi novamente na cadeira. Tinha a sensação de que era mais leve que o ar; não sentia pressão alguma pelo corpo; não estava inconsciente nem em transe. Pela marca na parede torna-se claro que estive com a cabeça perto do teto. Posteriormente, disse-me o Dr. S. que minha voz soava estranha, ao longe, no canto da sala, como se minha cabeça estivesse voltada para a parede e não para a mesa, afirmativa que está de acordo com a minha observação e com a marca que fiz. A ascensão, da qual tinha perfeita consciência, era gradual e serena, e não como quando se está num elevador, mas sem a mínima sensação

de movimento: apenas me sentia mais leve que o ar. Minha posição, como já disse, não se modificara. Eu simplesmente levitei e depois fui colocado na cadeira onde inicialmente me encontrava.

Passando de um assunto a outro, temos o seguinte relato:

Em 28 de agosto de 1872, sete objetos de diversos aposentos foram trazidos à sala das sessões. No dia 30, trouxeram mais quatro e, entre esses, pequena campainha, que estava na sala de jantar contígua. Sempre deixávamos a lâmpada de gás acesa, tanto em nossa sala como na entrada externa, de tal modo que, se as portas fossem abertas, ainda que por um instante, a luz incidiria com toda a intensidade no aposento em que nos reuníamos. Como isso jamais aconteceu, temos plena certeza — de acordo com o bom senso, que, segundo o Dr. Carpenter, é sempre a autoridade maior — de que as portas permaneceram fechadas. Na sala de jantar, como já disse, havia pequena campainha. Ouvimo-la soando e podíamos saber, pelo som, que ela se aproximava da porta do aposento em que nos encontrávamos. Nosso espanto era imenso, pois, a despeito de a porta de nossa sala estar fechada, ouvíamos o som cada vez mais perto de nós! Com efeito, ele era ouvido dentro da sala, pois a campainha circulava a nossa volta, tocando alto todo o tempo. Depois de completar o circuito do aposento, ela desceu, passou por baixo da mesa, chegando perto de meu cotovelo, tilintou debaixo de meu nariz, passou em volta de minha cabeça e, em seguida, rodeou o grupo, soando próximo aos rostos de todos. Finalmente, foi colocada sobre a mesa. Não quero teorizar, mas acho que tenho argumentos para dizer que talvez tenhamos sido hipnotizados ou, então, que os objetos vieram pela chaminé. O caso é de difícil explicação.

O Dr. Speer assim descreve o aparecimento da luz de um Espírito e de mão materializada, em 10 de agosto de 1873:

Grande globo de luz ergueu-se do lado da mesa, oposto a mim, planou à altura de nossos rostos e, em seguida, extinguiu-se.

Seguiram-se ele inúmeros outros, que sempre emergiam do lado que me ficava oposto, indo algumas vezes para a direita ou para a esquerda do médium. Em dado momento, a pedido, a luz foi colocada lentamente no centro da mesa: parecia do tamanho da toranja[384] e era revestida de panos. Nessa ocasião, o Espírito guia informou-me que tentaria pôr a luz na mão do médium, em estado de transe. Não o conseguindo, disse-me que bateria na mesa a minha frente. Quase de imediato, uma luz apareceu e fixou-se na mesa perto de mim. "Você está vendo, agora escute, que eu baterei". Muito lentamente a luz se ergueu e deu três batidas distintas sobre a mesa. 'Agora, vou mostrar-lhe minha mão.' Então, surgiu uma luz muito brilhante, dentro da qual apareceu a mão materializada do Espírito. Este moveu os dedos quase junto de meu rosto. A aparição era bastante nítida.

Um exemplo de grande força física é assim registrado por Stainton Moses:

> Certa vez, contrariando as normas do grupo, arriscamo-nos a admitir um estranho em nossa reunião. Ocorreram alguns fenômenos triviais, porém o habitual guia não apareceu. Na sessão posterior, entretanto, ele veio e possivelmente ninguém se esquecerá com facilidade das marteladas brutais que deu na mesa. O barulho era distintamente audível no aposento inferior e dava a ideia de que o móvel seria reduzido a pedaços. Em vão nos retirávamos da mesa, esperando assim diminuir a força. As batidas cresciam em intensidade, abalando toda a sala com sua força. Foram-nos prometidas as mais terríveis sanções, se interferíssemos outra vez no desenvolvimento dos trabalhos trazendo novos assistentes. Não ousamos repetir tal procedimento, e penso que será muito difícil nos deixarmos persuadir a ser alvo novamente de semelhante repreensão.

---

[384] N.T.: fruto da toranjeira – árvore da família das rutáceas, originária da Malásia, cujo fruto, grande, arredondado, branco, vermelho ou alaranjado, é de casca grossa e pelos sucosos (*Novo dicionário Aurélio da língua portuguesa*).

6
Notas ao capítulo 25

Escrita automática do Sr. Wales

O Sr. Wales escreve ao autor nos seguintes termos:

> Penso que não havia em minhas leituras anteriores algo que coincidisse com as ideias que tenho atualmente. Decerto, nada tinha lido do que o senhor publicara sobre o assunto e, de propósito, evitava o *Raymond* e outros livros do gênero, para não viciar minhas próprias experiências. Os *Proceedings* da Sociedade de Pesquisas Psíquicas, que então lera, não se referem, como o senhor sabe, às condições *post mortem*. De toda forma, obtive, em várias ocasiões — como registrei em notas da mesma época —, depoimentos relatando que os seres, nesse estágio posterior de existência, possuem corpos, os quais, embora imperceptíveis aos nossos sentidos, são para eles tão sólidos quanto os nossos são para nós; que tais corpos se baseiam nas características gerais de nossos presentes corpos, sendo, porém, mais embelezados; que esses seres não têm idade nem sofrimentos, não são ricos nem pobres; que se vestem e se alimentam; que não dormem, muito embora, segundo eles, passem ocasionalmente a um estado semiconsciente a que chamam de *adormecimento* — exatamente a condição que ocorre comigo e que parece corresponder aproximadamente ao estado de hipnose;

que, após período geralmente mais curto do que o tempo médio de vida na Terra, eles passam a outro estado de existência; que os que possuem ideias, gostos e sentimentos similares gravitam em grupos; que as pessoas casadas não se reúnem necessariamente, mas que o amor do homem e da mulher continua, libertando-se dos elementos que, entre nós, geralmente militam contra sua perfeita realização; que, imediatamente depois da morte, as pessoas ficam num estado de repouso, semiconsciente, o qual dura vários períodos; que elas não mais sofrem as dores corporais, mas são suscetíveis, por vezes, a certa ansiedade mental; que a morte dolorosa é absolutamente desconhecida; que as crenças religiosas não têm influência alguma nesse estado posterior, e que, além disso, a vida em geral é intensamente feliz e ninguém tem vontade de retornar à Terra. Não obtive referência a *trabalho* — não com este nome —, mas aos muitos interesses que, segundo disseram, os preocupam. Possivelmente é apenas outra maneira de dizer a mesma coisa. Por *trabalho,* em geral entendemos a *luta pela vida,* e isso, conforme me foi dito com muita ênfase, não é o que ocorre com os Espíritos, que têm suas necessidades, de certo modo, misteriosamente *providas.* De igual modo, não tive informações sobre a existência de um *estado temporário de punição,* mas deduzi que as pessoas iniciam essa nova vida no mesmo ponto de desenvolvimento intelectual e moral em que estavam quando daqui partiram; e, uma vez que ser feliz depende principalmente dos laços de simpatia, as que lá chegam em baixa condição moral passam muito tempo até serem capazes de apreciar e desfrutar a própria felicidade.

ÍNDICE ONOMÁSTICO

A

Agrippa, Cornelius – 439
Aksakof, Alexander – 88, 289, 311-313, 315, 435-436, 439, 443, 446
Alexandre, tsar – 165
Alexandria, São Clemente de – 498
Allen, Sr. – 235

B

Bailey, Charles – 467-470
Balfour, Gerald – 355, 357, 359
Barkas, T. P. – 308
Barrett, William – 153, 155, 156, 211, 266, 336, 338, 488
Baxter, Robert – 32-33
Bellachini, Samuel – 251, 439-440
Bell, Robert – 169, 180
Béraud, Marthe – 366, 374
Besinnet, Ada – 204, 312, 461-462
Bisson, Madame – 100, 176, 220, 360, 369, 374, 377, 378, 453
Blackburn, Charles – 245-246
Blackwell, Anna – 430, 434, 436
Blake, Carter – 248, 319
Bozzano, Ernesto – 290, 379, 446, 448-449

Bradley, Dennis – 423, 458, 460
Brewster, David – 143, 166, 167, 173, 300
Britten, Hardinge – 14, 39, 80, 119, 121, 122, 129, 130, 142, 148, 435
Buguet, M. Ed. – 394, 399-400
Bury, lorde – 189-192
Bush, George – 45, 162
Butlerof, professor – 88, 89, 313, 439
Butlerof, Professor – 201

C

Capron, E. W. – 70, 72, 75, 77, 97, 117-118, 537
Carpenter, Dr. – 159, 170, 248, 272, 550
Carrington, Hereward – 285, 293-294, 296, 297, 299-301
C., Eva – 366-370, 386, 388
Chambers, Robert – 140, 169, 173, 180, 189, 271
Chiaia, Ercole – 289-290, 446-448
Child, Dr. – 233-238
Coleman, Benjamin – 84-85, 148, 193, 271
Cook, Florence – 148, 176, 199, 202-205, 207-212, 217, 309, 312, 364, 420
Cox, Serjeant – 213, 248, 249, 328, 336

Crandon, Sra. – 285, 286, 391, 470, 471
Crawford, Dr. – 99-101, 213, 220, 229-231, 325, 364, 382-383, 385, 389-390
Crookes, William – 85, 87, 115, 147, 148, 151, 154, 156, 167, 171, 173-174, 177, 180, 199-217, 226, 233-234, 239, 267, 287, 292, 336-337, 364, 451, 506
Crowell, Dr. Eugene – 516-517

D

d'Arc, Joana – 41, 103, 127, 413, 495
Davenport, Ira Erastus – 184, 194, 197
Davenport, William Henry – 184
Davis, Andrew Jackson – 22, 27, 41-54, 103, 106-107, 123, 395, 465, 523
Deane, Sra. – 394, 408, 409, 485
De Morgan, Sra. – 49, 147, 544-546
Denis, Léon – 438
de Rochas, coronel – 12, 290, 300, 438, 447
d'Espérance, Madame – 176, 212, 305, 308-312, 314-316, 364-365, 372
Dickens, Charles – 130
Doyle, Arthur Conan – 9, 14, 504, 528
Duesler, Sr. – 62, 64, 65
du Prel, Carl – 440-443, 446

E

Eddy, Horatio – 220, 229-230
Eddy, William – 225, 229
Eglinton, William – 148, 277, 305, 316-326, 333, 341, 364-366, 420, 424-425, 440
Evans, F. W. – 38

F

Faraday – 143-144, 158, 173, 375, 447
Finzi, Dr. – 446

Flammarion, Camille – 271, 289-290, 299, 379, 438, 506
Foster, Charles H. – 305-308, 387
Fox, David – 66, 69
Fox-Jencken, Kate – 56-58, 65-66, 70, 73, 79, 80-81, 84-85, 87, 91, 93-94, 96, 98, 118, 148, 176, 199
Fox, John D. – 57, 63, 64
Fox-Kane, Margaretta – 57, 60, 76
Fox, Margaret (mãe) – 57, 63, 67, 76, 80
Fox Underhill, Leah – 57, 81, 91, 97
Franklin, Benjamin – 71, 74

G

Gazzera, Linda – 446
Geley, Gustave – 220, 283, 360, 378-381, 384-386, 424, 426-427, 438
Gerosa, professor – 289, 446
Gibson, Milner – 139, 169, 173, 180
Granger, Lyman – 66, 108, 119
Greeley, Horace – 76, 77, 79, 537
Gregory, Makdougall – 88, 148, 180, 321, 420
Gully, Dr. – 148, 169, 180
Guppy, Sra. – 148, 274, 334, 420, 446

H

Hale, Deacon – 108, 119
Hall, S. C. – 85, 89, 179, 180
Hare, Robert – 108, 115, 505
Harrison, W. H. – 85, 88, 245, 321, 399, 416-417
Harris, Thomas Lake – 105-107
Hayden, Sra. – 109, 129-137, 139-143, 145-146, 165, 187, 543, 545-546
Hipócrates – 43
Hodgson, Richard – 48, 227, 290, 292, 336, 342-346, 348, 349, 351, 480, 496

Holmes, casal – 219, 232-241
Home, Daniel Dunglas – 82, 85, 109, 119, 123, 145, 147-148, 151, 154, 163, 183, 199, 201, 244, 271-272, 287, 292, 303, 307, 318, 364, 418, 436, 446, 454
Hope, William – 394, 407, 409-411
Houdini, Harry (o mágico) – 197, 253, 425, 470
Howitt, William – 145, 149, 151, 157, 180, 195, 271, 272, 397, 434, 435
Huxley, professor – 268, 274
Hyslop, professor – 114, 336, 343, 344, 345, 350, 421, 422-423

I

Irving, Edward – 27-31, 33-36

J

James, William – 336, 343
Jencken, H. D. – 86, 89, 148, 271
Jervis, A. H. – 70, 72, 97, 108, 119

K

Kane, Elisha – 80
Kant, Immanuel – 18
Kardec, Allan – 10, 429, 430-436, 438
King, John – 37, 209, 239-240, 289, 364, 415-417
King, Katie – 203-205, 209-211, 216, 233-240, 309, 312, 364

L

Lankester, Ray – 247-250, 258-259
Levingston – 42, 43, 44
Lincoln, Abraham – 125-127, 187

Lodge, Oliver – 5, 156, 167, 265, 289-290, 292-294, 336, 342, 346-347, 355, 357, 359, 372, 379, 451, 475, 492, 515, 527
Lombroso, professor – 289-291, 297, 301, 302, 446-450
Lytton, lorde – 167, 169, 173, 271-272

M

Maomé – 291, 495
Mapes, professor – 108, 117, 162, 415, 505
Marryat, Srta. – 148, 204, 210, 211, 461
Marshall, Sra. – 148, 201, 272, 334, 416-417
Maskelyne, J. N. – 158, 187, 194-195, 249, 259, 261
Massey, C. C. – 232, 252, 324, 442
Maxwell, Joseph – 355
McCabe, Joseph – 13, 170, 253, 255, 375
McDougall, Dr. – 286, 471, 505
Mesmer – 439
Mompesson, Sr. – 56, 66
Monck, Dr. – 243, 260, 261, 263, 264, 265, 266, 363, 424, 425
Morselli, professor – 290, 295, 297, 298, 446-450
Moses, William Stainton – 148, 157, 245-247, 260, 266, 305, 327, 329, 331-333, 336, 341, 343-344, 389 399-400, 405-406, 448, 465, 512, 549, 551
Myers, F. W. H. – 289-290, 292, 333, 336, 338, 344, 353, 356, 413, 514

N

Napoleão III – 164-165, 431
Nichols, Dr. – 186, 425

Notzing, Schrenck – 100, 160, 212, 220, 297, 374, 375, 377, 378, 386, 444

O

Olcott, coronel – 38, 221-224, 226-235, 237-241, 243, 390
Oliphant, Laurence – 20, 85, 106-107, 541
Owen, Dale – 65, 85
Owen, Robert – 34, 142, 168, 393, 394, 505
Owen, Rosamund Dale – 85, 88
Owen, Vale – 25, 103, 465, 472-474, 505, 522, 528
Oxley, William – 312-313, 316, 380, 425, 477

P

Palladino, Eusapia – 258, 283, 287, 288, 289-290, 292, 294-296, 297-298, 300-302, 352, 440, 446, 448
Paracelso – 439, 523
Piper, Sra. – 302, 338, 343-349, 351-353, 356-357, 465, 480
Podmore, Frank – 13, 344, 448
Poe, Edgar Allan – 47
Porro, professor – 290, 446-448
Post, Isaac – 59, 71, 98
Powell, Evan – 284, 423, 461-463

R

Rayleigh, lorde – 154, 156, 211, 336
Richet, Charles – 99, 159-160, 229, 283, 289-290, 292, 297, 354, 355, 369-374, 379-381, 391, 424, 426, 438, 446-448, 450-451, 479
Rosma, Charles B. – 59, 69, 71

S

Sidgwick, professor – 290, 324, 336, 339
Slade, Henry – 148, 154, 176, 243-255, 257-260, 265, 277, 280, 294, 305, 341, 363, 439, 444
Slater, Thomas – 393, 394, 397
Sócrates – 413
Speer, Stanhope – 148
Stead, W. T. – 401, 402, 418-419, 479, 513
Swedenborg, Emanuel – 15, 17, 91

T

Tallmadge, governador – 75, 108, 118, 124

V

Valiantine – 423, 458, 460
Varley, Cromwell – 85, 211, 271-272
Venzano, Dr. – 290, 295, 298, 300

W

Wallace, Alfred Russel – 149, 151, 152, 153, 156, 211, 248-249, 260-264, 271, 336-337, 363, 393-394, 397, 398, 402, 406, 505, 506
Wyllie, Edward – 394, 402, 408

Z

Zöllner, professor – 176, 252-254, 258, 277, 316, 318, 439, 443

O QUE É ESPIRITISMO?

O Espiritismo é um conjunto de princípios e leis revelados por Espíritos Superiores ao educador francês Allan Kardec, que compilou o material em cinco obras que ficariam conhecidas posteriormente como a Codificação: *O livro dos espíritos*, *O livro dos médiuns*, *O evangelho segundo o espiritismo*, *O céu e o inferno* e *A gênese*.

Como uma nova ciência, o Espiritismo veio apresentar à Humanidade, com provas indiscutíveis, a existência e a natureza do Mundo Espiritual, além de suas relações com o mundo físico. A partir dessas evidências, o Mundo Espiritual deixa de ser algo sobrenatural e passa a ser considerado como inesgotável força da Natureza, fonte viva de inúmeros fenômenos até hoje incompreendidos e, por esse motivo, são tidos como fantasiosos e extraordinários.

Jesus Cristo ressaltou a relação entre homem e Espírito por várias vezes durante sua jornada na Terra, e talvez alguns de seus ensinamentos pareçam incompreensíveis ou sejam erroneamente interpretados por não se perceber essa associação. O Espiritismo surge então como uma chave, que esclarece e explica as palavras do Mestre.

A Doutrina Espírita revela novos e profundos conceitos sobre Deus, o Universo, a Humanidade, os Espíritos e as leis que regem a vida. Ela merece ser estudada, analisada e praticada todos os dias de nossa existência, pois o seu valioso conteúdo servirá de grande impulso à nossa evolução.

FEB editora
Livro espírita para um novo mundo
www.febeditora.com.br
@febeditoraoficial
@febeditora

Conselho Editorial:
Carlos Roberto Campetti
Cirne Ferreira de Araújo
Evandro Noleto Bezerra
Geraldo Campetti Sobrinho – Coord. Editorial
Jorge Godinho Barreto Nery – Presidente
Maria de Lourdes Pereira de Oliveira
Miriam Lúcia Herrera Masotti Dusi

Produção Editorial:
Elizabete de Jesus Moreira

Revisão:
Davi Miranda

Capa, projeto gráfico e diagramação:
Luisa Jannuzzi Fonseca

Normalização técnica:
Biblioteca de Obras Raras e Documentos Patrimoniais do Livro

Esta edição foi impressa no sistema de Impressão pequenas tiragens, em formato fechado de 155x230 mm e com mancha de 118x183 mm. Os papéis utilizados foram o Off white 80 g/m² para o miolo e o Cartão 250 g/m² para a capa. O texto principal foi composto em fonte Adobe Garamond Pro 12/15 e os títulos em Adobe Caslon Pro 20/30. Impresso no Brasil. *Presita en Brazilo.*